国家出版基金项目
NATIONAL PUBLICATION FOUNDATION

國家出版基金項目

教育部哲學社會科學研究重大課題攻關項目

「十一五」國家重點圖書出版規劃項目·重大工程出版規劃

國家社會科學基金重大項目

北京大學「九八五工程」重點項目

儒藏

精華編一二一册
經部四書類

儒藏

精華編

北京大學《儒藏》編纂與研究中心

《儒藏》精華編第一二一册

首席總編纂　季羡林
項目首席專家　湯一介
總　編　纂　湯一介　龐　樸　孫欽善　安平秋（按年齡排序）
本册主編　陳　静　李存山

《儒藏》精華編凡例

一、中國傳統文化以儒家思想爲中心。《儒藏》爲儒家經典和反映儒家思想、體現儒家經世做人原則的典籍的叢編。收書時限自先秦至清代結束。

二、《儒藏》精華編爲《儒藏》的一部分，選收《儒藏》中的精要書籍。

三、《儒藏》精華編所收書籍，包括傳世文獻和出土文獻。傳世文獻按《四庫全書總目》經史子集四部分類法分類，大類、小類基本參照《中國叢書綜録》和《中國古籍善本書目》，於個別處略作調整。凡單書已收入入選的個人叢書或全集者，僅存目録，並注明互見。出土文獻單列爲一個部類，原件以古文字書寫者一律收其釋文文本。韓國、日本、越南儒學者用漢文寫作的儒學著作，編爲海外文獻部類。

四、所收書籍的篇目卷次，一仍底本原貌，不選編，不改編，保持原書的完整性和獨立性。

五、對入選書籍進行簡要校勘。以對校爲主，確定內容完足、精確率高的版本爲底本，精選有校勘價值的版本爲校本。出校堅持少而精，以校正誤爲主，酌校異同。校記力求規範、精煉。

六、根據現行標點符號用法，結合古籍標點通例，進行規範化標點。專名號除書名號用角號（《》）外，其他一律省略。

七、對較長的篇章，根據文字內容，適當劃分段落。正文原已分段者，不作改動。千字以內的短文一般不分段。

八、各書卷端由整理者撰寫《校點説明》，簡要介紹作者生平、該書成書背景、主要內容及影響，以及整理時所確定的底本、校本（舉全稱後括注簡稱）及其他有關情況。重複出現的作者，其生平事蹟按出現順序前詳後略。

九、本書用繁體漢字豎排，小注一律排爲單行。

《儒藏》精華編一二一册

經部　四書類

四書總義之屬

三魚堂四書大全

〔清〕陸隴其　撰
馬曉英
徐麗麗
陳　静　校點
陳　明

目録

第一冊

第二冊

校點説明

《三魚堂四書大全》四十一卷，清陸隴其編。

陸隴其（一六三〇—一六九二），初名龍其，字稼書，浙江平湖人。平湖别名當湖，故學者稱之爲「當湖先生」。陸隴其年少家貧，曾以坐館爲生。二十七歲應試補本邑弟子員，康熙九年（一六七〇）登進士。歷官江南嘉定知縣、直隸靈壽知縣、四川道監察御史等職。康熙三十一年卒，年六十三。雍正二年（一七二四），詔諭從祀孔廟。乾隆元年（一七三六），賜謚「清獻」，加贈内閣學士兼禮部侍郎。《清史列傳》卷八有傳，《清史稿》卷二六五亦有傳。

陸隴其一生仕宦不顯，前後任官三次，位止五品。在學術上，他專尊程朱理學，力闢陽明心學，是清初理學的主要代表人物之一。他自青年時代講學就「專宗朱子，以居敬窮理爲要」（《清儒學案》卷十《三魚學案》），認爲漢儒以後，惟朱熹集諸儒之大成，朱子學即是孔子之學。「隴其嘗竊以爲孔孟之道，至朱子而大明，其行事載於年譜行狀，其言語載於文集語類，其示學者切要之方，則見於《四書集註》、《或問》、《小學》、《近思録》，其他經傳，凡經考定者，悉如化工造物，至矣盡矣，不可以有加矣。學者舍是而欲求孔孟之道，猶舍規矩準繩而欲成室也，亦理所必無矣。」（《上湯潛菴先生書》）而陽明良知説「認心爲性」，是「陽儒陰釋」之學，陽明後學更是「師心自用，墮於佛老而不自知」。他甚而指責陽明心學敗壞學術和風俗，是造成明朝覆亡的罪魁禍首。他説：「考有明一代盛衰之故，其盛也，學術一而風俗淳，則尊程朱之明效也；其衰也，學術岐而風俗壞，則詆程朱之明效也。

每論啓禎喪亂之事而追原禍始，未嘗不嘆息痛恨於姚江。故斷然以爲爲今之學，非尊程朱、黜陽明不可。」（《周雲虬先生四書集義序》，《三魚堂文集》卷八）基於尊朱闢王的學術立場，陸隴其在《學術辨》中不僅批評陽明及其後學，對於清初孫奇逢等人調和朱王的學術傾向也大加批判，甚至對力闢心學的明末朱子學者顧憲成、高攀龍二人，也指摘其病在忘動求静，亦近於禪學。陸隴其死後備極哀榮，極受朱子學者和清廷的推重，被尊爲清初「醇儒第一」、「傳道重鎮」，並成爲清代第一個陪祀孔廟的儒家學者。

陸隴其一生勤勉講學，著述宏富。據《清儒學案》載，有《古文尚書考》一卷、《讀禮志疑》二卷、《四書講義困勉録》三十七卷、《松陽講義》十二卷、《松陽鈔存》二卷、《續困勉録》六卷、《戰國策去毒》二卷、《讀朱隨筆》十卷、《禮經會元注》八卷、《靈壽縣志》十六卷、《一隅集》八卷、《三魚堂文集》十二卷、《外集》六卷、《附録》一卷、《三魚堂隨筆》四卷、《問學録》若干卷等。後人將其彙編爲《陸子全書》。

《三魚堂四書集註大全》是陸隴其在明代胡廣等人編纂的《四書大全》基礎上，又廣泛採輯宋明諸儒的四書學著作，尤其是明代蔡清《四書蒙引》、林希元《四書存疑》和陳琛《四書淺説》等書的相關訓釋而成。據陸隴其自序和《年譜》，該書自順治十五年（一六五八）始編，歷六年至康熙二年而成，收録明萬曆以前各家四書詮釋之説，「萬曆以後諸家之説，則别爲一册，不入於此」。書編成後，陸隴其並不滿意，認爲没有親讀程朱語録和明代朱子學者薛瑄、胡居仁等人文集，把握不確，對於明代嘉隆以後偏於王學、「陽儒陰釋」的四書詮釋著作亦甄别不夠，去取或有失當。因此題作「舊本四書大全」，不肯示人。康熙二十年，陸隴其始爲此書作序。至康熙三十一年編輯《四書講義困勉録》

時，才取此書互相參考，以紅筆點次，終成定本。但未及重新寫序，就因病去世。

陸隴其之所以編訂此書，據仇兆鰲《序》和《陸隴其年譜》，是因他認爲胡廣等人所編《四書大全》去取不精，「間有繁蕪，尚多缺略」。他要編一部「折衷盡善」、「闡揚經義，開示後人」的著作，故「廣涉旁搜，合於朱子者采之，不合者删之」（席永恂序），以嚴正的朱子學立場，對宋明四書學著作進行了一次大清理和總彙編。席永恂説：「先生一生精力，盡在此書。」此書確實是陸隴其非常重要的一部著作，其中對胡廣等人《四書大全》訂訛辨析尤多。四庫館臣稱它「較原本爲差勝」，但也指出它未能全部廓清訛誤和不足。

陸隴其去世後，門人席永恂、侯銓、王前席等將此書鏤版刊行，題名《三魚堂四書集註大全》，由八十五名後學門人以及三十八名姻戚同宗精心校對，於康熙三十七年刊行。據山東大學圖書館藏《三魚堂四書集註大全》封面款識「平湖陸稼書先生點定」、「嘉會堂藏版」、「寶翰樓梓行」等，可知是康熙嘉會堂藏版，由寶翰樓梓行（簡稱「嘉會堂本」）。此本國家圖書館、辽寧與湖北省圖書館亦有藏）。乾隆年間編《四庫全書》時，四庫館臣爲該書撰寫了《提要》，並未收録全書。齊魯書社於一九九七年出版《四庫全書存目叢書》，據山東大學圖書館藏康熙嘉會堂本影印。

《四庫提要》曰：「卷末附載王應麟《論語孟子考異》，不知何人採摭《困學紀聞》爲之，非應麟原有是書也。」《論語考異》和《孟子考異》兩卷與陸氏正文並無關聯，明趙敬山刻胡廣《四書大全》時已附二《考異》，陸書恐是承繼趙敬山本而來。

此次整理，以齊魯書社影印嘉會堂本爲底本，以哈佛大學所藏寶翰樓本爲校本（簡稱「哈佛本」），適當參照胡廣《四書大全》及本書所引《蒙引》、《存疑》、《淺説》等書考訂錯謬。所據典籍倘不注明，皆爲文淵閣《四庫全書》本。原書於《四書大全》原文外，據元代王元善《四書通考》和黄洵饒《四書附纂》輯録多位學者的經説，分别標舉《通考》和《附纂》，原書注釋中「某某曰」原來加有括弧，此次整理一律删除；原書注釋中，有墨底白字「附」提示對《蒙引》、《存疑》、《淺説》等書的引用，不作更動；原書將《四書大全》小字注文的下一級小字注文改用六角括號表示，今亦保留不動。齊魯書社影印本末附《四庫全書總目》關於《三魚堂四書集註大全》提要，今亦收爲附録。原書無目録，今據本書内容編製，以便讀者。具体分工爲馬曉英校點《學》《庸》，徐麗麗校點《論語》，陳静校點《孟子》前六卷，陳明校點《孟子》後八卷。不當之處，敬希讀者指正。

校點者　馬曉英　徐麗麗　陳　静　陳　明

明成祖御製序

朕惟昔者聖王繼天立極，以道治天下。自伏羲、神農、黄帝、堯、舜、禹、湯、文、武相傳授受，上以是命之，下以是承之，率能致雍熙悠久之盛者，不越乎道以爲治也。下及秦漢以來，或治或否，或久或近，率不能如古昔之盛者，或忽之而不行，或行之而不純。所以天下卒無善治，人不得以蒙至治之澤，可勝歎哉！夫道之在天下，無古今之殊，人之稟受於天者，亦無古今之異，何後世治亂得失與古昔相距之遼絶歟？此無他，道之不明不行故也。道之不明不行，夫豈道之病哉？其爲世道之責，孰得而辭焉？夫知世道之責在己，則必能任斯道之重而不敢忽。如此，則道豈有不明不行，而世豈有不治也哉？朕纘承皇考太祖高皇帝鴻基，即位以來，孳孳圖治，恒慮任君師治教之重，惟恐弗逮。切思帝王之治，一本於道。所謂道者，人倫日用之理，初非有待於外也。厥初聖人未生，道在天地；聖人既生，道在聖人；聖人已往，道在六經。六經者，聖人爲治之迹也。六經之道明，則天地聖人之心可見，而至治之功可成。六經之道不明，則人之心術不正，而邪説暴行侵尋蠹害，欲求善治，烏可得乎？朕爲此懼，乃者命儒臣編脩五經四書，集諸家傳註而爲《大全》。凡有發明經義者，取之，悖於經旨者，去之。又輯先儒成書及其論議格言，輔翼五經四書，有裨於斯道者，類編爲帙，名曰《性理大全書》。編成來進，總二百二十九卷。朕閒閲之，廣大悉備，如江河之有源委，山川之有條理，於是聖賢之道粲然而復明。所謂考諸三王而不謬，建諸天地而不悖，質諸鬼神而無疑，百世以俟聖人而不惑。大哉，聖人之道乎！豈得而私之？遂命工悉以鋟梓，頒布天下。使天下之人獲覩經書之全，探見聖賢之藴，由是窮理以明道，立誠以達本，修之於身，行之於家，用之於國，而達之天下。使國不異政，家不殊俗，大回淳古之風，以紹先王之統，以成熙皡之治，將必有賴於斯焉。遂書以爲序。

永樂十三年十月初一日。

長洲後學倪熹光仿内府鋟本謹書

四書集註大全凡例

一四書大書，朱子《集註》、諸家之説分行小書。凡《集成》、《輯釋》所取諸儒之説，有相發明者，采附其下，其背戾者不取。凡諸家語録、文集内有發明經註而《集成》、《輯釋》遺漏者，今悉增入。

一註文下凡訓釋一二字或二三句者，多取新安陳氏之説。

一引用先儒姓氏：

朱子熹，晦庵，仲晦。新安。

鄭氏玄。

孔氏穎達。

周子敦頤，濂溪，茂叔。

程子顥，伯淳，明道；頤，正叔，伊川。

張子載，横渠，子厚。

邵子雍，康節，堯夫。

藍田吕氏與叔，大臨。

和靖尹氏焞，彦明。

上蔡謝氏良佐，顯道。

廣平游氏酢，定夫。建安。

河東侯氏師聖，仲良。

龜山楊氏時，中立。

安定胡氏瑗，翼之。海陵。

華陽范氏祖禹，淳夫。

眉山蘇氏軾，東坡，子瞻。

林氏之奇，少穎。三山。

致堂胡氏寅，明仲。

豫章羅氏從彦，仲素。

沙隨程氏迥，可久。
延平李氏侗，愿中。
象山陸氏九淵，子静。
東萊吕氏祖謙，伯恭。金華。
南軒張氏栻，敬夫。廣漢。
止齋陳氏傅良，君舉。
樂庵李氏衡，彦平。江都。
山陰陸氏佃，農師。
北溪陳氏淳，安卿。臨漳。❶
勉齋黄氏榦，直卿。三山。
慶源輔氏廣，潛庵，漢卿。
三山潘氏柄，瓜山，謙之。
節齋蔡氏淵，伯静。
九峰蔡氏沈，仲默。
覺軒蔡氏模，仲覺。
三山陳氏孔碩，北山，膚仲。
趙氏
潛室陳氏植，器之。永嘉。
胡氏泳，桐原，伯量。南康。
鄭氏南升。
莆田黄氏士毅，子洪。
括蒼葉氏賀孫，知道，味道。
格菴趙氏順孫。括蒼。
丹陽洪氏興祖，慶善。
張氏九成，子韶。范陽。
鄧氏亞，元亞。
葉氏夢得，石林，少藴。
西山真氏德秀，景元。建安。
邵氏甲，仁仲。新定。
兼山郭氏忠厚，立之。

❶「漳」，原作「章」，今據哈佛本改。

張氏庭堅，才叔。
蒙齋袁氏甫，廣微。四明。
徽菴程氏
江陵項氏安世，平菴。
倪氏霅川。❶
顧氏元常，平甫。新定。
仁壽李氏道傳，仲貫。
東窗李氏
陵陽李氏
温陵陳氏知柔，體仁。
陳氏用之。長樂。
譚氏惟寅。高要。❷
何氏夢貴，北山，新之。嚴陵。
晏氏
天台潘氏時舉，子善。
鄭氏汝諧，東谷，舜舉。古括。❸
新安王氏炎，晦叔。
永嘉薛氏
歐陽氏謙之，希遜。廬陵。
諸葛氏泰。
朱氏祖義，子由。廬陵。
朱氏伸。
張氏彭老。
梅巖胡氏次焱，濟鼎。新安。
黄氏淵。
宣氏
汪氏廷直。
張氏好古。
張氏玉淵。

❶「霅川」，原脱，今據哈佛本補。
❷「要」，原作「安」，今據哈佛本改。
❸「括」，原作「栝」，今據哈佛本改。

王氏回。❶

玉溪盧氏孝孫。

雙峰饒氏魯，仲元。鄱陽。

劉氏彭壽。

勿齋程氏若庸，達原。新安。

魯齋王氏侗。金華。

番陽沈氏貴瑤，毅齋。

番陽齊氏夢龍。

疊山謝氏枋得，君直。廣信。

邢氏昺。

蛟峰方氏逢辰，節初。青陽。

新安吴氏浩，義夫。

仁山金氏履祥，吉甫。金華。

番陽李氏靖翁，思正。

厚齋馮氏椅，奇之。南康。

番陽鄒氏季友，晉昭。

四如黄氏仲元。莆田。

汪氏炎昶，古逸。新安。

勿軒熊氏禾，去非。建安。

吴氏仲迂，可堂。番陽。

魯齋許氏衡，平仲。

臨川吴氏澄，草廬，幼清。

歐陽氏元，❷圭齋，原功。

雲峰胡氏炳文，仲虎。

新安陳氏櫟，定宇，壽翁。

張氏存中，德庸。

新安倪氏士毅，仲弘。

番陽朱氏公遷，克升。

東陽許氏謙，白雲，❸益之。

❶「回」，原作「向」，今據哈佛本改。

❷「元」下，原衍「力」，今據哈佛本删。

❸「白」，原作「日」，今據哈佛本改。

一奉敕纂修

翰林院學士兼左春坊大學士奉政大夫

臣胡　廣

奉政大夫右春坊右庶子兼翰林院侍講

臣楊　榮

奉直大夫右春坊右諭德兼翰林院侍講

臣金幼孜

翰林院修撰承務郎臣蕭時中

翰林院修撰承務郎臣陳　循

翰林院編修文林郎臣周　述

翰林院編修文林郎臣陳　全

翰林院編修文林郎臣林　誌

翰林院編修承事郎臣李　貞

翰林院編修承事郎臣陳景著

翰林院檢討從仕郎臣余學夔

翰林院檢討從仕郎臣劉永清

翰林院檢討從仕郎臣黄壽士

翰林院檢討從仕郎臣陳　用

翰林院檢討從仕郎臣陳　璲

翰林院五經博士迪功郎臣王　進

翰林院典籍修職佐郎臣黄約仲

翰林院庶吉士臣涂　順

奉議大夫禮部郎中臣王　羽

奉議大夫兵部郎中臣童　謨

奉訓大夫禮部員外郎臣吳　福

奉直大夫北京行部員外郎臣吳嘉静

承直郎禮部主事臣黄　裳

承德郎刑部主事臣段　民

承直郎刑部主事臣洪　順

承直郎刑部主事臣沈　升

承德郎刑部主事臣章　敞

承德郎刑部主事臣楊　勉

承德郎刑部主事臣周　忱
承德郎刑部主事臣吾　紳
文林郎廣東道監察御史臣陳道潛
承事郎大理寺評事臣王　選
文林郎太常寺博士臣黄　福❶
修職郎太醫院御醫臣趙友同
迪功佐郎北京國子監博士臣王復原
泉州府儒學教授臣曾　振
常州府儒學教授臣廖思敬
蘄州儒學學正臣傅　舟
濟陽縣儒學教諭臣杜　觀
善化縣儒學教諭臣顔敬守
常州府儒學訓導臣彭子斐
鎮江府儒學訓導臣留季安

❶「士」，原作「事」，今據哈佛本改。

明進書表

翰林院學士兼左春坊大學士奉政大夫臣胡廣、奉政大夫右春坊右庶子兼翰林院侍講臣楊榮、奉直大夫右春坊右諭德兼翰林院侍講臣金幼孜等：茲者伏蒙皇帝陛下命臣等文學之臣編輯《五經四書大全》及《性理大全書》。❶今編輯已成，謹謄寫，總二百二十九卷，裝潢成帙進呈。臣廣等誠惶誠恐，稽首頓首上言：伏以六經之道，昭如日星，經緯乎天地，貫徹乎古今，放之則彌六合，卷之則退藏於密，用之於身而身修，行之於家而家齊，推之於國而國治，施之於天下而天下平。蓋世必窮經而後道明，未有舍經而能治理者也。是以聖王垂憲，必資道以開人；賢哲肇基，必稽古以作範。故伏羲則《河圖》而演畫，大禹因《洛書》而錫疇；孔子删《詩》、《書》，修《春秋》，寓一王之法；周公陳王業，制禮樂，弘百世之規。況乎精一執中之傳，尤重丁寧告戒之旨，如斯顯跡，昭然可觀。自王道既衰，異説蠭起，燔烈秦火之餘，穿鑿漢儒之弊，其間存者不絶如絲，莫能究其指歸，一切趍於苟且，夤緣故習，鮮克正之。於乎！聖人之道不得，而百世無善治；聖人之學不傳，而千載無真儒。遂令往轍之難尋，益發前修之永歎。夫否必有泰，晦必有明。繇夫濂、洛、關、閩之學興，而後堯、舜、禹、湯

❶「皇帝陛下」，此四字原爲空格，今據哈佛本補。文内同。「輯」，原作「緝」，今據哈佛本改。下文同。

之道著，悉掃蓁蕪之蔽，大開正學之宗。不幸屢阨狂言，既揚復抑，又因循數百年之閒，卒莫能會其說於一。蓋必有待於今日者矣。天啓聖明，誕膺景運。太祖高皇帝天縱之聖，以武功定天下，以文教興太平，首建學校，頒賜書籍，作養人材，茂隆政治，四海內外，翕然同風。欽惟皇帝陛下文武聖神，聰明睿知，纘承大統，紹述鴻勳。成功盛德，雖三皇而無以加；事業文章，與二儀而同其大。治已至而猶以爲未至，功已成而猶以爲未成。體道謙沖，遊心高遠。乃者渙起宸斷，修輯六經。恢拓道統之源流，大振斯文之委靡。發舒幽賾，鉤纂精玄，博采先儒之格言，以爲前聖之輔翼。合衆途於一軌，會萬理於一原。地負海涵，天晴日皦。以是而興教化，以是而正人心，使夫已斷不續之墜緒，復屬而復聯，已晦不明之蘊微，復彰而復著。肇建自古所無之制作，纘述自古所無之事功。非惟備覽於經筵，實欲頒布於天下。俾人皆由於正路而學不惑於它岐，家孔孟而户程朱。必獲真儒之用。佩道德而服仁義，咸趍聖域之歸。頓回太古之淳風，一洗相沿之陋習。煥然極備，猗歟盛哉！竊嘗觀之，周衰道廢，汲汲皇皇，以斯道維持世教者，惟師儒君子而已。未有大有爲之君能倡明六經之道、紹承先聖之統如今日者，此皇帝陛下所以卓冠百王，超越千古者也。臣廣等一介書生，粗知章句，大學賢關，渾未造其閫奧；圓冠方屨，❶固慙列於章縫。幸逢熙洽之時，謬忝校劘之任。❷每受成於指教，亦何假於施

❶「方」，原作「句」，今據哈佛本改。

❷「校」，原作「挍」，今據哈佛本改。

爲？樂覩就編，豈勝歡慶？與天下而同惠，於萬古而有光。尊所聞，行所知，求不負於教育；正其誼，明其道，期補報於昇平。無任瞻天仰聖，激切屏營之至。謹奉表隨進以聞。

永樂十三年九月十五日，翰林院學士兼左春坊大學士奉政大夫臣胡廣等謹奉表。

長洲後學倪鰲士仿内府鋟本謹書

序

學不窮經，則無以講明義理，而窺聖賢之精微；學不躬行，則無以進脩德業，而見聖功之切實。蓋窮理進德，事本相須，而俗學之支離淺陋，鮮能兼詣之者。平湖陸稼書先生苦心好學，師法程朱，日討論五經四書，尋源竟委，下逮宋明諸儒之説，一一剖晰同異，而悉定其指歸。若《四書大全》一編，尤生平所殫精致力者。嘗言前代輯書時藍本倪氏《通義》，語雖博收而意寡裁斷，閒有似是之語，陰背本註而不知者。嗣後九鼎《彙徵》附以明儒之駁雜，婁江《註疏》復綴漢唐之紛紜。此書屢變，而愈失其真。又歎近時細書《説約》疎淺割裂，擇不精而語不詳，《大全》且束之高閣矣。爰取原書，標識字旁，以謹嚴去取，兼採朱子《語類》，蔡、林二家《蒙》、《存》，折衷盡善，使無幾微遺憾，意在闡揚經義，開示後人也。至其平時力學，積誠勵行，朝夕孳孳。自脩身正家以及涖官立朝，動必準諸古人，罔有闕失。初授嘉定令，仁聲四訖，以不善事上官落職。再補靈壽，力行教化，北地之風爲之一變。其復官也，以中丞魏蔚州之薦；其内擢也，以司農陳澤州之薦。先後兩赴國門，未嘗造謁通刺。而兩公志在得人，公而忘私，皆可爲世法云。居言路一年，直陳時事，其《正官方》、《扶名教》兩疏，真足昭日月而揭中天。歸里後，皇上念其端方廉潔，召主文衡，而溘焉謝世者已經歲矣。先生貌莊氣和，望而知其涵養完粹，閒質以理學淵源，則平心酬答，初不爲雄論高談，訾議前輩。觀其胸次磊落，氣象雍容，與中州湯公潛菴蓋同時篤行君子也。解組以後，講學虞山，遊其門者多感發興起。壬申季冬，豫知泰山梁木之兆，越旬日而端坐瞑逝。其生也有自來，而其殁也有自往，亦可驗所學之正大矣。茲編乃中年點次，藏之篋中者。席子漢翼、王子漢廷克廣師傳，鋟版行世，則先生羽翼經傳、好學不倦之苦心，庶可垂諸千載而不敝也夫。

時康熙戊寅歲仲春月，甬江同學弟仇兆鰲頓首拜題於武林書室。

三魚堂四書大全序

舊本《四書大全》，予舊所讀本也，用墨筆點定，去其煩複及未合者，又採《蒙引》、《存疑》、《淺説》之要者附於其閒。其萬曆以後諸家之説，則別爲一册，不入於此。依朱子讀書法，每讀一句，必反覆玩味，俟其貫通，然後及於下句。或思索未定，遇有他事當酬應，應畢輒復思此。嘗有一字一句盤桓於胸中，數日然後止。自戊戌至癸卯，用力六年而始畢。然是時雖粗知讀書之門户，而程朱之語録、文集皆未之見，敬軒、敬齋諸君子之書皆未之求；嘉、隆以後，陽儒陰釋之徒改頭換面、似是而非者，猶未盡燭其蔀。自庚戌以來，乃始悉求諸家之書觀之，然後知向之去取都未能當。有先儒見到之語，讀之若平澹而實關學問之得失者，不知取也；有先儒一時之言，讀之若無病而實開假借之途者，不知辨也；又有先儒微言奥義，《大全》諸書所不及載，或載而不詳者，則此本亦竟闕如；又有兩説互異，當存疑而輒輕斷，當晝一而務並存。每取而覆視之，輒赧然於心。欲遂棄之，則又念其曾用數年之力於此，不忍便置，且欲因此自知其陋，鑒於前者或毖於後也，故嘗櫝而藏之，不敢以示人。親友聞其有是書也，皆欲得而觀焉。或疑其有所吝惜，故敢序其始末以告，使共知其陋，相與戒而勉焉，則勝於讀此書也夫。

康熙辛酉三月壬午，平湖陸隴其稼書氏述。

謹按，先生作此序時，距捐館越一紀矣。每憶永恂輩日侍函丈，先生方輯《困勉録》，必將是書翻閱參考，復用朱筆點次，遂成定本。壬申臘月，將歸當湖，乃語永恂輩曰：「吾一生學力，盡在此二書，子其識之。」及易簀前一日，復語其族祖蒿菴翁曰：「余來年欲刻此二書，未知得遂否。」越宿遂卒。茲承先生之志，鋟版告成，深痛先生之弗及一見，因從《文集》中檢出，弁於簡端，以識先生謙牧慎重之意云。

門人　席永恂
　　　侯　銓　謹識
　　　王前席

序二❶

孔子脩明六經，述而不作，其微言精義見於《論語》一書，皆闡揚六經之旨，以發明二帝三王之道也。曾子之《大學》、子思之《中庸》、孟子之七篇，又傳述孔子之意，以發明帝王之道也。紫陽朱子之《集註》、《章句》、《或問》諸書，又折衷伊洛之旨，以發明孔孟之道也。明既尊崇其書，定爲取士之制，命采諸儒之説，萃爲《大全》，又推廣朱子之言，以發明孔孟之道也。自明以至於本朝，家有其書，人習其業，聖賢之道燦然如日月之經天、江河之由地，行之天下而一揆，垂之萬世而無弊，聖人復起，弗能易矣。惟是習之既久，視爲應舉干禄之書。平居終日，思維其言，精求其理，著而爲文以求遇合，及驗之身心踐履之閒，其能悉合者鮮矣！高者溺於虚無，卑者馳於功利。或閎覽博物，則索隱而鉤奇；❷或著書脩辭，亦齊末而忘本。象山、陽明之説盛行，而濂、洛、關、閩之教不著。學術之純駁，即世道之所以汙隆也，豈細故哉？吾師當湖先生，今之朱子也，自束髮受書，即以斯道爲己任。以爲欲閑聖道，正人心，惟近取四子之書，人人所講習者而用力焉，則莫《大全》若矣。乃一準朱子讀書法，每讀一句，必反覆玩味，俟其貫通，然後及於下句。蓋用力六年，而始卒業。復采明儒之説附益之，遵

❶ 此題原無，今據版心文字擬。

❷ 「鉤」，原作「鈎」，今據哈佛本改。

格致擇善之旨，廣涉旁搜，合於朱子者採之，不合者删之。旁行夾注，識以歲月。蓋自通籍以後，易簀以前，折衷考訂，未嘗一日廢也。於戲！先生一生精力盡在此書。處而教行於鄉，生徒矜式焉；出而道行於國，黎民順則焉。爲廉吏，爲純儒，爲直臣，先生以一人兼之，此皆讀書師四子、學程朱之明效也。竊謂當代尊道學之統，宗朱子而闢王氏者，不乏其人，求其真知篤信、實踐躬行、表裏如一而終始不渝者，則舍先生其奚屬哉！迄今殁已數年，聖天子聞而思之，賢公卿敬而慕之，四方之士仰止景行，恨當世未識其人，而訪求其遺書者益衆。永恂兄弟受業有年，講讀之時，竊聞之先生曰：「吾輩今日學問只是遵朱子。朱子之意，即聖人之意，非朱子之意，即非聖人之意。但取其成説而心會之，身體之。患不行，不患不明。」故於是編熟玩精思，辨真晰僞於毫芒疑似之閒，深恐後人之岐趨而誤學也。既詳加較定，捐貲壽梓，所冀世之君子讀是書者，即怗括習玩之中深求聖賢之道，以陶淑人心，維持世教，斯不負先生纂輯之意也夫。

康熙戊寅八月朔，受業門人吴縣席永恂百拜謹述。

序三❶

《三魚堂四書大全》四十卷，吾師子陸子所手定也。又採《蒙引》、《存疑》、《淺説》、《達説》附於其閒。而萬曆以後諸家之説則別爲一編，名《困勉録》。於是《大全》之面目益新，考亭之宗旨益著。蓋不僅經生舉業之資，其即聖學入門之道歟！今年春，授梓既成，爲較閱一過，而太息吾師淑世衛道之心設施未竟，微言大義僅托之遺書以傳也。猶憶前席年始數歲，家嚴延吾師至琴川書屋，適當嘉定罷官時。晨興就塾，見吾師端坐皋比，德容道貌儼然一儒生。以是書置案頭，句讀指畫必詳且盡，不以蒙穉而誨之或略也。未幾，吾師以博學鴻儒薦，予兄弟亦侍家嚴入都，相聚經歲。行篋所攜，惟是書而已。既丁外艱歸，不二年，前席輩亦從家嚴南還，則吾師復來琴川。時前席方學爲文，吾師講解加詳，言必稱孔孟，論必本程朱，力排陽儒陰釋、改頭換面之非。輒請是書覆證之，稍稍窺其藩籬，識其徑路，不爲異説岐趨所惑矣。既而家嚴赴補虞衡，吾師亦起官靈壽，前席復負笈從學者數月。吾師諄諄訓迪，又不以簿書之繁而少弛焉。朔望必至學宮，召諸生講肄，退而筆之於書，以示前席輩。今所傳《松陽講義》，皆權輿於是書，以獨抒所見者也。未幾，辭師省覲，家嚴旋亦請養歸里，分北者久之，然書問弗絶。其所告誡者，不

❶ 此題原無，據版心文字擬。

出數年來函丈晨夕之語。且寄《小學》、《近思》及程氏《日程》諸編，以爲學者必從此入，即其言以歸諸身心，無使書自書、我自我，則舉業無非聖學矣。余小子每服膺心識，弗敢失墜。閱六年，吾師從臺中解組。家嚴復尋舊約，壬申春，延吾師於曹溪別業，前席兄弟偕侯子秉蘅復得請業焉。敦學相長，尤得師友切磋之樂。每日講書三四章，反覆問難。退必奉是編讀之，輒用別本遵式標題，益歎吾師用力之久，採取之當，思之慎而辨之明也。自春迄冬，講《論語》、《學》、《庸》甫畢，方期卒業孟氏之書，次及《五經》《性理》、大儒語録，而天不憖遺，溘焉長逝。前席心喪之中，追惟吾師一生大節，學問文章，一以紫陽爲歸，而用舍行藏，亦最相似。蓋其志在明道，力闢異端及名是而實違、大同而微異者，既見之語言文字之閒，而持身行己，存誠主敬，内而脩身齊家，外而致君澤民，擇善固執而篤行之。故雖博極群書，而必以是編爲標準也。嗚呼，哲人既萎，斯文尚在。若不亟爲表章，以公諸同志，是有負師傳，并有負於聖教矣。因謀之嗣君直方，請是編以歸，與秉蘅及伯氏漢翼重加校訂，授諸書林。若整齊編次，則吾師之族祖蒿菴翁、猶子用中、同門趙子魚裳、旂公之力爲多。所願是書大行，四方之士景行其人，而服習其言，耳目專一，趨向無歧，學術正，邪説息，而風俗自淳，不尤爲世道人心之大幸也哉？

受業門人太倉王前席百拜謹述。

三魚堂四書大全同校姓氏

後學門人

周　纏我園　婁縣　王　原令貽　青浦
趙　俞文饒　嘉定　張　昺長史　婁縣
柯崇樸寓匏　嘉善　沈弘勳又昭　平湖
侯開國大年　嘉定　趙光緒襄孫　平湖
焦袁熹廣期　金山　周　靖敉寧　吳縣
馬子鷟鄧如　靈壽　張雲章漢瞻　嘉定
倪淑則貽孫　平湖　張　凱□□　大興
王　晦服尹　嘉定　歸　梁嵩霞❶　嘉定
王　度賓臣　嘉定　黄洪耀殿雯　嘉定

趙鳳翔魚裳　婁縣　趙慎徽旂公　上海
陸廷璧蛟文　嘉定　程儀千言遠　徽州
蔣鶴鳴聲御　嘉興　傅擴封□□　靈壽
傅德煥□□　靈壽　秦　偕彥超　嘉定
程　佺屺瞻　嘉興　時圯授期五　嘉定
賈澤潤濟川　三韓　徐世沐□□　江陰
瞿天潢爰楫　婁縣　周宗泰文濤　嘉定
張靄生雲先　杭州　李光堯巢來　嘉善
董德華滋邁　嘉定　李□□□□　嘉善
李　實玉如　嘉定　李弘璧武脩　婁縣
傅燮鈞□□　靈壽　夏　嘉湄在　華亭
侯　棠悅舟　嘉定　夏□□周翰　華亭
周承震繩武　嘉定　唐　燮欽文　婁縣
孫之謀駿聲　嘉定　徐善建孝標　嘉善

❶「霞」，哈佛本作「霄」。

張有猷剡舟　嘉定　陳　藡香谷❶　太倉
李應機寰瀛　嘉善　金　潮來青　嘉定
侯　萊準樹　嘉定　貢良楫□□　靈壽
張王典惇五　嘉善　金　封紫六　嘉定
吴　箴夔臣　嘉定　侯　銓秉衡　嘉定
侯　永聲虞　嘉定　王素行繪先　平湖
陳王聘翼聖　婁縣　陳榮樟楚材　平湖
鄭覲旒冕垂　嘉定　陸廷錕德純　嘉定
張　慧迪喆　松江　楊志達襄平　嘉定
應禮璧子蒼　錢唐　王敬銘丹思　嘉定
闞宗宏度遠　嘉定　陸廷燦扶照　嘉定
汪嘉禾周文　嘉定　應禮琮以黄　錢唐
秦　立雲津　嘉定　錢　瀛子登　嘉定
傅維樟□□　靈壽　陳上驤星華　嘉定
沈顯渭襄雍　嘉興　張秉維質夫　嘉善
趙春曦維勤　嘉定　丁廷焕翼傳　嘉善
金廷煌旭昌　平湖　汪來成燕寧　嘉定

侯　燾壽承　嘉定　陸　律葭吹　平湖
王鴻志次飛　平湖　唐定昌賓王　華亭
單周傳□□　青浦　朱孚魚大涉　嘉定

姻戚同宗

張光耀晉如　嘉興　陳嘉綬彭年　婁縣
朱　熊季飛　平湖　李　鉉枚吉　松江
曹宗柱星佑　平湖　張金城固安　嘉興
屠王機觀侯　青浦　金之鍈椒麓　平湖
王之澄宿輪　平湖　朱培寧翼安　平湖
朱培振起玉　平湖　金　甌枚拜　婁縣
席祜鎬渭南　吴縣　倪喆林幼貞　平湖
曹焕謀詒我　平湖　李文洽立成　松江
李文渭南皐　松江

❶「藡」，哈佛本作「邁」。

公鏐蒿菴　平湖
□□寶臣　平湖
若秦西雄　平湖
承勳履平　平湖
鼎勳魯瞻　平湖
煌　尚瞻　平湖
競烈顓成　平湖
輝吉兆枚　平湖
邦燮調孟　平湖
德徵存久　平湖
申吉枚拜　平湖

□□京渠　平湖
□□齡九　平湖
承烈武脩　平湖
承熙覲文　平湖
丕烈仲書　平湖
燮昌寧人　平湖
定烈觀成　平湖
楊烈子顯　平湖
祥徵吉人　平湖
寬徵栗菴　平湖

大學或問

或問：「大學之道，吾子以爲大人之學，何也？」曰：「此對小子之學言之也。」曰：「敢問其爲小子之學，何也？」曰：「愚於序文已略陳之，而古法之宜於今者，亦既輯而爲書矣，即今之《小學》書。學者不可以不之考也。」曰：「吾聞君子務其遠者大者，小人務其近者小者，今子方將語音御。人以大學之道，而又欲其考乎小學之書，何也？」朱子曰：「《小學》書是做人底樣子。」○問：「小學、大學之別。」曰：「小學、大學，只是一箇事，小學是學事親事長，大學便就上面講究委曲其所以事親事長是如何。」○古人由小學而進於大學，其於洒掃應對進退之閒持守堅定，涵養純熟，固已久矣。大學之序，特因小學已成之功。○陳氏曰：「《小學》書綱領甚好，最切於日用，雖至大學之成，亦不外是。」曰：「學之大小固有不同，然其爲道則一而已。是以方其幼也，不習之於小學，則無以收其放心，養其德性，而爲大學之基本。或曰：「放心者，或心起邪思妄念，耳聽邪言，目觀亂色，口談不道之言，以至手足動之不以禮，皆是放也。收者，便於邪思妄念處截斷不續，耳目言動皆然，此謂之收。既能收其放心，德性自然養得。不是收放心外，又養箇德性也。」朱子曰：「然。」○西山真氏曰：「德性，謂得之於天者，仁義禮智信是也。德性在心，本皆全備，緣放縱其心，不知操存，是致賊害其性。若能收其放心，即是養其德性，非二事也。」及其長上聲。下同。也，不進之於大學，則無以察夫音扶。義理，措諸事業，而收小學之成功。玉溪盧氏曰：「察夫義理，大學始事，格、致是也；措諸事業，大學終事，齊、治、平是也。」是則學之大小所以不同，特以少去聲。長所習之異宜，而有高下淺深、先後緩急之殊，非若古今之辨、義利之分，判然如薰蕕音猶。冰炭之相反而不可以相入也。薰，香草。蕕，臭草。今使幼學之士，必先有以自盡乎洒上、去二聲。掃去聲。應對進退之閒，禮樂射御書數之習，《附纂》：洒掃應對，便是形而上者。俟其既長，而後進乎明德、新民以止於至善，是乃次第之當然，又何爲而不可哉？」曰：「幼學之士以子之言而得循序漸進，以免於躐等陵節之病，則誠幸矣。若其年之既長，而不及乎此者，欲反從事於小學，則恐其不免於扞格不勝、勤苦難成之患；《記·學記》：「發然後禁，則扞格而不勝；時過然後學，則勤苦而難成。」〔扞，胡半反。格，胡客反。勝，平聲。人欲既發而後禁之，則扞拒堅强而不勝也。〕❶《通考》吳氏程曰：「扞格，牴牾不相入也。」欲直從事於大學，則又恐其失序無本，而不能以自達也，則如之何？」曰：「是其歲月之已逝者，則固不可得而復扶又反。下同。追矣。若其工夫之次第條目，則豈遂不可得而復補耶？朱子曰：「古人於小學自能言便有教，一歲有一歲工夫。到二十來歲，聖賢資質已自有二三分，大學只出治光采。而今都蹉過了，不能更轉去做得。只據而今地頭便劄住，立定脚跟做去，栽種後來根株，填補前日欠缺。如二十歲覺悟，便從二十歲立定脚跟做去；如三十歲覺悟，亦然；便年八九十歲覺悟，亦只據現定劄住硬寨做去。」蓋吾聞之，敬之一字，聖學之所以成始而成終者也。《附纂》黄氏洵饒曰：「此敬字貫動静。」爲小學者不由乎此，固無以涵養本原，即前所謂收放心，養德性。而謹夫音扶。下同。洒掃應對進退之節，與夫六藝之教。爲大學者不由乎此，亦無以開發

❶ 下括號原在「勝平聲」下，今據《四書大全》及本書體例改置於此。

聰明，格、致之事。進德誠、正、脩。脩業，齊、治、平。而致夫明德、新民之功也。是以程子發明格物之道，而必以是爲説焉。問：「敬字當不得小學。」朱子曰：「看來小學却未當得敬，敬已自包得小學。敬是徹上徹下工夫，雖做到聖人田地，也只放下這敬不得。」○問：「《大學》首云明德，却不曾説主敬，莫是已見於《小學》否？」曰：「然。自《小學》不傳，伊川却是帶補一敬字。」○北溪陳氏曰：「程子只説一箇主敬工夫，何以補小學之缺？蓋主敬工夫可以收放心而立大本。大本既立，然後工夫循序而進，無往不通。大抵主敬之功貫始終，一動静，合内外。小學、大學皆不可無也。」○玉溪盧氏曰：「敬者定志慮，攝精神，而存養本心之道，故爲聖賢之始終。百倍其功，只在主敬。篇首三言，爲《大學》一書之綱領；明明德一句，爲篇首三言之綱領；朱子敬之一字，則又明明德之綱領也。」不幸過時而後學者，誠能用力於此，以進乎大，而不害兼補乎其小，則其所以進者，將不患於無本而不能以自達矣。其或摧頽已甚，而不足以有所兼，則其所以固其肌膚之會、筋音斤。骸音諧。之束，而養其良知良能之本者，亦可以得之於此，而不患其失之於前也。《記·禮運》：「故禮義也者，人之大端也，所以講信脩睦，而固人之肌膚之會、筋骸之束也。」會，合也，物合其則也，如頭容宜合於直之類。束，收斂也，如手容宜恭之類。顧以七年之病而求三年之艾，五蓋反。非百倍其功不足以致之。若徒歸咎於既往，而所以補之於後者，又不能以自力，則吾見其扞格勤苦日有甚焉，而身心顛倒，眩瞀務、茂二音。迷惑，終無以爲致知力行之地矣。況欲有以及乎天下國家也哉！」問：「人於已失學後，須如此勉强奮勵方得？」朱子曰：「失時而後學，必著如此攢補得前許多欠缺處。人一能之，己百之；人十能之，己千之。若不如是，悠悠度日，一日不做得一日工夫，只見没長進，如何要補前面？」○今人不曾做得小學工夫，一旦學大學，是以無下手處。

今且當自持敬始，使端的純一靜專，然後能致知格物。敬字是徹頭徹尾工夫，自格物至平天下，皆不外此。

曰：「然則所謂敬者，又若何而用力耶？」曰：「程子於此，嘗以主一、無適言之矣，程子曰：「主一之謂敬，無適之謂一。」○朱子曰：「主一只是心專一，不以他念雜之。無適只是不走作，如讀書時只讀書，著衣時只著衣，了此一件，又做一件，身在這裏，心亦在這裏。」○今講學更須於主一上做工夫。若無主一工夫，則講底義理無安著處，都不是自家物事；若有主一底工夫，則外面許多義理方始爲我有，都是自家物事。工夫到時纔主一，便覺意思好，卓然精明。○北溪陳氏曰：「主一是心只在此，不二不三；無適是心只在此，不東不西。主一、無適，只展轉相解釋，要分明，非主一外又別有無適之功也。」嘗以整齊嚴肅言之矣。程子曰：「只整齊嚴肅，則心便一，一則無非僻之干矣。」○玉溪盧氏曰：「主一、無適未易曉，故又就事實上教人，使只就眼前做工夫，如正衣冠、尊瞻視、足容重、手容恭之類皆是。內外一致，外面整齊嚴肅，則內面便一；內面便一，則外面便無非僻之干。」至其門人謝氏之說，則又有所謂『常惺惺法』者焉。上蔡謝氏曰：「敬是常惺惺法。」○朱子曰：「惺惺，乃心不昏昧之謂，只此便是敬。整齊嚴肅固是敬，然心若昏昧，燭理不明，雖强把捉，豈得爲敬？」○學問須是警省。且如瑞巖和尚，每日常自問：「主人翁惺惺否？」又自答曰：「惺惺。」今時學者却不能如此。○或問：「佛氏亦有此語？」曰：「其喚醒此心則同，其爲道則異。吾儒喚醒此心，欲他照管許多道理；佛氏則空喚醒在此，無所作爲。異處在此。」○心既常惺惺，又以規矩繩檢之，此內外交相養之道也。○今人心聳然在此，尚無惰慢之氣，況曰心常能惺惺者乎！故心常惺惺，自無容慮。○陳氏曰：「是就心地上做工夫處。蓋心常惺惺在這裏，便常惺惺恁地活；若不在，便死了。心纔在這裏，則萬理便森然於其中矣。」尹氏之說，則又有所謂『其心收斂，不容一物』者焉。祈寬問：「如何是主一？」和靖尹氏曰：「只收斂身心，便是主一。且如人到神祠致敬時，其心收斂，便著不得毫髮事，非主一而何？」○朱子曰：「心主這一事，不爲他事攙亂，便是不容一物。」○

問：「心收斂不容一物。」曰：「這心都不著一物，便收斂他。上文云今人入神祠，當那時，直是更著不得些子事，只有箇恭敬，此最見得親切。今人若能專一此心，便收斂緊密，都無些子空罅。若這事思量未了，又走做那邊去，心便成兩路。」觀是數説，足以見其用力之方矣。」問：「程子、謝氏、尹氏所説敬處。」朱子曰：「譬如此屋，四方皆入得，若從一方入到這裏，則那三方入處都在這裏了。」○問：「敬，諸先生之説各不同，然總而言之，常令此心常存，是否？」曰：「其實只一般。若是敬時，自然主一無適，自然整齊嚴肅，自然常惺惺，其心收斂不容一物。但程子整齊嚴肅與謝氏、尹氏之説，又更分曉。」○問：「程子、謝氏之説，謝氏尤切當？」曰：「如某所見，程子説得切當。整齊嚴肅，此心便存，便能惺惺，未有外面整齊嚴肅而内不惺惺者。人一時間外面整齊，便一時惺惺；一時放寬了，便荒怠也。」○新安陳氏曰：「朱子深取整齊嚴肅之説者，蓋以有著實下手處耳。」○勿齋陳氏曰：「整齊嚴肅及收斂不容一物，皆敬之始也；主一無適及常惺惺者，皆敬之成也。主一無適者，敬之純；常惺惺者，敬而明也。然主一亦有淺深，以初學言之，則欲主乎一；以成德言之，則所主者一。」黄氏曰：「且將自家身心去體察，見得如何是主一無適，如何是整齊嚴肅，如何是常惺惺，如何是其心收斂，不容一物。是四者，皆以有所畏而然。朱子晚年言敬字之義，惟畏字近之，其意精矣。」○西山真氏曰：「持敬之道，合三先生之言而用力焉，然後内外交相養之功始備。」

曰：「敬之所以爲學之始者然矣，其所以爲學之終也奈何？」

曰：「敬者，一心之主宰而萬事之本根也。知其所以用力之方，則知小學之不能無賴於此以爲始，知小學之賴此以始，則夫音扶。大學之不能無賴乎此以爲終者，可以一以貫之而無疑矣。蓋此心既立，由是格物致知，以盡事物之理，則所謂尊德性而道問學；新安陳氏曰：「尊德性，持敬以涵養本原也；道問學，窮格以開發聰明也。」由是誠意正心，以脩其身，則所謂先立其大者而小者不能奪；新安陳氏曰：「先立其大者，持敬以誠其意，正其心也；小者不能奪，百體從心君所令而身脩也。」由是齊家治國以及乎天下，則所謂脩己以安百姓，篤恭而天下平。是皆未始一日而離去聲。乎敬也。然則敬之一字，豈非聖學始終之要也哉？」朱子曰：「敬者，始終之要。未知，則敬以知之；已知，則敬以守之。若不敬，則其心顛倒昏昧而不自知。未知者，非敬無以知；已知者，非敬無所守。」○陳氏曰：「心之爲物，虛靈知覺，所以爲一身之主宰也。身無此以爲之主宰，則四肢百體皆無所管攝矣。然所以爲心者，又當由我有以主宰之。我若何而主宰之乎？所謂敬者，是又一心之主宰也。」○曰：「然則此篇所謂『在明明德，在新民，在止於至善』者，亦可得而聞其說之詳乎？」曰：「天道流行，發育萬物，其所以爲造化者，陰陽五行而已。黄氏曰：「天道是理，陰陽五行是氣。合而言之，氣即是理，一陰一陽之謂道是也；分而言之，理自爲理，氣自爲氣，形而上下是也。」○未有五行，只得喚做陰陽；既有五行，則陰陽在五行之中矣。《附纂》黄氏洵饒曰：「天道，指太極；流行，指陰陽。」又曰：「太極動而生陽，靜而生陰，此是流行處。」而所謂陰陽五行者，又必有是理而後有是氣；及其生物，則又必因是氣之聚而後有是形。故人物之生，必得是理，然後有以爲健順仁義禮智之性；必得是氣，然後有以爲魂魄五臟百骸之身。周子所謂『無極之真，二五之精，妙合而凝』者，正謂是也。問：「『必有是理，然後有是氣』是如何？」朱子曰：「此本無先後之可言，然必欲推其氣之所從來，則須說先有是理。然理又非別爲一物，即存乎是氣之中。無是氣，則是理亦無掛搭處。氣則爲金、木、水、火，理則爲仁、義、禮、智。」○理未嘗離乎氣，然豈無先後？理無形，氣便粗，有查滓。○就原頭定體上說，則未分五行時，只謂之陰陽；未分五性時，只謂之健順。及分而言之，則陽爲木、火，陰爲金、水，健爲仁、禮，順爲智、義。○問陰陽五行、健順五常之性。曰：「健是稟得那陽之氣，順是稟得那陰之氣，五常是稟得五行之理。人物皆稟得健順五常之性。」○天地之間有理有氣。理也者，形而上之道也，生物之本也；氣也者，形而下之器也，生物之具也。故人物之生，必本此理，然後有性；必稟此氣，然後有形。其性其形，雖不外乎一身，然道器之間分際甚明，不可亂也。○北溪陳氏曰：「人始於氣，感則得魂爲先。既而體凝焉，則魄次之。魂主乎動，所以行乎此身之中，隨所貫而無不生者也；魄主乎静，所以實乎此身之中，隨所注而無不定者也。」○節齋蔡氏曰：「先有理後有氣者，形而上爲道，形而下爲氣之謂也。有則俱有者，道即器之謂也。蓋不分先後，則理氣不明；不合理氣，則判爲二物。如性之與情，未發已發，自有先後，固不可道性情同時也。然情之本實具於性，非先有此性而後别生一情，是有此性即有此情也。」○東窗李氏曰：「天之運五行，其實陰陽而已；人之性五常，其實健順而已。仁之油然生意不可遏，禮之粲然明盛不可亂，健之爲也；義不拂乎可否之宜，智不昧乎是非之别，順之爲也。若夫信則體是理而不易者，健也；循是理而不違者，順也。」○玉溪盧氏曰：「魂，陽之靈；魄，陰之靈；五臟，五行之質；百骸，萬物之象也。真以理言，而理不雜氣；精以氣言，而氣不離理。妙者，理氣之莫測；合者，理氣之無間；凝則有是形而各一其性矣。」○周子之言，見《太極圖說》。附《存疑》：陰陽五行，有對待，有流行。在人亦然。四肢百骸、五臟六腑，此對待也；血氣周流於一身，與四時相爲流通，此流行也。四肢百骸，在外者也；五臟六腑，在内者也。外之肢骸分屬於内之臟腑，肢骸臟腑又總屬於一心。蓋人之臟腑，惟心居中，最貴而獨虚，血氣周流於一身，皆統會於是。人得此氣以有生，必有箇精英處。其精英則盡萃於心，此心所以獨靈於諸臟，又能管轄乎臟腑肢骸也。理氣不相離，氣之精英在是，則許多道理亦皆在是。理無計度，無營爲，氣則有計度，有營爲，凡理之承載敷施，皆氣爲之。故心也者，理氣之會、神靈之物、一身之主、萬事之綱也。自心之念慮言，則曰意；自心之向往言，則曰志。自心之具此理以生言，則曰性；自心之得此理以爲性言，則曰德。自性之動言，則曰情；自情之能動言，則曰才。曰意，曰志，皆從心也；曰情，曰才，皆從德性也。要皆氣之爲也。故性情之寂感，氣之動静也；心之善惡，氣之清濁美惡也；才之優劣，氣之强弱也。人之不能盡其性情才德者，皆氣之爲，而物欲之蔽，則緣氣而生也。學也者，撤其拘，去其蔽，反其本而復其初也。《大學》之明德，明此也；《中庸》之存省，存省此也。雖古今聖賢所説入道門户不同，要皆不外乎此而從事也。

然以其理而言之，則萬物一原，固無人物貴賤之殊；以其氣而言之，則得其正且通者爲人，得其偏且塞先則反。者爲物，是以或貴或賤而不能齊也。

朱子曰：「以理言之，則無不全；以氣言之，則不能無偏。」○人得其氣之正，故是理通而無所塞；物得其氣之偏，故是理塞而無所通。且如人頭圓象天，足方象地，平正端直，以其受天地之正氣，所以識道理，有知識。物受天地之偏氣，所以禽獸横生，草木頭生向下，尾反向上。物之間有知者，不過只通得一路，如烏之知孝，獺之知祭，犬但能守禦，牛但能耕而已。人則無不知，無不能。人所以與物異，所争者此耳。○論萬物之一原，則理同而氣異；觀萬物之異體，則氣猶相近，而理絕不同。方賦與萬物之初，天命流行，只是一般，故理同；二五之氣，有清濁純駁，故氣異。萬物已得之後，雖有清濁純駁之不同，而同此二五之氣，故氣相近；以其昏明開塞之甚遠，故理絕不同。氣相近，如知寒暖，識飢飽，好生惡死，趨利避害，人與物都一般。理不同，如蜂蟻之君臣，只是他義上有一點子明；虎狼之父子，只是他仁上有一點子明。其他更推不去。○新安倪氏曰：「理雖不雜乎氣，而亦不離乎氣。以不雜者言之，則理同而氣異；以不離者言之，則得氣之正者，理亦全，得氣之偏者，理亦不全矣。朱子後一條與《或問》之説略有不同者，而亦未嘗不互相發也。」

彼賤而爲物者，既梏於形氣之偏塞，而無以充其本體之全矣。唯人之生，乃得其氣之正且通者，而其性爲最貴，故其方寸之間，虚靈洞徹，萬理咸備。

北溪陳氏曰：「此八字只是再詳『虚靈不昧，以具衆理』之意。虚靈洞徹，蓋理與氣合，而有此妙用耳，非可專指氣。如心恙底人亦有氣存，何故昏迷顛錯，無此虚靈洞徹邪？」

蓋其所以異於禽獸者正在於此，而其所以可爲堯舜而能參天地以贊化育者，亦不外焉。是則所謂明德者也。

《附纂》黄氏洵饒曰：「此一節言本性。」

然

其通也，或不能無清濁之異；其正也，或不能無美惡之殊。故其所賦之質，清者智而濁者愚，美者賢而惡者不肖，又有不能同者。朱子曰：「人雖皆是天地之正氣，但衮來衮去，便有昏明厚薄之異。蓋氣是有形之物，纔是有形之物，便自有美惡也。」〇問：「智愚賢不肖，是所稟之氣有清濁美惡之不同，不歸於所稟，而歸於所賦，何邪？」曰：「賦如俗語云分俵均敷之意。」〇問：「有人聰明通曉，是稟氣之清矣，然却所爲過差，或流於小人之歸。又有爲人賢，而不甚聰明通曉。何也？」曰：「《或問》中所謂知愚賢不肖之殊是也。蓋其所賦之質，便有此四樣。聰明曉了者，智也，而或不賢，便是稟賦中欠了清和温恭之德。又有人極温和而不甚曉事，便是賢而不智。爲學便是要克化，教此等氣質令恰好耳。」〇有是理而後有是氣，有是氣便有是理。但稟氣之清者爲聖爲賢，此如寶珠在清冷水中；稟氣之濁者爲愚不肖，此如寶珠在濁水中。所謂明明德者，是就濁水中揩拭此珠也。物亦有是理。又如寶珠在至污處，然其所稟有些明處，就上面便自不昧，如虎狼之父子、蜂蟻之君臣是也。〇黄氏曰：「美惡是有生之初便分了，非以性言，是以氣言。譬如玉之與石，則美惡固分，而玉之中又有美惡分焉。」〇格庵趙氏曰：「通塞偏正，判人物之大分而言；其清濁美惡，又就人中分別。」《附纂》黄氏洵饒曰：「此一段言氣質。」必其上智大賢之資，乃能全其本體而無少不明。其有不及乎此，則其所謂明德者，已不能無蔽而失其全矣。況乎又以氣質有蔽之心，接乎事物無窮之變，則其目之欲色，耳之欲聲，口之欲味，鼻之欲臭，四肢之欲安佚，所以害乎其德者，又豈可勝平聲。言也哉！《附纂》黄氏洵饒曰：「此言人欲。」二者相因，反覆深固，是以此德之明日益昏昧，而此心之靈，其所知者，不過情欲利害之私而已。是則雖曰有人之形，而實何以遠於禽獸；雖曰可以爲堯舜而參天地，而亦不能有以自充矣。然而本明之體，得之於天，終有不可得而昧者，是以雖其昏蔽之極，而介然之頃介，音甲，倏然之頃也。一有覺焉，則即此空去聲。隙之中，而其本體已洞然矣。問：「介然之頃一有覺焉，則其本體已洞然矣。須是就這些覺處，便致知充廣將去。」朱子曰：「然。如擊石之火，只是些子。纔引著，便可以燎原。若必欲等大覺了，方去格物致知，如何等得這般時節？那箇覺，是物格知至了，大徹悟，到恁地時，事都了。若是介然之覺，一日之閒，其發也無時無數，只要人識認得，操持充養將去。」是以聖人施教，既已養之於小學之中，而復扶又反。開之以大學之道。其必先之以格物致知之説者，所以使之即其所養之中，而因其所發，以啓其明之之端也；《附纂》黄氏洵饒曰：「此言知工夫。」繼之以誠意、正心、脩身之目者，則又所以使之因其已明之端，而反之於身，以致其明之之實也。《附纂》黄氏洵饒曰：「此言行工夫，即性分之固有、職分之當爲。」夫音扶。既有以啓其明之之端，而又有以致其明之之實，則吾之所得於天而未嘗不明者，豈不超然無有氣質、物欲之累，而復得其本體之全哉！是則所謂明明德者，而非有所作爲於性分去聲。之外也。然其所謂明德者，又人人之所同得，而非有我之得私也。向也俱爲物欲之所蔽，則其賢愚之分，固無以大相遠者。今吾既幸有以自明矣，則視彼衆人之同得乎此而不能自明者，方且甘心迷惑没溺於卑污音烏。苟賤之中而不自知也，豈不爲去聲。之惻然而思有以救之哉？故必推吾之所自明者以及之，始於齊家，中於治國，而終及於平天下。《附纂》黄氏洵饒曰：「即所謂恕。」使彼有是明德而不能自明者，亦皆有以自明，而去上聲。其舊染之污焉。是則所謂新民者，而亦非有所付畀必至反。增益之也。玉溪盧氏曰：「非彼本無而我付畀之，非彼本少而我增益之，以其本體之明無不全也。」附《存疑》：新民不專是教，兼有養事。無養，教亦不可成。《或問》「不惟有以化之，而又有以處之」是也。但説不可露出。○《傳習録》謂親當作親，固不費更改。然愚觀上曰明明德，就教言也，下曰新民，亦是就教上説，與明德爲類。若曰親民，却是就養上説，與明明德不類。若曰「明己德，新民德」則可，曰「明己德，親民德」則不可。然則前輩改親作新，不爲無見也。《傳習録》又謂「説親民便兼教養意，説新民便覺偏了」，此大誤。《大學》所言是教人事，不是養元，所以駁之者以此。如親民欲兼教養，上文明明德亦兼教養乎？如何可通？ 然德之在己而當明，與其在民而當新者，則又皆非人力之所爲。而吾之所以明而新之者，又非可以私意苟且而爲也。是其所以得之於天而見形甸反。於日用之閒者，固已莫不各有本然一定之則，西山真氏曰：「則者，法也。天下之理皆天實爲之，莫不有一定之法，非人力所可增損，故曰則。」玉溪盧氏曰：「至善乃太極之異名，而明德之本體。得之於天，而有本然一定之則者，至善之體，乃吾心體統之太極；見於日用之閒，而各有本然一定之則者，至善之用，乃事事物物各具之太極也。」程子所謂『以其義理精微之極，有不可得而名』者，故姑以至善目之。而傳去聲。所謂君之仁、臣之敬、子之孝、父之慈、與人交之信，乃其目之大者也。衆人之心固莫不有是，而或不能知，學者雖或知之，而亦鮮上聲。能必至於是而不去。此爲大學之教者，所以慮其理雖粗上聲，略也。復而有不純，己雖粗克而有不盡，且將無以盡夫音扶。脩己治人之道，故必指是而言，以爲明德、新民之標的也。欲明德而新民者，誠能求必至是，而不容其少有過不及之差焉，則其所以去上聲。人欲而復天理者，無毫髮之遺恨矣。朱子曰：「至善只是極好處，十分端正恰好，無一毫不是處，無一毫不到處。且如事君，必當如舜之所以事堯，而後喚做敬；治民，必當如堯之所以治民，而後喚做仁。不獨如此，凡理皆有箇極好處。」〇陳氏曰：「所謂『姑以至善目之』者，所以極形容其精微爾，非謂精微之不爲善而借此以形容之也。」〇又曰：「自其大者言之，如仁、敬、慈、孝，即君臣父子所當止之處。自其小者言之，如足容重，手容恭，重與恭即手足所當止之處；視思明，聽思聰，聰與明亦視聽所當止之處。」附《存疑》：《傳習録》非朱註，謂「於事事物物上求至善，却是義外也」，「至善是心之本體」。又曰：「至善只求諸心，心即理也。」「此心無私欲之蔽，即是天理，不須外面添一分。以此純乎天理之心，發之事父便是孝，發之事君便是忠，發之交友治民便是信與仁。只在此心去人欲、存天理上用功便是。」據其說，止至善只是去人欲，存天理，不可說於事事物物上講求，蓋恐落於義外也。不知若不講求，將有錯認人欲作天理。若申生之死孝、子路之死忠者，豈可不講求？而此理只求之於心，亦不謂義外也。又謂要此心純乎天理之極，非有學問思辨之功，將不免於毫釐之差、千里之謬。夫曰須有學問思辨之功，依舊是講求也，不知如何又如此說，豈不自相矛盾？其謂心即理，又心即性，及朱子說人爲學，分心與理，未免爲二，亦不是。夫心與理、性自有分，謂心爲虛靈知覺則可，謂理爲虛靈知覺斷不可，此可以見心、理之別矣。性是心所具之理，故曰心統性情，豈可謂心即性？子曰：「回也，其心三月不違仁。」仁即性，曰心不違仁，是心與性固有分也。又陽明謂於事事物物上求至善是義外，是失記「萬物皆備於我」、「天生蒸民，有物有則，民之秉彝」之說也。物備於我，則格物於我，物則秉彝，則格物於秉彝，安得爲義外也？

大抵《大學》一篇之指，總而言之，不出乎八事。而八事之要，總而言之，又不出乎此三者。此愚所以斷都玩反。然以爲《大學》之綱領而無疑也。然自孟子没，而道學不得其傳，世之君子各以其意之所便者爲學。於是乃有不務明其明德，而徒以政教法度爲足以新民者。又有愛身獨善，自謂足以明其明德，而不屑乎新民者。又有略知二者之當務，顧乃安於小成，狃女九反。於近利，而不求止於至善之所在者。是皆不考乎此篇之過。其能成己成物而不謬者，鮮上聲。矣！」朱子曰：「不務明其明德，而以政教法度爲足以新民，如管仲之徒便是。自謂能明其明德，而不屑於新民，如佛老便是。略知明德新民，而不求止於至善，如王通便是。看他於己分上亦甚修飾，其論爲治本末亦有條理，甚有志於斯世，只是規模淺窄，不曾就本原上著工，便做不徹。須是無所不用其極方是。古之聖賢明明德便欲無一毫私欲，新民便欲人於事事物物上皆是當也。」○玉溪盧氏曰：「成己謂明德，成物謂新民。不止至善，故不謬者鮮。」

○曰：「程子之改親爲新也，何所據？子之從之，又何所考而必其然邪？且以己意輕改經文，恐非傳如字。疑之義，奈何？」新安倪氏曰：「《春秋穀梁傳》云『信以傳信，疑以傳疑』，此『傳疑』二字所本也。」曰：「若無所考而輒改之，則誠若吾子之譏矣。今『親民』云者，以文義推之則無理，『新民』云者，以傳去聲。文考之則有據。程子於此，其所以處上聲。之者亦已審矣。矧未嘗去上聲。其本文，而但曰某當作某，是乃漢儒釋經不得已之變例，而亦何害於傳疑邪？若必以不改爲是，則世蓋有承誤踵之隴反。訛，吾禾反。心知非是，而故爲穿鑿附會，以求其說之必通者矣。其侮聖言而誤後學也益甚，亦何足取以爲法邪？」

○曰：「『知止而后有定，定而后能靜，靜而后能安，安而后能慮，慮而后能得』，何也？」曰：「此推本上文之意，言明德、新民所以止於至善之由也。蓋明德、新民固皆欲其止於至善，然非先有以知夫音扶。下同。至善之所在，則不能有以得其所當止者而止之。如射者固欲其中去聲。下同。夫正鵠，正音征。鵠音谷。然不先有以知其正鵠之所在，則不能有以得其所當中者而中之也。知止云者，物格知至，而於天下之事皆有以知其至善之所在，是則吾所當止之地也。能知所止，則方寸之閒，事事物物皆有定理矣；新安陳氏曰：「《章句》云知止則志有定向，此云事物皆有定理，合二説，其義方備。能知所止，則此心光明；見得事物皆有定理，而志方有定向。」理既有定，則無以動其心而能静矣；心既能静，則無所擇於地而能安矣；能安，則日用之閒，從七恭反。容閒音閑。暇，事至物來，有以揆之而能慮矣；能慮，則隨事觀理，極深研幾，平聲。無不各得其所止之地而止之矣。問：「知止與能慮，先生昨以比《易》中深與幾，《或問》中却兼下『極深研幾』字，覺未穩。」朱子曰：「極深研幾，是更審一審，當時下得未仔細。要之，只著得研幾字。」○陳氏曰：「物果格而無一理之不窮，無一見之不盡，則爲天下之事，所謂至善、所當止者，皆灼然有以知之矣。」○理既有定，則心之所主更無外慕，況外物皆無以動之而能静矣；身既能安，則向者知所當止之事物或接乎吾前，而吾從容以應之，自能精於慮而不錯亂矣。❶然既真知所止，則其必得所止，固已不甚相遠。其閒四節，定、静、安、慮。蓋亦推言其所以然之故。有此四者，非如孔子之志學以至從心，孟子之善信以至聖神，實有等級之相懸，爲終身經歷之次序也。」朱子曰：「如志學至從心，中閒許多便是大階級，步却闊。知止至能得，只如志學至立、立至不惑相似。定、静、安大抵皆相類，只是就一級中閒細分耳。」○某事當如此，某事當如彼，如君當仁，此是知止。事至物來，對著胸中恰好底道理，❷將這箇去應他，此是得其所止。○曰：「『物有本末，事有終始，

❶「精於」，原作「之爲」，今據哈佛本改。
❷「胸」，原作「有」，今據哈佛本改。

知所先後，則近道矣』，何也？」曰：「此結上文兩節之意也。明德、新民，兩物而内外相對，故曰本末；知止、能得，一事而首尾相因，故曰終始。誠知先其本而後其末，先其始而後其終也，則其進爲有序，而至於道也不遠矣。」朱子曰：「知工夫先後次第，則進爲有序，不忽近務遠，處下窺高，而其入道爲不遠矣，謂至道之近也。」○黄氏曰：「知所先後，方是曉得爲學之道，未能遂得夫道也。然既知其進爲之序，則有至之階矣，故云去道不遠。」○曰：「『古之欲明明德於天下者，先治其國；欲治其國者，先齊其家；欲齊其家者，先脩其身；欲脩其身者，先正其心；欲正其心者，先誠其意；欲誠其意者，先致其知；致知在格物』，何也？」曰：「此言大學之序，其詳如此，蓋綱領之條目也。格物、致知、誠意、正心、脩身者，明明德之事也；齊家、治國、平天下者，新民之事也。格物致知，所以求知至善之所在。自誠意以至於平天下，所以求得夫至善而止之也。朱子曰：「格物、致知，是求知其所止；誠意、正心、脩身至平天下，是求得其所止。物格、知至，是知所止；意誠、心正、身脩、家齊、國治、天下平，是得其所止。」所謂明明德於天下者，自明其明德而推以新民，使天下之人皆有以明其明德也。人皆有以明其明德，則各誠其意，各正其心，各脩其身，各親其親，各長上聲。下同。其長，而天下無不平矣。問：「明德之功果能若是，不亦善乎？然以堯、舜之聖，閨門之内或未盡化，況謂天下之大，能服堯、舜之化而各明其德乎？」朱子曰：「《大學》『明明德於天下』，只是且説箇規模如此。學者須有如此規模，不如此便是欠了。且如伊尹，思匹夫不被其澤，如己推而納之溝中。伊尹也只大概要恁地，又如何使得無一人不被其澤？又如説比屋可封，也須有一家半家不恁地者。只是見得自家規模自當如此，不如此不得。到做不去處，却無可奈何。規模自是著恁地，工夫便却用寸寸進。若無規模次第，只管去細碎處走，便入世之計功謀利處去。若有規模，而又無細密工夫，又只是一箇空規模。外極規模之大，内推至於事事物物處，莫不盡其工夫，此所以爲聖賢之學。」○新安陳氏曰：「不言各格物致知者，民可使由，不可使知之意也。親親長長，即齊家之大者。」

然天下之本在國，故欲平天下者，必先有以治其國。國之本在家，故欲治國者，必先有以齊其家。家之本在身，故欲齊家者，必先有以脩其身。至於身之主則心也，一有不得其本然之正，則身無所主，雖欲勉强上聲。下同。以脩之，亦不可得而脩矣，故欲脩身者，必先有以正其心。而心之發則意也，一有私欲雜乎其中，而爲善去上聲。惡或有未實，則心爲所累，雖欲勉强以正之，亦不可得而正矣，故欲正心者，必先有以誠其意。若夫音扶。知則心之神明，妙衆理而宰萬物者也，人莫不有，而或不能使其表裏洞然，無所不盡，則隱微之閒，真妄錯雜，雖欲勉强以誠之，亦不可得而誠矣，故欲誠意者，必先有以致其知。致者，推致之謂，如『喪致乎哀』之致，言推之而至於盡也。朱子曰：「神是恁地精彩，❶明是恁地光明。」○道理固本有，用知方發得出來，所以謂之妙衆理。妙猶言能運用衆理也，運用字有病，故只下得妙字。○問：「宰是主宰之宰，宰制之宰？」曰：「主便是宰，宰便是制。」○問：「知如何宰物？」曰：「無所知覺，則不足以宰制萬物。要宰制他，也須要知覺。」○心之爲物，至虛至靈，神妙不測，常爲一身之主，以提萬物之綱，而不可有頃刻之不存者也。一不自覺，而馳騖飛揚，以徇物欲於軀殼之外，則一身無主，萬事無綱。雖其俯仰顧盼之閒，蓋已不自覺其身之所在。○黄氏曰：「理是不動底物。不

❶「精」，原作「情」，今據哈佛本改。

著妙字，如何發得許多理出來？」○陳氏曰：「致知言表裏洞然，以心之内外而言。知不致，則無以識是非善惡之真，將從何而趨？從何而捨？必有錯認人欲作天理而不自覺者。」○三山陳氏曰：「欲意之誠而不始於致知，則有善否未明而誤於所向者多矣。推之而至於盡，有所用力之辭。」○玉溪盧氏曰：「心之神明，即所得於天而虛靈不昧者也。心固具衆理而應事物，所以妙衆理而宰事物者，非心之神明乎？其表與裏洞然無不盡，則心之用與體無不明矣。神明字與虛靈字相爲表裏。虛主理言，靈兼氣言，先言虛，後言靈，見心之體不離用。神兼氣言，明主理言，先言神，後言明，見心之用不離體。」○新安陳氏曰：「心本神明之物，知又心之所以神明者，惟神明所以妙也。」《附纂》黄氏洵饒曰：「表裏洞然，就知上説。」至於天下之物，則必各有所以然之故，與其所當然之則，所謂理也。人莫不知，而或不能使其精麤隱顯究極無餘，顯，就物上説。則理所未窮，知必有蔽，雖欲勉强以致之，亦不可得而致矣。朱子曰：「所當然之則，如君之仁、臣之敬；所以然之故，如君何故用仁，臣何故用敬。如君之所以仁，蓋君是箇主腦，百姓人民皆屬他管，他自是用仁愛。非説是爲君了，不得已以仁愛行之。自是合如此，若天使之然。又如父之所以慈，子之所以孝，蓋父子本同一氣，只是一人之身，分成兩箇，其恩愛相屬，自有不期然而然者。其他大倫皆然，皆天理使之如此，豈容强爲哉？」○玉溪盧氏曰：「粗也，顯也，即事物當然之則也；精也，隱也，即事物所以然之故也。」○新安陳氏曰：「所當然之則，理之實處；所以然之故，乃其上一層理之源頭也。」《附纂》黄氏洵饒曰：「精粗隱顯，就物上説。」故致知之道，在乎即事觀理，以格夫音扶。物。格者，極至之謂，如『格於文祖』之格，言窮之而至其極也。括蒼葉氏曰：「但能隨事觀理，盡與理會，卒之天下事物之理，不惟知得一件兩件，若隱若顯，蓋將無所不知矣；一事一物之閒，不惟知得一分兩分，若精若粗，蓋將無所不知矣。」

附《存疑》：這物字所該極廣，後面齊家、治國、平天下許多事物，皆在這一物字内。或曰：「物在外，知在内，曰致知在格物，得無義外，若陽明之所論乎？」曰：「物雖在外，其理則具於吾心，所以説萬物皆備於我。」又曰：「中者，天下之大本，皆以心具萬物之理言也。心具物理，有不知者，蔽於氣稟爾。氣稟雖蔽，而知依舊在。格物致知，是窮極物理，還復這知。還復這知，雖云格物，然是格之於内，不是格之於外。不是格之於外者，物雖在外，其理則具於吾心故也。所以致知在格物，不是求之於外。陽明謂是義外，蓋未了此也。」○朱子云：「非謂物未格，知未至，則意可以不誠，心可以不正。」朱子此説，發前人所未發。嘗見陽明之徒非朱子致知補傳，云：「必待豁然貫通地位，然後誠意，則有白首不及爲之患。」正爲不知此語，妄生譏誚。 此《大學》之條目，聖賢相傳，所以教人爲學之次第，至爲纖悉。然漢魏以來，諸儒之論未聞有及之者。至唐韓子名愈，字退之。乃能援以爲説，而見形甸反。於《原道》之篇，則庶幾其有聞矣。然其言極於正心誠意，而無曰致知格物云者，則是不探其端，而驟語其次，亦未免於擇焉不精、語焉不詳之病矣，何乃以是而議荀、楊哉？」韓《文集》：「荀與楊也，擇焉而不精，語焉而不詳。」○荀子名況，字卿，戰國時趙人也。楊子名雄，字子雲，西漢成都人也。各有所著之書，今傳於世。○朱子曰：「《原道》舉《大學》，却不説格物致知；蘇氏《古史》舉《中庸》『不獲乎上』，却不説明善誠身。這樣都是無頭學問。」

○曰：「『物格而后知至，知至而后意誠，意誠而后心正，心正而后身脩，身脩而后家齊，家齊而后國治，國治而后天下平』，何也？」曰：「此覆説上文之意也。物格者，事物之理各有以詣其極而無餘之謂也。理之在物者既詣其極而無餘，則知之在我者亦隨所詣而無不盡矣。知無不盡，則心之所發能一於理而無自欺矣。意不自欺，則心之本體物不能動而無不正矣。心得其正，則身之所處上聲。不至陷於所偏而無不脩矣。身無不脩，則推之天下國家，亦舉而措之耳，豈外此而求之智謀功利之末哉？」曰：「篇首之言明明德，以新民爲對，則固專以自明爲言矣。後段於平天下者復扶又反。以明明德言之，則似新民之事亦在其中，何其言之不一，而辯之不明邪？」曰：「篇首三言者，《大學》之綱領也。而以其賓主對待先後次第言之，則明明德者，又三言之綱領也。至此後段，然後極其體用之全而一言以舉之，以見形甸反。夫音扶。天下雖大，而吾心之體無不該；事物雖多，而吾心之用無不貫。蓋必析之，有以極其精而不亂，然後合之，有以盡其大而無餘。此又言之序也。」陳氏曰：「天下事物，無一之不格，幽明巨細，有以洞灼其表裏，其知之至也。瑩萬理於胸中，是極其所真是而不可移，非極其所真非而不容易，善極其本之所由來而無不徹，惡極其幾之所從起而無少遁。物果格，知果至，由是而往，則意極其誠而無一念之或欺，心極其正而無一息之不存，身極其脩而無一動之或偏矣。此書首三言固當無所不盡，而所謂明明德者，又通爲一篇之統體。」又曰：「體具於方寸之間，萬物無所不備，而無一物能出乎是理之外。用發於方寸之間，萬事無所不貫，而無一理不行乎其事之中。此心之所以爲妙。」○玉溪盧氏曰：「言明明德與新民對，則《大學》之體用猶二。言明明德於天下，則《大學》之體用非二矣。吾心之體，即明德之虛而具衆理者也；吾心之用，即明德之靈而應萬事者也。能析之，極其精而不亂，則知吾心之用無不貫矣；能合之，盡其大而無餘，則知吾心之體無不該矣。不析之而遽欲合之，則有虛空恍惚之病；徒析之而不能合之，則有支離破碎之病。必析之極其精，然後合之盡其大。此二句，其義無窮。真西山嘗誦此，而繼之曰『小德川流，大德敦化』，又繼之曰『吾道一以貫之』，其旨深矣。」《附纂》黄氏洵饒曰：「極其精而不亂，如一物一太極；盡其大而無餘，如體統一太極。」○曰：「『自天子以至於庶人，壹是皆以脩身爲本。其本亂而末治者，否矣。其所厚者薄，而其所薄者厚，未之有也』，何也？」曰：「此結上文兩節之意也。以身對天下國家而言，則身爲本而天下國家爲末；以家對國與天下而言，則其理雖未嘗不一，然其厚薄之分去聲。亦不容無等差楚宜反。矣。故不能格物致知以誠意正心而脩其身，則本必亂，而末不可治；不親其親，不長上聲。下同。其長，則所厚者薄，而無以及人之親長，此皆必然之理也。孟子所謂『於所厚者薄，無所不薄』，其言蓋亦本於此云。」三山陳氏曰：「脩身者，自格物、致知、誠意、正心而積也，不如是，則身不可脩。身之不脩，則其本亂矣。本之既亂，如國家何？事父母而不能孝，事兄長而不能弟，則是於其所厚者薄矣。所厚者猶薄，奚望其親天下之親，長天下之長哉？」〇曰：「治國平天下者，天子諸侯之事也，卿大夫以下蓋無與音預。焉。今大學之教，乃例以明明德於天下爲言，豈不爲思出其位，犯非其分，去聲。而何以得爲如字。爲去聲。己之學哉？」曰：「天之明命，有生之所同得，非有我之得私也。是以君子之心，豁呼括反。然大公，其視天下，無一物而非吾心之所當愛，無一事而非吾職之所當爲，雖或勢在匹夫之賤，而所以堯舜其君，堯舜其民者，亦未嘗不在其分去聲。内也。《附纂》黄氏洵饒曰：「故仁者以天地萬物爲一體，莫非己也。認得爲己，無所不至之意。」又況大學之教，乃爲天子之元子、衆子，公侯、卿大夫、士之適音的。子，與國之俊選去聲。而設，是皆將有天下國家之責而不可辭者，則其所以素教而預養之者，安得不以天下國家爲己事之當然，而預求有以正其本、清其源哉？後世教學不明，爲人君父者慮不足以及此，而苟循於目前。是以天下之治去聲。日常少，亂日常多，而敗國之君、亡家之主常接迹於當世，亦可悲矣！論者不此之監，而反以聖法爲疑，亦獨何哉？大抵以學者而視天下之事，以爲己事之所當然而爲之，則雖甲兵、錢穀、籩豆、有司之事，皆爲去聲。己也；以其可以求知於世而爲之，則雖割股、廬墓、弊車、羸力爲反。馬，亦爲去聲，下同。人耳。善乎！張子敬夫之言曰：張子名栻，字敬夫，號南軒，廣漢人。乃朱子同志之友也。『爲己者，無所爲而然者也。』此其語意之深切，蓋有前賢所未發者。學者以是而日自省悉井反。焉，則有以察乎善利之閒而無毫釐之差矣。」問爲己爲人一條。朱子曰：「這須要自看。如一日之閒，小事大事，只道我合當做，便如此做，這便是無所爲。如讀書，只道自家合當如此讀，合當如此理會身己。纔説要人知，便是有所爲。如世上人纔讀書，便安排這箇好做時文，此又爲人之甚者。」○如甲兵、錢穀、籩豆、有司，到當自家理會便理會，不是爲別人了理會。如割股、廬墓，一是不忍其親之病，一是不忍其親之死，這都是爲己者。若因要人知了去恁地，便是爲人。○問：「割股事如何？」曰：「割股固自不是，若誠心爲之，不求人知，亦庶幾。今有以此要譽者。」○南軒此言，擴前聖所未發，而同於孟子性善養氣之功者歟！

○曰：「子謂正經蓋夫子之言，而曾子述之，其傳去聲，後凡言傳文、經傳之類皆同。則曾子之意，而門人記之。何以知其然也？」曰：「正經辭約而理備，言近而指遠，非聖人不能及也。然以其無他左佐同。驗，且意其或出於古昔先民之言也，故疑之而不敢質。至於傳文，或引曾子之言，而又多與《中庸》、《孟子》者合，則知其成於曾氏門人之手，而子思以授孟子無疑也。蓋《中庸》之所謂明善，即格物致知之功；其曰誠身，即誠意、正心、脩身之效也。孟子之所謂知性者，物格也；盡心者，知至也；存心、養性、脩身者，誠意、正心、脩身也。朱子曰：「知性者，物格也，物字對性字；盡心者，知至也，知字對心字。」〇物理之極處無不到，知性也；吾心之所知無不盡，盡心也。其他如謹獨之云，不慊口簟、口劫二反。之説，義利之分，恒言之序，新安倪氏曰：「孟子云：『人有常言，皆曰天下國家。天下之本在國，國之本在家，家之本在身。』此常言之序也。」亦無不脗武粉反，又音泯。合焉者。故程子以爲孔氏之遺書，學者之先務，而《論》、《孟》猶處上聲。其次焉，亦可見矣。」曰：「程子之先是書而後《論》、《孟》，又且不及乎《中庸》，何也？」曰：「是書垂世立教之大典，通爲去聲。天下後世而言者也。《論》、《孟》應機接物之微言，或因一時一事而發者也。是以是書之規模雖大，然其首尾該備，而綱領可尋，節目分明，而工夫有序，無非切於學者之日用。《論》、《孟》之爲去聲。人雖切，然而問者非一人，記者非一手，或先後淺深之無序，或抑揚進退之不齊，其閒蓋有非初學日用之所及者。此程子所以先是書，後《論》、《孟》，蓋以其難易去聲。下同。緩急言之，而非以聖人之言爲有優劣也。至於《中庸》，則又聖門傳授極致之言，尤非後學之所易得而聞者，故程子之教未遽及之，豈不又以爲《論》、《孟》既通，然後可以及此乎？蓋不先乎《大學》，無以提挈綱領，而盡《論》、《孟》之精微；不參之《論》、《孟》，無以融貫會通而極《中庸》之歸趣；然不會其極於《中庸》，則又何以建立大本，盡性也。經綸大經，立教也。而讀天下之書，論天下之事哉？以是觀之，則務講學者固不可不急於四書，而讀四書者又不可不先於《大學》，亦已明矣。今之教者，乃或棄此不務，而反以他説先焉，其不溺於虛空，流於功利，而得罪於聖門者，幾平聲。希矣。」

或問：「一章而下，以至三章之半，鄭本元在『没世不忘』之下，而程子乃以次於『此謂知之至也』之文，子獨何以知其不然，而遂以爲傳之首章也？」曰：「以經統傳，以傳附經，則其次第可知，而二説之不然審矣。」○曰：「然則其曰克明德者，何也？」曰：「此言文王能明其德也。蓋人莫不知德之當明而欲明之，然氣稟拘之於前，物欲蔽之於後，是以雖欲明之而有不克也。文王之心，渾上聲。然天理，亦無待於克之而自明矣。然猶云爾者，亦見其獨能明之，而他人不能，又以見夫音扶。未能明者之不可不致其克之之功也。」問：「『克明德』，克，能也。《或問》中却作能致其克之之功，又似克治之克。如何？」朱子曰：「此克字雖訓能字，然克字重，是他人不能而文王獨能之。若只作能明德，語意便都弱了。凡字有文義一般，而聲響頓異。如云克宅心、克明德之類可見。」○人所以不能明其德者，何哉？蓋氣偏而失之太剛，則有所不克；氣偏而失之太柔，則有所不克；聲色之欲蔽之，則有所不克；貨利之欲蔽之，則有所不克。不獨此耳，凡有一毫之偏蔽得以害之，則有所不克。唯文王無氣稟物欲之偏蔽，故能有以勝之而無疑。○西山真氏曰：「明德，人所同有，其所以爲聖愚之分者，但以克明與不能明之異爾。常人所以不能明者，一則以氣稟昏弱之故，二則以物欲蔽塞之故。雖是蔽塞之餘，若一旦悔悟，欲自明其德，亦無不可者。患在自暴自棄而不肯爲耳。」○格庵趙氏曰：「文王自誠而明者，故其心渾然天理，表裏澄瑩，不待克之而自明。若大賢而下，未能如文王，則不可無克之之功矣。」曰：「『顧諟天之明命』，何也？」曰：「人受天地之中以生，故人之明德非他也，即天之所以命我，而至善之所存也。是其全體大用，蓋無時而不發見形甸反。於日用之閒。陳氏曰：「於寂然不動之時，則合萬殊爲一本，而渾然之全體，常昭融於方寸之閒；及感而遂通之際，則散一本爲萬殊，而縱橫曲直，莫非大用之所流行矣。」又曰：「天理本體常生生而無一息之已，而其大用亦無一息不流行乎日用之閒。」人惟不察於此，是以汩於人欲，而不知所以自明。常目在之，而真若見其『參於前』、『倚於衡』也，則成性存存而道義出矣。」問：「如何是體，如何是用？」朱子曰：「體與用不相離。且如身是體，要起行去便是用。赤子匍匐將入井，皆有怵惕惻隱之心，只此一端，體用便可見。如喜怒哀樂是用，所以喜怒哀樂是體。」○若見其參前倚衡，此豈有物可見？但凡人不知省察，常行日用，每與是德相忘，亦不自知其有是也。今所謂顧諟者，只是心裏常常存著此理，一出言，一行事，皆必有當然之則，不可失也。初豈實有一物之可見其形象邪？○問：「成性存存，道義出矣，何如？」曰：「天之所命，我之所得，於己只是一箇道理，人只要存得這些在這裏。才存得在這裏，則事君必會忠；事親必會孝；見孺子入井，則怵惕之心便發；見穿窬之類，則羞惡之心便發。合恭敬處，便自然會恭敬；合辭遜處，便自然會辭遜。須要常存得此心，則便見得此性發出底都是道理。若不存得這些，待做出，那個會合道理？」○西山真氏曰：「成性者，言天之與我者，自有渾成之理，如俗言見成渾淪之物是也。我但當存之又存，不令頃刻失之，則天下之道義皆從此出。道義，如事君忠、事親孝之類。」○玉溪盧氏曰：「天地之中，太極是已。天之命我，此也；我之明德，此也；謂之至善，亦此也。道者體，善者用，成性存存而道義出，則明德之全體大用無不明矣。」○

曰：「『克明峻德』，何也？」曰：「言堯能明其大德也。」朱子曰：「人之爲德，未嘗不明，而其明之爲體，亦未嘗不大。但人自有以昏之，是以既不能明，而又自陷於一物之小。唯堯爲能明其大德，而無昏暗狹小之累，是則所謂止於至善。」○玉溪盧氏曰：

「能明其大德，只是明明德到十分盡處，非明德之外有峻德也。」〇曰：「是三者，固皆自明之事也，然其言之亦有序乎？」曰：「《康誥》通言明德而已；《太甲》則明天之未始不爲人，而人之未始不爲天也；《帝典》則專言成德之事，而極其大焉。其言之淺深，亦略有序矣。」問：「天未始不爲人，而人未始不爲天，何也？」朱子曰：「只是言人性本無不善，而其日用之閒，莫不有當然之則，所謂天理也。人若每事做得是，則便合天理，天人本一理。若理會得此意，則天何嘗大，人何嘗小也。」〇天即人，人即天。人之始生，得於天也，既生此人，則天又在人矣。凡語言、動作、視聽，皆天也。顧諟常要看得光明燦爛，照在目前。〇黄氏曰：「本文三引《書》，乃斷章取義，以明經文『明明德』之意。其言之序，則自淺而深，最爲有用。克明德者，汎言之；曰顧諟，則言明之之功；曰明命，則言明德之故。次之曰峻德，加一峻字，則又見明德之極，乃所謂止於至善者也。」

或問：「盤之有銘，何也？」曰：此章《或問》文法，如作義體。「盤者，常用之器；銘者，自警之辭也。古之聖賢兢兢業業，固無時而不戒謹恐懼。然猶恐其有所怠忽而或忘之也，是以於其常用之器，各因其事而刻銘以致戒焉，欲其常接乎目，每警乎心，而不至於忽忘也。」曰：「然則沐浴之盤，而其所刻之辭如此，何也？」曰：「人之有是德，猶其有是身也。德之本明，猶其身之本潔也。德之明而利欲昏之，猶身之潔而塵垢音苟。污音烏，又去聲。之也。一旦存養省悉井反。察之功，真有以去上聲。下同。其前日利欲之昏而日新焉，《附纂》黄氏洵饒曰：「存養省察，就德言。」則亦猶其疏平聲。瀹音藥。澡音早。雪，而有以去其前日塵垢之污也。《附纂》黄氏洵饒曰：「疏瀹澡雪，就身言。」然既新矣，而所以新之之功不繼，則利欲之交，將復扶又反。下同。有如前日之昏，猶既潔矣，而所以潔之之功不繼，則塵垢之集，將復有如前日之污也。故必因其已新而日日新之，又日新之，使其存養省察之功無少閒斷，閒，去聲。斷，徒玩反。後凡二字相連者，並同。則明德常明，而不復爲利欲之昏。亦如人之一日沐浴而日日沐浴，又無日而不沐浴，使其疏瀹澡雪之功無少閒斷，則身常潔清，而不復爲舊染之污也。昔成湯所以反之而至於聖者，正惟有得於此。故稱其德者，有曰『不邇聲色，不殖承職反。貨利』，又曰『以義制事，以禮制心』；有曰『從諫弗咈，音拂。改過不吝』，又曰『與人不求備，檢身若不及』。此皆足以見其日新之實。至於所謂『聖敬日躋』牋西反。云者，則其言愈約而意愈切矣。躋，升也。聖人能敬其德，日愈升於高明也。然本湯之所以得此，又其學於伊尹而有發焉。故伊尹自謂與湯咸有一德，而於復如字。政太甲之初，復扶又反。下同。以『終始惟一，時乃日新』爲丁寧之戒。蓋於是時，太甲方且自怨自艾音乂。於桐，處上聲。仁遷義而歸，是亦所謂苟日新者。故復推其嘗以告於湯者告之，欲其日進乎此，無所閒斷，而有以繼其烈祖之成德也，其意亦深切矣。朱子曰：「成湯工夫，全在敬字上，看來大段是箇脩飭底人，故當時人說他做工夫處，如云『以義』『以禮』、『不邇』『不殖』等，可見日新之功。《或問》中所以詳載，非說道人不知，亦欲學者經心耳。」○格庵趙氏曰：「塵垢之污，其害淺；利欲之昏，其害深。塵垢之污，人知求以去之，而利欲之昏，則不知所以去之。唯聖人則以爲德之不可不新，甚於身之不可不潔也。但人之潔身也，既知疏瀹澡雪，以去前日塵垢之污也，然其潔之之功不繼，則塵垢復集，將又如前日之污，故必日加疏瀹澡雪之功，無少閒斷，而後其身常潔而不污。況欲去利欲之昏，而復本然之明，則存養省察之力，其可一日而有閒斷哉？」○玉溪盧氏曰：「『不邇聲色』等八句，是敬之目；『聖敬日躋』一句，是敬之綱。合而言之，即顧諟明命之事也。」其後，周之武王踐阼存故反。之初，受師尚父《丹書》之戒曰：尚父，太公望，吕氏。詳見《孟子・離婁上》篇。『敬勝怠者吉，怠勝敬者滅；義勝欲者從，欲勝義者凶。』問從字意。朱子曰：「從，順也。敬便立起，怠便放倒。以理從事是義，不以理從事便是欲。這處敬與義是箇體用。」○須是將敬來做本領，涵養得貫通時，纔敬以直內，便義以方外。義便有敬，敬便有義。如居仁便由義，由義便居仁。敬者，守於此而勿失之謂；義者，施於彼而合宜之謂。○西山真氏曰：「武王之始踐阼也，訪《丹書》於太公，可謂急於聞道者矣，而太公望所告不出敬與義之一言。蓋敬則萬善俱立，怠則萬善俱廢；義則理爲之主，欲則物爲之主。上古聖人已致謹於此矣。武王聞之，若湯之戒懼而銘之器物以自警焉，蓋恐斯須不存，而怠與欲得乘其隙也。」○新安陳氏曰：「敬、義對言，其理甚精。孔子於《坤・文言》曰『敬以直内，義以方外』，實自此發。」退而於其几席、觴豆、刀劍、户牖莫不銘焉，蓋聞湯之風而興起者。今其遺語尚幸頗見形甸反。於禮書，願治去聲。之君、志學之士皆不可以莫之考也。」張氏存中曰：「《大戴禮・武王踐阼》篇：『武王踐阼三日，召師尚父而問焉，曰：「黄帝、顓帝之道，可得而見與？」曰：「在《丹書》。王欲聞之，則齊矣。」王齊三日，師尚父奉書而入。道書之言曰：「敬勝怠者吉，怠勝敬者滅；義勝欲者從，欲勝義者凶。凡事不强則枉，弗敬則不正。枉者滅廢，敬者萬世。」王聞書之言，惕若恐懼而爲戒，書於席四端爲銘焉。銘曰：「安樂必敬，無行可悔。一反一側，亦不可不志。殷監不遠，視爾所代。」《几銘》曰：❶「皇皇惟敬，口口生敬，口生听，口戕口。」《鑑銘》曰：「見爾前，慮爾後。」《盤銘》曰：「與其溺於人也，寧溺於淵。溺於淵，猶可游也。溺於人，不可救也。」《楹銘》曰：「毋曰胡殘，其禍將然；毋曰胡害，其禍將大；毋曰胡傷，其害將長。」《杖

❶ 「几」，原作「凡」，今據《儀禮經傳通解》改。

銘》曰：「於乎危？於忿疐。於乎失道？於嗜欲。於乎相忘？於富貴。」《帶銘》曰：「火滅修容，慎戒必共，共則壽。」《屨銘》曰：「慎之勞，勞則富。」《觴豆銘》曰：「食自杖，食自杖，戒之驕，驕則逸。」《户銘》曰：「夫名難得而易失。無勤弗志，而曰我知之乎；無勤弗及，而曰我杖之乎。❶ 擾阻以泥之，若風將至，先摇摇。雖有聖人，不能爲謀。」《牖銘》曰：「隨天之時，以地之財，敬祀皇天，敬以先時。」《劍銘》曰：「帶之以爲服，動必行德，行德則興，倍德則崩。」〔倍與背同。〕銘凡十有四，今取其辭義之全，載之於此。《弓銘》曰：「屈伸之義，廢之行之，無忘息過。」《矛銘》曰：「造矛造矛，少閒弗忍，終身之羞。余一人所聞，以戒萬世子孫。」』」曰：「此言新民，其引此，何也？」曰：「此自其本而言之，蓋以是爲自新之至而新民之端也。」〇曰：「《康誥》之言『作新民』，何也？」曰：「武王之封康叔也，以商之餘民染紂污俗而失其本心也，故作《康誥》之書而告之以此，欲其有以鼓舞而作興之，使之振奮踴躍，以去上聲。其惡而遷於善，舍上聲。其舊而進乎新也。然此豈聲色號令之所及哉？亦自新而已矣。」曰：「孔氏《小序》以《康誥》爲成王、周公之書，而子以武王言之，何也？」曰：「此五峰胡氏之説也。胡氏名宏，字仁仲，建安人，文定公安國之子也。其説見《皇王大紀》。蓋嘗因而考之，其曰朕弟、寡兄云者，皆爲武王之自言，乃得事理之實。而其他證亦多。《小序》之言不足深信，於此可見。然非此書大義所關，故不暇於致詳，當别爲去聲。讀書者言之耳。」〇曰：「《詩》之言『周雖舊邦，其命維新』，何也？」曰：「言周之有邦，自后稷以來千有餘年，至於文王，聖德日新，而民亦丕變，新安陳氏曰：「此

❶「杖」，原作「枝」，今據中華書局本《大戴禮記解詁》改。

乃推本言之。《詩》無日新丕變意，蓋承上文『日新』、『作新』說來。」《附纂》黃氏洵饒曰：「聖德日新，言明德；民亦丕變，言新民。」故天命之以有天下，是其邦雖舊而命則新也。蓋民之視效在君，而天之視聽在民。君德既新，則民德必新。民德既新，則天命之新亦不旋日矣。」問：「天之視聽在民，與『天視自我民視，天聽自我民聽』若有不同，如何？」朱子曰：「天豈自有耳目以視聽？只是自民之視聽，便是天之視聽。如帝命文王，豈天諄諄然命之？只是文王要恁地，便是理合恁地，便是帝命之也。」又曰：「若一件事，民人皆以爲是，便是天以爲是；若民人皆歸往之，便是天命也。」○曰：「所謂『君子無所不用其極』者，何也？」曰：「此結上文《詩》、《書》之意也。蓋《盤銘》言自新也，《康誥》言新民也，《文王》之詩，自新、新民之極也，故曰『君子無所不用其極』。極即至善之云也。用其極者，求其止於是而已矣。」朱子曰：「觀上文三引《詩》、《書》，而此以『無所』二字總而結之，則於自新、新民皆欲用其極可知矣。」

或問：「此引《玄鳥》之詩，何也？」曰：「此以民之止於邦畿，而明物之各有所止也。」○曰：「引《綿蠻》之詩，而系以孔子之言，孔子何以有是言也？」曰：「此夫子說《詩》之辭也。蓋曰鳥於其欲止之時，猶知其當止之處，豈可人爲萬物之靈，而反不如鳥之能知所止而止之乎？其所以發明人當知止之義，亦深切矣。」○曰：「引《文王》之詩，而繼以君、臣、父、子、與國人交之所止，何也？」曰：「此因聖人之止，以明至善之所在也。蓋『天生烝民，有物有則』，是以萬物庶事，莫不各有當止之所。但所居之位不同，則所止之善不一。故爲人君，則其所當止者在於仁；爲人臣，則其所當止者在於敬；爲人子，則其所當止者在於孝；爲人父，則其所當止者在於慈；與國人交，則其所當止者在於信。是皆天理人倫之極致，發於人心之不容已者，而文王之所以爲法於天下、可傳於後世者，亦不能加毫末於是焉。但衆人類爲氣稟物欲之所昏，故不能常敬而失其所止。唯聖人之心表裏洞然，無有一毫之蔽，故連續光明，自無不敬，而所止者莫非至善，不待知所止而後得所止也。新安陳氏曰：「學者必先知所止，而後方得所止；聖人安於所止，則不待先知而後得也。」故傳引此詩，而歷陳所止之實，使天下後世得以取法焉。學者於此，誠有以見其發於本心之不容已者而緝熙之，使其連續光明，無少間斷，則其敬止之功，是亦文王而已矣。《詩》所謂『上天之載，無聲無臭。儀刑文王，萬邦作孚』，正此意也。」曰：「子之説《詩》，既以敬止之止爲語助之辭，而於此書，又以爲所止之義，何也？」曰：「古人引《詩》斷音短。章，或姑借其辭以明己意，未必皆取本文之義也。」曰：「五者之目，詞約而義該矣。子之説乃復扶又反。有所謂究其精微之蘊而推類以通之者，何其言之衍而不切耶？」曰：「舉其德之要而總名之，則一言足矣。一言謂一字，如仁字、敬字之類。論其所以爲是一言者，則其始終本末，豈一言之所能盡哉？得其名而不得其所以名，則仁或流於姑息，敬或墮於阿諛，孝或陷父，而慈或敗子，且其爲信，亦未必不爲尾生、白公之爲也。《莊子》云：「尾生與女子期於梁下，女子不來，水至不去，抱梁柱而死。」梁，橋也。○《左傳》哀公十六年：鄭人殺子木。〔楚平王太子建也，因遇讒，出奔而至鄭。〕其子曰勝，在吴，子西欲召之。楚令尹子西曰：「吾聞勝也信而勇，不爲不利。」葉公曰〔葉，音攝。〕：「周仁之謂信，率義之謂勇。吾聞勝也好復言，言之所許，必欲復行。不顧道理，而求死士，殆有私乎？復言非信也，期死非勇也。子必悔之。」弗從。使處吴竟，〔音境。〕爲白公。〔白，楚邑也，邑宰僭稱公。〕請伐鄭，子西許之。未起師，晉人伐鄭，楚救之。勝怒曰：「鄭人在此，讎不遠矣。」勝自厲劍，子期之子平見之，曰：「王孫何自厲也？」曰：「勝以直聞，不告女，〔音汝。〕庸爲直乎？將以殺爾父。」平以告子西，子西不悛。吴人伐慎，白公敗之，請以戰備獻，許之。遂作亂，殺子西、子期於朝。又況傳之所陳，姑以見形甸反。物各有止之凡例，其於大倫之目，猶且闕其二焉，夫婦、長幼。苟不推類以通之，則亦何以盡天下之理哉？」節齋蔡氏曰：「所謂得其名而不得其所以名，若細推之，如爲人君止於仁，固同一仁也，然仁亦何止一端？生之育之固仁也，刑之威之亦仁也。若執著其仁之一端，不能隨處止其仁之所止，安得謂止於仁之至善？爲人臣止於敬，固同一敬也，然敬亦何止一端？鞠躬盡瘁固敬也，陳善閉邪亦敬也。若執著其敬之一端，不能隨處止其敬之所止，安得謂止於敬之至善？爲人子止於孝，固同一孝也，然孝亦何止一端？先意承志固孝也，幾諫不違亦孝也。若執著其孝之一端，不能隨處止其孝之所止，安得謂止於孝之至善？以至爲人父止於慈，與國人交止於信，皆當如此。而又推類以及其餘，則凡天下之事，無大無小，雖千條萬緒，皆有以知其所當止，而無不止於至善矣。」附《淺説》：經文所謂「在止於至善」者，何謂也？《詩》云「邦畿」云云，以此觀之，可見物各有所止也。《詩》云「緡蠻」云云，以此觀之，可見人當知所止也。然人之所當止者，果何在乎？《詩》云「穆穆」云云，文王所止之仁、敬、孝、慈、信，即至善之所在，而吾人之所當止者也。以此而體之於己，則爲明明德之止於至善；以此而推之於人，則爲新民之止於至善。

〇曰：「復扶又反。引《淇澳》之詩，何也？」曰：「上言止於至善之理備矣，然其所以求之之方，與其得之之驗，則未之及，故又引此詩以發明之也。《附纂》黄氏洵饒曰：「求之之方，言切磋琢磨；得之之驗，言盛德至善。」夫音扶。如切如磋，言其所以講於學者已精，而益求其精也；如琢如磨，言其所以脩於身者已密，而益求其密也。此其所以擇善固執，擇善，即講學之事；固執，即脩身之事。日就月將，而得止於至善之由也。朱子曰：「『如切如磋者，道學也；如琢如磨者，自脩也。』既學而猶慮其未至，則復講習討論以求之，猶治骨角者，既切而復磋之。切是切得一箇璞在這裏，似亦可矣，又磋之，使至於滑澤，這是治骨角者之至善也。既脩而又慮其未至，則又省察克治以終之，猶治玉石者，既琢而復磨之。琢是琢得一箇璞在這裏，似亦得矣，又磨之，使至於精細，這是治玉石者之至善也。取此以喻君子之止於至善，既格物以求知所止矣，又日用力以求得其所止焉。」○陳氏曰：「切是窮究事物之理，逐件分析，有倫有序，磋是講究到純熟處，道理瑩徹，所以如切而又磋；琢是克去物欲之私，使無瑕纇，磨是磨瓏至那十分純粹處，所以如琢而又磨。」○學是知止於至善所在，自脩是止於至善所在。○西山真氏曰：「『如切如磋，道學也』，主知而言；『如琢如磨，自脩也』，主行而言。言致知力行當並進也，知到十分精處，而行處有一分未密，亦未得爲至善。須是知極其至，行亦極其至，方謂之至善。」《附纂》黄氏洵饒曰：「擇善固執，言切磋琢磨。」恂慄者，嚴敬之存乎中也；威儀者，輝光之著乎外也。此其所以睟雖萃反。面盎背，施於四體，而爲止於至善之驗也。《附纂》黄氏洵饒曰：「至善之由，言求之之力；至善之驗，言得之之驗。」盛德至善，民不能忘，蓋人心之所同然，聖人既先得之，而其充盛宣著又如此，是以民皆仰之而不能忘也。盛德，以身之所得而言也；至善，以理之所極而言也。切磋琢磨，求其止於是而已矣。」問：「切磋琢磨，是學者事，而盛德至善，乃指聖人言之，何也？」朱子曰：「後面説得來大，非聖人不能。此是連上文文王『於緝熙敬止』説。然聖人也不是插手掉臂做到那處，也須學始得。如孔子所謂『德之不脩，學之不講，聞義不能徙，不善不能改，是吾憂也』。此有甚緊要？聖人却憂者，何故？惟其憂之，所以爲聖人。所謂生而知之者，便只是知得此而已。故曰：『惟聖罔念作狂，惟狂克念作聖。』」○盛德至善，言聖人事。蓋渾然一理，不可得而分者，但以人言則曰德，以理言則曰善，又不爲無辨矣。

曰：「切磋琢磨，何以爲學問自脩之別彼列反。也？」曰：「骨角脉理可尋，而切磋之功易，去聲。所謂始條理之事也；玉石渾全堅確，克角反。而琢磨之功難，所謂終條理之事也。」問：「切磋是始條理，琢磨是終條理，終條理較密否？」朱子曰：「始終條理都要密。講貫而益講貫，脩飾而益脩飾。」○問：「琢磨後更有瑟僴赫喧，何故爲終條理之事？」曰：「那不是做工夫處，是成就後氣象自如此。」○新安陳氏曰：「此與《論語》引《詩》之意異。此以比講學之先後難易，又證之以《孟子》之始終條理，以見二者之當兼盡而不可偏廢也。」《附纂》黄氏洵饒曰：「始條理者，知之事也；終條理者，行之事也。」附《存疑》：聖人之德，只是一箇敬。故堯曰「欽明」，舜曰「温恭」，湯曰「聖敬」，夫子曰「脩己以敬」，《中庸》曰「篤恭而天下平」，皆是就敬上説。就此章言之，「穆穆文王，於緝熙敬止」，亦只是此敬。其所止仁、敬、孝、慈、信，則敬之目也。恂慄者，此敬之存於中也；威儀者，此敬之發於外也。故「於緝熙敬止」之敬，即君子恂慄威儀之敬。道學自脩，則所以得之之由也。切磋是理欲上挑剔得十分明，琢磨是這私欲磨刮得十分盡。下此等工夫，把自己身分上許多私意妄念都打疊潔潔净净了，然後此心惺惺，終日欽欽，盡在天理上，更無放逸走作。譬如馭六轡於康莊，矜持把握，更無走逸。此即所謂恂慄。其有威可畏，有儀可象，即此恂慄之著於外爾。雖堯之欽、舜之恭、湯之聖敬、君子『脩己以安百姓』、《中庸》『篤恭而天下平』，亦皆不外乎此也。明明德之止至善，豈復有加於此哉？」○

曰：「引《烈文》之詩，而言前王之没世不忘，何也？」曰：「賢其賢者，聞而知之，仰其德業之盛也；親其親者，子孫保之，思其覆敷救反。❶育之恩也；朱子曰：「如孔子

❶「敷」，原作「教」，今據《四書大全》改。

仰文、武之德，是賢其賢；成、康以後，思其恩而保其基緒，❶便是親其親。」樂其樂者，含哺蒲故反。鼓腹，而安其樂也；利其利者，耕田鑿井，而享其利也。此皆先王盛德至善之餘澤，故雖已没世，而人猶思之，愈久而不能忘也。上文之引《淇澳》，以明明德之得所止言之，而發新民之端也；此引《烈文》，以新民之得所止言之，而著明明德之效也。」朱子曰：「《淇澳》言明明德而可以新民，以見明明德之極功；《烈文》因言非獨一時民不能忘，而後世之民亦不能忘，以見新民之極功。」◯曰：「《淇澳》、《烈文》二節，鄭本元在誠意章後，而程子置之卒章之中，子獨何以知其不然，而屬音燭，下同。之此也？」曰：「二家所繫，文意不屬，音燭。故有不得而從者。且以所謂『道盛德至善』、『没世不忘』者推之，則知其當屬乎此也。」

或問：「聽訟一章，鄭本元在『止於信』之後，『正心脩身』之前，程子又進而寘之經文之下，『此謂知之至也』之上，子不之從，而寘之於此，何也？」曰：「以傳之結語考之，則其爲釋本末之義可知矣。以經之本文參之，❷則其當屬音燭。於此可見矣。二家二家，鄭、程。之説有未安者，故不得而從也。」曰：「然則聽訟無訟，於明德新民之義，何所當去聲。也？」曰：「聖人德盛仁熟，所以自明者，皆極天下之至善，故能大有以畏服其民之心志，而使之不敢盡其無實之辭。是以雖其聽訟無以異於衆人，而自無訟之可聽。蓋己德既明，而民德自新，則得其本之明效也。本

❶「思」，原作「恩」，今據哈佛本改。
❷「參」，原作「乘」，今據《四書或問》改。

字指明德。或不能然，明德。而欲區區於分争辯訟之閒，以求新民之效，其亦末矣。此傳者釋經之意也。」陳氏曰：「聽訟，末也；明德，本也。不能明己之德，而專以智能決訟者，抑末矣。」曰：「然則其不論夫終始者，何也？」曰：「古人釋經，取其大略，未必如是之屑屑也。且此章之下，有闕文焉，又安知其非本有而并失之也邪？」

或問：「『此謂知本』，其一爲聽訟章之結語，則聞命矣。其一鄭本元在經文之後，『此謂知之至也』之前，而程子以爲衍文，何也？」曰：「以其復音福。出，而他無所繫也。」曰：「『此謂知之至也』，鄭本元隨『此謂知本』繫於經文之後，而下屬音燭。下同。『誠意』之前，程子則去上聲。其上句之複，而附此句於聽訟知本之章，以屬明德之上，是必皆有説矣。子獨何據以知其皆不盡然，而有所取舍上聲。於其閒邪？」曰：「此無以他求爲也。考之經文，初無再論知本、知至之云者，則知屬之經後者之不然矣。觀於聽訟之章，既以知本結之，而其中閒又無知至之説，則知再結聽訟者之不然矣。且其下文所屬明德之章，自當爲傳文之首，又安得以此而先之乎？故愚於此皆有所不能無疑者。獨程子上句之所刪，鄭氏下文之所屬，則以經傳之次求之而有合焉，是以不得而異也。」曰：「然則子何以知其爲釋知至之結語，而又知其上之當有闕文也？」曰：「以文義與下文推之，而知其釋知至也。以句法推之，而知其爲結語也。以傳之例推之，而知其有闕文也。」

○曰：「此經之序，自誠意以下，其義明而傳悉矣。獨其所謂格物致知者，字義不明，而傳復扶又反。下同。闕焉。且爲最初用力之地，而無復上文語緒之可尋也。子乃自謂取程子之意以補之，則程子之言，何以見其必合於經意，而子之言又似不盡出於程子，何邪？」曰：「或問於程子曰：『學何爲而可以有覺也？』程子曰：『學莫先於致知。能致其知，則思日益明，至於久而後有覺爾。《書》所謂「思曰睿，睿作聖」，見《周書·洪範》篇。董子所謂「勉强學問，則聞見博而智益明」，正謂此也。《西漢書》：董仲舒，廣川人。以《賢良對策》曰：「勉强學問，則聞見博而智益明；勉强行道，則德日起而大有功。此皆可使還至而立有效者也。」學而無覺，則亦何以學爲也哉？』朱子曰：「能致知，則思自然明。至於久而後有覺，是積累之多，自有箇覺悟時節。」○格庵趙氏曰：「知是識其所當然，覺是悟其所以然。」○玉溪盧氏曰：「覺者，知至之事。思曰睿，所以致知；睿作聖，則知至矣。勉强學問，所以致知；聞見博，智益明，則知至矣。」《附纂》黄氏洵饒曰：「此節論覺。」或問：『忠信則可勉矣，行之事。而致知爲難，奈何？』程子曰：『誠敬固不可以不勉，然天下之理，不先知之，亦未有能勉以行之者也。故《大學》之序，先致知而後誠意，其等有不可躐者。苟無聖人之聰明睿智，而徒欲勉焉，以踐其行事之迹，則亦安能如彼之動容周旋無不中去聲。禮也哉？惟其燭理之明，物格知至。乃能不待勉强而自樂音洛。下同。循理爾。夫音扶。下同。人之性本無不善，循理而行，宜無難者。惟其知之不至，而但欲以力爲之，是以苦其難而不知其樂耳。知之而至，則循理爲樂，不循理爲不樂，何苦而不循理以害吾樂邪？知之樂。昔嘗見有談虎傷人者，衆莫不聞，而其間一人神色獨變，問其所以，乃嘗傷於虎者也。夫虎能傷人，人孰不知？然聞之有懼有不懼者，知之有真有不真也。學者之知道，必如此人之知虎，然後爲至耳。若曰知不善之不可爲而猶或爲之，則亦未嘗真知而已矣。』朱子曰：「今人有知不善之不當爲，及臨事又爲之，只是知之未至。人知烏喙之殺人不可食，斷然終於不食，是真知之也。知不善不可爲，而猶或爲之，是特未能真知也。所以未能真知者，緣於道理上只就外面理會，裏面却未理會得十分瑩净。」《附纂》黄氏洵饒曰：「此一節論知先行後。」此兩條者，皆言格物致知所以當先而不可後之意也。又有問進脩之術何先者。程子曰：『莫先於正心誠意。然欲誠意，必先致知，而欲致知，又在格物。致，盡也；格，至也。凡有一物，必有一理，窮而至之，所謂格物者也。然而格物亦非一端，如或讀書，講明道義；或論古今人物，而别彼列反。其是非；或應接事物，而處上聲。其當去聲。否，皆窮理也。』朱子曰：「格物之理，所以致我之知。」〇而今且只就事物上格去，如讀書便就文字上格，聽人説話便就説話上格，接物便就接物上格。精粗大小都要格。久後貫通，粗底便是精，小底便是大，這便是理之一本處。〇陳氏曰：「事事物物，固皆有理。而聖賢書中，又見成理義所萃，而皆事物之則也。在初學者，窮理工夫先且就聖賢言語實處爲準則，於幽閒静一之中，虚心而詳翫，隨章逐句，一一實下講明工夫。果實有得，則是非邪正大分已明，而胸中權度稍定。然後次而及於論古今人物，以相參質，則其褒貶去取，方可有定論。最其後也，乃及於應接事物，更相證訂，則其裁處剖決，方中節而不至於差謬。故以我之見，有以照彼之情，而歷練感觸處，有以長吾之見。内外交相發，將何所往而非吾窮格之益也。程子之言，其有序矣。」曰：『格物者，必物物而格之耶？將止格一物，而萬理皆通邪？』曰：『一物格而萬理通，雖顔子亦未至此。惟今日而格一物焉，明日又格一物焉，積習既多，然後脱然有貫通處耳。』朱子曰：「一日一件者，格物工夫次第也。脱然貫通者，知至效驗極致也。不循其序，而遽責其全，則爲自罔。但求粗曉，而不期貫通，則爲自畫。」○程子此語，便是真實做工夫來。不説格一件後便貫通，也不説盡格得天下物理後方始通，只云積習既多，然後脱然有箇貫通處。○問：「一理通則萬理通，其説如何？」曰：「伊川嘗云雖顔子亦未到此，天下豈有一理通，便解萬理皆通也，須積累將去。如顔子高明，不過聞一知十，亦是大段聰明了。學問却有漸無急迫之理。」○窮理者，因其所已知而及其所未知，因其所已達而及其所未達。人之良知，本所固有，然不能窮理者，只是足於已知已達，而不能窮其未知未達，故見得一截，不曾又見得一截，此其所以於理未精也。然仍須工夫日日增加，今日既格得一物，明日又格得一物，工夫更不住地做。如左脚進得一步，右脚又進一步，右脚進得一步，左脚又進，接續不已，自然貫通。○問：「無事時，見得是如此，臨事又做錯了，如何？」曰：「只是斷置不分明，所以格物便要閑時理會，不是要臨時理會。閑時看得道理分曉，則事來時斷置自易。格物只是理會未理會得底，不是從頭都要理會。如水火，人自是知其不可陷，何曾有錯去蹈水火？格物只是理會當蹈水火與不當蹈水火，臨事時斷置教分曉。程子所謂今日格一件，明日格一件，亦是如此。」○積習既多，自然脱然有貫通處，乃是零零碎碎湊合將來，不知不覺自然醒悟。其始固須用力，及其得之也，又却不假用力。此箇事不可欲速，欲速則不達，須是慢慢做去。《附纂》黄氏洵饒曰：「脱然有貫通處，即子貢知上一貫。」又曰：『自一身之中，以至萬物之理，理會得多，自當豁然有箇覺處。』朱子曰：「一身之中，是仁義禮智、惻隱羞惡、辭遜是非，與視聽言動，皆所當理會。至夫萬物之榮悴，與夫動植小大，這底是如何使，那底是如何用，車之可以行陸，舟可以行水，皆當理會。」○玉溪盧氏曰：「至豁然覺處，則一身之理，與夫萬物之理，通貫而爲一矣。」《附纂》黄氏洵饒曰：「覺與悟一般，知與悟不同。知用工夫，然後覺。」又曰：『窮理者，非謂必盡窮天下之理，又非謂止窮得一理便到。

但積累魯水反。後凡言積累者，音同。多後，自當脱然有悟處。』問：「知至若論極盡處，聖賢亦難言，如孟子未學諸侯喪禮，與未詳班爵之制。」朱子曰：「如何要一切知得？然理會得已多，萬一有插一件差異底事來，也識得他破。只是貫通，便不通底亦通將去。某舊亦有此疑，後看程子説格物非欲窮盡天下之理，積累多後，自當脱然有悟處，方理會得。如十事已窮得八九，其一二雖未窮，將來凑合，都自見得。」○王氏曰：「右三條，皆要工夫多積，自能貫通覺悟。却自是三樣：第一是漸漸格，第二是合内外格，第三是不泛不漏格。」又曰：『格物，非欲盡窮天下之物，但於一事上窮盡，其他可以類推。至於言孝，則當求其所以爲孝者如何。若一事上窮不得，且别窮一事，或先其易去聲。者，或先其難者，各隨人淺深。譬如千蹊萬徑皆可以適國，但得一道而入，則可以推類而通其餘矣。蓋萬物各具一理，而萬理同出一原，此所以可推而無不通也。』朱子曰：「既是教人類推，不是窮盡一事便了。且如盡得箇孝底道理，故忠可移於君，又須盡得忠，以至兄弟、夫婦、朋友，從此推之，無不盡窮始得。」○問：「程子『若一事上窮不得，且别窮一事』之説，與《中庸》『弗得弗措』相發明否？」曰：「看來有一樣底。若弗得弗措，一向思量這箇，少間便會擔閣了。若謂窮一事不得，便掉了，别窮一事，又輕忽了，也不得。程子爲見學者有恁地底，不得已説此話。」○問：「致之爲言，推而致之，以至於盡也。於窮不得處，正當努力，豈可遷延逃避，别求一事邪？」曰：「這是隨人之量，非曰遷延逃避也。蓋於此處既理會不得，若專一守在這裏，却轉昏了。須著别窮一事，又或可以因此而明彼也。」○問：「伊川説與延平李先生説如何？」曰：「這説自有一項難窮底事，如造化、禮樂、度數等，卒急難曉，只得且放住。李先生説，是窮理之要。若平常遇事，這一件理會未透，又理會第二件，第二件理會未得，又理會第三件，恁地終身不長進。」○問：「千蹊萬徑皆可以適國，國是譬理之一原處，不知從一事上便窮到一原處否？」曰：「也未解便至如此。只要以類而推。理固是一理，然其間曲折甚多，須是把這箇做樣子，却從這裏推去始得。且如事親，固當盡其事之之道，若得於親是如何，不得於親又當如何。以此而推之於事君，則知得於君是如何，不得於君又當如何。推以事長，亦是如此。推去莫不皆然。」○萬物皆有此理，理皆同出一原，但所居之位不同，則其理之用不一。如爲君須仁，爲臣須敬，爲子須孝，爲父須慈。物物各具此理，而物物各異其用，然莫非一理之流行者也。又曰：「近而一身之中，遠而八荒之外，微而一草一木之衆，莫不各具此理。如此四人在坐，各有這箇道理，某不用假借於公，公不用求於某。然雖各有這一道理，又却同出於一箇理耳。如排數器水相似，這盂也是這樣水，那盂也是這樣水，各各滿足，不待求假於外，然打破放裏，也只是這箇水。此所以可推而無不通也，所以謂格得多後自能貫通，只爲是一理。」○玉溪盧氏曰：「一事上窮盡，他可類推，此貫通覺悟之機也。如言孝，則求其所以爲孝者如何，此格物致知要法。一事上窮不得，且別窮一事，此格物致知活法。萬物各具一理，萬物各具之太極也；萬理同出一原，萬物統體之太極也。推而無不通，則有脱然豁然處矣。」

又曰：『物必有理，皆所當窮，若天地之所以高深，鬼神之所以幽顯是也。若曰天吾知其高而已矣，地吾知其深而已矣，鬼神吾知其幽且顯而已矣，則是已然之詞，又何理之可窮哉？』《附纂》黄氏洵饒曰：「即所謂必求所當然之不容已，與其所以然之不可易。」

又曰：『如欲爲孝，則當知所以爲孝之道，如何而爲奉養去聲。之宜，如何而爲温清七性反。之節，《禮記》：「凡爲人子者，冬温而夏清。」莫不窮究，然後能之。非獨守夫音扶。孝之一字而可得也。』朱子曰：「聖人言孝，其實精粗本末只是一理。人皆有良知，而前此未嘗知者，只爲不曾推去耳。愛親從兄，誰無是心？於此推去，則温清定省之事，亦不過是自其所知推而至於無所不知，皆由人推耳。」○陳氏曰：「如事親當孝，非是空守一箇孝字，必須窮格所以爲孝之理當如何。凡古人事親條目，皆無一不講，然後可以實能盡孝。」

或問：『觀物察己者，豈因見物而反求諸己乎？』曰：『不必然也。物我一理，纔明彼，即曉此，此合内外之道也。語其大，天地之所以高厚；語其小，至一物之所以然，皆學者所宜致思也。』《附纂》黄氏洵饒曰：「彼與此，皆是物。明與曉，皆物格知至之事。非謂明彼爲物格，曉此爲知至也。合内外，指成物言。」

曰：『然則先求之四端可乎？』曰：『求之情性，固切於身，然一草一木，亦皆有理，不可不察。』朱子曰：「天地之所以高厚，一物之所以然，只是舉至大與至細者言之。學者之窮理，無一物而在所遺也。」○問格物須合内外始得。曰：「未嘗不合。自家知得物之理如此，則因其理之自然而應之，便是合内外之理。目前事事物物皆有至理，如一草一木、一禽一獸皆有理，草木春生秋殺，好生惡死。仲夏斬陽木，仲冬斬陰木，皆是順陰陽道理。自家知得萬物均氣同體，見生不忍見死，聞聲不忍食肉，非其時不伐一木，不殺一獸，胎不殀，不覆巢，此便是合内外之道。」

又曰：『致知之要，當知至善之所在，如父止於慈，子止於孝之類。若不務此，而徒欲汎然以觀萬物之理，則吾恐其如大軍之遊騎，騎，去聲。出太遠而無所歸也。』朱子曰：「格物之論，伊川意雖謂眼前無非是物，然其格之也，亦須有緩急先後之序。如今爲學，而不窮天理，明人倫，論聖言，通世故，乃兀然有心於一草木器用之間，此是何學問？」○天下之理偪塞滿前，耳之所聞，目之所見，無非物也，若之何而窮之哉？須當察之於心，使此心之理既明，然後於物之所在從而察之，則不至於汎濫矣。○致知一章，是《大學》最初下手處。若理會透徹，後面便容易。故程子此處説得節目甚多，皆是因人之資質了説。雖若不同，其實一也。見敏者太去理會外事，則教之去父慈子孝上理會，曰若不務此，而徒汎觀萬物之理，恐如遊騎出太遠而無所歸。見人專去裏面理會，則教之以求之性情，固切於身，然一草木，亦皆有理。要之，内事外事皆是自己合當理會底。但須是六七分去裏面理會，三四分去外面理會，方可。若是工夫中半時，亦自不可。況在外面工夫多，在内工夫少邪？此尤不可也。

又曰：『格物，莫若察之於身，其得之尤切。』朱子曰：「前既説當察物理，不可專在性情；至此又言莫若察之於身爲尤切，皆是互相發處。」○王氏曰：「前數條是推開去用工，此兩條是收歸來用工，皆隨人偏處教他。」此九條者，皆言格物致知所當用力之地，與其次第工程也。玉溪盧氏曰：「用力之地者，讀書應接事物之類是也。次第工程者，今日格一物，明日又格一物之類是也。」《附纂》黄氏洵饒曰：「九條之内有之，非就九條有次第工程。」又曰：『格物窮理，但立誠意以格之，其遲速則在乎人之明暗耳。』問：『知至而後意誠』，而程子又云『格物窮理，但立誠意以格之』，何也？」朱子曰：「此誠字説較淺，未説得深處。只是確定其志，朴實去做工夫，如胡氏立志以定其本，便是這意。此與經文誠意之説不同也。」又曰：「誠意不立，如何能格物？所謂立誠意者，只是要著實下工夫，不要若存若亡。遇一物，須是真箇即此一物究極得箇道理了，方可言格。若『物格而後知至，知至而後意誠』，《大學》蓋言其所止之序，其始則必在於立誠。」○玉溪盧氏曰：「立誠意即主敬之謂。」《附纂》黄氏洵饒曰：「誠意即是真意。」又曰：『入道莫如敬，未有能致知而不在敬者。』朱子曰：「今人將持敬、致知來做兩事。持敬時只塊然獨坐，更不去思量，却是今日持敬，明日却思量道理也，豈可如此？但一面自持敬，一面自思量道理，二者本不相妨。」○莫若且收斂身心，盡掃雜慮，令其光明洞達，方能作得主宰，方能見理。又曰：『涵養須用敬，進學則在致知。』朱子曰：「學者工夫，惟在居敬、窮理二事。此二事互相發，能窮理，則居敬工夫日益進，能居敬，則窮理工夫日益密。」○問涵養在致知之先。曰：「涵養合下在先。古人從少以敬涵養，父兄漸教之讀書識義理。今人説待涵養了，方去致知，也無限期。須兩下用工。」○涵養本原，思索義理，須用齊頭做，方能互相發。程子下「須」字、「在」字，便是要齊頭著力。○問：「涵養、體認，致知、力行，雖云互相發明，然畢竟當於甚處著力？」曰：「四者不可先後，又不可無先後，須當以涵養爲先。若不涵養，而專於致知，則是徒然思索。若專於涵養，而不致知，則却鶻突去了。以某觀之，四事只是三事，蓋體認便是致知也。」○無事時，且存養在這裏，提撕警覺，不要放肆。到那講習應接，便當思量義理，用義理做將去。無事便著存養，收拾此心。又曰：『致知在乎所養，養知莫過於寡欲。』問：「養知是既知後如此養否？」朱子曰：「此不分先後，未知之前，若不養之，此知如何養得？既知之後，若不養，又差了。不可道未知之前便不必如此。」○致知者，推致其知識而至於盡也。將致知者，必先有以養其知。有以養之，則所見益明，所得益固。欲養其知者，惟寡欲而已矣。欲寡，則無紛擾之雜，而知益明矣；無變遷之患，而得益固者矣。又曰：「二者自是箇兩頭説話，本若無相干，但得其道，則交相爲養；失其道，則交相爲害。」○玉溪盧氏曰：「欲致知，固在有所養；知既至，又不可無所養。欲多，則心無所養而知昏；欲寡，則心有所養而知明。」又曰：『格物者，適道之始。思欲格物，則固已近道矣。是何也？以收其心而不放也。』新安陳氏曰：「纔思量要格物，便已近道，只就格物上便可收其放心。此條與上四條微不同。」《附纂》黃氏洵饒曰：「即『其心收斂，不容一物者焉』之意。」此五條者，又言涵養本原之功所以爲格物致知之本者也。凡程子之爲説者，不過如此，其於格物致知之傳詳矣。問程子致知格物之説不同。曰：「當時答問，各就其人而言之。今須是合就許多不同處來看作一意爲佳。且如既言不必盡窮天下之物，又云一草一木亦皆有理，今若以一草一木上理會，有甚了期？但其間有積習多後自當脱然有貫通處者爲切當耳。今以十事言之，若理會得七八件，則那兩三件，觸類可通。若四旁都理會得，則中間所未通者，其道理亦是如此。蓋長短小大，自有準則。如忽然遇一件事來時，必知某事合如此，某事合如彼，則此方來之事亦有可見者矣。聖賢於難處之事，只以數語盡其曲折。後人皆不能易者，以其於此理素明故也。」又曰：「所謂格物者，常人於此理或能知一二分，即其一二分之所知者推之，直要推到十分，窮得來無去處，方是格物。」○問：「伊川説格物致知許多項，當如何看？」曰：「説得已自分曉。如初閒説知覺及誠敬，❶固不可不勉，然天下之理，必

❶「閒」，原作「聞」，今據哈佛本改。

先知之，而後有以行之。這許多説不可不格物致知中間，説物物當格，及反之吾身之説，却是指出格物箇地頭如此。」又曰：「此項兼兩意，又見節次格處，自『立誠意以格之』以下，却是做工夫合如此。」又曰：「用誠敬涵養爲格物致知之本。」今也尋其義理既無可疑，考其字義亦皆有據。至以他書論之，則《文言》所謂學聚問辯、《易・文言》：「學以聚之，問以辯之，寬以居之，仁以行之。」《附纂》黄氏洵饒曰：「《文言》『寬以居之，仁以行之』是行，此引是知；《中庸》誠身固執是行，此引是知；《孟子》存心養性是行，此引是知。對説而已。」《中庸》所謂明善擇善、《孟子》所謂知性知天，又皆在乎固守力行之先，而可以驗夫音扶。《大學》始教之功爲有在乎此也。愚嘗反覆考之，而有以信其必然，是以竊取其意，以補傳文之闕。不然，則又安敢犯不韙之罪，爲無證之言，以自託於聖經賢傳之閒乎？」韙，音偉，是也。犯不韙之説，出《春秋左氏傳》。

曰：「然則吾子之意亦可得而悉聞之乎？」曰：「吾聞之也，天道流行，此以理言。造化發育，此以氣言。凡有聲色貌象而盈於天地之閒者，皆物也。《附纂》黄氏洵饒曰：「此句統言之。」既有是物，則其所以爲是物者，莫不各有當然之則，而自不容已。是皆得於天之所賦，而非人之所能爲也。朱子曰：「物乃形氣，則乃理也，物之理方爲則。」○理之所當爲者自不容已，如孩提知愛，及長知敬，自有住不得處。○問：「人物之生，莫不得其所以生者以爲一身之主，是此性隨所生處便在否？」曰：「一物各具一太極。『天生烝民，有物有則』，蓋視有當視之則，聽有當聽之則。如是而視，如是而聽，便是。不如是而視，不如是而聽，便不是。謂如『視遠惟明，聽德惟聰』。能視遠謂之明，所視不遠不謂之明；能聽德謂之聰，所聽非德不謂之聰。視聽是物，聰明是則，推之至於口之於味，鼻之於臭，莫不各有當然之則。所謂窮理者，窮此而已。」○玉溪盧氏曰：「物者，形而下之器；則者，形而上之道。形而上者不出於形而下者之外，所謂有物必有則也。」今且以其至切而近者言之，則心之爲物，實主於身。其體則有仁、義、禮、智之性，其用則有惻隱、羞惡、恭敬、是非之情，渾然在中，隨感而應，各有攸主而不可亂也。西山真氏曰：「圓外竅中者，心之形體，可以物言，備具衆理；神明不測者，此心之理，不可以物言。然有此形體，方包得此理。」〇玉溪盧氏曰：「心之爲物，主於身，形而下者也。其體用性情，形而上者也，渾然在中。其體初無仁、義、禮、智之分，隨感而應，其用始有惻隱等四者之别。仁爲惻隱之主，義爲羞惡之主，禮、智爲恭敬、是非之主，而皆不可亂，所謂則也。」次而及於身之所具，則有口、鼻、耳、目、四肢之用。又次而及於身之所接，則有君臣、父子、夫婦、長幼、朋友之常。是皆必有當然之則，而自不容已，所謂理也。玉溪盧氏曰：「耳目等，乃吾身所具之物；君臣等，乃吾身所接之物。口容止，口之則也；氣容肅，鼻之則也；聽思聰，視思明，耳目之則也；非禮勿動，四肢之則也；君臣有義，是君臣之則；父子有親，是父子之則；有别、有序、有信，是夫婦、長幼、朋友之則。皆所謂有物必有則也。吾心之則，乃此身體統一太極；吾身所具所接者之則，乃物物各具一太極也。其體統者，乃各具者之所自出；其各具者，初未嘗在體統者之外也。」外而至於人，則人之理不異於己也；遠而至於物，則物之理不異於人也。《附纂》黄氏洵饒曰：「此專言草木禽獸。」極其大，則天地之運、古今之變不能外也；盡於小，則一塵之微、一息之頃不能遺也。格庵趙氏曰：「一塵之微、一息之頃不能遺者，理無物不在，無時不然。大而天地之一開一闔，古今之一否一泰，小而一塵之或飛或伏，一息之或呼或吸，皆此理之所寓也。」〇新安陳氏曰：「天地及一塵是横説，古今及一息是直説。」是乃上帝所降之衷，《書·湯誥》：「惟皇上帝降衷於下民。」烝民所秉之彝，《詩·烝民》：「民之秉彝。」劉子所謂天地之中，

《左傳》成公十三年：劉康公、成肅公會晉侯伐秦。〔劉、成，食采之邑名。康、肅，皆其謚也。〕成子受脤於社，不敬。〔脤，市井反。宜社之肉也。〕劉子曰：「吾聞之，民受天地之中以生，所謂命也，是以有動作、禮義、威儀之則，以定命也。能者養之以福，不能者敗以取禍。」夫子所謂性與天道，子思所謂天命之性，孟子所謂仁義之心，程子所謂天然自有之中，程子曰：「楊子拔一毛不爲，墨子又摩頂放踵爲之，此皆是不得中。至如『子莫執中』，欲執此二者之中，不知怎麽執得，識得？則事事物物上皆天然有箇中在那上，不待人安排也。安排著，則不中矣。」《附纂》：此言時中。張子所謂萬物之一原，張子名載，字子厚，家於鳳翔府郿縣橫渠鎮，世號橫渠先生。○《正蒙·誠明》篇：「性者，萬物之一原，非有我之得私也。」《附纂》黄氏洵饒曰：「一原，指理也。」邵子所謂道之形體者。邵子名雍，字堯夫，謚康節。河南人。○性者，道之形體。見《擊壤集序》。但其氣質有清濁偏正之殊，物欲有淺深厚薄之異，是以人之與物、賢之與愚相與懸絶而不能同耳。問：「降衷秉彝一段，其名雖異，要之皆是一理。」朱子曰：「誠是一理，豈可無分別？須各曉其名字訓義之所以異，方見其所謂同。」○衷字只是箇無過不及之中，是箇恰好底道理。天生人物，箇箇有一副當恰好無過不及道理降與你。今人言折衷，折衷者，以中爲則，而取其正也。『天生烝民，有物有則』，則字却似中字，天之生此物，必有箇當然之則，故民執之以爲常道，所以無不好此懿德。降衷於下民，緊要在降字上。故自天而言，謂之降衷；自人受此衷而言，則謂之性，緣各據來處與受處而言也。」○問：「彝而言秉，何也？」曰：「渾然一理，具於吾心，不可移奪，若秉執然。」○問：「劉子云天地之中，程子云天然自有之中，此中字同否？」曰：「天地之中，是未發之中；天然自有之中，是時中。天地之中，是指道體；天然自有之中，是指事物之理。」○性與天道，性便是自家底，天道便是上面腦子。其流行者是天道，人得之爲性。○諸先生説這道理，邵子説得最著實。這道理空虚無形影，惟是説性者道之形體，却見得實。只反諸吾身求之，是實有這道理，還是無這道理，故當爲之説曰欲知此道之實有者，當求之吾性分之内。邵子忽自於《擊壤集序》内説出幾句，云：「性者，道之形體也；心者，性之郛郭也；身者，心之區宇也；物者，身之舟車也。」此説極好。○氣質清濁偏正，本《正蒙》中語，亦是將人物賢不肖智愚相對而分言之如此。若大概而論，則人清而物濁，人正而物偏。又細論之，則智乃清之清，賢乃正之正，愚乃清之濁，不肖乃正之偏。而張子所謂物有近人之性者，又濁之清、偏之正者也。物欲淺深厚薄，乃通爲衆人而言。○陳氏曰：「天命即天道之流行而賦予於物者，受於天而爲吾所有，故謂之性。」又曰：「道者，事物中所當然之理，人之所共由者也。性即在我之理，具於吾心而道之所總會也。所謂形體正如此。」○西山真氏曰：「《詩》謂秉彝，言衆民皆秉執此常理。孟子謂仁義之心，言人既得陰陽之理以爲性，則自然有仁義之心。只舉仁義二字者，仁包禮，義包智故也。禮是仁之著，智是義之藏。程子所謂天然之中，言凡百事物，皆有箇恰好底道理，不可過，不可不及也。張子所謂萬物之一原，凡人物之性，皆自此流出，如百川之同一源也。」以其理之同，故以一人之心而於天下萬物之理無不能知；以其稟之異，故於其理或有所不能窮也。理有未窮，故其知有不盡；知有不盡，則其心之所發，必不能純於義理而無雜乎物欲之私。此其所以意有不誠，心有不正，身有不脩，而天下國家不可得而治也。《附纂》黄氏洵饒曰：「理有未窮，言物有未至；知有不盡，言知未至致。皆就理言。」昔者聖人蓋有憂之，是以於其始教，爲之小學，而使之習於誠敬，則所以收其放心，養其德性者，已無所不用其至矣。玉溪盧氏曰：「此格物致知之本原。」及其進乎大學，則又使之即夫事物之中，因其所知之理，推而究之，以各到乎其極，則吾之知識，亦得以周遍精切而無不盡也。若其用力之方，則或考之事爲之著，或察之念慮之微，問：「關於事爲者，不外乎念慮，而入於念慮者，往往皆是事爲。此分爲二項，意如何？」朱子曰：「固是都相關，然也有做在外底，也有念慮方動底。念慮方動，更須辯別那箇是正，那箇是不正。這只就始末上大約如此說。」問只就著與微上看。曰：「有箇顯，有箇微。」《附纂》黄氏洵饒曰：「此數句亦應上段。」或求之文字之中，或索山客反。之講論之際，玉溪盧氏曰：「此四句，格物致知之條目。」使於身心性情之德、人倫日用之常，以至天地鬼神之變、鳥獸草木之宜，自其一物之中，莫不有以見其所當然而不容已，與其所以然而不可易者。朱子曰：「今人未嘗看見當然而不容已者，只是就上較量一箇好惡耳。如真見得這底是我合當爲，則自有所不可已者矣。如爲臣而必忠，非是謾説如此，蓋爲臣不可以不忠；爲子而必孝，亦非是謾説如此，蓋爲子不可以不孝也。」○問：「所以然而不可易者，是指理而言；所當然而不容已者，是指人心而言否？」曰：「下句只是指事而言。凡事固有所當然而不容已者，然又當求其所以然者何故？其所以然者，理也。理如此，故不可易。又如人見赤子入井，皆有怵惕惻隱之心，此其事所當然而不容已者也。然其所以如此者何故？必有箇道理之不可易者。」○陳氏曰：「在身，謂手容合當恭，足容合當重之類；在心，如體合當寂，用合當感之類；性，如仁合當愛，義合當斷之類；情，如見赤子入井合當惻隱，見大賓客合當恭敬之類；人倫，如君合當止仁，臣合當止敬之類；日用，如居處合當恭，執事合當敬之類；天地，如天合當高，地合當厚；鬼神二氣，如陽合當伸，陰合當屈；鳥獸，如牛合當耕，馬合當乘；草木，如春合當生，秋合當殺等類。皆有理存乎其間也。」○西山真氏曰：「如爲君當仁，臣當敬之類，乃一理合當如此，不如此則不可，故曰所當然。然仁敬等非是人力强爲，有生之初即稟此理，是乃天之所與也，故曰所以然。知所當然是知性，知所以然是知天，謂知其理所自來也。」必其表裏精麤無所不盡，而又益推其類以通之，至於一日脱然而貫通焉，則於天下之物，皆有以究其義理精微之所極，玉溪盧氏曰：「極即至善之謂。」而吾之聰明睿智，亦皆有以極其心之本體而無不盡矣。朱子曰：「不可盡者，心之事；可盡者，心之理。理既盡後，謂如一物，初不曾識，來到面前便識得此物，盡吾心之理。」○新安陳氏曰：「此格物致知之效驗。」此愚之所以補乎本傳闕文之意，雖不能盡用程子之言，然其指趣要歸則不合者鮮上聲。矣。讀者其亦深考而實識之哉！」

曰：「然則子之爲學，不求諸心，而求諸迹，不求之內，而求之外。吾恐聖賢之學不如是之淺近而支離也。」曰：「人之所以爲學，心與理而已矣。心雖主乎一身，而其體之虛靈足以管乎天下之理；理雖散在萬物，而其用之微妙實不外乎一人之心。初不可以內外精麤而論也。問：「用之微妙，是心之用否？」朱子曰：「理必有用，何必又說是心之用乎？心之體具乎是理，理則無所不該，而無一物之不在，然其用實不外乎人心，蓋理雖在物，而用實在心也。」《附纂》黃氏洵饒曰：「體之虛靈，言具衆理；用之微妙，言應萬事。」然或不知此心之靈而無以存之，則昏昧雜擾，而無以窮衆理之妙；不知衆理之妙而無以窮之，則偏一作徧。狹固滯，而無以盡此心之全。此其理勢之相須，蓋亦有必然者。《附纂》黃氏洵饒曰：「無以存之，即存心以致知。」是以聖人設教，使人默識此心之靈，而存之於端莊靜一之中，以爲窮理之本；使人知有衆理之妙，而窮之於學問思辯之際，以致盡心之功，巨細相涵，動靜交養，初未嘗有內外精麤之擇。及其真積力久，而豁然貫通焉，則亦有以知其渾然一致，而果無內外精麤之可言矣。《附纂》黃氏洵饒曰：「端莊靜一，即涵養須用敬。巨細相涵，巨是存心，細是致知，即《中庸》謂存心以極乎道體之大，致知以盡乎道體之細，所謂巨細相涵也。」今必以是爲淺近支離，而欲藏形匿影，別爲一種上聲。幽深怳惚、艱難阻絶之論，務使學者莽模黨反。然措其心於文字言語之外，而曰道必如此，然後可以得之，則是近世佛學詖淫邪遁之尤者，而欲移之以亂古人明德、新民之實學，其亦誤矣。」問：「陸象山不取伊川格物之說，以爲若隨事討論，則精神易敝，不若但求之心，心明則無不照。其說亦似省力。」朱子曰：「不去隨事討論，便聽他胡做，話便信口說，脚便信步行，冥冥地去，都不管他。」○節齋蔡氏曰：「盡心者，言其心之所存更無一毫之不盡也。然若要盡得，須先知得。所以學者要先窮理也。」又曰：「存此心於端莊静一之中，以立其本；窮此理於學問思辯之際，以達其用。反之於身，以踐其實，則巨細相涵，動静交養，及其真積力久而豁然融會，然後可以造乎一之妙。」○陳氏曰：「古人每言學，必欲其博，所以極盡乎此心無窮之量也。所謂盡心者，須是盡得箇極大無窮之量，無一理之或遺，方是實能盡得心。」○西山真氏曰：「存心、窮理，二者當表裏用工。蓋知窮理而不知存心，則思慮紛擾，物欲交攻，此心昏亂，如何窮理？但知存心而不務窮理，雖能執持静定，亦不過如禪家之空寂而已。故必二者交進，則心無不正，理無不通。學之大端惟此而已。」○端莊，主容貌言；静一，主心言，表裏交正之義。合而言之，則敬而已。○玉溪盧氏曰：「存心於端莊静一，主敬之工夫也。窮理於學問思辨，格致之工夫也。巨以此心言，細以衆理言，動以格物工夫言，静以主敬工夫言。豁然貫通，而果無内外精粗之可言，則明德明矣。」○曰：「近世大儒，有爲格物致知之說者曰：『格猶扞音汗。也，禦也，能扞禦外物，而後能知至道也。』問：「温公以格物爲扞格之格，不知格字有訓扞義否？」❶朱子曰：「亦有之。如格鬬之格是也。」又有推其說者曰：『人生而静，其性本無不善，而有爲不善者，外物誘音酉。之也。所謂格物以致其知者，亦曰扞去上聲。外物之誘，而本然之善自明耳。』孔周翰說。是其爲說，不亦善乎？」曰：『天生烝民，有物有則』，則物之與道，固

❶「扞」，原作「杆」，今據哈佛本改。

未始相離去聲。也。格庵趙氏曰：「物與理未嘗相離，若離物以求理，則空虛而無據，豈得一切扞而去之？」今曰禦外物而後可以知至道，則是絶父子而後可以知孝慈，離如字。君臣而後可以知仁敬也，是安有此理哉？若曰所謂外物者，不善之誘耳，非指君臣父子而言也，則夫音扶。外物之誘人，莫甚於飲食男女之欲。然推其本，則固亦莫非人之所當有而不能無者也，但於其閒自有天理人欲之辨，而不可以毫釐力之反，正作氂。差耳。問：「飲食之閒，孰爲天理，孰爲人欲？」朱子曰：「飲食者，天理也；要求美味，人欲也。」惟其徒有是物，而不能察於吾之所以行乎其閒者，孰爲天理，孰爲人欲，是以無以致其克復之功，而物之誘於外者得以奪乎天理之本然也。今不即物以窮其原，而徒惡去聲。物之誘乎己，乃欲一切扞而去上聲。之，則是必閉口枵虛驕反。腹，然後可以得飲食之正，絶滅種上聲。類，然後可以全夫婦之别筆列反。也。是雖裔以制反。戎無君無父之教，有不能充其説者。況乎聖人大中至正之道，而得以此亂之哉？」○曰：「自程子以格物爲窮理，而其學者傳之，見形甸反。於文字多矣。是亦有以發其師説，而有助於後學者耶？」曰：「程子之説，切於己而不遺於物，本於行事之實而不廢文字之功，極其大而不略其小，究其精而不忽其粗。學者循是而用力焉，則既不務博而陷於支離，亦不徑約而流於狂妄，既不舍上聲。其積累之漸，而其所謂豁然貫通者，又非見聞思慮之可及也。新安陳氏曰：「務博陷於支離，博物洽聞之徒；徑約流於狂妄，禪學頓悟之徒。二句説盡世人爲學之弊。」是於説經之意、入德之方，其亦可謂反復芳服反，亦作覆。後凡言反復，音同。詳備，而無俟於發明矣。朱子曰：「博學亦非欲求異聞雜學方謂之博。博之與約，初學且須作兩途理會，一面博學，又自一面持敬守約，莫令兩下相靠。須兩路進前用工，塞斷中間，莫令相通，將來成時，便自會有通處。若不如此兩下用工，成甚次第？」若其門人，雖曰祖其師說，然以愚考之，則恐其皆未足以及此也。蓋有以必窮萬物之理同出於一爲格物，知萬物同出乎一理爲知至。如合内外之道，則天人物我爲一；通晝夜之道，則死生幽明爲一；達哀樂音洛。好惡並去聲。之情，則人與鳥獸魚鼈爲一；求屈伸消長上聲。之變，則天地山川草木爲一者，似矣。呂與叔說。然其欲必窮萬物之理，而專指外物，則於理之在己者有不明矣；但求衆物比類之同，而不究一物性情之異，則於理之精微者有不察矣；不欲其異而不免乎四說之異，必欲其同而未極乎一原之同，則徒有牽合之勞，而不睹貫通之妙矣。其於程子之說何如哉！又有以爲窮理只是尋箇是處，然必以恕爲本，而又先其大者，則一處理通，而觸樞玉反。處皆通者。謝顯道說。其曰尋箇是處者，則得矣。而曰以恕爲本，則是求仁之方，而非窮理之務也。又曰先其大者，則不若先其近者之切也。又曰一處通而一切通，則又顔子之所不能及，程子之所不敢言，非若類推積累之可以循序而必至也。朱子曰：「謝氏『尋箇是處』之說甚好，與呂與叔『必窮萬物之理同出於一爲格物，知萬物同出乎一理爲知至』，其所見大段不同。但尋箇是處者，須是於其一二分是處，直窮到十分是處方可。」❶又有以爲天下之物不可勝平聲。窮，然皆備於我，而非從外得也，所謂

❶「直」，原作「有」，今據《四書大全》改。

格物，亦曰反身而誠，則天下之物無不在我者，是亦似矣。楊中立説。然反身而誠，乃爲物格知至以後之事，言其窮理之至，無所不盡。故凡天下之理，反求諸身，皆有以見其如目視、耳聽、手持、足行之畢具於此，而無毫髮之不實耳。固非以是方爲格物之事，亦不謂但務反求諸身，而天下之理自然無不誠也。《中庸》之言明善，即物格知至之事。其言誠身，即意誠心正之功。故不明乎善，則有反諸身而不誠者，其功夫地位固有序而不可誣矣。今爲格物之説，又安得遽以是而爲言哉？又有以『今日格一物，明日格一物』爲非程子之言者。尹彦明説。則諸家所記程子之言，此類非一，不容皆誤。且其爲説，正《中庸》學問思辨弗得弗措之事，無所咈音弗。於理者，不知何所病而疑之也。豈其習於持敬之約，而厭夫音扶。下同。觀理之煩耶？抑直以己所未聞，而不信他人之所聞也。夫持敬觀理，不可偏廢，程子固已言之。若以己偶未聞而遂不之信，則以有子之似聖人，而速貧速朽之論，猶不能無待於子游而後定，今又安得遽以一人之所未聞，而盡廢衆人之所共聞者哉？《禮記·檀弓》：有子問於曾子曰：「問〔當作聞。〕喪〔去聲。〕於夫子乎？」〔喪謂失位去國。〕曰：「聞之矣，喪欲速貧，死欲速朽。」有子曰：「是非君子之言也。」曾子曰：「參也與子游聞之。」有子曰：「然。然則夫子有爲〔去聲。〕言之也。」曾子以斯言告於子游。子游曰：「甚哉！有子之言似夫子也。昔者夫子居於宋，見桓司馬〔宋向戌之孫，名魋。〕自爲石槨，三年而不成。夫子曰：『若是其靡也，死不如速朽之愈也。』死之欲速朽，爲桓司馬言之也。南宮敬叔反魯，〔仲孫閲，嘗失位去國，❶而得反。〕必載寶而朝。夫

❶「嘗」，原作「常」，今據《四書大全》改。

子曰：『若是其貨也，喪不如速貧之愈也。』喪之欲速貧，爲敬叔言之也。」曾子以子游之言告於有子。有子曰：「然。吾固曰非夫子之言也。」又有以爲物物致察，而宛轉歸己，如察天行以自强，察地勢以厚德者，亦似矣。謝安國説。然其曰物物致察，則是不察程子所謂不必盡窮天下之物也。又曰宛轉歸己，則是不察程子所謂『物我一理，纔明彼即曉此』之意也。又曰察天行以自强，察地勢以厚德，則是但欲因其已定之名，擬其已著之迹，而未嘗如程子所謂求其所以然，與其所以爲者之妙也。獨有所謂即事即物，不厭不棄，而身親格之，以精其知者，爲得致字向裏之意。而其曰格之之道，必立志以定其本，居敬以持其志，志立乎事物之表，敬行乎事物之内，而知乃可精者，胡仁仲説。又有以合乎所謂『未有致知而不在敬』者之指。但其語意頗傷急迫，既不能盡其全體規模之大，又無以見其從七恭反。容潛玩、積久貫通之功耳。朱子曰：「身親格之，説得親字急迫，不成是倩人格。」○此段本説得精，然却有病者，只説得向裏來，不曾説得外面，所以語意頗傷急迫。蓋致知本廣大，須説得表裏内外周遍兼該方得。其曰「志立乎事物之表，敬行乎事物之内」，此語極好，而曰「知乃可精」，更有局促氣象。他須要就這裏便精其知，殊不知致知之道，不如此急迫，須是寬其程限，大其度量，久久自然貫通。他只説得裏面一邊極精，遺了外面一邊，所以其規模之大，不如程子。且看程子所説，今日格一物，明日格一物，積久自貫通，此言該内外，寬緩不迫，有涵泳從容之意，所謂「語小，天下莫能破；語大，天下莫能載」也。○問「立志以定其本，居敬以持其志」。曰：「人之爲事，必先立志以爲本，志不立，則不能爲得事。雖能立志，苟不能居敬以持之，此心亦泛然而無主，悠悠終日，亦只是虚言。立志必須高出事物之表，而居敬則常存於事物之中，令此敬與事物皆不相違，❶言也須敬，動也須敬，坐也須敬，頃刻去他不得。」嗚呼！ 程子之言，其答問反復之詳且明也如彼，而其門人之所以爲説者乃如此，雖或僅有一二之合焉，而不免於猶有所未盡也。 是亦不待七十子喪去聲。 而大義已乖矣，出《家語》後序。 尚何望其能有所發而有助於後學哉！ 朱子曰：「程子説更不可易。 某當初於吕、謝、楊、尹説段段録出，句句比對，逐字秤停過，方見程子説攧撲不破，諸説挨著，便成粉碎。 諸説皆失了程子意。 此正是入門欵！ 於此既差，他可知矣。」○程子諸門人説得都差，不曾精曉程子之説。 亦緣當時諸公所聞於程子者，語意不全，所以多差。 後來集諸家語録，湊起衆説，此段工夫方是渾全。 然則當時親炙，未爲全幸；生先生之後者，未爲不幸也。 間獨惟念昔聞延平先生之教，李先生名侗，字愿中，延平人。 朱子之師也。 以爲『爲學之初，且當常存此心，勿爲他事所勝，凡遇一事，即當且就此事反復推尋，以究其理，待此一事融釋脱落，然後循序少進，而别窮一事。 如此既久，積累之多，胸中自當有灑然處，非文字言語之所及也』。 詳味此言，雖其規模之大，條理之密，若不逮於程子。 然其工夫之漸次，意味之深切，則有非他説所能及者。 惟嘗實用力於此者，爲能有以識之，未易去聲。 以口舌争也。」格庵趙氏曰：「程子言若一事窮未得，且别窮一事；延平則言且就一事推尋，待其融釋脱落，然後别窮一事。 其言不同。 蓋程子以人心各有明處，有暗處，若就明處推去，則易爲力，非謂一事未窮得，而可貳以二，參以三也。 若延平則專爲不能主一者之戒。 讀者不可以辭害意。」曰：「然則所謂格物致知之學，與世之所謂博物洽聞者，奚以異？」曰：「此以反身窮

❶「令」，原作「合」，今據哈佛本改。

理爲主，而必究其本末是非之極摯；與至同。彼以徇外誇多爲務，而不覈下革反。其表裏真妄之實。然必究其極，是以知愈博而心愈明；不覈其實，是以識愈多而心愈窒。陟力反。此正爲去聲，下同。己爲人之所以分，不可不察也。」潛室陳氏曰：「格物致知，研窮義理，心學也；記誦博識，口耳外馳，喪志之學也。二者正相反。」

或問：「六章之指，其詳猶有可得而言者耶？」曰：「天下之道二，善與惡而已矣。然揆厥所元，而循其次第，則善者天命所賦之本然，惡者物欲所生之邪穢也。是以人之常性，莫不有善而無惡，其本心莫不好去聲，下並同。❶善而惡惡。上去聲，下如字。此後「可惡」、「其惡」、「惡之」、「不惡」、「而惡」、「好惡」，並去聲。然既有是形體之累，而又爲氣稟之拘，是以物欲之私得以蔽之，而天命之本然者不得而著。其於事物之理，固有瞢莫中反。然不知其善惡之所在者，亦有僅識其麤，而不能真知其可好可惡之極者。夫音扶。下同。不知善之真可好，則其好善也，雖曰好之，而未能無不好者以拒之於內；不知惡之真可惡，則其惡惡也，雖曰惡之，而未能無不惡者以挽音晚。之於中。是以不免於苟焉以自欺，而意之所發有不誠者。北溪陳氏曰：「造化流行，生育賦與，更無別物，只是箇善而已。所謂善者，以實理言。人受得此理以爲善，亦本善而無惡。如外好善而內不好善，外惡惡而內不惡惡，便是不真實一等，未實見道理。人雖分明有好善之心，終是不能徹表裏。須是真知善惡分明，然後有真好真惡之功。」夫好善而不誠，則非唯不足以爲善，而反有以賊乎

❶「並」，原作「同」，今據哈佛本改。

其善；惡惡而不誠，則非唯不足以去去聲。惡，而適所以長上聲。乎其惡。是則其爲害也，徒有甚焉，而何益之有哉？聖人於此，蓋有憂之，故爲大學之教，而必首之以格物致知之目，以開明其心術，使既有以識夫善惡之所在，與其可好可惡之必然矣。至此而復扶又反。進之以必誠其意之説焉，則又欲其謹之於幽獨隱微之奥，以禁止其苟且自欺之萌。而凡其心之所發，如曰好善，則必由中及外，無一毫之不好也。如曰惡惡，則必由中及外，無一毫之不惡也。夫好善而中無不好，則是其好之也，如好好色之真，欲以快乎己之目，初非爲去聲。人而好之也。惡惡而中無不惡，則是其惡之也，如惡惡臭之真，欲以足乎己之鼻，初非爲人而惡之也。新安陳氏曰：「慊字兼快、足之義。此以快與足分屬好惡言之，蓋對舉而互相備也。」所發之實既如此矣，而須臾之頃，纖芥之微，念念相承，又無敢有少間斷焉，則庶乎内外昭融，表裏澄徹，而心無不正，身無不脩矣。意誠則心正身脩之本皆已在此，故於此便究言之。若彼小人，幽隱之閒，實爲不善，而猶欲外託於善以自蓋，則亦不可謂其全然不知善惡之所在，但以不知其真可好惡，而又不能謹之於獨，以禁止其苟且自欺之萌，是以淪陷至於如此而不自知耳。此章之説，其詳如此，是固宜爲自脩之先務矣。然非有以開其知識之真，則不能有以致其好惡之實，故必曰『欲誠其意者，先致其知』，又曰『知至而后意誠』。然猶不敢恃其知之已至，而聽其所自爲也，故又曰必誠其意，必謹其獨，而毋自欺焉。則大學工夫，次第相承，首尾爲一，而不假他術以雜乎其間，亦可見矣。後此皆然，今不復扶又反。重平聲。出也。」後此皆然，如「意誠而后心正」，意既誠，又不可不正其心。「心正而后身脩」，倣此。○曰：「然則慊之爲義，或以爲少，又以爲恨，與此不同，何也？」曰：「慊之爲字，有作嗛口簟反。者，而字書以爲口銜物也。然則慊亦但爲心有所銜之意，而其爲快，爲足，爲恨，爲少，則以所銜之異而別筆列反，下同。之耳。孟子所謂『慊於心』，樂毅所謂『慊於志』，則以銜其快與足之意而言者也。《史記》列傳：樂毅遺燕惠王書曰：「自五伯〔音霸〕以來，功未有及於先王者也。先王以爲慊於志。」〔先王，燕昭王也。〕《孟子》所謂『吾何慊』，《漢書》所謂『嗛栗姬』，《史記》西漢外戚傳：景帝立齊栗姬男爲太子，王夫人男爲膠東王。長公主嫖有女，欲與太子爲姬，栗姬謝不許。長公主欲與王夫人，夫人許之。會薄皇后廢，長公主日譖栗姬短。景帝嘗屬諸姬曰：「吾百歲後，善視之。」栗姬怒，不肯應，言不遜，景帝心銜之而未發也。長公主日譽王夫人男之美，帝亦自賢之。王夫人知嗛栗姬，又陰使人趣大臣立栗姬爲皇后。大臣奏事文曰：「子以母貴，母以子貴，今太子母宜號爲皇后。」帝怒曰：「是乃所當言邪？」遂案誅大臣，而廢太子爲臨江王，栗姬以憂死。卒立王夫人爲皇后，男爲太子。則以銜其恨與少之意而言者也。朱子曰：「字有同一義而二用者，如銜字，或爲銜恨，或爲銜恩，亦同此義。」讀者各隨所指而觀之，則既並行而不悖矣。字書又以其訓快與足者，讀與愜同，則義愈明而音又異，尤不患於無別也。」

或問：「人之有心，本以應物，而此章之傳，以爲有所喜怒憂懼，便爲不得其正。然則其爲心也，必如槁木之不復扶又反。下同。生，死灰之不復然，乃爲得其正邪？」曰：「人之一心，湛丈減反。然虛明，如鑑之空，如衡之平，以爲一身之主者，固其真體之本然；真體，乃其本體之不雜於人僞者也。而喜怒憂懼，隨感而應，姸蚩充之反。俯仰，因物賦形者，亦其用之所不能無者也。故其未感之時，至虛至静，所謂鑑空衡平之體，雖鬼神有不得窺其際者，固無得失之可議。及其感物之際，而所應者又皆中去聲。節，則其鑑空衡平之用流行不滯，正大光明，是乃所以爲天下之達道，亦何不得其正之有哉？唯其事物之來，有所不察，應之既或不能無失，且又不能不與俱往，則其喜怒憂懼，必有動乎中者，而此心之用，始有不得其正者耳。

朱子曰：「人心如一箇鏡，先未有一箇影象，有物事來，方始照見姸醜。若先有箇影象在裏面，如何照得？人心本是湛然虛明，事物之來，隨感而應，自然照得高下輕重。事過，便當依前恁地虛方得。若事未來，先有一箇忿懥、好樂、恐懼、憂患之心在這裏，及忿懥、好樂、恐懼、憂患之事到來，又以這心相與衮合，便失其正事了。又只若留在這裏，如何得正？」○北溪陳氏曰：「感自外入，以彼物之至吾前而言；應由中出，以此心之接彼物而言。」○節齋蔡氏曰：「鑑之空，方能照人。若先有人形滯其中，則人之繼至者不復可得而照矣。衡之平，方能稱物。若先有物重滯於下，則物之繼至者不復可得而稱矣。以鑑空衡平喻心體之虛明，最爲精切。」○陳氏曰：「此章只是四者感物而應，不中其節，則此心便爲四者所動，而不得其正矣。若世俗心慮昏昏，莫克主宰，體用動静無伏準，則目隨物視，耳隨物聽，行信足步，言信口説矣。」○西山真氏曰：「鑑空衡平之體用，切須玩味。蓋未應物時，此心只要清明虛静，不可先有一物。如鑑未照物，只是一箇空，如衡未稱物，只是一箇平。此乃心之本體，即喜怒哀樂未發之中，所謂鑑空衡平之體也。及事物之來，隨我而應，因其可喜而喜，可怒而怒，在我本未嘗先有此心，但隨物之感而應之耳，故其發無不中節。此所謂鑑空衡平之用也。」○徽庵程氏曰：「未發之前，氣未用事，心之本體不待正而后正。發而中節，則心之用無不正，亦不待正之而後正。夫有不正而後正，心體静而未發，何待於正乎？

惟此心之用，發不中節，始有不正而待於正耳。《章句》曰用之所行，或失其正，❶《或問》曰此心之用，不得其正，未嘗言體之不正也。惟經之《或問》有曰『不得其本然之正』，曰『心之本體，物不能動，而無不正』，或者遂執之以爲正心乃静時工夫，如《中庸》未發之中，《太極圖》之主静，而經之所謂定、静、安也。傳之『心不在焉』，乃心不在腔子裏時也。殊不知聖人教人，多於動處用功，格、致、誠、正、脩，皆教人用功於動者，定、静、安亦非但言心之静也。若静時工夫，則戒謹恐懼而已，存之、養之、守之而已，不待乎正其所不正也。聖賢之動，固主乎静。元亨，誠之通，固主乎利貞。誠之復，而誠正脩云者，正誠通之事。既誠正而脩矣，始有誠復之明。若當誠意之後，厭動而求静，棄事而冥心，收視反聽，而曰吾將以正心焉，此乃異端之事，非吾儒事也。況心不在焉，亦曰心不在視，則視而不見；心不在聽，則聽而不聞，豈盡在腔中之謂哉？《或問》所謂本然本體，亦指此心之義理而言。孟子言本心，亦指仁義之心而言。豈一於静之謂乎？」○玉溪盧氏曰：「湛然虚明者，心之體；隨感而應者，心之用。如鑑之空，則妍蚩因物，而空者自如；如衡之平，則俯仰因物，而平者自若。真體之本然，吾心之太極也。隨感而應，則本體之真在在呈露，而太極亦無不在矣。未感之時，鬼神不得窺其際，乃天下之大本，是明德之體，寂然不動者也，寂之中，有能感者存。感物之際，流行不滯，正大光明，乃天下之達道，是明德之用，感而遂通者也，感之中，未嘗無寂者存。」**附**《蒙引》：「按，《或問》曰：『人之一心，湛然虚明，如鑑之空，如衡之平，以爲一身之主者，固其真體之本然；而喜怒憂懼，隨感而應，妍媸俯仰，❷因物賦形者，亦其用之所不能無者也。』此一段，言本然道理，是乃人之性情然也。又曰：『故其未感之時，至虚至静，所謂鑑空衡平之體，雖鬼神有不得窺其際者，固無得失之可議。』此愚所謂未見於用時，雖常人亦未見有不得其正者。又曰：『及其感物之際，而所應者又皆中節，則鑑空衡平之用流行不滯，正大光明，是乃所以爲天下之達道，亦何不得其正之有哉？』此所謂性本善，故順之而無不善者也。上文『固無得失之可議』一條，除却不論，則此一段話正與本文『心有所忿懥，則不

❶「失」，原作「曰」，今據哈佛本改。

❷「媸」，原作「媸」，今據《四書蒙引》改。

得其正』者相反，應是心得其正者也。又曰：『惟其事物之來，有所不察，應之既或不能無失，且又不能不與俱往，則其喜怒憂懼必有動乎中者，而此心之用，始有不得其正者耳。』此愚所謂心之不得其正，皆是用上累了者也。今即《或問》分爲小段而疏之，益見向來有以正心只爲静存工夫，而不得其正，不指心之用言者，全非矣。」傳者之意，固非以心之應物，便爲不得其正，而必如枯木死灰，然後乃爲得其正也。惟是此心之靈，既曰一身之主，苟得其正而無不在是，則耳目鼻口、四肢百骸，莫不有所聽命以供其事，而其動静語默、出入起居，惟吾所使，而無不合於理。如其不然，則身在於此，而心馳於彼，血肉之軀無所管攝，其不爲『仰面貪看鳥，回頭錯應人』者，幾平聲。希矣。所引二句，乃杜子美詩。孔子所謂『操則存，舍則亡』，孟子所謂『求其放心』、『從其大體』者，蓋皆謂此。學者可不深念而屢省悉井反。之哉！」

或問：「八章之辟，舊讀爲譬，而今讀爲僻，何也？」曰：「舊音舊説，以上章例之而不合也，以下文逆之而不通也，是以閒者竊以類例文意求之，而得其説如此。蓋曰人之常情，於此五者，一有所向，則失其好去聲。下同。惡去聲。下「於惡」、「好惡」同。之平，而陷於一偏，是以身有不脩，不能齊其家耳。蓋偏於愛，則溺焉而不知其惡矣；偏於惡，則阻焉而不知其善矣。是其身之所接，好惡取舍上聲。之間，將無一當去聲。於理者，而況於閨門之内，恩常掩義，亦何以勝其情愛暱尼質反。比音鼻。之私，而能有以齊之哉？」北溪陳氏曰：「治家非如治國，治國可用刑威，治家則刑威不可得而施，只是公其心而已。」○格庵趙氏曰：「閨門之内，義常不勝乎恩，情愛暱比之私尤所難克，使一有偏焉，則長幼親疏，欲其心之齊一不可得矣。蓋至近至密之地，一毫之僞無所容欺，此常情之所易忽，而君子之所甚謹也。」曰：「凡是五者，皆身與物接所不能無，而亦既有當然之則矣。今曰一有所向，便爲偏倚，而身不脩。則是必其接物之際，此心漠然，都無親疏之等、貴賤之别，筆列反。然後得免於偏也。且心既正矣，則宜其身之無不脩。今乃猶有若是之偏，何哉？」曰：「不然也。此章之義，實承上章，其立文命意，大抵相似。蓋以爲身與事接，而後或有所偏，非以爲一與事接，而必有所偏。所謂『心正而后身脩』，亦曰心得其正，乃能脩身，非謂此心一正，則身不待檢而自脩也。」朱子曰：《大學》所以有許多節次，正欲教人逐節用工，非如一無節之竹，使人才能格物，便知平天下也。人蓋有意誠而心未正者，故於忿懥等，誠不可不隨事而排遣；有心正而身未脩者，故於好惡閒，❶誠不可不隨人而節制。齊家以下，皆是教人省察用功。故經之序，但言心正者必自誠意而來，脩身者必自正心而來。非謂意既誠，則心無事乎正；心既正，則身無事乎脩也。」〇曰：「親愛、賤惡、畏敬、哀矜，固人心之所宜有。若夫音扶。敖惰，則凶德也，曾謂本心而有如是之則哉？」曰：「敖之爲凶德也，正以其先有是心，不度待洛反。所施，而無所不敖爾。若因人之可敖而敖之，則是常情所宜有，而事理之當然也。今有人焉，其親且舊，未至於可親而愛也；其位與德，未至於可畏而敬也；其窮未至於可哀，而其惡未至於可賤也；其言無足去上聲。取，而其行去聲。無足是非也，則視之泛然如塗之人而已爾。又其

❶「閒」，原作「問」，今據哈佛本改。

下者，則夫子之取瑟而歌，孟子之隱去聲。几而卧，蓋亦因其有以自取，而非吾故有敖之之意，亦安得而遽謂之凶德哉？又況此章之旨，乃爲去聲。慮其因有所重，而陷於一偏者發，其言雖曰有所敖惰，❶而猶不敢肆其敖惰之心也，亦何病哉？」

或問：「『如保赤子』，何也？」曰：「程子有言，赤子未能自言其意，而爲之母者，慈愛之心出於至誠，則凡所以求其意者，雖或不中，去聲。而不至於大相遠矣，豈待學而後能哉？若民則非如赤子之不能自言矣，而使之者反不能無失於其心，則以本無慈愛之實，而於此有不察耳。傳之言此蓋以明夫音扶。使衆之道，不過自其慈幼者而推之，而慈幼之心，又非外鑠式約反。而有待於强上聲。爲也。事君之孝，事長之弟，亦何以異於此哉？既舉其細，則大者可知矣。」細謂慈，大謂孝弟。○三山陳氏曰：「長民者往往不得下之情，蓋亦視之不切於己，不若慈母之心耳。孝弟與慈，初無二心，苟自切己推之，則舉慈可以見孝弟矣。」○曰：「仁讓言家，貪戾言人，何也？」曰：「善必積而後成，惡雖小而可懼，古人之深戒也。《書》所謂『爾惟德罔小，萬邦惟慶；爾惟不德罔大，墜厥宗』，亦是意爾。」朱子曰：「惟德罔小，言其不可小也。」○三山陳氏曰：「爲惡之効，捷於爲善。仁讓必積而刑於一家，而後可以化一國；貪戾則纔出於一人之身，而一國已作亂矣。見爲善者不可無悠久之積，爲惡者不可有斯須之暫也。」○曰：「此章本言上行下效，有不期然而然者。今曰『有諸己而後求諸人，無諸己而後非

❶「敖惰」下，《四書或問》、《四書大全》有「其意則正欲人之於此更加詳審，雖曰所當敖惰」十九字，疑本書脱誤。

諸人』，則是猶有待於勸勉程督音篤。察也，勸也。而後化。且內適自脩，而遽欲望人之皆有；己方僅免，而遂欲責人以必無也。」曰：「此爲去聲。治其國者言之，則推吾所有，與民共由，其條教法令之施，賞善罰惡之政，固有理所當然而不可已者。但以所令反其所好，則民不從，故又推本言之，欲其先成於己，而有以責人。固非謂其專務脩己，都不治人，而拱手以俟其自化；亦非謂其矜己之長，愧人之短，而脅之以必從也。故先君子之言曰：文公父名松，字喬年，號韋齋先生。『有諸己，不必求諸人，以爲求諸人而無諸己，則不可也；無諸己，不必非諸人，以爲非諸人而有諸己，則不可也。』正此意也。玉溪盧氏曰：「『有諸己而求諸人』、『無諸己而非諸人』者，恕也。『求諸人而無諸己，則不可』、『非諸人而有諸己，則不可』者，必先有忠，而後有恕也。」曰：「然則未能有善而遂不求人之善，未能去上聲。惡而遂不非人之惡，斯不亦恕而終身可行乎哉？」曰：「恕字之旨，以如心爲義。蓋曰如治己之心以治人，如愛己之心以愛人，而非苟然姑息之謂也。然人之爲心，必嘗窮理以正之，使其所以治己愛己者皆出於正，然後可以即是推之以及於人，而恕之爲道，有可言者。故《大學》之傳，最後兩章始及於此，則其用力之序，亦可見矣。至即此章而論之，則欲如治己之心以治人者，又不過以强上聲。下同。於自治爲本。蓋能强於自治，至於有善而可以求人之善，無惡而可以非人之惡，然後推己及人，使之亦如我之所以自治而自治焉，則表端景正，景即影字。古只作景，至晉葛洪始加彡。源潔流清，而治己治人無不盡其道矣。所以終身力此，而無不可行之時也。今乃不然，而直欲以其不肖之身爲標準，視吾治教所當及者，一以姑息待之，不相訓誥，不相禁戒，將使天下之人，皆如己之不肖而淪胥以陷焉。是乃大亂之道，而豈所謂終身可行之恕哉？近世名卿之言有曰：范純仁，字堯夫，謚忠宣公。『人雖至愚，責人則明；雖有聰明，恕己則昏。苟能以責人之心責己，恕己之心恕人，則不患不至於聖賢矣。』此言近厚，世亦多稱之者。但恕字之義，本以如心而得，故可以施之於人，而不可以施之於己。今曰恕己則昏，則是已知其如此矣；而又曰以恕己之心恕人，則是既不知自治其昏，而遂推以及人，使其亦將如我之昏而後已也。乃欲由此以入聖賢之域，豈不誤哉！藉令平聲。其意但爲欲反此心以施於人，則亦止可以言下章愛人之事，而於此章治人之意，與夫音扶。《中庸》以人治人之説，則皆有未合者。蓋其爲恕雖同，而一以及人爲主，一以自治爲主，則二者之閒毫釐之異，正學者所當深察而明辯也。若漢之光武，亦賢君也，一旦以無罪黜其妻，其臣郅音質。惲委粉反。不能力陳大義以救其失，而姑爲緩辭以慰解之，是乃所謂不能三年而緦功是察，放飯流歠而齒決是憚者。光武乃謂惲爲善恕己量主，則其失又甚遠，而大啓爲人臣者不肯責難陳善以賊其君之罪。一字之義有所不明，而其禍乃至於此，可不謹哉！」《後漢書・郅惲傳》：郭皇后廢。光武之后以寵衰，數懷懟而廢。惲乃言於帝曰：「臣聞夫婦之好，父不能得之於子，況臣能得之於君乎？是臣所不敢言。雖然，願陛下念其可否之計，無令天下有議社稷而已。」帝曰：「惲善恕己量主，知我必不有所左右而輕天下也。」○問如心爲恕。朱子曰：「如，比也。比自家心上推去，仁之與恕，只争些子，自然底是仁，比而推之便是恕。」○問：「范忠宣以恕己恕人，此語固有病，但上文先言以責人之心責己，則連下句亦未害。」曰：「上句自好，下句自不好。蓋才恕己，便已不是。若横渠云『以愛己之心愛人，則盡仁；以責人之心責己，則盡道』，語便不同。蓋恕是推去底，我有是善，亦要他人有是善。推此計度之心，此乃恕也。於己不當下恕字。」○玉溪盧氏曰：「心必窮理以正之者，格物致知之事。治己愛己皆出於正者，誠意正心脩身之事。即是推之以及人者，齊家治國平天下之事也。治己愛己皆出於正，是盡己之忠。即是推之以及於人，是推己之恕。忠者體，恕者用。表端源潔，忠也；景正流清，恕也。忠者，明德之事；恕者，新民之事。大學之道，一忠恕而已。此章言治國，下章言治國平天下，皆明明德之推而恕之事也。此章之義，則欲如治己之心以治人；下章絜矩之義，則欲如愛己之心以愛人。蓋治國乃平天下之本，故此章以治人言，下章以愛人言，義各有攸當也。」○新安陳氏曰：「《大學》傳至治國平天下章方言恕，觀此言恕，則隱然見脩身以前之當言忠矣。盧氏之說，正是即後之言以發明前之所未言者也。」○曰：

「既結上文，而復扶又反。引《詩》者三，何也？」曰：「古人言必引《詩》，蓋取其嗟嘆咏歌，優游厭飫，依據反。有以感發人之善心，非徒取彼之文，證此之義而已也。夫音扶。以此章所論齊家治國之事，文具而意足矣，復三引《詩》，非能於其所論之外，别有所發明也。然嘗試讀之，則反復吟咏之間，意味深長，義理通暢，使人心融神會，有不知手舞而足蹈者，是則引《詩》之助與音預。爲多焉。蓋不獨此，他凡引《詩》云者，皆以是求之，則引者之意可見，而《詩》之爲用亦得矣。」曰：「三詩亦有序乎？」曰：「首言家人，次言兄弟，終言四國，亦『刑于寡妻，至于兄弟，以御于家邦』之意也。」新安陳氏曰：「所引詩見《大雅・思齊》篇，孟子嘗引之。《集註》云『御，治也』，於御字無音。《詩傳》云『御，迎也』，於御字音『牙嫁反』。當依《集註》，如字讀。」

或問：「上章論齊家治國之道，既以孝、弟、慈爲言矣。此論治國平天下之道，而復扶又反。以是爲言，何也？」曰：「三者，人道之大端，衆心之所同得者也。自家以及國，自國以及天下，雖有大小之殊，然其道不過如此而已。但前章專以己推而人化爲言，此章又申言之，以見形甸反。人心之所同而不能已者如此。是以君子不唯有以化之，而又有以處上聲。下同。之也。新安陳氏曰：「老老長長恤孤躬行於上，而民興孝弟，不倍於下，是有以化之。絜矩，是乃處之之道也。」蓋人之所以爲心者，雖曰未嘗不同，然貴賤殊勢，賢愚異稟，苟非在上之君子真知實蹈，有以倡尺亮反。之，則下之有是心者亦無所感而興起矣。以上詳説「有以化之」。幸其有以倡焉而興起矣，然上之人乃或不能察彼之心，而失其所以處之之道，則彼其所興起者或不得遂，而反有不均之歎。是以君子察其心之所同而得夫音扶。絜矩之道，然後有以處此，而遂其興起之善端也。」以上詳説「有以處之」。曰：「何以言絜之爲度待洛反。下同。也？」曰：「此莊子所謂『絜之百圍』，賈子所謂『度長絜大』者也。莊子名周。《人閒世》篇：「匠石之齊，至於曲轅，見社櫟樹，其大蔽牛，絜之百圍。」〔註：絜，圍束也，是將一物圍束，以爲之則也。〕賈子名誼，西漢洛陽人。《過秦論》：「試使山東之國與陳涉度長絜大，比量權力，則不可同年而語矣。」前此諸儒蓋莫之省，悉井反。而强上聲。訓以挈，口結反。殊無意謂。先友太史范公名如圭，文公父韋齋之友。乃獨推此以言之，而後其理可得而通也。

蓋絜，度也；矩，所以爲方也。以己之心度人之心，知人之所惡去聲。下同。者不異乎己，則不敢以己之所惡者施之於人。使吾之身一處乎此，則上下四方、物我之際各得其分，去聲。不相侵越，而各就其中，校音教。其所占之地，則其廣狹長短，又皆平均如一，截然方正，而無有餘不足之處，去聲。是則所謂絜矩者也。夫音扶。爲天下國家而所以處心制事者，一出於此，則天地之閒將無一物不得其所，而凡天下之欲爲孝弟不倍者，皆得以自盡其心，而無不均之歎矣。天下其有不平者乎？然君子之所以有此，亦豈自外至而强上聲。爲之哉？亦曰物格知至，故有以通天下之志，而知千萬人之心即一人之心；意誠心正，故有以勝一己之私，而能以一人之心爲千萬人之心，其如此而已矣。格庵趙氏曰：「天下之志萬殊，理則一也。物格知至者能燭理，則視衆人之心猶一心，而明絜矩之義，公則一致，私則萬殊。意誠心正者能克己，則以一心爲衆人之心，而盡絜矩之道。」一有私意存乎其閒，則一膜音莫。之外，便爲胡、越。雖欲絜矩，亦將有所隔礙牛代反。而不能通矣。若趙由之爲守則易去聲。尉，而爲尉則陵守；王肅之方於事上，而好去聲。人佞己。推其所由，蓋出於此。而充其類，則雖桀、紂、盜跖音隻。之所爲，亦將何所不至哉！」《史記·酷吏傳》：周陽由者，其父趙兼以淮南王舅父侯周陽，故因姓周陽氏。由爲郎，事孝文及景帝。景帝時爲郡守。武帝即位，吏治尚循謹甚，然由居二千石中，最爲酷暴驕恣。所居郡，必夷其豪。爲守，視都尉如令。爲令，❶必陵太守，奪之治。由後爲河東都尉，時與其守勝屠公〔勝屠，即申屠也。〕相告言罪。

❶「令」，《史記》作「都尉」。

勝屠公當抵罪，❶義不受刑，自殺，而由棄市。○《魏志・王肅傳》：肅太和中拜散騎常侍。肅字子雍，東海郡人。史評曰：「劉實以爲肅方於事上，而好下佞己，此一反也。」曰：「然則絜矩之云，是則所謂恕者已乎？」曰：「此固前章所謂如愛己之心以愛人者也。夫子所謂終身可行，程子所謂『充拓音託。得去，則天地變化而草木蕃；音煩。充拓不去，則天地閉而賢人隱』，皆以其可以推之而無不通耳。朱子曰：「推得去，則物我貫通，自有箇生生無窮底意思，便有『天地變化，草木蕃』氣象。天地只是這樣道理。若推不去，物我隔絕，欲利於己，不利於人，欲己之富，欲人之貧，欲己之壽，欲人之夭，似這氣象，全然閉塞隔絕了，便似『天地閉，賢人隱』。」然必自其窮理正心者而推之，則吾之愛惡取舍，上聲。皆得其正，而其所推以及人者，亦無不得其正。是以上下四方，以此度音鐸。之，而莫不截然各得其分。去聲。若於理有未明，而心有未正，則吾之所欲者，未必其所當欲；吾之所惡者，未必其所當惡。乃不察此而遽欲以是爲施於人之準則，則其意雖公，而事則私。是將見其物我相侵，彼此交病，而雖庭除之內、跬丘弭反。步之間，亦且參商參音森。參、商，二星名。矛盾，盾，食允反。二者皆兵器名。而不可行矣，尚何終身之望哉？是以聖賢凡言恕者，又必以忠爲本。而程子亦言：『忠恕兩言，如形與影，欲去上聲。其一而不可得。』蓋惟忠，而後所如之心始得其正，是亦此篇先後本末之意也。所當先而爲本者，忠也；所當後而爲末者，恕也。然則君子之學，可不謹其序哉！」朱子曰：「忠是本體，恕是枝葉。非是別有枝葉，乃是本根中發出枝葉。」○陳氏曰：「大

❶「當」字，《史記》無。

概忠恕只是一物，就中截作兩片，則爲二物。蓋存諸中者既忠，則發出外來便是恕。應事接物處不恕，則是在我者必不十分真實。若發出忠底心，便是恕底事；做成恕底事，便見忠底心。」○曰：「自身而家，自家而國，自國而天下，均爲推己及人之事。而傳之所以釋之者，一事自爲一說，若有不能相通焉者，何也？」曰：「此以勢之遠邇、事之先後，而所施有不同耳，實非有異事也。蓋必審於接物，好惡二字並去聲。下同。不偏，然後有以正倫理，篤恩義，《附纂》黄氏洵饒曰：「正倫理，言父父、子子、兄兄、弟弟、夫婦、長幼是也；篤恩義，言有親、有序、有別之類是也。」而齊其家。其家已齊，事皆可法，然後有以立標準，胥教誨，而治其國。其國已治，去聲。民知興起，然後可以推己度待洛反。物，舉此加彼，而平天下。此以其遠近先後，而施有不同者也。然自國以上，上聲。則治於内者，嚴密而精詳；自國以下，則治於外者，廣博而周遍。亦可見其本末實一物，首尾實一身矣。何名爲異説哉？」格庵趙氏曰：「嚴密精詳，所以爲廣博周遍之地。治内者疎略苟簡，則治外者雖欲廣博周遍，得乎？」○曰：「所謂『民之父母』者，何也？」曰：「君子有絜矩之道，故能以己之好惡知民之好惡，又能以民之好惡爲己之好惡也。夫音扶。好其所好，而與之聚之，惡其所惡，而不以施焉，則上之愛下，真猶父母之愛其子矣。彼民之親其上，豈不亦猶子之愛其父母哉？」三山陳氏曰：「父母之於子，其所好惡，無有不知者，體氣同也。至於民之好惡，其君常有所不知，無他，制於形體之異耳。能絜矩，則能以民之心爲心，而可以父母斯民，民亦父母之矣。」○曰：「此所引《節南山》之詩，何也？」曰：「言在尊位者，人所觀仰，不可不謹。若人君恣己徇私，不與天下同其好惡，則爲天下僇，如桀、紂、幽、厲也。」○曰：「得衆得國，失衆失國，何也？」曰：「言能絜矩，則民父母之，而得衆得國矣；不能絜矩，則爲天下僇，而失衆失國矣。」○曰：「所謂『先慎乎德』，何也？」曰：「上言有國者不可不謹，此言其所謹而當先者，尤在於德也。德即所謂明德，所以謹之，亦曰格物、致知、誠意、正心，以脩其身而已矣。」○曰：「此其深言務財用而失民，何也？」曰：「有德而有人有土，則因天分地，不患乎無財用矣。然不知本末，而無絜矩之心，則未有不争鬬其民，而施之以刼奪之教者也。《易大傳》曰：『何以聚人，曰財。』《春秋外傳》曰：即《國語》。『王人者，將以導利而布之上下者也。』故財聚於上，則民散於下矣；財散於下，則民歸於上矣。『言悖而出者，亦悖而入；貨悖而入者，亦悖而出』，鄭氏以爲『君有逆命，則民有逆辭；上貪於利，則下人侵畔』，得其旨矣。」○曰：「前既言命之不易矣，此又言命之不常，何也？」曰：「以天命之重，而致其丁寧之意，亦承上文而言之也。蓋善則得之者，有德而有人之謂也；不善則失之者，悖入而悖出之謂也。然則命之不常，乃人之所自爲耳，可不謹哉？」○曰：「其引《秦誓》，何也？」曰：「言好去聲。下同。善之利，及其子孫，不好善之害，流於後世，亦由絜矩與否之異也。」曰：「媢疾之人誠可惡去聲。下並同。矣，然仁人惡之之深，至於如此，得無疾之已甚之亂邪？」曰：「小人爲惡，如字。下「惡人」、「其惡」、「善惡」並同。千條萬端，其可惡者，不但媢疾一事而已。仁人不深惡乎彼，而獨深惡乎此者，以其有害於善人，使民不得被其澤，而其流禍之長，及於後世而未已也。然非殺人於貨之盜，則罪不至死，故亦放流之而已。然又念夫音扶。彼此之勢雖殊，而苦樂音洛。之情則一，今此惡人放而不遠，則其爲害雖得不施於此，而彼所放之地，其民復扶又反。何罪焉？故不敢以己之所惡施之於人，而必遠而置之無人之境，以禦魑抽知反。魅音媚。而後已。蓋不惟保安善人，使不蒙其害，亦所以禁伏凶人，使不得稔其惡。雖因彼之善惡而有好惡之殊，然所以仁之之意，亦未嘗不行乎其閒也。此其爲禦亂之術至矣，而何致亂之有？」曰：「迸之爲屏，必正反。下同。何也？」曰：「古字之通用者多矣。漢石刻詞有引『尊五美，屏四惡』者，而以尊爲遵，以屏爲迸，則其證也。」曰：「仁人之能愛人，能惡人，何也？」曰：「仁人者，私欲不萌，而天下之公在我，是以是非不謬，靡幼反。而舉措得宜也。」〇曰：「命之爲慢，與其爲怠也，孰得？」曰：「大凡疑義，所以決之，不過乎義理、文勢、事證三者而已。今此二字，欲以義理、文勢決之，則皆通，欲以事證決之，則無考，蓋不可以深求矣。若使其於義理、事實之大者有所鄉許亮反。背，音佩。而不可以不究，猶當視其緩急以爲先後。況於此等字既兩通，而於事義無大得失，則亦何必苦心極力以求之，徒費日而無所益乎。以是而推他，亦皆可見矣。」曰：「好善惡好、惡並去聲。下同。惡，如字。人之性然也。有拂人之性者，何哉？」曰：「不仁之人阿黨媢疾，有以陷溺其心，是以其所好惡，戾於常性如此，與民之父母能好惡人者正相反。使其能勝私而絜矩，則不至於是矣。」〇曰：「忠信、驕泰之所以爲得失者，何也？」曰：「忠信者，盡己之心，而不違於物，絜矩之本也；驕泰，則恣己徇私，以人從欲，不得與人同好惡矣。」附《存疑》：《或問》曰：「君子之所以有此，亦豈自外至而强爲之哉？亦曰物格知至，故有以通天下之志，而知千萬人之心即一人之心；意誠心正，故有以勝一己之私，而能以一人之心爲千萬人之心。」此忠信得大道之説也。又曰：「然必自其窮理正心者而推之，則吾之愛惡取舍，皆得其正；而所推以及人者，亦無不得其正。是以上下四旁，以此度之，而莫不截然各得其分。若於理有未明，而心有未正，則吾之所欲者，未必其所當欲；所惡者，未必其所當惡」云云，此忠信得大道之説也。〇曰：「上文深陳財用之失民矣，此復扶又反。言生財之道，何也？」曰：「此所謂有土而有財者也。夫音扶。《洪範》八政，食貨爲先，見《尚書·洪範》篇三「八政」疇。子貢問政，而夫子告之，亦以足食爲首。蓋生民之道，不可一日而無者，聖人豈輕之哉？特以爲國者以利爲利，則必至於剥民以自奉，而有悖出之禍，故深言其害以爲戒耳。至於崇本節用，崇本，生之衆，爲之疾也；節用，食之寡，用之舒也。有國之常政，所以厚下而足民者，則固未嘗廢也。吕氏之説得其旨矣。吕説已見《章句》中。有子曰：『百姓足，君孰與不足？』孟子曰：『無政事，則財用不足。』正此意也。然孟子所謂政事，則所以告齊、梁之君，使之制民之産者是已，豈若後世頭會古外反。箕斂、力驗反。厲民自養之云哉？」《前漢書·陳餘傳》：「秦爲亂政，外内騷動，百姓罷敝，〔罷音疲。〕頭會箕斂，以供軍費，〔秦吏到民家，計人頭數，以箕斂之，而供軍需。〕財匱力盡。」○曰：「『仁者以財發身，不仁者以身發財』，何也？」曰：「仁者不私其有，故財散民聚而身尊；不仁者惟利是圖，故捐身賈音古。禍以崇貨也。然亦即財貨而以其效言之爾，非謂仁者真有以財發身之意也。」曰：「『未有府庫財非其財者』，何也？」曰：「上好去聲。下同。仁，則下好義矣；下好義，則事有終矣；事有終，則爲君者安富尊榮，而府庫之財可長保矣。此以財發身之效也。上不好仁，則下不好義；下不好義，則其事不終，是將爲天下僇之不暇，而況府庫之財，又豈得爲吾之財乎？若商紂以自焚，而起鉅橋鹿臺之財，德宗以出走，而豐瓊林大盈之積，皆以身發財之效也。」《史記》：紂使師涓作新淫聲，北里之舞，靡靡之樂。厚賦稅，以實鹿臺之財，而盈巨橋之粟。以酒爲池，縣肉爲林，爲長夜之飲。百姓怨望，而諸侯有畔者。周武王於是遂率諸侯伐紂，紂亦發兵距之牧野。甲子日，紂兵敗。紂走，登鹿臺，衣其寶玉衣，自焚而死。武王遂斬紂頭，縣之白旗。又《書·武成》篇：〔此篇記武王功成之事。〕❶乃反商政，政由舊，散鹿臺之財，發鉅橋之粟，大賚於四海，而萬姓悦服。○《唐書·陸贄傳》：始帝播遷，〔帝，德宗也。朱泚反，帝出走在外。〕府藏委棄。至是天下貢奉稍至，乃於行在夾廡署瓊林、大盈二庫，別藏貢物。贄諫，以爲「今師旅方殷，瘡痛呻吟之聲未息，遽以珍貢私別庫，恐群下有所觖望。〔不滿所望。〕請悉出，以賜有功，給軍賞。」帝悟，即撤其署。○曰：「其引孟獻子之言，何也？」曰：「鷄、豚、牛、羊，民之所畜計六反。養以爲利者也。既已食君之禄，而享民之奉矣，則不當復扶又反。與之争。此公儀子所以拔園葵、去上聲。下同。織婦，而董子因有『與之齒者去其角，傅之翼者兩其足』之喻，皆絜矩之義

❶ 此處括號原無，今據《四書大全》及本書體例加。

也。《史記》：公儀休爲魯相。食茹而美，〔食其菜曰茹。〕拔其園葵而棄之。見其家織布好，而疾出其家婦，燔其機，云：「欲令農夫工女安所讎其貨乎？」〔讎，售也。謂食禄者不得與下民争利。〕❶〇《西漢書》：董仲舒以賢良對策曰：「夫天亦有所分〔去聲。〕予，〔上聲。〕予之齒者去其角，❷〔言天生物，賦予有分定，牛無上齒者，則有角；其餘無角，則有上齒。〕傅之翼者兩其足。〔傅讀曰附，附著也，言鳥不四足。〕是所受大者，不得取小也。古之所予禄者，不食於力，不勤於末，〔謂工商之業。〕是亦受大者不得取小，與天同意者也。」聚斂之臣剥民之膏血以奉上，而民被其殃；盗臣竊君之府庫以自私，而禍不及下。仁者之心至誠惻怛，當葛反。寧亡己之財，而不忍傷民之力，所以『與其有聚斂之臣，寧有盗臣』，亦絜矩之義也。昔孔子以臧文仲之妾織蒲而直斥其不仁，事詳見《論語·公冶長》篇。以冉求聚斂於季氏而欲鳴鼓以聲其罪，以聖人之宏大兼容，温良博愛，而所以責二子者疾痛深切，不少假借如此，其意亦可見矣。」三山陳氏曰：「織蒲亦儉矣，而君子疾之，以其主於利也。冉求之聚斂，未必有後世掊克之事，但聚斂藏於季氏之家，而不能布之於下，則聖人疾而欲攻之，况剥民力以自富乎？」〇西山真氏曰：「近世所謂善理財者，何其僭乎此也。元元已病，而科斂日興，不知皮將盡而毛無所附也。出新巧以籠愚民，苟邀倍稱之入，不知朝四暮三之無益也。孟子曰：『「我能爲君充府庫」，今之所謂良臣，古之所謂民賊也。』」曰：『國不以利爲利，以義爲利』，何也？」曰：「以利爲利，則上下交征，不奪不饜；以義爲利，則不遺其親，不後其君。蓋惟義之安，而自無所不利矣。程子曰：『聖人以義爲利，義之所安，即利之所在。』正謂此也。孟子分别筆列反。義利，拔本塞源之意，其傳蓋亦出於此云。」

❶ 下括號原脱，今據《四書大全》及本書體例補。
❷ 「予」，原脱，今據《漢書·董仲舒傳》補。

朱子曰：「只萬物皆得其分便是利。君得其爲君，臣得其爲臣，父得其爲父，子得其爲子，何利如之？這利字即《易》所謂『利者，義之和』，利便是義之和處。」○曰：「此其言『菑害並至』、『無如之何』，何也？」曰：「怨已結於民心，則非一朝一夕之可解矣。聖賢深探其實而極言之，欲人有以審於未然，而不爲無及於事之悔也。以此爲防，人猶有用桑羊、孔僅、宇文融、楊矜、陳京、裴延齡之徒以敗其國者。桑弘羊、楊慎矜，朱子以在宋避諱，故各去一字。○張氏存中曰：「桑弘羊，洛陽賈人之子。漢武帝朝爲治粟都尉，領大司農，盡管天下鹽鐵。後爲御史大夫。昭帝朝與燕王旦謀反，坐誅。」○孔僅，漢武帝朝爲大農丞，領鹽鐵事，後爲大農令。○宇文融，辯給多詐，唐玄宗朝爲覆田勸農使，擢兵部員外郎兼侍御史，又兼税地安輯户口使，拜御史中丞。有司劾融交不逞，作威福，貶平樂尉；司農發融在汴州給隱官，息錢巨萬。給事中馮紹烈深文推證，詔流嵓州，道廣州，惶恐而卒。○楊慎矜，唐玄宗朝爲御史，知雜事，後授御史中丞，以蓄讖緯妖言賜死。❶○陳京，事唐德宗。帝討李希烈，財用屈，京爲給事中，與户部侍郎趙贊請税民屋閒架，籍賈人資力，以率貸之。後以事罷爲秘書少監，卒。○裴延齡，唐德宗朝爲司農少卿，領度支，取宿姦老吏與謀，以固帝幸。延齡資苛刻，專剥下附上，肆騁譎怪，時人側目。及死，人語以相安，❷惟帝悼不已。故陸宣公之言曰：陸公名贄，字敬輿，蘇州嘉興人，事唐德宗，謚曰「宣」。其言見《奏議》。『民者，邦之本。財者，民之心。其心傷，則其本傷；其本傷，則枝榦凋瘁，秦醉反。而根柢蹷居月反。拔矣。』呂正獻公之言曰：呂公名公著，字晦叔，謚正獻，河南人。其言見《奏劄》。『小人聚斂，以佐人主之欲，人主不悟，以爲有利於國，而不知其終爲害也。賞其納忠，而不知其大不忠也；嘉其任怨，而不

❶「讖」，原作「纖」，今據《四書大全》改。
❷「語」，原作「用」，今據《四書大全》改。

知其怨歸於上也。』嗚呼！若二公之言，則可謂深得此章之指者矣。有國家者，可不監哉？」格庵趙氏曰：「興利之臣，不過以聚斂爲長策，以掊克爲善謀，唯求取媚於上，而不顧結怨於下。人主以其奉己之欲，悦而寵之，不知其失民心而蠹國脉，菑害並至，匪一朝一夕之可解，有必然之理者。此桑羊之徒所以誤人之天下國家至於極也。陸、吕二公之言，可謂當矣。如司馬公闢善理財者不加賦之説，則亦所當知。其言曰：『天地所生財貨百物，止有此數，不在民，則在官。譬如雨澤，夏澇則秋旱。』此古今之至言也。後世之臣，有以言利媒人主者，其尚以《大學》此章之旨，與三君子之言察之。」○玉溪盧氏曰：「聖賢千言萬語，其論道只在遏人欲以存天理，其論治只在進君子而退小人。」○曰：「此章之文，程子多所更平聲。下同。定，而子獨以舊文爲正者，何也？」曰：「此章之義博，故傳言之詳，然其實則不過好惡並去聲。義利之兩端而已。但以欲致其詳，故所言已足，而復扶又反。更端以廣其意，是以二義相循，間去聲。見形甸反。下同。層出，有似於易置而錯陳耳。然徐而考之，則其端緒接續，脉絡貫通，而丁寧反復，爲去聲。人深切之意，又自别見於言外，不可易也。必欲二説中判，以類相從，自始至終，畫爲兩節，則其界辨雖若有餘，而意味或反不足，此不可不察也。」

大學集註大全或問終

大學章句序

《大學》之書，古之大學所以教人之法也。蓋自天降生民，則既莫不與之以仁義禮智之性矣。朱子曰：「天之生民，各與以性。性非有物，只是一箇道理之在我者耳。仁則是箇温和慈愛底道理，義則是箇斷制裁割底道理，禮則是箇恭敬撙節底道理，智則是箇分别是非底道理。凡此四者，具於人心，乃是性之本體。」○雲峰胡氏曰：「朱子《四書》釋仁曰『心之德，愛之理』，義曰『心之制，事之宜』，禮曰『天理之節文，人事之儀則』，皆兼體用，獨智字未有明釋。嘗欲竊取朱子之意以補之，曰：智則心之神明，所以妙衆理而宰萬物者也。」番陽沈氏云：「智者涵天理動静之機，具人事是非之鑑。」新安陳氏曰：「《書》云：『惟皇上帝，降衷於下民，若有恒性。』六經言性自此始。謂天降生民而與之以性，亦本《書》之意而言。」《通考》程氏復心曰：「仁義禮智四者具於人心，乃性之本體。此謂天地之性也。」附《蒙引》：上「大學」字指經傳，下「大學」字指學校。○今之説者，解仁字，則述朱子曰「心之德，愛之理」；解義字，則曰「心之制，事之宜」，固亦然矣。至於禮字，則述朱子解「禮之用」章曰「天理之節文，人事之儀則」，此解似於性字上爲未切也。且朱子解《孟子》首章仁字，則先「心之德」，而後「愛之理」；解《論語》第二章仁字，則先「愛之理」，而後「心之德」，各有攸當，不容毫髮苟且混淆也。而可以此禮字註遂爲諸書禮字之通解乎？如「克己復禮」之禮字，則解義又别矣。然以「天理之節文，人事之儀則」二句解此一禮字，猶未甚悖也。以其於天理人事已該得盡，且亦未嘗混乎仁義與智也。若夫智字，雲峰胡氏乃取朱子之意以補之，曰「智則心之神明，所以妙衆理而宰萬物者也」，此則分明是明德之義矣，豈可用以解智字？至於番陽沈氏則曰「涵天理動静之機，具人事是非之鑑」，是亦用朱子解禮字之意，而撰出此詞，其解義亦似過於闊大，終不可以與仁、義、禮對看也。蓋此智字是偏言之智，仁字亦是偏言者，不應解得太重也。○按，朱子自有説云：「仁者，温和慈愛之理；義者，斷制裁割之理；禮者，恭敬撙節之理；智者，分别是非之理。四者，人之性也。」此説載在《大全》

中，最爲精當。今當據之以爲定論。○四性不言信者，仁、義、禮、智之實處即信也。○天與之如何？曰：「據人所得於天而言，則爲天與之矣。得天之元以爲仁，得天之亨以爲禮，得天之利以爲義，得天之貞以爲智。吾之所有者，皆得之於天，不謂之天與而何然？元、亨、利、貞，天之四德，一木火土金水之理也。正所謂天以陰陽五行化生萬物，氣以成形，理亦賦焉。不然，人性何緣有是仁義禮智四德，懸空而來也？陳北溪謂『仁義禮智，即木火土金水之神也』，神字極是精妙。」然其氣質之稟或不能齊，是以不能皆有以知其性之所有而全之也。新安陳氏曰：「性之所有，即仁義禮智是也。性無智愚賢不肖之殊，惟氣有清濁，清者能知，而濁者不能知，故不能皆知；質有粹駁，粹者能全，而駁者不能全，故不能皆全。知性之所有屬知，全性之所有屬行，知行二者該盡。一部《大學》，意已寓於此矣。」《通考》程氏復心曰：「氣出於天，性亦命於天。性是道理，氣則已屬於形象。性之善只一般，氣便有不齊。氣是初稟底，道是成形了底。只陰陽五形之氣衮在天地中，精英者爲人，查滓者爲物，精英中又精英者爲聖賢，精英中查滓者爲愚不肖，此所以爲氣質之性。」附《蒙引》：凡單言氣，自該得質。如云氣稟清明，無物欲之累是也。單言質，亦兼得氣，如云聰明睿智，生知之質是也。此云氣質，則兼舉而並言之，氣陽而質陰也，氣載於質，而理寓於氣也。一有聰明睿智能盡其性者出於其閒，《通考》吴氏程曰：「盡，上聲，徐忍反，盡之也，舊作子忍反。凡終盡之盡，則上聲，慈忍反。」則天必命之以爲億兆之君師，使之治平聲。下「治人」同。而教之，以復其性。問：「何處見得天命處？」朱子曰：「此也如何知得？只是纔生得一箇恁地底人，定是爲億兆之君師，便是天命之也。他既有許多氣魄才德，決不但已，必統御億兆之衆，人亦自是歸他。如三代已前，聖人都是如此。至孔子方不然。雖不爲帝王，然也閑他不得，也做出許多事來，以教天下後世，是亦天命也。」○新安陳氏曰：「『聰明睿智，能盡其性』者，是就清濁粹駁不齊中指出極清極粹者言之。聰明睿智，生知之聖也，與『知其性』相應；能盡其性，安行之聖也，與『全之』相應。常人必先知其性，方可望以全其性，故於中下一『而』字。聖人合下生知安行，不待知而方全，故只平說。『天必命之以爲億兆君師』，君以治之，師以教之，變化其氣質，而復還其本性。以上四箇性字，須融貫看透。三代以前，聖賢之君，君師之責兼盡；三代以後，君道有略得之者，而師道則絶無矣。」《通考》東陽許氏曰：「禮智之知，性之名；睿智之知，質之稱。盡其性是知之到、行之極，兼上知、全兩字。」○程氏復心曰：「聰明睿智，性之者也；治而教之以復其性，將使反之而天地之性存焉者是也。」附《蒙引》：聰明均主心言。入乎耳而無不通於心，是之謂聰；入乎目而無不通於心，是之謂明。蓋聽雖以耳，而所以聽者，心也；視雖以目，而所以視者，心也。朱子曰：「睿只訓通，對智而言，智是體，睿是深通處。」聽明屬耳目，睿智全以心言。

此伏羲、神農、黄帝、堯、舜所以繼天立極，而司徒之職、典樂之官所由設也。

《書·舜典》：「帝曰：契，汝作司徒，敬敷五教，在寬。」又曰：「夔，命汝典樂，教胄子。」○朱子曰：「天只生得許多人物，與你許多道理。然天却自做不得，所以必得聖人爲之脩道立教，以教化百姓，所謂『裁成天地之道，輔相天地之宜』是也。」○古者教法，禮、樂、射、御、書、數，不可闕一。就中樂之教尤親切，夔教胄子只用樂，大司徒之職，也是用樂，蓋是教人朝夕從事於此，拘束得心長在這上面。蓋爲樂有節奏，學他底，急也不得，慢也不得，久之都换了他性情。○雲峰胡氏曰：「司徒之職，統教百姓；典樂之官，專教胄子。」○新安陳氏曰：「上文説其理，此實之以其事。天生民而賦與之，不能教之，聖君代天立標準，以主教於上，而設司徒及典樂之官，以掌教於下。此時教已立，而教之法未備，學之名未聞也。」附《蒙引》：立極者，《中庸》所謂「脩身則道立」，所謂「經綸天下之大經」，《孟子》所謂「聖人，人倫之至也」。此且就聖人一身上説，惟其能自盡其性，故可以教人，而使人人皆有以復其性，所謂「本之人君躬行心得之餘」者也。此三代以上，所以君師之道合而爲一也。○「伏羲、神農、黄帝、堯、舜繼天立極」者，即上文所謂「聰明睿智，能盡其性」者也；「司徒之職、典樂之官所由設也」，即上文所謂「治而教之，以復其性」者也。○司徒之職，典樂之官，乃堯、舜時事。而上文兼引伏羲、神農、黄帝者，蓋自伏羲以來，便有君師之道，如畫八卦之文，制婚娶之禮，與夫垂衣裳、立制度之類，則教之來久矣，故并言之。○曰職曰官，互文也。○司徒之職，典樂之官，大抵皆兼小學大學道理。

三代之隆，其法寖備，然後王宮、國都以

及閭巷，莫不有學。人生八歲，則自王公以下，至於庶人之子弟，皆入小學，而教之以洒上聲，又去聲。掃、去聲。應對、進退之節，禮樂、射御、書數之文。朱子曰：「古者小學，已自是聖賢坯樸了，但未有聖賢許多知見。及其長也，令入大學，使之格物致知，長許多知見。」○番陽齊氏曰：「洒掃，《內則》所謂『雞初鳴，洒掃室堂及庭』，《曲禮》所謂『爲長者糞，加帚箕上，以袂拘而退，以箕自向而扱之』之類是也；應對，《內則》所謂『在父母之所，有命之，應唯敬對』，《曲禮》所謂『長者負劍辟咡詔之，〔負，置之於背。劍，挾之於旁。口耳之閒曰咡，辟咡詔之，傾頭與語。〕則揜口而對』之類是也；進退，《內則》所謂『在父母之所，進退周旋慎齊』，《曲禮》所謂『凡與客入者，每門讓於客』之類是也。禮習於度數之節文，所以教之中也；樂明於聲音之高下，所以教之和也。射法一弓挾四矢，驗其中否，以觀德行；御法一車乘四馬，御者執轡，立於車上，欲調習不失馳驅之正也。書，書字之體，可以見心畫；數，算數之法，可以盡物變。《周禮・大司徒》所以『教萬民而賓興之』者，始以六德，繼以六行，後及於六藝，非八歲以上者所能盡究其事，不過使曉其名物而已。故上六者言節，有品節存焉；下六者言文，文者名物之謂也，非其事也。」○勿軒熊氏曰：「按，《大戴記・保傅》篇：『古者年八歲出就外舍，學小藝焉，履小節焉；束髮就大學，學大藝焉，履大節焉。』注曰：『小學爲庠門，一作虎闈。大學在王宮之東。束髮謂成童。』《尚書大傳》曰：『公卿之太子，元士之嫡子，年十三入小學，二十入大學。』《白虎通》曰：『八歲入小學，十五入大學，此太子之禮也。』按，年數互有不同，而朱子獨以《白虎通》爲斷。」《通考》吴氏程曰：「寖，漸也。洒，《論語》惟色買，所綺二反，世俗讀作色買反，本之《內則》音義，與掃字皆去聲，以類相從爲順，今並讀作去聲，後不復出。數，所遇反，舊音凡以數計者，如《論語》『數年』、《孟子》『數口』之類，皆所主反，今並作去聲，後倣此。」○東陽許氏曰：「按，注疏所言閭里以上，凡鄉州黨族、遂縣鄙酇皆有學，但閭里之塾爲小學，餘皆大學也。」○程氏復心曰：「《周禮・大宗伯》五禮之目：吉禮十有二：一禋祀，二實柴，三槱燎，四血祭，五貍沈，六疈辜，七肆獻，八饋食，九祠，十禴，十一嘗，十二烝；凶禮五：一喪，二荒，三弔，四禬，五恤；賓禮八：一朝，二宗，三覲，四遇，五會，六同，七問，八視；軍禮五：一師，二均，三田，四役，五封；嘉禮六：一饋食，二昏冠，三賓射，四饗燕，五脤膰，六嘉慶。」○六樂：一雲門，黄帝樂，一云堯樂，象雲氣出入，故周人冬至舞之，以祀天神；二咸池，皆黄帝樂，亦云堯樂，象池水周徧，故周人夏至舞之，以祭地祇；三大磬，舜樂，磬，紹也，以其紹堯之業，而能齊七政，肇十有二州，故周人舞之，以祀四望，司中、司命、風師、雨師；四大夏，禹樂，夏，大也，以其大堯、舜之德而能平水土，故周人舞之，以祭大川；五大濩，一名韶濩，湯樂，濩，護也，湯寬仁而能救護生民，故周人舞之以享姜嫄；六大武，武王樂，傳云：「武王以黄鐘布牧野之陣，歸以大蔟無射。」○五射：一白矢，言矢貫侯過，見其鏃白也；二參連，言前放一矢，後三矢連續而去也；三剡注，謂羽頭高鏃低而去，剡剡然也；四襄尺，襄，俗作衰，《周禮釋文》音讓，謂臣與君射，不與君並立，讓君一尺而退也；五井儀，謂四矢貫侯，如井字之容儀也。○五御：一鳴和鸞。和、鸞，皆鈴也。和，金口木舌，鸞，金口金舌，❶所以節車之行。鸞在衡上，近在馬，和在式上。衡是車前横木，駕馬者即軏。式是車上横板，手所憑仗以致敬者。升車則馬動，動則鸞鳴，鸞鳴則和應，自然有箇節奏。若車速，則不相應，遲則不響，又雜然都響，皆不合節奏；二逐水曲。謂御車隨逐水勢之屈曲而不墜水也。鳴和鸞者御之常，逐水曲者御之變；三過君表，如轅門之類；四舞交衢，衢，道也，謂御車在交道，車旋應於舞節，如箇十字街頭模樣，若轉過這一邊，則須要轉得合舞底節奏；五逐禽左。謂御驅逆之車，逆驅禽獸，使就人君以射之也。若禽在右邊，須要當得過左邊，以就主人之射。○六書：一象形，謂書與畫同出，畫取形，書取象，凡天文、山川、井邑、草木、人物、鳥獸、蟲魚、鬼物、器用、服飾有形者，皆可象，如日月字是象形之類，亦有象形兼會意諧聲者；二會意，謂人言爲信，止戈爲武，中心爲忠，如心爲恕之類，會合人意也，如後字，從彳從幺從又，即三體會意也；三轉注，謂文義相近，但旁邊改轉，如考即老之類；四處事，謂人在一上爲上，人在一下爲下，各有其處事，得其宜也；五假借，謂令、長之類，一字兩用也；六諧聲，謂形聲一也，如江、河之類，皆以水爲形，以工、可爲聲也。工與江皆從經堅，可河雖反異而音亦近。疏曰：書有六體，形聲實多。若江河之類，是上形下聲；婆娑之類，是上聲下形；圍國之類，是外形内聲；闠闤衡銜之類，是外聲内形。此聲之等有六也。○九數：一方田，以御田疇界

❶「口」，原作「旦」，今據哈佛本改。

域，即今丈量田地畝角之法；二粟布，以御交質變易。粟是米，布是錢，謂以多少錢糴得多少穀之類。交是買賣，質是典約，變易是撞換；三衰分，以御貴賤廩稅，此是理會官員俸禄多少之法，如上士倍中士，中士倍下士之類。廩謂廩禄，稅謂采地所收之稅；四少廣，以御積冪方圓。積冪，如今倉然，積米其中，外面遮蔽了。方圓，以其器而知其多少，今稅務中用此法。如看船上裝載貨物，用錐探其深淺，便知其多少。方器作如何算，圓器作如何算，各有法也；五商功，以御工程積實。商其功程，如打土論方子，打算一方土，便會計得合用幾多人工，如做屋，亦可算幾間幾架，合用幾多人工之類；六均輸，以御遠近勞費，均其道里遠近之勞與費。勞是力，費是裹足，如自某處到某處，用力幾何，裹足幾何之類；七盈朒，以御隱雜互見。盈是多，朒是少。數之顯者可見，隱者不可見。至於雜，則尤不可見。由見顯者以推其隱。如人有財物，失去一半，或大半，或小半，失物者道多無可考究，隱雜互見，是因其所存，以驗其所失之多少；八方程，以御錯揉正員。今作曆者用此法，謂如算錢，逐件除下零細底，絶長補短，湊得齊整便好算。如一年十二月，有月大月小，日子不齊，便將閏月來補湊，每月作三十日。又如日月星辰之行不同，却要算箇行之會都相合；九勾股，以御高深廣遠。横爲勾，直爲股，斜爲絃，三者可互相求也。以勾中所容方直之積求之，則山之高、井之深、城邑之廣、道路之遠可以測知，此算術之極致也。勾股之術，如今木匠曲尺，尺頭爲勾，尺稍爲股，尺頭與尺稍盡處相去爲弦。○永嘉史氏曰：「以文對節而言，便是天理節文之節文，分而言之，亦對舉以互見耳。朱子曰：『小學者，學其事；大學者，學其小學之事之所以。』又曰：『古人如禮樂射御書數，大綱都從小學中學了，大來都不費力。』齊氏釋名物者非是。」《附纂》景氏星曰：「《大學》所言，不過學與教也，故此序首冠以學教二字。『天降生民』至『之性』二句，言性之所賦，人人皆同。天之生人，理與氣而已，理寓於氣是性，故序中性字凡五言之。蓋大學所以教人者，不過使復其性爾。兩『大學』字不同，上指此書言，下指學校言。」○黄氏洵饒曰：「『則既』之既，已然之辭。『仁義禮智之性』，即『天命之謂性』。『然其氣質之稟』至『而全之也』一節，言氣質之稟，人人皆異。『性之所有』，指仁義禮智而言。『一有聰明睿智』至『以復其性』一節，言得其氣之至清者，自然能盡其性，聰明睿智，耳無不聞，心無不通。」又曰：「思之通徹曰睿，知之周徧曰智。」又曰：「治謂法制禁令，教謂政事設施。已上四性字，前二者就本原上說，『盡其性』就聖人行上說，『復其性』就學者行上說。繼天立極，即皇極之極。極字本義是屋棟，借以爲至高至中之喻。王謂天子，公謂諸侯。」附《蒙引》：應短而對長，有呼則應，有問則對。○轉註，舊註謂文義相近，但旁邊改轉，如考即老之類。此說蓋以考爲父故，得謂與老義相近，若稽考之考，則其義遠矣。董氏非之是也。蓋謂之轉註，當是以此一字既爲此義用，又轉註爲他義用也。若考與老，乃轉文，非轉註也。今取程氏之意而演繹之：有一轉者，如中正之中，轉而爲中的之中，謂能得其中處也，則義轉而音亦隨之；如指揮之指，轉而爲指趣之指，謂其所指之意也，則義轉而音不轉。又有再轉者，如反正之反，以其反應乎前也，轉而爲反報之反，亦去聲，又以其與前者異也，轉而爲平反之反，則平聲；如好惡之好，以其人爲好也，轉而爲喜好之好，則去聲，又以其兩相好也，轉而爲好會之好，亦去聲。又有至三轉者，如行止之行，以其行有實迹也，轉而爲行實之行，又以其行當有次也，轉而爲行次之行，又以其直行不顧也，轉而爲行行之行；如數目之數，以其有數可紀也，轉而爲悉數之數，以其次數繩繩相繼也，轉而爲疎數之數，又以其數加多愈密也，轉而爲數密之數。以上或轉音，或仍音，或又別更其音於義，皆爲轉註也。○假借，如理，本玉之理也，而借以爲道理之理；妙，本女之少好者，而借以爲精妙之妙。**及其十有五年，則自天子之元子、衆子，以至公卿、大夫、元士之適子，與凡民之俊秀，皆入大學，**新安陳氏曰：「凡民惟賢者得入大學，不比小學，則無貴賤賢愚，皆得入也。」附《蒙引》：或問：「凡民俊秀，既得入大學，不知公卿、大夫、元士衆子中之俊秀者，亦得入大學否？」曰：「公卿之衆子，不得復爲公卿，大夫之衆子，不得復爲大夫，元士之衆子，不得復爲元士，即便是凡民矣。其俊秀者，即便是凡民之俊秀者矣。」**而教之以窮理、正心、脩己、治人之道。此又學校之教、大小之節所以分也。**新安陳氏曰：「三代有小學、大學之教法，未有書也。天子元子，繼世有天下，衆子建爲諸侯；公卿、大夫、元士適子，將有國家之責，皆在所教。民之俊秀，他日亦將用之以佐理天下國家者也。窮理，知之事；正心以下，行之事。」《附纂》：元子，承位元士上士也。**夫**音扶。**以學校之設，其廣如此，教之之術，**術，即法也。其次第、節目之詳又如此，而其所以爲教，則又皆本之人君躬行心得之餘，不待求之民生日用彝倫之外，新安陳氏曰：「上言學校施教之法，此言君身爲立教之本，即所謂爲億兆君師繼天立極者也。躬行心得，謂躬行仁義禮智之道，心得仁義禮智之德，即行道而有得於心也。彝倫，常理也。」《通考》程氏復心曰：「八歲入小學，十五入大學，教之次第也。小學，則洒掃、應對、進退之節，禮樂、射御、書數之文；大學，則窮理、正心、脩己、治人之道，教之節目也。如行吾孝而得其所以爲孝，行吾弟而得其所以爲弟，即此推之，自有餘也。如子當孝，而教之孝；幼當弟，教之弟，即此求之，非有外也。」○韓氏古遺曰：「言外便有佛老。」附《蒙引》：廣字、詳字，應前備字。○躬行心得，兼小學、大學言。是以當世之人無不學。其學焉者無不有以知其性分去聲。下同。之所固有，職分之所當爲，而各俛音免。焉以盡其力。雲峰胡氏曰：「前説上之所以爲教，此説下之所以爲學。」○新安陳氏曰：「性分固有，即仁義禮智，是理，是體；職分當爲，如子職分當孝，臣職分當忠之類，是事，是用。知性分職分，是知之事；俛焉盡力，是行之事，與前『知性之所有而全之』相照應。」《通考》吴氏程曰：「無不學，是説小學以來事；其學焉者，則專言大學。」《附纂》黄氏洵饒曰：「性分謂仁義禮智信，固有謂天命，職分謂五倫。」此古昔盛時所以治去聲。下同。隆於上，俗美於下，而非後世之所能及也。《通考》東陽許氏曰：「篇首至非所能及，爲第一節首，原立教之始，三代以下，言設教之法，至周大備。」及周之衰，賢聖之君不作，學校之政不脩，教化陵夷，風俗頽徒回反。敗。時則有若孔子之聖，而不得君師之位以行其政教，於是獨取先王之法，誦而傳之，以詔後世。新安陳氏曰：「皇帝生當天地氣運盛時，所以達而在上，以身爲教，而道行於當世。孔子當天地氣運衰時，不免窮而在下，以言爲教，傳諸其徒，而道明於後世而已。」《通考》東陽許氏曰：「誦傳先王之法，兼大小學言。傳是傳之當世，與下『詔後世』對説。」《附纂》黄氏洵饒曰：「陵，小山。夷，平也。言丘陵隤墮，漸與地平，教化漸廢，亦類於此。風俗頽敗，謂治不隆，如山之崩不可救；俗不美，如海浪之散不可收。」○政謂君，教謂師，古者君師只一職。二字一篇骨子。附《蒙引》：政，指學校之設之廣，及所教次第節目之詳者言。○教化陵夷，治不隆於上也；風俗頹敗，俗不美於下也。若《曲禮》、《少去聲。儀》、《内則》、《弟子職》諸篇，固小學之支流餘裔。餘制反。○番陽齊氏曰：「《曲禮》、《少儀》、《内則》見《禮記》，《弟子職》見《管子》。此四篇作於春秋時，三代小學之全法，僅存其一二，故曰『支流餘裔』。支流，水之旁出而非正流者；餘裔，衣裾之末也。」《附纂》東陽許氏曰：「支者，木之末；流者，水之末；餘者，食之末；裔者，衣之末。若只以水與衣比，謂支分之流，餘末之裔。」附《蒙引》：謂之支流餘裔，見其不全也，與下文外極規模之大，内盡節目之詳者相反。」而此篇者，則因小學之成功，以著大學之明法，外有以極其規模之大，而内有以盡其節目之詳者也。問「外有以極其規模之大，内有以盡其節目之詳」。朱子曰：「這箇須先識得外面一箇規模如此大了，而内做工夫以實之。凡人爲學，便當以明德、新民、止於至善及明明德於天下爲事，不成只要獨善其身便了。須是志於天下，所謂『志伊尹之所志，學顔子之所學』也，所以《大學》第二句便説在新民。」○新安陳氏曰：「規模之大，指三綱領，節目之詳，指八條目。孔子時，方有《大學》一章之經。」○東陽許氏曰：「規模節目，以三綱八條對言，則三綱爲規模，八條爲節目，謂八條即三綱中事也。獨以八條言之，則平天下爲規模，上七條爲節目。平天下是大學之極功，然須是有上七條節節做工夫，行至於極，然後可以平天下。」附《蒙引》：「此篇」二字，專指聖經言。下文「實始尊信此篇」，則兼經傳。要之傳只是經之註脚，亦不害其爲同也。○規模節目，規所以爲員者，是一箇大圈子；模，範金之模，空廓也，皆以其大綱言。節竹之節，目綱之目，皆以衆而小者言也。三千之徒，蓋莫不聞其説，而曾氏之傳獨得其宗，於是作爲傳去聲。義，以發其意。曾子方有今《大學》之傳，以發明孔子之意。《附纂》黄氏洵饒曰：「宗者，正也。傳義，謂十章之義。發其意，謂發經文之意也。」附《蒙引》：所謂曾氏者，指曾子門人之得其傳于曾子者也，故曰「作爲傳義」，即所謂「曾子之意而門人記之」也。及孟子没而其傳泯音閔。焉，則其書雖存，而知者鮮上聲。矣。自是以來，俗儒記誦詞章之習，其功倍於小學而無用；朱子曰：「自聖學不傳，爲士者不知學之有本，而所以求於書，不越乎記誦訓詁文詞之閒。是以天下之書愈多，而理愈昧；學者之事愈勤，而心愈放；詞章愈麗，議論愈高，而其德業事功之實，愈無以逮乎古人。」○新安陳氏曰：「記誦，口耳之學；詞章，枝葉之文。」附《蒙引》：詞章，如相如、司馬遷、柳宗元、劉禹錫之輩。或併以韓、歐皆爲詞章者，愚謂彼未全是俗儒，如《原道》、《佛骨表》、《本論》、《五代史》所著，何處得此等俗儒耶？異端虛無寂滅之教，其高過於大學而無實。問：「異端何以高而無實？」朱子曰：「吾儒便著讀書，逐一就事物上理會道理。異端便都掃了，只恁地空空寂寂，便道事都了。若將些子事付之，便都没奈何。」○雲峰胡氏曰：「此之虛，虛而有；彼之虛，虛而無。此之寂，寂而感；彼之寂，寂而滅。所以高而無實。」○新安陳氏曰：「老氏虛無，佛氏寂滅。」其他權謀術數，一切以就功名之説，與夫音扶。百家衆技之流，所以惑世誣民、充塞先則反。下同。仁義者，又紛然雜出乎其閒。朱子曰：「秦漢以來，隨世以就功名者，未必自其本而推之。是以天理不明，而人欲熾，道學不傳，而異端起，人挾其私智，以馳騖於一世。」○新安陳氏曰：「權謀術數，謂管仲、商鞅等。百家衆技，如九流等是也。」《通考》張氏師曾曰：「俗儒用功過勤而昧於道，異端寓意高遠而離乎中。權謀術數，如縱橫讖緯；百家衆技，如農圃醫卜。」○臨川吴氏澂曰：「儒者之學，分而爲三，秦漢以前則然矣，異端不與焉。有記誦之學，漢鄭康成、宋劉源父之類是也；有詞章之學，唐韓退之、宋歐陽永叔之類是也；有儒者之學，孟子而下，周、程、張、朱數君子而已。」《附纂》黄氏洵饒曰：「權謀術數，所謂『事求可，功求成，取必於智謀之末，而不循乎天理之正』者，乃管仲、商鞅、韓非、申不害之徒。」附《蒙引》：九流名家，專任名位禮數，此爲近正，但不能隨在致隆，隨時取中也，故亦爲偏曲之學。使其君子不幸而不得聞大道之要，其小人不幸而不得蒙至治之澤，晦盲眉庚反。否部鄙反。塞，東陽許氏曰：「如日之晦，如目之盲，如氣之否，如川之塞。晦盲，言不明；否塞，言不行。」反覆沈俗作沉，非。痼，音固。○東陽許氏曰：「反覆，是展轉愈深，而不可去底意。沈，如物没於水而不可浮。痼，如病著於身而不可愈。」《附纂》黄氏洵饒曰：「晦盲否塞，反覆沈痼，如耳目不聰明，如氣之不通，如疾之久，扶起扶倒之説。」以及五季謂梁、唐、晉、漢、周五代。季，世。之衰，而壞亂極矣！雲峰胡氏曰：「惑世誣民，使斯民昏而不能知；充塞仁義，使斯道壅而不能行；晦盲，全無能知者；否塞，全無能行者。所以爲壞亂之極也。大道之要，是《大學》書中所載者；至治之澤，是自《大學》中流出者。上之人無能知此《大學》，故君子不得聞大道之要；上之人無能行此《大學》，故小人不得蒙至治之澤。」《通考》張氏師曾曰：「壞，音怪。《學記》曰：『壞亂而不脩』。」○東陽許氏曰：「『及周之衰』至此，爲第二節。首言上無聖君而教移於下，『記誦』以下，言人亡政熄。」天運循環，無往不復。宋德隆盛，治教休明。於是河南程氏兩夫子出，兩夫子，謂伯子、叔子。伯子諱顥，字伯淳，號明道先生；叔子諱頤，字正叔，號伊川先生。附《蒙引》：隆，高起也，與盛義則差别。而有以接夫孟氏之傳。《通考》按，張達善點本於是「出而有以」連下文，作一句。或以出字斷者，非是。○張氏師曾曰：「程子之學出於周子，而周子之學則得乎不傳之緒也。今朱子《大學》序及《孟子》篇末集註，則皆以程氏接乎孟氏，而周子若無與焉，豈能免學者之疑邪？説者謂周子之書莫非明《易》，而《大學》、《孟子》之書則未嘗及之，蓋朱子之意主於書而言之也，此固然矣。抑嘗思之，周子《通書》每致意於孔顔之閒，而所以教程子者，亦曰尋仲尼顔子之樂而已，則其所志之高可知矣。及讀朱子記周子之祠曰：『夫子之學，性諸天，誠諸己，而合乎前聖授受之説。』又曰：『上接洙泗千載之統，下啓河洛百世之傳。』又曰：『繼往聖，開來學，大有功於斯世。』然後釋然無疑，而知周子之道，繼乎孔顔之統，而程子之學，則接乎孟氏之傳者也。嗚呼！書不盡言，圖不盡意，風月無邊，庭草交翠，觀此氣象，自非超然脱洒而入於聖域者，孰能當之！」實始尊信此篇而表章之，既又爲去聲。之次其簡編，發其歸趣，音娶。○新安陳氏曰：「孟子没而其傳泯焉，至二程夫子出，而絶學復傳，於是始拔《大學》篇於《戴記》之中，而尊信之，又整頓其錯亂之簡而發揮之，但未成書耳。」《通考》東陽許氏曰：「指歸向趣，趣言其始，歸言其終。」○吴氏程曰：「趣，旨意也。」《附纂》：治教休明，謂治休美而教詳明。表章，表而出之，章而顯之。此篇，謂《大學》。聖經，謂夫子之經。賢傳，謂曾子之傳。然後古者大學教人之法、此八字，收拾序文起句。聖經賢傳去聲。之指粲然復扶又反。明於世。《附纂》：粲然復明於世，如日月晦而復明。雖以熹之不敏，亦幸私淑而與去聲。有聞焉。新安陳氏曰：「孟子云：『予未得爲孔子徒也，予私淑諸人也。』此用其語，謂聞程子之教於延平李先生諸公。」〇東陽許氏曰：「私淑者，私善於人。孟子不得爲孔子之徒，而私善於再傳之子思；朱子不得爲程子之徒，而私善於三傳之李氏。此『私淑』字最切。」顧其爲書，猶頗放失，是以忘其固陋，采而輯音集。之，閒如字。亦竊附己意，補其闕略，謂補傳之第五章。《通考》張氏師曾曰：「閒，中閒之閒，與補傳『閒嘗』、《或問》閒獨不類。」以俟後之君子。極知僭踰，無所逃罪，然於國家化民成俗之意、學者脩己治人之方，則未必無小補云。「脩己治人」四字，包盡《大學》體用綱目。《通考》東陽許氏曰：「自『天運循環』至『小補』爲第三節，前段言程子應運而生，上接孟子，後段言補程子而全孔、曾之書。」〇程氏復心曰：「《大學》一篇序意，終始推本治、教、學三字。蓋君以此治之，師以此教之，王公庶人之子弟於此學之，此聖學之脩廢、王道之隆污，皆視此三者如何爾。」《附纂》：《大學》言心不言性，朱子於序言性詳焉。淳熙己酉二月甲子，新安朱熹序。新安陳氏曰：「此序分六節，精義尤在第一節，曰『知其性之所有而全之』，曰『教之以復其性』是也。朱子論學，必以復性初爲綱領要歸。《論語》首註學字，曰人性皆善，曰明善而復其初；《小學題辭》曰『仁義禮智，人性之綱』，曰『德崇業廣，乃復其初』；此書首釋明明德，亦曰『遂明之以復其初』，與此序凡四致意焉。聖人盡性，盡其本全者也；學者復其性，復而後能全也。欲知性之所有，在格物致知；欲復全其性之所有，在誠意正心，脩身以力於行而已。讀此序此書者，其以知性之所有與復其性初爲要領，以知行爲工夫，而融貫其旨云。」附《蒙引》：此序，愚意作四大節看。「《大學》之書，古之大學所以教人之法也」，爲第一節，蓋此一句，乃此一序之大旨也。自「蓋自天降生民」至「非後世之所能及也」，爲第二節，乃備言古者教人之法始末，而兼小學在其中。自「及周之衰」至「作爲傳義，以發其意」，爲第三節，乃言《大學》之書所由作也。自「及孟子没」至篇末，爲第四節，則言《章句》之所由述也。愚此説，與東陽及新安之説不同，姑私記之於此。○《存疑》：「大學之道」三句，即《中庸》首章意。所謂明德，即《中庸》之性道也。所謂明德、新民、止至善，即《中庸》戒懼謹獨、致中和、位天地、育萬物之事也。此三者爲《大學》之綱領。《中庸》首章爲一篇之體要。觀於此，可見《學》、《庸》只是一理。○或問：「《大學》言明德、新民、止至善，《中庸》言天地位、萬物育，亦相關否？」曰：「試看『協和萬邦，黎民於變時雍』時節，有三光失行，寒暑不時，風雨不調，山崩川竭，人物夭折等事否？故新民到止至善，決然是天地位，萬物育。」

大學章句序畢

讀大學法

朱子曰：「《語》、《孟》隨事問答，難見要領，惟《大學》是曾子述孔子説古人爲學之大方，而門人又傳述以明其旨，前後相因，體統都具。玩味此書，知得古人爲學所向，却讀《語》、《孟》便易去聲。入。後面工夫雖多，而大體已立矣。」○「看這一書，又自與看《語》、《孟》不同。《語》、《孟》中只一項事是一箇道理，如孟子説仁義處，只就仁義上説道理，孔子答顔淵以克己復禮，只就克己復禮上説道理。若《大學》，却只統説，論其功用之極至於平天下，然天下所以平，却先須治國，國之所以治，却先須齊家，家之所以齊，却先須脩身，身之所以脩，却先須正心，心之所以正，却先須誠意，意之所以誠，却先須致知，知之所以至，却先須格物。」○「《大學》是爲學綱目，先讀《大學》，立定綱領，他書皆雜説在裏許。通得《大學》了，去看他經，方見得此是格物致知事，此是誠意正心事，此是脩身事，此是齊家治國平天下事。」○「今且熟讀《大學》作間架，却以他書填補去。」○「《大學》是通言學之初終，《中庸》是指本原極致處。」○問：「欲專看一書，以何爲先？」曰：「先讀《大學》，可見古人爲學首末次第。不比他書，他書非一時所言，非一人所記。」

又曰：「看《大學》，固是著逐句看去，也須先統讀傳文教熟，方好從頭仔細看。若全不識傳文大意，便看前頭，亦難。」

又曰：「嘗欲作一説，教人只將《大學》一日去讀一遍，看他如何是大人之學，如何是小學，如何是明明德，如何是新民，如何是止於至善。日日如是讀，月來日去，自見所謂温故而知新。須是知新，日日看得新方得，却不是道理解新，但自家這箇意思長長地新。」○「讀《大學》，初間也只如此讀，後來也只如此讀。只是初間讀得似不與自家相關，後來看熟，見許多説話須著如此做，不如此做自不得。」○「讀書不可貪多，當且以《大學》爲先，逐段熟讀精思，須令了了分明，方可改讀後段。看第二段，却思量前段，令文意連屬，音燭。却不妨。」○問：「《大學》稍通，方要讀《論語》。」曰：「且未可。《大學》稍通，正好著陟略反。下同。心精讀。前日讀時，見得前未見得後面，見得後未見得前面，今識得大綱體統，正好熟看。讀此書，功深則用博。昔尹和靖見伊川，半年方得《大學》、《西銘》看，今人半年要讀多少書。某且要人讀此，是如何？緣此書却不多而規模周備。凡讀書，初一項須著十分工夫了，第二項只費得八九分工夫，第三項便只費得六七分工夫，少間讀漸多，自通貫他書，自著不得多工夫。」○「看《大學》，俟見大指，乃及他書。但看時須是更將大段分作小段，字字句句不可容易放過。常時暗誦默思，反覆研究。未上口時須教上口，未通透時須教通透，已通透後便要純熟，直待不思索時，此意常在心胸之間，驅遣不去，方是。此一段了，又換一段看。令如此。❶數段之後，心安

❶「令」，原作「合」，今據哈佛本改。

理熟。覺工夫省力時，便漸得力也。」

又曰：「《大學》是一箇腔子，而今却要填教平聲。他實。如他說格物，自家須是去格物後，填教他實著。誠意亦然。若只讀得空殼子，亦無益也。」○「讀《大學》，豈在看他言語？正欲驗之於心如何。如好好色，惡惡臭，試驗之吾心，果能好善惡惡如此乎？閒居爲不善，是果有此乎？一有不至，則勇猛奮躍不已，必有長上聲。進。今不知如此，則書自書，我自我，何益之有？」新安陳氏曰：「凡讀書之法，皆當如此，非但《大學》也。」

又曰：「某一生只看得這文字透，見得前賢所未到處。温公作《通鑑》，言平生精力盡在此書，某於《大學》亦然。先須通此，方可讀他書。」

又曰：「伊川舊日教人先看《大學》，那時未解說，而今有註解，覺大段分曉了，只在仔細看。」陳氏曰：「《大學章句》已示學者一定之準，只直按他現成的熟就裏面看意思滋味，便見得無窮義理出焉。」

又曰：「看《大學》，且逐章理會。先將本文念得，次將章句來解本文，又將《或問》來參《章句》。須逐一令平聲。下同。記得，反覆尋究，待他浹洽。既逐段曉得，却統看温尋過。」

又曰：「《大學》一書，有正經，有《章句》，有《或問》。看來看去，不用《或問》，只看《章句》便了。久之，又只看正經便了。又久之，自有一部《大學》在我胸中，而正經亦不用矣。然不用某許多工夫，亦看某底不出；不用聖賢許多工夫，亦看聖賢底不出。」

又曰：「《大學》解本文未詳者，於《或問》中詳之。且從頭逐句理會，到不通處，却看《或問》，乃註脚之註脚。」○「某解書不合太多。又先準備學者，爲去聲。他設疑説了，所以致得學者看得容易去聲。了。」○「人只説某説《大學》等不略説，使人自致思，此事大不然。人之爲學，只争箇肯與不肯耳。他若不肯向這裏，略亦不解致思，他若肯向此一邊，自然有味，愈詳愈有味。」陳氏曰：「《大學》約其旨，於《章句》已的確真切，而詳其義於《或問》，又明實敷暢。《章句》中太簡，而或未喻，則易枯，必於《或問》詳之。《或問》中太博，而或未貫，則易汎，必於《章句》約之。」○新安陳氏曰：「右二條之説不同，而可互相發明。」

讀大學法終

大學大全章句

三魚堂讀本　大，舊音泰，今讀如字。

當湖陸隴其稼書手輯
受業 席永恂漢翼 王前席漢廷 參閱
姪 禮徵用中
男 宸徵直方 較訂

子程子曰：新安陳氏曰：「程子上加子字，倣《公羊傳》註子沈子之例，乃後學宗師先儒之稱。」「《大學》，孔氏之遺書，而初學入德之門也。於今可見古人爲學次第者，獨賴此篇之存，而《論》、《孟》次之。學者必由是而學焉，則庶乎其不差矣。」龜山楊氏曰：「《大學》一篇，聖學之門户，其取道至徑，故二程多令初學者讀之。」○朱子曰：「《大學》首尾貫通，都無所疑，然後可及《語》、《孟》，又無所疑，然後可及《中庸》。」○某要人先讀《大學》，以定其規模；次讀《論語》，以立其根本；次讀《孟子》，以觀其發越；次讀《中庸》，以求古人之微妙。○陳氏曰：「爲學次序，自有其要。先須《大學》，以爲入德之門，以其中説明明德、新民具有條理，實群經之綱領也；次則《論語》，以爲操存涵養之實；又其次則《孟子》，以爲體驗充廣之端。三者既通，然後會其極於《中庸》。」又曰：「《大學》規模廣大而本末不遺，節目詳明而終始不紊，學者所當最先講明者。」○新安邵氏曰：「他書言平天下本於治國，治國本於齊家，齊家本於脩身者有矣，言脩身本於正心者，亦有矣，若夫推正心之本於誠意，誠意之本於致知，致知之在於格物，則他書未之言，六籍之中惟此篇而已。」《通考》程氏復心曰：「不由是而學，則記誦詞章之習、虛無寂滅之教，與夫權謀術數、百家衆技，皆紛然雜出，此其所以差也。」

大學之道，在明明德，在親民，在止於至善。

程子曰：「親，當作新。」○大學者，大人之學也。明，明之也。明德者，人之所得乎天，而虛靈不昧，以具衆理而應萬事者也。朱子曰：「天之賦於人物者，謂之命；人與物受之者，謂之性；主於一身者，謂之心；有得於天而光明正大者，謂之明德。」○問：「明德是心是性？」曰：「心與性自有分別，靈底是心，實底是性。性便是那理，心便是盛貯該載，敷施發用底。心屬火，緣他是箇光明發動底物，所以具得許多道理。如向父母則有那孝出來，向君則有那忠出來，這便是性。如知道事親要孝，事君要忠，這便是心。張子曰『心統性情』，此說最精密。」○虛靈不昧，便是心；此理具足於中，無少欠闕，便是性；隨感而動，便是情。○虛靈自是心之本體，非我所能虛靈。耳目之視聽，所以視聽者即其心也，豈有形象？然有耳目以視聽之，則猶有形象也。若心之虛靈，何嘗有物？○只「虛靈不昧」四字，說「明德」意已足矣。更說具衆理，應萬事，包體用在其中，又却實而不爲虛，其言的確渾圓，無可破綻處。○北溪陳氏曰：「人生得天地之理，又得天地之氣，理與氣合，所以虛靈。」○黄氏曰：「虛靈不昧，明也；具衆理，應萬事，德也。具衆理者，德之全體未發者也；應萬事者，德之大用已發者也。所以應萬事者，即其具衆理者之所爲也。未發則炯然不昧，已發則品節不差，所謂明德也。」○玉溪盧氏曰：「明德只是本心。虛者心之寂，靈者心之感。心猶鑑也，虛猶鑑之空，靈猶鑑之照。不昧，申言其明也，虛則明存於中，❶靈則明應於外。惟虛故具衆理，惟靈故應萬事。」○東陽許氏曰：「大學之道，是言大學中教人脩爲之方，如『君子深造之以道』之道。」《通考》吴氏程曰：「大人，猶言成人。明德是心統性情，一心之全體也。分言之，明屬心，兼理氣，德屬性，該體用，朱子釋之備矣。大抵德者得也，得乎天，是釋德之爲義；虛靈不昧者，心也，釋明字；具衆理應萬事者，統性與情也，釋德字。」附《蒙引》：大人之學，謂大人所學者，非指學宫也。不可以大人之大字，當大學之大字看，以其爲大人之學而非小子之學，故謂之大學也。大學小學，以學之大小言，大人小子，以人之大小言，故不同。《章句》著一者字，是朱子解書用字眼分法例處。○道字，前輩訓作方法。一說道以理言，非方法也。此蓋但知其所異，而不知其所同。蓋方法即道也。孟子

❶「虛」，原作「處」，今據哈佛本改。

「君子行法以俟命」條，《集註》曰：「法者，天理之當然也。」天理之當然，獨非道乎？又《大學》序文云：「古之大學所以教人之法也。」大學所以教人之法，非即大學之道乎？○《大學》之明德，即《中庸》天命之性也，但《中庸》性字兼人物，而明德則專指人，非物所得而同矣。○在字，或以《章句》內當字貼説，大謬也。此只云大學之道何在，一在明明德，一在新民，又在各止於至善。○《淺説》：夫德而謂之明者，以其虛而且靈，具仁義禮智之性於中，而足以應夫萬事也。

但爲去聲。**氣稟所拘，人欲所蔽，則有時而昏，然其本體之明，則有未嘗息者。故學者當因其所發而遂明之，以復其初也。**

朱子曰：「明德未嘗息，時時發見於日用之閒。如見孺子入井而怵惕，見非義而羞惡，見賢人而恭敬，見善事而歎慕，皆明德之發見也。雖至惡之人，亦時有善念之發，但當因其所發之端，接續光明之。」○明德，謂本有此明德也。孩提之童，無不知愛其親，及其長也，無不知敬其兄，其良知良能，本自有之，只爲私欲所蔽，故暗而不明，所謂明明德者，求所以明之也。譬如鏡焉，本是箇明底物，緣爲塵昏，故不能照，須是磨去塵垢，然後鏡復明也。○明德是一箇光明底物事，如一把火將去照物，則無不燭，便是明德。若漸隱微，便暗了，吹得這火著，便是明其明德。○新安吳氏曰：「氣稟拘之有生之初，物欲蔽之有生之後，不昧者所以昏也。然雖有昏昧之時，而無息滅之理。」○雙峰饒氏曰：「明之之功有二：一是因其發而充廣之，使之全體皆明；一是因已明而繼續之，使無時不明。」○雲峰胡氏曰：「《章句》釋明德，以心言，而包性情在其中。虛靈不昧，是心；具衆理，是性；應萬事，是情。有時而昏，又是説心；本體之明，又是説性；所發，又説情。當因其所發而遂明之，即孟子言四端而謂『知皆擴而充之』也。」○新安陳氏曰：「常人於明德之發見，隨發而隨泯。學者於明德之發見處，當體認而充廣之，所謂遂明之也。氣稟拘，物欲蔽，則明者昏而初者失。致其明之之功，以變化其氣質，則昏者明而初者復。」○東陽許氏曰：「氣稟所拘，就有生之初言之；人欲所蔽，就有知之後言之。」○《通考》昭武吳氏季子曰：「夫自太極之理，與陰陽五行之氣，妙合而凝，形既生矣，則所謂明德者，已炳然於方寸閒，至虛靈，至空洞，湛乎如水之無波，瑩乎如鏡之無塵，天地之高深，鬼神之幽隱，事物之繁浩，幾微之眇綿，雖萬有不同，而其理悉具，觸之即覺，感之即通。方其孩提，無不知愛其親者，愛果何從而生哉？此明德也。及其既長，無不知敬其兄者，敬果何從而起哉？此明德也。見孺子之將入井，則怵惕之心動，若本無明德，則必不怵惕矣。聞牽牛之將釁鐘，則不忍之念萌，若本無明德，則未必不忍矣。是其虛靈空洞者，隨事而有覺焉，不自知其然也。在《書》謂之降衷，在《詩》謂之秉彝，在《中庸》謂之性，在《大學》謂之心，其爲明德一耳。是德也，與生俱生，本無加損，然而存養之則晶熒，斲喪之則晦蝕，洗濯之則呈露，封蔽之則伏藏。以氣稟所生之軀，接事物無窮之變，其誘奪於吾前者不一，安能保是德之常明也哉！是以大學君子，必先致知格物，以究義理之歸，誠意正心脩身，以去私欲之累。義理透徹，則真見昭融；私欲消亡，則本體發見。向之未明者，至是寖明矣；向之寖明者，至是大明矣；向之大明者，至是愈明矣。此之謂明明德。」附《蒙引》：《章句》「氣稟所拘，物欲所蔽」，雖云氣稟拘於有生之初，物欲蔽於有生之後，是兩平說。但凡爲氣稟所拘者，則必有物欲所蔽，凡物欲得而蔽之者，皆坐於氣稟之拘也。二者理實相須，故序文云：「氣質之稟或不能齊，是以不能皆有以知其性之所有而全之也。」不及物欲一邊者，氣稟不齊則必有蔽於物欲者矣。若《孟子》「待文王而後興」章，註云：「惟上智之資無物欲之蔽。」蓋以上智之資，氣稟清明，則物欲自不得而蔽之也。又《或問》「湯之盤銘」章，只言利欲昏之，而不及氣稟，蓋以其爲利欲之昏，則其由於氣稟之拘亦不待言矣。故或兼言氣稟物欲，或單言氣稟，自可以該夫物欲，又或單言物欲，亦自可以該氣稟。經傳中如此類者尚多，讀者可以類推而意會也。○《存疑》：程、張以前，無人說氣稟。孟子曰：「人之可使爲不善，其性亦猶是也。」又曰：「非天之降才爾殊也，所以陷溺其心者然也。」皆是說人欲之蔽。氣稟之說，起於程、張，所以有功於學者。○當因其所發而遂明之，此是朱子教人下手用功處。此意本《中庸》「其次致曲」，孟子曰「凡有四端於我者，知皆擴而充之」來。

新者，革其舊之謂也，言既自明其明德，又當推以及人，使之亦有以去上聲。**其舊染之污**音烏，又去聲。**也。**朱子曰：「此理人所均有，非我所得私。既自明其德，須當推以及人，見人爲氣與欲所昏，豈不惻然欲有以新之！」○問：「明德新民，在我有以新之，至民之明其明德，却又在他。」曰：「雖説是明己德，新民德，然其意自可參見。『明明德於天下』，自新以新其民，可知。」○北溪陳氏曰：「新與舊對。明者昏則舊矣，感發開導，去其舊污，則昏者復明，又成一箇新底，是新之也。」○玉溪盧氏曰：「新民是要人人皆明明德，民無不新，則民之明德無不明，而我之明德明於天卜矣。」○新安陳氏曰：《書》云『舊染污俗，咸與維新』，《章句》本此，以釋新民。」《通考》吴氏季子曰：「己之德固明，而人之德未明，苟恝然不加之意，則是徒能自成而不能成物，徒知欲立而不知立人。夫豈天生聖賢之本心哉！天之生聖賢也，固以一世民物之責而諉之也。我昭昭矣，何忍置人於昏昏？我察察矣，何忍聽物之汶汶？是必以先知覺後知，以先覺覺後覺。『刑于寡妻，至于兄弟』，自脩身而齊家，以明一家之明德；『九族既睦，平章百姓』，自齊家而治國，以明一國之明德；『立愛惟親，立敬惟長，始於家邦，終於四海』，以明天下之明德。舊染之汙，雪消冰泮，新美之化，雷動風行，而聖賢之責盡矣。」**附**《存疑》：明德曰明，至民則曰新者，凡民類多舊染，洗濯而新之，則在乎上之人也。然明德亦有言新者，《盤銘》言「自新」是也。新民亦有言明德者，「明明德於天下」是也。○《淺説》：新之者，經畫區處，與之以爲善之資，開導引掖，示之以爲善之路。慮其倦也，爲之鼓舞作興；防其背也，爲之懲戒禁止。

止者，必至於是而不遷之意。至善，則事理當然之極也。朱子曰：「説一箇止字，又説箇至字，直是要到那極至處而後止，故曰君子無所不用其極也。」○未至其地，則必求其至，既至其地，則不當遷動而之他也。未至此便住，不可謂止，至此不能守，亦不可謂止。○至善如言極好道理，十分盡頭。善在那裏，自家須去止他。止則善與我一，未能止，善自善，我自我。○雲峰胡氏曰：「必至於是，知至至之也。不遷，知終終之也。」《通考》趙氏曰：「是者指至善而言。凡事理皆有當然之則，其當然者善也，其極則至善也。不至於當然，不足以爲善；不至於當然之極，不足以爲至善。經言至善，須若近指事物當然之理，而明德新民，惟其至善之理，是即天命之性，而道之大原大本固已涵蓄該貫於其中。」**附**《存疑》：《章句》「至善，則事理當然之極」方是解字義，未便説到明德新民處。要其歸，則不外是故。《蒙引》曰：「凡事不屬明德，則屬新民，只在這兩個圈子裏。」○本文三「在」字，皆承大學之道説來。第三句當云「在乎明德新民止於至善」，不可説明德新民在止於至善。

言明明德、新民皆當止於至善之地而不遷。蓋必其有以盡夫音扶。**天理之極，而無一毫人欲之私也。**朱子曰：「明德新民，非人力私意所爲，本有一箇當然之則，過之不可，不及亦不可。如孝是明德，然自有當然之則，不及固不是，若過其則，必有刲股之事。須是到當然之則處而不遷，方是止於至善。止至善包明德新民。己也要止於至善，民也要止於至善。在他雖未能，在我之所以望他者，則不可不如是也。」○問：「明明德是自己事，可以做得到極好處，若新民則在人，如何得他到極好處？」曰：「且教自家先明得盡，然後漸民以仁，摩民以義，如孟子所謂『勞之來之，匡之直之，輔之翼之，又從而振德之』，如此變化他，自解到極好處。」○問：「至善不是明德外別有所謂善，只就明德中到極處便是否？」曰：「是明德中也有至善，新民中也有至善，皆要到那極處。至善只是以其極言，不特是理會到極處，亦要做到極處。如爲人君止於仁，固是一箇仁，然亦多般，須是隨處看。如這一事合當如此是仁，那一事又合當如彼亦是仁，若不理會，只管執一，便成一邊去，安得謂之至善？至善只是恰好處。」○雙峰饒氏曰：「明德以理之得於心者言，至善以理之見於事者言。以明明德對新民，則明明德爲主；以明明德、新民對止至善，則止至善爲重。」○新安吴氏曰：「止至善爲明明德新民之標的，極盡天理，絶無人欲，爲止至善之律令。然既言事理當然之極，又言天理之極者，蓋自散在事物者而言，則曰事理，是理之萬殊處，一物各具一太極也；自人心得於天者而言，則曰天理，是理之一本處，萬物體統一太極也。然一實萬分，故曰事理；衆理會萬爲一，則曰天理，一理而已。」○新安陳氏曰：「天理人欲，相爲消長。纔有一毫人欲之私，便不能盡夫天理之極，不得云止於至善矣。」《通考》吴氏季子曰：「明德新民之事業，必『光被四表，格於上下』，而後可以爲明；必『光天之下，至於海隅』，而後可以爲明。不然，則未也。必『協和萬邦，黎民於變』，而後可以爲新；必民日遷善而不自知，而後可以爲新。不然，則未也。要之，曰明曰新，皆有截然一定之則，必至於是而後止。未至於是，豈有駐足之地哉！君之仁、臣之敬、子之孝、父之慈、與國人交之信，明德而至於是，則極其明矣，新民而至於是，則極其新矣。是乃至精至當，盡善盡美之域，毫髮不可得而加者。聖門無以形容之，姑强名曰至善耳。以至善爲準，則任重道遠，果何如哉！政使學者立心弘毅，惟日孳孳，斃而後已。愚猶懼其不足以望聖賢之後塵，況復習爲懦偷，❶先自狹小，半塗而廢，一簣而止，其可與言大學也哉？」附《蒙引》：止至善，若就八條目言，須兼横説直説方是。以明德言，如能格物致知矣，而或未能誠意正心，能誠意正心矣，猶或未能脩其身，則是明明德未能止於至善也。然知之致也，意之誠也，心之正也，身之脩也，一或少有苟且，而未能各造其極，使無一毫之遺憾焉，是亦未能止於至善也。新民之止至善，亦然。○《存疑》：至善，事理當然之極，此既就明德新民説，傳復以仁敬孝慈信説，非有二乎？曰：以明德新民語事理，統言之也，以仁敬孝慈信語事理，析言之也，其實一也。蓋所以爲德者，不外乎仁敬孝慈信。○新民，止至善，舊依《蒙引》就在上人説。今看《或問》云「德之在己而當明，與在民而當新者，得之於天，見於日用之閒，固莫不各有本然一定之則」，及《語録》謂「在他雖未能，在我所以望他者，不可不如是」，依此，還就民説爲是。蓋此是聖賢立箇標準與人，合下規矩便要如此，不是慮人不可幾及而姑俯就之也。故曰大匠不爲拙工改廢繩墨。

此三者，大學之綱領也。新安陳氏曰：「綱以大綱言，如網之有綱，綱舉則目張。領以要領言，如裘之有領，領挈而裘順。」○朱子曰：「明明德、新民、止至善，此八字已括盡一篇之意。」○玉溪盧氏曰：「明明德，是下文格物、致知、誠意、正心、脩身之綱領。新民，是下文齊家、治國、平天下之綱領。止至善，總明明德、新民而言，又八者逐條之綱領。要而言之，則明明德又爲三者之綱領，乃《大學》一書之大綱領也。」○番陽沈氏曰：「大學之體在明德，其用在新民，其體用之準則在止至善。要其用力之方，在知與行而已。格物、致知，知之事也；誠意、正心、脩身，行之事也。行以知爲先，知以行爲重。知之精則行愈達，行之力則知愈進。物格而知以至，意誠心

❶「偷」，原作「倫」，今據哈佛本改。

正而身以脩，則吾德之本明者極其明，而吾身之所止者極其善矣。由身而家而國而天下，善教行焉，善政施焉，莫不革其舊染，而復其性初。天下之明德非一人之明德乎？一人之至善非天下之至善乎？」《通考》張氏曰：「在猶當也，《章句》以當因、又當、皆當釋三『在』字，工夫則有明、新、止三者。」○勿軒熊氏曰：「『明德』二字出《堯典》，明德新民並言出《康誥》，止之一字出《虞書·益稷》，至善即堯舜以來相傳之中道，自始學言之，則謂之至善，其極致，謂之中。聖賢相傳，皆有所授，非苟言也。」○吳氏季子曰：「文公以明德、新民、止至善爲大學之綱領，又以止至善爲明德新民之標的。後之人欲從事於大學，必先以至善爲準可也，不以至善爲準，則於明德新民亦決不能用其力。何則？志不立也。自古安有志不立而能成功者哉？天下之事，莫不有所止，學者知所止之地，則將日夜策勵，馳以赴之，心無弛放，力無怠倦，皇皇汲汲，必歸於至善而後已。苟爲不然，則始鋭而終惰，朝作而暮輟，雖明而未必至於明之極，已自足矣；雖新而未必至於新之極，已自滿矣。是則文公所謂苟且之學，不足以爲學也。」《附纂》黄氏洵饒曰：「明明德兼知行言。新民，全體太極。止於至善，一物一太極。理至此，無所增損，謂之至善。」○明德即天命之性，明明德即率性之道，新民即脩道之教，至善即性、道、教之理。○合心與性而言，謂之明德。本體所發純是善，意之所發有善惡。明之，謂澡雪揩磨。虚靈是心。具衆理是體，是忠，是虚。應萬事是用，是恕，是靈。氣稟所拘，謂智愚賢不肖。人欲所蔽，是耳目口鼻。氣稟所拘有分數，人欲所蔽則全遮而昏。心本體，性之明，下明字。所發善，遂明之，上一明字。復其初，兼知行，凡五言之，但《孟子》養氣章專指氣而言之矣。至於是，無過不及。當然之極，一物一太極。天理之極，明德新民。○景氏星曰：「『人之所得乎天』五字，原明德所從來。虚靈指氣言，不昧指理言，此明之實。具衆理，應萬事，此德之實。所具之理，即格致之理。所應之事，即誠正修齊治平之事。氣稟是内根，自有生之初言；物欲是外染，自有生之後言。必至，是未至必求至。不遷，是既至不當遷。」

知止而后有定，定而后能静，静而后能安，安而后能慮，慮而后能得。

止者，所當止之地，即至善之所在也。此

止字，即接上文「在止於至善」之止字説下來。附《蒙引》：止於之止，以工夫言；知止之止，以實理言。不曰至善，而曰止者，正以見至善在所當止也。如《中庸》言道，而加之云君子之道，以其爲君子之所當知當行故也。古人立字命名之精有如此。知之，則志有定向。静，謂心不妄動。安，謂所處上聲。下同。而安。慮，謂處事精詳。得，謂得其所止。朱子曰：「知止，是識得去處。既識得，心中便定，更不他求。如行路，知得從這一路去，心中自是定。如求之此，又求之彼，即是未定。定、静、安、慮、得五字，是功効次第，不是工夫節目。纔知止，自然相因而見。」○定、静、安相去不遠，但有淺深耳。與《中庸》動、變、化相類，皆不甚相遠。定以理言，故曰有。静以心言，故曰能。静是就心上説，安是就身上説。○既見得事物有定理，而此心恁地寧静了。看處在那裏，在這裏也安，在那裏也安。安而后能慮。慮是思之精審。今人心中摇漾不定疊，還能處得事否？人處事於叢冗急遽之際而不錯亂，非安不能也。知止，是知事物所當止之理，到臨事，又須研幾審處，方能得所止。○知止，只是知有這箇道理也，須是得其所止方是。若要得其所止，直是能慮方是，能慮却是要緊。知止，如知爲子而必孝，知爲臣而必忠。能得，是身親爲忠孝之事。若徒知這箇道理，至於事親之際，爲私欲所汩，不能盡其孝；事君之際，爲利禄所汩，不能盡其忠，這便不是能得矣。能慮，是見得此事合當如此，便如此做。○知止，如射者之於的。得止，是已中其的。○定、静、安三字，雖分節次，其實知止後，皆容易進。安而后能慮，慮而后能得，此最是難進處，多是至安處住了。安而后能慮，非顔子不能之。去得字地位雖甚近，然只是難進。挽弓到臨滿時，分外難開。○勉齋黄氏曰：「大學之道在於明德、新民，明德、新民之功在於至善，至善之理又在於必至而不遷，故此一節但以止爲言。曰知，曰得，止之兩端。定者知所止之驗，慮者得所止之始。曰静，曰安，則原於知而終於得，有必至不遷之意矣。」○雙峰饒氏曰：「譬之秤，知止是識得秤上星兩，慮是將來秤物時又仔細看，能得是方秤得輕重的當。定、静、安在事未至之前，慮是事方至之際，四者乃知止所以至能得之脈絡。」○雲峰胡氏曰：「定而能静，則事未來而此心之寂然不動者不失。安而能慮，則事方來而此心之感而遂通者不差。」○新安陳氏曰：「明德新民，所以得止於至善之由，其緊要處先在知止上。蓋於事事物物皆知其所當止之理，即物格而知至也。下文致知、知至之知字，已張本於此矣。」《通考》勿軒熊氏曰：「所在二字，此道之用散在萬物，其體實具於人之一心。有定，謂物各有一定之理，知之則此志方有定向，然必反求之心。能靜能安，是此心未發時事。靜謂存養之密。能安，安其所止。能慮，謂省察之精。能得，得其所止也。此一節，本節齋蔡氏發明文公未盡之旨，蓋聖賢傳授心法，宜詳玩焉。」○陳懼齋曰：「靜而后能安，文公以爲無所擇於地，則是與安土之安同。學者多不審。」《附纂》黄氏洵饒曰：「知止而后有定，說理。能靜，說心。能安，說身。能慮，又是心。能得，又是理。」○有次序，無功夫，功夫從誠意正心上來。知止，是物格知至之事。定靜安慮得，兼知行。慮如睿，通乎微。安如安貧寠之安。❶至善之所在，即事物當然之理。定向，❷說理。所處而安，說身。慮謂處事，又心上說。○景氏星曰：「《章句》『知之』一『之』字，指至善之所在，言於事事物物皆知其所當止之理也。」○吴氏季子曰：「定、靜、安、慮、得五者，止善之節次也。《大學》篇端三語，以止善終之，既欲學者止至善以爲準，此又詳言其節次耳。蓋至善之地，非一蹴所能到，必歷此節次，而後至於其所止。能得之時，則是其所止處也。自『有定』至『能得』，凡五節，然必自知止入，苟不務知止，而欲徑造於能得之域，則是躐等凌節，反不足以進道矣。此《大學》所以揭知止二字冠於五事之首歟。夫明德新民，莫不有截然一定之則存乎其中，加之錙銖則太過，減之毫髮則不及，是乃學者之所當止，謂之至善者也。然使不致其知，以究極義理之精微，則惟見夫道之浩浩，無所措手，吾心且疑且信，晃漾摇曳，汎乎若不繫之舟，放乎中流，不知所屆。自夫博學之，審問之，謹思之，明辨之，良知之天，表裏洞徹，無所障礙，真見理之當然，而在我之不容不然者，猶飢之食，渴之飲，必至此而後已，則此心始止乎一，而有據依之地矣。故曰『知止而后有定』。人之常情，心無所主，則一與物接，皇惑躁動，方寸之閒，第見夫憧憧往來而靡所歸宿，膠膠擾擾而靡所止定，千條萬端，始不勝其多事矣。使其得所據依，卓

❶「寠」，原作「富」，今據哈佛本改。
❷「定」，原作「安」，今據哈佛本改。

有定向，始乎由是，終乎由是，不願乎其外，不見物而遷，則塗轍專一，工夫簡易，事不期省而自省，心不期清而自清，萬感俱寂，一真自如，太空無雲，虛室生白，非天下之至静，其孰能與於此！　故曰『定而后能静』。身以心爲主，心以身爲役，而天理物欲，迭相乘除。　若心之所安，既不循乎理，隨事物而引之，即身之所行，必不能處於是理之正矣。　古之聖賢，素富貴，行乎富貴；素貧賤，行乎貧賤；素患難，行乎患難；素夷狄，行乎夷狄。隨其所寓，是理存焉，往往無入而不自得焉，惟其静而已。　蓋静則紛華盛麗之物，皆無所投其隙，天理純全，不受陵奪，自然心廣體胖，安而行之，仰不愧於天，俯不怍於人，而無復疑貳畏沮之患矣。　故曰『静而后能安』。　精詳出於閒暇之餘，錯謬起於造次之頃，此理也，亦勢也。　天下之事物，公私邪正，曲直是非，雜然前陳，而聽吾之所自擇者，不知其幾。　吾將觸物而應之，隨事而處之，必欲物物得其宜，事事適其可，非精思熟慮，不能也。　然人孰不欲思慮之精熟，而終於臨事顛錯者，則以其胸中之理欲交戰，焦然不寧，而無以揆度於事物之閒耳。　既静而安，則泰宇恬然，優游泮渙，以一觀衆，以逸待勞，物來能名，事至能應，權焉而知輕重，度焉而知長短。　孰可取，孰可予，予者不傷惠，而取者不傷廉；孰當辭，孰當受，受者不爲貪，而辭者不爲矯。　仕止久速之不倖，惟其是而已；忠敬文質之異尚，惟其當而已。《易》之極深研幾，《書》之以義制事，《中庸》之文理密察，皆是也。　故曰『安而后能慮』。　人之不欲爲善者，不足論也，固有欲爲善而不得以爲善者矣。　爲善而不欲造其極者，亦不足論也，固有欲造其極而不得以造其極者矣。　爲君，吾知其止於仁，激於忿懥則爲暴，雖欲仁而不可得；爲臣，吾知其止於敬，蔽於寵利則爲欺，雖欲敬而不可得。　推而至於子之孝，父之慈，友之信，莫不皆然。　凡吾心願焉而不得以遂吾心者，何可勝計！　是故定、静、安、慮非難，而得爲難。　必也功深而力到，德盛而仁熟，秤停適中，區處盡善，然後隨所欲而得之，求仁而得仁，尚志而得志，從容中道，至於不思而得之域，左右逢原，而有深造自得之功。　如炊而熟，如種而收，如射而中，如獵而獲，莫不各副其本心，而靡有遺憾。　此大而化之之境，從心不踰矩之時，而《大學》之所謂至善也。　故曰『慮而后能得』。　合五者而論之，則由淺而至深，由疏而至密，由小而至大，由粗而至精，進一步則升一級，皆不可不講也。　析五者而觀之，則知止而定者，静安慮得之本，是爲大學之始事；能得者，定静安慮之效，是爲大學之終事。有始則有終，學者當先從事於其始，而以知止爲入門可也。」附《蒙引》：或謂静與安皆以心言，非也。安謂所處而安，處居也，非處事也，處事則能慮時矣。《論語》曰「懷土，謂溺其所處之安」，此可證也。《或問》分明謂無所擇於地而能安，小註分明謂安以身言。○知止，物格知至也。能得，意誠以下之事也。○《存疑》：胡致堂曰：「君子之知貴乎至，知之至者，如知水之濕，知火之熱，知美色之可愛，知惡臭之可惡，雖不幸瞽而聵，此知不可亂也，即此是知止。」「不幸瞽而聵，此知不可亂」，此兩句尤好，體認「定而后能静」意。○静者，内念不興，外物不摇，兼内外説。如今看書，自家既有定説，更不復起疑，便是人有異説，亦不能打動我，此是静也。○此静比常説動静不同，此是知邊静，日用之閒，動静不一，此静固自如也。吴氏季子謂「萬感俱寂，一真自如」，是認作行説，不是。○静所以欲作知者，蓋此條自能得以前，尚在知一邊，能得以後，方是行看。○知止后又有慮一節事者，知止是平時講究工夫，慮又是臨時研審工夫。無事之時，固當講究，臨事之時，又當研審。不講究於平時，則胸中無主，而臨時無以慮；不研審於臨時，則或愴惶失錯，平時之所得者不無失之。故知止後不可不慮，然非知止亦未能慮也。○《蒙引》：蓋有能安而或不能慮，能慮而或不能得者，未有知止而不能有定，定而不能静，静而不能安者。

物有本末，事有終始，知所先後，則近道矣。

明德爲本，新民爲末，知止爲始，能得爲終。本始所先，末終所後。此結上文兩節之意。問事物何分别。朱子曰：「對言則事是事，物是物。獨言物，則兼事在其中。知止能得，如耕而種而耘而斂，是事有箇首尾如此。明德是理會己之一物，新民是理會天下之萬物。以己之一物，對天下之萬物，便有箇内外本末。知所先後，自然近道。不知先後，便倒了，如何能近道？」○三山陳氏曰：「新民者，自明德而推也。己德不明，未有能新民者，此明明德所以爲新民之本。能得者，原於知止而後致也，苟始焉不知止於至善，亦未見其卒於有得矣，此知止所以爲能得之始。」○玉溪盧氏曰：「物有本末，結第一節。事有終始，結第二節。『知所先後，則近道矣』兩句，再總結兩節。一箇先字，起下文六箇先字，一箇後字，起下文七箇後字，不特結上兩節，亦所以起下文兩節之意。」○仁山金氏曰：「不曰此是大學之道，而曰近道，蓋道者當行之路，知所先後，方是見得在面前，而未行於道上，所以只曰近道。」○黄氏洵饒曰：「『則近道矣』，此道字，聖人之道也。」○此章兩道字，如顔子論好學二道同。《通考》吴氏季子曰：「天下之物，莫不有本。木之千柯萬葉，本於根。水之千流萬派，本於源。至於人，則凡吾之所與接，如父子兄弟之親，夫婦朋友之倫，天地民物之紀，雖紛然不同，而其本皆在於身。天下之事，莫不有始。爲九仞之山者，始於一簣。行千里之途者，始於一蹴。至於人，則凡吾之所當講，如道德性命之原，仁義禮智之端，孝悌忠信之理，雖雜然不一，而其始皆在於心。學者之患無他，惟患其以本爲末，以末爲本，以終爲始，以始爲終，至於後其所當先，先其所當後耳。此《大學》一篇所以發明夫物之本末、事之終始也。物者何？指形體而言之也。明德在己，新民在彼，彼己相對，而形體見焉，故曰物。事者何？指作爲而言之也。知止其用力，能得其成功，功力相因，而作爲形焉，故曰事。物則當以本末論，質諸《大學》，心之於身，身之於家，家之於國，國之於天下，皆自源徂委，自體達用。事則當以終始論，質諸《大學》，正而后脩，脩而后齊，齊而后治，治而后平，皆自淺入深，自小成大。非特此也，有諸己而後求諸人，無諸己而後非諸人，或有或無，皆反之於己，蓋欲學者之知本，而毋徒外騖也。欲誠其意者，先致其知，致知在格物。曰致曰誠，皆自有其序，蓋欲學者之反始，而毋致逆施也。學者果能先其本而後其末，則自盡己至於盡人，而本末具舉矣。先其始而後其終，則自下學至於上達，而始終不紊矣。其於道也，夫何遠之有？大抵古之教人，皆有先後。如曰『洒掃應對進退，抑末也，本之則無，如之何』，是未嘗不以本原爲先也。如曰『金聲也者，始條理也，玉振也者，終條理也』，是未嘗不以始事爲先也。以本原爲先，則有務内之功；以始事爲先，則無躐等之患，此學者之指南也。後世乃有不反諸己，而欲以私智小數齊物者，管、商之學是已；乃有不循其序，而欲以徑造頓悟爲事者，佛、老之學是已，烏識吾儒之所謂大學哉？」附《蒙引》：按，第二節不過推本第一節止至善之意，非與首節對言也。而於此第三節，乃並舉而對言之，何邪？蓋物與事自不侔，事即是物中之事，特以其皆有先後之序，故對舉而言耳。〇物有本末，先自治而後治人也；事有終始，行以知爲先也，故曰「知所先後，則近道矣」。只下箇本末終始字，而其先後之序，自昭昭矣。〇「知止」知字深，「知所先後」知字淺，此知字又在知止之前。

古之欲明明德於天下者，先治其國；欲治其國者，先齊其家；欲齊其家者，先脩其身；欲脩其身者，先正其心；欲正其心者，先誠其意；欲誠其意者，先致其知；致知在格物。治，平聲，後倣此。

明明德於天下者，使天下之人皆有以明其明德也。新安吴氏曰：「由此推之，則治國是欲明明德於一國，齊家是欲明明德於一家也。」〇新安陳氏曰：「本當云欲平天下者先治其國，今乃以明明德於天下言之，蓋以明德乃人己所同得。明明德者，明己之明德，體也；明明德於天下者，新天下之民，使之皆明其明德，如此則天下無不平矣，用也。一言可以該《大學》之體用，可見明明德又爲綱領中之綱領也。」〇東陽許氏曰：「不曰欲平天下先治其國，而曰明明德者，是

要見新民是明德中事，又見新民不過使人各明其德而已。」《附纂》史氏伯璿曰：「陳氏此説，雖似得之，但先言明明德於吾身，而後言明明德於天下，則似乎明明德於吾身一句，是解篇首『在明明德』之義，『明明德於天下』以下三句，是解後段此句之義。如此，則後段此句只是新民之事，只是用，與《或問》『極體用之全，一言以舉之』之意不相似。觀於《或問》，先提起所謂『明明德於天下者』一句，然後從而釋之曰：『自明其明德，而推以新民，使天下之人皆有以明其明德也。』立言之序如此，則自明新民皆該在此句之中矣。」〇《章句》《或問》所以釋「明明德於天下」者詳略不同，如何？曰：「《章句》所以訓釋經文之義，《或問》所以敷暢《章句》之旨，豈有二哉？夫《章句》『明明德於天下』之訓釋，可謂至矣，但恐讀者不察，易於『使』字上致疑，往往謂平天下是治人之事，今曰『使天下之人皆有以明其明德』，似乎治人者使所治之人如此，則此句不可以該自明之意，故《或問》於《章句》此句之上再加『自明其明德，而推以新民』一句，以見自明新民皆所謂使天下之人有以明其明德也。然後經文明明德於天下之一言，可以爲極體用之全而舉之耳。蓋此使字只是活字，只當輕看，不必以

在己使人爲拘。蘇秦曰『使我有負郭田二頃』，蕭道成曰『使我治天下十年』，《大學》傳之十章《章句》曰『使彼我之閒各得分願』，此三使字，亦何嘗以在己使人爲拘哉！看得使字之義活，則《章句》、《或問》之旨曉然矣。」附《蒙引》：此古字，孔子指三代之隆時言也。○問：「此處『明德』二字，畢竟是在己之明德邪，抑天下之明德邪？」曰：「畢竟是己之明德也。明德二字，豈可屬人，但云明之於天下，則是使天下之人皆有以明其明德矣，猶云行道於天下。《章句》與《或問》皆云『使天下之人皆有以明其明德』，其文與本文不類，所以發其意耳。」○首之以明明德於天下，至國家則只曰治曰齊，不復以明明德貫之者，舉一以包其餘也。《存疑》：明明德於天下，言明己之明德，以至於天下也。問：「明德是屬己屬人？」曰：「屬己。」曰：「屬己何以曰明明德於天下？」曰：「明德即心也。人之一心，包括宇宙，天下皆其度內。若只能明己之德，而未能及人，或及人而未能盡乎人性分內事，欠缺者多矣。明明德，必使天下之人皆能明之，然後明德之事始盡。故聖經首既以新民與明德對言，末復舉新民於明德之內，而一言以包之。《或問》最明。」○《蒙引》：齊家之道，必篤恩義，使父子兄弟夫婦皆歡然有恩以相愛；必正倫理，使父子兄弟夫婦皆燦然有文以相接。○《存疑》：齊家、治國、平天下，俱要兼化之處之説，不但平天下爲然。《或問》是隨傳發明，不可因此謂齊家治國中無處之意。○脩身須兼身之所具所接説，傳中視、聽、食是就所具説，孝、弟、慈是就所接説。**心者，身之所主也。**《附纂》黄氏洵饒曰：「心爲身之主，敬爲心之主。」**誠，實也。意者，心之所發也。實其心之所發，欲其必自慊而無自欺也。**雲峰胡氏曰：「《中庸》言誠身，是兼誠意、正心、脩身而言，謂身之所爲者實，此但言誠意，是欲心之所發者實。《章句》所發二字，凡兩言之：因其所發而遂明之者，性發而爲情也；實其心之所發者，心發而爲意也。朱子嘗曰：『情是發出恁地，意是主張要恁地。』『情如舟車，意如人使那舟車一般。』然則性發爲情，其初無有不善，即當加夫明之之功，是統體説。❶心發而爲意，便有善有不善，不可不加夫誠之之功，是從念頭説。」○新安陳氏曰：「諸本

❶「統體」二字，原倒，今據《四書大全》乙正。

皆作『欲其一於善而無自欺也』，惟祝氏附録本，文公適孫鑑書其卷端云：『四書元本，則以鑑向得先公晚年絶筆所更定而刊之興國者爲據。此本獨作「必自慊而無自欺」，可見絶筆所更定，乃改此三字也。』按，文公《年譜》謂『慶元庚申四月辛酉，公改誠意章句，甲子公易簀』。今觀誠意章，則祝本與諸本無一字殊，惟此處有三字異，是所改正在此耳。『一於善』之云，固亦有味，但必惡惡如惡惡臭，好善如好好色，方自快足於己。如好仁，必惡不仁，方爲真切。若曰『一於善』包涵『不二於惡』之意，似是歇後語，語意欠渾成的當。不若『必自慊』對『無自欺』，只以傳語釋經語，痛快該備，跌撲不破也。況《語録》有云：『誠與不誠，自慊與自欺，只争毫釐之間。自慊則一，自欺則二，自慊正與自欺相對。誠意章只在兩箇「自」字上用功。』觀朱子此語，則可見矣。」《通考》吴氏程曰：「祝本作必自慊，殊未是。蓋自慊乃毋自欺之後效，難以居先。若不分善惡，但曰必自慊而毋自欺，則小人之誠於中爲不善者，亦可言誠意矣。先儒謂意有善惡，一於善其可易邪？祝本或以爲得之文公絶筆。」鎦剡按，吴説不同，當從吴氏所考爲是。附《蒙引》：朱子小註謂心兼動静，或謂動即意也，以意對心，似專指静。然考之後註曰「敬以直之，然後此心常存」，又曰「心有不存，則無以檢其身」，《或問》又引《孟子》曰「操則存」，曰「求其放心」，可見只是指所存主處言，非專指静時也。○意者，心之萌也。心該動静，意只是動之端。心之時分多，意之時分少。○正心，只是主静之法。静亦静，動亦静也，故曰「敬以直内」。○問傳之七章，忿懥四者，皆心之用也。若意，則心之發。同乎，異乎？本體只是心。心初發時有善惡兩路，是意，若心之用，則全行出外來，却又在意之後矣。但誠意之後已無惡，只有偏耳。○心之所之謂之志，心之所念謂之懷，心之所思謂之慮，心之所欲謂之慾。此類在學者隨所在而辨别之，然亦有通用者。○《存疑》：正心是心之應物得其當，誠意是發心真實要爲善。惟真實要爲善，則此心都在義理上了，日間應接，始可隨事求理，使得其當。若不真實要爲善，則此心全在物欲上，如何使他應接當理？緣應接不當理，只是喜怒憂懼之發不得其當，却非惡也。意不誠，全是箇惡人了。身有大病，不説疥癬。所以緊要在誠意。

致，推極也。推之以至極處。知，猶識也。推極吾之知識，欲其所知無不盡也。格，至也。物，猶事也。窮至事物之理，欲其極處無不到也。此八者，《大學》之條目也。

朱子曰：「六箇『欲』與『先』字，謂欲如此，必先如此，是言工夫節次。若致知，則便在格物上。欲與先字差慢，在字又緊得些子。」○致知誠意，是學者兩箇關，致知乃夢與覺之關，誠意乃善與惡之關。透得致知之關則覺，不然則夢。透得誠意之關則善，不然則惡。○格物是夢覺關，誠意是人鬼關，過得此二關，上面工夫，一節易如一節了。至治國平天下，地步愈闊，但須照顧得到。○格物是零細説，致知是全體説。○格物致知，於物上窮得一分之理，則我之知亦知得一分。物理窮得愈多，則我之知愈廣。其實只是一理，纔明彼，即曉此。○格物，十事格得九事通透，一事未通透，不妨。一事只格得九分，一分不通透，最不可。須窮盡到十分處。○因其所已知推之，至於無所不知。○人多把這道理作一箇懸空底物。《大學》不説窮理，只説格物，便是要人就事物上理會。如此，方見得實體。如作舟行水，作車行陸，今試以衆力共推一舟於陸，必不能行，方見得舟不可以行陸也，此之謂實體。○格物窮理，有一物，便有一理，窮得到後，遇事觸物，皆撞著這道理。事君便遇忠，事親便遇孝，居處便恭，執事便敬，與人便忠，以至參前倚衡，無往而不見這箇道理。若窮不至，則所見不真，外面雖爲善，而内實爲惡。○問：「物者，理之所在，人所必有而不能無者，何者爲切？」曰：「君臣、父子、兄弟、夫婦、朋友，皆人所不能無者，但學者須要窮格得盡。事父母則當盡其孝，處兄弟則當盡其友，如此之類，須是要見得盡。若有一毫不盡，便是窮格不至也。」○物謂事物也。須窮極事物之理到盡處，便有一箇是，一箇非，凡自家身心上皆須體驗得一箇是非。若講論文字，應接事物，各各體驗，漸漸推廣，地步自然寬闊。如曾子三省，只管如此體驗去。○致知格物，只是一事，非是今日格物，明日又致知。格物以理言也，致知以心言也。○致知格物，是窮此理；誠意正心脩身，是體此理；齊家治國平天下，是推此理。要做三節看。○於格物、致知、誠意、正心、脩身之際，要常見一箇明德隱然流行於五者之閒，方分明。○自格物至平天下，聖人亦是略分箇先後與人看。不成做一件净盡無餘，方做一件。如此，何時做得成？○「明明德於天下」以上，皆有等級。到致知格物處便親切，故不曰致知者先格其物，只曰「致知在格物」也。○北溪陳氏曰：「心以全體言，意是就全體上發起一念慮處言。格物必如吾身親至那地頭，見得親切，方是格。」○玉溪盧氏曰：「八者以心爲主。自天下而約之，以至於身，無不統於一心。自意而推之，以至於萬事萬物，無不管於一心。曰格曰致曰誠，皆正心上工夫。曰脩曰齊曰治曰平，皆自正心中流出。」○雲峰胡氏曰：「《孟子·盡心》章《集註》『心者，人之神明，具衆理而應萬事』，即《章句》所謂『虛靈不昧，以具衆理而應萬事』。此章《或問》又曰：『知者，心之神明，所以妙衆理而宰萬物。』其釋知字，與釋明德相應。蓋此心本具衆理，而妙之則在知；此心能應萬事，而宰之亦在知。具者，其體之立，有以妙之，則其用行；應者，用之行，有以宰之，則其體立。明德中自具全體大用，致知云者，欲其知之至，而全體大用無不明也。《大學》前分事與物言，若事自事，物自物，此獨言物，物猶事也。有一事，必有一理，理本非空虛無用之物。《大學》教人即事以窮理，亦惟恐人爲空虛無用之學。所以《章句》釋明德，則兼理與事；釋至善，亦曰事理；釋格物，亦曰窮至事物之理。心外無理，理外無事，即事以窮理，明明德第一工夫也。『致知在格物』，此在字，又與章首三『在』字相應。《大學》綱領所在，莫先於『在明明德』，而明明德工夫所在，又莫先於『在格物』。」○新安陳氏曰：「《大學》八條目，格物爲知之始，致知爲知之極；誠意爲行之始，正心脩身爲行之極；齊家爲推行之始，治國平天下爲推行之極。不知則不能行，既知又不可不行。誠正脩，行之身也；齊治平，行之家國與天下也。知行者，推行之本；推行，其知行之驗歟？」《通考》吴氏程曰：「知行之序雖有先後，而知與行實相終始，不容偏廢。格、致二條，固貫徹乎誠正脩齊治平六條之閒，非截然此先彼後，而誠意以上不事乎格致也。」○朱子曰：「明德如明珠，常自光明，但要時加拂拭。若爲物欲所蔽，即是珠爲泥涴，然光明之性依舊自在。外面事要推闡，故齊家而後治國平天下；裏面事要切己，故脩身正心必先誠意。致知愈細密，誠意最是一段緊要工夫。致知，知之始。誠意，行之始。心是其體統，意是就其中發出。正心，戒懼不睹不聞。誠意如謹獨。誠意是轉關處。《大學》有兩箇大節目，物格知至是一箇，誠意脩身是一箇。才過此關了，便可直行將去。致知是自我而言，格物是就物而言。知在我，理在物。格物致知比治國平天下，則格物致知其事似小，然打不透則病痛却大，無進步處；治國平天下規模雖大，然這裏縱有未盡處，病痛却小。治國平天下與誠意正心脩身齊家只是一理，所謂格物致知，亦曰知此而已矣。此《大學》一篇之本旨。若必以治國平天下爲君相之事，而學者無與焉，則内外之道異本殊歸，與經之本旨正相南北矣。禹、稷、顔回同道，豈必在位乃爲爲政哉？」○韓氏古遺曰：「格物致知，是《中庸》惟精工夫；誠意正心，是惟一工夫。」《附纂》黄氏洵饒曰：「『古之欲明明德於天下者』，言明明德而新民在其中。『致知在格物』，在字變文。」○八事當作三截看。格物、致知是窮此理，誠意、正心、脩身是體此理於身，齊家、治國、平天下是推此理於人。物格則知自至，物格之外，别無致知工夫。格物致知只是一事，格物之理，致我之知。「誠，實也」，此誠字非《中庸》之誠字，看心之所發善惡。「致，推極也」，如推門一般。「極處無不到」，即當然之理。○心外無理，理外無事，知在我而理在物，故格物即是致知。知是心之靈，不可作虛字看，朱子所謂「心之神明，妙衆理而宰萬事」者是也。○吴氏季子曰：「此與下一段，蓋析言明德新民之條目，而發揮其所以止至善者也。蓋格物致知者，知之始也；誠意者，行之始也。道由知而入，由行而至。知之不盡，則無以辯是非，别理欲，而易於塗轍之或差；行之不實，則未免挾欺妄，雜苟且，而終於表裏之爲二。故《大學》八者之條目，循序而言，則格物致知爲始事，而繼之以誠意；反本而論，則物格知至爲極功，而次之以意誠。後之學者服膺乎此，則可與語明德、新民、止至善之事業矣。雖然，意誠又出於知至，而知至則原於物格，是格物者，致知之蹊徑，而誠意之門户也。夫天民先覺，必思有以覺後知；天下至誠，必思有以盡人物。孰不欲使天下之人同吾明德哉？然天下之本則在國，苟小而一國，猶未能使之丕變，況天下乎？故欲明明德於天下者，必先治其國。百姓昭明，則協和之效見於萬邦；朝廷既治，則純被之化徧於天下。人孰不欲以治國之功推之天下哉？然國之本則在家，苟親而家人猶未能使之俱化，況國人乎？故欲治其國者，必先齊其家。刑于寡妻，則可以御邦家；宜兄宜弟，則可以教國人。人孰不欲以齊家之道施之治國哉？然家之本則在身，苟近而一身猶未能使之無過，況一家乎？故欲齊其家者，必先脩其身。身不行道，不行於妻子。

人知家之所取則者身也，而私邪之起一有以害其心之正，則身雖欲脩，不可得而脩，是以脩身之學當自正心始。心莊則體舒，心肅則容敬。人知身之所聽命者心也，而矯僞之萌一有以敗其意之誠，則心雖欲正，不可得而正，是以正心之道當自誠意始。富潤屋，德潤身，心廣體胖，故君子必誠其意。人知心之所造端者意也，而嗜欲之來一有以蔽其知之至，則意雖欲誠，不可得而誠，是以誠意之方又當自致知始。致知者不在乎他，在乎格物而已矣。自明德以上反而求之，至此爲本原之地，而誠意以下六等皆出焉，真《大學》之樞紐也。致者何如？學以致道之致，蓋推而至於極耳。格者何如？格於文祖之格，蓋窮其所當止耳。曰致知，曰格物，雖兩節，而實一事也。外格乎物，所以内致其知。物理無一之不明，則良知無一之不盡矣。孟子曰：『人之所不慮而知者，其良知也。』良知之天，與生俱生，人皆有之，特患夫情封欲閒，行不著，習不察，無以推之而至於極，使介然一隙之光日就晦蝕，而是非善惡之幾交乎吾前者，往往懵於去取，醉生而夢死，冥行而徑趨，意始不誠，心始不正，而身始不脩矣，況望其齊家治國以平天下乎？故《大學》之教，必使學者即物以窮其理。觀天地之高深，則必窮其所以爲高深；察鬼神之幽隱，則必窮其所以爲幽隱。魚何爲而躍？鳶何爲而飛？龍何爲而蟄？蠖何爲而屈？凡物之與我接者，事事而格之，不詣其極不止也。思耳目之聰明，則必求其所以爲聰明；求貌言之肅乂，則必窮其所以爲肅乂。足何以當重？手何以當恭？頭何以當直？口何以當止？凡物之備於我者，旦旦而格之，不研其精不已也。夫如是，則隨其所觸，皆足以發吾之良知矣。」又曰：「教之以致知格物者，所以發其明之之端；教之以誠意正心脩身者，所以盡其明之之實，明之不已，則止於至善矣。教之以齊家者，所以驗其新之之速；教之以治國平天下者，所以要其新之之廣，新之不已，則止於至善矣。」

附《存疑》：漆雕開曰「吾斯之未能信」，知至，故信也。孟子曰「理義之悦我心」，知至，故悦也。到信與悦，欲罷不能矣。○《蒙引》：《中庸》之學問思辨者，格物致知也。所謂篤行者，誠意正心脩身也。或曰篤行兼齊治平，非也。《中庸》云云，止言誠身之事也。○凡物理皆有所當然而不容已，與其所以然而不可易者，要得此二意俱到，方是。○物猶事也，如爲君是事，爲君而仁，事之理也。格之者，自表而至裏，自粗而至精，於仁之理，窮之無所不盡也。舉其大略，如爲君者，必使天下之賢人君子各得其職，必使天下之群黎百姓各得其所，必紀綱文章，謹權審量，讀法平價，無不備舉。又必有關雎麟趾之意，以行周官之法度。又如必敬事而信，節用而愛人，使民以時，必不侮鰥寡，不虐無告，必有五畝之宅，百畝之田，雞豚狗彘之畜，庠序孝弟之教。又如凡爲天下國家有九經之類。凡此皆其所當然之則也。中間有表焉，有裏焉，有精焉，有粗焉。如所謂紀綱文章、百畝田、五畝宅之類，是自其行於外者言之，表也。如所謂關雎麟趾之意，敬事而信之類，是自其存諸心、本諸身者言之，所謂裏也。精則是其本根大本所在，所謂「大德不踰閑」者也；粗則是其末節細故所在，所謂「小德出入可」者也。行於外者，有精有粗，存於內者，亦有精有粗。其謂之所當然而不容已者，何也？曰：「但是當然，便是不容以不然，故謂之所當然而不容已。如必使天下賢人君子各得其職者，不如是則天下之事不可得而理，其可已乎？必使群黎百姓各得其所者，如此然後可以爲民父母也，其可已乎？必綱紀文章，謹權審量，讀法平價，皆不可闕者，徒善不足以爲政也，其可已乎？必有關雎麟趾之意者，徒法不能以自行也，其可已乎？必敬事而信者，上不敬則下慢，不信則下疑也；必節用而愛人者，侈用則傷財，傷財必至於害民也；必使民以時者，不以時則力本者不獲自盡也；必不侮鰥寡，不虐無告者，哿矣富人，哀此煢獨也；必有百畝之田，然後數口之家可以無飢；必有五畝之宅，然後五十者可以衣帛；必有雞豚狗彘之畜，然後七十者可以食肉；必有庠序孝弟之教，然後老者不負戴於道路。如此之類，又豈容已乎？是之謂所當然而不容已。」○所以然而不可易。朱子曰：「君之所以仁，蓋君是箇主腦，人民百姓皆屬他管，他自是用仁愛，非是說爲君了，不得已以仁愛行之。」此則所謂天命之意，即爲君者所以當仁之故也。是統言之者也。事事都要說到不可易處，方是。上不敬則下慢，不信則下疑，則敬事而信之理，決在所不可易矣。既不可易，則是天實使爲之也。欲數口之無饑，老者之衣帛食肉，則五畝宅、百畝田、雞豚狗彘之制，決不可易，亦是天實使爲之也。然究其所謂天寔使爲之者，即天命之性之仁所爲也，只此便可見天體物而不遺。『昊天曰明，及爾出王。昊天曰旦，及爾游衍。』及所謂天之明命，其全體大用，無時而不發見流行於日用之閒者也。他如臣之敬、父之慈、子之孝，以至事事物物，皆當以此類求之。只是一箇所當然，一箇所以然。所當然者有表裏精粗，所以然者亦如之。不可謂所當然者爲表爲粗，所以然者爲裏爲精。蓋在表在裏，各有精有粗，驗之事物則然。小註之説，不足盡憑也。○凡言事物所以然之故，蓋有自統體而言者，亦有以逐事言者。如云「今日格一物，明日格一物」之類，則逐事之所以然者，在所格矣。如云「衆物之表裏精粗無不到，則吾心之全體大用無不明」，則統體之所以然者，無不格矣。蓋衆物之表裏精粗無不到，非始格物時事，乃後來物格時事也。

物格而后知至，知至而后意誠，意誠而后心正，心正而后身脩，身脩而后家齊，家齊而后國治，國治而后天下平。治，去聲，後倣此。❶

物格者，物理之極處無不到也。知至者，吾心之所知無不盡也。知既盡，則意可得而實矣。意既實，則心可得而正矣。勿軒熊氏曰：「知字，就心之知覺不昧上説。意，是就心之念慮方萌處説。」○雲峰胡氏曰：「《章句》『可得』二字，蓋謂知此理既盡，然後意可得而實，非謂知已至則不必加誠意之功也；意既誠，則心之用可得而正，非謂意已誠則不必加正心之功也。然不曰知既盡然後實其意，意既實而後正其心者，蓋知行二者，貴於並進，但略分先後，非必了一節無餘，然後又了一節，是當會於言意之表也。」**脩身以上，**上聲。**明明德之事也。齊家以下，新民之事也。**此四句，包括上一節。**物格知至，則知所止矣。意誠以下，則皆得所止之序也。**新安陳氏曰：「意誠心正身脩，明明德所以得止至善之次序。家齊國治天下平，新民所以得止至善之次序也。皆之一字，包明明德新民而言。此四句包括此一節也。是二節可見三綱之統八目，而八目之隸三綱矣。」○朱子曰：「致知者，理在物而推吾之知以知之也。知至者，理雖在物而吾心之知已得其極也。」○問：「物未格時意亦當誠。」曰：「固然。豈可説物未格，意便不用誠。但知未至時，雖欲誠意，其道無由。如人夜行，雖知路從此去，但黑暗行不得，所以要致知。知至則道理明白，坦然行之。今人知未至者

❶「倣」，原作「做」，今據哈佛本改。

也，知道善當好，惡當惡，然臨事不能如此者，只是實未曾見得。若實見得，則行處無差。」○問物格知至。曰：「格物時，方是區處理會。到得知至時，却已自有箇主宰，會去分别取舍。初間或只見得表，不見得裏，只見得粗，不見得精。到知至時，方知得到。能知得到，方會意誠，可者必爲，不可者決不肯爲。到心正則胸中無些子私蔽，洞然光明正大，截然有主而不亂，此身便脩，家便齊，國便治，而天下可平。」○知至，謂天下事物之理知無不到之謂。若知一而不知二，知大而不知細，知高遠而不知幽深，皆非知之至也。須要無所不知，乃爲至耳。○物格知至，是一截事；意誠心正身脩，是一截事；家齊國治天下平，又是一截事。自知至交誠意，又是一箇過接關子；自脩身交齊家，又是一箇過接關子。○知至意誠，是凡聖界分。未過此關，雖有小善，猶是黑中之白；已過此關，雖有小過，亦是白中之黑。○意誠後，推盪得查滓伶俐，心盡是義理。意是指發處，心是指體言。意是動，心該動静。身對心言，則心正是内能如此，身脩是外。若不各自做一節工夫，不成説我意已誠矣，心將自正，恐懼哀樂引將去，又却邪了；不成説心正矣，身不用管，外面更不顧，而心與迹有異矣。須是無所不用其功。○到正心時節，已好了，只是就好裏面又有許多偏。如水已淘去濁，十分清了，又怕於清裏面有波浪動盪處。○意未誠時，如人犯私罪。意既誠而心猶動，如人犯公罪。亦有間矣。○物格而后知至，至心正而后身脩。著而字，則是先爲此，而後能爲彼也。蓋即物而極致其理矣，而後吾之所知無不至。吾知無不至矣，而後見善明，察惡盡，不容有所自欺而意誠。意無不誠矣，而後念慮隱微，慊快充足，而心正。心既得其本然之正矣，而後身有所主，而可得而脩。○雙峰饒氏曰：「上一節，就八目逆推工夫。後一節，就八目順推功效。」○玉溪盧氏曰：「物格則理之散在萬物而同出於一原者，無不明矣。知至則理之會在吾心而管乎萬物者，無不明矣。此明明德之端也。意誠則明德之所發無不明矣，心正則明德之所存無不明矣。意誠心正而身脩，此明明德之實也。家齊則明德明於一家矣，國治則明德明於一國矣，天下平則明德明於天下矣。齊字有整然肅然之意，父父子子、兄兄弟弟、夫夫婦婦無一不正之謂也。國者，家之推，家親而國疎，故曰治。天下者，國之推，國小而天下大，故曰平。所以齊之治之平之，一而已矣。物格至身脩，則明德明而新民之體立；家齊至天下平，則民新而明明德之用行。物格知至，則知止之事。意誠，則意得所止；心正身脩，則心身得所止，是明明德得所止之序也。家齊國治天下平，則家國天下各得所止，是新民得所止之序也。自物格以至心正，斂之不外乎方寸；自心正以至天下平，充之彌滿乎六合。八者之條目，收來放去，惟一心耳。」〇東陽許氏曰：「凡言必先而后，固是謂欲如此必先如此，既如此了，然后如此。然而致知力行，並行不悖，若曰必格盡天下之物，然後謂之知至，心知無有不用，然後可以誠意，則或者終身無可行之日矣。聖賢之意，蓋以一物之格，便是吾之心知於此一理爲至。及應此事，便當誠其意，正其心，脩其身也。須一條一節，逐旋理會。他日湊合將來，遂全其知，而足應天下之事矣。」《通考》朱氏公遷曰：「脩身先正其心，是反而推之，身與心對。心正而后身脩，是順而達之，心與身對。內外不同，分而言之者也。」《附纂》黄氏洵饒曰：「物格而后知至，物格，即知性，后字變文，知至，即盡心。知至而后意誠，此后字與下文五『后』字，作可得說。物格之後，再無致知工夫。『可得』二字，見得知行並進。七『后』字，自始而終，自本而末，以推其效驗之次序，欲人之知所後也。上文六『先』字，是自末而本，自終而始，以逆遡其工夫之端緒，欲人知所先也。」〇知至，就心上說。不曰物格而后知致，而曰物格而后知至者，則知自至，物格之外再無致知工夫也。格物，知之始；誠意，行之始。此是《大學》一篇樞紐。此二句最要思量。昭武吴氏季子曰：「至於一旦豁然貫通，萬境俱徹，則其於是非善惡之幾，若辯白黑，若數一二，而無復毫髮之疑似矣，是謂知至。知既至，則事之所當爲者自不容已，而意之所發無不誠。意既誠，則物之至吾前者自不能動，而心之所存無不正。心正矣，由內達外，神動天隨，未有身之不脩者也。身脩矣，自長及幼，表正景從，未有家之不齊者也。閨門之內，萬化出焉，家齊則國治矣。朝廷之上，四方象焉，國治則天下平矣。是皆格物致知之功也。文公嘗論天下平一段，遡而至於格物，則曰本領全只在這兩字上，其指示後學入門之地亦切矣。學者誠能近取諸身，遠取諸物，質之聖經賢傳，驗之往古來今，隨事體察，如程子所謂『今日格一物，明日格一物』者，久而不已，則良知之天，表裏洞達，而誠意正心脩身之事，可以次第而舉矣。推而爲天下國家用，其效可勝言哉？」**附**《蒙引》：或以「明明德於天下」一條，爲明德新民之條目，「物格而后知至」一條，爲知止能得之條目，而以朱子後段總註爲據，是錯認矣。蓋朱子上段既曰「《大學》之條目」，則止至善之條目已在其中矣。《或問》於後段又曰「此覆説上文之意」，則非補止至善之條目明矣。

自天子以至於庶人，壹是皆以脩身爲本。

壹是，一切也。《漢書・平帝紀》「一切」，顔師古註云：「猶以刀切物，取其齊整。」**正心以上，皆所以脩身也。齊家以下，則舉此而錯之耳。**勉齋黄氏曰：「天子、庶人，貴賤不同，然均之爲人，則不可以不脩身。誠意正心，所以脩身。治國平天下，亦自齊家而推之。」○雙峰饒氏曰：「此一段是於八者之中揭出一箇總要處。蓋天下之本在國，國之本在家，家之本在身，是皆當以脩身爲本。前兩段是詳説之，此一段是反説約也。」○新安陳氏曰：「『此』字指脩身言。天子、諸侯、卿大夫、士、庶人，一切皆以脩身爲本，而齊家以下之效，不期而必至矣。單提脩身，而上包正心誠意致知格物之工夫，下包齊家治國平天下之效驗，皆在其中矣。」《通考》吴氏季子曰：「人之一身，物接乎其外，而心藴乎其中。致知則因物之理推之而已，誠意則即心之發實之而已，是格物、致知、誠意、正心四者，皆爲此身設也。以身而言，則四者皆在其中矣。身乎身乎，其百事之根柢乎！其萬化之權輿乎！一嚬一笑，風俗係焉；一舉一動，儀表關焉。小而家，大而國，廣而天下，統宗會元，皆不外乎吾之身。如水之派别，疏爲河渠，散爲溝洫，不勝其衆，而同此源也；如木之支分，敷爲柯葉，暢爲華實，不勝其繁，而同此根也，故曰本。人而從事於大學者，欲爲新民之事業，爲齊家治國平天下之規模，儻不以脩身爲之本，又將何所本哉？天子，有天下者也。諸侯，有國者也。卿大夫、士、庶人，有家者也。大學之道，皆不可以不講，然亦何者不本於脩身？誠摘聖人之所已論者觀之，如曰『風自火出，家人，君子以言有物而行有常』，是齊家以脩身爲本也；如曰『君正莫不正，一正君而國定矣』，是治國以脩身爲本也；如曰『君子之守，脩其身而天下平』，是平天下以脩身爲本也；所謂脩身者，格物也，致知也，誠意也，正心也。格物以致其知，則知之所燭無不真，必不至於認非爲是，認曲爲直，而陷此身於有過之地矣。誠意以正其心，則心之所用無不實，必不至於似善實惡，似正實邪，而棄此身爲小人之歸矣。天子諸侯之所當講者，此也。卿大夫士庶人之所當講者，亦此也。故曰『自天子至於庶人，壹是皆以脩身爲本』。壹是者，文公以一切訓之，如一例、一律、一體、一類等語，皆是也。天下之理，惟感與應，至爲不誣。如響應聲，如影隨形，斷斷乎其毫髮不差也。身苟不脩，而望家之齊、國之治、天下之平，是本亂而求其末之治，胡可得哉？桀、紂率天下以暴，而民從之，失之於其本也，爲天子者可不脩身乎？一人貪戾，一國作亂，失之於其本也，爲諸侯者可不脩身乎？夫子教我以正，夫子未出於正也，則是父子相夷也，父子相夷則惡矣，失之於其本也，爲卿大夫、士、庶人者可不脩身乎？潢潦之水，朝滿夕除，而有葉無根，膏雨所不能活，學之不可不務本也如此。聖經之言，昭揭千古。自天子至於庶人，童而習之，未嘗不曰大學之道，必以脩身爲本也。異時施之天下國家者，乃或舍本徇末，倒行逆施，卒無以齊之治之平之者，果何歟？此蓋未嘗格物以致其知，而於物我賓主之間，權度不審耳。」附《存疑》：本是以身對家國天下看，不是説格致誠正亦以脩身爲本。《章句》謂「正心以上，皆所以脩身」，見脩身之該格致誠正也。〇《淺説》：自天子以至於庶人，分雖不同，而皆格致誠正，以脩其身爲本焉。

其本亂而末治者，否矣。其所厚者薄，而其所薄者厚，未之有也。

本，謂身也。接上文本字。末，謂天下國家。所厚，謂家也。三山陳氏曰：「國、天下本非所薄，自家視之，則爲薄也。」〇新安陳氏曰：「以家與國天下分厚薄。」〇《通考》吴氏季子曰：「所厚二字，文公以爲指家而言。蓋父子骨肉之恩，理之所當然，而人心之所不能已者也。以國對家而言，則家厚於國。以天下對國而言，則國又厚於天下。《大學》既以本末二字發明脩身以上之事，故又以厚薄二字發明齊家以下之事。夫天下國家，一理而已矣。君子之心，豈當有所厚薄哉？然理雖一，而分則殊，則夫宜厚宜薄，蓋有天理之當然，而不可以致詰者。反此，則非人情，而吾心不能以自安矣。是故厚於其所厚，薄於其所薄，雖聖賢不能以强同，所同者，各當其可耳。老吾老以及人老，不以人老而先吾老也；幼吾幼以及人幼，不以人幼而先吾幼也。秦人之弟，視吾弟有間矣；楚人之長，較吾長不侔矣。

庸敬以事伯兄，可也，若鄉人之酌，則不過於斯須；纓冠以和同室，可也，若鄰牆之閒，則不妨於閉户。由是觀之，豈非家之厚於國乎？先京師而後諸夏，不以諸夏而加京師也；惠中國以綏四方，不以四方而加中國也。荒服之政教，視甸服則略矣；遠郊之賦入，較近郊則重矣。《小雅》治外之詩不及治内之詳，明堂四夷之位不在諸侯之列。由是觀之，豈非國之厚於天下乎？家之厚於國，故欲治國，必先齊其家。國之厚於天下，故欲平天下，必先治其國。如使施於家者薄，則施於國者可知矣；施於國者薄，則施於天下者又可知矣。梁惠王驅所愛子弟以殉之，故糜爛其民而不恤；唐明皇一日殺三子，故杖殺其臣而不顧。薄於家者，豈復厚於國乎？二世重法，以誅公卿，故忍於發閭左之戍；武帝株連，以興大獄，故敢於窮漠北之兵。薄於國者，豈復厚於天下乎？是以《大學》之教，必先於所厚，而次及於所薄。如曰『宜其家人，而後可以教國人』，先家而後國也。如曰『有國者不可以不謹，辟則爲天下僇矣』，先國而後天下也。是豈聖賢之心有所偏徇，而必設爲厚薄之别哉？愛無差等，乃墨氏之道，而非天理也。或謂聖賢之心，曠然大公，與天地萬物爲一體，若家，若國，若天下，儻一皆歸之於厚，而無所謂薄，不亦善乎？此《大學》所謂絜矩也。是不然。天之賦分，其接於我者，固有親疎遠近之不等，吾又安得而一之？況《大學》之教，初未嘗使人薄於國與天下，特以天下視國，則國尤當厚；以國視家，則家愈當厚也。比而同之，則厚於天下者，天下未見其爲厚，而國已先見其爲薄矣；厚於國者，國未見其爲厚，而家已先見其爲薄矣。何則？彼此相形，則當加厚者反爲薄，理也，亦勢也。《易》曰：『君子稱物平施』，蓋惟稱物之重輕，而後可以平施。厚所當厚，薄所當薄，乃所以爲絜矩也。一概而施之，則欲平反至於不平矣。何絜矩之有哉？」**此兩節結上文兩節之意。**雙峰饒氏曰：「上一節與此節上一句，是教人以脩身爲要。下句，是教人以齊家爲要。周子曰：『治天下有本身之謂也，治天下有則家之謂也。』得此意矣。」○雲峰胡氏曰：「以朱子之言推之，經一章中，綱領第一節三句説工夫，第二節五句説功效；條目第一節六箇先字，是逆推工夫，第二節七箇后字，是順推功效。至此兩節，前節則於工夫中拈出脩身下結；後節則於功效中拈出身與家反結也。」○新安陳氏曰：「此兩節結八目。前於家言齊，正倫理也；此於家言所厚，篤恩義也。亦如《書》所謂『惇敘九族』，敘即齊之意，惇即厚之意歟！」《附纂》黄氏洵饒曰：「壹是皆以脩身爲本，此一句包盡一章之意。孟子言天下之本在身，其言本於此。」○朱氏公遷曰：「知行兼備，體用具全，綱領條目，功夫效驗，莫不殫舉，無如此章。又按，對小子之學而言，則此爲大人之學。通四書其餘諸章而言，則惟入孝出弟爲小子之學，餘則皆爲大人之學也。」

右經一章，蓋孔子之言，而曾子述之。凡二百五字。○《通考》程氏復心曰：「此一章特發爲人爲己之學，開示學者生死路頭，其意切矣。」○東陽許氏曰：「明明德、新民、止至善，及兩言八條目，共四十三字，先王立學教人之法，餘皆孔子發明之言。看三『在』字及『古之』字可見。」其傳去聲。十章，則曾子之意，而門人記之也。蓋字，疑辭。則字，決辭。舊本頗有錯簡，今因程子所定而更考經文，別彼列反。爲序次如左。凡一千五百四十六字。《通考》張氏師曾曰：「更，互也，即《或問》所謂『以經統傳，以傳附經』。別，分也，即《或問》所謂『則其次第可知』。」凡傳文雜引經傳，若無統紀，然文理接續，血脉貫通，深淺始終，至爲精密。《通考》韓氏古遺曰：「格致爲誠之始，誠爲格致之終。誠爲正之始，正爲誠之終。正爲脩之始，脩爲正之終。齊爲治之始，治爲齊之終。治爲平之始，平爲治之終。合而言之，自格致至平天下，爲大始終。觀經文六箇欲字，一箇在字，六箇先字，七箇后字，傳文六箇在字，一箇極字，則終始不盡釋者。又觀若無統紀，深淺始終處，即是文理接續，血脉貫通處。」熟讀詳味，久當見之，今不盡釋也。新安陳氏曰：「傳十章，朱子有不盡釋處。然其不可不知者，未嘗不釋也。學者於其所釋者熟讀精思，則其不盡釋者自當得之矣。」《附纂》韓古遺云：「人讀《大學》而不知『血脉貫通，深淺始終，至爲精密』，未爲之讀《大學》，故今一一附以示學者。」

《康誥》曰：「克明德。」

《康誥》，《周書》。克，能也。朱子曰：「此克字雖訓能，然比能字有力，見人皆有是明德而不能明，惟文王能明之。克只是真箇會底意。」○西山真氏曰：「要切處在克之一字。」○新安陳氏曰：「《康誥》本文云：『克明德，慎罰。』此只取上三字，下文引《太甲》『顧諟天之明命』，亦去『先王』字，皆引經之活法。」○東陽許氏曰：「《康誥》者，周武王封弟康叔於衛而告之之書。克明德，言文王之能明其德也，引之解明德。克字有力，明字即上明字，德字包明德字。」《附纂》黄氏洵饒曰：「克明德始。」○《通考》吴氏季子曰：「先引《周書》，次引《商書》，末引《虞書》者，《周書》統言之，《商書》原其始，《虞書》要其終也。聞之師曰：德無昏明，人有能否。大抵心之虛靈瑩徹者，與生俱生，不爲賢智而有餘，不爲愚不肖而不足，是果孰爲昏而孰爲明哉？惟其立心之或勤或怠，用力之或淺或深，進道之或敏或鈍，殆不可以一律齊，而後昏明判矣。《康誥》所謂克明德者，明則衆人之所同，克則文王之所獨。蓋人不能而己能之，斯謂之克，如『克寬克仁』、『克長克君』是也。夫文王之德之純，既不梏於氣稟之偏，象天清明，復不牽於物欲之蔽，用能明其明德，而非他人之所可及也。《大學》言此，蓋謂人之欲明其明德者，必如文王，而後能事畢矣。」附《蒙引》：克止是能也，《語録》、《或問》皆説得克字太重，而與《章句》有不同，蓋《章句》是後來所脩改，其説又較平實。

《太甲》曰：「顧諟天之明命。」大，讀作泰。諟，古是字。

《太甲》，《商書》。顧，謂常目在之也。朱子曰：「常目在之，古註語，極好，如一物在此，惟恐人偷去，兩眼常常覷在此相似。」附《蒙引》：常目在之，目字當緊帶著在字讀，莫以帶常字讀，乃是箇活字也。諟，猶此也，從古是字之説。或曰審也。《廣韻》註也，今不必從。天之明命，即天之所以與我，而我之所以爲德者也。常目在之，則無時不明矣。朱子曰：「上下文都説明德，這裏却説明命。蓋天之所以與我，便是明命，我所得以爲性者，便是明德。命與德，皆以明言，是這箇物本自光明，我自昏蔽了他。」○顧諟者，只是長存此心，知得有這道理，光明不昧。方其未接物，此理固湛然清明，及其遇事應接，此理亦隨處發見。只要常提撕省察，念念不忘，存養久之，則道理愈明，雖欲忘之而不可得矣。○只是見得道理長在目前，不被事物遮障了，不成是有一物可見其形象。○雙峰饒氏曰：「静存動察皆是顧。其静也，聽於無聲，視於無形，戒謹不睹，恐懼不聞；其動也，即物觀理，隨事度宜，於事親見其當孝，於事兄見其當弟，此之謂常目在之。」○玉溪盧氏曰：「天之明命，即明德之本原。自我之得乎天者言，曰明德；自天之與我者言，曰明命。名雖異而理則一，日用動静語默之閒，孰非明德之發見，亦孰非明命之流行？日用動静語默之閒，孰非顧諟明命之所，亦孰非明明德之所？」○新安吴氏曰：「言德則命在其中，故釋明德曰『人之所得乎天』；言命則德在其中，故釋明命曰『天之所以與我，而我之所以爲德』。」○新安陳氏曰：「傳引《康誥》、《帝典》之克明，皆釋上一明字，乃明之之明。而明德之本體，則未嘗説破，惟以『顧諟天之明命』言之。蓋明命即明德之本原，顧諟即明之之工夫也，貫天命己德而一之。《或問》謂天未始不爲人，人未始不爲天，可謂精矣。子思言天命之謂性，其亦祖述此意也歟！」○東陽許氏曰：「顧諟，動静皆顧，一息之頃、一事之毫末，放過便不是顧天之明命。雖是就付與我處言，然此明命即是萬物之理在裏面，故於應事處才有照管不到，便暗損了此明命。」《附纂》：明命深。○此明命字，就明德言。○吴氏季子曰：「德之本明，而不可以不明者，是固然矣。抑明之之功，又當何所先耶？曰敬是也。蓋敬則一，不敬則二；敬則專，不敬則雜；敬則不東以西，不南以北，常如天理之在目前，不敬則心不在焉，視而不見者多矣。此章之所謂敬者何哉？顧諟而已矣。《書》之《太甲》曰『先王顧諟天之明命』，此伊尹稱湯之事以教太甲者。漢儒釋顧諟二字，以爲常目在之也。常目在之，非敬而何？夫明德之在人，豈由外鑠我哉？有生之初，天固以此明德而畀付之矣。其畀付之者，即命也。故不謂之明德，而謂之明命。奉承此命，而存養此明者，當何如？朝於斯，夕於斯，立則見其參於前也，在輿則見其倚於衡也。夫然後目擊道存，而所以明明德者，不敢不用其力。蓋不如是，則懼墜天之明命，而失其畀付之初意也。」

《帝典》曰：「克明峻德。」峻，《書》作俊。

《帝典》，《堯典》，《虞書》。峻，大也。新安陳氏曰：「明德，以此德本體之明言；峻德，以此德全體之大言。一也，德之全體，本無限量。克明之，是盡己之性，通貫明徹，無有不明處，而全體皆明也。」《附纂》：克明峻德終。○深。○文理接續處。○明明德，止於至善。○吳氏季子曰：「堯之德，自『欽明文思』而充之，至於『光被四表，格於上下』。《虞書》紀之曰『克明俊德』，《大學》引之則曰『克明峻德』。峻者，高大之義。今以『光被四表，格於上下』而觀之，則高大可想矣。謂之峻也，不亦宜乎？是德也，人皆有之，惟堯則峻耳。『巍巍乎！惟天爲大，惟堯則之。蕩蕩乎！民無能名焉。』非《大學》之極功，何以至於此？雖然，克明其德而至於峻，亦豈於性分之外，有所增益哉？是德之天，本自高明，本自光大。堯惟因其高明而推之，以極於高明；因其光大而廣之，以極於光大，如是而已。人能以至善爲準，以不敢自足爲心，孜孜焉求以明之，必至於峻而後止，自然日進於高明光大之域。是堯而已矣。」附《蒙引》：或以峻德爲「光被四表，格於上下」者，非也。蓋明峻德，只就帝堯一身言，乃至誠無息處，光四表，格上下，則是徵則悠遠以后事。故《帝典》於明峻德之下，方説親睦九族，平章百姓，協和萬邦。今之言明峻德者，只可説其德之明，有以盡夫天理之極，而無一毫人欲之私，却是正意。若説出外，便是新民境界矣。

皆自明也。

結所引書皆言自明己德之意。雙峰饒氏曰：「引三書，先後不倫，取其辭意，不以人代之先後拘。後凡引《詩》、《書》，皆當以此例之。」○玉溪盧氏曰：「自明是『爲仁由己，而由人乎哉』之意。明者是自明，昏亦是自昏。玩一自字，使人警省。要而言之，克明德，是自明之始事；克明峻德，是自明之終事。顧諟明命之句在中間，是自明工夫。此章雜引三書，而斷以一言，其文理血脉之精密如此。」○東陽許氏曰：「第一節平説明明德，第二節是明之之功。學者全當法此而用功。第三節言明其德以至於大，此明明德之極功。皆自明也，雖結上文，自字有力，明德須是自去明之方可。」○臨川吳氏曰：「此章《康誥》言文王之獨能明其明德以明人，當求所以克明其德，發明明德之端也；《太甲》承上文，言欲求所以克明其德者，必常目在乎天所以與我之明德，示明明德之方也；《帝典》承上文，言能常目在天之所以與我之明德而明之，則是能如堯之克明其大德矣，著明明德之效也。而又結之曰此皆自明之事也，蓋自明者，所以自新，使民皆有以明其明德者，所以新民；然欲使民皆有以明其明德而新民，必先有以自明而自新，故以自明二字結上文明德之傳，而起下章《盤銘》自新之意。」《通考》東陽許氏曰：「太甲，湯孫之名。湯崩，太甲立，不明，伊尹作書以告之，史官題曰《太甲》。顧諟天之明命，言湯之德也，亦引之釋明明德。《帝典》即《堯典》。克明俊德，史官贊堯之德，亦引釋明明德。俊德即明德。」〇吴氏季子曰：「合三書而論，雖其旨不同，要皆自明其德耳。蓋天下之理已昏，昏者不能使人之昭昭，而新民之功，必自吾之明德始。苟反之吾身，猶未能使本心之德瑩徹光明，則雖欲天下之人各明其德，胡可得哉？故《大學》之教，必以自明爲先務，自明則能明民矣。傳《大學》者，引三書而斷之以『皆自明』之一語，不亦深切而著明矣乎？」附《蒙引》：著此一句，以別新民。小註以「爲仁由己」釋之，本文無此意。觀《章句》「己德」二字，尤可見。〇《存疑》：觀乎「顧諟」之言，格致誠正之功，思過半矣。觀乎「克明峻德」之言，止至善之旨，亦可默會矣。其詞雖若錯舉，而先後次第亦有不容易者。

右傳之首章。釋明明德。

此通下三章至「止於信」，舊本誤在「没世不忘」之下。

湯之《盤銘》曰：「苟日新，日日新，又日新。」

盤，沐浴之盤也。新定邵氏曰：「日日盥頮，人所同也。日日沐浴，恐未必然。《内則》篇記子事父母，不過五日燂湯請浴，三日具沐而已。斯銘也，其殆刻之盥頮之盤歟？」〇雲峰胡氏曰：「沐浴之盤，本孔註，邵説雖無關於日新大旨，然於盤字或有小補云。」銘，名其器以自警之辭也。附《蒙引》：名猶表也，墓誌銘之銘義亦如此，非名字之名也。苟，誠也。《論語》「苟志於仁」，苟亦訓誠。湯以人之洗濯其心以去上聲。下同。惡，如沐浴其身以去垢，故銘其盤。言誠能一日有以滌其舊染之汚而自新，則當因其已新者而日日新之，又日新之，不可略有間去聲。斷徒玩反。

也。問：「《盤銘》見於何書？」朱子曰：「只見於《大學》。緊要在一苟字。首句是爲學入頭處，誠能日新，則下兩句工夫方能接續做去。今學者却不去苟字上著工夫。」〇「苟日新」，新是對舊染之污而言。「日日新，又日新」，只是要常常如此，無閒斷也。〇西山真氏曰：「身有垢，皆知沐浴以去之。心者，神明之舍，乃甘爲私欲所污，是以形體爲重，心性爲輕也，豈不謬哉？」〇雙峰饒氏曰：「所新雖在民，作而新之之機實在我。故自新爲新民之本，我之自新有息，則彼之作新亦息矣。所以釋新民先言自新，相關之機蓋如此。」〇雲峰胡氏曰：「《盤銘》三句，苟字是志意誠確於其始，又字是工夫接續於其終。」〇新安陳氏曰：「德日新之蘊，自仲虺發之，湯采之爲此銘，伊尹又本之以告太甲曰：『惟新厥德，終始惟一，時乃日新。』説者謂孟子所言萊朱即仲虺，與斯道之傳者也。明明德爲體，新民爲用，體用元不相離。故於平天下以『明明德於天下』爲言，由體而達於用，同一明也；於新民之端以日新又新爲言，因用而原其體，同一新也。移明己德之明字以言明民德，又移新民之新字以言新己德，體用之不相離可見矣。」《附纂》黄氏洵饒曰：「『日日新，又日新』是至爲精密處。」〇吴氏季子曰：「新之一字，其進德之機括歟！其作聖之途轍歟！處己者不如此，則於明德有遺憾；處人者不如此，則於新民有餘愧。皆非止於至善也。新者何？遷善改過曰新，去穢養華曰新，日異而月不同，月異而歲不同曰新。湯以齊聖之君，稟聰明之德，若無俟乎新也。今則不然。聖惟恐其不益聖，明惟恐其不益明，提撕省察之功，殆無一息之閒斷，猶懼其久而忘也。沐浴之盤，蓋所常御，取而銘焉。九字森嚴，凜乎若父師之臨其上，而日教詔之也。其曰『苟日新，日日新，又日新』者，蓋謂苟能日新，則當日日新之，又日新之，頃刻不新，則非矣。必持之以日日之常，今日新之，猶昨日之用功也；明日新之，猶今日之致力也，善念相繼，循環不窮，而後此德常新矣。《大學》以湯之事教人誠以自新者，新民之本也。果能自新矣，推之天下國家，則必能洗濯積習之汙，迓續方來之善，薄者使之厚，漓者使之淳，濁者使之清，穢者使之潔矣。」附《蒙引》：苟，誠也。誠字最重。此與《論語》「苟志於仁」苟字一般。苟日新者，一日之新也。日日新者，不止一日之新，須是接續新去也。又日新者，言其日新之功，自此更無一日之或息，又深於日日新也。〇《存疑》：看來新民工夫，自新蓋居其半。《或問》説新民兼化之處之二事，自新則是化之也，故傳者釋齊家治國平天下，俱離不得此身，良有以也。

《康誥》曰：「作新民。」

鼓之舞之之謂作，言振起其自新之民也。朱子曰：「鼓之舞之，如擊鼓然，自然能使人跳舞踊躍。上之人之於民，時時提撕警發之，則下之觀瞻感化，各自有以興起同然之善心，而不能自已耳。」○陳氏曰：「自新之民，已能改過遷善，又從而鼓舞振作之，使之亹亹不能自已，是作其自新之民也。此正新民用工夫處。」○雲峰胡氏曰：「前言顧諟，是時時提撕警覺其在我者；此所謂作，是時時提撕警覺其在民者也。」○新安倪氏曰：「《易・繫辭》云：『鼓之舞之，以盡神。』摘此四字，以釋作字。振起之，即孟子稱堯勞來匡直輔翼，使自得之，又從而振德之之意。」○東陽許氏曰：「第二節章句，以新民爲自新之民。蓋民心皆有此善，才善心發見，便是自新之機，因其欲新而鼓舞之。作字是前新字意。」《通考》東陽許氏曰：「新民工夫，只是推充、感化兩事。明明德於上，則感而自新。又因其自新之機，推其有餘，而引導勸誘之，則民德日新。」○黄氏洵饒曰：「『作新民』精密。井田學校，作之之具；《孟子》放勳勞來匡直，作之之術。新民，止於至善。」附《蒙引》：新字連民言，自新之民也。蓋商之民，染紂之汙俗已深，至武王布以維新之化，民亦皆有自新之機矣。但在上者未有振作而成就之，則亦未便能濯然一新耳。故武王於康叔之衛告之云云。○按，《或問》及書傳皆以爲作新乎民，惟《章句》以爲作其自新之民。蓋《或問》是舊説，《章句》是後來所删定，當以《章句》爲正。○鼓之，即所以舞之也。○《存疑》：《蒙引》曰「自新之民用不得匡直字」，愚謂自新亦方有自新之機爾。要之克己最難。凡民安得都無邪曲者乎？匡直似無妨。

《詩》曰：「周雖舊邦，其命維新。」

《詩》，《大雅・文王》之篇。言周國雖舊，至於文王，能新其德以及於民，此是推本説。**而始受天命也。**始字，貼新字。○朱子曰：「是新民之極，和天命也新。」○北溪陳氏曰：「三節有次第。《盤銘》言新民之本，《康誥》言新民之事，《文王》詩言新民成效之極。」○雙峰饒氏曰：「明命，是初頭稟受底，以理言；命新，是末梢膺受底，以位言。要之只是一箇，天下無性外之物。」○東陽許氏曰：「第三節言文王明明德而及於民，政教日新，初受天命。」《通考》吴氏季子曰：「文王興於岐山，以豳郃千餘年之國一變而新之，地不改辟也，民不改聚也，而聖德彰聞，天休滋至，近悅遠來，三分天下有其二。周之氣象煥然，非復后稷、公劉之舊矣。故詩人美之曰『周雖舊邦，其命維新』，是二者皆自新之效也。使學《大學》者無愧於湯之日新，則《康誥》之作新民，周詩之新舊邦，特分內事耳。大抵上之人有以自新，而後下之人與之俱新。自新者，不過一己之善而已。至於俱新，則是存神過化，綏來動和之域，非天下之至善，孰能與於此？君子無所不用其極，其謂是歟？」○黃氏洵饒曰：「其命維新，此一命，命以天下。文王明明德、新民之事，當於二《南》考之。」❶附《蒙引》：大抵論湯、文之德，則皆是自新、新民而各用其極者，固無淺深。但據所引之詞，則略有淺深。蓋是《大學》傳文之體，所謂「深淺始終，至爲精密」者云爾。

是故君子無所不用其極。

自新、新民，皆欲止於至善也。 朱子曰：「明明德，便要如湯之日新；新民，便要如文王之『周雖舊邦，其命維新』，各求止於至善之地而後已也。」○玉溪盧氏曰：「前言止至善，此言用其極，二義互相發。止則不紛紛擾擾矣，用則非槁木死灰矣。」○雲峰胡氏曰：「上章釋明明德，故此章之首曰日新又新，所以承上章之意。下章釋止於至善，故此章之末曰『無所不用其極』，又所以開下章之端。義理接續，血脉貫通，此亦可見。」○臨川吴氏曰：「此章《盤銘》承上章，言自明者所以自新，而欲新民者必先自新，是發新民之端也；《康誥》承上文，言自新既至，則可推以作興自新之民，示新民之方也；《文王》詩承上文，言既能自新而推以新民，則民德皆新，而天命亦新，著新民之效也。《盤銘》言自新，《康誥》言新民，《文王》詩自新新民之極也。極，即至善之云也。用其極者，求其止於是之謂也。故以『用其極』結上文自新新民之義，而起下章所止之説也。」附《蒙引》：此君子泛言，或以爲指湯、武、文王者，

❶「之」下，原衍「續」字，今據哈佛本删。

非也。

右傳之二章。釋新民。東陽許氏曰：「此章釋新民，而章内五新字，皆非新民之新。《盤銘》以自新言，《康誥》以民之自新言，《詩》以天命之新言。然新民之意，却只於中可見。」《附纂》黄氏洵饒曰：「不用其極，極字，即下章之至善，所謂『文理接續』也。」〇景氏星曰：「用其極者，即所謂止於至善也。能止，然後能用。《章句》『皆欲』二字，正貼『無所不』三字。然新民之意，却在作字上，學者宜熟玩。」

《詩》云：「邦畿千里，惟民所止。」《通考》吴氏程曰：「畿，音祈，與圻同。」

《詩》，《商頌·玄鳥》之篇。邦畿，王者之都也。止，居也。言物各有所當止之處也。新安陳氏曰：「引《詩》，謂邦畿爲民所止之處，以比事物各有所當止之處，且汎説止字。」〇東陽許氏曰：「王者所居，地方千里，謂之王畿。居天下之中，四方之人環視内向，皆欲歸止於其地，猶事有至善之理，人當止之也。」《通考》吴氏季子曰：「古者方千里曰王畿。蓋自東而西，自南而北，皆千里也。千里之内爲畿，是維衣冠禮樂之所萃，聲名文物之所都，爲鈞天帝居之尊，非復陋邦僻壤之比。農願耕於其野，商願出於其塗，賈願藏於其市，咸曰『此吾所當止之地也』，豈不猶《大學》之止於至善乎？」附《蒙引》：首節言物各有所當止，二節言人當知夫物之所止者而止之，三節舉聖人能止其所當止之實，以示人所當止之則也。《章句》物字所該者廣，自君臣父子以至於動静語默之類，皆有所當止之至善，語其綱，則曰明德新民耳。〇「惟民所止」之止，止居之止也。「物各有所當止」之止，止至善也。借彼之詞，寓此之意。

《詩》云：「緡蠻黄鳥，止于丘隅。」子曰：「於止，知其所止，可以人而不如鳥乎！」緡，《詩》作綿。

《詩》，《小雅·緡蠻》之篇。緡蠻，鳥聲。丘隅，岑鋤林反。蔚紆弗反。之處。岑、蔚二字，本古註。〇北溪陳氏曰：「土高曰丘。隅，謂丘之一角峻處。山岑高而木森蔚，所謂林茂鳥知歸也。」「子曰」以下，孔子説《詩》之辭，言人當知所當止之處也。雲峰胡氏曰：「此傳不特釋止至善，并知止至能得皆釋之。故首引孔子之言曰知其所止，而《章句》於下文亦以知其所止與所以得止至善之由言之。」○新安陳氏曰：「此比人當知所止，重在知字。」《附纂》黄氏洵饒曰：「『邦畿千里』一節，此是説淺處，乃天理之本然也。『可以人而不如鳥乎』一節之意，此是説深處，乃人事之當然也。示人以天道之本然，使之盡人道之當然也。」附《蒙引》：言人當知所當止之處，此知字兼能得意。胡氏以對能得言，恐太泥。如在黄鳥，只云「於止，知其所止」，便是能得所止了。不成黄鳥此時只是知所止，而猶未能得所止也。

《詩》云：「穆穆文王，於緝熙敬止！」爲人君，止於仁；爲人臣，止於敬；爲人子，止於孝；爲人父，止於慈；與國人交，止於信。

「於緝」之於，音烏。

《詩》《文王》之篇。穆穆，深遠之意。以德容言。《通考》吴氏程曰：「深遠，無淺露迫切之意。」於，歎美辭。緝，繼續也。熙，光明也。緝，不容已之誠也。熙，不容掩之明也。敬止，言其無不敬而安所止也。朱子曰：「緝熙是工夫，敬止是功效。」○西山真氏曰：「敬止之敬，舉全體言，無不敬之敬也；爲人臣，止於敬，專指敬君言，敬之一事也。文王之敬，包得仁、敬、孝、慈、信。」○新安陳氏曰：「安字，見文王安行之氣象，非勉焉用力之比。」《通考》張氏彭老曰：「上一箇止字，是萬事體統此止也；下五箇止字，是一事各具一止也。」○黄氏洵饒曰：「於緝熙敬止，此是又深處，統言德常明也。又曰『爲人子，止於孝』，不先父而先子，何也？父雖不慈，子不可以不孝，故先言子也。又曰安所止者，聖君之事；欽厥止者，賢君之事也。」引此而言聖人之止，無非至善，五者乃其目之大者也。學者於此，究其精微之藴，委粉、於問二反。而又推類以盡其餘，則於天下之事皆有以知其所止而無疑矣。朱子曰：「爲人君，止於仁，仁亦有幾多般，須隨處看，這一事合當如此是仁，那一事又合當如彼是仁。爲人臣，止於敬，敬亦有多少般，不可止道擎跽曲拳是敬。如陳善閉邪，納君無過，皆是敬。若止執一，便偏了，安得謂之至善？」〇節齋蔡氏曰：「緝熙敬止者，所以爲止至善之本。仁、敬、孝、慈、信，所以爲止至善之目。」〇西山真氏曰：「理之淺近處易見，而精微處難知，若只得其皮膚，便以未善爲已善，須窮究至精微處。推類者，此説君臣父子而已，夫婦則止於有別，長幼則止於有序，廣而推之，萬事萬物，莫不各有當止處也。」〇雲峰胡氏曰：「仁、敬、孝、慈、信五者，人所當止，莫大於此，故當於此五者之中，究其精微之藴。人所當止，不盡於此，故又當於五者之外，推類以盡其餘。」〇新安陳氏曰：「『學者於此』以下，乃朱子推廣傳文言外之意。」《通考》東陽許氏曰：「朱子註《文王》之詩，『緝續熙明，亦不已之意』，『言穆穆然文王之德，不已其敬如此』。精是明白之至理，指五事而言；微是五事中纖悉之事，及每事之閒曲折隱微處。推類以盡其餘，推君臣國人父子之類，而知其餘有夫婦兄弟之倫；推仁敬之類，知其餘有夫義婦順兄友弟恭之則；又推凡天下萬物衆事，亦莫不有至善之所在。」〇吴氏季子曰：「此段專釋止至善之義。所引三詩，言學者之不可不知止也。仁、敬、孝、慈、信，乃其所當止之則耳。黄鳥，一名搏黍，禽之至微者也。《綿蠻》之詩，因是而比興焉。相彼鳥矣，載飛載鳴，止於棘，未安也，集於桑，未善也。顧瞻丘隅，厥有美蔭，華蘿之所不擾，彈射之所不驚，實爲可止息之地，乃托之以棲其身。世之學者顧不能止於至善，則是其形雖人，而智不逮於微禽也。夫子説《詩》，寧不爲之浩歎乎？邦畿之止，以民而言；丘隅之止，借物爲喻。靈於物而秀於民者，宜何如哉！論明德，則必極其明，不極其明，不止也；論新民，則必極其新，不極其新，不止也。否則反有愧於民物矣。士之於賢，賢之於聖，其分量至不侔也。語其知，則有生知、學知、困知之殊；語其行，則有安行、利行、勉行之異。由聖人而視士之學，又奚啻相十百而相千萬哉？然聖人於此，猶不以聖自居，必求其可止而後止，則夫未至於聖人者，無可止之日矣。古昔文王，以聖德受天命，一陟一降，在帝左右，則與天爲徒矣；一周一旋，動應規矩，則不勉而中矣，又何待於脩爲哉？文王不然。方且運純亦不已之誠，勵勤用明德之志，其學汲汲，而無一息之自安；其心翼翼，而無一念之少忽。詩人美之曰『緝熙敬止』。緝者，如絲之緒，愈續而愈長；熙者，如火之光，愈熾而愈烈。由始而中，由中而終，此敬無窮已也；由少而壯，由壯而老，此敬無間斷也。文王之所以持此敬者，果何爲哉？亦曰：明德新民之事業，自有當止而不容不止者，於緝熙殫厥心，所以求至善之地而止之也。聖人且爾，況其下者乎！士而懵於知止，則終不足以望聖人矣。《大學》之教，爲天子之元子、衆子，公侯、卿大夫之適子，與凡國之俊秀設也。上焉固未及於聖人，下焉則已異於民物。傳《大學》者，曉之以民物之情，而責之以聖人之事，其待後學何厚乎！雖然，教人知止之方，則必示人所止之地。仁者，君之所止也，不博施濟衆，則君道爲未全；敬者，臣之所止也，不事君盡禮，則臣道爲未盡；孝者，子之所止也，不先意承志，則子道之虧欠亦大矣。以至爲人父而不慈，則爲賊恩，是不知父道之所止也；與人交而不信，則爲賣友，是不知交道之所止也。所止之地，乃仁之至，義之盡，極天下之善，不能加毫末於此。止也者，其明德新民之標的，而大學之終事乎！等而上之，爲緝熙之止者，此理也；推而下之，爲邦畿之止，爲丘隅之止者，亦此理也。天下之理，散見於萬事者，莫不各有所止。《大學》特舉君臣、父子與朋友之交，以例其餘耳。文公曰：『止是事事各有箇止處。坐如尸，坐時止也；立如齊，立時止也。』又曰：『君使臣以禮，臣事君以忠，君與臣是所止之處，禮與忠是所止之善，如視思明、聽思聰、色思温、貌思恭之類，莫不皆然。』觀此，則止善之事，固不待仁、敬、孝、慈、信也。」附《蒙引》：「緝熙」只是常意，故《詩傳》云「緝，繼。熙，明。亦不已之意」，又云「不已其敬」也。此可見四字連爲一意。但止字則不依《詩》，斷章取義也。○「緝熙敬止」四字，依《或問》云：「聖人之心，表裏洞然，無有一毫之蔽，故連續光明，自無不敬，而所止者莫非至善，不待知所止而後得所止也。」據此，則朱子小註所謂「緝熙是工夫，敬止是功效」者，不必從矣。蓋此四字，都是以成德時言也。○繼續光明，言其心常明也。○《存疑》：繼續光明，所謂繼明德也。無不敬而安其所止，緝熙之實也。下五事又敬止之實。○仁、敬、孝、慈、信，乃敬止之目，每句内都要見得敬止意。或曰：「仁、孝、慈、信，如何見得敬意？」曰：「敬徹表裏，貫動静，該萬事，豈有父子君臣朋友臨民而非敬乎？故湯曰聖敬，文曰敬止，堯曰欽明，舜曰温恭，數聖人之德，皆是以敬言之。」○《蒙引》：文王「視民如傷」、「仕者世禄」之類，可見其爲君止仁；三分有二，以服事殷，可見其爲臣止敬；一日三朝，雞鳴問寢，可見其爲子止孝；如教育武，周，皆至於德爲聖人，而稱天下之達孝，可見其爲父止慈；如治岐之時，耕者九一，關市譏而不征之類，信以守之，終始不移，斯又可見其與國人交止於信也。○此一節，須以文王事言，所以實敬止之義也，故不曰與朋友交。近時不主文王説者，殊無謂。

《詩》云：「瞻彼淇澳，菉竹猗猗。有斐君子，如切如磋，如琢如磨。瑟兮僩兮，赫兮喧兮。有斐君子，終不可諠兮！」「如切如磋」者，道學也；「如琢如磨」者，自脩也；「瑟兮僩兮」者，恂慄也；「赫兮喧兮」者，威儀也；「有斐君子，終不可諠兮」者，道盛德至善，民之不能忘也。澳，於六反。菉，《詩》作綠。猗，叶韻音阿。僩，下版反。喧，《詩》作咺。諠，《詩》作諼。並況晚反。恂，鄭氏讀作峻。○《通考》吴氏程曰：「喧諠，並可晚反。上從《詩》，則況晚反，音義並與咺同。下音萱，協韻作況晚反。」

《詩》，《衛風·淇澳》之篇。淇，水名。澳，隈烏目反。也。猗猗，美盛貌。興去聲。也。新安陳氏曰：「此於《詩》之大義屬興，借淇竹起興，以美衛武公有文之君子也。」斐，文貌。雙峰饒氏曰：「有斐，是説做成君子之人，所以斐然有文者，其初自切磋琢磨中來也。」切以刀鋸，居御反。琢以椎直追反。鑿，皆裁物使成形質也。磋以鑢音慮。鍚，他浪反。《通考》○吴氏程曰：「鑢，錯也，即磋石。鍚，治木器。磨以沙石，皆治物使其滑澤也。治骨角者，既切而復扶又反。下同。磋之。治玉石者，既琢而復磨之。皆言其治之有緒，而益致其精也。切與琢，是治之有端緒；磋與磨，是益致其精細。瑟，嚴密之貌。僩，武毅之貌。嚴密，不麤疎也。武毅，不怠弛也。○東陽許氏曰：「嚴密是嚴厲縝密，武毅是剛武彊毅。以恂慄釋瑟僩，而朱子謂恂慄者嚴敬存乎中，金仁山謂所守者嚴密，所養者剛毅。嚴密是不麤疎，武毅是不頹惰。以此展轉體認，則瑟僩之義可見。」赫喧，宣著盛大之貌。雙峰饒氏曰：「宣著，釋赫字；盛大，釋喧字。」諠，忘也。道，言也。學，謂講習討論之事。自脩者，省星，上聲。察克治之功。新安陳氏曰：「學所以致知，知視行爲易，故以切磋比之，治骨角猶易於治玉石也。自脩所以力行，行視知爲難，故以琢磨比之，治玉石則難於治骨角矣。」《通考》東陽許氏曰：「講習討論，既講之，又重習之，復討論之，言之轉密。省是内自警省，察是密察精詳，此求己有未善也。克者勝去，治者平之，此去其不善以從善也。」○黄氏洵饒曰：「道學，格物致知也。自脩，誠意、正心、脩身也。」又曰：「講習討論，始條理之事，知也；省察克治，終條理之事，行也。」又曰：「講習討論言格物致知，省察言誠意，克治言正心脩身。」恂慄，戰懼也。戰懼之意嚴於中。威，可畏也。儀，可象也。西山真氏曰：「威者，正衣冠，尊瞻視，儼然人望而畏之，非徒事嚴猛而已。儀者，動容周旋中禮，非徒事容飾而已。」○蛟峰方氏曰：「瑟是工夫細密，僩是工夫强毅，恂慄是兢兢業業。惟其兢業戒懼，所以工夫精密而强毅。」○新安陳氏曰：「有威而可畏謂之威，有儀而可象謂之儀。本《左傳》語。威儀之美形於外。」《附纂》黄氏洵饒曰：「道盛德至善，見得新民在明德中。欲盡人道之當然，必如此，見得言綱領而條目在其中。末又説新民，此是至爲精密處。德以理之得於心言，善以理之見於事言。」引《詩》而釋之，以明此明字，謂發明。明明德者之止於至善。道學、自脩，言其所以得之之由。恂慄、威儀，言其德容表裏之盛。恂慄在裏，德也。威儀見於表，容也。卒乃指其實謂盛德至善。而歎美之也。朱子曰：「切而不磋，未到至善處。琢而不磨，亦未到至善處。瑟兮僩兮，則誠敬存於中矣。未至於『赫兮喧兮』，威儀輝光著見於外，亦未爲至善。至於『民之不能忘』，若非十分至善，何以使民久而不能忘？」○玉溪盧氏曰：「切磋，則知至善之所止；琢磨，則得至善之所止。恂慄，見至善之德脩於中；威儀，見至善之容著於外。德容表裏之盛，一至善耳。卒指至善之實，非盛德之外有至善，亦非明德之外有盛德也。」○新安吴氏曰：「理在事物，則爲至善。身體此理而有所得，則爲盛德。如君之至善是仁，能極其仁，即君之盛德也。明德是得於稟賦之初者，盛德是得於踐履之後者，亦只一理而已。」○新安陳氏曰：「此章釋止至善，亦有釋知止能得之意。於止知其所止，知止也。引《淇澳》而釋之學與自脩，言明明德所以得止至善之由；恂慄威儀，盛德至善，指其得止至善之實；民不能忘，已開新民得止至善之端，下文方極言之耳。《章句》『所以得之』之得字，正與經文『能得』之得字相照應。」○東陽許氏曰：「此節工夫，全在切磋琢磨四字上。《章句》謂治之有緒，而益致其精，治之有緒，謂先切琢而後可以磋磨，循序而進，工夫不亂；益致其精，謂既切琢而又須磋磨，求其極至，工夫不輟。切磋以喻學，是就知上説止至善，講習討論，窮究事物之理，自淺以至深，自表以至裹，直究至其極處；琢磨，是就行上説止至善，謂脩行者省察克治，至於私欲浄盡，天理流行，直行至極處。『瑟兮僩兮』謂恂慄，是德存於中者完；『赫兮喧兮』謂威儀，是德見於外者著。」《通考》吴氏季子曰：「淇澳者，衛淇水之濱也。菉竹者，淇澳所産之物也。竹之爲物，在在有之，而淇園之竹名天下，則以土地所生，風氣所宜，特異於他處也。猗猗者，豐美之貌。詩人假此以形容衛武公之德，彰著而不可揜者如此。要其彰著而不可揜，則未嘗無所本也。譬之骨角，必既切而復磋之，極其滑澤然後已；譬之玉石，必既琢而復磨之，極其精細然後已。蓋日積月累之功，非一朝一夕所能辦也。迨夫嚴密之貌瑟然，武毅之貌僩然，而誠敬存於中；宣著之象赫然，盛大之象喧然，而光輝見於外。則其出處語默之閒，動容周旋之際，自覺斐然成章，可觀可度，使當世之人，近之則不能捨，遠之則不能忘，斯可見其德之盛，善之至，而有以爲新民之地矣。吾觀武公年九十餘，猶日敕其臣以箴儆己之過失，則其切磋琢磨者可知矣。如《抑》之一詩，既曰『敬謹威儀，維民之則』，又曰『温温恭人，維德之基』，則瑟僩赫喧者可想矣。迨其没也，國人思之，而極其尊稱曰睿聖武公。所謂『有斐君子，終不可諠兮』，信乎不可誣也！上段既引《玄鳥》、《綿蠻》、《文王》三詩，以明學者之不可不知止；此段乃援《淇澳》、《烈文》二詩，以明得其所止之效也。《淇澳》所言，以明德之極，而原新民之始；《烈文》所言者，以新民之極，而要明德之終。《大學》迭引之以互相發明耳。」附《存疑》：《章句》：「瑟，嚴密也。」嚴即「其嚴乎」之嚴，訓畏。密是謹密不疎略也。嚴密，嚴而且密也。要之只是敬而不息。若有息，則疎略而不密矣。僩，武毅也。武，勇力也，故曰「孔武有力」。毅，不息也，故曰非毅無以致遠。武毅，武而且毅也。人心何以見武毅？强以勝欲便是武，不息即毅也。觀《易》「君子自强」，「自勝之謂强」意可見。○問：「瑟兮僩兮，分釋則曰嚴密武毅，總釋則曰戰懼。」曰：「嚴敬之存於中，何也？曰：嚴密以用心於去欲言，武毅以其能勝欲言，要知只是一個敬，然有始終之分。」○《蒙引》：《章句》曰：「赫喧，宣著盛大之貌。」饒氏分解：「赫，宣著貌；喧，盛大貌。」而《詩傳》却解喧爲宣著。可見饒氏之穿鑿。按，「赫赫師尹」，赫赫於盛大義尤近，不必分者爲是。○《章句》於恂慄，則合解曰「戰懼也」，於威儀，則分解曰「威，可畏也。儀，可象也」，則恂慄二字，便當合看，如敬謹之意，斷不可分貼。○先有是嚴敬存於中，後方有是輝光著於外。此二句雖均是得之之驗，然自有先後表裏之別。○《或問》以恂慄、威儀爲得之之驗，看來亦不必把作效驗看。何也？嚴敬存於中，若以爲是盛德至善之效驗，則君子盛德至善之實事，又果何在？蓋但以對求之之方言，則爲得之之驗耳。讀者以意逆志可也。況《章句》云「恂慄威儀，言其德容表裏之盛」，以在内者爲德之盛，在外者爲容之盛也。在内者既爲德之盛，如何又以爲盛德之效驗？○民之不能忘也，不必謂聖人之德被於人而不能忘，只當云德者人之所同得也，今聖人既先得之，而其光輝充盛又如此，故民皆仰望之而不能忘也。○《存疑》：威儀，赫喧之實也。○「恂慄、威儀，言其德容表裏之盛」，所謂盛德至善，亦不外此。○顧麟士曰：「仁敬孝慈信既主文王言，親賢樂利既主文武言，則此同一釋《詩》而不主武公言，何也？故無論道學自脩，恂慄威儀，當謂武公；即盛德至善，亦當謂武公，而意則有在耳。吴季子注極可玩。」

《詩》云：「於戲！前王不忘。」君子賢其賢而親其親，小人樂其樂而利其利，此以没世不忘也。於戲，音烏呼。樂，音洛。

《詩》，《周頌·烈文》之篇。於戲，歎辭。《通考》趙氏悳曰：「《大學》釋文戲音義，字讀似有吉凶美惡之殊。」前王，謂文、武也。君子，謂其後賢後王。小人，謂後民也。此言前王所以新民者止於至善，能使天下後世無一物不得其所，所以既没世而人思慕之，愈久而不忘也。朱子曰：「没世而人不能忘，如堯、舜、文、武之德，萬世尊仰之，豈不是賢其賢？如周后稷之德，子孫宗之，以爲先祖之所自出，豈不是親其親？」○玉溪盧氏曰：「此兩節相表裏。上節即此節之本原，此節即上節之效驗。然則新民之至善，豈在明明德、止至善之外哉？」○仁山金氏曰：「賢其賢者，高山仰止，景行行止，崇其德也。親其親者，敬其所尊，愛其所親，象其賢也。樂其樂者，風清俗美，上安下順，樂其遺化也。利其利者，分井受廛，安居樂業，沐其餘澤也。」○新安陳氏曰：「後賢賢其賢，後王親其親，下賢、親二字，指前王之身。後民樂其樂而利其利，下樂、利二字，指前王之澤。傳文雖未嘗言新民、止於至善之工夫事實，然就親賢樂利上，見得前王不特能使當世天下無一物不得其所，而後世尚且如此，可見新民、止於至善之效驗矣。」《通考》黄氏洵饒曰：「前王不忘，此不忘，接上不忘。」又曰：「無一物不得其所，得其所，即上文止仁敬孝慈信之謂。」○吴氏季子曰：「《烈文》之詩，所以形容文、武之盛德。『於戲！前王不忘』，謂文、武爲前王，則是後世之人慕之而不忘也。文、武何以使後世之人慕之而不忘哉？自明德、新民推之，而極於止至善，能使天下後世人人滿其願，物物遂其欲。由後王後賢而觀之，舊章成憲，無非可行，嘉言懿行，取法不暇，而得以賢吾之賢；祖功宗德，百世不遷，孝子慈孫，萬代如見，而得以親吾之親。由後民而觀之，含哺而嬉，浩然無憂，鼓腹而遊，泰然自適，而得以樂吾之樂；鑿井而飲，無求於人，耕田而食，不願乎外，而得以利吾之利。夫如是，則後世之人，安得不思其盛德大業，想其遺風餘烈，終其身而不忍忘也哉？「丕顯哉，文王謨！丕承哉，武王烈」，所以啓佑後人者，雖至於穆王之時，猶歎仰思慕而不已，豈非賢其賢而親其親乎？《既醉》之民則曰『吾君述文、武之道，而使我醉酒飽德，以享太平也』，鳩鴈之俗則曰『吾君明文、武之功，而使我還定安集，以得其所也』，豈非樂其樂而利其利乎？春秋戰國以來，王室而既卑矣，以地則不大於曹、滕，以民則不衆於邾、莒，然天下之强諸侯，猶戴之以爲共主，其辭命所及，一則曰文、武，二則曰文、武，宗周之祀，緜緜延延，至於八百餘年，而民不忍去之者，没世不忘之明驗也。論大學之功用，必如是而後可以爲至善。傳《大學》者，所以舉二詩而詔後世歟！」**附**《蒙引》：此所謂「親其賢」，與《論語》之「賢賢」不同。此所謂「親其親」，與《中庸》九經之「親親」不同。蓋彼下一賢字，指人言，而此下一賢字，指德言；彼下一親字，亦指人言，謂諸父昆弟之屬也，而此下一親字，則指先王之遺恩言，所指異也。○賢其賢者，先王有是德業之盛，是其賢也，吾則從而賢之，所謂「率由舊章」者也。○親其親者，先王有是覆育之恩在我之身，是其親之所在也，吾則從而親之，所謂「子子孫孫勿替引之」者也。

此兩節咏歎淫泆，其味深長，當熟玩之。

《記·樂記》：咏歎之，淫泆之。○雙峰饒氏曰：「咏歎言其詞，淫泆言其義。淫泆者，意味溢乎言詞之外也。」

右傳之三章。釋止於至善。

雙峰饒氏曰：「明德、新民兩章，釋得甚略。此章所釋，節目既詳，工夫又備，可見經首三句，重在此一句上。節目，謂仁敬孝慈等。工夫，謂學與自脩。」○玉溪盧氏曰：「此章凡五節。第一節，言物各有所當止之處，第二節，言人當知所當止之處，以知止之事而言也。第三節，言聖人之止，無非至善，以得其所止之事而言也。第四節，言明明德之止於至善，乃至善之體所以立。第五節，言新民之止於至善，乃至善之用所以行。」○雲峰胡氏曰：「此章釋明德新民之止於至善，兼釋知止能得，又兼釋八者條目。其中學是致知格物之事，自脩是誠意正心脩身之事，親其親以至利其利，是化及於家國天下。」○臨川吴氏曰：「此章《綿蠻》詩承上文物各有所止之意，以明人當知所止之義，而起下文實指人所當止者之說。此蓋發止於至善之端也。《文王》詩以下，承上文人當知所當止之義，而實指人所當止之處。《淇澳》切磋琢磨，承上文實指人所當止之處，而言求止於所當止者之由。此蓋示止於至善之方也。瑟僩以下，言明明德得止於至善之極，而發新民之端。《烈文》詩以下，承上文民不能忘之說，而言新民得止於至善之極，以著明明德之效。此蓋極言止於至善之效也。」

此章内自引《淇澳》詩以下，舊本誤在誠意章下。

子曰：「聽訟，吾猶人也，必也使無訟乎！」無情者不得盡其辭。大畏民志，此謂知本。

猶人，不異於人也。情，實也。引夫子之言，而言聖人能使無實之人不敢盡其虚誕之辭。蓋我之明德既明，此推本言之，明明德爲本，乃傳者言外之意。自然有以畏服民之心志，此即新民。故訟不待聽而自無也。觀於此言，可以知本末之先後矣。朱子曰：「聖人説，聽訟我也無異於人，當使其無訟之可聽方得。聖人固不曾錯斷了事，只是他所以無訟者，却不在於善聽訟，在於意誠心正，自然有以薰炙漸染，大服民志，故自無訟之可聽耳。」○使民無訟，在我之事本也，此所以聽訟爲末。○無情者不得盡其辭，便是説那無訟之由，然惟先有以服其心志，所以能使之不得盡其虚誕之辭。○如成人有其兄死而不爲衰者，聞子皐將爲成宰，遂爲衰。子皐又何曾聽訟了致然，只是自有感動人處耳。○雙峰饒氏曰：「聽訟，末也。使無訟，理其本也。傳者舉輕以明重，然引而不發。知此則見明德新民之相爲本末矣。」問無情。曰：「情，與僞對。情，實也。僞，不實也。《論語》曰：『民莫敢不用情。』」○玉溪盧氏曰：「有訟可聽，非新民之至善；無訟可聽，方爲新民之至善。無訟，則民新矣。使民無訟，惟明明德者能之。聽訟使無訟之本末先後，即明德新民之本末先後也。經文『物有本末』上有知止能得一節，前章釋止至善，而知止能得之義已在其中。經文『物有本末』下有終始先後，又有脩身爲本，及本亂末治者否矣，此言知本，則不特終始先後之義在其中，而爲本及本亂末治者否之意，亦在其中矣。」○東陽許氏曰：「本即明明德也。我之德既明，則自能服民志，而不敢盡其無實之言。如虞芮争田，不敢履文王之庭，是文王之德，大畏民志，自然無訟。」○臨川吴氏曰：「上章《烈文》以新民之所止言之，而著明明德之效者，是能新民者皆本於明明德也。故此章言聖人能使民德自新，而無實之人不敢盡其虚誕之辭，自然有以畏服其心志。是以訟不待聽而自無者，蓋本於能明其明德也。故朱子曰：『觀於此言，可以知本末之先後矣。』」《通考》吴氏季子曰：「此一章專釋物有本末之義，所該者廣矣。獨言訟者，舉一以例其餘也。蓋天下之事物，莫不有本，本正而末隨之。本者，天下之本在國，國之本在家，家之本在身。自《大學》言之，則明明德，本也；新民，末也。無訟者，新民之驗，而所以大畏民志者，非明明德，孰能與於此？夫惻隱、羞惡、是非、辭遜之心，與生俱生，皎然於方寸間者，所謂明德也，人孰無之？然氣稟所生之軀，口欲綦味，鼻欲綦臭，目欲綦色，耳欲綦聲，天地閒之物，不能以各充其所欲也，則勢不能無爭。凡所以相刃相靡，胥戕胥虐，至於爲鼠牙雀角之訟者，物欲蔽其明德耳。兩造具備，師聽五辭，厚貌深情，各騁其辯，雖天下之智者，猶不能不爲之惑。聖人謂聽訟者，末也，而使之無訟者，本也。能屈其口，此但可以施之聽訟耳。苟欲使之無訟，非屈其心不可。欲屈其心，則何以哉？天下之人同此生，則亦同此德。德之明者，雖暫爲物欲之所蔽，然觸之即覺，感之即悟，未始亡也。彼訟者在庭，頑嚚忿戾之氣，固勃勃乎其可掬，要其本心，則孰曲孰直，蓋自瞭然於胸中，此則所謂明德也。欲屈其心者，當於此而求之。聖人與天下之人同一明德者也，即此之明，而明彼之明，則頑嚚忿戾之氣，自然剝落解散，本心徐還，天理畢見，惻隱、羞惡、是非、辭遜之想，森不容遏，惟見鬭爭之爲可恥，而愧懼不暇，縱有誕謾無實之辭，當不出諸其口矣，尚何訟之有哉？夫民志有所畏服，而後無情之辭不獲自盡矣。蓋雖欲盡而不敢盡也，兹非新民之驗歟？大學之道，守約而施博，執要以御詳，莫不致力於其本，而未嘗從事於其末。故教學者以齊家、治國、平天下，皆欲其宛轉歸己，姑即聽訟一端以明之耳。」○黄氏洵饒曰：「聽訟猶人，理末也。使無訟乎，治本也。不得盡其辭，明德也。畏服民志，新民也。統言明德、新民、止至善，即唐虞『刑期於無刑，民協於中』之意。」**附**《蒙引》：不可以聽訟爲末，無訟爲本，須把聽訟一句置了，只就無訟句内討出本末之意。蓋民之無訟者，民德之新也，末也；所以使民無訟者，己德之明也，本也。必己之德明，然後民德始新，而自無訟，本末先後了然矣。○使字當玩味。是孔子自説他要如此，故《章句》、《或問》皆以聖人言之。使字内面正有道理，便是能明明德，以大畏民志也。○無情者不得盡其辭，只是無訟處，不是所以無訟處。大畏民志，所以使民無訟者也。○此謂知本，此指孔子所言也。《章句》曰「觀於此言」，正謂此也。謂孔子言不以聽訟爲難，而必以使民無訟爲貴，於此便見得明德爲本，新民爲末，故可以知本末之先後。或謂指孔子知本，此於本文似不費力，於《章句》則不合矣。以爲孔子知本，則孔子豈止近道者哉？《章句》所以不如此解者，正自有説也。○顧麟士曰：「小註諸家多云無訟爲本，聽訟爲末，則先後字似難説。不成云到得無訟，自能聽訟也。且味《章句》本無此解，斷當以《蒙引》爲正。」

右傳之四章。釋本末。新安陳氏曰：「此章釋本末，以結句四字知之。知本之當先，則自知末之當後矣。」❶

此章舊本誤在「止於信」下。

此謂知本，

程子曰：「衍文也。」衍，延面反。亦作羡。《通考》吴氏程曰：「饒氏謂知本即物格之誤，今爲衍文。」○東陽許氏曰：「雙峰云知字彷佛與物字相類，本字從木，亦是格字偏傍，此說亦有意思。若如此，則兩句總是格物致知章結句爾。」

此謂知之至也。

此句之上，别有闕文，此特其結語耳。

右傳之五章。蓋釋格物致知之義，而今亡矣。

此章舊本通下章，誤在經文之下。

閒嘗竊取程子之意以補之，曰：「所謂致知在格物者，言欲致吾之知，在即物而窮其理也。即物，如即事即景，隨吾所接之事物也。蓋人心之靈莫不有知，而天下之物莫不有理，惟於理有未窮，故其知有不盡也。《附纂》黄氏洵饒曰：「莫不有知，本然也。莫不有理，一物一太極。理有未窮，物未格也。知有不盡，知未至也。」附《蒙引》：「人心之靈莫不有知，而天下之物莫不有理」二句，雖平説，然實以見乎人心所知者即物之理，而物之理元無不具於人之一心也。故下文遂繼之曰：「惟於理有未窮，故其知有不盡。」是以大學始教，須看始教字，此是大學第一件下工夫處。必使學者即凡天下之物，莫不因其已知之理已知，即上文「人心之靈，莫不有知」之知。而益窮之，以求至乎其極。至於用力之久，而一旦豁然貫通焉，則衆物之表裏精粗無不到，而吾心之全體大用無不明矣。新安陳氏曰：「久字與『一旦』字相應，用力積累多時，然

❶「當」，原作「意」，今據《四書大全》改。

後一朝脱然通透。吾心之全體，即釋明德，《章句》所謂具衆理者；吾心之大用，即所謂應萬事者也。」《附纂》黄氏洵饒曰：「已知之理，遂明之意，無不到，則物格，無不明，則知至。」**此謂物格，此謂知之至也。**」問：「所補第五章，何不效其文體？」朱子曰：「亦嘗效而爲之，竟不能成。」○《大學》不説窮理，而謂之格物，只是使人就實處窮究。○格物，只是就一物上窮盡一物之理。致知，便只是窮得物理盡，然我之知識亦無不盡處。○《大學》是聖門最初用功處，格物又是《大學》最初用功處。試考其説，就日用間如此作工夫，久之，意思自別。○問：「經文『物格而後知至』，却是知至在後，今乃云因其已知而益窮之，則又在格物前。」曰：「知元自有，纔要去理會，便是這些知萌露，若懵然全不向著，便是知之端未會通，纔思量著，便這箇骨子透出來。且如做些事錯，纔知道錯，便是向好門路，却不是方始去理會箇知。只是如今須著因其端而推致之，使四方八面，千頭萬緒，無有些不知，無有毫髮窒礙。孟子所謂『知皆擴而充之，若火之始然，泉之始達』，擴而充之，便是致字意思。」○表者，人物所共由；裏者，吾心所獨得。有人只就皮殼上用工，於理之所以然者，全無見處。有人思慮向裏去多，於事物上都不理會，此乃説玄説妙之病。二者都是偏，若到物格知至，則表裏精粗無不盡。○北溪陳氏曰：「理之體具於吾心，而其用散在事物，精粗巨細，都要逐件窮究其理。若一事不理會，則此心闕一事之理；一物不理會，則闕一物之理。非揀精底理會而遺其粗，大底理會而遺其小也。頭緒雖多，然進亦有序，先易而後難，先近而後遠，先明而後幽。」○西山真氏曰：「《大學》教人以格物致知，蓋即物而理在焉，庶幾學者有著實用功之地，不至馳心於虚無之境。若不就事物上推求義理，則極至處亦無緣知得盡。」○雙峰饒氏曰：「格物，窮至那道理恰好閫奥處，自表而裏，自粗而精。然裏之中又有裏，精之中又有至精，透得一重，又有一重。且如爲子必孝，爲臣必忠，此是臣子分上顯然易見之理，所謂表也。然所以爲孝爲忠，則非一字所能盡，如居則致其敬，養致樂，病致憂，喪致哀，祭致嚴，皆是孝裏面節目，所謂裏也。然所謂居致敬，又如何而致敬？如進退周旋，愼齋升降，出入揖遜，不敢噦噫嚏咳，不敢欠申跛倚，寒不敢襲，癢不敢搔之類，皆是致敬中之節文。如此則居致敬，又是表，其間節文之精微曲折，又是裏也。然此特敬之見於外者耳。至於洞洞屬屬，如執玉奉盈，如弗勝，以至視於無形，聽於無聲，又是那節文裏面骨髓，須是格之又格，以至於無可格，方是極處。精粗亦然。如養親一也，而有所謂養口體，有所謂養志。口體雖是粗，然粗中亦有精；養志雖是精，然精中更有精。若見其表，不窮其裏，見其粗，不窮其精，固不盡。然但究其裏而遺其表，索其精而遺其粗，亦未盡。須是表裏精粗無所不到，方是物格。」○玉溪盧氏曰：「心外無理，故窮理即所以致知。理外無物，故格物即所以窮理。知者，心之神明，乃萬理之統會，而萬事萬物之主宰。言窮理，則易流於恍惚。言格物，則一歸於真實。表也，粗也，理之用也；裏也，精也，理之體也。衆理之體，即吾心之體；衆理之用，即吾心之用。心之全體大用無不明，則明明德之端在是矣。物格知至雖二事，而實一事，故結之曰『此謂物格，此謂知之至也』。」《通考》東陽許氏曰：「此章須兼看《或問》。『大學始教』，是大學教人以格物致知爲始，謂是《大學》用功起頭。『即凡天下之物，莫不因其已知之理而益窮之，以求至乎其極』，此正是格物用功處。『用力之久，❶一旦豁然貫通』，是言格物本是逐一件窮究，格來格去，忽然貫通。事雖萬殊，理只是一。曉理之在此事如此，便可曉理之在彼事亦如此，到此須有融會貫通，脱然無礙，如冰消雪釋，怡然涣然處。格物工夫至此方極。『物之表裏精粗無不到』，是言格物於一事之中，須推明得到底透徹，全無疑礙，方是一物中表裏精粗無不到。事事如此詳細，是衆物表裏精粗無不到。」○《纂疏》：凡天下之物有形有象者，皆器也，其理便在其中。大而天地乃形而下者，乾坤形而上者，天地以形體言，乾坤以性情言。日月星辰、風雨霜露亦形而下者，其理即形而上者。以身言之，身之形體皆形而下者，曰性曰心之理，乃形而上者。「人心之靈莫不有知」，此句就致知上生。「天下之物莫不有理」，此句就格物上生。○能存心，則端莊静一

❶「力」，原作「之」，今據上下文改。

以爲窮理之本。知窮理，則學問思辨以致盡心之功。○吴氏季子曰：「天高地下，萬物散殊，凡一物必有一理。理則物之自然，而處物之當然者也。文公嘗曰：『學者須知天如何而能高，地如何而能厚，鬼神如何而能幽顯，山嶽如何而能融結，方是格物。』高也，厚也，幽也，顯也，融也，結也，皆物之自然者也。又曰：『如足容重，手容恭，目容端，口容止，聲容静，頭容直，氣容肅，立容德，色容莊，便是一身之則。』重也，恭也，端也，止也，静也，直也，肅也，德也，莊也，皆處物之當然者也。是之謂理。理散於萬物，而知具於吾心，未有一物之不可測識者。人惟不能隨物體認於其所自然與其所當然者，行不著，習不察，然後吾之靈日就晦蝕，而於物有所不知，雖知有所不盡矣。大學始教，所以必使學者物物而察之，事事而思之，彼之自然者爲何如，我之當然者又何如。因其所已知，窮其所未知，探端以求緒，循末以反本。自一身而言之：耳，吾知其爲聰而不可以不聰也，必窮其所以聰與夫所以不可不聰之理焉；目，吾知其爲明而不可以不明也，必窮其所以明與夫所以不可不明之理焉。推而至於若鼻，若口，若手，若足，若肢，若體，莫不皆然，而無醉生夢死之患矣。自一家而言之：父，吾知其爲慈而不可以不慈也，必窮其所以慈與夫所以不可不慈之理焉；子，吾知其爲孝而不可以不孝也，必窮其所以孝，與夫所以不可不孝之理焉。推而至於若兄，若弟，若夫，若婦，若長，若幼，莫不皆然，而無冥行徑趨之患矣。自一國而言之：君，吾知其爲仁而不可以不仁也，必窮其所以仁與夫所以不可不仁之理焉；臣，吾知其爲忠而不可以不忠也，必窮其所以忠與夫所以不可不忠之理焉。推而至於若朝，若野，若官，若民，若上，若下，莫不皆然，而無逆曳倒植之患矣。窮其所以，即格物之説也。既格一端，又格一端，久而不輟，則因此驗彼，倫類自通。始也知一隅而已，終則反之於三隅。始也知一事而已，終則散之於萬事。八牕玲瓏，四面洞達，則衆物之表裏精粗無不到，而吾心之全體大用無不明矣。然格物致知之學自持敬入，苟不能持敬，則胸中雜亂，而無主一之功，事物之交於吾前，方且眩瞀顛倒之不暇，又何物之可格哉？文公謂：『敬則心存，心存則理具於此，而得失可驗。』又嘗誨其門人曰：

『觀書察理，草草不精，皆由此心雜而不一。莫若收斂身心，净掃雜慮，令其光明洞達，作得主宰，方能見理。』由是觀之，人之欲格物致知者，可不敬乎？故程子曰：『入道莫如敬，未有致知而不在敬者。』」《通考》黄氏洵饒曰：「此章爲夢覺關，知之始事。」又曰：「此一章明善之要單立。致知誠意兩章，一以示明善之要，一以示誠身之本。文理若不接續，血脉相爲貫通。」附《蒙引》：朱子補傳，不肯學古傳之文，只要得「致知在格物」之義明白，使學者曉得明明了了耳。文之古與不古，類與不類，所不計也。若他人如韓、歐輩，則豈肯如此。此見朱子之所以爲朱子。

所謂誠其意者，毋自欺也，如惡惡臭，如好好色，此之謂自謙，故君子必慎其獨也。好、惡上字，皆去聲。謙，讀爲慊，苦劫反。

誠其意者，自脩之首也。雙峰饒氏曰：「心之正不正，身之脩不脩，只判於意之誠不誠，所以《中庸》、《孟子》只説誠身，便貫了誠意、正心、脩身。此章雖專釋誠意，而所以正心脩身之要，實在於此。故下二章第言心不正、身不脩之病，而不言所以治病之方，以已具於此章故也。」○雲峰胡氏曰：「《大學》條目有八，只作六傳。格物致知二者實是一事，故統作一傳。自正心以下五者，工夫次第相接，故統作四傳。唯誠意獨作一傳。然誠意者，自脩之首，已兼正心脩身而言矣。章末曰潤身，曰心廣，提出身與心二字，意已可見。」○新安陳氏曰：「前章云『如琢如磨』者，自脩也。誠意、正心、脩身，皆自脩之事，而誠意居其始，故曰『自脩之首』。」

毋者，禁止之辭。自欺云者，知爲善以去上聲。下同。惡，此知字，帶從上章致知之知字來。而心之所發有未實也。雲峰胡氏曰：「『毋自欺』三字，釋誠意二字。自字與意字相應，欺字與誠字相反。」○新安陳氏曰：「自欺，自謾也。」○東陽許氏曰：「誠意是致知以後事，故《章句》曰『知爲善以去惡，而心之所發有未實也』。」謙，快也，足也。朱子曰：「誠意章皆在兩箇自字上用功。」新安陳氏曰：「謙字與慊字，同音同義。爲快字説不盡，又添足字。快而且足，方是自謙。」獨者，人所不知而已所獨知之地也。新安陳氏曰：「地，即處也。此獨字，指心所獨知而言，非指身所獨居而言。」《附纂》黄氏洵饒曰：「誠其意，意者念頭也。必慎其獨，《中庸》慎獨本在此。毋自欺，是解誠意之正義。心術之所發涵善惡。」言欲自脩者，知爲善以去其惡，則當實用其力，而禁止其自欺，使其惡惡則如惡惡臭，好善則如好好色，皆務決去，而求必得之，以自快足於己，不可徒苟且以徇外而爲去聲。人也。不求自慊，便是爲人。然其實與不實，蓋有他人所不及知，而己獨知之者，故必謹之於此，此，指獨字。以審其幾平聲。焉。新安陳氏曰：「周子云『幾善惡』，己所獨知，乃念頭初萌動，善惡、誠僞所由分之幾微處。必審察於此，以實爲善去惡。如別岐途之始分處，起脚不差，行方能由乎正路，否則起脚處一差，差毫釐而謬千里矣。」○朱子曰：「幾者，動之微。是欲動未動之閒，便有善惡，便須就這處理會。若到發出處，便怎生奈何得？」○問：「知至了，如何到誠意又説毋自欺？」曰：「到這裏方可著手下工夫。不是知至了，下面許多一齊掃去。下面節節有工夫在。」○譬如一塊物，外面是銀，裏面是鐵，便是自欺。須表裏如一，方是不自欺。須是見得分曉。如知烏喙不可食，❶水火不可蹈，則自不食不蹈。如寒欲衣，飢欲食，則自是不能已。如果見善如飢欲食，寒欲衣，見惡如烏喙不可食，水火不可蹈，則此意自是實矣。烏喙，藥名，食之能殺人。○自欺，是半知半不知底人。知道善我所當爲，却又不十分去爲善，知道惡不可爲，却又自家舍他不得，這便是自欺。不知不識，只喚做不知不識，不喚做自欺。新安陳氏曰：「以上語以知爲重，見得物格知至爲意誠之根基也。」○纔説不自欺，則其好善惡惡，只要求以自快自足。如寒而思衣以自温，飢而思食以自飽，非有牽强苟且姑以爲人之意也。○如鑄私錢，做官會，❷此是大故無狀小人，豈自欺之謂耶？此處工夫極細，未便説到粗處。前後學者説差了。緣賺連下文『小人閒居』一節看了，所以差也。○如有九分義理，雜了一分私意，便

❶「烏」，原作「鳥」，今據《朱子語類》改。下兩處「烏」逕改。

❷「做」，《朱子語類》作「假」。

是自欺。到得厭然揜著之時，又其甚者。○十分爲善，有一分不好底意潛發於其閒，便由邪徑以長，這箇却是實，前面善意却是虛矣。○凡惡惡之不真，爲善之不勇，外然而中實不然，或有爲而爲之，或始勤而終怠，皆不實而自欺之患也。○論自欺細處，且如爲善，自家也知得是當爲，也勉强去做，只是心裏又有些便不消如此做也不妨底意思；如爲不善，也知得不當爲而不爲，心中也又有些便爲也不妨底意思，便是自欺，便是虛僞不實矣。○自慊，與《孟子》「行有不慊於心」相類，亦微不同。《孟子》訓滿足意多，《大學》訓快意多。問：「自慊，只是真實爲善去惡，無牽滯於己私。只是快底意，方始心下滿足。」曰：「是。」○自慊，是合下好惡時便是要自慊了，非謂做得善了，方能自慊。自慊正與自欺相對。所謂誠其意，便是要毋自欺，非是誠其意了，方能不自欺也。自慊者，外面如此，中心也是如此，表裏一般。自欺者，外面如此，中心其實有些子不願，只此便是二心，誠僞之所由分也。○謹獨，則於善惡之幾，察之愈精愈密。○如與衆人對坐，自心中發一念，或正或不正，此亦是獨處。○北溪陳氏曰：「誠者，自表而裏，真實如一之謂。自欺，誠之反也。大抵此章在自慊而無自欺。首言如好好色，惡惡臭，是就人情分曉處譬之。好色，人所同好，好則求必得之；惡臭，人所同惡，惡則求必去之，而後快足吾意。意所快足處，是自家表裏真實恁地，非苟且徒爲此也。人之好善惡惡，亦須表裏真實如此，自求快足，方是誠意。如稍有不真實，胸次閒便自覺有欠缺處，如何會快足？此便是自欺。果能自表而裏，斷斷然真實恁地，始快足吾意，此便是自慊，便是誠。然自慊自欺，皆自家心裏事，非他人所知，而已獨知之。所以君子貴就那獨處便謹審其幾之發也。」○徽庵程氏曰：「慎不但訓謹，有審之意焉。」○問：「毋自欺，還是須從戒謹恐懼上做起，抑戒謹恐懼即是毋自欺境界？」潛室陳氏曰：「戒謹恐懼與謹獨，是兩項地頭。戒謹恐懼，是自家不睹不聞之時，存誠養性氣象如此。謹獨，是衆人不聞不睹之際，存誠工夫如此。《中庸》兼已發未發説，故動息皆有養。《大學》只就意之所發説，故只防他罅漏處。」○雙峰饒氏曰：「此章用功之要在謹獨上。凡人於顯然處致謹，其意未必果出於誠。若能於獨處致謹，方是誠意。」○雲峰胡氏曰：「君子小人所以分，只在自欺與自慊上。兩自字，與自脩之自相應。自欺者，誠之反，自脩者不可如此；

自慊者，誠之充，自脩者必欲如此。獨字，便是自字，便是意字。所以《中庸》論誠，首尾言慎獨；此章論誠意，亦兩言慎獨。」○東陽許氏曰：「誠意，只是著實爲善，著實去惡。自欺，是誠意之反。毋自欺，是誠意工夫。二『如』是誠意之實。自慊是自欺之反，而誠意之效。慎獨是誠意地頭。」○欺、慊皆言「自」，是意之誠不誠皆自爲之。自欺者，適害己；不自慊者，徒爲人。○惡惡臭，好好色，人人皆實有此心，非僞也。二「如」字曉學者當實爲善去惡，如惡惡臭、好好色之爲也。附《蒙引》：註：「自脩之首也。」按，脩身必自格物致知始，而此以誠意爲自脩之首，何歟？蓋此自脩專以力行言，本上章「如琢如磨者，自脩也」。自脩對道學，包誠意、正心、脩身，故此爲之首。彼格物致知，特以啓其自脩之端耳。○不曰知爲善去惡，而必曰知爲善以去其惡者，見得非爲善自爲善，去惡自去惡，其實一事也。○慎其獨便是毋自欺，毋自欺便是必自慊，必自慊便是誠其意。○毋自欺者，禁止之辭，非戒令之辭。禁止，以自己禁止不爲而言，如毋不敬，非禮勿視之類是也。戒令之辭，以我戒他人而言，如毋忘賓旅、毋專殺大夫之類是也。○《存疑》：《蒙引》曰：「毋自欺，所以誠意也。自慊，則意誠矣。」此意似是而非，何也？蓋自慊，求快足於己也。即如惡惡臭，如好好色也。如惡惡臭，如好好色，即毋自欺也。毋自欺，即誠意也。今以毋自欺爲誠意，以自慊爲意誠，則一是工夫，一是效驗，成兩意矣。看本文「此之謂」三字，可見只是上面意。

小人閒居爲不善，無所不至，見君子而後厭然，揜其不善，而著其善。人之視己，如見其肺肝，然則何益矣？此謂誠於中，形於外。故君子必慎其獨也。閒，音閑。厭，鄭氏讀爲黶，於簡反。

閒居，獨處上聲。也。新安陳氏曰：「獨處，是身所獨居。與上文『己所獨知』之獨不同。」厭然，消沮上聲。閉藏之貌。雙峰饒氏曰：「黶字有黑暗遮閉之意。」○新安陳氏曰：「四字形容小人見君子羞愧遮障之情狀。」此言小人陰爲不善，而陽欲揜之，閒居爲陰，見君子爲陽。則是非不知善之當爲與惡之當去上聲。也，非不知，乃其秉彝之天不可泯没者。但不能實用其力，以至此耳。然欲揜其惡而卒不可揜，欲詐爲善而卒不可詐，則亦何益之有哉？此君子所以重去聲。以爲戒，而必謹其獨也。朱子曰：「小人閒居爲不善，是誠心爲不善也。揜其不善而著其善，是爲善不誠也。爲惡於隱微之中，而詐善於顯明之地，將虛假之善來蓋真實之惡，自欺以欺人也。然人豈可欺哉？」○閒居爲不善，便是惡惡不如惡惡臭。揜不善，著其善，便是好善不如好好色。○君子小人之分，却在誠其意處。誠於爲善，便是君子。不誠底便是小人。○雙峰饒氏曰：「閒居爲不善，自欺也。厭然，則不自慊矣。揜其不善而著其善，是又欺人也。自欺與欺人常相因，始焉自欺，終焉必至於欺人。此謂誠於中形於外，此誠字，是兼善惡説。」○厭然，與心廣體胖爲對，厭然是小人爲惡之驗，心廣體胖是君子爲善之驗。○雲峰胡氏曰：「前章未分君子小人，此章分別君子小人甚嚴。蓋誠意爲善惡關，過得此關，方是君子；過不得此關，猶是小人。傳末章長國家而務財用之小人，即此閒居爲不善之小人也。意有不誠，已害自家心術，他日用之，爲天下國家害也必矣。」○玉溪盧氏曰：「兩言慎獨，讀上節，固當直下承當；讀此節，尤當痛自警省。」○新安陳氏曰：「上一節毋自欺，説得細密，乃自君子隱然心術之微處言之。此一節言小人之欺人，説得粗，乃自小人顯然詐僞之著者言之。無上一節毋自欺而必自謙之工夫，則爲惡詐善之流弊，其極必將至此，所以君子必先自慎其獨至此，又重以小人爲戒，而尤必慎其獨。」《附纂》黄氏洵饒曰：「前慎獨欲其自慊，後慎獨絶其自欺。」○兩節相爲終始。格物致知爲誠意是始，意誠是終。慎獨即誠意，此一章之本。附《蒙引》：誠中形外之理，本兼善惡，但此所引之意則主惡者言。下條章句，雖兼言善惡之不可掩，然其意亦主惡言。○《存疑》：人之視己，如見其肺肝，從何處視之？孟子曰：「聽其言也，觀其眸子。」孔子曰：「不逆詐，不億不信，抑亦先覺。」是皆視之之術。○顧麟士曰：「此節誠字，雙峰饒氏兼善惡言，三山陳氏單主惡言。《蒙引》、《存疑》、《淺説》、《達説》皆從三山。」

曾子曰：「十目所視，十手所指，其嚴乎！」

引此以明上文之意，言雖幽獨之中，而其善惡之不可揜如此，可畏之甚也。朱子曰：

「此是承上文『人之視己，如見其肺肝』之意，不可說人不知，人曉然共知如此。❶人雖不知，我已自知，自是甚可皇恐了。其與十目十手所視所指，何異哉！」○玉溪盧氏曰：「實理無隱顯之閒，人所不知，己所獨知之地，即十目十手共視共指之地。故爲善於獨者，不求人知而人自知之；爲不善於獨者，惟恐人知而人必知之。其可畏之甚如此。曾子所以戰兢臨履，直至啓手足而後已者，此也。」○雲峰胡氏曰：「《中庸》所謂『莫見乎隱，莫顯乎微』，蓋本諸此。上文獨字，便是隱微。此所謂十目十手，即是莫見莫顯。」○新安陳氏曰：「幽獨之中，勿謂無視之、無指之者，當常如十目所共視，十手所共指。可畏之甚，釋『其嚴乎』。」《通考》吴氏季子曰：「獨者，人所不知而吾所獨知之地也。暗室屋漏之中，幽深隱奧，一念將動，人孰知之？所謂獨也。君子於其獨而致謹焉，非禮勿視聽言動，兢兢然，慄慄然，真見夫天地鬼神昭布森列，臨之在上，質之在傍，而不敢以不勉也夫！如是故能充吾性之固有，盡吾職之當然，可以快足而不至於自欺矣。曾子以守約之學，加三省之勤，雖容貌顏色辭氣之閒，莫不致謹。蓋曰吾之所獨，即衆之所同，雖在隱微幽闇之中，炳然十目之視，森然十手之指也。」附《存疑》：或問：「十傳皆曾子之意。『小人閒居爲不善』一節，亦曾子意也。又特引曾子之言，何與？」曰：「『小人閒居爲不善』節，是爲誠意而設。『十目所視，十手所指』節，是平日之言，不爲誠意而設。」○《蒙引》：「上文」，只指小人閒居一條。

富潤屋，德潤身，心廣體胖，故君子必誠其意。胖，步用反。

胖，安舒也。言富則能潤屋矣，德則能潤身矣。三山陳氏曰：「財積於中，則屋潤於外；德積於中，則身亦潤於外矣。潤，猶華澤也。」○新安陳氏曰：「此借『富潤屋』以起下句『德潤身』之意。德，如孟子所謂仁義禮智根於心。潤身，如所謂其生色、見面、盎背是也。下文『心廣體胖』乃申言之。」故心無愧怍，則廣大寬平，而體常舒泰，德之潤身者然也。蓋善之實於中而形於外者如此，故又言此以結之。朱子曰：「『富潤屋』以

❶「共」，原作「其」，今據《四書大全》改。

下，是説意誠之驗如此。心本是闊大底物事，只因愧怍，便卑狹，被他隔礙了，所以體不能得安舒。」○毋自欺，是誠意。自慊，是意誠。○「小人閒居」以下，是形容自欺之情狀。「心廣體胖」，是形容自慊之意。○無愧怍，是無物欲之蔽，所以能廣大。○三山陳氏曰：「心，在内者也，以理之無歉，故能廣大。體，在外者也，以心之既廣，故能舒泰。人之一心，小有所歉，則視聽怵迫，而舉動跼蹐，雖吾四體，將不得其所安矣，皆自然之應也。」○上説小人實有是惡，故其惡形見於外。此説君子實有是善，故其善亦形見於外。○雙峰饒氏曰：「心不正，何以能廣身？不脩，何以能胖？心廣體胖，即心正身脩之驗。所以能心廣體胖，只在於誠其意，以此見誠意爲正心脩身之要。」○玉溪盧氏曰：「前兩言必慎其獨，此申言必誠其意。三言必字，示人可謂真切。」○仁山金氏曰：「『小人閒居』以下，自欺敗露之可畏。德潤身，心廣體胖，自慊快足之可樂。」○雲峰胡氏曰：「孟子説浩氣處，與此章意合。不自欺，即自反而縮，自欺即自反而不縮。厭然，即是氣餒。心廣體胖，即是浩然之氣。」○新安陳氏曰：「上文誠於中，形於外，是惡之實中形外者。此是善之實中形外者。」《通考》黄氏洵饒曰：「德潤身，心廣體胖，皆出誠意之中。」○此一節，誠身之本，不愧屋漏。○心無愧怍，是《尚書》「作德，心逸日休；作僞，心勞日拙」。○體常舒泰，泰字作好説。○説自慊者，善之形於内，直至心廣體胖，深淺不盡釋可見。附《淺説》：財積於中，謂之富，富則能潤屋矣。意誠於内，謂之德，德則能潤身矣。潤身之實何如？以言其心，則不愧不怍，廣大而寬平；以言其體，則不矜不肆，安舒而自得，所謂潤身者然也。○《蒙引》：《章句》所謂心無愧怍者，即意誠而自慊之謂也。○註：「善之實於中而形於外者如此。」蓋至此則是能自慊而無自欺，而意已誠矣，故繼之云「故又言此以結之」。通此一條，皆爲結語也，不可專指「故君子必誠其意」一句。

右傳之六章。釋誠意。朱子曰：「許多病痛，都在誠意章一齊説了。下面有些小病痛，亦輕可。此章最緊切，若透過此一關，此去做工夫便易了。由是而之，便駸駸進於善，而決不至下陷於惡矣。」○雙峰饒氏曰：「傳之諸章，釋八事，每章皆連兩事而言，獨此章單舉誠意。蓋知至意誠，固是相因，然致知屬知，誠意屬行，知行畢竟是二事，當各自用力，不可謂知了便自然能行，所以誠意章不連致知説者爲此。正心誠意，雖皆屬行，然誠意不特爲正心之要，自脩身至平天下，皆以此爲要，故程子論天德與王道，皆曰其要只在謹獨。天德，即心正身脩之謂。王道，即齊家治國平天下之謂。謹獨，即誠意之要旨。若只連正心説，則其意促狹，無以見其功用之廣大如此也。此章乃《大學》一篇之緊要處。傳者於此章，説得極痛切。始言謹獨，誠意之方也。中言小人之意不誠，所以爲戒也。終言誠意之效驗，所以爲勸也。」《通考》東陽許氏曰：「此章第一節，誠意正義。二節，誠意之反。三節，惡誠中形外。四節，善誠中形外。」○勿軒熊氏曰：「誠之一字，本於《商書》，至夫子始大明其義，至《中庸》明善誠身之言行之天下國家，皆此誠也。明善，即格物致知也。誠身，即誠意正心脩身也。其言慎獨工夫，及誠之不可揜等語，與此章實相表裏。至誠盡性，明明德之止至善也。推而至於盡人之性，盡物之性，新民止至善也。本之心身，此誠也。行之家國天下，亦此誠也。」《通考》黄氏洵饒曰：「誠意乃善惡關，此行之始事。」○自格物至平天下爲大始終，其間兩條相爲終始，又各條自爲終始。其序不可亂，其功不可闕，正此也。此見得文理接續，血脉貫通處。」

經曰：「欲誠其意，先致其知。」又曰：「知至而后意誠。」蓋心體之明有所未盡，則其所發必有不能實用其力，而苟焉以自欺者。朱子曰：「《大學》雖使人戒夫自欺而推其本，則必其有以用力於格物致知之地，然後理明心一，而所發自然，莫非真實。不然，則正念方萌，而私意隨起，亦非力之所能制矣。」○若知有不至，則其不至之處，惡必藏焉，以爲自欺之主。雖欲致其謹獨之功，亦且無主之能爲，而無地之可據矣。此又傳文之所未發，而其理已具於經者，皆不可以不察也。○新安陳氏曰：「此言知不至，則意不誠。」《通考》黄氏洵饒曰：「心體之明，明即『明德』上一明字。所未盡，謂知未至。所發，謂善惡。用其力，指誠意。」然或已明而不謹乎此，則其所明又非己有，而無以爲進德之基。三山陳氏曰：「於知已至後，亦非聽之自誠。蓋無一刻不用其戒謹之功。」○新安陳氏曰：「此言知至後又不可不誠其意，蓋誠意者，進德之基本也。」《通考》黃氏洵饒曰：「謹乎此，此字指誠意。」故此章之指，必承上章而通考之，然後有以見其用力之始終。其序不可亂，而功不可闕如此云。玉溪盧氏曰：「由致知，方能誠意，此序之不可亂。既致知，又不可不誠意，此功之不可闕。誠意至平天下，序皆不可亂，功皆不可闕。序不可亂，則不可躐等而進；功不可闕，則不可半途而廢。云云。」

所謂脩身在正其心者，身有所忿懥，則不得其正；有所恐懼，則不得其正；有所好樂，則不得其正；有所憂患，則不得其正。忿，弗粉反。懥，勅值反。好、樂，並去聲。

程子曰：「『身有』之身，當作心。」○忿懥，怒也。懥字，《廣韻》、《玉篇》並陟利反。○雙峰饒氏曰：「忿者，怒之甚。懥者，怒之留。」蓋是四者，皆心之用，而人所不能無者。然一有之而不能察，三山陳氏曰：「《章句》緊要說一察字。亦非從外撰來，蓋因下文『心不在焉』一句發出。察者，察乎理也。」○新安陳氏曰：「察之一字，乃朱子推廣傳文之意，使學者有下手處耳。」則欲動情勝，而其用之所行，或不能不失其正矣。問：「有所忿懥、恐懼、好樂、憂患，心不得其正，是要無此數者，心乃正乎？」程子曰：「非是謂無，只是不以此動其心。學者未到不動處，須是執持其志。」○朱子曰：「《大學》格物誠意都已鍊成，到得正心脩身章，都易了。意有善惡之殊，意或不誠，則易於爲惡。心有偏正之異，心有不正，則爲物欲所動。未免有偏處，却未必爲惡。」○四者只要從無處發出，不可先有在心下，須看有所二字。如有所忿怒，因人有罪而撻之，纔了，其心便平，是不有。若此心常常不平，便是有。○所謂有所動，被他爲主於內，心反爲他動也。○心纔繫於物，便爲所動。所以繫於物者有三：事未來，先有箇期待之心，或事已應過，又留在心下不能忘；或正應事時，意有偏重，都是爲物所繫縛。便是有這箇物事，到別事來到面前，應之便差了，如何心得其正？聖人之心，瑩然虚明，看事物來，若大若小，四方八面，莫不隨物隨應，此心元不曾有這物事。○如顔子不遷怒，可怒在物，顔子未嘗爲血氣所動而移於人也，則豈怒而心有不正哉？○今人多是才怒，雖有可喜事，亦所不喜；才喜，雖有當怒之事來，亦不復怒，便是蹉過事理了。蓋這物事，纔私，便不去，只管在胸中推盪，終不消釋。使此心如太虚，則應接萬務，各止其所，而我無所與，可也。看此一章，只是要人不可先有此心耳。○問：「忿、好自己事，可勉强不爲。憂患、恐懼自外來，不由自家。」曰：「便是自外來，須要我有道理處之。事來亦合當憂懼，但只管累其本心，亦濟甚事？孔子畏於匡，文王囚羑里，死生在前，聖人元不動心，處之恬然。」○或問：「《大學》不要先有恐懼，《中庸》却要恐懼，何也？」西山真氏曰：「《中庸》只是未形之時，常常持敬，令心不昏昧而已。《大學》之恐懼，却是俗語恐怖之類，自與《中庸》有異。」○喜怒憂懼，乃心之用，非惟不能無，亦不可無。但平居無事之時，不要先有此四者在胸中。如平居先有四者，即是私意。人若有些私意塞在胸中，便是不得其正。須是涵養此心，未應物時湛然虚静，如鑑之明，如衡之平。到得應物之時，方不差錯，當喜而喜，當怒而怒，當憂而憂，當懼而懼，恰好自止，更無過當。如此，方得本心之正。○玉溪盧氏曰：「心者身之主，而明德之所存也。未應物之前，寂然不動，無所忿懥恐懼，則心之本體無不正，而明德之本體無不明。方應物之際，感而遂通，當忿懥而忿懥，當恐懼而恐懼，則心之妙用無不正，而明德之妙用無不明。既應物之後，依舊寂然不動，未嘗有所忿懥恐懼，則心之本體終始無不正，而明德之本體終始無不明也。人患不識其本心耳。唯虚故靈，纔失其虚，便失其靈，此心之所以爲心，而明德之所以爲明德也。」○雲峰胡氏曰：「心之體無不正。所謂正心者，正其心之用爾。在正其心，此正字，是説正之之工夫。蓋謂心之用或有不正，不可不正之也。不得其正，此正字，是説心之體本無不正，而人自失之者也。曰正其，曰其正，自分體用。心之體本如太虚，或景星慶雲，或烈風雷雨，而太虚自若人之一心，豈能無喜怒憂懼？然可怒則怒，怒過不留；可喜則喜，喜已而休。喜怒憂懼皆在物，而不在我。我雖日接乎物，而不物於物，此所以能全其本體之虚，而無不正也。或疑《中庸》首章先言存養，而後言省察，《大學》誠意言省察而欠存養，殊不知此章正自有存養省察工夫。忿懥恐懼等之未發也，不可先有期待之心；其將發也，不可一有偏繫之心；其已發也，不可猶有留滯之心。事之方來，念之方萌，是省察時節。前念已過，後事未來，是存養時節。存養者，存此心本體之正。省察者，惟恐此心之用，或失之不正，而求以正之也。宜仔細看《章句》之二察字，及三四存字。」《通考》黄氏洵饒曰：「心有所忿懥等，此即戒懼工夫。不得其正，謂不知察。」○誠意兩言慎獨，此章只是戒懼工夫。觀《章句》「敬以直内」四字可見。○此與《中庸》恐懼不同。《中庸》恐懼與戒懼是一事，此恐懼與憂患是一類也。○心，感物而動者。察字，向内察。○欲動見得淺，忿懥之著。情勝見得深，忿怒之留。○恐、好、憂，陽也。懼、樂、患，陰也。憂是事之將來，患是憂之已至。恐其事之將至，畏其事之已臨。○吴氏季子曰：「忿懥恐懼，好樂憂患，與生俱生，觸物而動，皆人之所不能無者也，特不可有其所有耳。若有其所有，先以一端横於胸中，則凡事物之來，吾心所以應之者，自然偏倚而不合乎當然之理，蓋以先入者爲主耳。故自其有所忿懥也，則惟見夫頑之可疾，惡之可惡，雖有不必疾惡者，亦將以忿戾之心而逆之，焦然不得寧矣。自其有所恐懼也，則惟見夫痛之可驚，禍之可畏，雖有不必驚畏者，亦將以戰慄之心處之，凜然不敢安矣。好樂固不能無，然一有諸己，則曰好色，曰樂逸游，皆得以欲而勝理。憂患固不能無，然一有諸己，則曰憂貧，曰患得患失，皆能以人而勝天。有也者，滯留於胸中而不化，封閉於方寸而不釋者也。故以疑心觀物，而物之可愛者反可憎；以私心逐物，而物之可憂者反可喜。是豈忿懥、恐懼、好樂、憂患之爲非哉？特有之則不可耳。」附《蒙引》：心當静時，雖在常人，亦無得失之可議。故心不正，須就用上説。若事未至而預期之，即便是動矣，便是有心矣。○忿懥等心既是有所，則非天理之正，而爲人欲矣。欲之動，情之勝也。○《存疑》：《章句》「欲動情勝」，只在本文「有所」内。

心不在焉，視而不見，聽而不聞，食而不知其味。

心有不存，則無以檢其身。是以君子必

察乎此，而敬以直之，然後此心常存，而身無不脩也。朱子曰：「心若不存，一身便無主宰。」○敬是常要此心在這裏，直是直上直下，無纖毫委曲。○問：「視而不見，聽而不聞，只是說知覺之心，却不及義理之心。」曰：「才知覺，義理便在此。才昏，便不見了。」○雙峰饒氏曰：「四『不得其正』，言心不正也。視不見以下，言身不脩也。言此而不言所以正心脩身者，已具於誠意章故也。聲色臭味，事物之粗而易見者耳。心之精神知覺一不在此，則於粗而易見者，已不能見，況義理之精者乎！傳者之意，蓋借粗以明精耳。」○蛟峰方氏曰：「上一節，說有心者之病。『心不在焉』一節，說無心者之病。上節說心不可有所偏主，此節說心不可無所存主。不可有者，私主也。不可無者，主宰之主也。心有存主，則群妄自然退聽，而心正身脩矣。然則中虛而有主宰者，其正心之藥方也歟？」○新安陳氏曰：「朱子於此，又下一察字，且曰『敬以直之』，以足《大學》本文未言之意，提出正心之要法，以示萬世學者。」《通考》黃氏洵饒曰：「心不正，以義理言。心不在，以知覺言。」○吳氏季子曰：「人心惟危，道心惟微。差之毫釐，繆以千里。君子所以於意誠之後，尤不可不用功於此。君子之學切切於正心者，豈有他哉？心者，身之主。身者，心之役。目之於色，耳之於聲，口之於味，鼻之於臭，四肢之於安佚，皆不能以自適其所欲，而一切聽命於吾心。心之所之，然後之焉。故視不以目而以心，否則，泰山隤前而不瞬矣。聽不以耳而以心，否則，雷霆靜聽而不聞矣。食不以口而以心，否則，食焉而知味者亦鮮矣。蓋此心放焉而不知收，則雖視猶不視，雖聽猶不聽，雖食猶不食耳。攫金不見市人，心不在市人也。聽古樂惟恐卧，心不在古樂也。當食而失匕箸，心不在匕箸也。由是觀之，欲脩身者，其可不收斂此心，而使之在吾方寸間乎？心在，則可以檢束吾身，雖不期脩而自脩矣。反覆此章而紬繹之，始焉戒忿懥、恐懼、好樂、憂患之差，病痛只一有字；終焉求視聽食之正，工夫只一在字。」附《蒙引》：心有所忿懥而不得其正，則心奪於忿懥，而不爲我有矣，是心不在也。○心不存則無以檢其身，既無以檢其身，則身不可得而脩矣。檢字當不得脩字。○密察此心之存否，又在「敬以直內」前。○《存疑》：直之，即是去其「有所」而使之正也。敬是直之工夫，故曰敬立則內直。

此謂脩身在正其心。《通考》黄氏洵饒曰：「上八者，原其心不正。心不正，❶原其身不脩。甚言心不正之害，深淺可見。」附《淺説》：夫心不正，則身不脩，此謂脩身在正其心。正之云者，察之於方動之時，而敬以直之，務使此心如太虚，應接萬物，各止其所，而我無所與焉，可也。

右傳之七章。釋正心脩身。《通考》朱氏公遷曰：「伯兄克履云：『《大學》經言正心，是兼體用言，傳言所以正心之道，是專以用言。』蓋制於外，所以養其内也。」○勿軒熊氏曰：「上章知字、意字，雖皆指心言，是就心之知覺處説，意字是就心之發念處説。至此章方直指心之全體。學者必以此心之全體湛然虚明，無所係累，則其大用流行，自無不得其正。三節身脩，視聽飲食，皆就身説。按，心之一字，始於《虞書》。人心道心，便是善惡關頭。惟精者，致知也，察於人心道心之閒，而明於擇善也。惟一者，誠意也，專以道心爲人，而誠於爲善也。允執厥中，則無不正矣。湯之制心，武之宅心，孔子之心不踰矩，顔淵之心不違仁，皆此心也。有所好樂，偏於喜也。有所忿懥，偏於怒也。憂患恐懼，偏於憂懼也。」

此亦承上章以起下章。蓋意誠則真無惡而實有善矣，所以能存是心以檢其身。朱子曰：「意誠，然後心得其正，自有先後。」○新安陳氏曰：「此言意誠而後心可得而正，蓋其序之不可亂者。」《通考》黄氏洵饒曰：「檢，束也。」**然或但知誠意，而不能密察此心之存否，**即慎獨事。**則又無以直内而脩身也。**新安陳氏曰：「此言誠意又不可不正其心，乃其功之不可缺者。」○或謂意誠則心正。朱子曰：「不然。這幾句連了又斷，斷了又連，雖若不相連綴，中閒又自相貫。譬如一竿竹，雖只是一竿，然其閒又有許多節。意未誠，則全體是私意，更理會甚正心？然意雖誠了，又不可不正其心。」○或謂誠意則心之所發

❶「正」，原作「在」，今據上下文改。

已無不實，又何假於正心之功？ 雲峰胡氏曰：「意欲實而心本虛。實其意，則好惡不偏於方發之初；虛其心，則喜怒不留於已發之後。」新安陳氏曰：「下一句只說得末一邊，未見得意者心之用，❶先本自虛中發出。當添一句云虛其心，則本體不偏於未發之先，妙用不留於已發之後。」○東陽許氏曰：「『蓋意誠』以下，言誠意然後能正心，『然或』以下言既誠意又須正心。」自此以下，並以舊文爲正。

所謂齊其家在脩其身者，人之其所親愛而辟焉，之其所賤惡而辟焉，之其所畏敬而辟焉，之其所哀矜而辟焉，之其所敖惰而辟焉。故好而知其惡，惡而知其美者，天下鮮矣。 辟讀爲僻。惡而之惡、敖、好，並去聲。鮮，上聲。人，謂衆人。之，猶於也。辟，猶偏也。 朱子曰：「古註辟音譬，窒礙不通，只是僻字便通。❷況此篇自有僻字，『辟則爲天下僇』是也。」五者，在人本有當然之則。然常人之情，惟其所向而不加察焉，新安陳氏曰：「此章朱子亦以察字言之。興國本作察，他本作審者非。」則必陷於一偏，而身不脩矣。 西山真氏曰：「偏之一字，爲脩身齊家之深病。」○朱子曰：「正心脩身兩段，大概差錯處皆非在人欲上。皆是人合有底事，如在官街上差了路。」○忿懥等是心與物接時事，親愛等是身與物接時事。○之所親愛，如父子當主於愛，然父有不義，不可以不爭；子有不肖，亦不可不知教之。之所敬畏，如君固當敬畏，然若當正救責難，也只管敬畏不得。賤惡固可惡，或尚可教，或有長處，亦當知之。○問：「敖惰恐非好事。」曰：「此如明鏡之懸，妍醜隨其來而應之，不成醜者至前，亦喚做妍者？又敖惰是輕，賤惡是重，既賤惡得，如何却不得敖惰？然傳者猶戒其僻，則須檢點不可有過當處。」○哀矜，如有大姦方欲懲之，被他哀鳴懇告，又却寬之，這便是哀矜之偏處。○五者各自有當然之則，只不可偏；如人饑而食，只合當食，食纔過

❶「意」，原作「四」，今據《四書大全》改。
❷「僻」，原作「辟」，今據《朱子語類》改。

些子，便是偏；渴而飲，飲纔過些子，便是偏。如愛其人之善，若愛之過，則不知其惡，便是因其所重，而陷於所偏。惡惡亦然。下面説「人莫知其子之惡，莫知其苗之碩」，上面許多偏病不除，必至於此。○北溪陳氏曰：「敖，只是簡於爲禮。惰，只是懶於爲禮。有一等人，上非可愛，次非可敬，只是平平人，接之自令人簡慢。」○問：『人之其所親愛而辟焉』一章，終未見身與物接意思。」潛室陳氏曰：「接此五種人，便有此五種辟，豈不是身與物接？」○玉溪盧氏曰：「好而知其惡，是親愛之不偏；惡而知其美，是賤惡之不偏。二不偏惟明德無不明者能之。所好且知其惡，則一家孰敢爲惡？所惡且知其美，則一家孰不爲善？如此，則明德明於一家矣。」○勿軒熊氏曰：「親愛、畏敬、哀矜，指所愛之人言，有此三等。賤惡、敖惰，指所惡之人言，有此二等。偏於愛，則不知其人之惡；偏於惡，則不知其人之善，上下文相照應如此。」○雲峰胡氏曰：「或疑敖惰不當有殊，不知本文人字，非爲君子言，乃爲衆人言，《章句》曰衆人，又曰常人是也。衆人中固自有偏於敖惰之人，如下文人莫知其子之惡、苗之碩，亦汎言多溺愛貪得之人也。兩人字，示戒深矣。」《通考》吴氏季子曰：「齊之爲言整齊嚴肅之義也。《易》之《家人》曰：『父父子子，兄兄弟弟，夫夫婦婦，而家道正。』蓋父盡其所以爲父，子盡其所以爲子，兄盡其所以爲兄，弟盡其所以爲弟，大盡其所以爲夫，婦盡其所以爲婦，而後家道始正矣。正非齊之謂乎？然其《象》又曰：『風自火出，家人；君子以言有物而行有常。』舉家道之正，而蔽之以言有物行有常，是家之齊必本於身之脩，明矣。夫一家之内，所謂父子兄弟夫婦者，雖皆骨肉，然氣有清濁昏明之異，則性有剛柔緩急之殊，嗜好趨向如十指然，不能以一律齊也。故以堯爲父而有朱之淫，以舜爲兄而有象之傲，以尹吉甫爲夫而有後妻之讒，人情之不齊也如此。今吾將使其父父子子，兄兄弟弟、夫夫婦婦，截然整齊嚴肅，以視吾之儀，聽吾之倡，而無復紊亂於其閒者，儻非吾身之脩，有以使人之心悦誠服，人誰聽之？人孰不欲身之脩也？卒至於身之不脩者，接物應事之際，輕重厚薄一有所偏，則雖欲其脩不可得矣。且喜、怒、哀、懼、愛、惡、欲謂之七情，與生俱生，則若親愛、賤惡、畏敬、哀矜、敖惰，皆人情之所不能免者，儻施之而合宜，則亦何不可之有？惟夫失於偏重，展轉相之，遂至忘返，而言行之閒，内懷愧怍者始多矣，謂之身不脩可也。故親愛，人情之所不能無也，自其偏於親愛，而褻狎生焉，曰褻狎，則是身不脩矣，彼見褻狎者恃恩而驕，必蕩佚而不可律，其能使之齊乎？賤惡，人情之所不能無也，自其偏於賤惡，而忿疾生焉，曰忿疾，則是身不脩矣，彼遭忿疾者失歡而怨，必狼戾而不可訓，其能使之齊乎？畏敬，以事長而言，一偏則爲足恭，父母有失，無柔聲以諫之義，非所以脩身，亦非所以齊家也。哀矜，以慈幼而言，一偏則爲姑息，無嗃嗃悔厲之容，非所以脩身，亦非所以齊家也。敖惰，以不屑教誨而言，一偏則爲侮慢，無意諭色授之益，非所以脩身，亦非所以齊家也。凡人之情，蔽於一偏，則中心好之者惟見其美而不見其惡，中心惡之者惟見其惡而不見其美，愛而知其惡，憎而知其善者，幾希矣。」附《蒙引》：此段不是就家言，吴氏謂親愛等五者，皆是施於家者，非也。只是泛言身與物接，而家人自在其中。○不可因《章句》上節有身不脩字，下節有家不齊字，而遂分上節爲言身不脩，下節爲言家不齊也。○之猶於也。或者多以向字釋之，又太著力了。《章句》正是恐人認得之字太著力，故訓作於字也。○《存疑》：親愛、畏敬、哀矜，只在好樂内。賤惡、傲惰，只在忿懥内。○問：「憂患恐懼，於好惡何屬？」曰：「好惡中皆有憂懼，細味之自見。」○看來親愛賤惡等，與好樂忿懥，雖同是一情，然好樂忿懥等是自情之本然者言，親愛賤惡等又是情之見於運用者，已有思慮作爲，非復情之本然矣，所以屬之脩身。

故諺有之曰：「人莫知其子之惡，莫知其苗之碩。」諺，音彦。碩，叶韻，時若反。

諺，俗語也。溺愛者不明，貪得者無厭，平聲。是則偏之爲害，而家之所以不齊也。

雙峰饒氏曰：「之其親愛等而辟者，言身之不脩也；莫知其子之惡，言家之不齊也。大意謂惟其溺於一偏，故好不知其惡，惡不知其美。惟其身不脩，故家不齊。當看兩故字。人之其所親愛而辟，爲凡爲人者言；莫知子之惡，姑舉家之一端言之。」○玉溪盧氏曰：「子之惡，苗之碩，皆就家而言。」○雲峰胡氏曰：「心與物接，唯怒最易發而難制，所以前章以忿懥先之。身與事接，唯愛最易偏，故此章以親愛先之。至引諺曰，只是説愛之偏處。人情所易偏者，愛爲尤甚。況閨門之内，義不勝恩，情愛比昵之私，尤所難克。身所以不脩，家所以不齊者，其深病皆在於此。」《通考》黄氏洵饒曰：「好惡而知其惡美，是愛惡得其正。」○苗之碩，苗之至盛也。○吴氏季子曰：「愛憎根於内，而美惡變於前。『若考作室』，『乃弗肯堂』，猶以爲其子之克家也；『倬彼甫田，歲取十千』，❶猶以爲其苗之不長也。大抵家之不齊，始於身之不脩，而身之不脩，則以其情之有所偏耳。身之不脩如此，而欲化行於閨門之内，胡可得哉？此謂身不脩不可以齊其家。夫君子之方寸，如鏡斯明，物之鑒者，妍媸自生，鏡何心焉？如衡斯平，物之稱者，軒輊自形，衡何意焉？苟非身端而行治，其孰能與於此夫？是以閨門之内，不言而喻，不戒而孚，一唯一諾，無非教化之所寓，雖不使之齊而自齊矣。此章歷舉親愛以下之五事，而諄勤反覆，深戒其辟，旨哉言乎！」

附《存疑》：「故諺有之」條，亦是承上文「故好而知其惡，惡而知其美」句説來。此兩節，當緊緊相承説。上節「天下鮮矣」後，且莫繳「身不脩」，直至此節末後，方通繳之云。夫人情之偏，一至於此，則身決不可得而脩矣，尚何以齊其家哉？此所以説身不脩不可以齊其家。○按，此兩節只是「身不脩」，「不可以齊其家」意在言外，但説時須補此意。《章句》「家之所以不齊」，乃補意。

此謂身不脩不可以齊其家。

問：「如何脩身專指待人而言？」朱子曰：「脩身以後，大概説向接物待人去，又與只説心處不同。要之根本之理則一，但一節説闊一節去。」○錢氏曰：「上章四箇『有所』字，此章五箇『辟』字，其實皆心之病。但上四者只是自身裏事，此五者却施於人，❷即處家之道也。」○雙峰饒氏曰：「身以心爲之主，而心以意爲之機。人所以之其親愛等而辟者，以其心之不正耳。心所以有忿懥等則不得其正者，以其意之不誠耳。意苟誠矣，則忿懥等之必謹其獨而毋敢失其正，親愛等之必謹其獨而毋敢流於僻，是知誠意即正心脩身之要也。《章句》所以丁寧之以密察，加察即謹獨之謂也。有所忿懥等而能密察，是謹獨以正其心也。之其所親愛等而能加察，是謹獨以脩其身也。《章句》於二章察之一字凡四言之，省察之工夫，豈非自誠意章之謹獨而發哉？不特正心脩身章爲然也。由是而齊家治國平天下，無往不自謹獨出焉。傳於釋齊家治國章曰『心誠求之』，釋平

❶「千」，原作「干」，今據《毛詩注疏》改。

❷「五」，原作「六」，今據哈佛本改。

天下章曰『忠信以得之』。曰誠求，曰忠信，皆誠其意之謂也。誠其意，即謹獨之謂也。故程子論天德王道，皆曰其要只在謹獨；論出門使民，亦曰惟謹獨便是守之之法，可謂得其要矣。」《通考》黄氏洵饒曰：「此章甚言偏之爲害，至莫知其子之惡，深淺又可見。」○此獨反結者，脩身是明明德工夫緊要處。○變文應經文脩身也。

右傳之八章。釋脩身齊家。《通考》勿軒熊氏曰：「脩身二字，❶本於《虞書》。湯『檢身若不及』，文王之『聿脩厥德』，孔子『脩己以敬』，曾子『三省吾身』，皆是學者心既正而猶有待於脩身者，内外夾持，動静交養，工夫無一節可闕也。」

所謂治國必先齊其家者，其家不可教而能教人者，無之，故君子不出家而成教於國。孝者，所以事君也；弟者，所以事長也；慈者，所以使衆也。弟，去聲。長，上聲。身脩，則家可教矣。因家不可教，而推家所以可教之由，實自脩身始。孝、弟、慈，所以脩身而教於家者也。然而國之所以事君、事長、使衆之道，不外乎此。此所以家齊於上，而教成於下也。此字，指孝、弟、慈而言。朱子曰：「上面説不出家而成教於國，下面便説所以教者如此。此三者，便是教之目。」○「孝者，所以事君；弟者，所以事長；慈者，所以使衆。」此道理皆是我家裏做成了，天下人看著自能如此，不是我推之於國。○孝以事親，而使一家之人皆孝；弟以事長，而使一家之人皆弟；慈以使衆，而使一家之人皆慈。是乃成教於國者也。○陳氏曰：「在我事親之孝，即國之所以事君者；在我事兄之弟，即國之所以事長者；在我愛子之慈，即國之所以使衆者。能脩之於家，則教自行於國矣。」○玉溪盧氏曰：「孝、弟、慈三者，明德之大目，人倫之大綱，舉此可該其餘矣。」○雲峰胡氏曰：「脩身以上，皆是學之事。齊家治國，方是教之事。所以此章首拈出教之一字。然其所以爲教者，又只從身上説來。孝、弟、慈，所以脩身而教於家者也。獨舉三者，蓋從齊家上説。一

❶「二」，原作「三」，今據《續修四庫全書》影印明初刻本（以下簡稱影明本）《四書輯釋》改。

家之中，有父母，故曰孝；有兄長，故曰弟；有子弟僕隸，故曰慈。事君、事長、使衆，方從治國上説。」○吴氏曰：「傳只是治國先齊其家，《章句》并脩身言之，推本之論也。孝、弟、慈，體之身，則爲脩其身；行之家，則爲齊其家；推之國，則爲治其國。天理人倫，一以貫之而已。況家有父，猶國有君；家有兄，猶國有長；家有幼，猶國有衆。分雖殊，理則一也。」《通考》吴氏季子曰：「君子之教，自小而之大，自約而之博，自近而之遠。蓋大者小之推，博者約之推，遠者近之推也。今以家對國而言，則此爲小而彼爲大；以孝、弟、慈對事君、事長、使衆而言，則此爲約而彼爲博。孝施於父，弟施於兄，慈施於子，以若君若長若衆較之，則遠近又不待辨而明矣。自常情觀之，惟辟作福，惟辟作威，莫難事者，君也。設官分職，各率其屬，莫難事者，長也。林林而生，總總而群，莫難使者，衆也。然君子於此，蓋有簡而易行，要而易守者，不過反求之家耳。家果齊耶，則所謂事君在此，所謂事長、所謂使衆者亦在此。否則，施之家且不可，如國何？夫國之本在家，家不可教，而欲教其國人，則是表不正而求其影之直，無是理也。教之如何？曰：孝、弟、慈而已矣。冬温夏凊，昏定晨省，孝於其父者爲無愧，則施之事君，必能效責難之恭，盡陳善之敬，移其事父之孝以爲忠矣。伯氏吹塤，仲氏吹篪，弟於其兄者爲無歉，則施之事長，必能守靖共之節，崇推遜之風，移其事兄之弟以爲順矣。父兮生我，母兮鞠我，慈於其子者爲無欠缺，則必能充汎愛之念，推博施之恩，所謂使衆者，亦不過舉斯心而加諸彼耳。或事君，或事長，或使衆，其本末若甚宏闊，其節目若甚繁多，其施爲若甚纖悉，若大原之本，固已具於一家之内，不待捨此而他求也。古之君子，惟能反求於此，而知所用力焉。故身不出於其家，而教自行於其國，斷斷乎不可誣也。」附《蒙引》：「其家不可教而能教人者，無之，故君子不出家而成教於國。」此二句，且慢説出家國一理。下文「孝者，所以事君」三句，方説出蓋君子之所以不出家而成教於國者，正以孝者所以事君，弟者所以事長，慈者所以使衆故也。○《存疑》：「其家不可教而能教人者，無之」，就含箇其家可教而能教人，故承之曰「君子不出家而成教於國」，言身不出家，而其化自爾風行於其國也。此是探本之論。教國尚有許多事，未必只在家中，其化就行於國。要其化之行則本於此，故探本而言曰「不出家而成教於國」。○《淺説》：「孝者所以事君」三句，是説教國不外乎教家之道。「一家仁，一國興仁；一家讓，一國興讓」，正是説不出家而成教於國。惟教國不外乎教家，故不出家而成教於國也。○成教於國，不特國之爲人子者知所以事其親，而爲人臣者亦知所以事其君；不特爲人弟者知所以事其兄，而爲人卑幼者亦知所以事其長；不特爲人父母者知所以愛養其子弟，而爲人君長者亦知所以撫綏其人民。

《康誥》曰「如保赤子」，心誠求之，雖不中不遠矣。未有學養子而後嫁者也。中，去聲。

此引《書》而釋之，又明立教之本不假强上聲。**爲，在識其端而推廣之耳。**朱子曰：「孝弟，雖人所同有，能守而不失者鮮。惟保赤子罕有失者，故特即人所易曉者以示訓，亦與孟子言見孺子入井之意同。」○保赤子，慈於家也；如保赤子，慈於國也。保赤子是慈，如保赤子是使衆。心誠求赤子所欲，於民亦當求其不能自達者，此是推慈幼之心以使衆也。○此且只説動化爲本，未説到推上。後方全是説推。○黄氏曰：「言但以誠心求之，則自然得赤子之心，不待勉强而後知之也。」○三山陳氏曰：「赤子有欲，不能自言，慈母獨得其所欲。雖不中亦不遠者，愛出於誠，彼己不隔，以心求之，不待學而後能也。」○玉溪盧氏曰：「引《書》即慈之道以明孝弟之道也。立教之本，本者，明德是已。在識其端，端者，明德之發見爲孝、弟、慈是已。」○仁山金氏曰：「此段《章句》本章首教字，三者俱作教説，不作推説。立教之本，説孝、弟、慈。不假强爲，説『未有學養子而后嫁』。在識其端而推廣之，説『心誠求之』。」○雲峰胡氏曰：「孝、弟、慈，皆人心之天。此獨言慈者，世教衰，孝弟或有失其天者，獨母之保赤子，慈之天未有失者也。大要只在『心誠求之』一句上，舉其慈之出於天者，庶可以觸其孝弟之天。孝弟亦在乎誠而已。」○新安陳氏曰：「立教之本，總言孝、弟、慈。傳引《書》只言慈幼，《章句》乃總三者言之，蓋因慈之良知良能，而知孝弟之良知良能，皆不假於强爲，只在識其端倪之發見處，而從此推廣去耳。」○東陽許氏曰：「保赤子，是父母愛子之心。如保者，是言君養民，亦當如父母之保赤子。赤子不能言，父母保之，雖不中不遠，況民之能言而意易曉者。所欲與之聚，所惡勿施，雖不中民之心，亦不遠矣。」《通考》黄氏洵饒曰：「齊家以下，皆就身上説。」○孝、弟、慈是仁，仁字自止於仁處來。孝、弟、慈是明明德，明明德是人所同得，非家喻户曉也。○平天下章，老老、興弟、恤孤，即此三者是人人所同也。○吴氏季子曰：「夫赤子之在襁褓，寒則欲衣，飢則欲食，疾痛則欲撫摩，癢疴則欲抑搔，蓋與成人等耳。然其所欲瞭然於心，而未能宣之以言，則夫爲之保抱携持者，莫難於求其中心之所向。是故察之乳哺焉，察之卧起焉，察之聲音笑貌焉，不待赤子之言，而自然陰合乎赤子之意，此父母之心最真實而無妄者也。人患不用心耳，使其用心，亦如父母之於赤子，則雖不能盡中斯民之所欲，而相去不遠矣。譬之處子。然既嫁，則有爲人母之道。方其未嫁也，豈有先學字幼而後適人者哉？要其字幼也，亦不過以真實無妄之心而求之耳。誠者，真實無妄之謂也。聖賢教人，每以真實無妄爲先，蓋嘗以如好好色、如惡惡臭明之矣。好好色，惡惡臭之誠，即保赤子之誠，皆人心之自然，而未有以僞爲之者也。聖賢可謂能近取譬矣。昔者夫子之告曾子曰：『事親孝，故忠可移於君；事兄弟，故順可移於長；居家理，故治可移於官。』而孟子亦曰：『老吾老以及人之老，幼吾幼以及人之幼。古之人所以大過人者，無他焉，善推其所爲而已矣。』夫子之所謂移，孟子之所謂推，其《大學》之所謂如乎？明乎此，則《大學》之義粲然矣。或謂上文以孝、弟、慈三者並列而言之，下文乃獨舉『如保赤子』以明使衆之慈，何也？曰：此舉一隅以反三隅者耳。孝、弟、慈三者，皆人心之所同然。而世降俗末，則薄於孝弟而厚於慈者多矣。人知赤子之當慈也，雖暴戾之夫、頑狠之人，一見赤子，則慈愛之心油然而生，蓋不待教而能者。至於妻子具而孝衰，則塗之人皆然，而鬩牆之争抑又多矣。是孝弟者，非士君子鮮知之。而慈之一端，尤人之所易曉者也。聖賢以其易曉者而曉之，使天下後世知保赤子之慈，則知事親之孝、事兄之弟矣。知使衆之不出於慈，則知事君事長之不出於孝弟矣。循是而行之，則自家至國，自齊至治，雖不出户可也。」附《存疑》：如保赤子，如字輕看。傳者之意，只是説慈幼，不是説保民當如保赤子。《或問》「傳之言此，亦以明夫使衆之道，不過即其慈幼者而推之」，此句在上文「慈者所以使衆」内。「慈幼之心，又非外鑠而有待於强爲」，始是解本文「心誠求之」以下。○「心誠求之」，就接「如保赤子」説。意謂《康誥》曰「如保赤子」，夫赤子有欲，不能自言，爲之母者，苟心誠求之，雖不中其欲，相去亦不遠矣。然此心本是人所固有，故自然能之。未有學養子而後嫁者也，慈幼如此，孝弟可知矣。○上言孝、弟、慈，此獨言慈幼者，偶舉其一以例其餘也。《或問》細大、小註「易曉」之説，愚未能釋然。○《章句》「在識其端而推廣之」，是本文言外之意。推廣是充其本然之量，不是推之以事君、事長、使衆也。

一家仁，一國興仁；一家讓，一國興讓；一人貪戾，一國作亂。其機如此。此謂一言僨事，一人定國。僨，音奮。

一人，謂君也。機，發動所由也。僨，覆敗也。此言教成於國之效。朱子曰：「『一家仁，一國興仁；一家讓，一國興讓』，自家禮讓，有以感之，故民亦如此興起；自家好爭利，却責民閒禮讓，如何得他應！」○「一家仁」以上，是推其家以治國。「一家仁」以下，是人自化之也。○雙峰饒氏曰：「仁讓是本上文孝弟而言。仁屬孝，讓屬弟，貪戾者，慈之反也。上言不出家而成教於國底道理，此言不出家而成教於國底效驗。」○玉溪盧氏曰：「仁讓，善也，接上文孝弟言。貪戾，惡也。貪則不讓，戾則不仁。有善無惡之理，雖原於天，而爲善爲惡之機，實由於君。仁讓之化，必待行於家而後行於國。貪戾之失，才自於君而即見於國。從善如登，見其難；從惡如崩，見其易。機之所在，可畏如此，可不謹歟？僨事定國，蓋古語，觀此謂二字可見，引以證上文。」○仁山金氏曰：「定國謂之一人，蓋總一身而論。僨事謂之一言，則不過片言之間。善惡功效之難易，尤爲可懼也已。」○新安陳氏曰：「一家仁讓，而一國仁讓，家齊而國治也。一人才貪戾，而一國即作亂，身不脩則家國即不齊不治也。機者，弩牙，矢之發動所由，譬仁讓之興，其機由一家，悖亂之作，其機由一人，故總斷云『其機如此』。『一言僨事』，結作亂句。『一人定國』，結興仁讓句。」○東陽許氏曰：「仁讓，必一家方能一國。化貪戾，只一人便能一國亂。至於僨事，又只在人之一言。以此見爲善難，爲惡易，不可忽如此。」《通考》吴氏季子曰：「天地之閒，惟感應爲甚速，我以此感，則彼以此應，如矢赴的，瞬息不留，是之謂機。仁讓貪戾，其一家一國之機歟！夫惻隱根於仁，辭讓本於禮，仁與讓蓋人性之所同得也。貪者欲之極，戾者怒之偏，貪與戾亦人情之所不能免也。凡民之生，靡不如此。彼其機括伏於胸中，莫或擊觸，則雖有是仁讓，而不能自興；雖有是貪戾，而何至於亂。一旦爲民上者能使父慈子孝，而一門之内皆仁，兄友弟恭，而一門之内皆讓，則我之機觸彼之機，通國上下，激昂奮發，雖欲不爲仁，不能自已也，雖欲不爲讓，不能自遏也。自其一念之貪，而形之於事者無不貪，一念之戾，而施之於政者無不戾，則我之機觸彼之機，通國上下，薰蒸濡染，淪胥於貪，不奪不饜也，相挺爲戾，不競不止也。一國者，一家之推也，發乎邇則見乎遠。一人者，一國之表也，出乎身則加乎民。鼓鐘於宫，聲聞於外，鶴鳴在陰，其子和之，至不可誣也。昔陽城兄弟友愛，奴亦化之，一家之仁耳。晉之鄙薰而善良者幾千人，一國之仁也。窮而在下者如此，況達而在上者乎？東郡民感韓延壽之化，昆弟願以田相移，終死不敢復争，一家之讓耳。郡中翕然，傳相敕厲，二十四縣莫以訟言，一國之讓也。賤而爲民者如此，況貴而爲君者乎？晉武帝賣官，而錢入私門，其始不過一人之貪耳。迨夫錢神之論一興，風俗陵夷，卒成劉石之難，海内塗炭，豈非一國之亂乎？梁惠王糜爛其民，而戰之其始，不過一人之戾耳。迨夫東敗於齊，南辱於楚，西喪地於秦，則雖所愛子弟，亦不免於死，豈非一國之亂乎？夫惟貪戾之害如彼，故雖一言之微，而或至於僨事，夫子所謂『一言而喪邦』者是也。夫惟仁讓之效如此，故雖一人之寡，而亦可以定國，孟子所謂『一正君而國定』者是也。古之聖賢，所以孜孜然，汲汲然，誠意正心以除貪戾之根，脩身齊家以立仁讓之的，蓋亦曰一身之舉動，一家之趨向關焉，一家之習尚，一國之觀瞻係焉，其機甚可畏也。傳《大學》者，揭機之一語，以曉天下後世，其警之也深矣。文公曰：『機，發動所由也。』味所由二字，則夫仁之爲仁，讓之爲讓，不發於人而發於我，貪之爲貪，戾之爲戾，不動於彼而動於此，明矣。學者盍亦審其發，而謹其動也哉！」**附**《蒙引》：上文所言者，教成於國之理；此節所言者，教成於國之效。效，實迹也。教成於國，即是效，不可於成教之外更討箇效也。《論語》「如有王者，必世而後仁」章，《集註》曰：「周自文、武至於成王，而後禮樂興，即其效也。」此效字，正謂實迹也。○傳者所以説立教之本不假强爲者，正欲人識其端而推廣之耳。能識其端而推廣之，則教之本自我立，而一家仁讓，一國仁讓矣。○《存疑》：《蒙引》云：「孝慈屬仁，弟屬讓。」一説孝、弟、慈裹俱有仁讓，有恩以相愛，仁也；有禮以相接，讓也。此說更是。

堯、舜帥天下以仁，而民從之；桀、紂帥天下以暴，而民從之。其所令反其所好，而民不從。是故君子有諸己而後求諸人，無諸己而後非諸人。所藏乎身不恕，而能喻諸人者，未之有也。好，去聲。

此又承上文「一人定國」而言。新安陳氏曰：「民之仁、暴，唯上所帥。帥之以所好，則民從。如好暴而令以仁，所令與所好反，民弗從矣。」有善於己，然後可以責人之善；無惡於己，然後可以正人之惡。皆推己以及人，所謂恕也。蛟峰方氏曰：「此章是如治己之心以治人之恕。絜矩章是如愛己之心以愛人之恕。」《通考》黃氏洵饒曰：「有諸己，無諸己，忠也。求諸人，非諸人，恕也。所藏，主也，即《尚書》所謂『違上所命，從厥攸好』之意。」不如是，則所令反其所好，而民不從矣。喻，曉也。問：「此章言治國，乃言帥天下以仁，又似說平天下；言有諸己，又似說脩身，何也？」朱子曰：「聖賢之文簡暢。身是齊治平之本，治國平天下自是相關，豈可截然不相入？」○尋常人若有諸己，又何必求諸人？無諸己，又何必非諸人？如孔子說「躬自厚而薄責於人」，「攻其惡，無攻人之惡」。至於《大學》之說，是有天下國家者，勢不可以不責他。大抵治國者，禁人惡，勸人善，便是求諸人，非諸人。○三山陳氏曰：「己有此善，然後可以求人有此善。己無此惡，然後可以非人有此惡。皆己先之也。」○雙峰饒氏曰：「無善而欲責人，有惡而欲禁人，是無己可推而欲及人也。此章雖釋齊家治國，然自『一人貪戾』以下，皆歸重人主之身，此乃極本窮原之論。」問：「恕者推己及人，却說『所藏乎身』。」曰：「恕有首有尾，藏乎身者其首，及人者，其尾也。❶忠是恕之首。治國平天下章皆說恕。此章言有諸己、無諸己，是要人於脩己上下工夫，其重在首。下章言『所惡於上，無以使下』等，是要人於及人上下工夫，其重在尾。兩章互相發明。」○仁山金氏曰：「治國者，必有法制號令，以禁民爲非，而律民以

❶「其」，原作「具」，今據《四書大全》改。

善，雖桀、紂之世，亦所必有。但其所好則不若此，故民從其所好，不從其所令。所以治國者在反求諸己，乃政令之本。」○藏乎身者，自其盡己處言之；恕者，自其推己處言之。所藏，是指有諸己、無諸己者也；恕，是指求諸人，非諸人者也。所藏乎身不恕，謂所藏於己者，未有可推以及人，如何能喻諸人？然所謂「堯、舜帥天下以仁」，以己及物者也，仁也。所謂「有諸己而後求諸人，無諸己而後非諸人」，推己及物者也，恕也。至所謂「桀、紂帥天下以暴」，不仁者也。「所藏乎身不恕」，反上文也。○雲峰胡氏曰：「此一恕字，人皆知其以推己之恕言，不知『藏乎身』三字，已帶盡己之忠言矣。此章有、無二字，必自誠意章相貫說來。天下未有無忠之恕。上文『心誠求之』，即是誠意之誠，非有二也。誠意者，如惡惡臭，如好好色，皆務決去，而求必得之。求必得之，則有諸己矣。務決去之，則無諸己矣。」○新安陳氏曰：「有善無惡於己，盡己之忠也。推己以責人，正人由忠以爲恕也。忠即恕之藏於内者，恕即忠之顯於外者。所藏乎身不恕，無藏於内之忠，而欲爲恕，是乃程子所謂『無忠做恕不出』者也。其能喻人者，無之。」《通考》吴氏季子曰：「克讓者，一堯耳，而黎民以之時雍。好生者，一舜耳，而四方以之風動。率天下以仁者，民之從何如也！虐民者，一桀耳，而其徒之附勢實繁。毒逋者，一紂耳，而小民之敵讎相繼。率天下以暴者，民之從何如也！然則仁讓之風，貪戾之禍，自身而家，自家而國，自國而天下，次第相承，蓋同此一機耳。氓之蚩蚩至愚也，然上之所令與其所好同，則從之；上之所令與其所好異，則不從，何哉？故以身率之則易，以令驅之則難，此理之常，無足怪者。夫自后王君公而下，至於大夫師長，各率其衆之多寡，雖若不侔，而其統御之道，皆必先己而後人。惟己之仁也，而後可以使人之仁；惟己之敬也，而後可以使人之敬；惟己之孝也，而後可以使人之孝；惟己之慈也，而後可以使人之慈。行於己者，其所好也；使人從己者，其所令也。若令之以仁，而其所好者非仁也；令之以敬，而其所好者非敬也；令之以孝且慈，而其所好者非孝非慈也，是謂所令反其所好，民胡爲而從之哉？君子知夫民之從好不從令也，是故有諸己而後求諸人，欲責人之爲善，必先反而思之曰：『己亦有此善乎？』一或無之，方且自愧之不暇，而何敢以此望人乎？無諸己而後非諸人，欲議人之爲不善，必先反而思之曰：『己能無此不善乎？』

一或有之，方且自訟之不暇，而何敢以此尤人乎？大抵正己之事詳，而正人之事略；律己之念重，而律人之念輕。味『而后』二字則可見矣。恕之爲義曰推己，曰如心。推己云者，以待己之道而待人是也。如心云者，待人之心亦如待己之心是也。苟無諸己而求諸人，有諸己而非諸人，則其在吾身者已不能盡恕之義，彼見吾之所以治人者如此，而所以自治者乃如彼，則意向扞格，貌雖從而心不服，豈能使之喻哉？」附《蒙引》：堯、舜帥天下以一身之仁，而天下皆從而仁。桀、紂帥天下以暴而民從之，不能使之仁矣。是何也？其所令反其所好，而民不從也。此下一句，不要兼堯、舜説。○堯、舜帥天下以仁，恕也。○此數「人」字，皆指國言，不兼家人。蓋上文孝弟慈是以身言，而曰「所以脩身而教於家者也」，就含家了，下文便以國之所以事君、事長、使衆相對説。一家仁讓句內，亦帶脩身，下句便以國對説。又「一人貪戾」，與一家仁讓相對，而國字盡同。此章是釋治國在齊家，不應説有善於己，然後可以責家國人之善云云也。家只跟著身，國字與之對。

故治國在齊其家。通結上文。《通考》韓氏古遺曰：「再言治國在齊其家，以應經文『其所厚者薄』。」○吴氏季子曰：「『故治國在齊其家』，此七字，結前生後之語也。其下連引三詩，不厭重複，所以反覆詠歎，發越言外深長之味，使人諷之於口，而得之於心也。」附《存疑》：「故治國在齊其家」句，須通承上文結方説得，若只承「堯、舜帥天下以仁」説不得。言教家之道即教國之道，能教其家，斯能教其國如此，所以經文説治國在齊其家。

《詩》云：「桃之夭夭，其葉蓁蓁。之子于歸，宜其家人。」宜其家人，而後可以教國人。夭，平聲。蓁，音臻。

《詩》，《周南·桃夭》之篇。夭夭，少去聲。好貌。少嫩也。蓁蓁，美盛貌。興去聲。也。於六義屬興。之子，猶言是子，此指女子之嫁者而言也。婦人謂嫁曰歸。宜，猶善也。玉溪盧氏曰：「可以教國人，應『其家不可教，而能教人者，無之』之意。」附《蒙引》：或以「夭夭，少好貌」爲指桃花，非也。《詩》上章有云「桃之夭夭，灼灼其華」，則知桃只是桃身也。

《詩》云：「宜兄宜弟。」宜兄宜弟，而後可以教國人。

《詩》，《小雅·蓼音六。蕭》篇。

《詩》云：「其儀不忒，正是四國。」其爲父子兄弟足法，而後民法之也。

《詩》，《曹風·鳲音尸。鳩》篇。忒，差也。

問：「『父子兄弟足法，而後民法之』，然堯、舜不能化其子，周公不能和兄弟，是如何？」朱子曰：「聖賢是論其常，堯、舜、周公是處其變。如不將天下與其子而傳賢，便是能處變得好。若周公不辟管叔，周如何不亂？是不得已著恁地。而今且理會常底。今未解有父如瞽瞍，兄弟如管、蔡，未論到變處。」○三山陳氏曰：「説正四國，及仁帥天下，皆是説到極處。」○玉溪盧氏曰：「父子兄弟足法，儀之不忒也。民法之，四國之正也。教國人，是治國之事，所以明明德於其國。民法之，是國治之事，則明德明於其國矣。」○新安陳氏曰：「足法，家齊，而可以示法於人也。民法之，國人取法於己也。」《通考》黄氏洵饒曰：「『宜其家人』，仁也。『宜兄宜弟』，讓也。『正是四國』，就身上説，貪戾之反也。」○三引《詩》，即孟子「刑于寡妻，至于兄弟，以御于家邦」之意。○又發經文厚薄之意，此是血脈貫通處。○顧麟士曰：「但言儀不忒，説脩身以教家，義未實，故又加『父子兄弟足法』句。如『有斐君子』，説明德，義未實，故又加『盛德至善』句。又補經之別法。」

此謂治國在齊其家。

此三引《詩》，皆以咏歎上文之事，而又結之如此。其味深長，最宜潛玩。三山陳氏曰：「古人凡辭有盡而意無窮者，多援《詩》以吟咏其餘意。」○玉溪盧氏曰：「此章言治國甚略，言齊家甚詳。所以明齊家之道即治國之道，以人同此心，心同此明德故也。」○仁山金氏曰：「三引《詩》，首引『之子宜家』，繼引『宜兄宜弟』，化也。蓋天下之未易化者婦人，而人情之每易失者兄弟，齊家而能使之子之宜家、兄弟之相宜，則家無不齊者矣。宜乎『其儀不忒』，而足以『正是四國』也。自脩身而齊家，自齊家而治國，而平天下，有二道焉：一是化，一是推化者。自身教而動，化也；推者，推此道而擴充之也。故此一章並含兩意。自章首至『成教於國』一節是化，三『所以』是推。『如保赤子』繼『慈者使衆』而言是推，『一家仁』以下一節是化。『帥天下』一節是化，『有諸己』一節繼『所令反其所好』而言是推，三引《詩》是化。惟化則可推，惟推則皆化；非化則推不行，非推則化不周。」○雲峰胡氏曰：「《中庸》引《詩》，明行遠自邇之意，必先『妻子好合』，而後『兄弟既翕』。此三引《詩》，首以婦人之宜家人，而繼以宜兄弟，蓋家人離必起於婦人，非『刑于寡妻』者未易『至于兄弟』，亦未易『御于家邦』也。其示人以治國之在齊其家也，益嚴矣。」○東陽許氏曰：「三引《詩》，自内以至外，婦人女子，最難於化。而夫婦之間，常人之情，最易失於動不以正。化能行於閨門，則德盛矣。故引《詩》言夫婦爲首，而兄弟次之，總一家言者又次之。」《通考》黄氏洵饒曰：「治國之仁讓興於孝，又言『一人貪戾，一國作亂』，而遂及平天下，則深淺可見矣。」

右傳之九章。釋齊家治國。

所謂平天下在治其國者，上老老而民興孝，上長長而民興弟，上恤孤而民不倍，是以君子有絜矩之道也。長，上聲。弟，去聲。倍，與背同。絜，胡結反。

老老，所謂老吾老也。興，謂有所感發而興起也。孤者，幼而無父之稱。絜，度待洛反。下同。也。矩，所以爲方也。矩者，制方之器，俗呼曲尺。此借以爲喻。言此三者上行下效，捷疾業反。於影響，所謂家齊而國治也。新安陳氏曰：「上行，謂老老、長長、恤孤。下效，謂民興孝、興弟、不倍。此即上章孝、弟、慈所以『不出家而成教於國』者，《章句》接上章説下來。」亦可以見人心之所同，而不可使有一夫之不獲矣。新安陳氏曰：「可見人同欲遂其孝、弟、慈之心，便當平其政以處之，不可使有一人之不得其所也。」是以君子必當因其所同，推以度物，物即人也。使彼我之閒，各得分去聲。願，則上下四旁均齊方正，而天下平矣。朱子曰：「老老、長長、恤孤，方是就自家切近處説，所謂家齊也。民興孝、興弟、不倍，是就民之感發興起處説，治國而國治之事也。上行下效，感應甚速，可見人心所同者如此。『是以君子有絜矩之道也』，此句方是引起絜矩事。下面方説絜矩，而結之云『此之謂絜矩之道』。」○絜矩之説，不在前數章，却在治國平天下章。到此是節次成了方用得。○先説上行下效，到絜矩處，是就政事上説。若但興起其善心，不使得遂其心，雖能興起，亦徒然耳。如政煩賦重，不得養其父母，畜其妻子，又安得遂其善心！須是推己之心，以及於彼，使彼仰足以事，俯足以育，方得。○能使人興起者，聖人之教化也；能遂其興起之心者，聖人之政事也。○矩者，心也。我心所欲，即他人所欲。我欲孝、弟、慈，必使他人皆如我之孝、弟、慈，不使一夫之不獲方可。只我能如此，他人不能如此，即是不平矣。○絜矩不是外面别有箇道理，只便是前面正心脩身底推而措之。○問：「絜矩之道，是廣仁之用否？」曰：「此乃求仁工夫，正要著力。若仁者，只是舉而措之耳，不待絜矩而自無不平矣。絜矩正是恕者之事。」○興孝、興弟、不倍，上行下效之意，上章已言之矣。此章再舉之者，乃欲引起下文君子必須絜矩然後可以平天下之意。不然，則雖民化其上以興於善，而天下終不免於不平也。故此一章，首尾皆以絜矩之意推之，而未嘗復言躬行化下之説。○問：「『上老老而民興孝』，下面接『是以君子有絜矩之道也』，似不相續，如何？」曰：「這箇便是相續。絜矩是四面均平底道理，教他各得老其老，各得長其長，各得幼其幼。不成自家老其老，教他不得老其老；長其長，教他不得長其長；幼其幼，教他不得幼其幼，便不得。『是以』二字，是結上文，猶言君子爲是之故，所以有絜矩之道。」○絜矩，如自家好安樂，便思他人亦欲安樂，當使無『老稚轉乎溝壑，壯者散而之四方』之患。「制其田里，教之樹畜」，皆比以推之。❶ ○雙峰饒氏曰：「矩，所以爲方之具也。匠欲爲方，必先度之以矩。欲平天下者，以何物爲矩而度之？亦惟此心而已。絜者，以索圍物而知其大小，度之義也。匠之度物，以矩爲矩；君子之度人，以心爲矩。」○玉溪盧氏曰：「矩，猶則也。明德至善，吾心本然之則也。以此齊家，絜矩於家也；以此治國，絜矩於國也；以此平天下，絜矩於天下也。絜矩之道，即明明德於天下之道也。」○仁山金氏曰：「首三句是化，絜矩是推。既有以化之而興其孝、弟、不倍之心，

❶「比」，《朱子語類》作「自此」。

必有以推之而遂其孝弟不倍之願。推之者，莫大於從其所好，勿施所惡。所好在因其利，所惡在奪其利。」○雲峰胡氏曰：「此章當分爲八節。右第一節，言所以有絜矩之道。夫子十五志學，即此所謂大學。志學以下分知行，到末節方言不踰矩，是生知安行之極致。《大學》格物而下，亦分知行，到末章亦言絜矩，是致知力行之極功。矩者何？人心天理當然之則也。吾心自有此天，則聖人隨吾心之所欲，自不踰乎此則，故曰不踰矩。人心同有此天，則學者即吾心之所欲，以爲施於人之則，故曰絜矩。只是一箇矩字，但不踰矩之矩渾然在聖人方寸中，是矩之體；絜矩之矩，於人己交接之際見之，是矩之用。規、矩，皆法度之器，此獨曰矩者，規圓矩方，圓者動而方者止。不踰矩即是明德之止至善，絜矩即是新民之止至善。」《通考》東陽許氏曰：「此章分四節看：章首至失衆失國，爲一節；『是故君子』至『不善則失之』，爲一節；『楚書』至驕泰以失之，爲一節；自『生財有大道』至篇終，爲一節。四節中分爲小段看。第一節反覆言絜矩，分五段：第一段，老老、長長、恤孤，是直從齊家上説來，即前章孝弟慈也。上之人盡孝、弟、慈，而民便興起，可見人同有此明德而易化。然天下之大，兆民之衆，須有規矩制度，使各守其分。是以以己之心度人之心，❶品量位置以爲之限，則天下無不平矣。絜矩只是度義兩字。上三句是化，絜矩是推，所推者只是好惡兩字。」❷○黄氏洵饒曰：「《章句》云『分願』，即《謙》卦『稱物平施』。」○吴氏季子曰：「人同一心，心同一理。我以此感，則彼以此應。且夫老吾老，非欲使民之孝也，而民自興於孝；長吾長，非欲使民之悌也，而民自興於悌；恤吾孤，非欲使民之不倍也，而民自有不倍之風。豈非同天下而一理，合千萬人而一心乎！」**附**《淺説》：經文「所謂平天下在治其國者」，何謂也？蓋國近而天下遠也。惟地有遠近之分，故德化之所感、政令之所加，必先於國，而後得以及於天下也。然平天下之道何如？誠以凡厥有生，同具此孝、弟、慈之性，必在上之人先有以倡之，而後在下之人自有以效之。上能老吾之老而盡孝之道，以教於家，則一國之人亦觀感而興起於孝；上能長吾之長而盡弟之

❶「是以以己之心」，原脱一「以」字，今據《四部叢刊續編》影印元刻本（以下簡稱影元本）《讀四書叢説》補。

❷「字」，影元本《讀四書叢説》作「面」。

道，以教於家，則一國之人亦觀感而興起於弟；上能恤孤而盡慈之道，以教於家，則一國之人亦觀感而興起於慈，而無悖戾者矣。由此觀之，同此人則同此心，同此心則同此孝、弟、慈。一國之人既知所興起矣，天下之人獨無是心乎？獨不知所興起乎？然在上之人不能察彼之心，而失其所以處之之道，則彼之所興起者，或不得遂，而反有不均之歎。是以君子必察其心之所同，而得夫絜矩之道，然後有以處此而遂其興起之善端也。○《蒙引》：本文三「民」字，指國人言。故《章句》截定曰：「言此三者，上行下效，捷於影響，所謂家齊而國治也。」下即承之云：「亦可以見人心之所同，而不可使有一夫之不獲矣。」其「人心」二字，則通指天下人心也。○「孤者，幼而無父之稱。凡幼皆在所恤，獨言孤，何也？」曰：「『哀此煢獨』，此尤在所宜恤者耳，所謂舉重以見輕。」○「上下四旁，均齊方正」，是形容「彼我之閒各得分願」也。○《存疑》：「推以度物」，裏面便有事了。故曰「使彼我之閒，各得分願」，下條六箇「毋以」字可見。《或問》自明白。○通章所言，皆是政事，不見感化意，以其説已具於治國章故也。蓋治國、平天下相關。

所惡於上，毋以使下；所惡於下，毋以事上；所惡於前，毋以先後；所惡於後，毋以從前；所惡於右，毋以交於左；所惡於左，毋以交於右。此之謂絜矩之道。惡、先，並去聲。

此覆解上文絜矩二字之義。如不欲上之無禮於我，則必以此度下之心，而亦不敢以此無禮使之；不欲下之不忠於我，則必以此度上之心，而亦不敢以此不忠事之。至於前後左右，無不皆然，則身之所處，上聲。上下四旁，上下已見上文。前後左右爲四旁，四旁即四方也。長短廣狹，彼此如一，而無不方矣。彼同有是心而興起焉者，又豈有一夫之不獲哉！新安陳氏曰：「有此絜矩之道以處之，則始焉興起其孝、弟、不倍之心者，今果得以遂其心矣。」《通考》黄氏洵饒曰：「絜矩二字，亦自經文能慮來，《章句》所謂處事精詳者。❶ 無一夫之

❶「事」，原作「物」，今據哈佛本改。

不獲，即新民、止至善。」所操平聲。者約，而所及者廣，雲峰胡氏曰：「只一矩字，此心『所操者約』；加一絜字，此心『所及者廣』。」此平天下之要道也。故章内之意，皆自此而推之。朱子曰：「上下前後左右，都只一樣心，只是將那頭，折轉來比這頭。在我上者使我如此，而我惡之，更不將來待在下之人。如此則自家在中央，上面也占許多地步，下面也占許多地步，便均平方正。若下之事我如此，而我惡之，我若將去事上，便下面長，上面短，不方了。左右前後皆然。」○譬如交代官，前官之待我既不善，吾毋以前官所以待我者待後官也。左右，如東西鄰。以鄰國爲壑，是「所惡於左，毋以交於右」可也。上下前後左右，做九箇人來看便見。○「己欲立而立人，己欲達而達人」，是兩摺説，只以己對人言。若絜矩，則上之人所以待我，我又思以待下之人，是三摺説。如《中庸》「所求乎子以事父，未能」，亦是此意。但《中庸》是言其所好，此言其所惡也。人莫不有在我之上者，莫不有在我之下者。如親在我之上，子孫在我之下。我欲子孫孝於我，而我却不能孝於親；我欲親慈於我，而我却不能慈於子孫，便是一畔長，一畔短，不是絜矩。○問：「長短廣狹如一而無不方，在人有天子、諸侯、大夫、士、庶人之分，何以使之均平？」曰：「非言上下之分欲使之均平。蓋事親事長，當使之均平，上下皆得行之。上之人得事其親，下之人也得事其親，但各隨其分，得盡其事親事長之意耳。」○雙峰饒氏曰：「以上下左右前後言，則我當其中，上之使我，猶我之使下，下之事我，猶我之事上。至於左右前後皆然，故皆不當以所惡者及之。然以上之使我者使下，而不以事上，以下之事我者事上，而不以使下，則上下之分殊矣。以前之先我者先後，而不以從前，以後之從我者從前，而不以先後，則前後之分殊矣。是理一之中，又有分殊者。存此，所以異於墨氏之兼愛、佛氏之平等也。」○雲峰胡氏曰：「右第二節言『此之謂絜矩之道』，須看『是以』、『有』、『此之謂』六字。人之心本無閒於己，是以有絜矩之道；己之心能不閒於人，此之謂絜矩之道。」○新安陳氏曰：「下文節節提掇能絜矩與不能絜矩者之得與失，皆是自此一節而推廣之。」《通考》東陽許氏曰：「二段專釋絜矩之義。」○潛齋何氏曰：「上下前後左右，即方矩之體也。自此至卒章，皆發揮絜矩之事。」○吳氏季子曰：

「君子知夫人同此心，心同此理也，故其與人接，必有以揆度於其閒。曰上，曰下，曰前，曰後，曰左，曰右，接之之境也。曰使，曰事，曰先，曰從，曰交，處之之道也。於接之之境，思處之之道。以此準彼，視彼猶此，務使上下四方均齊方正，而無缺然不滿之處，是之謂絜矩。舉天下之圓，無出於規；舉天下之方，無出於矩。君子以此矩而絜之，居上而施之下者如此，則居下而施之上者亦當如此；居前而施之後者如此，則居後而施之前者亦當如此；居左而施之右者如此，則居右而施之左者亦當如此。推此心以往，處之各得其宜，待之各當其可，則人人皆滿其分願，而天下平矣。絜矩之喻何如哉？試自在官者言之。上有君，下有民，而已立乎其中者也。『莫非王事，我獨賢勞』，嘗病君之不吾察矣，則使民必以時。不然，是以所惡於上者而使下，非絜矩也。又自在家者言之。上有父，下有子，而已立乎其中者也。『厥考作室，乃弗肯堂』，嘗患子之不吾肖矣，則事父必以孝。不然，是以所惡於下者而事之，非絜矩也。以至前後左右，莫不皆然，必均平齊一而後已。是故我能老老，人亦得以老其老；我能長長，人亦得以長其長；我能恤孤，人亦得以恤其孤。無厚薄，無餘欠，自天子至於庶人，一而已矣。天下其有不平者乎！」**附**《淺説》：絜矩之義何如？絜，度也。矩，所以爲方也。凡工人爲方，必度之以矩。君子處物，必度之以心。蓋一人之心，千萬人之心也。以己之心度人之心，知人之所惡者不異乎己，則不敢以己之所惡者施之於人。如在上之使於我者或我所惡也，則必以此度下之心，而不敢以我所惡者使下。在下之事於我者或我所惡也，則必以此度上之心，而不敢以我所惡者事上。至於前後左右，無不皆然。夫在我既不施其所惡，則在人自各得其所願。上下四旁，均齊方正，而無有餘不足之處，此之謂絜矩之道。○《蒙引》：「所惡於上」者，固即是矩，「毋以使下」者，固即是絜矩，但未足以盡矩字之義。矩所以爲方之器也，終是要四畔周匝意思出。故《章句》一則曰「上下四旁，均齊方正」。二則曰「上下四旁，長短廣狹，彼此如一」。○「所惡於上」一條，亦不過形容絜矩之意義如此，非實就有天下者分上事説也。○既云「彼此如一，而無不方矣」，下却又云「彼同有是心而興起焉者」云云，似前意已完，而復提掇，且不相貫，如何？曰：「上文所云者，是解絜矩正義，就上下左右前後説，未説到平天下意，故繼之以『彼同有是心而興起者』云云。『彼同有是心』之上，似當承上文添補一句，云夫爲天下國家而所以處心制事者一出於此，則彼之同有是心者云云，尤見明白耳。

《詩》云：「樂只君子，民之父母。」民之所好好之，民之所惡惡之，此之謂民之父母。樂，音洛。只，音紙。好、惡，並去聲。下並同。

《詩》，《小雅·南山有臺》之篇。只，語助辭。言能絜矩而以民心爲己心，則是愛民如子，而民愛之如父母矣。東陽許氏曰：「一段言能絜矩之效。言上之人能如愛子之道愛其民，則下民愛其上如愛父母。然愛民之道，不過順其好惡之心而已。大約言之，民所好者，飽暖安樂；所惡者，飢寒勞苦。使民常得其所好而不以所惡之事加之，則愛民之道也。」《通考》黄氏洵饒曰：「齊家章言好惡是推之以在人者，此言好惡是推之以及天下之人也。一章放此，蓋身爲天下本。好惡，即孟子所欲與之聚之，所惡勿施爾也。」○公好惡，得衆得國。○吴氏季子曰：「前段言絜矩之心，此段言不可不絜矩之理。蓋民之服事其上，戴以爲后王君公，奉以爲大夫師長，徒以求吾之所好，去吾之所惡而已。爲民上者，視民所好，若善，若公，若正，凡合乎天理者，猶己所好，亦從而好之；視民所惡，若惡，若私，若邪，凡麗乎人僞者，猶己所惡，亦從而惡之。好其所同好，惡其所同惡，是能絜矩而足以爲民之父母矣。斯民豈不以事父母者而事之哉！」**附**《淺説》：能是道，則爲天下君。不能，則爲天下戮。《詩》云「樂只君子，民之父母」，蓋言君子有絜矩之道，能以己之好惡知民之好惡，又能以民之好惡爲己之好惡。如是則上之愛其下，真猶父母之愛其子矣。彼民之親其上，豈不猶子之愛父母哉！此能絜矩之效也。

《詩》云：「節彼南山，維石巖巖，赫赫師尹，民具爾瞻。」有國者不可以不慎，辟則爲天下僇矣。節，讀爲截。辟，讀爲僻。僇，與戮同。

《詩》，《小雅·節南山》之篇。節，截然高大貌。師尹，周大師尹氏也。具，俱也。辟，偏也。言在上者人所瞻仰，不可不謹，若不能絜矩，而好惡徇於一己之偏，則身弑國亡，爲天下之大戮矣。此言不能絜矩之禍，與上一節正相反者也。《通考》黄氏洵饒曰：「此辟字，即八章辟字，血脉貫通處。」○私好惡，失衆失國。○東陽許氏曰：「四段言不能絜矩之害。《節南山》，家父所作，只引上四句，則下四句意亦在其中。凡引《詩》、《書》，皆是斷章取義。此却不然也。」○吴氏季子曰：「若知有己，而不知有人，知有勢而不知有理，嵬岸自尊，專欲擅利，如《節南山》之所刺，則失絜矩之道，而不足爲民之父母矣。節者，巀然高大之貌。南山，即終南山，在關中，最爲高大。周都酆鄗，此爲境内之鎮，故周人多托以比興。《南山有臺》，『如南山之壽』是也。南山之高大，以巖巖之石耳。『尹氏大師，維周之氐』，❶豈不猶山之有石乎！『秉國之均，四方是維』，豈不猶石之巖巖乎！觀山石之巖巖，見師尹之赫赫。四方之民，唯爾是瞻，而好惡一偏，所布者不平之政，所行者不平之事，豈《大學》之所謂絜矩者哉！唯平可以服天下之心，不平則天下疾之而陷於大僇矣。《詩》曰：『赫赫師尹，不平謂何？』疾其好惡之偏也。宗周之滅，爲天下僇，孰大於此？有國者其可不謹乎！」附《淺説》：《詩》云：「節彼南山，維石巖巖。赫赫師尹，民具爾瞻。」蓋言有國君子之居民上也，舉動係斯民之觀瞻，好惡關百姓之安危，必兢兢戒慎，惟恐拂民之欲，而失民之心也。苟不能絜矩，而好人之所惡，惡人之所好，則禍及天下，怨歸一人，而爲天下之大僇矣。此不能絜矩之害也。○《蒙引》：「有國者不可以不慎」，「有國者」不必專指師尹，此特引之以起下文云。○「有國者不可以不慎」，正謂其好惡不可偏也，故繼之曰「辟則爲天下僇矣」。○《正韻》：戮，刑也，殺也，病也，辱也，亦作僇。

《詩》云：「殷之未喪師，克配上帝。儀監于殷，峻命不易。」道得衆則得國，失衆則失國。喪，去聲。儀，《詩》作宜。峻，《詩》作駿。易，去聲。《詩》，《文王》篇。師，衆也。配，對也。配上帝，言其爲天下君而對乎上帝也。監，視也。峻，大也。不易，言難保也。道，言也。引《詩》而言此，以結上文兩節

❶「氐」，原作「氏」，今據《毛詩註疏》改。

之意。有天下者能存此心而不失，則所以絜矩而與民同欲者，自不能已矣。

雙峰饒氏曰：「未喪師則克配上帝，是『得衆則得國』，能絜矩而爲民父母者也；喪師則不能配上帝，是『失衆則失國』，不能絜矩，而『辟則爲天下僇』者也。」○玉溪盧氏曰：「殷之喪師，紂之失人心也；其未喪師，先王之得人心也。得人心所以配上帝，失人心所以不能。天命之去留判於人心之向背，人心之向背又在君之能絜矩與否而已。得衆得國，應《南山有臺》之意；失衆失國，應《節南山》之意。存此而不失，明德之體所以立；絜矩而與民同欲，明德之用所以行。」○雲峰胡氏曰：「右第三節，就好惡言絜矩。蓋好惡二字，已見誠意、脩身二章。特誠意章是好惡其在己者，脩身章推之以好惡其在人者，此章又推之以好惡天下之人者也。誠意章主慎獨，其爲好惡也，一誠無僞；此章主絜矩，其爲好惡也，一公無私。脩身章是言不能慎獨則好惡之辟不足以齊其家，此章是言不能絜矩則好惡之辟不足以平天下。所謂血脉貫通者，又於此見之，不可不詳味也。慎獨是『敬以直内』，絜矩是『義以方外』。」《通考》東陽許氏曰：「上文兩段，得衆得國結能絜矩之效，失衆失國結不能絜矩之害。」○黄氏洵饒曰：「『峻命不易』，此命字與下文命字，即『惟新』之命與顧諟之命不同。❶然命我德、命以天下，皆天下命，但必自明其德之命，則能受天下之命，則又未嘗不同也。」○吴氏季子曰：「上文指言絜矩、不絜矩之效如許明白，猶慮人之未悟也，復引《文王》之詩以實之，蓋欲周王監殷之失國，而思所以爲絜矩之道也。殷有天下以來，賢聖之君六七作，罔不配天，其澤豈有他哉？亦不過得衆而已。師，衆也。得與喪爲對，未喪師者，得衆之謂也。有國則可以配天，失國則不能配天矣。國之所以廢興存亡者，又決於衆心之去留，此其機括在絜矩不絜矩之間耳。絜矩謂何？以己之心得衆之心，而從其所欲也。衆心即天心，天心即天命，從違去就，如反覆手，保而有之，不亦難乎？故曰『峻命不易』。知其不易，則雖欲不絜矩，亦不可得矣。嗚呼！一人之心，千萬人之心也。以一人之寡，而撫千萬人之衆，苟不絜矩，豈特不能平天下而已哉？」附《淺説》：《詩》又有云：「殷之未

❶「諟」，原作「視」，今據《尚書註疏》改。

喪師，克配上帝。宜監于殷，峻命不易。」蓋言殷之先王能絜矩，而得乎衆心，此所以得國而克配乎上帝也，非所謂好惡合衆人之公，而爲民之父母者乎？及紂之身，不能絜矩，而失乎衆心，此所以失國而不足以配上帝也，非所謂好惡徇一己之偏，❶而爲天下之大僇者乎？吁！明效大驗，昭於簡册如此。后之有天下者，苟能監此得失之效，常存敬畏之心，則所以絜矩而與民同欲者，自不能已矣。○《蒙引》：《詩》曰「克配上帝」，元只主德言。《大學》則主位言矣。○「道得衆則得國」二句，指殷説爲當，如「道善則得之」、「道學也」之類。既著箇道字，便是釋文之辭。《或問》所謂「言能絜矩，則民父母之，而得衆得國矣；不能絜矩，則爲天下僇而失衆失國已」，此乃以上二條貼入此條之意。正意還是釋《詩》本文。○《存疑》：未喪師，即得衆也。克配上帝，即得國也。

是故君子先慎乎德。有德此有人，有人此有土，有土此有財，有財此有用。

先慎乎德，❷承上文不可不謹而言。德，即所謂明德。有人，謂得衆。有土，謂得國。應上文「得衆則得國」。有國，則不患無財用矣。朱子曰：「爲國，絜矩之大者，又在於財用，所以後面只管説財。」○自家若意誠心正、身脩家齊了，則天下之人安得不歸於我。如湯、武之東征西怨，則自然有人有土。○雙峰饒氏曰：「格、致、誠、正、脩，所以謹此德也。『此有人』等『此』字，此猶斯也。」○玉溪盧氏曰：「德即明德，謹德即謂明明德。先謹乎德，以平天下之大本而言也。有德則能絜矩，所以得衆而得國。」○新安陳氏曰：「揭『明德』訓此德字，見明明德爲《大學》一書之綱領。此章言財用始於此，財用之有，本於慎德，而有之非私有也。」○東陽許氏曰：「言爲人上者，明德爲本，而財用爲末。財固是國家所必用而不可無者，但當脩德爲本，絜矩而取於民有制。」《通考》東陽許氏曰：「此第二節，中分五段。」○二段言德明而人服，有土而有財。○董氏彝曰：「首章明明德，明德以自脩。末章慎德，以治天下言。」○吴氏季子曰：「人之

❶「徇」，原作「狥」，今據上下文改。
❷「慎」，原作「謹」，今據《四書章句集註》改。下「慎」字同。

所以不能絜矩者，爲其有所蔽耳。世之蔽於利者，莫不以財爲急，而德爲緩。語之以散利薄征，則曰吾何以充府庫也；語之以蠲租己責，則曰吾何以給用度也。由是置厚薄輕重於方寸中，而損下益上，瘠民肥己之事，靡所不爲矣，烏能絜矩乎？ 不知君天下者，非無財之爲患，患吾德不脩耳。古之君子先謹乎德。有德，則天下歸仁，斯有人矣；有人，則莫非王土，斯有土矣；有土，則任土作貢，斯有財矣；有財，則量入爲出，斯有用矣。『此有』云者，猶言即此便有，不待他求也。曰人，曰土，曰財用，無一而不出於德。則德爲本而財爲末，昭昭矣。」附《淺説》：雖然治天下之道固在於絜矩，然其所謹而當先者，又在於德也。蓋德者，絜矩之本也。苟德有未謹，則理有未明，心有未正也。理有未明，則無以通天下之志，安能知千萬人之心即一人之心？心有未正，則無以勝一己之私，安能以一人之心爲千萬人之心？ 此謹德之所以當先也。殆必格物致知以啓謹之之端，誠意正心以致謹之之實，若然，則謹德之功盡，而絜矩之本立矣。有德則德之所被者，皆於我乎歸仰，斯有人矣；有人則人之所受者，皆入我之版圖，斯有土矣；有土則任土作貢，不患財之不足矣；有財則量入爲出，不患用之不周矣。夫一德脩而衆善集，德之當謹也何如哉？ ○《存疑》：絜矩，是與民同好惡。然民之所以遂其好惡者，只在財用上。人君所以不能與民同好惡者，亦只在財用上。故傳者言好惡之後，即繼以此，要之公財用終歸在同好惡内。

德者，本也；財者，末也。

本上文而言。新安陳氏曰：「有德而後有人有土，有土而後方有財，可見德爲本而財爲末矣。」附《淺説》：且人能謹德，則有人有土而有財，是德者財之基，財者德之致。德者國之大本，而在所當重，財者國之末務，而在所當輕也。○《蒙引》：此一節，起下本末字。承上意，故曰本上文，非結上文也。

外本内末，争民施奪。

人君以德爲外，以財爲内，則是争鬭其民，而施之以刦奪之教也。蓋財者，人之所同欲，不能絜矩而欲專之，則民亦起而争奪矣。朱子曰：「民本不是要争奪，惟上之人以德爲外，而暴征横斂，民便效尤，相攘相奪，是上教得他如此。」○三山陳氏曰：「財，人所同欲，上欲專之，則不均平，便是不能絜矩。」《通考》東陽許氏曰：「二段言當脩德而絜矩，取民財有制。」○黄氏洵饒曰：「德者國之本，財者民之心。與經文本末不同。」○吴氏季子曰：「苟以末爲内，而以本爲外，則是輕其所當重，而重其所可輕。民不見德而唯財是聞，毋乃施之以相陵相奪之教，而導其民之争乎？此特以是非言耳，猶未以利害言也。」附《淺説》：況財也者，民命之所由生，民心之所同欲，得之則有以遂其孝、弟、慈之願，不得則無以全其骨肉之恩。故爲君者但寡欲以脩己德，無黷貨以傷民心，此正所謂絜矩之道也。苟或以德爲外而不謹之，以財爲内而欲專之，此風一唱，民皆效尤，不見有德，惟見有財之可好；不知有讓，惟知有財之可争。争鬬之風，豈非自上而導？刼奪之教，豈非自上而施乎？附《蒙引》：「争民施奪」，財用在天地間，只有此數。在上人既一事聚斂，則財歸於上，民窮無所出，自然相侵相盜，而刼奪起矣。

是故財聚則民散，財散則民聚。

外本内末故財聚，争民施奪故民散，反是，則有德而有人矣。括蒼葉氏曰：「爲國者，豈可唯知聚財而不思所以散財？此有天下者之大患也。」○東陽許氏曰：「三段財聚民散，言不能絜矩，❶取於民無制之害；財散民聚，言能絜矩，取於民有制之利。散財不是要上之人把財與人，只是取其當得者而不過。蓋土地所生，只有許多數目，上取之多，則在下少。」《通考》吴氏季子曰：「義利不能以兩立，得於此則失於彼。故財聚則民散，紂積鹿臺之財，而『前徒倒戈』是也。財散則民聚，武王發鉅橋之粟，而『萬姓悦服』是也。觀財之聚散，則知民之聚散矣。」附《淺説》：是則利與義不並行，民與財不兼得。故外本内末而財聚於上，則民皆相争相奪而離心於下。苟賤貨貴德而財散於下，則民必相親相愛而歸心於上。曰民曰財，互爲聚散，在彼在此，孰爲輕重，有天下者當知所權衡矣。

是故言悖而出者，亦悖而入；貨悖而入者，亦悖而出。

悖，逆也。此以言之出入，明貨之出入

❶「不」，原作「有」，今據《四書大全》改。

也。自「先謹乎德」以下至此，又因財貨以明能絜矩與不能者之得失也。問：「絜矩如何只管説財利？」朱子曰：「畢竟人爲這箇較多。所以生養人，只是這箇；所以殘害人，亦只是這箇。」○此章大概是專從絜矩上來。蓋財者，人之所同好也，而我欲專其利，則民有不得其所好者矣。大抵有國有家，所以生其禍亂，皆是從這裏來。○三山陳氏曰：「以惡聲加人，人必以惡聲加己；以非道取人之財，人必以非道奪之。言與貨其出入雖不同，而皆歸諸理，其爲不可悖，一也。」○吴氏曰：「慎德而有人有土，與財散民聚，能絜矩者之得也；内末而争民施奪，與財聚民散，悖入悖出，不能絜矩者之失也。」○東陽許氏曰：「四段以言之出入比貨之出入，❶不能絜矩，取於民無制之害。」《通考》吴氏季子曰：「天地閒惟感與應出乎爾者反乎爾。故『言悖而出者，亦悖而入』，桀自言如日在天，而其民謂『時日曷喪』是也；『貨悖而入者，亦悖而出』，秦人『頭會箕斂』，而府庫卒爲漢有是也。觀言之出入，則知貨之出入矣。」附《淺説》：況乎民富則君不至獨貧，民貧則君不能獨富。雖曰財散則民聚，而實民之聚者財不終散；雖曰財聚則民散，而實民之散者財不終聚。是故言以悖理而出，則人亦以悖理而應之，未有君施逆命而民無逆辭者也；貨以悖理而入，則下亦以悖理而奪之，未有上貪於利而下不侵畔者也。即此而觀，可見慎德之外無遠圖，絜矩之外無别法。貨財之有無，烏足爲君子之輕重哉？

《康誥》曰：「惟命不于常！」道善則得之，不善則失之矣。

道，言也。因上文引《文王》詩之意而申言之，其丁寧反覆之意益深切矣。雙峰饒氏曰：「此得失字，串前得失字。以德爲本則善，善則得衆得國矣；以財爲本則不善，不善則失衆失國矣。」○玉溪盧氏曰：「有德則能絜矩，是之謂善，所以得人心在此，所以得天命亦在此；無德則不能絜矩，是謂不善，所以失人心在此，所以失天命亦在此。人心歸則天命歸，人心去則天命去，是天命之不常，乃所以爲有常也。此引《康誥》之書，以結前五節之章，與前引《文王》

❶「貨之出入」，「之」字原脱，今據影明本《四書輯釋》補。

詩相應。『命不于常』，即『峻命不易』之理。善則得，不善則失，即得國失國之意。此所謂善，即止至善之善。」○雲峰胡氏曰：「右第四節，就財用言絜矩。若好惡不能絜矩，任己自私，不可以平天下；財用不能絜矩，瘠民自肥，亦不可以平天下。欲平天下者，不可不深自警省也。」《通考》東陽許氏曰：「五段引《書》以結之，與前《文王》詩相應。」❶○韓氏古遺曰：「『惟命』亦應『其命維新』，善能絜矩，不善不能絜矩。」○黄氏紹曰：「《大學》釋明明德章引《書》曰『顧諟天之明命』，新民章引《詩》曰『其命維新』，平天下章引《詩》曰『惟命不易』，《書》曰『惟命不于常』。明德、新民，皆以命言之。釋明德而引天命，蓋得天之賦予以爲德也。於新民而言天命，蓋受天命以有天下也。一以天理言，一以天眷言，其言天命則同，所指不無少異也。」○吴氏季子曰：「『惟命不于常』，言天命所在，何常之有？有德有人爲善，善則得之；悖入悖出爲不善，不善則失之矣，此其利害較然明甚。以是非言之則如彼，以利害言之則如此，斯皆言其不可貴貨賤德耳。亦孰知貨之不足貴乎？」**附**《淺説》：《康誥》曰「惟命不于常」，何以言之？蓋天命有善而無惡，天道福善而禍惡。❷人君有德而能絜矩，則有人有土而皇天眷命；人君無德而不能絜矩，則悖入悖出而天禄永終。善則得，不善則失，所謂「峻命不易」者在是。命果何常之有哉？○顧麟士曰：「『道善則得之』二句，據一道字，亦自爲釋《書》之辭。但主意結束，則在慎德專利耳。」

《楚書》曰：「楚國無以爲寶，惟善以爲寶。」

《楚書》，《楚語》。三山陳氏曰：「楚史官所記之策書也。」○古栝鄭氏曰：「《楚書》，楚昭王時書也。」言不寶金玉而寶善人也。《國語・楚語》：王孫圉聘於晉，定公饗之。趙簡子鳴玉以相，問曰：「楚之白珩猶在乎？其爲寶也，幾何矣？」曰：「楚之所寶者，曰觀射父，能作訓辭，以行事於諸侯，使無以寡君爲口實。又有左史倚相，能道訓典，❸以敘百物，❹以朝夕獻善敗於寡君，使無忘先王之業。若諸侯之好幣具，

❶「前」，原作「應」，今據影明本《四書輯釋》改。
❷「善」，原作「道」，今據哈佛本改。
❸「道」，原作「通」，今據《國語》改。
❹「以」，原作「入」，今據哈佛本改。

而導之以訓辭，❶寡君其可以免罪於諸侯，而國民保焉。此楚國之寶也。若夫白珩，先王之玩也，何寶之焉？」王孫圉，楚大夫。趙簡子，名鞅。鳴玉以相，鳴佩玉以相禮也。珩，佩玉之横者。❷《通考》東陽許氏曰：「第三節言用人，中分七段。一段引《楚書》，言金玉不當寶，惟當寶善人。」附《淺説》：爲君者，其可外本内末，而不知絜矩之道乎？《楚書》曰：楚國不以白珩爲寶，惟以觀射父、左史倚相二善人爲寶。舅犯曰：亡人不以得國爲寶，惟以哀痛慘怛，盡愛親之道爲寶。以此言觀之，則君子當内本外末，而盡絜矩之道也。

舅犯曰：「亡人無以爲寶，仁親以爲寶。」

舅犯，晉文公舅狐偃，字子犯。亡人，文公時爲公子，名重耳。出亡在外也。仁，愛也。事見形甸反。《檀弓》。《禮記·檀弓》篇：晉獻公之喪，秦穆公使人弔公子重耳，且曰：「寡人聞之，亡國恒於斯，得國恒於斯。雖吾子儼然在憂服之中，喪亦不可久也，時亦不可失也。孺子其圖之！」以告舅犯。舅犯曰：「孺子其辭焉！喪人無寶，仁親以爲寶。父死之謂何？又因以爲利，而天下其孰能説之？孺子其辭焉！」〔重，平聲。喪，亦喪人之喪，並去聲。喪即出亡也，父死而欲反國，求爲後，是因以爲利也。説，如字，猶解也。〕○古栝鄭氏曰：「文公時避驪姬之讒，亡在翟。而獻公薨，秦穆公使子顯弔之，勸之復國，❸舅犯爲之對此辭也。」○四明季氏曰：「楚爲《春秋》所惡，舅犯特霸主之佐耳，《大學》參稽格言，以垂訓萬世，乃於此乎取，何歟？蓋天下之善無窮，君子之取善亦無窮。猶《書》記帝王，而繼之以《秦誓》，故下文及之。」**此兩節，又明不外本而内末之意。**

雙峰饒氏曰：「寶者，指財而言。此就財上説來，却接用人説去。蓋天下惟理財、用人二事最大。」○玉溪盧氏曰：「不以金玉爲寶，而以善人爲寶；不以得國爲寶，而以愛親之道爲寶，是能内本而外末者也。」○雲峰胡氏曰：「右第五節，當連上文善與不善看。在我者惟善，則得之在人者亦當惟善是寶。兩寶字結上文財用、惟善、仁親，又起下文之意。蓋第三節言好惡，第四節

❶「導」，原作「道」，今據《四書大全》改。
❷「佩」，原作「白」，今據《四書大全》改。
❸「勸」，原作「觀」，今據哈佛本改。

言財用，此則兼財用、好惡言也。」《通考》東陽許氏曰：「二段《檀弓》、《大學》引之，其意若曰：豈惟不寶金玉，至於國家之利亦非所寶，而惟寶人也。此兩段承上內德外財之意，而起下用善人之説。」○吴氏季子曰：「自常情觀之，所謂寶者，非明月之珠，必夜光之璧。彼晉、楚之君，一則曰善，二則曰仁親，疑若迂闊不切於事情，而其至寶卒無以易此，則貨之不足貴也信矣。知貨之不足貴，吾又何必土地之不廣、人民之不衆、財用之不饒，切切然係累吾心，而終於不能絜矩哉？汎觀前代之君，溺意聚斂而不知紀極者，何莫不然！漢之武帝，惟以大農少府之藏爲重，故算舟車，榷鹽鐵，雖海内虚耗不恤也。唐之德宗，惟以瓊林大盈之積爲重，故税閒架，征竹木，雖京師怨嗟不顧也。是豈二君獨無絜矩之心哉？一蔽於利，則明知絜矩之爲善，亦不能行矣。傳《大學》者，分別本末，辯明得失，反覆於是非利害之閒，而力言貨之不足貴，凡皆欲以解其蔽而已。文公曰絜矩章專言財用，蓋人主不能絜矩者，皆由利心之起，故徇己欲而不知有人也。」附顧麟士曰：「《楚書》二條，據許氏、饒氏、胡氏，俱謂結上文之理財，而起下文之用人，故欲畫在第三節之首。然惟善可言用人，而仁親難説，且《章句》亦但云『又明不外本而内末之意』，是未及用人也。不如帶在第二節之尾，而自《秦誓》以下方作第三節爲妥。《淺説》、《達説》亦同此解。」○此舅犯勸止公子之辭，非即對秦使者之辭也。《大全》引《檀弓》至「辭焉」便止，最是。下自有公子對秦使者一段。以爲此是對詞者，時文相沿，或本鄭注，然實誤也。

《秦誓》曰：「若有一个臣，斷斷兮無他技，其心休休焉，其如有容焉。人之有技，若己有之，人之彦聖，其心好之，不啻若自其口出，寔能容之，以能保我子孫黎民，尚亦有利哉。人之有技，媢疾以惡之，人之彦聖，而違之俾不通，寔不能容，以不能保我子孫黎民，亦曰殆哉。」个，古賀反，《書》作介。斷，丁亂反。媢，音冒。

《秦誓》，《周書》。斷斷，誠一之貌。彦，美士也。聖，通明也。三山陳氏曰：「聖字，專言之，則爲衆善之極，對衆善而言，則止於通明之一端。」○新安陳氏曰：「孟子云『大而化之之謂聖』，此專言之者也。《周禮》六德：知、仁、聖、義、中、和，此對衆善而言之者也。」尚，庶幾平聲。也。媢，忌也。違，拂戾也。殆，危也。問：「絜矩以好惡、財用、媢疾彥聖爲言，何也？」朱子曰：「如桑弘羊聚斂，以奉武帝之好。若是絜矩底人，必思許多財用，必是侵過著民底，滿得我好，❶民必惡。言財用者，蓋如自家在一鄉之間，却專其利，便是侵過著他底，便是不絜矩。言媢疾彥聖者，蓋有善人則合當舉之，使之得其所，今則不舉他，使失其所，是侵善人之分，便是不絜矩。此特言其好惡、財用之類當絜矩。❷事事亦當絜矩。」○玉溪盧氏曰：「一个，挺然獨立而無朋黨之謂。斷斷無他技，德有餘而才不足也。休休二字，其意深長，有淡然無欲之意，又有粹然至善之意。曰如有容，其量之大，不可得而測，亦不可得而名言也。有技若己有之，能容天下有才之人，則天下之才皆其才也。若己有之，不特不媢疾而已。彥聖心好，不啻若自其口出，能容天下有德之人，則天下之德皆其德也。不啻若自其口出，好善有誠而口不足以盡其心也。能以天下之才德爲己之才德，信乎其能容矣！前言『如有容』，此言『寔能容』，二句相應，人君用此人，其有益於人國可知。有技疾惡之，彥聖俾不通，不能以天下之才德爲才德，人君而用此人，國家豈不危殆！能容者用之其利如此，不能容者用之其害又如此，人主在擇一相者此也。此又絜矩之先務也。」○蛟峰方氏曰：「其如有容，其，疑辭也，有甚物似他有容者？言無可比他有容之大。」○新安陳氏曰：「有容者，能絜矩而人所同好者也。媢疾者，不能絜矩而人所同惡者也。人君能好有容者而用之，惡媢疾者而舍之，是又絜矩之大者。」○東陽許氏曰：「三段，此專言爲政者好惡之公私。『尚亦有利哉』以上一截，言能絜矩，而以公心好人；以下一截，言不能絜矩，而以私心惡人。」《通考》黃氏洵饒曰：「一个，《尚書》作一介，介即獨也。人之有技，若己有之，此一人似房玄齡；人之有技，媢疾以惡之，此一人似李林甫。」○楊氏烜曰：「不啻，猶豈止也。」○吳氏程曰：「寔，當音植，實是也。」○吳氏季子曰：「《秦誓》所舉，乃大臣之事。大臣能絜矩，則盡黜聰明，不事表襮，其

❶「滿」，原作「瞞」，今據《朱子語類》改。
❷「此」下，原衍「不」字，今據《朱子語類》刪。

中雖多材藝，外視一無技能，此心休休然寬平廣大，見人之有技，則一如我之有技，見人之彦聖，則不啻我之彦聖。技以辨事言，聖以料事言。辨事而成，料事而中。爲大臣者非惟不執中，而且體之於身，視彼猶我，懇切真到，若得其所甚好者用，能受天下之人才而器使之，君之子孫賴其用，世之黎民蒙其福，國家之利，孰大於此！乃若不能絜矩，則必欲我之勝人，不願人之加我，其心忿戾而不平，蹙迫而不廣，人雖有技，以爲不下於我，則媢疾以惡之。媢疾者，疾其所長而已。惡則併與其人而憎之。人雖彦聖，以爲不出於我，則違之俾不通。違者，不行其言而已。俾不通，則併沮其事而敗之。務使天下之人才俱莫己若，由是嘉言伏，賢人隱，國家之事淪胥以敗，禍延當世，殃及後人子孫，黎民皆被其害矣，豈不殆哉！自常情觀之，容德之於子孫黎民，若無關係。然讓直濟文者成貞觀之治，妬賢嫉能者肇天寶之亂，明效大驗，不我誣也。能保則曰以能保，不能保則曰以不能保，以之爲言，猶左氏所謂『凡師，能左右之，曰以』，言皆由乎此也。」附《淺説》：然豈特財利當絜矩，不徇一己之私哉？至於人才之用，尤不可拂衆人之欲也。《秦誓》曰：若有一个臣，斷斷誠一，不事表暴，人之視之，若無所能也，然器宇寬洪，度量弘廓，淡然無物，而天下之物莫不包，粹然至善，而天下之善無不納，是其心休休然，亦如物之至大者，於物無所不容也。有容如何？彼其見人之有技也，則若己有之，未嘗謂其勝己而疾惡；見人之彦聖也，則其心好之，其好之之篤，不但如其口之所言焉，如此則寔能容天下之有才有德者矣。斯人也，以能保我之子孫，而其黎民亦庶幾有利哉！若彼小人，無斷斷之誠，無休休之量，見人之有技也，則媢疾憎惡之，使之無所容；見人之彦聖也，則拂戾阻抑之，使之不得通，如此則寔不能容天下之有才有德者矣。斯人也，以不能保我之子孫，而其黎民亦曰殆哉！《秦誓》之言如此。○《蒙引》：即是休休處有容也，不可分二意。其曰「其如有容」者，心之容物無形，此蓋以物之有容者狀之之辭。兩句文意，頗類「恂恂如也，似不能言者」，又如「鞠躬如也，如不容」、「足縮縮，如有循」之類。○「不啻若自其口出」，尤重於「若己有之」。「違之俾不通」，尤重於「媢疾以惡之」也。蓋以其賢之大小，而異其待之之心也。彼妬忌之人，見小賢則小惡之，見大賢則大惡之，其待之亦有淺深。○「以能保我子孫」，以字，人皆以人君用此人爲言，殊未是。《秦誓》之言，重在大臣。曾子引之，亦取好惡公私之意，以明絜矩。豈必主於人君用之哉？

唯仁人放流之，迸諸四夷，不與同中國。此謂唯仁人爲能愛人，能惡人。迸，讀爲屏，古字通用。屏，必正反，除也。

迸，猶逐也。言有此媢疾之人，妨賢而病國，則仁人必深惡而痛絶之。以其至公無私，故能得好惡之正如此也。北溪陳氏曰：「此能公其好惡，而能絜矩者也。」○雙峰饒氏曰：「惡人之所同惡，好人之所同好，即舜之去四凶、舉十六相是也。」○玉溪盧氏曰：「此承上節下一截而言，媢疾之人待之宜如此。謂之能惡人可也，而謂之能愛人何也？蓋小人不去，則君子不進。去小人不能絶之，則雖進君子而不能安之。去小人固所以進君子，絶小人乃所以安君子。吾之威在媢疾之人，吾之恩在天下後世矣。惟吾心純乎天理之公，故吾之好惡與天下爲公。此仁人所以能愛惡人也。」○新安陳氏曰：「此引《家語》孔子之言，故以此謂冠之，乃引援古語之例。」○東陽許氏曰：「四段言能絜矩而惡惡得其正。所謂放流，即媢疾蔽賢之人。朝廷之上，惡人既去，則善人方得通。又以仁人總結之，言能絜矩者也。」《通考》朱氏公遷曰：「聖賢之好惡，大抵好君子而惡小人，此其所以爲正也。《大學》治國平天下章，每反覆於好惡公私之閒，蓋以天下之治亂決於好惡之當否。君子於此，可不謹哉！」○吴氏季子曰：「仁者無所不愛，然以其絜矩之故，見不能絜矩者則惡之，必欲屏除流放，置諸四夷，不使之得同中國，以害吾治。於此見仁人之心，本無適莫，衆之所惡，己亦從而惡之，絜矩而已矣。何者？絜矩則知衆心與己心同，衆皆惡其疾有技，惡其違彦聖，己獨何爲不惡之？屏除流放，所以與衆迸棄，而非有一毫之私意也。惟仁者爲能絜矩，故惟仁者爲能愛人，能惡人。他人則蔽於私意，己之所愛未必衆之所愛也，己之所惡未必衆之所惡也。如四凶在朝，深爲元愷之蠹。使舜不能以己之心，喪元愷之心，則雖見其掩義隱賊，猜譖庸回，以沮元愷，不恤也；雖見其崇飾惡言，傲狠明德，以害元愷，不顧也，又安能投諸四裔，以禦魑魅哉？絜矩工夫，必如舜而後可。」附《淺説》：以此觀之，用人之有關於人國也，大矣！自非能絜矩者，又烏能好君子，惡小人，而盡用人之道哉？故惟仁者之人，私欲無蔽，而天下之公在我，知此媢疾小人當深惡而痛絶之，則加以放流之刑，迸諸四夷之遠，不與之同處乎中國。即此惡惡之一端，見其好惡之得正。此正所謂「惟仁人爲能愛人，能惡人」也，而豈不能絜矩者可以與此哉？○《蒙引》：依本文，則上云「惟仁人放流之」云云，此處已是説他至公無私了，下文只引孔子之言以證之。○必能於媢疾者放流之，而其放流之也，又直至迸諸四夷，方爲仁人之惡人，方爲能惡人也。以下條「見不善而不能退，退而不能遠」照看，便見得。

見賢而不能舉，舉而不能先，命也；見不善而不能退，退而不能遠，過也。遠，去聲。

命，鄭氏云：「當作慢。」程子云：「當作怠。」未詳孰是。命，慢，聲相近，近是。若此者，知所愛惡矣，而未能盡愛惡之道，蓋君子而未仁者也。朱子曰：「先是早底意，是不能速用之。」○雙峰饒氏曰：「見賢而不能舉，見不善而不能退，如漢元帝知蕭望之之賢而不能用，知弘恭、石顯之姦而不能去是也。」○新安陳氏曰：「舉不先，未盡愛之道；退不遠，未盡惡之道。上文能愛惡，仁人也。此不能盡好惡之道，所以爲君子而未仁者也。」《通考》東陽許氏曰：「五段言絜矩而薦賢當速，退不肖當遠。」附《淺説》：彼世之人，亦有見賢人之可好而不能舉之，或舉之而不能先，則是以輕忽放易之心，而待天下才德之士，不亦慢乎！亦有見人之不善之可惡而不能退，或退之而不能遠，則是以優游合容之意，而待妨賢病國之人，不亦過乎！若此者，蓋知絜矩而未盡絜矩之道也。

好人之所惡，惡人之所好，是謂拂人之性，菑必逮夫身。菑，古災字。夫，音扶。

拂，逆也。好善而惡惡，人之性也。至於拂人之性，則不仁之甚者也。自《秦誓》至此，又皆以申言好惡公私之極，以明上文所引《南山有臺》、《節南山》之意。朱子曰：「斷斷者，是能絜矩。媢疾者，是不能絜矩。仁人放流之，是大能絜矩。好人所惡，惡人所好，是大不能絜矩。」○栝蒼葉氏曰：「上一節雖未盡好惡之極，猶能知所好惡，尚不至於拂人好惡之常性。今有人焉，於人之所當好所同好者，反從而惡之，於人之所當惡所同惡者，反從而好之，如此等人，不仁之甚。」○雙峰饒氏曰：「好惡與人異，菑必逮夫身，桀、紂是也。」○玉溪盧氏曰：「人性本有善而無惡，故人皆好善而惡惡。仁人之能好惡，不過順人之性耳。苟好惡惡善而拂人之性，則失其本心甚矣，非不仁之甚而何？菑必逮身，『爲天下僇』是也。自古有天下者，未嘗不以用君子而興，用小人而亡。能愛惡人，則君子進，小人退，而天下蒙其利，此能絜矩者之所爲也；好人所惡，惡人所好，則君子退，小人進，而天下受其禍，此不能絜矩者之所爲也。自《秦誓》至此，凡四節。《秦誓》一節見君子小人之分，次節言用舍之能盡其道者，又次節言用舍之不盡其道者，此節則言用舍之全失其道者。皆因絜矩之義，而申明好惡公私之極，以申明平天下之要道也。」○雲峰胡氏曰：「右第六節，就用人言好惡。《大學》於此提出仁之一字，而《章句》又以君子之未仁、小人之不仁者言之。蓋絜矩是恕之事，恕所以行仁，故特以仁結之。」《通考》東陽許氏曰：「六段言不能絜矩而好惡之反。」○吳氏季子曰：「『見賢而不能舉』以下，是知所愛惡而力量不足，絜矩之未盡者也。『好人之所惡』以下，是又香臭不分，愛惡易位，不知絜矩，民斯爲下矣。絜矩不盡者，特未能自求多福耳。不知絜矩，則是自求禍也，寧不爲身之災乎！」附《淺説》：若彼全不能絜矩者，惟徇己見，不顧公論，於人之所共惡者，則以其便於己私而偏好之，是謂拂人惡惡之性矣；於人之所共好者，則以其責己所難而偏惡之，是則拂人好善之性矣。拂人之性，則失人之心。失人之心，則失天之命。小則身危國削，大則身弒國亡。雖欲免於災患，胡可得耶？然則有國者，可不公於好惡，以盡絜矩之道哉！○《存疑》：夫好善至「不啻若自其口出」，公之極也；惡惡至「違之俾不通」，私之極也。仁人能好惡人，公之極，尤明好惡；拂人之性，又不止徇於一己之偏者，是私之極也。故曰「申言好惡公私之極」。○首《南山有臺》，言「民之所好好之，民之所惡惡之」，是言好惡之公；《節南山》之「辟則爲天下戮」，是言好惡之私，未至其極也。自《秦誓》至此，則申言其極。上言好惡公私，所該者廣，不止用人一端。此就用人上申言好惡公私之極。蓋好惡之公私，固關於國之興喪，若用人一事，則所關爲尤大。是爲「明上文所引《南山有臺》、《節南山》之意」也。○平天下，只是個絜矩。所以爲絜矩，只是個好惡。理財用人，乃治道之大者，故説公好惡之後，就舉二者來説，要不出公好惡之內也。

是故君子有大道，必忠信以得之，驕泰以失之。

君子，以位言之。此謂治國平天下之君。道，謂居其位而脩己治人之術。道，即大學之道。脩己，明明德之事。治人，新民之事也。發己自盡爲忠，循物無違謂信。朱子曰：「發於己心而自盡，則爲忠。循於物理而不違背，則爲信。忠是信之本，信是忠之發。伊川見明道此語尚晦，故更云『盡己之謂忠，以實之謂信』，便更穩當。」❶驕者矜高，泰者侈肆。此因上所引《文王》、《康誥》之意而言。章內三言得失，而語益加切，蓋至此而天理存亡之幾平聲。決矣。朱子曰：「初言得衆失衆，再言善則得，不善則失，已切矣。終之以忠信驕泰，分明是就心上説出得失之由以決之。忠信謂天理之所以存，驕泰乃天理之所以亡。」○北溪陳氏曰：「忠信者，絜矩之本，能絜矩者也。驕泰者，任己自恣，不能絜矩者也。」○雙峰饒氏曰：「此得失字，又串前兩段得失字而言。由上文觀之，固知得衆得國，而又知善則得之矣。然所以得此善者，亦曰忠信則得善之道，驕泰則失善之道矣。忠信即是誠意，驕泰乃忠信之反也。以此觀之，可見誠意不特爲正心脩身之要，而又爲治國平天下之要。」○雲峰胡氏曰：「右第七節，不分言好惡與財用之絜矩，但言君子有大道，此道字即章首絜矩之道也。忠信以得之者，在己有矩之心而發己自盡，則爲忠；在物有矩之理而循物無違，則爲信。驕泰以失之者，驕者矜高，不肯下同民之好惡，非絜矩之道也；泰者侈肆，必至於橫斂乎民之財用，非絜矩之道也。前兩言得失人心，天命存亡之幾也；此言得失吾心，天理存亡之幾也。《章句》此一幾字，當與誠意章幾字參看。」《通考》東陽許氏曰：「此段以得失結之，忠信則能絜矩者也，驕泰則不能絜矩者也。《章句》謂三得失，一能絜矩不能絜矩之得失，二尚德尚財之得失，三用善人用惡人之得失。大率絜矩則得，不絜矩則失。」○吳氏季子曰：「此章三言得失。初以國祚言，『道得

❶「更」，原作「是」，今據《四書大全》改。

衆則得國，失衆則失國』是也。次以天命言，『惟命不于常，道善則得之，不善則失之』是也。然而所謂善，所謂得衆，孰不出於爲人上者之一心哉？《大學》至此則又窮原反本，而歸之於心。忠信驕泰，皆心之所爲也。心乎忠信，則能絜矩，而所行皆善，豈不得衆乎？心乎驕泰，則不能絜矩，而所行皆不善，豈不失衆乎？國祚之脩短，天命之去留，往往由此。合二程子之説而觀之，蓋凡己當爲之事，必求以盡之，一息不能自已者，忠之謂也；凡物當然之理，必循而行之，一毫不能有愧者，信之謂也。有如心雖已至，而自晝至夜，自夜至旦，汲汲然惟恐其未正；身雖已脩而自少至壯，自壯至老，孜孜然惟恐其未脩。反觀内省，吾之脩有所未盡，吾之責有所未塞，則惕然其不自安，雖欲已而不可得。忠之爲忠者如此。爲人君，則待其民者必以仁，惻隱之心生於要譽，其爲仁也不誠，則非信矣；爲人子，則事其親者必以孝，能養之弊流於不敬，其爲孝也無實，則非信矣。是必言行相副，而後可以爲信；表裏如一，而後可以爲信。忠也，信也，萬善之基，而絜矩之本也。」附《淺説》：然好惡所以有公私之不同者，以其存心有不同也。是故民之所好好之，民之所惡惡之，絜矩之道也。是道也，所操者約，而所及者廣；所執者要，而所御者煩。大中至正，非若私意小智之用；周徧廣闊，非若私恩小惠之施，君子之道之大如此。其得是道也，惟在於忠信而已。忠信者，誠也。誠則無不明，而能知千萬人之好惡即一己之好惡；誠則無不公，而能以一己之好惡爲千萬人之好惡。大道寧不於是而得乎？若夫驕焉而恣己徇私，泰焉而以人從欲，則一心之中，莫非私意之充塞，一膜之外，便有人己之異觀。雖有絜矩，亦有所不能矣。且其所欲者，未必其所當欲，所惡者，未必其所當惡，雖欲絜矩，亦有所不可矣。大道寧不於是而失乎？忠信以得之者，有天德便可語王道也。驕泰以失之者，無忠做恕不出也。然則欲絜矩者，盍求之吾心乎？心者，衆理之會也，萬化之原也。君子能盡此心，則能絜矩矣。能絜矩，則能用人，能散財，必不用小人以病國，必不外本内末以聚財矣。○按，此好惡，乃統理財用人而言，非耑根用人也，不可誤看。○《存疑》：此大道即是首節絜矩之道，「是故」二字則總承《南山有臺》以下所言得失説來。言好惡能絜矩，則民父母之，而得衆得國；不能絜矩，則爲天下僇，而失衆失國。財用能絜矩，則有人有土；不能絜矩，則財聚民散。用人不能絜矩，則菑必逮身，能絜矩，則反是。明驗大效，固彰彰矣。然絜矩之所以有能有不能者，則忠信與驕泰之故也。忠信，脩己之事，驕泰則其反也。忠信只是明明德，絜矩是新民事。○「發己自盡爲忠，循物無違謂信」，合而言之，是盡心而不違於理也，這便是忠信。格物致知是明善事，誠意、正心、脩身是誠身事，皆是欲求到忠信去處。到忠信是成功地位，故曰即明明德事。○循物無違，是解字義如此，若會其意，物即理也。《蒙引》似把忠信錯解了。蓋忠信只是一事，而有内外之分。天理一也，自存諸心而無不盡言，則曰忠；自發諸外而無所違言，則曰信，故曰表裏之義也。程朱皆如此説。今《蒙引》以子願孝爲己之心，父欲孝爲物之理，子盡孝以事父爲盡己之心而不違於物，是把忠信分屬人己，與所謂一理而有表裏之分者不同矣。○原來《蒙引》是認物作人，故如此説。此有一處可破之。《易・家人卦》云「君子以言有物」，❶亦欲以物作人耶？此物雖非循物之物，然亦可以相發明。○盡己之心而不違於物，則萬物皆備於我，反身而誠矣。誠則私欲不萌，而天下之公在我矣。故能知千萬人之心即一己之心，以一己之心爲千萬人之心，民之所好好之，民之所惡惡之，不奪民之財，不拂人之性，而得大道。○矜，非「矜也廉」之矜，乃伐自矜之矜。矜，自張大也。高，自高也。矜高，總是務外自高。人而務外自高，則少誠心，以其務外而不復向裏也，自高而不復下意也。曾子謂「堂堂乎張也，難與並爲仁」，正以此。矜高與「發己自盡」正相反。侈，是侈然自放之侈。肆，縱肆也。侈肆恣意，妄行不循法度也，與「循物無違」相反。○惟驕故泰。務外不情者，正不欲循於物也。不循於物者，由務外不情也，與忠信一般看。○務外不情而不循於物，則私欲蔽固，但知有己，不知有人，而不絜矩矣，所謂「恣己徇私，以人從欲，不得與人同好惡」也，所謂「一有私意存乎其間，則一膜之外，便爲胡越，雖欲絜矩，亦將有所隔礙而不通」也。○《或問》「恣己徇私，以人從欲」，在失之内。「恣己徇私」，但知有己也；「以人從欲」，不知有人也，即所謂「好惡徇於一己之偏」也。《蒙引》貼「驕泰」，恐非。○「道得衆則得國，失衆則失國」，猶所謂三代之得天下也，得其民也，桀紂之失天下也，失其民也。「道善則得之，不善則失之」者，猶三代

❶「家人」，原作「恒」，今據王弼《周易註》改。

之得天下也以仁，其失天下也以不仁也。「忠信以得之，驕泰以失之」者，有天德然後可以語王道，無忠做恕不出也。首言天下之得失係於人心，次言人心之得失係於絜矩，末言絜矩之得失係於吾心，所謂「三言得失而語益加切」者如此。善不善切於得衆失衆，忠信驕泰切於善不善也。○《蒙引》：釋大道必兼脩己言者，君子是治人者也，治人終離不得脩己。以此章絜矩二字求之，矩便是脩己者，絜之則所以治人矣。○此忠信是單言忠信，與《論語》三省章分説不同。○註「天理存亡之幾決矣」，能絜矩與不能絜矩，天理之存亡也；忠信驕泰，天理存亡之幾也。朱子小註云「忠信乃天理之所以存，驕泰乃天理之所以亡」，此可以證天理之爲大道。○《存疑》：此因論絜矩而本於忠信驕泰之得失，猶《中庸》論九經而本於「凡事豫則立，不豫則廢」也。

生財有大道，生之者衆，食之者寡，爲之者疾，用之者舒，則財恒足矣。恒，胡登反。

吕氏曰：吕氏名大臨，字與叔，藍田人。「國無遊民，則生者衆矣；朝音潮。無幸位，則食者寡矣；不奪農時，則爲之疾矣；量入爲出，則用之舒矣。」愚按，此因有土有財而言，以明足國之道，在乎務本而節用，新安陳氏曰：「務本，謂生者衆，爲者疾，所以開財之源也。節用，謂食者寡，用者舒，所以節財之流也。疾，謂速。舒，謂緩。」非必外本内末而後財可聚也。自此以至終篇，皆一意也。陳氏曰：「此古人生財之政也。蓋與後世異矣。」○雙峰饒氏曰：「財者，末也。財雖是末，亦是重事。若要生財，亦自有箇大道理。生衆至用舒，此四者不可缺一，乃生財之正路，外此皆邪徑也。」○玉溪盧氏曰：「國無遊民而不奪農時，民之財所以足。朝無幸位而量入爲出，國之財所以足。」○仁山金氏曰：「天地閒自有無窮之利，有國家者亦本有無窮之財，但勤者得之，怠者失之，儉者裕之，奢者耗之。故傳之四語，萬世理財之大法也。」《通考》黄氏洵饒曰：「此大道字，是『君子有大道』之道中之一事。」○東陽許氏曰：「第四節言生財之方，當用君子，不可用小人，總上兩節之意。中分五段，一段正言生財之方，務本節用尤爲精密。生衆、爲疾，務本也；食寡、用舒，節用也。」○吴氏季子曰：「聖賢議論雖高而不虛，雖正而不迂，所以爲布帛之文、菽粟之味，窮天地，亘古今，而不廢也。《大學》卒章，深以聚斂爲戒，使他人言此，則但知財之不可聚，而不知財之不可無。議論激而趍於一偏，天下後世始病其難行矣。聖賢則不然，既闢殉財之非，則必曉之以生財之道。蓋民生日用，有不容一日闕者，使聖賢爲國，亦不能以捨此。顧聖賢自有生財之道，非若暴君汙吏浚民以生耳。百畝之田，匹夫耕之，五畝之宅，匹婦蠶之，則一家無遺力；八材之用，百工飭之，貨賄之利，商賈通之，則一國無閒民，是謂『生之者衆』。建官止於三百六十，則在位無贅員；賦祿僅足以代其耕，則在官無冗食，是謂『食之者寡』。三之日于耜，四之日舉趾，無作輟也；晝爾于茅，宵爾索綯，無休息也，斯不亦『爲之者疾』乎！歲杪制用，量入爲出，無汎濫也；國有凶荒，則殺其禮，無侈靡也，斯不亦『用之者舒』乎！夫惟生之衆而食之寡，爲之疾而用之舒，則其來無窮，其去有限，自然暴暴如丘山，浩浩如泉源矣。豈非足國之道乎？其言『有大道』者，蓋謂此有正大之理，非必以私意小智巧爲聚斂之術也。知正大之理，自可以生財，則所憂者，不在乎財匱，而言利之徒，不得乘此以投其隙矣。不然，窘於調度，則雖財聚民散，不遑恤也；迫於費用，則雖悖入悖出，不暇問也。大抵崇本節用，乃百王不易之常道也。」附《淺説》：然生財自有正大之道，不必用私意小智而巧爲聚斂之術也。大道何如？蓋必使國無游民而生之者衆，朝無倖位而食之者寡，不奪農時而爲之者疾，量入爲出而用之者舒。生之衆，爲之疾，則財之源以開，而其來也無窮；食之寡，用之舒，則財之流以節，而其去也有限。將見財之積也，暴暴如丘山，浩浩如源泉，而無有不足者矣。豈必外本內末，而後財可聚也？○《蒙引》：「生之者衆」四「之」字，皆以財言。○註「此因有土有財而言」，何不從有德有人説來？曰：「『有土此有財』，但在生之有其道耳。此義爲切，故截自有土有財言。《或問》亦曰『此所謂有土而有財者也』。」○務本節用，便是不厚斂於民，便是好惡之公，便是絜矩。○不可以此節爲生財，下節爲散財。蓋生財有大道，便不是外本內末以聚財者矣。不外本內末以聚財，便是散財而可以得民矣。故曰「自此以至終篇，皆一意也」。

仁者以財發身，不仁者以身發財。

發，猶起也。仁者散財以得民，不仁者亡

身以殖承職反。**貨。**朱子曰：「仁者不是特地散財，買人歸己，只是不私其有，人自歸之，而身自尊，是言散財之效如此。不仁者只務聚財，不管身危亡也。」○雙峰饒氏曰：「財散民聚，此以財發身；財聚民散，此以身發財。」○新安陳氏曰：「紂聚鹿臺之財以亡，武散之以興，即其證也。」《通考》東陽許氏曰：「二段言仁者外末，不仁者內末，即前節內德外財之意。」附《淺説》：然必仁者之人，乃能不外本內末，以盡絜矩之道，歸其利於民，而不專其利於己，藏其富於國，而不藏其富於家。由是天下悦之，而享有元后之尊，是「以財發身」也。若彼不仁者，則外本內末，而失絜矩之道，惟務貨殖以恣富貴之欲，不知聚財適爲争奪之端。由是天下怨之，而不免於獨夫之辱，是「以身發財」也。○《蒙引》：此「仁者」與「不仁者」，都從心上言。及「以財發身」、「以身發財」，方見絜矩之能否併其得失也。

未有上好仁而下不好義者也，未有好義其事不終者也，未有府庫財非其財者也。

上好仁以愛其下，則下好義以忠其上。所以事必有終，而府庫之財無悖出之患也。問：「如何上仁下便義？」朱子曰：「只是一箇道理，在上便唤做仁，在下便唤做義，在父便謂之慈，在子便謂之孝。」○陳氏曰：「惟上之人不妄取民財，而所好在仁，則下皆好義以忠其上矣。下既好義，則爲事無有不成遂者矣。天下之人皆能成遂其上之事，則府庫之財亦無悖出之患，而爲我有矣。非若不好仁之人，財悖而入，亦悖而出也。」○玉溪盧氏曰：「此所謂『循天理，則不求利而自無不利』者也。」○新安陳氏曰：「此章自『仁人放流』之後，言仁不一，與此節皆當參玩。」《通考》東陽許氏曰：「三段言内本外末之效。」○吴氏季子曰：「上文既示人生財之道，俾其知不必聚斂。此又開陳利害以警之，俾其知不可聚斂。聖賢惓惓之意，至此而益切矣。財本奉身之物，然取之不以道，則適所以栽其身。蓋財者人之所同欲，而我輒專之，争之，端禍之媒也。仁者知財之害身，當務散之以與人共，蓋欲消釋其不平之心，毋使吾身處必争之地而已。鉅橋之粟，武王知其爲富也，如商民之觖望何？故寧發之而不吝。關中之珍寶，沛公知其難得也，如秦人之側目何？故寧捐之而勿取。然財雖散，而民則聚矣。群天下之人而歸之，安富尊榮，又將焉往？繼商而王，代秦而帝，其發身也孰大焉？彼不仁者則不然，好貨之念重於愛身，往往安其危，利其菑，樂其所以亡者，紂以身死而易傾宮鹿臺之藏，德宗以身危而易瓊林大盈之積，其事可睹矣。故曰『仁者以財發身，不仁者以身發財』。仁者未嘗有意於發身也，德章而身尊，乃其必然之理。不仁者亦非不愛其身也，怨叢於厥身，雖欲自全不可得已。仁與義一理也，君與民一心也。君以是心而愛民，則爲仁；民以是心而報君，則爲義。故自古以至於今，未有上好仁而下不好義者也。有始有卒謂之終，若徒愛戴於一時，而又變遷於他日，則是其事不終矣。不終二字，正如韓信所謂『公，小人，爲德不終』者，言其始雖美意，而終不免悔也。世有好行小惠，以干百姓之譽，而非出於至誠者，事久論定，人知其心，則愛戴之情弛矣，是以不終。今仁者之爲仁，既出於所好之真，又能使其下好義，而以尊君親上爲不容已，自然有始有卒矣，烏乎而不終？國之所與立者，民也。民心終於愛戴，則府庫吾府庫也，財非吾之財乎？仁與不仁之效如此，此《大學》之所以丁寧反覆也。」**附**《淺説》：夫財利者，人情之所同欲也，專於己則損於人。仁義者，人心之所同然也，施於此則應於彼。如上能崇本節用以厚民之生，不暴征横斂以奪民之財，而好仁以愛其下，則爲下者必服勞供貢，而爲其分之所當爲，趨事赴工而盡其職之所當盡，亦好義以忠其上。未有上好仁而下不好義者也，下既好義，則在上所欲爲之事，必克有成，而府庫之財亦皆爲吾有矣。未有下既好義矣，而事不成者也，而府庫之財非其財者也。然則有國者豈可外本内末以專利哉？○《蒙引》：好仁内有絜矩。○其事，上之事也。與下文「非其財者也」之其字，皆指在上者言。○按，《蒙引》曰：「好仁内既有絜矩，則亦兼有事在矣。好義内亦然。」《淺説》因之。然好仁内雖有事在，而好義下既有終事二句，則依翼註虚説爲是。

孟獻子曰：「畜馬乘不察於雞豚，伐冰之家不畜牛羊，百乘之家不畜聚斂之臣。與其有聚斂之臣，寧有盜臣。」此謂國不以利爲利，以義爲利也。畜，許六反。乘、斂，並去聲。

孟獻子，魯之賢大夫仲孫蔑也。畜馬乘，士初試爲大夫者也。伐冰之家，卿大夫以上，上聲。喪祭用冰者也。新安陳氏曰：「孔氏疏曰：按，《書傳》士『飾車駢馬』，《詩》云『四牡騑騑』，大夫以上，乃得乘四馬。今下云『伐冰之家』，是卿大夫。今別云『畜馬乘』，故知士初試爲大夫者也。《左》昭四年『大夫命婦，喪浴用冰』，《喪大記》云『士不用冰』，故知卿大夫也。士若恩賜，亦得用之，但非其常，故士喪禮賜冰，則夷槃可也。」○《禮·喪大記》：「君設大槃，造冰焉。大夫設夷槃，造冰焉。士併瓦槃，無冰。」造，猶納也。禮自仲春之後，納冰槃中，乃設牀於其上，而遷尸焉，秋涼而止。士不用冰，以瓦爲槃，併以盛水耳。○《周禮·天官》：「凌人，掌冰，正歲十有二月，令斬冰，三其凌。春始治鑑。凡內外饔之膳羞，鑑焉。凡酒漿之酒醴亦如之。祭祀，共冰鑑。賓客，共冰。大喪，共夷槃冰。」凌，冰室也。鑑，如甀，大口，以盛冰，置食物酒醴於中，以禦熱氣，防失味變色也。甀音縋，今大瓦盆屬。鄭氏曰：「夷之言尸也。實冰於盤中，置於尸牀之下，所以寒尸。尸之槃曰夷槃，牀曰夷牀，移尸曰夷於堂，皆依尸而言也。」○夷槃，廣八尺，長一丈二尺。百乘之家，有采地者也。采，音菜。采地，臣之食邑也。君子寧亡己之財，而不忍傷民之力。故寧有盜臣，而不畜聚斂之臣。「此謂」以下，釋獻子之言也。朱子曰：「如食禄之家，又畜牛羊，却是與民争利，便是不絜矩。所以道以義爲利者，義以方外也。」○雙峰饒氏曰：「此段大意，在不畜聚斂之臣，見用人與理財相關。」○玉溪盧氏曰：「『國不以利爲利，以義爲利』，蓋古語，觀此謂字可見。引之以證獻子之言也。獻子嘗師子思，能知義理之分，故能知絜矩之道。」○東陽許氏曰：「四段言上之人當絜矩，不可侵下之利，雖養雞豚之小利，尚不可與民争，而況爲君者專事聚斂以虐民乎？」○以利爲利，快目前之意，而爲禍深；以義爲利，儉目前之用，而福自遠。《通考》東陽許氏曰：「此段言君子能絜矩而生財之利。」○仁山金氏曰：「伐冰，斬冰也。然斬冰，有國之事。若卿大夫則受冰之家，非斬冰也。豈卿大夫之家喪祭，則取冰於公，故謂之伐與？」○吴氏季子曰：「以義爲利，惟君子能之。若小人則知有利而已矣，烏識義爲何物哉？君子小人之分，特判於義利之二字。有國有家者，所用皆君子，則能以義爲利矣；所用或小人，則必以利爲利矣。孟獻子惟知此理，故深以聚斂之臣爲不可用。聚斂之臣即小人也。問大夫之富，數馬以對。畜馬乘，則身爲大夫矣。而復察察於雞豚，是較小利而失大體，真可鄙也。大夫以上，喪祭用冰，謂之伐冰之家。家有厚禄可以已矣，而乃畜牛羊，以謀孳息之利，其貪孰甚焉？雖然，害未及民也。至於用一聚斂之臣，則剥下以奉上，殘民以奉君，靡所不至矣。百乘，卿家也，又非畜馬伐冰者之比，而可用聚斂之臣乎？盜臣，竊主之財以自私者耳，能貧家而不能破家，能蠹國而不能亡國。乃若聚斂之臣，則挾利進身，爲主斂怨，用之家必破，國必亡。擇禍莫若輕，故與其有聚斂之臣，寧有盜臣也。獻子之見，可謂加於人數等矣。」附《淺説》：孟獻子亦有言曰：「士初試爲大夫，則君賜之車，得駕四馬者，曰畜馬乘。畜馬乘，則已食君之禄矣，豈可察察於雞豚，以分民生産之利乎？爲卿大夫而喪祭得以用冰者，曰伐冰之家。伐冰之家，則其禄厚矣，豈可畜養牛羊，以侵民生産之財乎？然察雞豚，畜牛羊，不過陰奪民之利耳。至於畜聚斂之臣，則爲横奪民之利矣。況百乘之家，則有采地，可以出兵車。百乘者，是其禄尤厚於畜馬乘、伐冰之家者矣，豈可畜聚斂之臣乎？君子之心公而恕，與其有聚斂之臣以傷民之財，寧有盜臣以亡己之財。」獻子之言如此，正謂有國者不可專其利於己而以利爲利。當公其利於民，而以義爲利也。○《蒙引》：畜馬乘，只言察雞豚者，士初試爲大夫，未必能畜牛羊，且未有實封百乘也。伐冰言牛羊者，卿大夫以上，其謀利又不止事小小雞豚間矣。獨於百乘言聚斂之臣者，此因采地言。采地所出，已足以給矣，乃又用家臣於采地所出之外多方裒取之也。若惟正之供，則不謂之聚斂。此三事，皆是當時之弊，獻子有激而云也。三段皆有絜矩之義。○註「百乘之家，有采地者也」，按，天子之公卿，亦有采地者也。今泛言有采地者，蓋以采地就承百乘言。《正韻》：「因官食地，故曰采地。」采，官也。○大夫百乘。陳文子有馬十乘，則以爲富家，何哉？且文子大夫也，如何只有馬十乘？或以爲百乘者，據采地所出兵車之數言；十乘者，據其家見在所畜者言，自有理也。古者問國君之富，數馬以對，據見在所畜者言。若據采地所出，則大夫便有百乘，不待問，不待數矣。見在有畜馬十乘，可不謂富乎。

長國家而務財用者，必自小人矣。彼爲善

之，小人之使爲國家，菑害並至，雖有善者，亦無如之何矣。此謂國不以利爲利，以義爲利也。長，上聲。

「彼爲善之」，此句上下，疑有闕文誤字。○自，由也。言由小人導之也。此一節，深明以利爲利之害，而重直容反。言以結之。其丁寧之意切矣。玉溪盧氏曰：「長國家不務絜矩而務財用，小人導之也。務絜矩者，義也。務財用者，利也。君子喻義，人主用君子，則能絜矩矣。小人喻利，人主用小人，則不能絜矩矣。此天下治亂之分也。」又曰：「財者，天所生而民所欲。事聚斂，則失人心而干天怒，故菑害並至。菑由天降，害自人作，既已並至，此時雖用君子亦晚矣，無救於禍矣。所謂『徇人欲，則求利未得，而害已隨之』者，此也。『國不以利爲利，以義爲利』，上所引就理上説，固足明絜矩之當務，下所引就利害上説，尤足明絜矩之不容不務。言愈丁寧，遏人欲而存天理之意愈深切矣。自『生財有大道』以後，凡四節，前兩節自君身言，後兩節自君之用人言。進君子，退小人，乃與民同好惡之大者，是又所以爲絜矩之要道也。故此章言絜矩之道，必以進君子、退小人終焉。既致嚴於君子小人之辨，復致嚴於義利理欲之辨者，乃《大學》反本窮源之意。即本心存亡之幾，決天下治亂之幾，正以明德、新民皆當止於至善故也。」○勿軒熊氏曰：「指用人而言，又結以務財用必自小人始，而深致嚴於義利之辨。用君子則自有義中之利，用小人則利未得而害已隨之。此章前以理財用人分爲二節，後乃合而言之。其實能用人則能理財，不過一道而已。」○雲峰胡氏曰：「右第八節。生財大道，亦即絜矩之道，能使天下之人皆務本。而上之人自不節用，非絜矩矣。第六節言仁人，此節言仁者，皆因絜矩而言也。絜矩爲恕之事，恕爲仁之方。好惡不能恕，安能如仁人能愛人能惡人；財用不能恕，安能如仁者以財發身？末又舉獻子之言者，用人亦當取其絜矩也。於好惡不能絜矩者，媢疾之人也；於財用不能絜矩者，聚斂之臣也，皆小人不仁之甚者也。故曰『菑必逮身』，曰『菑害並至』，皆指其不能絜矩之禍言之，爲戒深矣。義利之辨，《大學》之書以此終，《孟子》之書以此始，道學之傳，有自來矣。」○東陽許氏曰：「五段。又言有天下者，當用善人。若用惡人，至於天災見於上，人害生於下，國勢將崩，此時雖有聖賢欲來扶持，亦不可爲。再三戒用人之詳也。」○災，如日食星變、水旱蝗疫，皆是。害，如民心怨叛、寇賊姦宄、兵戈變亂，皆是。《通考》東陽許氏曰：「此段言小人不能絜矩而生財之害。」○吴氏陳曰：「『彼爲善之』，陸宣公全引，中閒無此四字，蓋衍文耳。善者，作善人。」○愚按，「彼爲善之」，仁山金氏作「彼爲不善之小人」，似爲明白。○吴氏季子曰：「《大學》引獻子之言，以實義利之説，又從而申之曰『長國家而務財用者，必自小人矣』。卿大夫士，一家之長也。天子諸侯，一國之長也。細而長一家，大而長一國，所少者非財也。今也未遑他務，而汲汲於財用，是非小人，孰使之然哉？開國承家，小人勿用。夫苟是崇是長，是信是使，菑害安得而不至乎？善者，猶言能者，亨屯傾否之君子也。國家之事，小人敗之，而使君子拯之。君子固不辭難也，然事勢已極，不復可爲，則雖能者，亦獨奈何哉？由此觀之，則國家不以利爲利，而以義爲利昭昭矣。《大學》重言以結之，其垂戒也不亦嚴乎！大抵小人之於國家，貽禍不一，而其禍之烈者，則莫甚於使其主之失人心，故聖賢尤疾之。若春秋之世，有盜竇玉大弓以出者，此盜臣也；有爲家臣而聚斂以附益之者，此聚斂之臣也。自常情觀之，則聚斂之罪孰與盜多？然鳴鼓之攻，夫子不施之於彼，而欲施之於此，則夫聚斂之基怨召禍有甚於盜者，聖人蓋嘗權衡之矣。夫小人亦人也，獨無人心乎？其所以忍於聚斂，一切不恤者，則不能絜矩之故耳。不能絜矩，蓋亦徒知以利爲利，而未嘗知以義爲利也。知以義爲利，則必曰義之所安即利之所在，剥下以媚上，殘民以奉君，揆之於義，安乎？否乎？充此一念，不以己之不欲者施於人，則人人各得其所欲，而天下平矣。非利之大者乎？文公曰：『惟義之安，自無不利矣。』學《大學》者，其謹於義利之辨云。」附《淺説》：況仁義未嘗不利，若專於求利，則利未得而害已隨之。故爲國家之長而專務財用者，實由小人導之也。蓋小人之心惟私是徇，惟利是嗜，使其得爲國家則以聚斂爲長策，以掊克爲善謀，由是民窮財盡，衆叛親離，天災人禍，襍然並至，雖有善人以繼其後，亦終如之何哉？求利之害如此，此所以言爲國者不可以利爲利，而惟當以義爲利也。以義爲利，則是能絜矩；以利爲利，則是不能絜矩矣。合而觀之，絜矩也者，固平天下之要道。理財用人二者，又絜矩中之大端也。能絜矩，則能用人理財；能用人理財，則人各得其所。而凡欲爲孝弟不悖者，皆得以自盡其心，而無不均之歎矣。○《蒙引》：凡長其國家而務財用者，其始也，必有小人以導之。蓋財利人所同好，自非上智之主，鮮有不溺於此。故小人之媚其君，多借此以爲媒進之階。今人之欲中其人者，亦未有不投之以其所好也，而小人之情狀可見矣。○前條「國不以利爲利，以義爲利也」，只是義之所安即爲利，未是以爲利之害處而照見爲義之利也。何也？畜馬乘之不察雞豚，伐冰之不畜牛羊，與百乘之不畜聚斂之臣，君子之心，只是以義之不可而不爲，非是計到爲利之害而不爲也。故《章句》云「君子寧亡己之財，而不忍傷民之力」，《或問》曰「仁者之心，至誠惻怛」云云也。至下節「必自小人」一條，乃是深明以利爲利之害，而重言以結之。正猶誠意章上段言「君子必慎其獨也」，是自君子言之，至下段極言小人不能慎獨之弊，欲其重以爲戒，而又言「君子必慎其獨也」以結之。二處義例正相類也。○此章所引所説，或人君事，或人臣事，又或概説。蓋傳者於此都不管，只要説箇絜矩意在耳。○顧麟士曰：「彼爲善之，鄭注云：『彼，君也。君將欲以仁義善其政。』金仁山云：『彼爲不善之小人。』今依《達説》，參而解之曰『彼反以小人爲善』，則下使字亦屬君，似從俗也。」

右傳之十章。釋治國平天下。

此章之義，務在與民同好惡而不專其利，皆推廣絜矩之意也。能如是，則親賢樂利，各得其所，而天下平矣。朱子曰：「絜矩章專言財用，繼言用人。蓋人主不能絜矩者，皆由利心之起，故徇己欲而不知有人。此所以專言財用也。人才用舍，最係人心向背，❶若能以公滅私，好惡從衆，則用舍當於人心矣。此所以繼言用人也。」○陳氏曰：「此章之義甚博，文意則在於絜矩。其所以説絜矩之道在於分義利，别好惡。其所惡者利，所好者義，須是能公好惡，别義利如此，則天下均平，而無一夫不遂其所矣。」○此章反覆援引，出入經傳者幾千言，意若不一。然求其緒，卒不過好惡義利之兩端。又從而要其歸，則亦不出於絜

❶「係」，原作「使」，今據《四書大全》改。

矩之道而已。絜矩之道，以己知彼，以彼反己，而好惡義利之理明矣。○雙峰饒氏曰：「《大學》一書，多說好惡。誠意章說『如好好色，惡惡臭』。齊家章說『好知其惡，惡知其美，所令反其所好』。平天下章說『民之所好好之，所惡惡之』，與『好人所惡，惡人所好』。畢竟天下道理，不過善惡兩端。初言格物致知時，便要分別此二件分明。自誠意章以後，只是好其所當好，惡其所當惡而已。」又曰：「此章大要，不過理財用人二事。自『先慎乎德』以下，是說理財。自《秦誓》以下，是說用人。自『生財有大道』以下，又說理財。二事反覆言之，然所用者君子，則君子之心公，必能均其利於人；所用者小人，則小人之心私，必至專其利於己。所以末後又說『長國家而務財用，必自小人矣』，如此，則理財用人，又只是一事。」○玉溪盧氏曰：「絜矩，所以明明德於天下，親賢樂利，各得其所，而天下平，則明德明於天下，而無不止於至善矣。」○東陽許氏曰：「此章大意，治天下在乎絜矩，而絜矩在用人取財處爲要。然得失之幾，全在忠信驕泰上。發於心者忠，接於物者信，則事皆務實，好善惡惡皆得其正，而能盡絜矩之道。存於心者矜驕，行之以侈肆，必不能絜矩，則遠正人，而讒諂聚斂之人進矣。故忠信驕泰，治亂之原也。」

凡傳十章：前四章統論綱領旨趣，音娶。**後六章細論條目工夫。其第五章乃明善之要，**格物致知，爲明善之要法。**第六章乃誠身之本，**誠、正、脩，皆所以誠身，而誠意爲之本始。**在初學尤爲當務之急，讀者不可以其近而忽之也。**節齋蔡氏曰：「明善之要，誠身之本，朱子於篇末尤懇切爲學者言之，何耶？蓋道之浩浩，何處下手？學者用工夫之至要者，不過明善誠身而已。明善即致知也，誠身即力行也。始而致知，所以明萬理於心，而使之無所疑；終而力行，所以復萬善於己，而使之無不備。知不致，則真是真非莫辨，而後何所從適？行不力，則雖精義入神，亦徒爲空言。此《大學》第五章之明善、第六章之誠身所以爲學者用功之至切至要。」○玉溪盧氏曰：「十章之傳，綱目相維，讀者須即綱領而考其條目，即條目而貫諸綱領，使一書之義了然於胸中，庶幾有受用處。第五章明善之要，是明明德之端。第六章誠身之本，是明明德之實。明善、誠身之旨，《大學》、《中庸》所以相表裏者在此，曾子、子思所以授受者亦在此。故朱子揭此以示學者急先之當務云。」〇雲峰胡氏曰：「明善誠身，《中庸》言之，孟子又言之。其説元自《大學》致知誠意來。《章句》之末舉此二者，以見曾、思、孟三子之相授受焉。」附《蒙引》：第五章乃明善之要。格物致知，通是明善，要字何安？曰：明善是致知，其要在格物。

附《存疑》：格物致知辨

問：「《傳習録》曰：『格物如《孟子》「大人格君心」之格，是去其心之不正，以全其本體之正。』又曰：『知是心之本體，心自然會知，見父自然知孝，見兄自然知弟，此便是良知，不假外求。若良知之發，更無私意障礙，即所謂充其惻隱之心，而仁不可勝用矣。然在常人，不能無私意障礙，所以須用致知格物之功，勝私復理，即心之良知更無障礙，得以充塞流行，便是致其知。』依其説，是言人心於義理本自知得，初無欠缺，只是被私意障礙，故失之。格去私意之障，則其知自在，初不用去讀書窮理。其説不亦簡易直截乎？」曰：「知雖人心所本有，然欲知到極至處，亦難。天下義理無窮，其中許多曲折，又有似是而非者，必欲所知全盡而不偏，皆是而無非，惟大聖然後能之。下此皆未免有不滿人意處。如以夷、惠、伊尹之聖，不免有偏，亦是知有未至耳。所以説其中非爾力。彼三子者，何曾有私意障礙？然其知尚有未盡，何也？今以孝言之，如舜事瞽瞍，小杖則受，大杖則逃，終能喻親於道，而爲大孝。若申生則不然，就殺其身以彰親過，其視舜爲何如也？亦緣知有未至爾。他豈有私意障礙？然其知不如舜，何也？又如曾子襲裘而弔，以子游裼裘爲非禮。及主人祖括髮，子游襲裘而入，曾子始悟己之非，是曾子所見不如子游也，曾子豈有私意障礙？然而知不如子游，何也？然則知在人，豈不甚難？所以聖賢立教，拳拳欲人去講學窮理，正爲此等處難明，欲明之爾。若謂勝私復理，即心之良知更無障礙，得以充塞流行，不待講學，則三子何以有偏？申生何以陷其親於過？曾子何以猶有襲裘而弔之失？則其説之謬，不亦了然乎？且大學工夫，是接小學做去，格物致知，又是大學始事。人生十五歲以前，皆是童蒙時節，固難責以講學窮理之事。到十五入大學時，聰明始開，正好講學窮理，開發充廣其聰明。乃舍此不教，只教他去勝私復理，則講學工夫又當在何時用？大學之教，明德新民兩事，分爲八目，許多詳密，豈得於此緊關大節目，乃獨遺之？而傳説所謂學於古訓，孔子所謂好古敏求，學之不講是吾憂，教小子學《詩》，教伯魚爲《周南》、《召南》，孟子所謂博學詳説，果何爲也？又小學之教，自洒掃應對以上，皆是收其放心，養其德性事。人生自八歲入小學，至十五入大學，教養許多年，其不可成者，已遣歸農，其可成者，此是聖賢胚模亦已成了，似無十分不好底意思可以障礙其良知者。聖賢首教，乃又創此一目以教人，豈非牀上疊牀，樓上架樓耶？」○又曰：「陽明之爲此説，其意爲何？」曰：「彼錯認程朱格物之旨，又惡其説之拘己，故別爲一種簡易之説以易之，以爲無事勤求，而可坐得本心之妙。當世之士，與之同病者，遂群然和之，以爲真聖賢復出也。如何曰彼見程朱今日格一物，明日格一物之説，錯認做口耳記誦之學。又以爲預先講求，要去應變，又以爲裝綴世上文物度數，與己原不相干。不知萬物皆備於我，古之聖賢爲格物窮理之學，是欲深造自得，以爲反身而誠之地爾。觀程子之言，則曰『積累多後，脱然有悟』，朱子之言，則曰『至於用力之久，一旦豁然貫通，無非身心切要之學也』。是豈徒事口耳記誦？亦豈預先講求在此，欲去應變，及裝綴世上文物度數，與己原不相干也？夫道理無窮盡，古先聖賢，所以惟日孜孜，斃而後已者，正爲此。以孔子之聖，猶好古敏求，學無常師。其言自十五志學至六十耳順，猶以漸而進，中間直是無時放下。其告子路曰：『發憤忘食，樂以忘憂，不知老之將至。』其所以教人則如此，程朱之所從事便是如此。看他平生所立，操持點簡，終日欽欽，纖毫不肯放過，其講求義理，較勘毫分，終日孜孜，有至死而後已者。如朱子易簀以前，猶解《大學》誠意章可見也。今之爲師者，既無聖賢那等着實工夫，其徒之相和者，數語相投，就欲做顔、曾高弟。彼見聖賢之所爲，豈但若登天之難，有萬不可幾及之患？其法度之嚴密，有若桎梏縲絏之拘執而不便者。故立個簡截之説以易之，曰：『程朱之所説所事者，皆口耳之襍，孔孟之所學，原不是如此。』是不但誣程朱，并孔孟而厚誣之也。」○又曰：「陽明之説，亦有所本乎？」曰：「彼竊佛氏之説以解經，不知與吾儒不合也。何以言之？夫佛氏不知性之爲理，以心之知覺當之，更不去理上尋究，只就心上用功，謂心本神通明覺，周徧十方，惟爲塵垢障蔽，故昏迷淪溺，絶去塵垢，則神通明覺之體，復全於我。故其偈曰：『心縛於境界，智隨習氣轉。無有所及勝，平等智慧生。』其意可見也。曰本覺，曰真識，曰明妙元心，皆其所謂性也。曰煩惱障，曰智障，曰法障，業障，皆其所謂害性也。曰斷諸種障，攝心爲戒，因戒生定，因定生慧，曰立三漸次，方得除滅，皆其所脩行也。陽明所謂良知，即佛氏之本覺及性覺妙明、本覺明妙也。所謂私意障礙，即佛氏之煩惱智法諸障。衆生有妄，自蔽妙明也。所謂勝私復理，則其知自在，即佛氏之諸妄一切圓滅，獨妙真常，離垢銷塵，法眼清浄，成阿羅漢也。所謂格其心之不正以歸於正，即佛氏之去妄識爲真識也。陽明竊此以解格物致知，自謂簡易玄妙，不若程朱之瑣細繁難矣。不知佛氏之還本覺，止於登涅盤，成阿羅漢，歸如來藏而已矣。天地間許多事物，都抛了不管，故就他一偏做去，亦得。《大學》格物致知之後，尚有齊家治國平天下許多事在。若不窮理格物，精義入神，以求致用，只去勝私復理，不知胸中空空洞洞，於先王經綸妙用，如何可以辦齊治平之事？否也。以忠孝言之，佛氏遺棄君親，使遇瞽瞍獻公之父、衛輒之君，他都不管了，是非疑似，置之不講，可也。儒者之道，正在倫理上用功，君親尤其大者，若不講明，只管勝私復理，得無申生季路之誤乎？所以其説與吾儒之學不合者，此也。」○又曰：「陽明謂『博文是約禮工夫，惟精是惟一工夫，明善是誠身工夫』，謂『知行合一』，行過然後知，是皆得之於佛也。何以言之？佛氏於聞見知覺，恐其染著，謂必欲離之，然後可入道。故《楞嚴經》曰：『阿難縱强記，不免落邪思。豈非隨所淪，旋流獲無妄。』蓋佛氏所貴，在無上妙覺，以聞見强記爲第二義。陽明有得於此，故遂妄意高妙，把聖賢所説聞見講學處，皆做知之次，不爲真知，而引『女以予爲多學而識，非也，予一以貫之』爲證，謂一以貫之，便是致良知。至博文、明善、惟精之類，貶他不得者，又都拗作行説。又謂知行合一，行矣然後知。把自古聖賢所説知一事，都掃抹了。總是溺於佛之説，只恐粘著見聞，故如此。不知聖人之道，固是一以貫之。然學者用工之始，豈能一時就貫得？亦須費許多工夫，然後能到此田地。多學而識之類，正是許多工夫也。若一貫是致良知，則聖人設教，何不諸門人皆教之，而獨語曾子？如今學者，都不教之讀書講學，就使他一以貫之，不知能貫否也。立説差異，一至於此，可怪可怪。」○又曰：「問陽明之學，與陸象山如何？」曰：「陽明本是學象山，其言亦有祖他處。如『心自然會知，見父自然知孝，見兄自然知弟』，即象山『拘攝得精神在此，自能惻隱，自能羞惡』之説也。但二人絶不同。象山天資甚高，見道理最易，只是合下便欲做聖人，更不去做下學工夫。蔡虚齋謂其助長是也。其見道理多不仔細，又有誤處，亦有故矣。又以己去律人，説人人都有這道理，亦皆能之，不欲人做下學工夫。朱子謂其『不知有氣稟之性』是也。謂之曰禪者，特以此處近於禪家不立文字、直指本心、見性成佛之説爾，未嘗竊以爲用也。若陽明，則全是竊禪家之説來用，却又露出本相。如所謂良知，即《楞嚴經》之本覺。心之良知無障礙，即《楞伽經》之智者無障礙相是也。象山所説，雖有不仔細處，却無大差異驚人。陽明則大差異驚人。如以格物爲去私意，謂明善是誠身工夫，博文是約禮工夫，似此之類。象山何曾有此等説話？愚看象山《語録》便暢快，朱子稱其會説，其精神能感發人，誠是也。看《傳習録》便不樂，亦其説多差異不通爾。但不知人多尊信之，何與？」○又曰：「問：『陽明曰：「文公《大學》新本先去窮格事物之理，即茫茫蕩蕩，都無著落處，須用添個敬字。若須用添個敬字，緣何孔門倒將一個最緊要的字落了？直待千餘年後，要人來補出。正謂以誠意爲主，即不須添敬字。大抵《中庸》工夫，只是誠身，誠身之極，便是至誠。《大學》工夫，只是誠意，誠意之極，便是至善。工夫總是一般，今説這裏補個敬字，那裏補個誠字，不無畫蛇添足。」其説如何？』曰：『大學之教，是承小學做來。古者八歲入小學，教之灑掃應對進退等許多節目，皆是持敬之事。及至十有五年，不可成者，已遣歸農，其可成而入大學者，此時持敬工夫已熟，所以收其放心，涵養本原，以爲窮理格物之地者，固已素定。初非茫茫蕩蕩，無著落處，須用添個敬字也。朱子之所添，是爲過與不及從事於小學者教之，由此以爲格物窮理之地。固非前輩將個緊要的字落了，而待千餘年人來補出也。乃以是而議朱子，寧不爲所笑乎？誠與敬自有分，謂以誠意爲主，則不消添敬字，是以誠當敬，固不是。且經文曰「物格而后知至，知至而后意誠」，是意誠工夫又後格物一步也。既以格物爲去私意，則當物格時，私意已無了，又何須再去誠意，再做毋自欺、慎獨許大工夫，得無疊牀重屋耶？若謂格物即是誠意，又不應説「物格而后知至，知至而后意誠」。分做三節，中閒又用個而「后字」，果如其説，則後面「家齊而后國治，國治而后天下平」，與此一類也。亦將謂齊家即是治國平天下耶？可謂窒礙不通之甚矣。又敬該動静，徹終始。八條目不言敬，而敬自無不該。今以誠意當敬，則敬列於八條目而爲一目，不能貫通乎上下矣。又可通乎？《中庸》一書，通篇言誠，不一而足，固無待於補先儒，亦未嘗補之也，焉得爲此語哉？陽明之言，句句有病，此類甚多，予不能盡辯也。』」

大學大全章句終

雲間受業趙鳳翔魚堂編次
慎徽旂公

中庸或問

或問：「名篇之義，程子專以不偏爲言，吕氏專以無過不及爲説，二者固不同矣，子乃合而言之，何也？」曰：「中，一名而有二義，程子固言之矣。今以其説推之，不偏不倚云者，程子所謂在中之義，朱子曰：「在中，是言在裏面底道理。未動時，恰好處；纔發時，不偏於喜，則偏於怒，不得謂之在中矣。非以在中釋中字。」未發之前無所偏倚之名也；無過不及者，程子所謂中之道也，道以由行之用言。見形甸反。諸行去聲。事各得其中之名也。蓋不偏不倚，猶立而不近四旁，心之體、地之中也；無過不及，猶行而不先不後，理之當、去聲。下有當同。事之中也。故於未發之大本，則取不偏不倚之名；於已發而時中，則取無過不及之義。語固各有當也。然方其未發，雖未有無過不及之可名，而所以爲無過不及之本體實在於是。及其發而得中也，雖其所主不能不偏於一事，然其所以無過不及者，是乃無偏倚者之所爲，而於一事之中，亦未嘗有所偏倚也。新安陳氏曰：「此以不偏不倚與無過不及交互發明，以見非截然而二。」故程子又曰：『言和，則中在其中；言中，則含喜怒哀樂在其中。』而吕氏亦云：『當其未發，此心至虚，無所偏倚，故謂之中。以此心而應萬物之變，無往而非中矣。』是則二義雖殊，而實相爲體用，此愚於名篇之義，所以不得取此而遺彼也。」朱子曰：「未發之中是體，已發之中是用。」○格菴趙氏曰：「未發之中，只可言不偏不倚，却下不得過不及字。及發出來，此事合當如此，彼事合當如彼，方有箇恰好準則，無太過不及處。」〇曰：「庸字之義，程子以不易言之，而子以爲平常，何也？」曰：「唯其平常，故可常而不可易，若驚世駭俗之事，則可暫而不得爲常矣。二說雖殊，其致一也。但謂之不易，則必要平聲。於久而後見，不若謂之平常，則直驗於今之無所詭古妥反。異，而其常久而不可易者可兼舉也。朱子曰：「譬之飲食，五穀是常，自不可易，若珍異不常得之物，則可暫一食，焉能久乎？」〇北溪陳氏曰：「程子以不易解庸字，亦是謂萬古常然而不可易，但其義未盡，不若平常字最親切，可包得不易字。蓋天下事物之理，惟平常，然後可以常而不易，若怪異之事，人所罕見，但可暫而不可常耳。平常、不易，本作一意看。」況《中庸》之云，上與高明爲對，而下與無忌憚者相反。新安陳氏曰：「極高明而道中庸，是中庸與高明對，君子中庸，小人無忌憚者反中庸。」其曰庸德之行、庸言之謹，又以見形甸反。夫音扶。雖細微而不敢忽，則其名篇之義，以不易而爲言者，又孰若平常之爲切乎？」曰：「然則所謂平常，將不爲淺近苟且之云乎？」曰：「不然也。所謂平常，亦曰事理之當然，而無所詭異云爾，是固非有甚高難行之事，而亦豈同流合汙音烏。之謂哉！既曰當然，則自君臣父子日用之常，推而至於堯舜之禪時戰反。授、湯武之放伐，其變無窮，亦無適而非平常矣。」朱子曰：「中庸只是一箇道理，以其不偏不倚，故謂之中；以其不差異，可常行，故謂之庸。未有中而不庸者，亦未有庸而不中者，惟中，故平常。」〇謂：「堯舜禪授，湯武放伐，皆聖人非常之變，而謂之平常，何也？」曰：「堯舜禪授，湯武放伐，雖其事異常，然皆是合當如此，便只是常事。如伊川説經權字，合權處便即是經。」〇曰：「此篇首章先明中和之義，次章乃及中庸之説。至其名篇，乃不曰中和，而曰中庸者，何哉？」曰：「中和之中，其義雖精，新安陳氏曰：「未發之中，乃古人所未言之精義。」而中庸之中，實兼體用，且其所謂庸者又有平常之意焉，則比之中和，其所該者尤廣，而於一篇大指，精粗本末，無所不盡。此其所以不曰中和，而曰中庸也。」朱子曰：「中庸該得中和之義，庸是見於事，和是發於心，庸該得和。」〇以性情言之，謂之中和；以理言之，謂之中庸。其實一也。〇曰：「張子之言如何？」張子曰：「學者如中庸文字輩，直須句句理會過，使其言互相發明。」曰：「其曰『須句句理會，使其言互相發明』者，真讀書之要法，不但可施於此篇也。」〇曰：「呂氏爲己爲人之説如何？」爲字去聲。下爲人同。〇藍田呂氏曰：「爲己者，心存乎德行，而無意乎功名；爲人者，心存乎功名，而未及乎德行。若後世有未及乎爲人，而濟其私欲者，今學聖人之道，而先以私欲害之，則語之而不入，導之而不行，教之者亦何望哉？聖人之學，不使人過，不使人不及，立喜怒哀樂未發之中以爲之本，使學者擇善而固執之。其學固有序矣，學者盍亦用心於此乎！用心於此，則義理必明，德行必脩，與夫自輕其身，涉獵無本，徼幸一旦之利者，果何如哉！」曰：「爲人者，程子以爲欲見知於人者是也。呂氏以志於功名言之，而謂今之學者未及乎此，則是以爲人爲及物之事，而涉獵徼幸，以求濟其私者，又下此一等也。殊不知夫子所謂爲人者，正指此下等人爾。若曰未能成己，而遽欲成物，此特可坐去聲。以不能知所先後之罪，原其設心，猶愛而公，視彼欲求人知，以濟一己之私而後學者，不可同日語矣。至其所謂立喜怒哀樂未發之中以爲之本，使學者擇善而固執之者，亦曰欲使學者務先存養，以爲窮理之地耳。而語之未瑩，烏定反，❶潔也。乃似聖人强上聲。立此中，以爲大本，使人以是爲準而取中焉，則中者，豈聖人之所强立，而未發之際，亦豈容學者有所擇取於其間哉！但其全章大指，則有以切中去聲。今時學者之病，覽者誠能三去聲。復而致思焉，亦可以感悟而興起矣。」

或問：「天命之謂性，率性之謂道，脩道之謂教，何也？」曰：「此先明性、道、教之所以名，以見形甸反。其本皆出乎天，而實不外於我也。天命之謂性，言天之所以命乎人者，是則人之所以爲性也。蓋天之所以賦與萬物而不能自已者，命也；吾之得乎是命以生而莫非全體者，性也。朱子曰：「天之生此人，如朝廷之命此官；人之有此性，如官之有此職。」○格菴趙氏曰：「天於賦予處，周流而不已，斯之謂命；人於稟受處，該全而不偏，斯之謂性。」故以命言之，則曰元、亨、利、貞，而四時五行、庶類萬化，莫不由是而出；以性言之，則曰仁、義、禮、智，而四端五典、萬物萬事之理，無不統於其間。黄氏曰：「在天爲元亨利貞，在人爲仁義禮智，特殊其名，以别天人之分耳。」○天地而非元亨利貞，不能以行四時，生萬物。人而非仁義禮智，又何以統四端，制萬事哉？○北溪陳氏曰：「若就造化論，則天命之大目，只是元亨利貞。此四者，就氣上論也得，就理上論也得。就氣上論，則物之初生爲元，於時爲春；物之發達爲亨，於時爲夏；物之成就爲利，於時爲秋；物之斂藏爲貞，於時爲冬。貞者，正而固也。自其生意之已定者而言，故謂之正；自其斂藏者而言，故謂之固。就理上論，則元者，生理之始；亨者，生理之通；利者，生理之遂；貞者，生理之固。人性之大目，只是仁義禮智四者而已。得天命之元在我，謂之仁；得天命之亨在我，謂之禮；得天命之利在我，謂之義；得天命之貞在我，謂之智。

❶「烏」，原作「鳥」，今據《四書大全》改。

人性之有仁義禮智，只是天地元亨利貞之理，真實一致，非引而譬之也。」附《蒙引》：氣以成形，如木以爲肝，火以爲心，金以爲肺，水以爲腎，土以爲脾，此五藏之出於五行者然也。又以外體言之，火爲目，水爲口，左耳居東方屬木，右耳居西方屬金，而鼻則屬土也。又通一身而論，其得於五行者，如吴文正公詩云「氣火血脉水，骨金毛髮木。五行皆有土，四物載於肉」是也，皆氣以成形者也。有氣斯有理，木之理爲仁，火之理爲禮，金之理爲義，水之理爲智，亦各有所屬也。此所謂理亦賦焉者也。

蓋在天在人，雖有性命之分，而其理則未嘗不一；在人在物，雖有氣稟之異，而其理則未嘗不同。此吾之性所以純粹至善，而非若荀、楊、韓子之所云也。荀、楊、韓子論性，詳見《孟子·告子》篇集註。○朱子曰：「論萬物之一原，則理同而氣異。」○北溪陳氏曰：「性與命本非二物，在天謂之命，在人謂之性。」又曰：「性命只是一箇道理，不分看則不分曉，不合看，又離了不相干涉，須是就渾然一理中，看得界分不相亂。」

率性之謂道，言循其所得乎天以生者，則事事物物莫不自然，各有當行之路，是則所謂道也。蓋天命之性，仁、義、禮、智而已。循其仁之性，則自父子之親，以至於仁民愛物，皆道也；循其義之性，則自君臣之分，扶問反。以至於敬長上聲。尊賢，亦道也；循其禮之性，則恭敬辭讓之節文，皆道也；循其智之性，則是非邪正之分別，彼列反。下有别同。亦道也。

附《存疑》：朱子答胡廣仲曰：「天命之性，只以仁義禮智四字言之，最爲端的。率性之道，便是率此之性，無非是道，亦離此四字不得。蓋父子之親、兄弟之愛，固性之所有，然在性中只謂之仁，而不謂之父子兄弟之道。君臣之分、朋友之交，亦性之所有，然在性中只謂之義，而不謂之君臣朋友之道也。推此言之，曰禮曰智，無不然者。愚謂在性中只謂仁，率其仁之性而行，即爲父子兄弟之道矣。在性中只謂義，率其義之性而行，則爲君臣朋友之道矣。」此説率性之道最分曉，故予因其言而足其意。

蓋所謂性者，無一理之不

具，故所謂道者，不待外求而無所不備；此言性與道之全體。所謂性者，無一物之不得，故所謂道者，不假人爲而無所不周。此言性與道之大用。雖鳥獸草木之生，僅得形氣之偏，而不能有以通貫乎全體，然其知覺、運動、榮悴、秦醉反。開落，亦皆循其性而各有自然之理焉。至於虎狼之父子、仁。蜂蟻之君臣、義。豺牀皆反。獺他達反。之報本、禮。雎七余反。鳩之有别，智。則其形氣之所偏，又反有以存其義理之所得，《莊子·天運》篇：商太宰蕩問仁於莊子，莊子曰：「虎狼，仁也。」曰：「何謂也？」莊子曰：「父子相親，何爲不仁？」○《化書》曰：蜂有君，禮也。螻蟻之有君也，一拳之宫，與衆處之；一塊之臺，與衆臨之；一粒之食，與衆蓄之；一蟲之肉，與衆咂之；一罪無疑，與衆戮之。○《禮記·月令》：季秋之月，豺乃祭獸戮禽；孟春之月，魚上水，獺祭魚。○《詩傳》云：雎鳩，水鳥，今江淮閒有之，生有定偶而不相亂，偶常並遊而不相狎，故《毛傳》以爲摯而有别。摯字，與至通，言其情意深至也。尤可以見天命之本然，初無閒去聲。隔，而所謂道者，亦未嘗不在是也。是豈有待於人爲，而亦豈人之所得爲哉！朱子曰：「性是體，道是用，道便是裏面做出底道理。」○問：「鳥獸亦有知覺，但他知覺有通塞。草木亦有知覺否？」曰：「亦有。如一盆花，得些水澆灌，便敷榮；若摧折他，便枯悴。謂之無知覺可乎？周茂叔窗前草不除去，云與自家意思一般，便覺有知覺。只是鳥獸底知覺不如人底，草木底知覺又不如鳥獸底。」○問：「虎狼蜂蟻之類，雖得其一偏，然徹頭徹尾得義理之正。人合下具此天命之全體，而爲物欲氣稟所昏，反不能如物之能通其一處而全盡，何也？」曰：「只有這一處通，便却專。人却事事理會得些，便却泛泛，所以易昏。」○潛室陳氏曰：「飛潛動植，各一其性而不可換，便是率處。若飛者潛之，動者植之，即是違其性，非物之所謂率性矣。」脩道之謂教，言聖人因是道而品節之，以立法垂訓於天下，是則所謂教也。蓋天命之性、率性之道皆理之自然，而人物之所同得者也。人雖得其形氣之正，然其清濁厚薄之稟，亦有不能不異者。是以賢知去聲。者或失之過，愚不肖者或不能及，而得於此者亦或不能無失於彼。是以私意人欲或生其閒，而於所謂性者不免有所昏蔽錯雜，昏蔽其天理，錯雜以人欲。而無以全其所受之正。性有不全，則於所謂道者因亦有所乖戾舛尺淺反。逆，而無以適乎所行之宜。惟聖人之心，清明純粹，清明以氣言，純粹以質言。天理渾然，無所虧闕，故能因其道之所在，而爲之品節防範，以立教於天下，使夫音扶。下同。過不及者有以取中焉。蓋有以辨其親疏之殺，所戒反。而使之各盡其情，則仁之爲教立矣；有以別彼列反。下同。其貴賤之等，而使之各盡其分，扶問反。則義之爲教行矣；爲之制度文爲，使之有以守而不失，則禮之爲教得矣；爲之開導禁止，使之有以別而不差，則知去聲。下無知同。之爲教明矣。夫如是，是以人無知愚，事無大小，皆得有所持循據守，以去上聲。其人欲之私，而復乎天理之正。推而至於天下之物，則亦順其所欲，違其所惡，去聲。因其材質之宜以致其用，制其取用之節以遂其生，皆有政事之施焉。此則聖人所以財成天地之道，而致其彌縫輔贊之功，然亦未始外乎人之所受乎天者而强上聲。爲之也。陳氏曰：「因人生氣質之異，而有過不及之差，故於性有昏蔽而不能全。而所謂道者，亦乖戾而失其本然也。聖人清明純粹，見理分明，故因其性之自然者，爲之品節，而歸之中，使無過不及，以爲天下後世法，使萬世皆得以通行，是謂之教。」○辨其親疏之殺，如爲之立五服，自斬衰至緦麻之類；

別其貴賤之等，如爲之立君臣、上下、長幼之序；爲之制度文爲，如三千、三百之儀，輕重疎密，各有等級之不同；爲之開導禁止，如司徒教民以任卹睦婣之行，及糾民以不孝不弟之刑；因其材質之宜，制其取用之節，如教人春耕夏耘，秋斂冬藏，穿牛鼻、絡馬首之類。子思以是三言著於篇首，雖曰姑以釋夫三者之名義，然學者能因其所指而反身以驗之，則其所知豈獨名義之閒而已哉！蓋有得乎天命之説，則知天之所以與我者無一理之不備，而釋氏之所謂空者非性矣。有以得乎率性之説，則知我之所得乎天者無一物之不該，而老氏所謂無者非道矣。有以得乎脩道之説，則知聖人之所以教我者，莫非因其所固有，性道。而去上聲。其所本無，背音佩。其所至難，而從其所甚易，去聲。○新安陳氏曰：「所固有，謂道；所本無，謂私欲；所至難，謂異端之空寂；所甚易，謂吾道之教。」而凡世儒之訓詁詞章、管商之權謀功利、老佛之清凈寂滅，與夫百家衆技之支離偏曲，皆非所以爲教矣。陳氏曰：「釋氏以空爲宗，以未有天地之先爲吾真體，以天地萬物皆爲幻，人事都爲粗迹，盡欲屏除了，一歸於真空。老氏以無爲宗，以道爲超乎天地形器之外，如云道在太極之先，却是説未有天地萬物之初，有箇虛空，道理都與人物不相干涉，不知道只是人事之理耳。」又曰：「老氏清虛厭事；釋氏屏棄人事；世儒或訓詁解析而理不明，或詞章綴緝而義不通；管、商功利之徒，雖做得事業，亦只是權謀智術之私，而非胸中義理去做。皆非所謂教矣。」○西山真氏曰：「朱子論性、道、教，皆必曰仁義禮智，其視佛老以空寂爲性，以虛無爲道，管、商以刑名功利爲教者，真妄、是非不辨而明矣。」由是以往，因其所固有之不可昧者，而益致其學問思辨之功；因其所甚易之不能已者，而益致其持守推行之力。朱子曰：「因其所固有，謂今人把學問來做外面添底事看了，聖賢千言萬語，只是使人反其固有，而復其性耳。因其所甚易，是日用常行合做底道理，是不可已者，非空守著這一箇物性。」○新安陳氏曰：「學問思辨，致知之事也；持守推行，力行之事也。」則夫天命之性、率性之道，豈不昭然日用之閒，而脩道之教，又將由我而後立矣。」○曰：「率性、脩道之説不同，孰爲是邪？」曰：「程子之論率性，正就私意人欲未萌之處，指其自然發見形甸反。下同。各有條理者而言，以見道之所以得名，非指脩爲而言也。程子曰：「生之謂性，『人生而静』以上不容説，纔説性時，便已不是性也。此理，天命也，順而循之，則道也。」又曰：「天降是於下，萬物流形，各正性命者，是所謂性也。循其性，是所謂道也。此亦通人物而言。循性者，馬則爲馬之性，又不做牛底性，牛則爲牛底性，又不做馬底性，此所謂率性也。」○朱子曰：「程子説人生而静以上是人物未生時，只可謂之理，未可名爲性，所謂在天曰命也，纔説性時，便是人生以後。此理已墮在形氣之中，不全是性之本體矣。所謂在人曰性也。」○程子説物物皆有箇道理，即此便是道，循性者是循其理之自然。○道是性中分派條理，隨分派條理去，皆是道也。呂氏『良心之發』以下，至『安能致是』一節，亦甚精密，但謂『人雖受天地之中以生，而梏於形體，又爲私意小知去聲。所撓，故與天地不相似，而發不中去聲。下並同。節，必有以不失其所受乎天者，然後爲道』，則所謂道者又在脩爲之後，而反由教以得之，非復扶又反。又也。後不及音者，宜以意推之。子思、程子所指『人欲未萌，自然發見』之意矣。藍田吕氏曰：「性與天道，本無有異，但人雖受天地之中以生，而梏於蕞爾之形體，常有私意小智撓乎其閒，故與天地不相似，所發遂至乎出入不齊而不中節。如使所得於天者不喪，則何患乎不中節乎？故良心所發，莫非道也。在我者，惻隱、羞惡、辭遜、是非，皆道也；在彼者，君臣、父子、夫婦、昆弟、朋友之交，亦道也。在物之分，則有彼我之殊；在性之分，則合乎内外，一體而已。是皆人心所同然，乃吾性之所固有。隨喜怒哀樂之所發，則愛必有差等，敬必有節文。所感重者，其應也亦重；所感輕者，其應也亦輕。自斬至緦，喪服異等，而九族之情無所憾；自王公至皂隸，儀章異制，而上下之分莫敢争。非出於性之所有，安能致是乎？」○朱子曰：「只是隨性去，皆是道。吕氏説以人行道，若然，則未行之前便不是道乎？」○潛室陳氏曰：「吕氏只就人性起，蓋不見天地大化，故其説性説道説教，皆不周普流通，此朱子所以不取。」

游氏所謂『無容私焉，則道在我』，楊氏所謂『率之而已』者，似亦皆有吕氏之病也。廣平游氏曰：「天之命萬物者，道也。而性者，具道以生也。因其性之固然，而無容私焉，則道在我矣。若出於人爲，則非道矣。」○龜山楊氏曰：「性，天命也；命，天理也；道，則性命之理而已。謂性有不善者，誣天也。性無不善，則不可加損也，無俟乎脩焉，率之而已。」

至於脩道，則程子『養之以福，脩而求復』如字。之云，却似未合子思本文之意。程子曰：「民受天地之中以生，天命之謂性也。人之生也直，意亦如此。若以生爲生養之生，却是脩道之謂教也。至下文始自云能者養之以福，不能敗以取禍。」又曰：「脩道之謂教，此則專在人事，以失其本性，故脩而求復之，則入於學。若元不失，則何脩之有？」

獨其一條所謂『循此脩之，各得其分』，扶問反。而引舜事以通結之者，爲得其旨，故其門人亦多祖之。但所引舜事，或非《論語》本文之意耳。程子曰：「循此而脩之，各得其分，則教也。自天命以至於教，我無加損焉，此舜有天下而不與焉者也。」○朱子曰：「脩道雖以人事言，然其所以脩之者，莫非天命之本然，非人私智所能爲也。然非聖人有不能盡，故程子以舜事明之。」○陵陽李氏曰：「此又自其性之本然者而推言之，所引《論語》，雖非本文之意，大率以爲一循其本然，非私智所能與耳。」

吕氏所謂『先王制禮，達之天下，傳之後世』者得之。但其本説率性之道處，已失其指，而於此又推本之，以爲率性而行，雖已中節，而所稟不能無過不及，若能心誠求之，自然不中不遠，但欲達之天下，傳之後世，所以又當脩道而立教焉，則爲太繁複音福。而失本文之意耳。藍田呂氏曰：「循性而行，無物撓之，雖無不中節者，然以稟於天者，不能無厚薄昏明，則應於物者，亦不能無小過小不及。故品節之，斯之謂禮。閔子除喪而見孔子，予之琴而彈之，切切而言曰：『先王制禮，不敢過也。』子夏除喪而見孔子，予之琴而彈之，侃侃而言曰：『先王制禮，不敢不及也。』故心誠求之，雖不中，不遠矣。然將達之天下，傳之後世，慮其所終，稽其所敝，則其小過不及者，不可以不脩，此先王所以制禮。」改本又以時位不同爲言，似亦不親切也。」藍田呂氏改本云：「道之在人，有時與位之不同，必欲爲法於後世，不可不備。」〇

曰：「楊氏所論王氏之失，如何？」龜山楊氏曰：「臨川王氏云『天使我有是之謂命，命之在我之謂性』，是未知性命之理。其曰使我，正所謂使然也，使然者可以爲命乎？以命在我爲性，則命自一物，若《中庸》言天命之謂性，性即天命也，又豈二物哉？如云在天爲命，使人爲性，此語似無病，然亦不須如此說。性命初無二理，第所由之者異耳。率性之謂道，如《易》所謂『聖人之作《易》，將以順性命之理』是也。」曰：「王氏之言，固爲多病，然此所云『天使我有是』者，猶曰上帝降衷云爾，豈真以爲有或使之者哉？其曰『在天爲命，在人爲性』，則程子亦云，而楊氏又自言之，蓋無悖於理者。今乃指爲王氏之失，不惟似同浴而譏裸魯果反。裎，音呈。亦近於意有不平而反爲至公之累矣。且以率性之道爲順性命之理，文意亦不相似。若游氏以遁天倍音佩。情爲非性，廣平游氏曰：「惟皇上帝降衷于下民，則天命也，若遁天倍情，則非性矣。」則又不若楊氏人欲非性之云也。龜山楊氏曰：「天命之謂性，人欲非性也。」〇曰：「然則呂、游、楊、侯四子之說孰優？」曰：「此非後學之所敢言也。但以程子之言論之，則

於吕稱其深潛縝密，上止忍反。於游稱其穎悟温厚，謂楊不及游而亦每稱其穎悟，謂侯生之言但可隔壁聽。今且熟復其言，究覈下革反。其意，而以此語證之，則其高下淺深亦可見矣。過此以往，則非後學所敢言也。」

或問：「既曰『道也者，不可須臾離也，可離非道也，是故君子戒慎乎其所不睹，恐懼乎其所不聞』矣，而又曰『莫見乎隱，莫顯乎微，故君子慎其獨也』，何也？」曰：「此因論率性之道，以明由教而入者，其始當如此，蓋兩事也。其先言道不可離，而君子必戒謹恐懼乎其所不睹不聞者，所以言道之無所不在，無時不然，學者當無須臾毫忽之不謹而周防之，以全其本然之體也。又言莫見乎隱，莫顯乎微，而君子必慎其獨者，所以言隱微之閒，人所不見，而己獨知之，則其事之纖悉無不顯著，又有甚於他人之知者，學者尤當隨其念之方萌而致察焉，以謹其善惡之幾平聲。也。蓋所謂道者，率性而已，性無不有，故道無不在。大而父子、君臣，小而動静、食息，不假人力之爲，而莫不各有當然不易之理，所謂道也。是乃天下人物之所共由，充塞先則反。天地，貫徹古今，而取諸至近，則常不外乎吾之一心，循之則治，去聲。失之則亂，蓋無須臾之頃可得而暫離也。若其可以暫合暫離，而於事無所損益，則是人力私智之所爲者，而非率性之謂矣。聖人之所脩以爲教者，因其不可離者而品節之也；君子之所由以爲學者，因其不可離者而持守之也。三山陳氏曰：「君子必欲存養持守以保全之者，正爲其不可離而去之，如饑食渴飲之不可無也。」○

新安陳氏曰：「持守，指戒謹恐懼。」附《淺説》：「天命之謂性」云云，此性、道、教之義也。學者知此義，則知道不可須臾離，當由教力學以體道，全性而求合夫天矣。何則？天命之謂性，率性之謂道。由此言之，則見道原於天，具於心，而見諸日用事物之閒，無物不有，無時不然，本無須臾之離也，人其可以須臾離之乎！静而須臾離之，則其體不立，而無以爲應用之本；動而須臾離之，則其用不行，而有以累其本體之全。吾心吾身，吾所愛也，須臾離道，則身心不淑矣。一事一物，皆有則也，須臾離道，則事物失所矣。信乎其不可須臾離也。○《蒙引》：「《或問》云：『循之則治，失之則亂。』此治亂，非就天下國家言。治，理也，事得其緒之謂理，亂則不理也。」是以日用之閒，須臾之頃，持守工夫一有不至，則所謂不可離者雖未嘗不在我，而人欲閒去聲。之，則亦判然二物而不相管矣。是則雖曰有人之形，而其違禽獸也何遠哉！是以君子戒慎乎其目之所不及見，恐懼乎其耳之所不及聞，瞭音了。然心目之閒，常若見其不可離者，而不敢有須臾之閒，去聲。以流於人欲之私，而陷於禽獸之域。若《書》之言防怨而曰『不見形甸反。是圖』，《禮》之言事親而曰『聽於無聲，視於無形』，蓋不待其徵於色，發於聲，然後有以用其力也。《五子之歌》云：「一人三失，怨豈在明，不見是圖。」○《曲禮》曰：「凡爲人子者，居不主奥，坐不中席云云，聽於無聲，視於無形。」○朱子曰：「不見是圖，既是不見，安得有圖？只是要於未有兆朕、無可睹聞時，先戒懼耳。」○「聽於無聲，視於無形」，正是照管所不到，念慮所不及處，正如防賊相似，須要塞其來路。夫音扶。既已如此矣，則又以謂道固無所不在，而幽隱之閒，乃他人之所不見，而己所獨見；道固無時不然，而細微之事，乃他人之所不聞，而己所獨聞。是皆常情所忽，以爲可以欺天罔人，而不必謹者。

而不知吾心之靈，皎如日月，既已知之，則其毫髮之間無所潛遁，又有甚於他人之知矣。又況既有是心，藏伏之久，則其見形甸反。下以見同。於聲音容貌之間，發於行事施爲之實，必有暴著而不可揜者，又不止於念慮之差而已也。朱子曰：「隱微顯著，未嘗有異，豈怠於顯而偏於獨哉！蓋獨者，至用之源，而人所易忽於此，而必謹焉，則亦無所不謹矣。」是以君子既戒懼乎耳目之所不及，則此心常明，不爲物蔽，而於此尤不敢不致其謹焉。必使其幾微之際，無一毫人欲之萌，而純乎義理之發，則下學之功盡善全美，而無須臾之閒去聲。矣。二者相須，皆反躬爲去聲。己，附顧麟士曰：「即尚絅章注爲己二字。」遏人欲、存天理之實事。蓋體道之功，莫有先於此者，亦莫有切於此者，故子思於此，首以爲言，以見君子之學必由此而入也。」朱子曰：「幾者，動之微，是欲動未動之閒。」〇陳氏曰：「此兩節是做工夫處，見得聖賢體道之功甚密。」〇新安陳氏曰：「體道者，以身任此道，如《文言》所謂體仁。」附《存疑》：此兩節，從來人都說作「靜而存養，動而省察」，愚獨不然。按，上言道不可須臾離，則是無時不當戒謹恐懼也，獨以爲靜，可乎？下言謹獨方是隱微處致察，都未說到見顯處也，概以爲動察，可乎？《章句》只說存養省察，都無動靜字，何等穩當！〇看來存養省察二者亦要並行，存養就要省察，專靠一邊不得。不存養，則此心有時而放逸，❶存養而不省察，則此心放逸而不自知。先儒謂存養是主人，省察是奴僕，正是此意思。此以謹獨爲省察，亦是只就隱微一時而言耳。要之學者一日十二時，皆須點簡身心，不得一時放過也。〇按，存養二字，本《孟子》「存其心，養其性，所以事天也」，後人因此，便說箇存養。然孟子之言存心養性，本該動靜也，今用其言，乃專主靜時，可乎？以《論語》「君子無終食之閒違仁」總

❶「放」，原作「於」，今據上下文意改。

註觀之，其曰取舍之分明，然後存養之功密，存養之功密，則取舍之分益明。夫終食、造次、顛沛不違仁，皆謂之存養，則存養不可以静言，更明白矣。○愚此説，在《章句》、《或問》自明白，人都不察爾。《章句》云：「君子之心，常存敬畏，雖不見聞，亦不敢忽。」夫曰「常存敬畏，雖不見聞，亦不敢忽」，可見君子戒懼之功，不特在於不睹不聞。《或問》曰：「先言道不可離，而君子必戒謹恐懼乎其所不睹不聞者，所以言道之無所不在，無時不然，學者當無須臾毫忽之不謹，而周防之，以全其本然之體也。」夫曰「當無須臾毫髮之不謹」，則又何嘗偏主不睹不聞言哉？○看來兩節，人之所以分動静者，是緣「致中和」條《章句》，「自戒懼而約之，以至於至静之中無少偏倚，而其守不失，則極其中而大本之立益以固」句差來，不知彼之言固有所因，豈可緣彼而遂錯認此也！何也？戒懼乎不睹不聞，則所睹所聞可知也。君子慎獨者，戒懼乎所睹所聞之初，而在所不睹不聞之内也。必特言者，揭其要以示人也。《章句》「自戒懼而約之」，「自謹獨而精之」兩段，是截戒懼乎不睹不聞以屬致中，截戒慎乎所睹所聞以屬致和，既欲中截以分屬，則當自静之終、動之始處截，故一則曰自戒懼而約之，一則曰自謹獨而精之，或者緣止遂以戒懼爲静時工夫，謹獨爲動時工夫，是不悟傳註立言之旨，遂將正經大義錯解也。甚矣！讀書之難也。

曰：「諸家之説，皆以戒慎不睹、恐懼不聞即爲謹獨之意，子乃分之以爲兩事，無乃破碎支離之甚邪？」曰：「既言道不可離，則是無適而不在矣。而又言『莫見乎隱，莫顯乎微』，則是要切之處尤在於隱微也。既言戒謹不睹，恐懼不聞，則是無處而不謹矣。又言謹獨，則是其所謹者尤在於獨也。是固不容於不異矣，若其同爲一事，則其爲言又何必若是之重平聲。複音福。邪？且此書卒章『潛雖伏矣』、『不愧屋漏』亦兩言之，正與此相首尾。朱子曰：「戒懼是未有事時，相在爾室，尚不愧於屋漏，不動而敬，不言而信之時，謹獨便已有形迹了。『潛雖伏矣，亦孔之昭。』詩人言語，只是大綱。説子思，又就裏而別出這話來教人，又較緊密。」○陳氏曰：「潛雖伏矣一節，申明首章謹獨意，不愧屋漏一節，申明首章戒懼不睹不聞意。」但諸家皆不之察，獨程子嘗有『不愧屋漏與謹獨是持養氣象』之言，其於二者之閒，特加與字，是固已分爲兩事，而當時聽者有未察耳。」程子曰：「要脩持他這天理，則在德，須有不言而信者。言難爲形狀，養之則須直不愧屋漏與謹獨，這是箇持養底氣象。」曰：「子又安知不睹不聞之不爲獨乎？」曰：「其所不睹不聞者，己之所不睹不聞也。故上言道不可離，而下言君子自其平常之處，無所不用其戒懼，而極言之以至於此也。獨者，人之所不睹不聞也。故上言『莫見乎隱，莫顯乎微』，而下言君子之所謹者，尤在於此幽隱之地也。是其語勢自相唱和，去聲。各有血脉，理甚分明。如曰是兩條者，皆爲謹獨之意，則是持守之功無所施於平常之處，而專在幽隱之閒也。且雖免於破碎之譏，而其繁複偏滯而無所當去聲。亦甚矣。」朱子曰：「其之一字，便見得是說己不睹不聞處。」○不睹不聞，是提起大綱，說謹獨，乃審其細微。方不睹不聞，不惟人所不知，自家亦有所未知。若所謂獨即人所不知，己所獨知，極是要戒懼。自來人說，不睹不聞與謹獨，只是一意無分別。則便不是戒謹不睹，恐懼不聞，非謂於睹聞之時不戒謹也。言雖不睹不聞之際，亦致其謹，則睹聞之際，其謹可知也。○陳氏曰：「『莫見乎隱，莫顯乎微』，對『道不可須臾離，可離非道』句，『君子必慎其獨』，對『戒慎乎其所不睹，恐懼乎其所不聞』句。惟其道不可須臾離，可離非道，所以戒慎其所不睹，恐懼其所不聞。惟其莫見乎隱，莫顯乎微，所以必慎其獨。」○曰：「程子所謂隱微之際，若與吕氏改本及游、楊氏不同，而子一之，何邪？」曰：「以理言之，則三家不若程子之盡；以心言之，則程子不若三家之密。是固若有不同者矣。然必有是理，然後有是心，有是心而後有是理，則亦初無異指也。合而言之，亦何不可之有哉？」程子曰：「人只以耳目所見聞者爲顯見，所不見聞者爲隱微，然不知理却甚顯也。且如昔人彈琴，見螳螂捕蟬，而聞者以爲有殺聲。殺在心，而人聞其琴而知之，豈非顯乎？人有不善，而自謂人不知之。然天地之理甚著，不可欺也。」○藍田吕氏曰：「此章明道之要，不可不誠，道之在我，猶飲食居處之不可去，可去皆外物也。誠以爲己，故不欺其心。人心至靈，一萌之思，善與不善，莫不知之，他人雖明，有所不與也。故慎其獨者，知爲己而已。」○廣平游氏曰：「人所不睹，可謂隱矣，而心獨知之，不亦見乎！人所不聞，可謂微矣，而心獨聞之，不亦顯乎！」○龜山楊氏曰：「獨非交物之時有動於中，其違未遠也。雖非視聽所及，而其幾固已瞭然心目之閒矣。其爲顯見，孰加焉？雖欲自蔽，吾誰欺，欺天乎？此君子必慎其獨也。」○問：「程子舉彈琴殺心處，是就人知處言。吕、游、楊氏所説，是就己自知處言。《章句》是合二者而言否？」朱子曰：「有動於中，己固先自知，亦不能揜人之知，所謂誠之不可揜也。」○問：「迹雖未形，幾則已動，上兩句是程子意。人雖不知，己獨知之，下兩句是游氏意否？」曰：「然兩事只是一理。幾既動，則己必知之，己既知，則人必知之。」○曰：「他説如何？」

曰：「吕氏舊本所論道不可離者得之，但專以過不及爲離道，則似未盡耳。其論『天地之中，❶性與天道』一節，最其用意深處。然經文所指不睹不聞、隱微之閒者，乃欲使人戒懼乎此，而不使人欲之私得以萌動於其閒耳，非欲使人虛空其心，反觀於此，以求見夫音扶。所謂中者，而遂執之，以爲應事之準則也。吕氏既失其指，而所引用『不得於言』、『必有事焉』、『參前倚衡』之語，亦非《論》、《孟》本文之意。至謂『隱微之閒，有昭昭而不可

❶「中」，原作「閒」，今據《四書大全》、《四書或問》改。

欺，感之而能應』者，則固心之謂矣。而又曰『正惟虚心以求，則庶乎見之』，是又别以一心而求此一心，見此一心也，豈不誤之甚哉！藍田吕氏曰：「率性之謂道，則四端之在我者，人倫之在彼者，皆吾性命之理，受乎天地之中，所以立人之道，不可須臾離也。絶類離倫，無意乎君臣父子者，過而離乎此者也。賊恩害義，不知有君臣父子者，不及而離乎此者也。雖過不及有差，而皆不可以行於世，故曰可離非道也。非道者，非天地之中而已，非天地之中而自謂有道，惑也。」又曰：「所謂中者，性與天道也。謂之有物，則不得於言；謂之無物，則必有事焉。不得於言者，視之不見，聽之不聞，無聲形接乎耳目，而可以道也；必有事焉者，莫見乎隱，莫顯乎微，體物而不可遺者也。古之君子，立則見其參於前，在輿則見其倚於衡，是何所見乎？洋洋乎如在其上，如在其左右，是果何物乎？學者見乎此，則庶乎能擇中庸而執之。隱微之間，不可求之於耳目，不可道之於言語，然有所謂昭昭而不可欺，感之而能應者，正惟虚心以求之，則庶乎見之。故曰莫見乎隱，莫顯乎微。」〇朱子曰：「心者，人之所以主乎身者也，一而不二者也，爲主而不爲客者也，命物而不命於物者也。故以心觀物，則物之理得。今復有物，以反觀乎心，則是此心之外，復有一心，而能管乎此心也。然則所謂心者，爲一耶？爲二耶？爲主耶？爲客耶？爲命物者耶？爲命於物者耶？若參前倚衡之云者，則爲忠信篤敬而發也。蓋曰忠信篤敬，不忘乎心，則無所適而不見其在是云爾，亦非有以見其心之謂也。且身在此而心參於前，身在輿而心倚於衡，是果何理也耶？」若楊氏『無適非道』之云則善矣，然其言似亦有所未盡。蓋衣食、作息、視聽、舉履，皆物也，其所以如此之義理準則，乃道也。若曰所謂道者，不外乎物，而人在天地之間，不能違物而獨立，是以無適而不有義理之準則，不可頃刻去之而不由，則是《中庸》之旨也。若便指物以爲道，而曰人不能頃刻而離此，百姓特日用而不知耳，則是不惟昧於形而上上聲。下之别，必列反。

而墮於釋氏『作用是性』之失，且使學者誤謂道無不在，雖欲離之而不可得。吾既知之，則雖猖音昌。狂妄行，亦無適而不爲道，則其爲害將有不可勝平聲。言者，不但文義之失而已也。」龜山楊氏曰：「夫盈天地之間，孰非道乎？道而可離，則道有在矣。譬之四方有定位焉，適東則離乎西，適南則離乎北，斯則可離也。若夫無適而非道，則烏得而離耶？故寒而衣，饑而食，日出而作，晦而息，耳目之視聽，手足之舉履，無非道也，此百姓所以日用而不知。」○問：「龜山言饑食渴飲、手持足行便是道，竊謂手持足履未是道，手容恭，足容重乃是道也。目視耳聽未是道，視明聽聰乃是道也。或謂不然。其説云：『手之不可履，猶足之不可持，此是天職。率性之謂道，只循此自然之理耳。』不審如何？」朱子曰：「不然。桀紂亦會手持足履，目視耳聽，如何便喚做道？若便以爲道，是認欲爲道也。伊川云：『夏葛冬裘，饑食渴飲，若著些私吝心，便是廢天職。』須看著些私吝心字。」○衣食動作只是物，物之理乃道，將物喚做道，則不可。且如這箇椅子，有四隻脚，可以坐，此椅之理也。若除去一隻脚，坐不得，便失其椅之理矣。形而上爲道，形而下爲器，就這形而下之器中，便有那形而上之道。若便將形而下之器作形而上之道，則不可。所謂格物，便是要就這形而下之器，窮得那形而上之道理而已。饑而食，渴而飲，日出而作，日入而息，其所以飲食作息者，皆道之所在也。若便謂飲食作息者是道，則不可。與龐居士神通妙用、運水搬柴之類一般，亦是此病。如徐行後長與疾行先長，都一般是行，只是徐行後長，方是道，若疾行先長，便不是道。豈可説只認得行處，便是道。神通妙用，運水搬柴，須是運得水是，搬得柴是，方是神通妙用。若運得不是，搬得不是，如何是神通妙用？佛家所謂「作用是性」，便是如此。他都不理是和非，只認得這衣食作息、視聽舉履便是道。儒家則須是就這上尋討道理，方是道。龜山云：「伊尹之耕於莘野，此農夫田父之所日用者，而樂在是。」如此則世之伊尹甚多矣。龜山説話，大概有此病。《附纂》黄氏洵饒曰：「『而實相爲體用』，即是已發之中具於不偏不倚之體，未發之中見於無過不及之用。『其變無窮』，即中庸，而非平常矣，即經也。『猶涉徼幸』，又下一等人。『昏蔽錯雜』，就本性説；

『乖戾舛逆』，就所行說。『學問思辨』，知工夫；『而益致其持守』，行工夫。」○曰：「呂氏之書，今有二本，子之所謂舊本，則無疑矣。所謂改本，則陳忠肅公所謂程氏明道夫子之言而爲之序者。子於石氏《集解》雖嘗辨之，而論者猶或以爲非程夫子不能及也，奈何？」曰：「是則愚嘗聞之劉、李二先生矣。舊本者，呂氏太學講堂之初本也。改本者，其後所脩之別本也。陳公之序，蓋爲傳者所誤而失之，及其兄孫幾平聲。叟具以所聞告之，然後自覺其非，則其書已行而不及改矣。近見胡仁仲所記侯師聖語，亦與此合。蓋幾叟之師楊氏，實與呂氏同出程門，師聖則程子之内弟，而劉、李之於幾叟，仁仲之於師聖，又皆親見而親聞之，是豈胸臆私見、口舌浮辨所得而奪哉！若更以其言考之，則二書詳略雖或不同，然其語意實相表裏，如人之形貌，昔腴音臾，肥也。今瘠，音夕，瘦也。而其部位神采，初不異也，豈可不察而遽謂之兩人哉？又況改本厭前之詳，而有意於略，故其詞雖約，而未免反有刻露峭急之病。至於詞義之閒，失其本指，則未能改於其舊者，尚多有之。校音教。之明道平日之言，平易去聲。從七容反。容而自然精切者，又不翅通作啻，施智反。碔砆音武夫，石之次玉者。之與美玉也。於此而猶不辨焉，則其於道之淺深，固不問而可知矣。」

或問：「『喜怒哀樂之未發謂之中，發而皆中節謂之和。中也者，天下之大本也。和也者，天下之達道也。致中和，天地位焉，萬物育焉。』何也？」曰：「此推本天命之性，以明由教而入者，其始之所發端，中和。終之所至極，位育。皆不外於吾心也。蓋天命之性，萬理具焉，喜怒哀樂，各有攸當。去聲。下其當同。方其未發，渾然在中，渾，上聲。後凡言渾然，音同。無所偏倚，故謂之中。及其發，而皆得其當，無所乖戾，故謂之和。謂之中者，所以狀性之德、道之體也，以其天地萬物之理無所不該，故曰天下之大本；謂之和者，所以著情之正、道之用也，以其古今人物之所共由，故曰天下之達道。附顧麟士曰：「孔疏賀瑒曰：『性之與情，猶波之與水，靜時是水，動時是波，靜時是性，動時是情。』」蓋天命之性，純粹至善，而具於人心者，其體用之全，本皆如此，不以聖愚而有加損也。然靜而不知所以存之，則天理昧而大本有所不立矣；動而不知所以節之，則人欲肆而達道有所不行矣。朱子曰：「未發時是那靜，有箇體在裏了，若靜而不失其體，便是天下之大本立焉，或失其體，則大本便昏了。已發時是那動，有許多用，若動而不失其用，便是天下之達道行焉，或失其用，則達道便乖了。」○大本不立，達道不行，則雖天理流行，未嘗閒斷，而在我者，或幾乎息矣。惟君子自其不睹不聞之前，而所以戒謹恐懼者愈嚴愈敬，以至於無一毫之偏倚，而守之常不失焉，則爲有以致其中，而大本之立，日以益固矣。尤於隱微幽獨之際，而所以謹其善惡之幾平聲。者，愈精愈密，以至於無一毫之差謬，靡幼反。而行之每不違焉，則爲有以致其和，而達道之行，日以益廣矣。潛室陳氏曰：「戒懼於不睹不聞時，此則未發時工夫。謹獨於隱微時，此即已發時工夫。非戒懼，何以見其致中？非謹獨，又何以爲致和？血脉相承如此。」○格庵趙氏曰：「愈嚴愈敬，是自其未發之體而存養之；愈精愈密，是自其已發之用而省察之。」致者，用力推致而極其至之謂。致焉而極其至，至於靜而無一息之不中，則吾心正，而天地之心亦正，故陰陽動静各止其所，而天地於此乎位矣；動而無一事之不和，則吾氣順，而天地之氣亦順，故充塞無閒，去聲。驩與歡同。欣交通，而萬物於此乎育矣。朱子曰：「和則交感而萬物育矣。」○新安陳氏曰：「中者，心之德，吾之心通乎天地之心，正則俱正矣。吾氣順，和之驗也，以吾之和氣感召天地之和氣，順則俱順矣。」此萬化之本原，一心之妙用，聖神之能事，學問之極功，新安陳氏曰：「由位育推其本於致中和，故曰萬化之本原；自致中和極其功於位育，故曰一心之妙用。究極之，惟大聖人能與於此，乃聖人之能事。降聖神一等而論之，由教而入者果能盡致中和之工夫，則其學問之極功，亦可庶幾乎此也。」固有非始學所當議者。然射者之的、行者之歸，如射者志於中的，行者志於歸家。亦學者立志之初所當知也。故此章雖爲一篇開卷之首，然子思之言，亦必至此而後已焉，其指深矣。」○曰：「然則中和果二物乎？」曰：「觀其一體一用之名，則安得不二？察其一體一用之實，則此爲彼體，彼爲此用，如耳目之能視聽，視聽之由耳目，初非有二物也。」陳氏曰：「體用未嘗相離，有是體方有是用，有是用方有是體。」○曰：「天地位，萬物育，諸家皆以其理言，子獨以其事論。然則自古衰亂之世，所以病乎中和者多矣，天地之位，萬物之育，豈以是而失其常邪？」曰：「三辰失行，山崩川竭，則不必天翻地覆，然後爲不位矣；兵亂凶荒，胎殰卵殈，則不必人消物盡，然後爲不育矣。《樂記》曰：「胎生者不殰，而卵生者不殈。」殰，音獨，内敗也。殈，呼壁，況狄二反，裂也。」凡若此者，豈非不中不和之所致，而又安可誣哉？今以事言者，固以爲有是理而後有是事；彼以理言者，亦非以爲無是事而徒有是理也。但其言之不備，有以啓後學之疑，不若直以事言，而理在其中之爲盡耳。」曰：「然則當其不位不育之時，豈無聖賢生於其世，而其所以致夫音扶，下同。中和者，乃不能有以救其一二，何邪？」曰：「善惡感通之理，亦及其力之所至而止耳。彼達而在上者，既曰有以病之，則夫災異之變，又豈窮而在下者所能救也哉？但能致中和於一身，則天下雖亂，而吾身之天地萬物，不害爲安泰。春秋戰國時之孔孟是也。其不能者，天下雖治，去聲。而吾身之天地萬物，不害爲乖錯。唐虞之四凶、有周之管蔡是也。其間一家一國，莫不皆然，此又不可不知耳。」朱子曰：「尊卑上下之大分，即吾身之天地也。應變曲折之萬端，即吾身之萬物也。」○黄氏曰：「如達而在上，固是堯舜事業。窮而在下，只如在一鄉不擾，便是一鄉萬物育，在一家不擾，便是一家萬物育。」曰：「二者之爲實事可也，而分中和以屬焉，將不又爲破碎之甚邪？」曰：「世固未有能致中而不足於和者，亦未有能致和而不本於中者也；未有天地已位而萬物不育者，亦未有天地不位而萬物自育者也。特據其效，而推本其所以然，則各有所從來，而不可紊耳。」○曰：「子思之言中和如此，而周子之言，則曰『中者，和也，中去聲。後凡言中節，音同。節也，天下之達道也』，周子《通書》中語。乃舉中而合之於和，然則又將何以爲天下之大本也邪？」曰：「子思之所謂中，以未發而言也。周子之所謂中，以時中而言也。愚於篇首已辨之矣。學者涵泳而別筆列反。識之，見其並行而不相悖焉，可也。」朱子曰：「中庸之中是兼已發，而中節，無過不及者得名。若不識得此理，則周子之言更解不得。」○北溪陳氏曰：「未發之中，是就性上論；已發之中，是就事上論。當喜而喜，當怒而怒，那恰好處無過不及便是中。此中即所謂和也。所以周子曰『中也者，和也』，是指已發之中也。」

○曰：「程、吕問答如何？」曰：「考之文集，則是其書蓋不完矣。然程子初謂凡言心者，皆指已發而言，而後書乃自以爲未當，去聲。下未當同。向非吕氏問之之審，而不完之中，又失此書，則此言之未當，學者何自而知之乎？以此又知聖賢之言固有發端而未竟者，學者尤當虛心悉意以審其歸，未可執其一言而遽以爲定也。藍田吕氏問曰：「先生謂『凡言心者，皆指已發而言』。然則未發之前，謂之無心可乎？竊謂未發之前，心體昭昭具在，已發乃心之用也。」程子曰：「『凡言心者，指已發而言』，此固未當。心一也，有指體而言者，寂然不動是也。有指用而言者，感而遂通天下之故是也。惟觀其所見何如耳。」其說中字，因過不及而立名，又似併指時中之中，而與在中之義少異。蓋未發之時，在中之義，謂之無所偏倚則可，謂之無過不及，則方此之時，未有中節不中節之可言也，無過不及之名，亦何自而立乎？又其下文皆以不偏不倚爲言，則此語者，亦或未得爲定論也。藍田吕氏曰：「中即性也。」程子曰：「中也者，所以狀性之體段，猶稱天圓地方，而不可謂方圓即天地。中之爲義，自無過不及而立名，而指中爲性，可乎？」○問：「渾然在中，恐是喜怒未發，此心至虛，都無偏倚，停停當當，恰在其中間，所謂獨立而不近四傍，心之體，地之中也。」朱子曰：「在中者，未動時恰好處；時中者，已動時恰好處。才發時，不偏於喜，則偏於怒，不得謂之在中矣。然只要就所偏倚一事，處之得恰好，則無過不及矣。蓋無過不及，乃無偏倚者之所爲，而無偏倚者，是所以能無過不及也。」○如喜而中節，便是倚於喜矣，但在喜之中無過不及。怒、哀、樂亦然。故謂之和。○問：「程子曰：『中所以狀性之體段，猶天之圓、地之方也，故謂天圓地方則可，謂方圓足以盡天地則不可。』晦翁謂『喜、怒、哀、樂未發，則性也』。愚意亦謂性與中一物耳。自天之所命，則謂之性；自四者之未發，則謂之中。若如程子所論，豈謂性是虚物，中是著實些箇，其不同或在此。」潛室陳氏曰：「四者未發，當此境界，即是人生而静處，故晦翁指此爲性。蓋發則爲情，非以中爲性也，中只是狀其未發之時體段。如此，若便以中爲性，則是稱圓爲天，稱方爲地而可乎？」呂氏又引『允執厥中』以明未發之旨，則程子之説《書》也，固謂『允執厥中，所以行之』。蓋其所謂中者，乃指時中之中，而非未發之中也。呂氏又謂『求之喜怒哀樂未發之時』，藍田呂氏曰：「大人不失其赤子之心，❶乃所謂允執厥中者。」又曰：「聖人之學，以中爲大本。中者，無過不及之謂也，何所準則而知過不及乎？求之此心而已。此心之動，出入無時，何從而守之乎？求之喜、怒、哀、樂未發之時而已。」則程子所以答蘇季明之問，又已有『既思，即是已發』之説矣。凡此皆其決不以呂説爲然者，獨不知其於此何故略無所辨，學者亦當詳之，未可見其不辨而遽以爲是也。」蘇氏問：「於喜怒哀樂之前求中，可否？」程子曰：「不可。既思於喜怒哀樂未發之前求之，又却是思也。既思即是已發，思與喜怒哀樂一般，纔發，謂之和，不可謂之中也。」問：「呂氏言當求於喜怒哀樂未發之前，信斯言也，恐無著落，如之何而可？」程子曰：「言存養於喜怒哀樂未發之時，則可。若言求中於喜怒哀樂未發之前，則不可。」○朱子曰：「程子『纔思即是已發』一句，能發明子思言外之意。蓋言不待喜怒哀樂之發，但有所思，即是已發。此意已極精微，説到未發界，至十分盡頭，不可以有加矣。」曰：「然則程子卒以赤子之心爲已發，何也？」曰：「衆人之心，莫不有未發之時，亦莫不有已發之時，不以老稚賢愚而有別筆列反。也。但孟子所指赤子之心純一無僞者，乃因其發而後可見，若未發，則純一無僞，又不足以名之，而亦非

❶「大」，原作「本」，今據《四書大全》改。

獨赤子之心爲然矣。是以程子雖改夫音扶。心皆已發之一言，而以赤子之心爲已發，則不可得而改也。」蘇子問：「赤子之心爲已發，是否？」朱子曰：「已發，而去道未遠也。」曰：「大人不失其赤子之心，如何？」曰：「取其純一近道也。」〇藍田吕氏曰：「喜怒哀樂之未發，則赤子之心當求其未發，此心至虚，無所偏倚，故謂之中。」程子曰：「喜怒哀樂未發謂之中，赤子之心發而未遠乎中，若便謂之中，是不識大本也。」〇朱子曰：「赤子之心，動静無常，非寂然不動之謂，故不可謂之中，然無營欲知巧之思，故謂未遠乎中。未發之中，本體自然，不須窮索。」

曰：「程子明鏡止水之云，固以聖人之心爲異乎赤子之心矣，然則此其爲未發者邪？」曰：「聖人之心，未發則爲水鏡之體，既發則爲水鏡之用，亦非獨指未發而言也。」蘇氏問：「赤子之心與聖人之心如何？」程子曰：「聖人之心，如明鏡止水。」

曰：「諸説如何？」曰：「程子備矣。但其答蘇季明之後章，記録多失本真，答問不相對值，如耳無聞、目無見之答，以下文『若無事時須見須聞』之説參之，其誤必矣。朱子曰：「子思只説喜、怒、哀、樂，今却轉回見聞上去，所以説得愈多，愈見支離紛冗，都無交涉。此乃程門請問記録者之罪也。」蓋未發之時，但爲未有喜怒哀樂之偏耳，若其目之有見，耳之有聞，則當愈益精明而不可亂，豈若心不在焉而遂廢耳目之用哉？蘇氏問：「道中之時，耳無聞，目無見否？」程子曰：「雖耳無聞，目無見，然見聞之理有始得。」其言静時既有知覺，豈可言静？而引《復》『以見天地之心』爲説，亦不可曉。蓋當至静之時，但有能知覺者，而未有所知覺也。故以爲静中有物則可，而便以纔思即是已發爲比，則未可。以爲《坤》卦純陰而不爲無陽則可，而便以《復》之一陽已動爲比，則未可也。☷所謂無時不中者，所謂善觀者，却於已發之際觀之者，則語雖要切，而其文意亦不能無斷續。至於動上求静之云，則問者又轉而之他矣。蘇氏問：「中是有時而中否？」程子曰：「何時而不中？以事言之，則有時而中。以道言之，何時而不中。」曰：「固是所爲皆中，然而觀於四者未發之時，静時自有一般氣象，及至接事時又自别，何也？」曰：「善學者不如此，却於喜怒哀樂已發之際觀之，而且説静時如何。」曰：「謂之無物則不可，然自有知覺處。」曰：「既有知覺，却是動也，怎生言静？人説『復其見天地之心』，皆以謂至静能見天地之心，非也。《復》之卦下面一畫，便是動也，安得謂之静？自古儒者皆言静見天地之心，惟某言動而見天地之心。」或曰：「莫是動上求静云？」曰：「固是，然最難。」〇朱子曰：「至静之時，但有能知能覺者，而無所知所覺，此《易》卦爲純坤，不爲無陽之象。若論《復》卦，則須以有所知覺者當之，不得合爲一説矣。故邵子亦云：『一陽初動處，萬物未生時。』此至微至妙處，須虚心静慮，方始見得。」其答動字静字之問，答敬何以用功之問，答思慮不定之問，以至若無事時須見須聞之説，則皆精當。去聲。〇或曰：「喜怒哀樂未發之前，下動字？下静字？」程子曰：「謂之静則可，然静中須有物始得，這裏便是難處。學者莫若自先理會得敬，能敬，則自知此矣。」或曰：「敬何以用功？」曰：「莫若主一。」〇問：「某嘗患思慮不定，或思一事未了，他事如麻又生，如何？」曰：「不可。此不誠之本。須是習。能專一時便好，不拘思慮與應事，皆要求一。」〇或曰：「當静坐時，物之過乎前者，還見不見？」曰：「看事如何。若是大事，如祭祀，前旒蔽明，黈纊充耳，凡物之過者，不見不聞也。若無事時，目須見，耳須聞。」旒音流，冕之前後垂者。黈，他口反，黄色，是兩旁纊也。纊音曠，綿也。蓋以綿爲圜，而其色黄，名曰黈纊也。〇朱子曰：「静中有物者，只是知覺不昧。」或引程子語「纔有知覺便是動」爲問。曰：「若云知寒覺暖便是知覺已動，今未曾著於事物，但有知覺在，何妨其爲静，不成静坐便只是瞌睡？」但其曰當祭祀時無所見聞，則古人之制祭服而設旒纊，雖曰欲其不得廣視雜聽，而致其精一，然非以是爲真足以全蔽其聰明，使之一無見聞也。若曰履之有絢，音劬。以爲行戒，尊之有禁，以爲酒戒，然初未嘗以是而遂不行不飲也。新安陳氏曰：「絢謂之拘，以絲爲之。著舄屨之頭，以爲行戒禁者；承酒尊之器名禁者，以爲酒戒也。」若使當祭之時，真爲旒纊所塞，先則反。後並同。遂如聾瞽，則是禮容樂節皆不能知，亦將何以致其誠意，交於鬼神哉？程子之言，決不如是之過也。至其答過而不留之問，則又有若不相值而可疑者。或曰：「當敬時，雖見聞，莫過焉而不留否？」程子曰：「不說道非禮勿視、勿聽。勿者，禁止之辭。纔說弗字，便不得也。」○朱子曰：「便是祭祀，若耳無聞，目無見，即其升降饋奠，皆不能知其時節之所宜。雖有贊引之人，亦不聞其告語之聲。故前旒黈纊之説，亦只是説欲其專一於此，而不雜他事之意，非謂奉祭祀時節無見聞也。」大抵此條最多謬誤。蓋聽他人之問，而從旁竊記，非唯未了答者之意，而亦未悉問者之情，是以致此亂道而誤人耳。紕謬。然而猶幸其間紕篇夷反。漏顯然，尚可尋繹，音亦。以別筆列反。其僞，獨微言之湮音因。沒者，遂不復傳，爲可惜耳。呂氏此章之說，尤多可疑，如引屢空、貨殖及心爲甚者，其於彼此蓋兩失之。其曰由空而後見夫音扶。下同。中，是又前章虛心以求之說也，其不陷而入浮屠者幾希矣。幾，平聲。後凡言幾希、庶幾，音同。蓋其病根，正在欲於未發之前，求見夫所謂中者而執之，是以屢言之而病愈甚。殊不知經文所謂致中和者，亦曰當其未發，此心至虛，如鏡之明，如水之止，則但當敬以存之，而不使其小有偏倚；至於事物之來，此心發見，賢遍反。後凡言發見，音同。喜怒哀樂各有攸當，去聲。則又當敬以察之，而不使其小有差忒他得反。而已，未有如是之説也。且曰未發之前，則宜其不待著陟略反。意推求，而瞭音了。然心目之間矣。一有求之之心，則是便爲已發，固已不得而見之，況欲從而執之，則其爲偏倚亦甚矣，又何中之可得乎？且夫未發已發，日用之間固有自然之機，不假人力。方其未發，本自寂然，固無所事於執；及其當發，則又當即事即物，隨感而應，亦安得塊苦怪、苦潰二反。然不動，而執此未發之中耶？此爲義理之根本，於此有差，則無所不差矣。此吕氏之説所以條理紊音問。亂，援引乖剌，郎葛反。而不勝平聲。其可疑也。程子譏之，以爲不識大本，豈不信哉！藍田吕氏曰：「人莫不知義理之當，無過無不及之爲中，未及乎所以中也。喜怒哀樂未發之前，反求吾心，果何爲乎？『回也其庶乎，屢空。』惟空，然後可以見乎中，而空非中也，必有事焉。喜怒哀樂之未發，無私意小知撓乎其間，乃所謂空。曰空，然後見乎中，實則不見也。若子貢，聚聞見之多，其心已實，如貨殖焉，所蓄有素，所應有限，雖曰富有，亦有時而窮，故億則屢，而未皆中也。權然後知輕重，度然後知長短。物皆然。心爲甚，則心之度物，甚於權度之審，其應物當無毫髮之差。然人應物不中節者常多，其故何也？由不得中而執之，有私意小智撓乎其間，故義理不當，或過或不及。猶權度之法不精，則稱量百物，不能無銖兩分寸之差也。此所謂性命之理，出於天道之自然，非人私知所能爲也，故曰『喜怒哀樂之未發謂之中』。」○朱子曰：「孟子乃是論心自度，非是心度物。」○欲執喜怒哀樂未發之中，不知如何執得那事來。面前只得應他，當喜便喜，當怒便怒，如何執得？楊氏所謂『未發之時，以心驗之，則中之義自見，執而勿失，無人欲之私焉，則發必中節矣』，又曰『須於未發之際，能體所謂中』，其曰驗之，體之，執之，則亦吕氏之失也。其曰『其慟音同。其喜，中固自若』，疑與程子所云『言和，則中在其中』者相似。然細推之，則程子之意，正謂喜怒哀樂已發之處，見得未發之理，發見在此一事一物之中，各無偏倚過不及之差，乃時中之中，而非渾然在中之中也。若楊氏之云『中固自若』，而又引莊周出怒不怒之言以明之，《莊子·庚桑楚》篇云：「敬之而不喜，侮之而不怒者，唯同乎天地者爲然。❶出怒不怒，則怒出於不怒矣；出爲無爲，則爲出於無爲矣。」則是以爲聖人方當喜怒哀樂之時，其心漠然同於木石，而姑外示如此之形，凡所云爲，皆不復出於中心之誠矣。大抵楊氏之言，多雜於佛、老，故其失類如此。其曰『當論其中去聲。否，不當論其有無』，則至論也。」龜山楊氏曰：「但於喜怒哀樂未發之際，以心驗之，則中之義自見，非精一焉能執之！」○又曰：「執而勿失，無人欲之私焉，發必中節矣。發而中節，中固未嘗亡也。孔子之慟，孟子之喜，因其可慟可喜而已，於孔、孟何有哉？其慟也，其喜也，中固自若也。鑑之於物，因物而異形，而鑑之明未嘗異也。莊生所謂『出怒不怒，則怒出於不怒；出爲無爲，則爲出於無爲』，亦此意也。若聖人而無喜怒哀樂，則天下之達道廢也。一人橫行於天下，武王不必恥也，故於是四者，當論其中節不中節，不當論其有無也。」○又曰：「須是於喜怒哀樂未發之際，能體所謂中；於喜怒哀樂已發之後，能得所謂和。致中和，則天地可位，萬物可育矣。」

或問：「此其稱『仲尼曰』，何也？」曰：「首章夫子之意，而子思言之，故此以下，又引夫子之言以證之也。」曰：「孫可以字其祖乎？」曰：「古者生無爵，死無謚，神至反，正作謚。○二句出《禮記·郊特牲》篇。則子孫之於祖考，亦名之而已矣。周人冠去聲。則字而尊其名，死則謚而諱其名，則

❶「地」，《莊子》作「和」。

固已彌文矣，然未有諱其字者也。故《儀禮》饋食之祝詞曰『適爾皇祖伯某父』，音甫。乃直以字而面命之。況孔子爵不應平聲。後凡言不應，音同。謚，而子孫又不得稱其字以別筆列反。之，則將謂之何哉？若曰『孔子』，則外之之辭，而又孔姓之通稱。若曰『夫子』，則又當時衆人相呼之通號也。不曰『仲尼』而何以哉？」問子思稱夫子爲仲尼。朱子曰：「昔人未嘗諱其字。程子云：『予年十四五，從周茂叔。』本朝先輩尚如此，伊川亦嘗稱明道字。」○曰：「君子所以中庸，小人之所以反之者，何也？」曰：「中庸者，無過不及而平常之理，蓋天命人心之正也。中庸之理，實自天命人性中來。唯君子爲能知其在我，而戒謹恐懼，以無失其當然，故能隨時而得中。小人則不知有此，而無所忌憚，故其心每反乎此，而不中不常也。」

附《淺説》：夫人皆具乎是道，體用則存乎其人。以《中庸》言之，是即天命之性、率性之道也。性、道，人所同具，是不擇君子小人，而皆有是中庸之理也。然惟君子爲能中庸，而小人則反乎中庸。夫君子之所以中庸者，何也？蓋其静有所存，而心不逐物，其静則至静也；動有所擇，而事必當可，其動不妄動也。既君子而又時中如此，此其所以無往而非中也，中則可庸矣，此君子之人之所以中庸也。使其心君子，而事或失時，則亦不得以中庸歸之矣。小人之所以反中庸者，何也？蓋其静則妄思而不静，動則肆欲而妄動。心小人，而作事又無忌憚如此，此其所以反中庸也。以此觀之，君子之能中庸，小人之反中庸，在乎敬肆之閒而已。静而敬，則心君子，動而敬，則事時中。動静不敬，而俱肆焉，如之何心不偏而事不謬也？○君子時中，俱連帶用功説。玩註内「所以」字，便見肆欲妄行，正貼「無忌憚」説，不以對戒謹恐懼也。蓋著一行字，則屬在事上矣，難以言小人之心也。○存疑：《或問》「無所忌憚，故其心每反乎此，而不中不常」。「無所忌憚」不與上「戒謹恐懼」對，亦不是因無忌憚了，方不中不常。不中不常，只是無忌憚。「故」字輕看。○曰：「『小人之中庸』，王肅、程子悉加反字，蓋疊上文之語。然諸説皆謂小人實反中庸，而不自知其爲非，乃敢自以爲中庸，而居之不疑。如漢之胡廣、唐之吕温、柳宗元者。則其所謂中庸，是乃所以爲無忌憚也。如此則不煩增字，而理亦通矣。」《漢書》：「胡廣，字伯始，位至太傅，性温厚謹素，常遜言恭色，達練事體，明解朝章，雖無謇直之風，屢有補闕之益，故京師諺云：萬事不理問伯始，天下中庸有胡公。」○《唐書》：吕温，字和叔，一字化光。從陸贄治《春秋》，貞元末擢進士第，後進户部員外郎。藻翰精富，一時推讓。性險躁，譎詭好利，妄言宰相李吉甫陰事，憲宗貶均州，再貶道州，後徙衡州。○柳宗元，字子厚，少精敏絶倫，爲文章卓偉精緻，一時推仰。第進士博學宏詞科，授校書郎，後遭州柳州刺史。曰：「小人之情狀，固有若此者矣，但以文勢考之，則恐未然。蓋論一篇之通體，則此章乃引夫子所言之首章，且當略舉大端，以分別筆列反。君子小人之趨向，未當遽及此意之隱微也。若論一章之語脉，則上文方言君子中庸而小人反之，其下且當平解兩句之義以盡其意，不應偏解上句而不解下句，又遽別生他説也。故疑王肅所傳之本爲得其正，而未必肅之所增。程子從之，亦不爲無所據而臆決也。程子曰：「小人更有甚中庸，脱一反字。小人不主於義理，則無忌憚，所以反中庸也。亦有其心畏謹而不中，亦是反中庸。語意有淺深則可，謂之中庸則不可。」諸説皆從鄭本，雖非本文之意，然所以發明小人之情狀，則亦曲盡其妙，而足以警乎鄉原亂德之姦矣。今存吕氏以備觀考，他不能盡録也。」藍田吕氏曰：「君子蹈乎中庸，小人反乎中庸者也。君子之中庸也，有君子之心，又達乎時中；小人之中庸也，有小人之心，反乎中庸，無所忌憚，而自謂之時中也。時中者，當其可之謂也，時止則止，時行則行，當其可也。可以仕則仕，可以止則止，可以速則速，可以久則久，當其可也。曾子、子思，易地則皆然。禹稷、顔回同道，當其可也。舜不告而娶，周公殺管、蔡，孔子以微罪行，當其可也。小人見君子之時中，唯變所適，而不知當其可，而欲肆其姦心，濟其私欲。或言不必信，行不必果，則曰唯義所在而已，然實未嘗知義之所在。有臨喪而歌，人或非之，則曰是惡知禮意，然實未嘗知乎禮意。猖狂妄行，不謹先王之法，以欺惑流俗，此小人之亂德，先王之所以必誅而不以赦者也。」附顧麟士曰：「『君子之中庸也』一條，蔡氏作子思釋孔子之言，然今通作俱孔子之言，則只當以《章句》『君子之所以爲中庸者』六句爲正解。後『蓋中無定體』以下，牽及戒謹恐懼者，已爲作《中庸》語意，未必是孔子當日語意也。後凡引孔子語者類然。」

或問：「『民鮮能久』，或以爲民鮮能久於中庸之德，而以下文『不能朞月守』者證之，何如？」曰：「不然。此章方承上章『小人反中庸』之意而泛論之，未遽及夫音扶。下同。『不能久』也。下章自能擇中庸者言之，乃可責其不能久耳。兩章各是發

明一義，不當遽以彼而證此也。且《論語》無能字，而所謂『矣』者，又已然之辭，故程子釋之以爲『民鮮有此中庸之德』，則其與『不能朞月守』者不同，文意益明白矣。」朱子曰：「『民鮮能久』，緣下文有『不能期月守』之説，故説者以爲久於其道之久。細考二章，相去甚遠，自不相蒙，只合依《論語》説。」曰：「此書非一時之言也，章之先後又安得有次序乎？」曰：「言之固無序矣，子思取之而著於此，則其次第行音杭。列，決有意謂，不應雜置而錯陳之也。故凡此書之例，皆文斷而意屬，音燭。下同。讀者先因其文之所斷，以求本章之説，徐次其意之所屬，以考相承之序，則有以各盡其一章之意，而不失夫全篇之旨矣。陳氏曰：「子思此書分章亦有次序，皆是相接續發明去。」○新安陳氏曰：「此數句乃讀《中庸》之要法。」然程子亦有久

行之説，則疑出於其門人之所記，蓋不能無差繆。與謬同音。而自『世教衰』之一條，乃《論語》解，而程子之手筆也。程子曰：「中庸之爲德，民不可須臾離，民鮮有久行其道者也。」○中庸，天下之至理。德合中庸，可謂至矣。自世教衰，民不興於行，鮮有中庸之德也。諸家之説，固皆不察乎此，然吕氏所謂厭常喜新、質薄氣弱者，則有以切中去聲。學者不能固守之病，讀者諷誦朞月之章而自省悉井反。焉，則亦足以有警矣。藍田吕氏曰：「中庸者，天下之所共知，所共行，猶寒而衣，饑而食，渴而飲，不可須臾離也。衆人之情，厭常而喜新，質薄而氣弱，雖知不可離，而亦不能久也。唯君子之學，自明而誠，明而未至乎誠，雖心悦而不去。然知不可不思，行不可不勉，在思勉之分，而氣不能無衰，志不能無懈，故有日月至焉者，有三月不違者，皆德之不可久者也。若至乎誠，則不思不勉，至於常久而不息，非聖人，其孰能之？」侯氏所謂『民不識中，故鮮能久，若識得中，則手動足履，無非中者』，則其疎闊又益甚矣。如曰『若識得中，則手動足履，皆有自然之中而不可離』，則庶幾耳。」河東侯氏曰：「民不能識中，故鮮能久，若識得中，則手動足履，無非中者，故能久。」

或問：「此其言道之不行不明，何也？」曰：「此亦承上章『民鮮能久矣』之意也。」三山陳氏曰：「惟鮮能中庸者久，故知愚、賢不肖，各隨氣質之偏而失焉。」曰：「知去聲。愚之過不及，宜若道之所以不明也；賢不肖之過不及，宜若道之所以不行也。今其互言之，何也？」朱子曰：「此正分明交互説。」曰：「測度待洛反。深微，揣楚委反。摩事變，能知君子之所不必知者，知去聲。者之過乎中也。昏昧蹇淺，不能知君子之所當知者，愚者之不及乎中也。知去聲。之過者，既惟知是務，而以道爲不足行，愚者又不知所以行也，此道之所以不行也。刻意尚行，去聲。驚世駭俗，能行君子之所不必行者，賢者之過乎中也。卑污音烏。苟賤，不能行君子之所當行者，不肖者之不及乎中也。賢之過者，既唯行是務，而以道爲不足知，不肖者又不求所以知也，此道之所以不明也。然道之所謂中者，是乃天命人心之正、當然不易之理，固不外乎人生日用之閒，特行而不著，習而不察，是以不知其至而失之耳。故曰『人莫不飲食也，鮮能知味也』。知味之正，則必嗜時利反。之而不厭矣；知道之中，則必守之而不失矣。陳氏曰：「人莫不飲食，是人閒日用不可闕處，在人鮮能知其味。譬如道乃天之命於我，性之所固有底，不可以須臾離，是人不自求知之，所以行矣而不著，習矣而不察。」

或問：「此其稱舜之大知，去聲。下文「之知」、「知者」音並同。何也？」曰：「此亦承上章之意，言如舜之知而不過，則道之所以行也。三山陳氏曰：「上章既歎道之不行，此章遂以道之行者明之。知者過之，又鮮能知味，此道之所以不行也。若舜之大知，知而不過，則道行矣。」蓋不自恃其聰明，而樂音洛。取諸人者如此，則非知者之過矣，又能執兩端而用其中，則非愚者之不及矣。此舜之知所以爲大，而非他人之所及也。兩端之説，吕、楊爲優，藍田吕氏曰：「兩端，過與不及。執其兩端，乃所以用其時中，猶持權衡而稱物輕重，皆得其平。故舜之所以爲舜，取諸人，用諸民，皆以能執兩端而不失中也。」○龜山楊氏曰：「執其兩端，所以權輕重而取中也。由是而用於民，雖愚者可及矣。」程子以爲執持過不及之兩端，使民不得行，則恐非文意矣。蓋當衆論不同之際，未知其孰爲過，孰爲不及，而孰爲中也，故必兼總衆説，以執其不同之極處，而求其義理之至當，去聲。然後有以知夫音扶。無過不及之在此，而在所當行。若其未然，則又安能先識彼兩端者之爲過不及，而不可行哉？」蘇氏問：「舜執其兩端，註以爲過不及之兩端，是乎？」程子曰：「是。」曰：「既過不及，又何執乎？」曰：「執，猶今之所謂執持，使不得行也。舜猶持過不及，使民不得行，而用其中，使民行之也。」

或問七章之説。曰：「此以上句起下句，如《詩》之興虛應反。耳。或以二句各爲一事言之，則失之也。」

或問：「此其稱回之賢，何也？」曰：「承上章『不能朞月守』者而言，如回之賢而不過，則道之所以明也。蓋能擇乎中庸，則無賢者之過矣，服膺弗失，則非不肖者之不及矣。然則兹賢也，乃其所以爲知去聲。也歟！」曰：「諸説如何？」曰：「程子所引『屢空』，張子所引『未見其止』，皆非《論語》之本意。程子曰：「顏子所以大過人者，只是得一善則拳拳服膺，與能屢空耳。」○張子曰：「顏子未至聖人而不已，故仲尼賢其進未得中而不居，故惜夫未見其止也。」唯吕氏之論顏子有曰：『隨其所至，盡其所得，據而守之，則拳拳服膺而不敢失，勉而進之，則既竭吾才而不敢緩，此所以恍惚前後而不可爲象，求見聖人之止，欲罷而不能也。』此數言者，乃爲親切確克角反。實，而足以見其深潛縝正忍反。密之意，學者所宜諷誦而服行也。但『求見聖人之止』一句，文義亦未安耳。藍田吕氏曰：「如顏子者，可謂能擇而能守也。高明不可窮，博厚不可極，則中道不可識，故仰之彌高，鑽之彌堅，瞻之在前，忽然在後。察其志也，非見聖人之卓，不足謂之中。隨其所至，盡其所得，據而守之，則拳拳服膺而不敢失，勉而進之，則既竭吾才而不敢緩。此所以恍惚在前後，而不可爲象，求見聖人之止，欲罷而不能也。」侯氏曰：『中庸豈可擇？擇則二矣。』其務爲過高，而不顧經文義理之實也，亦甚矣哉！」河東侯氏曰：「中庸豈可擇？擇則二矣。此云擇者，如博學之，審問之，明辨之，勉而中，思而得者也，故曰擇乎中庸。」

或問：「『中庸不可能』，何也？」曰：「此亦承上章之意，以三者之難，明中庸之尤難也。蓋三者之事，亦知、仁、勇之屬，而人之所難，然皆必取於行，而無擇於義，且或出於氣質之偏，事勢之迫，未必從七恭反。容而中節也。若曰中庸，則雖無難知難行之事，然天理渾然，無過不及，苟一毫之私意有所未盡，則雖欲擇而守之，而擬議之閒，忽已墮於過與不及之偏而不自知矣。此其所以雖若甚易，去聲。而實不可能也。故程子以『克己最難』言之，其旨深矣。游氏以舜爲『絶學無爲』，而楊氏亦謂『有能斯有爲之者』，其違道遠矣。循天下固然之理，而行其所無事焉，夫音扶。何能之有』，則皆老、佛之餘緒。而楊氏下章所論不知不能爲道遠人之意，亦非儒者之言也。二公學於程氏之門，號稱高弟，而其言乃如此，殊不可曉也已！」程子曰：「克己最難，故曰中庸不可能也。」○廣平游氏曰：「其斯以爲舜，則絶學無爲矣。」○新安陳氏曰：「楊氏之説，《或問》中已可見，兹不重出，餘見下章。」

或問：「此其記子路之問强，何也？」曰：「亦承上章之意，以明擇中庸而守之，非强不能，而所謂强者，又非世俗之所謂强也。蓋强者，力有以勝人之名也。凡人和而無節，則必至於流；中立而無依，則必至於倚；國有道而富貴，或不能不改其平素；國無道而貧賤，或不能久處上聲。

乎窮約。非持守之力有以勝人者，其孰能及之？故此四者，汝子路之所當强也。南方之强，不及强者也；北方之强，過乎强者也；四者之强，强之中也。三山陳氏曰：「南北之强雖不同，要之皆偏耳。至於汝之所當强者，此則義理之强，得强之中矣。」子路好去聲。勇，故聖人之言所以長上聲。其善而救其失者類如此。」曰：「和與物同，故疑於流，而以不流爲强。中立本無所依，又何疑於倚，而以不倚爲强哉？」曰：「中立固無所依也，然凡物之情，唯强者爲能無所依而獨立，弱而無所依，則其不傾側而偃仆音赴。者幾希矣。此中立之所以疑於必倚，而不倚之所以爲强也。」問：「言中立而無依，則必至於倚。如何是無依？」朱子曰：「中立最難。譬如一物直立於此，中間無所依著，久之必倒去。」問：「若要直立得住，須用强矯？」曰：「大故要强立。」○潛室陳氏曰：「中立者，四邊虛則立不住，易得求倚。唯强有力者不假倚，自然中立。」曰：「諸説如何？」曰：「大意則皆得之。惟以矯爲矯揉之矯，以南方之强爲矯哉之强與顔子之强，以抑而强者爲子路之强與北方之强者，爲未然耳。」藍田呂氏曰：「矯之爲言，猶揉木也。木之性，能曲能直，將使成材而爲器，故曲者、直者皆在所矯。人之才，有過有不及，將使合乎中庸，則過與不及皆在所矯。」○河東侯氏曰：「南方之强，顔子之强似之，故曰『君子居之』；北方之强，子路之强似之，故曰『而强者居之』。君子以自勝爲强，故曰强哉矯。」附《蒙引》：中立而不倚，此最難言。中立者，無依而獨立也。此中字淺，與中庸之中不同。中立猶未是强，必至於不倚，乃爲强也。如舉世皆出而我獨處，是中立無依也，若非見得十分透，守得十分堅，少間未有不隨衆而出者。如伯夷、叔齊，當武王之伐紂也，天下諸侯不期而會者八百，同心同德之臣至三千人，皆以爲紂可伐而從周矣。獨伯夷、叔齊斷然以爲不可，至於不食周粟，餓於首陽之下而死，是真能不倚者也。又如舉世皆處而我獨出，亦中立無依者也，然非知得十分透，守得十分定，少間亦未有不隨衆而處者也。孔子當衰周之季，歷聘諸侯之國，而所如不合，轍環不已。當時晨門譏之，楚狂避之，荷蕢非之，沮溺丈人之徒又往往刺之，雖親炙如子路者亦疑之數矣，而夫子以其不磷不緇之操，終不爲衆所讙而少輟其無君皇皇之心。其中立而不倚，又何如哉！

或問十一章素隱之說。曰：「呂氏從鄭註，以素爲傃，音素，嚮也。○呂氏曰：「素，讀如傃鄉之傃，猶素其位之素也。」固有未安。唯其舊說有謂『無德而隱爲素隱』者，於義略通，又以『遯世不見知』之語反之，似亦有據。但素字之義，與後章『素其位』之素，不應頓異，則又若有可疑者。獨《漢書·藝文志》劉歆虛今反。論神仙家流引此，而以素爲索，顏氏又釋之以爲求索隱暗之事，則二字之義既明，而與下文行怪二字語勢亦相類，其説近是。蓋當時所傳本猶未誤，至鄭氏時乃失之耳。游氏所謂『離人而立於獨』，與夫『未免有念』之云，皆非儒者之語也。」廣平游氏曰：「遁世不見知而不悔者，疑慮不萌於心，確乎其不可拔也。非離人而立於獨者，不足以與此，若不遠復者，未免於有念也。」

或問十二章之說。曰：「道之用廣，而其體則微密而不可見，所謂費而隱也。《通考》趙氏悳曰：「韻書費字在八未者，芳味切。註：『散財用也。』其音如《論語》『惠而不費』之費。又同韻及六至所收二費字，悲位切，乃魯邑名及姓，如固而費，及費惠公之費。若費隱之費，則當讀如惠而不費之費。蓋費者，散也，散乃廣之義，故朱子釋以『用之廣』者，正如財用之散。是費有廣之義，又有用之義焉。」即其近而言之，男女居室，人道之常，雖愚不肖亦能知而行之；極其遠而言之，則天下之大，事物之多，聖人亦容有不盡知盡能者也。然非獨聖人有所不知不能也，天能生覆敷救反。而不能形載，地能形載而不能生覆，至於氣化流行，則陰陽寒暑吉凶災祥，不能盡得其正者尤多，此所以雖以天地之大，而人猶有憾也。夫音扶。自夫婦之愚不肖所能知行，至於聖人天地之所不能盡，道蓋無所不在也。故君子之語道也，其大至於天地聖人所不能盡，而道無不包，則天下莫能載矣；其小至於愚夫愚婦之所能知能行，而道無不體，則天下莫能破矣。道之在天下，其用之廣如此，可謂費矣，而其所用之體，則不離去聲。乎此，而有非視聽之所及者，此所以爲費而隱也。子思之言，至此極矣，然猶以爲不足以盡其意也，故又引《詩》以明之，曰『鳶飛戾天，魚躍于淵』，所以言道之體用上下昭著，而無所不在也。『造端乎夫婦』，極其近小而言也；『察乎天地』，極其遠大而言也。蓋夫婦之際，隱微之閒，尤可見道不可離處。知其造端乎此，則其所以戒謹恐懼之實，無不至矣。《易》首《乾》、《坤》而重《咸》、《恒》，胡登反。《詩》首《關雎》而戒淫泆，《書》記釐陵之反。降，《禮》謹大昏，皆此意也。」朱子曰：「『造端乎夫婦』，言至微至近處。『及其至也』，言極盡其量。夫婦，則情意密而易於陷溺，不於此致謹，則私欲行於玩狎之地，自欺於人所不知之境。人倫大法，雖講於師友之前，亦未保其不壞於隱幽之處。倘知造端之重、隱微之際，戒慎恐懼，則是工夫從裏面做出，以之事父兄，處朋友，皆易爲力而有功矣。」〇曰：「諸說如何？」曰：「程子至矣。張子以聖人爲夷、惠之徒，既已失之，張子曰：「聖人若夷、惠之徒，亦未知君子之道，若知君子之道，亦不入於偏。」又曰『君子之道達諸天，故聖人有所不知；夫婦之智淆音肴，混濁也。諸物，故聖人有所不與』，去聲。則又析其不知不能而兩之，皆不可曉也已。」曰：「諸家皆以夫婦之能知能行者爲道之費，聖人之所不知不能而天地有憾者爲道之隱，其於文義協矣。若從程子之説，則使章内專言費而不及隱，恐其有未安也。」曰：「謂不知不能爲隱，似矣。若天地有憾，鳶飛魚躍，察乎天地，而欲亦謂之隱，則恐未然。且隱之爲言，正以其非言語指陳之可及耳，故獨舉費而隱常默具乎其中。若於費外別有隱而可言，則已不得爲隱矣。程子之云，又何疑耶？」潛室陳氏曰：「使所謂隱者而聖人不知不能，則聖人亦不足貴矣。謂小而莫能破者爲隱，則小之爲義，非奥妙之謂也。謂之費而隱者，費中有隱，非費之外別有隱也。」

○曰：「然則程子所謂鳶飛魚躍，『子思喫緊爲人處，緊，居忍反。爲，去聲。與「必有事焉，而勿正心」之意同活潑潑地』者，何也？」曰：「道之流行發見於天地之間，無所不在。在上，則鳶之飛而戾于天者，此也。在下，則魚之躍而出于淵者，此也。其在人，則日用之間，人倫之際，夫婦之所知所能，而聖人有所不知不能者，亦此也。此其流行發見於上下之間者，可謂著矣。子思於此指而言之，惟欲學者於此默而識之，則爲有以洞見道體之妙而無疑。而程子以爲『子思喫緊爲人處』者，正以示人之意，爲莫切於此也。其曰『與「必有事焉，而勿正心」之意同活潑潑地』，則又以明道之體用流行發見，充塞天地，亘居鄧反。古亘今，雖未嘗有一毫之空去聲。闕、一息之間斷，然其在人而見賢遍反。諸日用之間者，則初不外乎此心，故必此心之存，而後有以自覺也。『必有事焉，而勿正心，活潑潑地』，亦曰此心之存，而全體呈露，妙用顯行，無所滯礙牛代反。云爾，非必仰而視乎鳶之飛，俯而觀乎魚之躍，然後可以得之也。程子曰：「『鳶飛戾天，魚躍于淵，言其上下察也』，此子思開示學者切要之語也。孟子曰『必有事焉，而勿正心』，其意亦猶是也。有得於此者，樂則生，生則烏可已也？無得於心者，役役於見聞，知思爲機變之巧而已。」○朱子曰：「『必有事焉，而勿正心』者，乃指此心之存主處。『活潑潑地』者，方是形容天理流行，無所滯礙之妙。蓋以道之體用，流行發見，雖無閒息，然在人而見諸日用者，初不外乎此心，故必此心之存，然後方見其全體呈露，妙用顯行。活潑潑地，略無滯礙耳。若見得破，則即此須臾之頃，此體便已洞然。」○蛟峰方氏曰：「《或問》中，舊説程子所引『必有事焉』與『活潑潑地』兩句，皆是指其實體，而形容其流行發見無所滯礙倚著之意。其曰必曰勿者，非有人以必之勿之，蓋謂有主張是者，而實未嘗有所爲耳。今説則謂『必有事焉，而勿正心』者乃指此心之有主處，直謂『必此心之存，而後有以自覺』。二説不同。如何曰程子『必有事焉』謂鳶魚之飛躍，必有所以然者，必有存主處？『勿正心』謂無勉强期必，非有心著意也？『活潑潑地』是指天理呈露處？此朱子舊説之意，就鳶魚上言。今説却就看鳶魚之人上言，謂就費視隱，必自存其心，則道理躍如矣。朱子謂只從這裏收一收，這箇便在。朱子兩説皆精，但前説恐人無下手處，故改從後説之實。」抑孟子此言，固爲精密，然但爲去聲。學者集義養氣而發耳。至於程子借以爲言，則又以發明學者洞見道體之妙，非但如孟子之意而已也。蓋此一言，雖若二事，然其實則『必有事焉』半詞之閒已盡其意。善用力者，苟能於此超然默會，則道體之妙已躍如矣，何待下句而後足於言邪！聖賢特恐學者用力之過，而反爲所累，故更以下句解之，欲其雖有所事，而不爲所累耳，非謂『必有事焉』之外，又當別設此念，以爲正心之防也。」潛室陳氏曰：「今做工夫人，心不曾放去，又多失於迫切。不做工夫人，心裏自在，又却都没一事。」曰：「然則其所謂『活潑潑地』者，毋乃釋氏之遺意邪？」曰：「此但俚音里。俗之常談，釋氏蓋嘗言之，而吾亦言之耳，彼固不得而專之也。況吾之所言，雖與彼同，而所形容，實與彼異。若出於吾之所謂，則夫音扶。道之體用，固無不在，然鳶而必戾于天，魚而必躍于淵，是君君、臣臣、父父、子子，各止其所，而不可亂也。若如釋氏之云，則鳶可以躍淵，而魚可以戾天矣，是安可同日而語哉？問：「引君臣父子，爲言此吾儒之所以異於佛者，如何？」朱子曰：「鳶飛魚躍，只是言其發見耳。釋亦言其發見，但渠言發見，却一切混亂。至吾儒，須辨其理分，君臣父子皆定分也，鳶必戾于天，魚必躍于淵。」且子思以夫婦言之，所以明人事之至近，而天理在焉。釋氏則舉此而絶之矣，又安可同年而語哉？」○曰：「呂氏以下，如何？」曰：「呂氏分『此以上論中，以下論庸』，又謂『費則常道，隱則至道』，恐皆未安。藍田呂氏曰：「此以上論中，此以下論庸，此章言常道之終始，費則常道，隱則至道，惟能盡常道，乃所以爲至道。」謝氏既曰『非是極其上下而言』矣，又曰『非指鳶魚而言』，蓋曰子思之引此詩，姑借二物以明道體無所不在之實，非以是爲窮其上下之極，而形其無所不包之量去聲。也；又非以是二物專爲形其無所不在之體，而欲學者之必觀乎此也。此其發明程子之意，蓋有非一時同門之士所得聞者，而又別以夫子與點之意明之，則其爲説益以精矣。但所謂察見天理者，恐非本文之訓，而於程子之意，亦未免小失之耳。上蔡謝氏曰：「鳶飛戾天，魚躍于淵，非是極其上下而言。蓋真箇見得如此，此正是子思喫緊道與人處。若從此解悟，便可入堯舜氣象。」又曰：「『鳶飛戾天，魚躍于淵』，無些私意，上下察，以明道體無所不在，非指鳶、魚而言也。若指鳶、魚言，則上面更有天，下面更有地，若知勿忘勿助長，則知此，知此，則知夫子與點之意。」又曰：「『鳶飛戾天，魚躍于淵』，猶韓愈所謂魚川泳而鳥雲飛，上下自然，各得其所也。子思之意，言上下察，猶孟子所謂『必有事焉而勿正』，察見天理，不用私意也。」游氏之説，其不可曉者猶多。如以良知良能之所自出爲道之費，則良知良能者，不得爲道，而在道之外矣。又以不可知不可能者爲道之隱，則所謂道者，乃無用之長上聲。物，而人亦無所賴於道矣。所引天地明察，似於彼此文意兩皆失之。至於所謂七聖皆迷之地，則莊生邪遁荒唐之語，尤非所以論中庸也。《莊子·徐無鬼》篇：「黄帝將見大隗乎具茨之山，方明爲御，昌寓驂乘，張若、謵〔塲涉反，一音習。〕朋前馬，昆閽、滑稽後車〔滑音骨。〕，至於襄城之野，七聖皆迷，無所問途。」七聖者，方明一，昌寓二，張若三，謵朋四，昆閽五，滑稽六，及黄帝也。此六名，皆寓言。迷，謂迷失具茨之道。○廣平游氏曰：「唯費也，則良知良能所自出，故夫婦之愚不肖，可以與知而能行焉；唯隱也，則非有思者所可知，非有爲者所可能，故聖人有所不知不能焉。蓋聖人者，德之成而業之大也，過此以往則神矣，無方也，不可知，無體也，不可能，此七聖皆迷之地也。《孝經》曰：『事父孝，故事天明；事母孝，故事地察。』蓋事父母之心，雖夫婦之愚不肖，亦與有焉。及其至也，天地明察，神明彰矣，則雖聖人之德，又何以加此？此中庸所以爲至矣。」楊氏以大而化之，非智力所及，爲聖人不知不能；以祈寒暑雨，雖天地不能易其節，爲道之不可能，而人所以有憾於天地。則於文義既有所不通，而又曰『人雖有憾，而道固自若』，則其失愈遠矣。其曰『非體物而不遺者，其孰能察之』，其用體字察字，又皆非經文之正意也。龜山楊氏曰：「自可欲之善，至於充實光輝之大，致知力行之積也。

大而化之，至於不可知之神，則非智力所及也。德盛仁熟，而自至焉耳。故及其至也，聖人有所不知不能焉。」○祈寒暑雨之變，其機自爾，雖天地之大，不能易其節也。夫道之不可能者如是，而人雖猶有憾焉，道固自若也。又曰：「鳶飛魚躍，非夫體物不遺者，其孰能察之？」大抵此章若從諸家以聖人不知不能爲隱，則其爲説之弊，必至於此而後已。嘗試循其説而體驗之，若有以使人神識飛揚，眩音縣。瞀茂、務二音。迷惑，而無所厎止，厎音旨，致也。字上無點。子思之意，其不出此也必矣。唯侯氏不知不能之説最爲明白，但所引『聖而不可知』者，孟子本謂人所不能測耳，非此文之意也。其他又有大不可曉者，亦不足深論也。」新安陳氏曰：「侯氏説已見《章句》，但其間未有『又如聖而不可知之神』之語，蓋侯氏亦以此爲聖人所不知之事，實則非也。朱子於《章句》已删去此語矣。」附《蒙引》：此章言費而隱，先用而後體。後章言夫微之顯，則先體而後用。蓋此以君子之道言，道乃日用事物當然之理，故先自其著者言之。後章主鬼神，言鬼神無形與聲者也，故必先言其體之隱。然後章之言，亦以明此章之義，合而觀之，則是君子之道，雖費而實隱，雖隱而能費也，一理也。○《存疑》：「鳶飛戾天，魚躍于淵」，自此推之，日月星辰，風雨雷露，一鳶之飛也；水火土石，山川動植，一魚之躍也。自人言之，大而君臣父子，小而起居食息，幽而暗室屋漏，顯而宗廟朝廷，亦一鳶魚之飛躍也。自此章言之，夫婦之能知能行，此鳶魚也；聖人、天地之不知不能，此鳶魚也。此理流行天地間，真隨處充滿，無少欠缺，亦無滯礙。堯之則天，以此則也；舜之無爲而治，以此治也；周公之制禮作樂，以此制作也；夫子之一貫，貫此也；顔子之簞瓢，樂此也；點之瑟，見此也；孟子之必有事，程子之主敬，所以求乎此也。但人蔽於私欲，而不自覺爾。私欲浄盡，則天理流行，而無滯礙，鳶魚之化在我矣。○此道在天地間，周流貫徹，無所滯礙，真活潑潑地。天地無心，常活而不死；人心有欲，常死而不活。與天地相似，故不違者，聖人也。質美者明得盡，渣滓便渾化，却與天地同體，顔子是也。其次莊敬以持養之，及其成功則一也，其曾子之一貫歟！ 程子曰「必有事焉而勿正，活潑潑地」，謝氏曰「勿忘勿助，則知此，知此則知夫子與點之意」，皆是示人求之之方也。○或問「明白」。《蒙引》曰：「心存則道存，而自有以同夫道體之妙，非必仰而視夫鳶之飛，俯而察夫魚之躍，然後有以得之。 蓋雖有鳶飛魚躍之天機，而無必有事焉之心，則道體之妙，雖勃勃於目前，其如吾之憒憒不了何！」觀此似未甚解其意。 蓋只是認得此道在鳶魚，不曾認得吾身亦有之。 必須心存，然後可以會夫鳶魚之妙，與《或問》此心之存而全體呈露，大用顯行，無所滯礙似不同，細玩之自見。○《淺説》：孔子曰：「天何言哉？ 四時行焉，百物生焉。」又曰：「吾無行而不與二三子。」程子曰：「天運而不已，日往則月來，寒往則暑來，水流而不息，物生而不窮，皆與道爲體。」張子曰：「浮而上者陽之清，降而下者陰之濁，其感動聚散，爲風雨，爲雪霜。 萬品之流行，山川之融結，糟粕煨燼，無非教也。」皆鳶飛魚躍意也。

或問：「十三章之説，子以爲以人治人，爲以彼人之道還治彼人，善矣。 又謂責其所能知能行，而引張子之説以實之，則無乃流於姑息之論，而所謂人之道者，不得爲道之全也邪？」曰：「上章固言之矣。夫婦之所能知能行者，道也；聖人之所不知不能，而天地猶有憾者，亦道也。然自人而言，則夫婦之所能知能行者，人之所切於身而不可須臾離者也。至於天地聖人所不能及，則其求之當有漸次，而或非日用之所急矣。然則責人而先其切於身之不可離者，後其有漸而不急者，是乃行遠自邇、升高自卑之序，使其由是而不已焉，則人道之全，亦將可以馴致。今必以是爲姑息，而遽欲盡道以責於人，吾見其失先後之序，違緩急之宜，人之受責者，將至於有所不堪，而道之無窮，則終非一人一日之所能盡也，是亦兩失之而已焉爾。」○曰：「子、臣、弟、友之絶句，何也？」曰：「夫子之意，蓋曰我之所責乎子之事己者如此，而反求乎己之所以事父，則未能如此也；所責乎臣之事己者如此，而反求乎己之所以事君，則未能如此也；所責乎弟之事己者如此，而反求乎己之所以事兄，則未能如此也；所責乎朋友之施己者如此，而反求乎己之所以先施於彼者，則未能如此也。於是以其所以責彼者，自責於庸言庸行之閒，蓋不待求之於他，而吾之所以自脩之則，具於此矣。今或不得其讀，音豆。而以父君兄之四字爲絶句，則於文意有所不通，而其義亦何所當去聲。哉！」朱子曰：「此處主意立文，與《大學》絜矩一章相似，人多誤讀。」○黄氏曰：「或以『所求乎臣』一句而有疑，非也。古人君臣字多通用，諸侯有土者多稱君，其下皆稱臣。凡卑之於尊，僕隸之於主，便有臣義。」○曰：「諸說如何？」曰：「諸家説《論語》者，多引此章以明一以貫之之義。説此章者，又引《論語》以釋違道不遠之意。一矛莫侯反。兵器，建於兵車，長一丈。一盾，食尹反。兵器，所以蔽身者。終不相謀，而牽合不置，學者蓋深病之。及深考乎程子之言，有所謂動以天者，然後知二者之爲忠恕，其迹雖同，而所以爲忠恕者，其心實異，非其知德之深，知言之至，其孰能判然如此而無疑哉？然盡己推己，乃忠恕之所以名，而正爲此章違道不遠之事。若動以天，而一以貫之，則不待盡己，而至誠者自無息。不待推己，而萬物已各得其所矣。曾子之言，蓋指其不可名之妙，而借其可名之粗以明之。學者默識於言意之表，則亦足以互相發明，而不害其爲同也。餘説雖多，大概放上聲。此，推此意以觀之，則其爲得失自可見矣。程子説詳見《論語》吾道一貫章集註。○朱子曰：「《論語》忠恕名義，自合依子思『忠恕違道不遠』是也。曾子所説，却是移上一階，説天地之忠恕。其實只一箇忠恕，須自看教有許多等級分明。」○慶源輔氏曰：「違道不遠者，學者之忠恕也；動以天者，聖人之忠恕也。曾子一貫之忠恕，雖借學者之事，而言其所以異者，只是動以天耳。所謂動以天耳者，蓋於己上已前盡了，不待推而自然及物也。如所謂以己及物，仁也，此則夫子之一貫，所謂動以天也。」○陳氏曰：「《中庸》説忠恕違道不遠，正是説學者之忠恕；曾子説夫子之道忠恕，乃是説聖人之忠恕。聖人忠恕是天道，學者忠恕是人道。」違道不遠，如齊師違穀七里之違，非背音佩。而去之之謂，愚固已言之矣。諸説於此多所未合，則不察文義，而强去聲。爲之説之過也。夫音扶。下同。齊師違穀七里，而穀人不知，則非昔已在穀而今始去之也，蓋曰自此而去以至於穀纔七里耳。《孟子》所云『夜氣不足以存，則其違禽獸不遠矣』，非謂昔本禽獸而今始違之也，亦曰自此而去，以入於禽獸不遠耳。蓋所謂道者，當然之理而已，根於人心，而見賢遍反。諸行事，不待勉而能也。然唯盡己之心而推以及人，可以得其當然之實，而施無不當，去聲。不然，則求之愈遠而愈不近矣。此所以自是忠恕而往，以至於道，獨爲不遠，其曰違者，非背而去之之謂也。程子又謂『事上之道莫若忠，待下之道莫若恕』，此則不可曉者。若姑以所重言之，則似亦不爲無理，若究其極，則忠之與恕初不相離，去聲。程子所謂『要除一箇除不得』，而謝氏以爲猶形影者，意可見矣。程子曰：「忠恕兩字，要除一箇除不得。」○上蔡謝氏曰：「忠恕猶形影也，無忠做恕不出來。」今析爲二事而兩用之，則是果有無恕之忠、無忠之恕，而所以事上接下者，皆出於强上聲。爲，而不由乎中矣，豈忠恕之謂哉。是於程子他説，殊不相似，意其記録之或誤，不然，則一時有爲去聲。下正爲同。言之，而非正爲忠恕發也。朱子曰：「忠恕只是一件事，不可作兩箇看。」○忠與恕不可相離一步。○陳氏曰：「大概忠恕只是一物，就中截作兩片，則爲二物。蓋存於中者既忠，則發出外來便是恕。應事接物處不恕，則是在我者心不十分真實，故發出忠的心，便是恕的事；做成恕的事，便是忠的心。」張子二説皆深得之，但『虚者仁之原，忠恕與仁俱生』之語，若未瑩縈定反。耳。張子曰：「所求乎君子之道四，是實未能，道何嘗有盡？聖人，人也，人則有限，是誠不能盡能也。聖人之心，則直欲盡道，事則安能得盡？如博施濟衆，堯舜實病諸，堯舜之心，其施直欲至於無窮，方爲博施，然安得若是？脩己以安百姓，是亦堯舜實病之，欲得人人如此，亦安得如此？」又曰：「虚者，仁之原，忠恕與人俱生。禮義者，仁之用。」吕氏改本太略，不盡經意，舊本乃推張子之言而詳實有味，但『柯猶在外』以下爲未盡善。藍田吕氏曰：「妙道精義，常存乎君臣、父子、夫婦、朋友之閒，不離乎交際、酬酢、應對之末，皆人心之所同然，未有不出於天者也。若絶乎人倫，外乎世務，窮其所不可知，議其所不可及，則有天人之分、内外之别，非所謂大而無外，一以貫之，安在其爲道也歟！執斧之柄，而求柯於木，其尺度之則固不遠矣，然柯猶在外，睨而視之，始得其則。若夫治己治人之道，於己取之，不必睨視之勞，而自得於此矣。故君子推是心也，其治衆人也，以衆人之所及知，責其所知，以衆人之所能行，責其所行，改而後止，不厚望也。其愛人也，以忠恕而已。忠者，誠有是心而不自欺；恕者，推待己之心以及人者也。忠恕不可謂之道，而道非忠恕不行，此所以言『違道不遠』者。其治己也，以求乎人者反於吾身。事父，事君，事兄，先施之朋友，皆衆人之所能，盡人倫之至，則雖聖人亦自謂未能。此舜所以盡事親之道，必至瞽瞍厎豫者也。庸者，常道也。事父孝，事君忠，事兄弟，交朋友信。庸德也，必行而已，有問有答，有唱有和，不越乎此者。庸言也，無易而已，不足而不勉，則德有止而不進；有餘而盡之，則道難繼而不行。無是行也，不敢苟言以自欺，故言顧行；有是言也，不敢不行而自棄，故行顧言。」若易之曰：所謂則者，猶在所執之柯，而不在所伐之柯，故執柯者必有睨視之勞，而猶以爲遠也。若夫以人治人，則異於是。蓋衆人之道，止在衆人之身，若以其所及知者責其知，以其所能行者責其行，人改即止，不厚望焉，則不必睨視之勞，而所以治之之則，不遠於彼而得之矣。忠者，誠有是心而不自欺也；恕者，推待己之心以及人也。推其誠心以及於人，則其所以愛人之道，不遠於我而得之矣。至於事父，事君，事兄，交友，皆以所求乎人者，責乎己之所未能，則其所以治己之道，亦不遠於心而得之矣。夫四者固皆衆人之所能，而聖人乃自謂未能者，亦曰未能如其所以責人者耳。此見聖人之心，純亦不已，而道之體用，其大天下莫能載，其小天下莫能破。舜之所以盡事親之道，必至乎瞽瞍底豫者，蓋爲去聲。此也。如此，然後屬音燭。乎庸者常道之云，則庶乎其無病矣。且其曰『有餘而盡之，則道難繼而不行』，又不若游氏所引『恥躬不逮』爲得其文意也。廣平游氏曰：「有所不足，不敢不勉，將以踐言也，則其行顧言矣。有餘不敢盡，恥躬之不逮也，則其言顧行矣。」謝氏、侯氏所論去聲。《論語》之忠恕，獨得程子之意。上蔡謝氏曰：「以天地之理觀之，忠，譬則流而不息；恕，譬則萬物散殊。知此則可以知一貫之理矣。」○河東侯氏曰：「忠恕，一也，性分不同。夫子聖人也，故不待推。」但程子所謂天地之不恕，亦曰天地之化生生不窮，特以氣機闔戶臘反，閉也。闢，毗亦反，開也。有通有塞。故當其通也，天地變化草木蕃，音煩，茂也。則有似於恕；當其塞也，天地閉而賢人隱，則有似於不恕耳。其曰不恕，非若人之閉於私欲，而實有忮支義反。害之心也。謝氏推明其說，乃謂天地之有不恕，乃因人而然，則其說有未究者。蓋若以爲人不致中，則天地有時而不位；人不致和，則萬物有時而不育。是謂天地之氣，因人之不恕，而有似於不恕，則可。若曰天地因人之不恕，而實有不恕之心，則是彼爲人者，既以忮心失恕，而自絕於天矣，爲天地者反，效其所爲，以自已其於音烏。穆之命也，豈不誤哉！上蔡謝氏曰：「程子云天地變化草木蕃，是天地之恕；天地閉，賢人隱，是天地之不恕。或言：『天地何故亦有不恕？』曰：『天地，因人者也，若不因人，何故人能與天地爲一？故有意、必、固、我，則與天地不相似。」游氏之說，其病尤多。至謂『道無物我之閒，去聲。而忠恕將以至於忘己忘物，則爲已違道而猶未遠也』。是則老莊之遺意，而遠人甚矣，豈《中庸》之旨哉！廣平游氏曰：「夫道一以貫之，無物我之閒，既曰忠恕，則已違道矣。然忠以盡己，則將以至忘己也；恕以盡物，則將以至忘物也。則善爲道者莫近焉，故雖違而不遠矣。」楊氏又謂以人爲道，則與道二，而遠於道，故戒人不可以爲道。如執柯以伐柯，則與柯二，故睨而視之，猶以爲遠，則其違經背理，又有甚焉。使經而曰『人而爲道則遠人，故君子不可以爲道』，則其說信矣。今經文如此，而其說乃如彼，既於文義有所不通，而推其意，又將使道爲無用之物，人無入道之門，而聖人之教人以爲道者，反爲誤人而有害於道，是安有此理哉？既又曰『自道言之，則不可爲；自求仁言之，則忠恕者莫近焉』，則已自知其有所不通，而復爲是說以救之，然終亦矛盾而無所合。是皆流於異端之說，不但毫釐陵之反。之差而已也。龜山楊氏曰：「仁者，人也，合而言之，道也。道豈嘗離人哉？人而爲道，與之二矣。道之所以遠，執柯以伐，柯與柯二矣，爲道之譬也。睨而視之，猶以爲遠，爲道而遠人之譬也。執柯以伐柯，其取譬可謂近矣。睨而視之，猶且以爲遠，況不能以近取譬乎！則其違道可知矣。故君子以人治人，改而止。以人治人，仁之也；改而止，不爲已甚也。蓋道一而已，仁是也，視天下無一物之非仁，則道其在是矣。然則道終不可爲乎？曰：自道言之，則執柯伐柯，猶以爲遠也；自求仁言之，則唯忠恕莫近焉。故又言之，以示進爲之方，庶乎學者可與入德矣。」侯氏固多疎闊，其引顔子樂音洛。道之說，愚於《論語》已辨之矣。至於四者未能之說，獨以爲若止謂恕己以及人，則是聖人將使天下皆無父子君臣矣，此則諸家皆所不及。河東侯氏曰：「爲道，如言顔子樂道同。」又曰：「父子之仁，天性也，君臣之義也，兄弟亦仁也，朋友亦義也。孔子自謂皆未能，何也？只謂恕己以及人，則聖人將使天下皆無父子君臣乎！蓋以責人之心責己，則盡道也。」蓋近世果有不得其讀，音豆。而輒爲之說曰『此君子以一己之難克，而知天下皆可恕之人也』。嗚呼！此非所謂將使天下皆無父子君臣者乎？侯氏之言，於是乎驗矣。」此評橫浦張氏子韶之說。

或問十四章之說。曰：「此章文義無可疑者，而張子所謂『當知無天下國家皆非之理』者，尤爲切至。張子曰：「責己者，當知無天下國家皆非之理。故學至於不非人，學之至也。」《附纂》黄氏洵饒曰：「只說不尤人一句。」呂氏說雖不免時有小失，然其大體則皆平正慤克角反。實而有餘味也。藍田呂氏曰：「達則兼善天下，得志則澤加於民，素富貴，行乎富貴者也，不驕不淫，不足以道之也；窮則獨善其身，不得志則脩身見於世，素貧賤，行乎貧賤者也，不諂不懾，不足以道之也。言忠信，行篤敬，雖蠻貊之邦行矣，素夷狄，行乎夷狄者也。文王內文明而外柔順，以蒙大難，箕子內難而能正其志，素患難，行乎患難者也。愛人不親，反其仁，治人不治，反其智，此在上位所以不陵下也。彼此其富，我以吾仁，彼以其爵，我以吾義，吾何慊乎哉？此在下位所以不援上也。陵下不從，則罪其下，援上不得，則非其上，是所謂尤人者也。庸德之行，庸言之謹，居易者也。國有道，不變塞焉，國無道，至死不變，心逸日休，行其所無事，如子從父命，無所往而不受，俟命者也。若夫行險以徼一旦之幸，得之則貪爲己力，不得則不能反躬，是所謂怨天者也。故君子正己而不求於人，如射而已，射之不中，由吾巧之不至也。故失諸正鵠者，未有不反求諸身，如君子之治己，行有不得，亦反求諸身，則德之不進，豈吾憂哉！」游氏説亦條暢，而存亡得喪、去聲。窮通好醜之説尤善。廣平游氏曰：「素其位而行者，即其位而道行乎其中，若其素然也。舜之飯糗茹草，若將終身，此非素貧賤而道行乎貧賤不能然也。及其爲天子，被袗衣，鼓琴，若固有之，此非素富貴而道行乎富貴不能然也。飯糗袗衣，其位雖不同，而此道之行一也。至於夷狄患難，亦若此而已。道無不行，則無入而不自得矣。蓋道之在天下，不以易世而有存亡，故無古今，則君子之行道，不以易地而有加損，故無得喪。至於在上位不陵下，知富貴之非泰也，在下位不援上，知貧賤之非約也，此惟正己而不求於人者能之，故能上不怨天，下不尤人。蓋君子惟能循理，故居易以俟命，居易未必不得也，故窮通皆好。小人反是，故行險以徼幸，行險未必常得也，故窮通皆醜。學者要當篤信而已。」但楊氏以反身而誠爲不願乎外，則本文之意初未及此，而詭遇偶遇。得禽，亦非行險徼幸之謂也。龜山楊氏曰：「君子居其位，若固有之，無出位之思，素其位也。『萬物皆備於我，反身而誠，樂莫大焉。』何願乎外之有？故能素其位而行，無入而不自得也。居易以俟命，行其所無事也。行險以徼幸，不受命者也。詭遇而得禽者蓋有焉，君子不爲也。射有似乎君子者，射以容節，比於禮樂爲善，內志正，外體直，然後持弓矢審固。持弓矢審固，然後可以言中。射而失正鵠者，未能審固也。如射者豈他求哉？反而求諸吾身，以正吾志而已，此君子居易之道也。世之行險以徼幸者，一有失焉，益思所以詭遇也，則異於是矣。」《附纂》黄氏洵饒曰：「行險徼幸，乃全是不好。」侯氏所辨常總默識自得之説甚當，去聲。近世佛者妄以吾言傅音義與附同。著其説，而指意乖剌，郎葛反，戾也。如此類者多矣，甚可笑也。僧總老嘗問一士人曰：「《論語》云默而識之，識是識箇甚？子思言君子無入而不自得，得是得箇甚？」或者無以對。河東侯氏曰：「是不識吾儒之道，猶以吾儒語爲釋氏用，在吾儒爲不成説話。既曰默識與無入不自得，更理會甚識、甚得之事？是不成説話也。今人見筆墨須謂之筆墨，見人須謂之人，不須問默而識之是默識也。聖人於道猶是也，庸言之信，庸言之謹，是自得也，豈可名爲所得所識之事也！」但侯氏所以自爲説者，却有未善，若曰識者知其理之如此而已，得者無所不足於吾心而已，則豈不明白真實而足以服其心乎！」

或問十五章之説。曰：「章首二句，承上章而言，道雖無所不在，而其進之則有序也。其下引《詩》與夫子之言，乃指一事以明之，非以二句之義爲止於此也。諸説惟吕氏爲詳實，然亦不察此，而反以章首二言發明引《詩》之意，則失之矣。」藍田吕氏曰：「不得乎親，不可以爲人；不順乎親，不可以爲子。故君子之道，莫大乎孝，孝之本，莫大乎順父母。故仁人孝子欲順乎親，必先乎妻子不失其好，兄弟不失其和，室家宜之，妻孥樂之，致家道成，然後可以養父母之志而無違。行遠登高者，謂孝子莫大乎順其親者也；自邇自卑者，謂本乎妻子兄弟者也。故身不行道，不行於妻子。文王刑于寡妻，至于兄弟，則治家之道，必自妻子始。」

或問：「鬼神之説，其詳奈何？」曰：「鬼神之義，孔子所以告宰予者，見於《祭義》之篇，其説已詳，宰我問曰：「吾聞鬼神之名，不知其所謂。」孔子曰：「氣也者，神之盛也；魄也者，鬼之盛也。」又曰：「衆生必死，死必歸土，是之謂鬼。骨肉斃於下，陰爲野土，其氣發揚于上，爲昭明焄蒿悽愴，此百物之精也，神之著也。」《或問》引之。朱子曰：「夫子答宰我鬼神説甚好。氣者神之盛也，魄者鬼之盛也。人死時魂氣歸于天，精魄歸于地，所以古人祭祀，燎以求諸陽，灌以求諸陰。」又問：「其氣發揚于上，至神之著也，何謂也？」曰：「人氣本騰上，這下面盡，則只管騰上去。如火之烟，這下面薪盡，則烟只管騰上去。」○新安陳氏曰：「又一條釋昭明焄蒿悽愴，已見本章章句下。」而鄭氏釋之亦已明矣。其以口鼻之嘘吸者爲魂，耳目之精明者爲魄，蓋指血氣之類以明之。問：「陽魂爲神，陰魄爲鬼。《祭義》曰『氣也者，神之盛也』。而鄭氏曰『氣，嘘吸出入者也。耳目之聰明爲魄』。然則陰陽未可言鬼神，陰陽之靈乃鬼神也，如何？」朱子曰：「魄者形之神，魂者氣之神，魂魄是形氣之精英，謂之靈。故張子曰『二氣之良能』，二氣即陰陽，而良能是其靈處。」○口鼻嘘吸，以氣言；目之精明，以血言也；耳之精明，亦何故以血言？醫家以耳屬腎，精血盛則聽聰，精血耗則耳聵矣。氣爲魂，血爲魄。○問：「眼，體也，眼之光爲魄。耳，體也，何以爲耳之魄？」曰：「能聽者便是。如老人耳重目昏，便是魄漸要散。」程子、張子更以陰陽造化爲説，則其意又廣，而天地萬物之屈伸往來皆在其中矣。蓋陽魂爲神，陰魄爲鬼，是以其在人也，陰陽合，則魄凝魂聚而有生，陰陽判，則魂升爲神，魄降爲鬼。《易大傳》去聲。所謂『精氣爲物，遊魂爲變，故知鬼神之情狀』者，正以明此。而《書》所謂徂叢胡反，往也。落者，亦以其升降爲言耳。《書・舜典》云：「二十有八載，帝乃徂落。」○朱子曰：「《周禮》言『天曰神，地曰祇，人曰鬼』。三者皆有神，而天獨曰神者，以其常常流動不息，故專以神言之。若人亦自有神，但在人身上則謂之神，散則謂之鬼耳。鬼是散而静了，更無形，故曰往而不來。」又問：「子思只是舉神之著者而言，何以不言鬼？」曰：「鬼是散而静，更無形，故不必言。神是發見，此是鬼之神。

如人祖考，氣散爲鬼矣，子孫盡精神以格之，則『洋洋如在其上，如在其左右』，豈非鬼之神耶？」魂者，陽之神；魄者，鬼之神。見《淮南子》註。○天地陰陽之氣交合便成人，氣便是魂，精便是魄。到得將死，熱氣上出，所謂魂升，下體漸冷，所謂魄降。魂歸于天，魄降于地，而人死矣。○陳氏曰：「鬼神之義甚博，程子就陰陽二字發用之迹顯然可見者言之，張子亦言二氣自然能如此，大綱只是往來屈伸之謂耳。」○陰精陽氣，聚而主物，乃神之伸也，而屬乎陽。魂遊魄降，散而爲變，乃鬼之歸也，而屬乎陰。鬼神情狀，大概不過如此。○徂是魂之升上，落是魄之降下。○張氏存中曰：「《禮記・祭義》篇之說，朱子已及之，《易大傳》即《繫辭》也。《或問》所引已明，此皆不重出。」若又以其往來者言之，則來者方伸而爲神，往者既屈而爲鬼。蓋二氣之分，實一氣之運，故陽主伸，陰主屈，而錯綜子宋反。以言，亦各得其義焉。新安陳氏曰：「錯綜以言，即朱子神之神、神之鬼一條，已載《章句》下。」學者熟玩而精察之，葉氏曰：「學者先看天地二氣之屈伸，若朝暮，若寒暑，若榮謝。大綱已明，却反驗之一身，自父母成育之始，及少長壯老之變。晝夜作息夢覺，熟體而精察之，無餘蘊矣。」如謝氏所謂做題目、入思議者，則庶乎有以識之矣。」上蔡謝氏曰：「這箇便是天地閒妙用，須是將來做箇題目，入思議始得，講說不濟事。」曰：「諸說如何？」曰：「呂氏推本張子之說，尤爲詳備。藍田呂氏曰：「鬼神者，二氣之往來爾。物感雖微，無不通於二氣，故人有是心，雖自爲隱微，心未嘗不動，動則固已，感於氣矣。鬼神中有不見乎其心之動，又必見於聲色舉動之閒，乘閒以知之，則感之著者也。」但改本有『所屈者不亡』一句，乃形潰反原之意，張子他書亦有是說，張子曰：「形聚爲物，物潰反原。反原者，其遊魂爲變歟。」○藍田呂氏曰：「往者屈也，來者伸也，所屈者不亡，所伸者無息。」而程子數音朔。辨其非，《東見録》中所謂『不必以既反之氣，復爲方伸之氣』者，其類可考也。程子曰：

「近取諸身，百理皆具，屈伸往來之義，只於鼻息之間見之，屈伸往來只是理，不必將既屈之氣，復爲方伸之氣。生生之理，自然不息，如《復》言『七日來復』，其間元不斷續，陽以復生，物極必返，其理須如此。有生便有死，有始便有終。」〇若謂既返之氣，復將爲方伸之氣，必資於此，則殊與天地之化不相似。天地之化，自然生生不窮，更何復資於既斃之形、既反之氣，以爲造化。近取諸身，其開闔往來，見之鼻息，然不必須假吸復入以爲呼，氣則自然生，人氣之生，生於真元，天地之氣，亦自然生生不窮。至如海水，因陽盛而涸，及陰盛而生，亦不是將已涸之氣却生水，自然能生，往來屈伸，只是理也。盛則便有衰，晝則便有夜，往則便有來。〇格庵趙氏曰：「屈伸往來者，氣也；其所以屈伸往來者，理也。往而屈者，其氣已散；來而伸者，其氣方生。生生之理，自然不窮。若謂以既屈之氣，復爲方伸之氣，則是天地間只有許多氣來來去去，其輪迴之說，而非理之本然也。」**謝氏説則善矣，但『歸根』之云，似亦微有反原之累耳。**上蔡謝氏曰：「動而不已，其神乎。滯而有迹，其鬼乎。往來不息，神也；摧仆歸根，鬼也。致生之故，其鬼神；致死之故，其鬼不神。何也？人以爲神則神，以爲不神則不神矣。知死而致生之不智，知死而致死之不神，聖人所以神明之也。」〇或問死生之説如何。曰：「人死時氣盡也。」曰：「有鬼神否？」曰：「余當時亦曾問明道先生，明道曰：『待向你道無來，你怎生信得？及待向你道有來，你但去尋討看。』此便是答的語。」又曰：「橫渠説得來別，這箇便是天地間妙用，須是將來做箇題目，人思議始得，講説不濟事。」又問曰：「沈魂滯魄影響底事如何？」曰：「須是自家看破始得。張亢郡君化去，嘗來附語，亢所知事，皆能言之。亢一日方與道士圍棊，又自外來，道士將一把棊子令將去，問之，張不知數，便道不得。又如紫姑神，不識字底，把著寫不得。推此可以見矣。」曰：「先王祭享鬼神則甚。」曰：「是他意思別，三日齋，五日戒，求諸陰陽四方上下，蓋是要集自家精神，所以假有廟，必於萃與渙言之。雖然，如是以爲有，亦不可，以爲無，亦不可。這裏有妙理，於若有若無之間，須斷置得去始得。」曰：「如此説即是鶻突也。」曰：「不是鶻突，自家要有便有，要無便無始得。鬼神在虛空中辟塞滿，觸目皆是，爲他是天地間妙用，祖考精神便是自家精神。」○朱子曰：「歸根本老氏語，畢竟無歸，這箇何曾動。此性只是天地之性，當初亦不是自彼來而入此，亦不是自往而復歸。如月影在這盆水裏，除了這盆水，這影便無了，豈是這月飛上天去歸那月？又如這花落，便無這花了，豈是歸去那裏，明年又復來生這枝上？」游、楊之説，皆有不可曉者，廣平游氏曰：「道無不在，鬼神，其道之妙用也，其德固不盛歟！夫欲知鬼神之德者，反求諸其心而已。神將來舍，則是神之格思也，若正心以度之，則乖矣，所謂不可度思也。正心度之猶不可，又況得而忘之乎！所謂不可射思也。不可度，故視不見，聽不聞。不可射，故如在其上，如在其左右也。夫微之顯如此，以其誠之不可揜也，誠則物物皆彰矣，故不可揜。微之顯者，其理也，誠之不可揜，以其德言也。」○龜山楊氏曰：「鬼神之德，唯誠而已。誠無幽明之閒，故其不可揜如此。夫不誠則無物，所謂體物而不可遺者，尚何顯之有？知此，其知鬼神矣。」唯『妙萬物而無不在』一語近是，而以其他語考之，不知其於是理之實，果何如也？龜山楊氏曰：「鬼神體物而不可遺，蓋其妙萬物而無不在故也。」侯氏曰：『鬼神，形而下者，非誠也；鬼神之德，則誠也。』按，經文本贊鬼神之德之盛，如下文所云而結之曰『誠之不可揜如此』，則是以爲鬼神之德所以盛者，蓋以其誠耳，非以誠自爲一物，而别爲鬼神之德也。今侯氏乃析鬼神與其德爲二物，而以形而上下言之，乍讀如可喜者，而細以經文事理求之，則失之遠矣。程子所謂只好隔壁聽者，其謂此類也夫！」音扶。○河東侯氏曰：「只是鬼神非誠也。經不曰鬼神，而曰『鬼神之爲德，其盛矣乎』，鬼神之德，誠也。《易》曰：『形而上者謂之道，形而下者謂之器。』鬼神亦器也，形而下者也，學者心得之可也。」○問鬼神之德如何。朱子曰：「此言鬼神實然之理，猶言人之德，不可道人自爲一物，其德自爲德。侯氏解鬼神之爲德，謂鬼神爲形而下者，鬼神之德爲形而上者，且如中庸之爲德，不成説中庸形而下者，中庸之德爲形而上者。」○雙峰饒氏曰：「鬼神之爲德，與中庸之爲德，語意一般。所謂德，指鬼神而言也。」曰：「子之以幹事明體物，何也？」曰：「天下之物，莫非鬼神之所爲也，故鬼神爲物之體，而物無不待是而有者。然曰爲物之體，則物先乎氣，必曰體物，然後見其氣先乎物而言順耳。朱子曰：「不是有此物時，便有此鬼神。凡是有這鬼神了，方有此物，及至有此物了，又不能違乎鬼神也。體物將鬼神做主，將物做賓，方看得出。」幹，猶木之有幹，必先有此，而後枝葉有所附而生焉。貞之幹事，亦猶是也。」**附**《蒙引》：鬼神三段註，蓋程子之説，未見鬼神是陰陽之二氣也，故用張子之説繼之。張子之説，未見二氣之良能實一氣之屈伸也，故朱子又以一氣貫之，然後鬼神之義盡矣。朱子之説，重一氣上，二氣則張子已説了。○如日月寒暑，春夏秋冬，風雲雨露，山川陵谷，禽蟲草木之屬，要皆是鬼神之傳舍也。小註云：「功用只是論發見者，如寒來暑往，日往月來，春生夏長，皆是。」又曰：「風雨霜露，日月晝夜，此鬼神之迹也。斯言要是借此示人，以默會鬼神之所在爾。若謂此即是鬼神，則爲視而可見，聽而可聞矣。要之，日月風雲之類亦物也，皆鬼神之所體者也。」○以功用謂之鬼神，兩故化也；以妙用謂之神，一故神也。神字對鬼字而言，則偏矣，單言神，則當得太極。○爲德猶言性情功效，爲德二字最難解。蓋德者，得也。取得之義，亦有二端。有以稟受所得者言，如明德、達德之類，則解之曰「人之所得乎天，而虛靈不昧，以具衆理而應萬事者也」，曰「天下古今所同得之理也」。有以學力所得者言，如爲政以德、據於德、知德者鮮之類，則解之曰「德之爲言得也，行道而有得於心也」，曰「德謂義理之得於己者也」。惟鬼神之德，難以得義解，其所謂德者，乃其性情功效耳，然難就以性情功效爲德之義，故爲之説曰：爲德猶言性情功效，故經傳中惟此一德字，自爲一例解。○性情功效，是一樣字，不可分體用。朱子小註謂「視不見，聽不聞，是性情；體物不可遺，是功效」，蓋亦一時問答之言，意在欲人之易曉，而未必其終身之定論也。抑或者記之誤歟？朱子又曰：「性情便是二氣之良能，功效便是天地之功用。」信斯言也。則張子所論鬼神，僅得其體，而程子所論鬼神，僅得其用歟！故學者於《章句》，則當字字而精研之。至於小註所集語類之言，多出於門人之所記，亦或其前後之異説。其合於《章句》者，則取之以爲證佐發明。其不合者，又自爲一例看可也。〇《存疑》：《章句》言性情，又言功效，亦非無謂，此都是就體物不遺看來，方下此字面。《蒙引》説只是一樣字，如此則只消説性情便好了，又加功效，不亦贅耶？竊意性情猶言才調，蓋能體物處，是其才也，此鬼神之性情。到那體物處，便是功效，蓋其才之見於用也，此鬼神之功效也。蛟峰之説是矣。但「《易》曰『鬼神之情狀』，情即性情，狀即功效」數句可刪。性情功效，猶云道德功業。

或問十七章之説。曰：「程子、張子、吕氏之説備矣。程子曰：「知天命，是達天理也；必受命，是得其應也。命者，是天之付與，如命令之命，天之報應，皆如影響，得其報者，是常理也，不得其報者，非常理也。然而細推之，則須有報應，但人以淺狹之見求之，便爲差忒。天命不可易也，然有可易者，唯有德者能之，如脩養之引年，世祚之祈天永命，常人之至於聖賢，皆此道也。」〇張子曰：「德不勝氣，性命於氣；德勝其氣，性命於德。窮理盡性，則性天命，命天德。氣之不可變者，獨死生脩夭而已。故論死生則曰有命，以言其氣也，語富貴則曰在天，以言其理也，此大德所以必受命。」〇藍田吕氏曰：「天命之所屬，莫踰於大德，至於禄位名壽之皆極，則人事至矣，天命申矣。天之萬物，其所以爲吉凶之報，莫非因其所自取也。植之固者，加雨露之養，則其末必盛茂；植之不固者，震風凌雨，則其本先撥。至於人事，則得道者多助，失道者寡助，是皆因其材而篤焉。栽者培之，傾者覆之者也。古之君子，既有憲憲之令德，又有宜民宜人之大功，此宜受天禄矣。故天保佑之，申之以受天命，此大德所以必受命，是亦栽者培之之義與！」又曰：「命雖不易，惟至誠不息，亦足以移之，此大德所以必受命。」**楊氏所辨孔子不受命之意，則亦程子所謂非常理者盡之。而侯氏所推以謂舜得其常，而孔子不得其常者，尤明白也。**龜山楊氏曰：「孔子當衰周之時，猶木之生非其地也，雖其雨露之滋，而牛羊斧斤相尋於其上，則是濯濯然也，豈足怪哉！」〇河東侯氏曰：「舜，匹夫也，而有天下，此所謂必得者先天而天弗違也。孔子，亦匹夫也，亦德爲聖人也，而不得者，後天而奉天時也。必得者，理之常也；不得者，非常也。得其常者，舜也；不得其常者，孔子也。」至於顏、跖音隻，與孟子「蹠之徒」之「蹠」字通。壽夭之不齊，則亦不得其常而已。楊氏乃忘其所以論孔子之意，而更援老聃他談反。之言，以爲顏子雖夭而不亡者存，則反爲衍延面反。說，而非吾儒之所宜言矣。且其所謂不亡者，果何物哉？若曰天命之性，則是古今聖愚公共之物，而非顏子所能專。若曰氣散而其精神魂魄猶有存者，則是物而不化之意，猶有滯於冥漠之間，尤非所以語顏子也。龜山楊氏曰：「顏、跖之夭壽不齊，何也？老子曰『死而不亡曰壽』，顏雖夭而不亡者，猶在也，非夫知性知天者，其孰能識之？」侯氏所謂孔子不得其常者善矣，然又以爲天於孔子，固已培之，則不免有自相矛盾處。蓋德爲聖人者，固孔子之所以爲栽者也。至於禄也、位也、壽也，則天之所當以培乎孔子者，而以適丁氣數之衰，是以雖欲培之，而有所不能及爾，是亦所謂不得其常者，何假復爲異說以汩音骨。之哉！」河東侯氏曰：「天之生物，必因其材而篤焉。栽者培之，傾者覆之，非謂如孔子者也。孔子德爲聖人，其名與禄、壽，孰禦焉？固以培之矣。孟子所謂天爵者也，何歉於人爵哉！」附《蒙引》：天道福善禍淫，此理究竟如何？蓋天地之氣，有一陰一陽，一善一惡。人之所爲，亦有一陰一陽，一善一惡，方以類聚也。天之生物，因材而篤。人之所爲好，則天地好氣自與他相凑聚；若不好，則那不好底氣亦自與他相凑聚。○《存疑》：楊龜山之論顏子，「雖夭而不亡者」，猶云死而不朽，没而有光爾，未必如《或問》所駁。侯氏「天於孔子，固已培之」之論，亦是充類之言，朱子非之，過於奇也。以此見得解經須平實，不可險怪。

或問十八章、十九章之說。曰：「呂氏、楊

氏之說，於禮之節文度數詳矣，其閒有不同者，讀者詳之可也。藍田吕氏曰：「『期之喪達乎大夫』者，期之喪有二：有正統之期，爲祖父母者也；有旁親之期，爲世父母、叔父母、衆子、昆弟、昆弟之子是也。正統之期，雖天子諸侯莫降；旁親之期，天子諸侯絶服，而大夫降。所謂尊不同，故或絶或降也。大夫雖降，猶服大功，不如天子諸侯之絶服也。如旁親之期，亦爲大夫，則大夫亦不降，所謂尊同，則服其親之服也。諸侯雖絶服，旁親尊同，亦不降。所不臣者猶服之，如始封之君不臣諸父昆弟，封君之子不臣諸父而臣昆弟是也。『三年之喪達乎天子』者，三年之喪，爲父，爲母，適孫爲祖，爲長子，爲妻而已，天子達乎庶人一也。父在，爲母及妻雖服期，然本爲三年之喪，但爲父、爲夫屈者也。故與齊衰期之餘喪異者有三：服而加杖，一也；十一月而練，十三月而祥，十五月而禫，二也；夫必三年而後娶，三也。周穆后崩，太子壽卒，叔向曰『王一歲而有三年之喪二焉』，則包后亦爲三年也。」○宗廟之禮，所以序昭穆，別人倫也，親親之義也。父爲昭，子爲穆，父親也，親者邇，則不可不別也。祖爲昭，孫亦爲昭，祖爲穆，孫亦爲穆，祖尊也，尊者遠，則不嫌於無別也。故孫可以爲王父尸，子不可以爲父尸，此昭穆之別於尸者也。喪禮卒，哭而祔，男祔于皇祖考，女祔于皇祖妣，婦祔于皇祖姑。《喪服小記》：「士、大夫不得祔于諸侯，祔于諸祖父之爲士、大夫者。亡則中一以上而祔，祔必以其昭穆」，此昭穆之別於祔者也。有事於太廟，子孫兄弟亦以昭穆別之，群昭群穆，不失其倫。凡賜爵，昭與昭齒，穆與穆齒，此昭穆之別於宗者也。序爵者，序諸侯、諸臣與祭者之貴賤也，貴貴之義也。《詩》曰「相維辟公，天子穆穆」，此諸侯之助祭者也。「於穆清廟，肅雍顯相，濟濟多士，秉文之德」，此諸臣之助祭者也。序事者，別賢與能，而授之事也，尊賢之義也。孰可以爲宗而詔相？孰可以爲祝而祝嘏？孰可以祼贊獻？孰可以執籩豆？至於執爵沃盥，莫不辨其賢能之大小而序之也。旅酬下爲上者，使賤者亦得申其敬也，下下之義也。若特牲饋食之禮，賓弟子、兄弟子各舉觶於其長，以行旅酬於宗廟之中，以有事爲榮也。燕毛者，既祭而燕則尚齒也，長長之義也。毛，髮色也，以髮色別長少而爲之序也。祭則貴貴，貴貴則尚爵；燕則親親，親親則尚齒。其義一也。

天下之大經，親親，長長，貴貴，尊尊而已。人君之至恩，下下而已。一祭之間，大經以正，至恩以宣，天下之事盡矣。○龜山楊氏曰：「祭有昭穆，所以別父子遠近、長幼親疎之序也。故有事於太廟，則群昭群穆咸在，而不失其倫焉，此宗廟之禮，所以序昭穆也。尸飲五，君洗玉爵獻卿；尸飲七，以瑶爵獻大夫；尸飲九，以散爵獻士及群有司，此序爵而尊卑有等，所以辨貴賤也。玉、帛，交神明也；裸、鬯，求神於幽也。故天地不裸，則玉帛尊於鬯也，故太宰贊之。鬯則大宗伯涖之，裸則又卑於鬯也，故小宰贊之。若此類，所謂序事也。先王量德授位，因能授職，此序事所以辨賢也。饋食之終，酳尸之獻，下待群有司更爲獻酬，此旅酬下爲上，所以逮賤也。既終而以燕毛爲序，所以序齒也。序昭穆，親親也；序爵，貴貴也；序事，尚德也；旅酬逮賤，燕毛序齒，尚恩也。敬親者不敢慢於人，況其所尊乎！愛親者不敢惡於人，況其所親乎！事死如事生，若餘閣之奠是也；事亡如事存，若齊必見其所祭者是也。」游氏引《泰誓》、《武成》以爲文王未嘗稱王之證，深有補於名教。廣平游氏曰：「武王爲《泰誓》三篇，稱文王爲文考，至武成而柴望，然後稱文考爲文王，仍稱其祖爲太王、王季。然則周公追王太王、王季者，乃文王之德、武王之志也，故曰成文武之德。不言文王者，武王既追王矣。武王既追王而不及太王、王季，以其未受命，而其序有未暇也。《禮記·大傳》載牧野之奠，追王太王、亶父、王季歷、文王昌，亦據《武成》之書，以明追王之意出於武王也。世之説者因《中庸》無追王文王之文，遂以謂文王自稱王，豈未嘗考《泰誓》、《武成》之書乎？君臣之分，猶天尊地卑，紂未可去，而文王稱王，是二天子也。服事商之道，固如是耶？《書》所謂九年大統未集者，後世以虞芮質厥成爲文王受命之始故也。當六國時，秦固以長雄天下，而周之位號微矣。辛垣衍欲帝秦，魯仲連以片言折之，衍不敢復出口。蓋名分之嚴如此，故以曹操之英雄，逡巡於獻帝之末，而不得逞，彼蓋知利害之實也。曾謂至德如文王，一言一動，順帝之則，而反盜虚名而昧天理乎？且武王觀政于商，而須假之五年，非僞爲也。使紂一日有悛心，則武王當與天下共尊之，必無牧野之事，然則文王已稱之名將安所歸乎？此天下之大戒，故不得不辨。」然歐陽、蘇氏之書，亦已有是説矣。歐陽氏曰：「孔子曰三分天下有其二，以服事商，使西伯不稱臣而稱王，安能服事於商乎？伯夷、叔齊讓國而去，顧天下皆不可歸，往歸西伯，當是時，紂雖無道，天子在上，諸侯不稱臣而稱王，是僭叛之國也。彼二子者不非其父，而非其子，此豈近於人情耶？由是言之，謂『西伯稱王十年』者，妄説也。《泰誓》稱十有一年，説者謂自文王受命九年，及武王居喪三年，并數之，是以聽虞芮之訟，謂之受命，以爲元年。古者人君即位，必稱元年。西伯即位，已改元矣，中間不宜改元，而又改元。至武王即位，宜改元，而反不改元，乃上冒先君之元年，并其居喪，稱十一年。及其滅商而得天下，其事大於聽訟遠矣，又不改元。由是言之，謂西伯以受命之年爲元年者，妄説也。」○格菴趙氏曰：「按，眉山二蘇氏説，與歐陽氏殊不同。朱子所引，未知何蘇氏也，當考。」《附纂》：蘇氏本三蘇文論管仲處説。郊禘，吕、游不同，然合而觀之，亦表裏之説也。」藍田吕氏曰：「事上帝者，所以立天下之大本，道之所由出也；祀乎其先者，所以正天下之大經，仁義之所由始也。洋洋乎如在其上，如在其左右，雖隱微之閒，恐懼戒謹，而不敢欺，則所以養其誠心至矣。蓋以爲不如是則不足以立身，身且不立，烏能治國家哉！」○廣平游氏曰：「祭祀之義，非精義不足以究其説，非體道不足以致其義。蓋惟聖人爲能饗帝，爲其盡人道而與帝同德；孝子爲能饗親，爲其盡子道而與親同心也。仁孝之至，通乎神明，而神祇祖考安樂之，則於郊社之禮、禘嘗之義，始可以言明矣。夫如是，則於爲天下國家也何有！」

○曰：「昭穆之昭，世讀爲韶，今從本字，何也？」曰：「昭之爲言明也，以其南面而向明也。其讀爲韶，先儒以爲晉避諱而改之，晉避司馬昭諱。然《禮》、《書》亦有作佋與韶同音。字者，則假借而通用耳。」曰：「其爲向明，何也？」曰：「此不可以空言曉也，今且假設諸侯之廟以明之。蓋周禮建國之神位左宗廟，則五廟皆在公宫之東南矣，其制則孫毓余六反。以爲外爲都宫，太祖在北，二昭二穆，以次而南是也。孫毓曰：「宗廟之制，外爲都宫，内各有寢廟，別有門垣，太祖在北，左昭右穆，差次而南。」蓋太祖之廟，始封之君居之，昭之北廟，二世之君居之，穆之北廟，三世之君居之，昭之南廟，四世之君居之，穆之南廟，五世之君居之。廟皆南向，各有門堂寢室，而牆宇四周焉。太祖之廟，百世不遷，自餘四廟，則六世之後，每一易世而一遷。其遷之也，新主祔於其班之南廟，南廟之主遷於北廟，北廟親盡，則遷其主於太廟之西夾室，而謂之祧。音挑。○朱子曰：「古者始祖之廟有夾室，凡祧主皆藏之於夾室。」凡廟主在本廟之室中，皆東向，及其祫於太廟之室中，則惟太祖東向自如，而爲最尊之位。群昭之入乎此者，皆列於北牖下而南向；群穆之入乎此者，皆列於南牖下而北向。南向者，取其向明，故謂之昭；北向者，取其深遠，故謂之穆。蓋群廟之列，則左爲昭而右爲穆，祫祭之位，祫音洽，大合祭也。則北爲昭而南爲穆也。」《通考》趙氏悳曰：「按，《三禮辨》云：『宗廟昭穆，《或問》之說詳矣。但謂祫於太廟室中，則群昭群穆之主皆入列於牖下，則小誤耳。逸禘祫禮，昭穆各用一尸，蓋周之中世，先王、先公之位已凡二十餘，所使南北用向各列牖下。假以宣王考室之時言之。后稷東向，先公不窋以下十一尸，先王太王以下十三尸，南北相向，每尸設二十六豆籩、九俎、八簋、六鉶，及尸與主賓獻酬之地，蓋比明堂三倍之廣，而二十餘尸各十一獻，又有三酬，亦非一日所能行也。』愚因李氏之說而攷之陳祥道《禮書》，言禘祭之禮，太王、王季以上，遷主於后稷之廟，其坐位與祫祭同。文、武以下，若穆之遷主，祭於文王之廟，文王居室之奥，東面，文王孫成王居文王之東而北面，以下穆主直至親盡之祖，以次繼，而東階北面，無昭主。若昭之遷主，祭於武王之廟，武王亦居室之奥，東面，以次亦繼而東，直至親盡之祖，無穆主也。其尸：后稷廟中，后稷尸一，昭穆尸各一；文王廟中，文王尸一，穆尸共一；武王廟中，武王尸一，昭尸共一。其實太祖廟三尸也。其五齊，自醴齊而下，四齊而已。無泛齊，酒外三酒，所陳設之處，所加之明水、玄酒等，一如禘祭於文王之廟，無降神之樂，其祼尊用雞彝、鳥彝，朝踐用兩獻尊，祼獻用兩象尊，其迎尸出。在堂之時，其后稷、文、武之尸皆南面，餘尸主如室中之左右也。合祭時，四代之樂，其祭禮，后稷、文王、武王廟各一日，繹祭則同一日。愚因鄭説推之。禘之迎主不迎主，固未可知。若謂昭穆各用一尸，以及禮文之殺，恐亦或然。故杜預云：『《逸禮》：祫於太廟之禮，毁廟之主升，合食而立二尸。以此言之，則祫祭之群昭群穆雖多，昭一尸、穆一尸而已。合七廟之主而言，則九尸；合五廟之主而言，則七尸。既不備，則籩豆、簠簋之殺，恐亦當如鄭氏之説也。』李氏云尸各十一獻，此因賈公彦之説也。賈曰：『祫有十二獻，禘九獻。』祫之十二獻，此必因《少牢饋食禮》尸有十二飯而言。《禮器》云：『一獻質，再獻文，五獻祭，七獻神，七獻祭先公。』此語可招者，以此例之，則先王或是九獻，若曰十二獻者，《特牲饋食禮》主人主婦既酳尸畢，然後長兄弟洗觚爲加。爵獻用爵，加用觚加，在獻數之外。加爵之時，籩人加籩之實，醢人加醢之實，以此推之，則亦恐九獻之後，必子姪兄弟群昭群穆分之，於理亦順，則無妨於一日所行矣。」曰：

「六世之後，二世之主既祧，則三世爲昭，而四世爲穆，五世爲昭，而六世爲穆乎？」曰：「不然也。昭常爲昭，穆常爲穆，禮家之説，有明文矣。蓋二世祧，則四世遷昭之北廟，六世祔音附。昭之南廟矣。三世祧，則五世遷穆之北廟，七世祔穆之南廟矣。昭者祔，則穆者不遷。穆者祔，則昭者不動。朱子曰：「遷毁之序，則昭常爲昭，穆常爲穆。蓋祔昭，則群昭皆動，而穆不移；祔穆，則群穆皆移，而昭不動。」此所以祔必以班，《附纂》黄氏洵饒曰：「即昭常爲昭之數。」尸必以孫，朱子曰：「《儀禮》所謂以其班祔，《檀弓》所謂祔于祖父是也。」〇古者立尸必隔一位，孫可以爲祖尸，子不可以爲父尸，以昭穆不可亂也。而子孫之列亦以爲序。《禮記·祭統》篇云：「夫祭之道，孫爲王父尸。〔王父乃祖也。〕所使爲尸者於祭者，子行也，父北面而事之，所以明子事父之道也。〔行音杭。〕」若武王謂文王爲穆考，成王稱武王爲昭考，則自其始祔而已然。而《春秋傳》去聲。下同。以管、蔡、郕、音成。霍爲文之昭，邘、音于。晉、應、平聲。韓爲武之穆，則雖其既遠而猶不易也。豈其交錯彼此若是之紛紛哉！」格菴趙氏曰：「后稷至文武十五六世，文王於廟次爲穆，故謂其子爲昭，管、蔡、郕、霍者，文王之子也。武王於廟次爲昭，故謂其子爲穆，邘、晉、應、韓者，武王之子也。」曰：「廟之始立也，二世昭而三世穆，四世昭而五世穆，則固當以左爲尊而右爲卑矣。今乃三世穆而四世昭，五世穆而六世昭，是則右反爲尊而左反爲卑矣，而可乎？」曰：「不然也。宗廟之制，但以左右爲昭穆，而不以昭穆爲尊卑。故立廟同爲都宮，則昭常在左，穆常在右，而外有以不失其序。一世自爲一廟，則昭不見穆，穆不見昭，而內有以各全其尊。必大祫而會於一室，然後序其尊卑之次，則凡已毀未毀之主，又畢陳而無所易。朱子曰：「一昭一穆，固有定次，而其自相爲偶，亦不可易。但其散居小廟，各自爲主而不相厭，則武王進居王季之位，而不嫌尊於文王。及其合食於祖，則王季雖遷，而武王自當與成王爲偶，未可以遽進而居王季之處也。」唯四時之祫，不陳毀廟之主，《附纂》黄氏洵饒曰：「此四時之祫，又曰三年祫，五年禘，左右爲尊卑。大祫，則已毀皆陳，廟制不以左右爲尊卑。」則高祖有時而在穆，二世而然。其禮未有考焉。意或如此，則高之上無昭，而特設位於祖之西，禰乃禮反。之下無穆，而特設位於曾之東也與。」羊諸反。曰：「然則毀廟云者，何也？」曰：「《春秋傳》曰：『壞音怪。廟之道，易檐余廉反。可也，改塗可也。』說者以爲將納新主，示有所加耳，非盡徹而悉去上聲。之也。」朱子曰：「改塗易檐，言不是盡除，只改其灰飾，易其屋檐而已。」○新安陳氏曰：「所引《春秋傳》，見《穀梁》文公二年。」

曰：「然則天子之廟，其制若何？」曰：「唐之文祖，虞之神宗，商之七世三宗，其詳今不可考。《書·舜典》云受終于文祖，《大禹謨》云受命于神宗，《商書·咸有一德》云七世之廟，可以觀德。○新安陳氏曰：「三宗，謂太甲廟號太宗，太戊號中宗，武丁號高宗是也。」獨周制猶有可言。然而漢儒之記，又已有不同矣。謂后稷始封，文、武受命而王，去聲。故三廟不毁，與親廟四而七者，諸儒之説也。朱子曰：「韋元成等書謂王者始受命，諸侯始封之君，皆爲太祖以下，五世而迭毁。毁廟之主，藏於太祖。周之所以七廟者，以后稷始封，文武受命，三廟不毁，與親廟四而已。」謂三昭三穆與太祖之廟而七，文武爲宗，不在數中者，劉歆虛今反。之説也。朱子曰：「歆謂七者，其正法數可。常數者，宗不在此數中。宗變也，苟有功德，則宗之不可預爲設數。故於殷有三宗，周公舉之以告成王。由是言之，宗無數也。」雖其數之不同，然其位置遷次，宜亦與諸侯之廟無甚異者。但如諸儒之説，鄭玄、王肅。則武王初有天下之時，后稷爲太祖，而組音祖。紺古暗反。居昭之北廟，太王居穆之北廟，王季居昭之南廟，文王居穆之南廟，猶爲五廟而已。至成王時，則組紺祧，王季遷，而武王祔。至康王時，則太王祧，文王遷，而成王祔。至昭王時，則王季祧，武王遷，而康王祔。自此以上，上聲。亦皆且爲五廟，而祧者藏於太祖之廟。至穆王時，則文王親盡當祧，而以有功當宗，故別立一廟於西北，而謂之文世室，於是成王遷，昭王祔，而爲六廟矣。至共音恭。王時，則武王親盡當祧，而亦以有功當宗，故別立一廟於東北，謂之武世室，於是康王遷，穆王祔，而爲七廟矣。自是之後，則穆之祧者藏於文世室，昭之祧者藏於武世室，而不復藏於太廟矣。如劉歆之説，則周自武王克商，即增立二廟於二昭二穆之上，以祀高圉、音語。亞圉，如前遞遷，至於懿王，而始立文世室於三穆之上，至孝王時，始立武世室於三昭之上，此爲少不同耳。」格菴趙氏曰：「父昭子穆，而有常數者，禮也。祖功宗德，而無定法者，義也。周於三昭三穆之外，而有文武之廟。觀《春秋傳》稱襄王致文武胙於齊侯，《史記》稱顯王致文武胙於秦孝公，方是時，文、武固已遠矣，襄王、顯王猶且祀之，則其廟不毁可知矣。」《通考》趙氏悳曰：「文世室，武世室，蓋本於《禮記·明堂位》之言『魯公之廟，文世室也；武公之廟，武世室也』。鄭註：『此二廟，象周有文王、武王之廟也。世室者，不毁之名。魯公，伯禽也。武公，伯禽之玄孫，名敖。』疏云：『文世室者，魯公伯禽有文德，世世不毁其室，故云文世室。武世室者，伯禽玄孫武公有武德，其廟不毁，故云武世室。』按，記禮者之意，謂周有文王世室、武王世室，成王賜魯以天子禮樂，故魯有伯禽及武公之廟，得以象文王、武王不毁之廟也。後儒因《明堂位》之文，遂以周有文世室、武世室也。《三禮辨》曰：『武公之廟，蓋已久毁。成公三年，季孫宿以鞌之戰有功而立之。《春秋》書立武宫，左氏、公羊並譏之，謂不宜立也。世室屋壞，左氏謂之太室，公、穀謂之世室，武、煬皆稱宫，無所謂武世室也。』諸儒或引此，以證文王、武王之廟爲世室，誤矣。」曰：「然則諸儒與劉歆之説孰爲是？」曰：「前代説者多是劉歆，愚亦意其或然也。」朱子曰：「歆説得較是，他謂宗不在七廟中者，恐有功德者多，則占了那七廟數也。」○格菴趙氏曰：「若從諸儒之説，則王者不過立親廟四，與先祖爲五，其與諸侯五廟又何別乎？《商書》已云『七世之廟，可以觀德』，則自昔有七廟矣。故朱子以歆説爲是。」曰：「祖功宗德之説尚矣，而程子獨以爲如此則是爲子孫者得擇其先祖而祭之也。子亦嘗考之乎？」曰：「商之三宗，周之世室，見賢遍反。於經典，皆有明文。而功德有無之實，天下後世自有公論。若必以此爲嫌，則秦政之惡去聲。夫音扶。子議父，臣議君，而除謚法者，不爲過矣。朱子曰：「商之太宗，若不是别立廟，只是親廟時，何不胡亂將三箇來立？如何恰限取太甲太宗爲之？那箇祖有功，宗有德，天下後世，自有公論，不以揀擇爲嫌。所謂名之曰幽、厲，雖孝子慈孫，百世不能改。那箇好底，自是合當祭祀，如何毁得？」《通考》按，《史記・始皇紀》二十六年制曰：「朕聞太古有號，死而以行，爲謚如此，則子議父，臣議君也，甚無謂，朕弗取焉。其除謚法。」且程子晚年嘗論本朝音潮。廟制，亦謂太祖、太宗皆當爲百世不遷之廟，以此而推，則知前説若非記者之誤，則或出於一時之言，而未必其終身之定論也。」程子曰：「祖有功，宗有德，文武之廟永不祧也。所祧者，文武以下廟。如本朝太祖、太宗，皆萬世不祧之廟。河東閩浙，皆太宗取之，無可祧之理也。」曰：「然則大夫士之制奈何？」曰：「大夫三廟，則視諸侯而殺色界反。下同。其二，然其太祖昭穆之位，猶諸侯也。適音的。士二廟，則視大夫而殺其一。官師一廟，即下士。則視大夫而殺其二，然其門堂寢室之備，猶大夫也。」曰：「廟之爲數，降殺以兩，而其制不降，何也？」曰：「降也。天子之山節、藻棁、複音福。廟、重平聲。檐，與簷同。諸侯固有所不得爲者矣；諸侯之黝於九反。堊、音惡。斲竹角反。礱，大夫有不得爲者矣；大夫之倉楹、音盈。斲桷，音角，椽方曰桷。士又不得爲矣。曷爲而不降哉？格菴趙氏曰：「山節謂薄櫨，刻爲山形，即今之斗栱。藻棁者，謂侏儒柱畫爲藻，文梁上短柱也。複廟者，上下重屋也。重檐，重承壁材也，謂就外檐下壁複安板檐，以辟風雨之洒壁。」○黝，黑也。堊，白也。地謂之黝，牆謂之堊。

斵，削也。礱，磨也。○倉楹者，蒼其柱也。斵桷者，磨其榱也。《附纂》黄氏洵饒曰：「禮：天子宗廟，山節藻梲，複廟重檐。《穀梁》莊公二十三年『丹桓宫楹』，傳曰：『天子、諸侯黝堊，大夫倉，士黈。』二十四年『刻桓宫桷』，傳：『天子之桷，斵之礱之，加密石焉。諸侯之桷，斵之礱之。大夫斵。士斵本。』」獨門堂寢室之合，然後可名於宫，則其制有不得而殺耳。蓋由命士以上，上聲。父子皆異宫，生也異宫，而死不得異廟，則有不得盡其事生事存之心者，是以不得而降也。」

曰：「然則後世公私之廟，皆爲同堂異室，而以西爲上者，何也？」由西以次於東。

曰：「由漢明帝始也。夫音扶。漢之爲禮略矣，然其始也，諸帝之廟皆自營之，各爲一處，雖衍其都宫之制、昭穆之位不復如古，然猶不失其獨專一廟之尊也。至於明帝，不知禮義之正，而務爲抑損之私，遺詔藏主於光烈皇后即光武后。更平聲。衣別室，而其臣子不敢有加焉。魏晉循之，遂不能革，而先王宗廟之禮，始盡廢矣。《通考》趙氏悳曰：「魏明帝青龍四年，高堂隆生上疏曰：『凡帝王徙都立邑，必定天地社稷之位，敬恭以奉之。將營宫室，則宗廟爲先，廐庫爲次，居室爲後。今圜丘、方澤、南北郊、明堂、社稷神位未定，宗廟之制未爲禮。』晉武泰始二年春正月，即用魏廟祭禮。司馬公所謂先王宗廟之禮始盡廢，蓋可知矣。裴秀、傅玄之徒尚欲其君遵漢文以日易月之制。廢先王之禮經，此司馬公所不能已於言也。原廟，謂又一廟也。胡致堂云：『天子七廟，致其誠敬足矣。』《中庸》記宗廟之禮，陳其宗器，設其裳衣。非他所也，謂廟中也；非他時也，謂祭祀時也。今以死者衣冠，月出遊之，乃築復道於武庫南，於禮褻矣。使後世致隆於原廟，而簡於太廟者，則通説啓之也。其後漢明帝遂有朝原陵之失，此舉蓋生於原廟。」降及近世，諸侯無國，大夫無邑，則雖同堂異室之制，猶不能備。獨天子之尊，可以無所不致，顧乃梏姑沃反。於漢明非禮之禮，而不得以致其備物之孝。蓋其别爲一室，則深廣之度，或不足以陳鼎俎，而其合爲一廟，則所以尊其太祖者，既褻而不嚴，所以事其親廟者，又厭於甲反。而不尊，是皆無以盡其事生事存之心，而當世宗廟之禮亦爲虚文矣。朱子曰：「更歷魏晉，下及隋唐，其閒非無奉先思孝之君，據經守禮之臣，而皆不能有所裁正其弊，至使太祖之位，下同孫祖，而更僻處於一隅。既無以見其爲七廟之尊、群廟之神，則其上厭祖考，而不得自爲一廟之主。以人情而論之，則生居九重，窮極壯麗，而没祭一室，不過尋丈之閒，甚或無地以容鼎俎，而陰損其數，子孫之心宜亦有所不安哉。」宗廟之禮既爲虚文，而事生事存之心，有終不能以自已者，於是原廟之儀，不得不盛。再立。然亦至於我朝，音潮。下同。而後都宫别殿，前門後寢，始略如古者宗廟之制。是其沿襲音習。之變，不唯窮鄉賤士有不得聞，而自南渡之後，故都淪没，權宜草創，無復舊章，則雖朝廷之上禮官博士、老師宿儒，亦莫有能知其原者。幸而或有一二知經學古之人，乃能私議而竊歎之，然於前世，則徒知譏孝惠之飾非，原廟。責叔孫通之舞禮，儀禮。而於孝明之亂命，與其臣子之苟從，則未有正其罪者。《前漢書・叔孫通傳》：「孝惠即位。惠帝乃高帝子也，乃謂通曰：『先帝園陵寢廟，群臣莫習。』徙通爲奉常，定宗廟儀法。又稍定，漢諸儀法皆通所論著也。惠帝爲東朝長樂宫及閒往數蹕煩民，作複道，方築武庫南。通奏事，因請問曰：『陛下何自築複道，高寢衣冠，月出遊高廟，子孫奈何乘宗廟道上行哉？』惠帝懼曰：『急壞之。』通曰：『人主無過舉，今已作，百姓皆知之矣。願陛下爲原廟渭北衣冠，月出遊之，益廣宗廟大孝之本。』上乃詔有司立原廟。」○《後漢書・明帝紀》：「十八年秋八月壬子，帝崩於東宫前殿，年四十八。遺詔無起寢廟，藏主於光烈皇后更衣别室，掃地而祭，杅水脯糒而已。過百日，唯四時設奠。置吏卒數人，供給洒掃，勿開脩道，敢有所興作者，以擅議宗廟法從事。」〔《前書》曰：「擅議宗廟者棄市。」〕於今之世，則又徒知論其惑異端、徇流俗之爲陋，而不知本其事生事存之心，有不得伸於宗廟者，是以不能不自致於此也。朱子曰：「不起寢廟，明帝固不得爲無失。然使章帝有魏顆之孝，其群臣有宋仲幾、楚子囊之忠，則於此別有處矣。況以一時之亂命，而壞千古之彝制。其事體之輕重，又非如三子者之所正者而已耶！」又曰：「如李氏所謂略於七廟之室，而爲祠於佛老之側，不爲木主，而爲之象，不爲禘祫烝嘗之祀，而行一酌奠之禮。楊氏所謂舍二帝三王之正禮，而從一謬妄之叔孫通者，其言皆是也。然不知其所以致此，則由於宗廟不立，而人心有所不安也。不議復此，而徒欲廢彼，亦安得爲至當之論哉！」抑嘗觀於陸佃字農師，程子弟子。之譏，而知神祖之嘗有意於此，然而考於史籍，則未見其有紀焉。若曰未及營表，故不得書，則後日之秉史筆者，即前日承詔討論之臣也，所宜深探遺旨，特書總序，以昭示來世，而略無一詞以及之，豈天未欲使斯人者復見二帝三王之盛，故尼女一反，止也。其事而嗇音色，正作嗇。其傳耶？嗚呼惜哉！朱子曰：「神祖慨然深詔儒臣討論舊典，蓋將以遠追三代之隆，一正千古之謬。不幸未及營表，世莫得聞，秉筆之士又復不能特書其事，以詔萬世。今獨其見於陸氏之文者，爲可考爾。」然陸氏所定昭穆之次，又與前說不同，朱子曰：「佃謂：『昭穆者，父子之號，昭以明下爲義，穆以恭上爲義。方其爲父則稱昭，取其昭以明下也；方其爲子則稱穆，取其穆以恭上也。豈可謬哉！』殊不知昭穆本以廟之居東居西，主之向南向北而得名，初不爲父子之號也。必曰父子之號，則穆之子又安可復爲昭哉！且必如佃說，新死者必入穆廟，而自其父以上，穆遷於昭，昭遷於穆，祔一神而六廟皆爲之動。則其祔也，又何不直祔於父，而必隔越一世以祔於其所未應入之廟乎？」而張琥音虎。之議，庶幾近之，朱子曰：「⿰土虎謂四時常祀，各於其廟，不偶坐而相臨，故武王進居王季之位，而不嫌尊於文王，及合食乎祖，則王季文王更爲昭穆，不可謂無尊卑之序。」讀者更詳考之，則當知所擇矣。」《通考》吴氏澂曰：「古者天子祭七廟，初受命之主爲太祖，其廟居中，東三昭，西三穆，凡六廟。東西之南二廟爲禰爲祖，東西之中二廟爲高爲曾，此謂之四親廟。東西之北二廟，祭高祖之父與高祖之祖，爲二祧廟。親廟四，祧廟二，合之爲三昭三穆。其有功德之主，親盡廟當毀，則别立一廟於昭穆北廟之北，謂之宗，百世不毁，與太祖同。周之文世室、武世室是也。太祖、二宗、三昭、三穆，謂之九廟，此天子之制也。諸侯所封之君爲太廟，高、曾、祖、禰爲四親廟，是曰二昭二穆，無二祧，亦無有功德之宗，故其祫祭也，但有時祫，而無太祫。時祫者，遷二昭二穆之主，合祭於太廟。太祫者，三昭、三穆、二宗之外，凡廟之已毀者，皆得合食於太祖之廟也。大夫三廟，初爲大夫者，居中曰太廟，一昭一穆，則祖、禰也。上士二廟，惟祖與禰，無太廟也。中士、下士一廟，禰廟而已，無祖廟也。庶人無廟，祭父於其寢而已。中士、下士之常祭，但得祭禰，若欲祭祖，則於禰廟祭之。上士欲祭曾祖，則於祖廟中祭之。大夫欲祭祖以上，則於太廟祭之。」又曰：「朱子所謂二主者，此言繼禰之宗子，載其考妣之精神，常與神主相依，不别立祠版之類也，於祫及其高祖者，所謂由下而達於上也。高祖本無廟，若或立功於國，君寵錫之，則合祭四代，上及高祖。大夫則祭於其太廟，上士則祭於其祖廟，中下士則祭於其禰廟。」又曰：「大夫士有主，自伊川所定之禮始，然亦無害於義。但是有廟者有主，其無廟者，其主埋於葬所，若欲追祭，則設席依神，而祭於有主者之廟。況如今廟制皆非古，則只當循伊川所定之禮行之。」**附**《蒙引》：周洪謨先生著《朱子家禮祠堂圖説》曰：「古者廟皆南向而各有室，神主在室，則皆東向。先王之祭宗廟，有堂事焉，有室事焉。設始祖南向之位於堂上，昭東穆西，左右相向，以次而南，此堂事也。設始祖東向之位於室中，昭北穆南，左右相向，以次而東，此室事也。堂事室事，皆父昭在左，子穆在右，則古之神道尚左，章章然矣。自漢明帝乃有尚右之説。唐宋以來，皆爲同堂異室，以西爲上之制。然古者室事，始祖東向，則左昭右穆，以次而東者，不得不以西爲上。

後世南面之位，既非東向之制，而其位次尚循乎以西爲上之轍，則廢昭穆之禮矣。」

或問：「二十章蒲盧之説，何以廢舊説而從沈氏也？」曰：「蒲盧之爲果蠃，魯果反。果蠃，細腰蜂也。他無所考，且於上下文義，亦不甚通。惟沈氏之説，乃與『地道敏樹』之云者相應，故不得而不從耳。」曰：「沈説固爲善矣，然《夏小正》十月『玄雉入於淮爲蜃』，時忍反，大蛤也。而其傳去聲。下同。曰『蜃者，蒲盧也』，則似亦以蒲盧爲變化之意，而舊説未爲無所據也。」曰：「此亦彼書之傳文耳。其他蓋多穿鑿不足據信，疑亦出於後世迂儒之筆，或反取諸此而附合之，決非孔子所見夏時之本文也。且又以蜃爲蒲盧，則不應二物而一名。若以蒲盧爲變化，則又不必解爲果蠃矣。況此等瑣碎，既非大義，所繫又無明文可證，則姑闕之，其亦可也。何必詳考而深辨之耶！」○曰：「達道達德，有三知三行之不同，而其致則一，何也？」曰：「此氣質之異，而性則同也。生而知者，生而神靈，不待教而於此無不知也。安而行者，安於義理，不待習而於此無所咈音弗。也。此人之稟氣清明，賦質純粹，天理渾然，無所虧喪去聲。者也；學而知者，有所不知，則學以知之，雖非生知，而不待困也。利而行者，真知其利而必行之，雖有未安，而不待勉也。此得清之多而未能無蔽，得粹之多而未能無雜，天理小失而能亟反之者也；困而知者，生而不明，學而未達，困心衡與横同。慮，而後知之者也。勉强而行者，不獲所安，未知其利，勉力强矯而行之者也。此則昏蔽駁音剥。雜，天理幾平聲。亡，久而後能反之者也。

此三等者，其氣質之稟亦不同矣，然其性之本則善而已。故及其知之而成功也，則其所知所至，無少異焉，亦復其初而已矣。」曰：「張子、呂、楊、侯氏皆以生知安行爲仁，學知利行爲知，去聲。下文則知爲知、非知、明知、語知並同。困知勉行爲勇，其説善矣。子之不從，何也？」曰：「安行可以爲仁矣，然生而知之，則知之大，而非仁之屬也。利行可以爲知矣，然學而知之，則知之次，而非知之大也。且上文三者之目，固有次序，而篇首諸章，以舜明知，以回明仁，以子路明勇，其語知也不卑矣，夫音扶。豈專以學知利行者爲足以當之乎！故今以其分而言，則三知爲智，三行爲仁，所以勉而不息，以至於知之成功之一爲勇。以其等而言，則以生知安行者主於知而爲智，學知利行者主於行而爲仁，困知勉行者主於强而爲勇。又通三近而言，則又以三知爲智，三行爲仁，而三近爲勇之次，則亦庶乎其曲盡也歟！」

附《存疑》：《蒙引》曰「知之而成功一，只是從上面評斷之詞」，説得是。蓋知之行之，便是成功了，如此一句，恐人之自沮耳，豈困知勉行方是半上落下，及此方要其成。○「三近」，予前只作困知勉行説。今看夫子嘗云「困而不學，民斯爲下矣」，「好學近乎智」，則是困而學者，還有此四等人。況《章句》亦可據。○「知斯三者，則知所以脩身」，此收拾上文「脩身以道」至「思知人，不可以不知天」意。蓋脩身以道，而天下之達道有五；脩道以仁，所以行道之達德有三。「好學近乎智，力行近乎仁，知恥近乎勇」，此三者，又入德之事也。故知斯三者，則可以入德而脩道，而身之脩不越此矣。○知脩身，則知所以治人，治天下國家，此應「爲政在人，取人以身」句也，語意云爲政在人，取人以身，故知所以脩身，則知所以治人。

○曰：「九經之説奈何？」曰：「不一其内，則無以制其外；不齊其外，則無以養其內。靜而不存，則無以立其本；動而不察，則無以勝其私。故齊明盛服，非禮不動，則內外交養，而動靜不違，所以爲脩身之要也。」西山真氏曰：「齊戒明潔，以正其心；盛服儼然，以正其容。心正則容正，故曰一其內所以正其外；容正則心亦正，故曰齊於外所以養其中。此內外交致其功也。靜者，未應物之時；動者，應物之際。靜而存養，則有以全天理之本然；動而省察，則有以防人欲於將然。動靜兼用其力也，然蔽以一言曰，敬而已。內外動靜無不敬，身安得不脩乎？」信讒邪，則任賢不專，徇貨色，則好去聲。賢不篤，賈捐之所謂『後宮盛色，則賢者隱微；佞人用事，則諍臣杜口』。蓋持衡之勢，此重則彼輕，理固然矣。《前漢·賈捐之傳》：「捐之，字君房，賈誼之曾孫也。元帝初元元年，珠崖又反，發兵擊之。珠崖在南方海中洲居。詔問捐之。捐之對其略曰：『至孝文皇帝，閔中國未安，偃武脩文，逸遊之樂絶，奇麗之賂塞，鄭衛之倡微矣。夫後宮盛色，則賢者隱處；佞臣用事，則諍臣杜口。』而元帝不行。」故去讒、遠色、賤貨，而一於貴德，所以爲勸賢之道也。三山陳氏曰：「有好賢之心，而爲讒諂之人，貨色之欲奪之，則好賢之心衰，而賢者去矣。故必去讒、遠色、賤貨，而惟德之爲貴，然後賢者肯爲我留也。」附《蒙引》：色與貨，人情之所欲者，故令遠之，賤之。至於讒者，有何利焉？而人主每近之，何邪？蓋讒者必佞，所謂讒諂面諛也。佞者逢君之惡，長君之非，能先意承順，以取適人主之意，故人主多樂近之，然後彼得以行其讒，而人主不之覺也。故以與貨色並言之。親之欲其貴，愛之欲其富，兄弟婚姻欲其無相遠，故尊位重禄，同其好惡，所以爲勸親親之道也。大臣不親細事，則以道事君者得以自盡，故官屬衆盛，足任使令，平聲。所以爲勸大臣之道也。三山陳氏曰：「庶官無曠，則大臣得以總其幾於上，而以道佐人主。若官少，不足以備任使，則大臣將親細務，而不暇於佐主矣。」盡其誠而恤其私，則士無仰視俯育之累，而樂音洛。趨事功，故忠信重禄，所以爲勸士之道也。三山陳氏曰：「士者，百官之總稱。待之以不誠，則士不肯盡其心。仕有時而爲貧，使仰事俯育之不給，則士之不肯盡其力。此勸之之道，所以既先忠信，而又當重禄也。」○格庵趙氏曰：「苟無忠信，而謂爵禄足以驕士，則士有守死而不食其禄者，所得不過庸士耳。」人情莫不欲逸，亦莫不欲富，故時使薄斂，所以爲勸百姓之道也。三山陳氏曰：「使民以時，而薄其歲斂，則民有餘力餘財，而樂於勸功矣。」○新安陳氏曰：「時使不盡人之力，薄斂不盡人之財。」日省月試，以程其能，既稟稱事，以償其勞，則不信度作淫巧者、無所容惰者、勉而能者勸矣。爲去聲。之授節，以送其往，待以委去聲。積，子賜反。以迎其來，因能授任，以嘉其善，不强上聲。其所不欲，以矜其不能，則天下之旅皆悦而願出於其塗矣。朱子曰：「因能授任，以嘉其善，謂願留於其國者也。」附《存疑》：善者自有所能，則因能而授之任，所謂尊賢使能也，是嘉善。不能者必有所不欲，則亦器使之，不强其所不欲，所謂與人不求備也，是矜不能。無後者續之，已滅者封之。西山真氏曰：「繼絶，如周武王立夏殷後。興滅，如齊桓公封衛。」治其亂，使上下相安，持其危，使大小相恤。附《存疑》：上下相安，指本國君臣及民言；大小相恤，指鄰國諸侯言。使上下相安，是治其亂，方使得他如此。在治其亂後，使大小相恤，正所以持其危在治其危前。朝聘有節，而不勞其力，貢賜有度，而不匱求位反，乏也。其財，貢謂下貢上，賜謂上賜下。則天下諸侯，皆竭其忠力以蕃方煩反，亦作藩，屏也。屏，必郢反。衛王室，而無倍音佩。畔之心矣。凡此九經，其事不同，然總其實，不出乎脩身、尊賢、親親三者而已。敬大臣，體群臣，則自尊賢之等而推之也。子庶民，來百工，柔遠人，懷諸侯，則自親親之殺而推之也。至於所以尊賢而親親，則又豈無所自而推之哉！亦曰脩身之至，然後有以各當去聲。其理，而無所悖耳。」附《蒙引》：《或問》曰「凡此九經」云云，自親親之殺而推之也。蓋敬大臣，體群臣，固在尊賢之外，但於大臣則敬之，於群臣則體之，其理即尊賢之等也。故能盡尊賢之等者，必能推之，以敬大臣而體群臣也。子庶民，來百工，柔遠人，懷諸侯，固在親親之外，但於庶民而子之，於百工而來之，於遠人而柔之，於諸侯而懷之，其理即親親之殺也。故能盡親親之殺，必能推之以子庶民云云也。曰：「親親而不言任之以事者，何也？」曰：「此親親尊賢並行不悖之道也。苟以親親之故，不問賢否，而輕屬音燭。任之，不幸而或不勝平聲。焉，治之則傷恩，不治則廢法。是以富之貴之，親之厚之，而不曰任之以事，是乃所以親愛而保全之也。若親而賢，則自當置之大臣之位，而尊之敬之矣。豈但富貴之而已哉！觀於管、蔡監古銜反。商，而周公不免於有過，及其致辟毗亦反。之後，則惟康叔、聃他談反。季相與夾輔王室，而五叔者有土而無官焉，則聖人之意亦可見矣。」《書·蔡仲之命》篇云：「乃致辟管叔於商。」○《左傳》定公四年：武王之母弟八人，周公爲太宰，康叔爲司寇，聃季爲司空，五叔無官，豈尚年哉？〔五叔，謂管叔鮮、蔡叔度、成叔武、霍叔處、毛叔聃也。〕曰：「子謂信任大臣而無以閒去聲。之，故臨事而不眩。使大臣而賢也則可，其或不幸而有趙高、朱異、音異。虞世基、李林甫之徒焉，《史記》：趙高，秦始皇時人，二世時官至丞相，恃恩專恣，以私怨殺人，指鹿爲馬，殺二世望夷宮，子嬰殺之。○《南史》：朱異，字彥和，梁武帝時官至中領軍，貪財冒賄，欺罔視聽，蔑弄朝權，輕作威福，死贈尚書左僕射。○《隋書》：虞世基，字茂世，隋煬帝朝官至金紫光祿大夫，參掌朝政。鬻官賣獄，賄賂公行。宇文化及弑逆，世基亦見害。○《唐書》：李林甫，唐玄宗朝官至中書令，封晉國公。性陰密，忍誅殺，排構大臣，蕩覆天下，固寵市權，蔽欺天子耳目。死賜太尉、揚州大都督。則鄒陽所謂『偏聽生姦，獨任成亂』，范雎許規反。所謂『妒都故反。賢嫉音疾。能，御下蔽上，以成其私，而主不覺悟』者，亦安得而不慮邪！」《史記・鄒陽傳》：鄒陽者，齊人也。游於梁，以讒見禽，乃從獄中上書。其略曰：百里奚乞食於路，繆公委之以政；甯戚飯牛車下，而桓公任之以國。此二人者，豈借宦於朝，假譽於左右，然後二主用之哉？感於心，合於行，親於膠漆，昆弟不能離，豈惑於衆口哉？故偏聽生姦，獨任成亂。○《范雎傳》：范雎，魏人也，秦昭王號爲應侯。說秦昭王曰：「且夫三代所以亡國者，君專授政，縱酒馳騁弋獵，不聽政事，其所授者，妒賢嫉能，御下蔽上，以成其私，不爲主計，而主不悟，故失其位國。」曰：「不然也。彼其所以至此，正坐去聲。不知九經之義而然耳。使其明於此義，而能以脩身爲本，則固視明聽聰，而不可欺以賢否矣。能以尊賢爲先，則其所置以爲大臣者，必不雜以如是之人矣。不幸而或失之，則亦亟求其人以易之而已，豈有知其必能爲姦以敗國，顧猶置之大臣之位，使之姑以奉行文書爲職業，而又恃小臣之察以防之哉！夫音扶。下同。勞於求賢，而逸於得人，任則不疑，而疑則不任，此古之聖君賢相去聲。所以誠意交孚，兩盡其道，而有以共成正大光明之業也。如其不然，吾恐上之所以猜倉才反。疑也。防畏備者愈密，而其爲眩愈甚；下之所以欺罔蒙蔽者愈巧，而其爲害愈深。不幸而臣之姦遂，則其禍固有不可勝平聲。言者。幸而主之威勝，則夫所謂偏聽獨任、御下蔽上之姦，將不在於大臣，而移於左右，其爲國家之禍，尤有不可勝言者矣，嗚呼危哉！」曰：「子何以言柔遠人之爲無忘賓旅也？」曰：「以其列於懷諸侯之上也。舊説以爲蕃方煩反。國之諸侯，則以遠先近，而非其序。《書》言『柔遠能邇』，而又言『蠻夷率服』，則所謂柔遠亦不止謂服四夷也。況愚所謂授節委積者，比、音至反。長、上聲。遺維季反。人、懷方氏之官掌之，於經有明文耶。」《周禮》：比、長各掌。其比之治，五家相受相和，親徙于國中及郊，則從而授之。若徙于他，則爲之旌節而行之。○遺人掌邦之委積，以待施惠；〔施，去聲。〕郊野之委積，以待賓客；野鄙之委積，以待羈旅。凡賓客會同師役，掌其道路之委積。凡國野之道，十里有廬，廬有飲食；三十里有宿，宿有路室，路室有委；五十里有市，市有候館，候館有積。○懷方氏掌來遠方之民，致方貢，致遠物，而送迎之，達之以節，治其委積館舍飲食。

○曰：「楊氏之説，有虚器之云者二，而其指意所出若有不同者焉，何也？」曰：「固也。是其前段主於誠意，故以爲有法度而無誠意，則法度爲虚器，正言以發之也。其後段主於格物，故以爲若但知誠意，而不知治天下國家之道，則是直以先王之典章文物爲虚器，而不之講反語以詰喫吉反。之也。此其不同審矣。但其下文所引明道先生之言，則又若主於誠意，而與前段相應，其於本段上文之意，則雖亦可以宛轉而説合之，然終不免於迂回而難通也，豈記者之誤邪！然楊氏他書，首尾衡讀如横。決，亦多有類此者，殊不可曉也。」龜山楊氏曰：「天下國家之大，不誠未有能動者也。雖法度彰明，無誠心以行之，皆虚器也。」○九經行之者一，一者何？誠而已。然而非格物致知，烏足以知其道哉？若謂意誠便足以平天下，則先王之典章文物，皆虚器也。故明道先生嘗謂「有關雎麟趾之意，然後可以行周官之法度」，正謂此耳。曰：「所謂前定何也？」曰：「先立乎誠也。先立乎誠，則言有物而不躓音致。矣，事有實而不困矣，行有常而不疚矣，道有本而不窮矣。諸説惟游氏誠定之云得其要。張子以精義入神爲言，是則所謂明善者也。」廣平游氏曰：「惟至誠爲能定，惟前定爲能變，故以言則必行，以事則必成，以行則無悔，以道則無方。誠定之效如此。」〇張子曰：「事豫則立，必有教以先之。盡教之善，必精義以研之。精義入神，然後立斯立，動斯和矣。」附《存疑》：上言「天下之達道五，所以行之者三」，「知、仁、勇三者，天下之達德，所以行之者一」，又言「凡爲天下國家有九經，所以行之者一」，是説達道、達德、九經，皆要一誠也。至此見得誠非一朝一夕所能到，必須平素有許多工夫始得。故發事豫之旨，意謂達道、達德、九經，固皆要誠，然這箇誠必須預先做下工夫，臨時始能如此，若平素不曾預做這等工夫，一時便要如此，亦難。故曰：「凡事豫則立，不豫則廢。」〇曰：「在下獲上、明善誠身之説奈何？」曰：「夫音扶。在下位而不獲乎上，則無以安其位而行其志，故民不可治。然欲獲乎上，又不以諛音臾。説音悦。取容也，其道在信乎友而已。蓋不信乎友，則志行去聲。不孚，而名譽不聞，故上不見知。然欲信乎友，又不可以便平聲。佞苟合也，其道在悦乎親而已。蓋不悦乎親，則所厚者薄，而無所不薄，故友不見信。然欲順乎親，又不可以阿意曲從也，其道在誠乎身而已。蓋反身不誠，則外有事親之禮，而内無愛敬之實，故親不見悦。然欲誠乎身，又不可以襲取强上聲。爲也，其道在明乎善而已。蓋不能格物致知，以真知至善之所在，則好去聲。下「如好」同。善必不能如好好色，惡去聲。下「如惡」同。惡必不能如惡惡臭，雖欲勉焉以誠其身，而身不可得而誠矣。此必然之理也。故夫子言此，而其下文即以天道、人道、擇善、固執者繼之。蓋擇善所以明善，固執所以誠身。擇之之明，則《大學》所謂物格而知至也。執之之固，則《大學》所謂意誠而心正身脩也。知至，則反諸身者，將無一毫之不實。意誠心正而身脩，則順親、信友、獲上、治民，將無所施而不利，而達道、達德、九經，凡事亦一以貫之而無遺矣。」慶源輔氏曰：「始則《大學》之次序，終則《中庸》之極功。」曰：「諸説如何？」曰：「此章之説雖多，然亦無大得失。惟楊氏反身之説爲未安耳。蓋反身而誠者，物格知至，而反之於身，則所明之善無不實，有如前所謂如惡惡臭、如好好色者，而其所行，自無内外隱顯之殊耳。若知有未至，則反之而不誠者多矣，安得直謂但能反求諸身，則不待求之於外，而萬物之理皆備於我，而無不誠哉。況格物之功，正在即事即物，而各求其理。今乃反欲離去聲。去事物，而專務求之於身，尤非《大學》之本意矣。」龜山楊氏曰：「反身者，反求諸身也。蓋萬物皆備於我，非自外得，反諸身而已。反身而至於誠，則利仁者不足道也。」曰：「誠之爲義，其詳可得而聞乎？」曰：「難言也。姑以其名義言之，則真實無妄之云也。若事理之得此名，則亦隨其所指之大小，而皆有取乎真實無妄之意耳。蓋以自然之理言之，則天地之閒，惟天理爲至實而無妄，故天理得誠之名，若所謂天之道、鬼神之德是也。以德言之，則有生之類，惟聖人之心爲至實而無妄，故聖人得誠之名，若所謂不勉而中、去聲。不思而得者是也。至於隨事而言，則一念之實亦誠也，一言之實亦誠也，一行去聲。之實亦誠也。是其大小雖有不同，然其義之所歸，則未始不在於實也。」曰：「然則天理、聖人之所以若是，其實者何也？」曰：「一則純，二則雜，純則誠，雜則妄，此常物之大情也。陳氏曰：「凡物一色，謂之純。」夫音扶。下同。天之所以爲天也，冲漠無朕，直忍反。兆也。而萬理兼該，無所不具，然其爲體，則一而已矣，未始有物以雜之也。是以無聲無臭，無思無爲，而一元之氣，春秋冬夏，晝夜昏明，百千萬年，未嘗有一息之謬。靡幼反。天下之物，洪纖巨細，飛潛動植，亦莫不各得其性命之正以生，而未嘗有一毫之差，此天理之所以爲實而不妄者也。陳氏曰：「天道流行，自古及今，無一毫之妄。暑往則寒來，日往則月來，春生了便夏長，秋殺了便冬收。元亨利貞，終始循環，萬古常如此，皆理之真實處。凡天下之物，洪纖高下，飛潛動植，青黄黑白，萬古皆常然不易。如以木葉觀之，缺者常缺，圓者常圓，脩者常脩，短者常短，無一毫差錯，便待人力十分安排，撰造來終不相似，都是實理自然而然。」若夫人物之生，性命之正，固亦莫非天理之實。但以氣質之偏，口鼻耳目四肢之好去聲。得以蔽之，而私欲生焉。是以當其惻隱之發，而忮支義反。害雜之，則所以爲仁者有不實矣。當其羞惡去聲。之發，而貪昧雜之，則所以爲義者有不實矣。此常人之心所以雖欲勉於爲善，而内外隱顯常不免於二致。其甚至於詐僞欺罔，而卒墮於小人之歸，則以其二者雜之故也。惟聖人氣質清純，清屬氣，純屬質。渾然天理，初無人欲之私以病之，是以仁則表裏皆仁，而無一毫之不仁；義則表裏皆義，而無一毫之不義。其爲德也，固舉天下之善，而無一事之或遺；而其爲善也，又極天下之實，而無一毫之不滿。此其所以不勉不思，從七容反。容中去聲。下同。道，而動容周旋，莫不中禮也。」曰：「然則常人未免於私欲，而無以入其德者，奈何？」曰：「聖人固已言之，亦曰擇善而固執之耳。夫於天下之事，皆有以知其如是爲善而不能不爲，知其如是爲惡而不能不去，上聲。下同。則其爲善去惡之心，固已篤矣。於是而又加以固執之功，雖其不睹不聞之閒，亦必戒謹恐懼而不敢懈，居隘反。則凡所謂私欲者，出而無所施於外，入而無所藏於中，自將消磨泯弭盡反。滅，不得以爲吾之病，而吾之德又何患於不實哉！是則所謂誠之者也。」曰：「然則《大學》論小人之陰惡陽善，而以誠於中者目之，何也？」曰：「若是者，自是天理之大體觀之，則其爲善也誠虛矣；自其人欲之私分扶問反。觀之，則其爲惡也何實如之，而安得不謂之誠哉！但非天理真實無妄之本然，則其誠也，適所以虛其本然之善，而反爲不誠耳。」問：「誠於中，形於外，是實有惡於中，便形見於外。然誠者真實無妄，安得有惡？有惡不幾於妄乎？」朱子曰：「此便是惡底真實無妄，善便虛了。誠只是實，而善惡不同。實有一分惡，便虛了一分善；實有二分惡，便虛了二分善。」○新安倪氏曰：「誠字，有以實理言者，有以實心言者。以實理言，則惟天理得誠之名，而人欲不可以謂之誠；以實心言，則君子之實於爲善者固可以言誠，而小人之實於爲惡者亦可以言誠也。」曰：「諸說如何？」曰：「周子至矣。其上章以天道言，其下章以人道言。愚於《通書》之說，亦既略言之矣。周子《通書》曰：「誠者，聖人之本。『大哉乾元，萬物資始』，誠之源也。『乾道變化，各正性命』，誠斯立焉。純粹至善者也。故曰『一陰一陽之謂道，繼之者善也，成之者性也』。元亨，誠之通；利貞，誠之復。大哉《易》也，性命之源乎！」○聖，誠而已矣。誠，五常之本，百行之源也。靜無而動有，至正而明達也。五常百行，非誠，非也，邪暗塞也，故誠則無事矣。至易而行難，果而確，無難焉。故曰：「一日克己復禮，天下歸仁焉。」朱子説具《通書解》中。程子無妄之云至矣。程子曰：「無妄之謂誠，不欺其次矣。」○朱子曰：「無妄，是我無妄，故誠。不欺者，對物而言，故次之。」○問：「無妄，誠之道。不欺，則所以求誠否？」曰：「無妄是自然之誠，不欺是著力去做底。無妄者，聖人也，謂聖人爲無妄則可，謂聖人爲不欺則不可。」其他説亦各有所發明。程子曰：「誠者天之道，敬者人事之本。敬者用也，敬則誠。」又曰：「主一之謂敬，一者之謂誠，敬則有意在。」讀者深玩而默識焉，則諸家之是非得失，不能出乎此矣。」曰：「學問思辨亦有序乎？」曰：「學之博，然後有以備事物之理，故能參伍之，以得所疑而有問；問之審，然後有以盡師友之情，故能反復芳服反。後言反復，音同。之，以發其端而可思；思之謹，則精而不雜，故能有所自得而可以施其辨；辨之明，則斷都唤反。而不差，故能無所疑惑而可以見形甸反。於行；行之篤，則凡所學問思辨而得之者，又皆必踐其實而不爲空言矣。此五者之序也。」陳氏曰：「學不止於博覽群書，凡天下事事物物道理，皆須一一理會，故曰博。問不可粗略，須是詳審，凡事物之理，紛紜交錯，輕重淺深，看端的可疑是何處，然後問，乃能盡師友之情，而疑可釋。故曰，審思不可泛濫，而失之放蕩，須是謹思，則能精而不雜，然後實有得於心，實有所得，則可以辨別衆理，毫分縷析，自然精明不差。自學問思辨至此，見得道理真實分曉，然後篤力而行之，則可以踐其實而不爲空言。此五者，不可廢一，然亦有次序。須從博學起，又須經四節目，道理方實，知所謂至善所在，知得端的確然不可易，然後守之方可牢固。」曰：「吕氏之説之詳，不亦善乎？」曰：「吕氏此章最爲詳實，然深考之，則亦未免乎有病。蓋君子之於天下，必欲無一理之不通，無一事之不能，故不可以不學，而其學不可以不博。及其積累魯水反。後言積累，音同。而貫通焉，然後有以深造七到反。乎約，而一以貫之，非其博學之初，已有造約之心，而姑從事於博以爲之地也。藍田呂氏曰：「君子將以造其約，而不可以不博學以聚之。聚不博，則約不可得。博學而詳説之，將以反説約也。爲學之道，造約爲功，約即誠也，不能至是，則多聞多見，徒足以飾口耳而已，語誠則未也。」○朱子曰：「人須是博學，審問，慎思，明辨，篤行，然後可到簡易田地。若不如此用工夫，一蹴便到聖賢地位，大段易了，古人何故如此博學、審問、慎思、明辨、篤行乎？《孟子》曰『博學而詳説之，將以反説約也』，《語》云『博我以文，約我以禮』，須是先博，然後至約，如何便先要約得？人若先以簡易存心，不知博學、審問、謹思、明辨、篤行，將來便入異端去。」至於學而不能無疑，則不可以不問，而其問也，或粗略而不審，則其疑不能盡決，而與不問無以異矣，故其問之不可以不審。若曰成心亡而後可進，則是疑之説也，非疑而問，問而審之説也。藍田呂氏曰：「學者不欲進則已，欲進則不可以有成心，有成心則不可與進乎道矣。故成心存，則自處以不疑。成心亡，然後知所疑矣。小疑必小進，大疑必大進。蓋疑者，不安於故，而進於新者也。如問之審，審而知，則進孰禦焉！」學也，問也，得於外者也，若專恃此而不反之心，以驗其實，則察之不精，信之不篤，而守之不固矣。故必思索山各反。以精之，然後心與理熟，而彼此爲一。然使其思也，或太多而不專，則亦泛濫而無益，或太深而不止，則又過苦而有傷，皆非思之善也。故其思也，又必貴於能謹，非獨爲反之於身，知其爲何事何物而已也。藍田呂氏曰：「不致吾思以反諸身，則學問聞見，非吾事也，故知所以名義，反之於我何事也。故曰思則得之，不思則不得也。慎其所以思，必至於得而後已，則學問聞見，皆非外鑠，是乃所謂誠也。」其餘則皆得之，而所論變化氣質者，尤有功也。」變化氣質之説，見《章句》。○曰：「何以言誠爲此篇之樞紐也？」曰：「誠者，實而已矣。天命云者，實理之原也。性其在物之實體，道其當然之實用。而教也者，又因其體用之實而品節之也。不可離者，此理之實也。隱之見，微之顯，實之存亡而不可揜者也。戒謹恐懼，而謹其獨焉，所以實乎此理之實也。中和云者，所以狀此實理之體用也。天地位，萬物育，則所以極此實理之功效也。中庸云者，實理之適可而平常者也。過與不及，不見實理而妄行者也。費而隱者，言實理之用廣而體微也。鳶飛魚躍，流動充滿，夫音扶。豈無實而有是哉！『道不遠人』以下，至於大舜文武周公之事、孔子之言，皆實理應用之當然。而鬼神之不可揜，則又其發見之所以然也。實理所發見。○陳氏曰：「自天地以至人物，小者、大者皆是真實道理如此。」聖人於此，因以其無一毫之不實而至於如此之盛，其示人也，亦欲其必以其實而無一毫之僞也。蓋自然而實者，天也，必期於實者，人而天也。說天道人道諸章。『誠明』以下，累章之意，皆所以反復乎此，而語其所以。至於正大經而立大本，參天地而贊化育，則亦真實無妄之極功也。卒章『尚絅』之云，又本其務實之初心而言也。『內省』者，謹獨克己之功。『不愧屋漏』者，戒謹恐懼而無己。可克之事，皆所以實乎此之序也。『時靡有爭』，變也；『百辟刑之』，化也；『無聲無臭』，又極乎天命之性、實理之原而言也。蓋此篇大指，專以發明實理之本然，欲人之實此理而無妄，故其言雖多，而其樞紐不越乎誠之一言也，嗚呼深哉！」

或問誠明之說。曰：「程子諸說，皆學者所

傳録，其以内外道行爲誠明，似不親切。程子曰：「自其外者學之而得於内者，謂之明；自其内者得之而兼於外者，謂之誠。誠與明一也。」又曰：「孔子之道，發而爲行，如《鄉黨》之所載者，自誠而明也；由《鄉黨》之所載而學之以至孔子者，自明而誠也。及其至焉，一也。」唯先明諸心一條，以知語明，以行語誠，爲得其訓。乃《顔子好去聲。學論》中語，而程子之手筆也，亦可以見彼記録者之不能無失矣。程子曰：「君子之學，必先明諸心，知所往，然後力之以求至，所謂自明而誠也。故學必盡其心，知其性，然後反而誠之，則聖人也。」張子蓋以性、教分爲學之兩塗，而不以論聖賢之品第，故有由誠至明之語。程子之辨雖已得之，然未究其立言本意之所以失也。其曰誠即明也，恐亦不能無誤。張子曰：「自誠明者，先盡性以至於窮理也，謂先自其性理會來，以至於理。自明誠者，先窮理以至於盡性也，謂先從學問理會，以推達於天性也。」○程子

曰：「張子言由明以至誠，此句却是，言由誠以至明，則不然，誠即明也。」吕氏性、教二字得之，而於誠字，以至簡至易、去聲。行其所無事爲説，則似未得其本旨也。且於性、教，皆以至於實然不易之地爲言，則至於云者，非所以言性之之事，而不易云者，亦非所以申實然之説也。藍田吕氏曰：「自誠明，性之者也；自明誠，反之者也。性之者，自成德而言，聖人之所性也；反之者，自志學而言，聖人之所教也。成德者，至於實然不易之地，理義皆此出也，天下之理，如目睹耳聞，不慮而知，不言而喻，此之謂誠則明；志學者，致知以窮天下之理，則天下之理皆得，卒亦至於實然不易之地，至簡至易，行其所無事，此之謂明則誠。」然其過於游、楊則遠矣。廣平游氏曰：「自誠明，由中出也，故可名於性；自明誠，自外入也，故可名於教。誠者因性，故無不明；明者致曲，故能有誠。」○龜山楊氏曰：「自誠而明，天之道也，故謂之性；自明而誠，人之道也，故謂之教。天人一道，而心之所至有差

焉，其歸則無二致也。故曰誠則明矣，明則誠矣。」

或問：「至誠盡性諸説如何？」曰：「程子以盡己之忠、盡物之信爲盡其性，蓋因其事而極言之，非正解此文之意，今不得而録也。程子曰：「盡己爲忠，盡物爲信。極言之，則盡己者，盡己之性也，盡物者，盡物之性也。信者無爲而已，於天命有所損益，則爲僞矣。」其論贊天地之化育，而曰不可以贊助言，論窮理盡性以至於命，而曰只窮理便是至於命，則亦若有可疑者。程子曰：「贊者，參贊之義，先天而天弗違，後天而奉天時之類也，非謂贊助。只有一箇誠，何助之有？」又曰：「如言窮理以至於命，以序言之，不得不然，其實只是窮理便能盡性至命也。」蓋嘗竊論之，天下之理未嘗不一，而語其分，扶問反。下同。則未嘗不殊，此自然之勢也。蓋人生天地之閒，稟天地之氣，其體即天地之體，其心即天地之心，以理而言，是豈有二物哉！故凡天下之事，雖若人之所爲，而其所以爲之者，莫非天地之所爲也。又況聖人純於義理，而無人欲之私，則其所以代天而理物者，乃以天地之心而贊天地之化，尤不見其有彼此之閒去聲。也。若以其分言之，則天之所爲，固非人之所及，而人之所爲，又有天地之所不及者，其事固不同也。但分殊之狀，人莫不知，而理之一致，多或未察。故程子之言，發明理一之意多，而及於分殊者少。蓋抑揚之勢，不得不然，然亦不無小失其平矣。唯其所謂只是一理，而天人所爲各自有分，乃爲全備而不偏，而讀者亦莫之省悉井反。也。程子曰：「自人而言之，從盡其性至盡物之性，然後可以贊天地之化育，可以與天地參矣。言人盡性所造如是，若只是至誠，更不須論。所謂人者天地之心，及天聰明，止謂只是一理，而天人所爲各自有分。」至於窮理至命，盡人盡物之説，則程、張之論雖有不同，然亦以此而推之，則其説初亦未嘗甚異也。蓋以理言之，則精粗本末，初無二致，固不容有漸次，當如程子之論。若以其事而言，則其親疎遠近，淺深先後，又不容於無別，筆列反。當如張子之言也。張子曰：「二程解窮理盡性以至於命，只窮理便是至於命，亦是失於太快。此義儘有次序，須是窮理，便能盡得己之性。既盡得己之性，則推類又盡人之性。既盡得人之性，須是并萬物之性一齊盡得如此，然後至於天道也。其閒煞有事，豈有當下理會了？學者須是窮理爲先，如此則方有序。今言知命與至於命，儘有遠近，豈可以知便謂之至也？」呂、游、楊説皆善，而呂尤確克角反。實。楊氏萬物皆備云者，又前章格物誠身之意，然於此論之，則反求於身，又有所不足言也，胥失之矣。」藍田呂氏曰：「至於實理之極，則吾性之所固有者，不越乎是。吾性所有，既一於理，則理之所有，皆吾性也。人受天地之中，其生也，具有天地之德，柔强昏明之質雖異，其心之所然者皆同。特蔽有淺深，故别而爲昏明，稟有多寡，故分而爲柔强。至於理之所同然，雖聖愚有所不異，盡己之性，則天下之性皆然，故能盡人之性。蔽有淺深，故爲昏明，蔽有開塞，故爲人物。稟有多寡，故爲强柔，稟有偏正，故爲人物，故物之性與人異者幾希。惟塞而不開，故知不若人之明；偏而不正，故才不若人之美。然人有近物之性者，物有近人之性者，亦繫乎此。於人之性開塞偏正無所不盡，則物之性未有不能盡也。己也，人也，物也，莫不盡其性，則天地之化幾矣。故行其所無事，順以養之而已，是所謂贊天地之化育者也。如堯命羲和，欽若昊天，至於民之析因夷隩，鳥獸之孳尾希革毛毨氄毛，無不與知，則所贊可知矣。天地之化育，猶有所不及，必人贊之而後備，則天地非人不立，故人與天地並立爲三才，此之謂與天地參。」○廣平游氏曰：「萬物皆備於我矣，反身而誠，樂莫大焉。故惟天下至誠，爲能盡其性。千萬人之性，一己之性是也，故能盡其性，則能盡人之性。萬物之性，一人之性是也，故能盡人之性，則能盡物之性。同焉皆得者，各安其常，則盡人之性也。

至於盡物之性，則和氣充塞，故可以贊天地之化育。夫如是，則天覆地載，教化各任其職，而成位乎其中矣。」○龜山楊氏曰：「性者，萬物之一源也。非夫體天德者，其孰能盡之！能盡其性，則人物之性斯盡矣，言有漸次也，贊化育，參天地，皆其分内耳。夫曰『孟子曰萬物皆備於我』，則數雖多，反而求之於吾身，可也。故曰盡己之性，則能盡人之性，盡人之性，則能盡物之性，以己與人物性無二故也。」

或問致曲之説。曰：「人性雖同，而氣稟或異。自其性而言之，則人自孩提，聖人之質悉已完具。以其氣而言之，則唯聖人爲能舉其全體而無所不盡。上章所言至誠盡性是也。若其次，則善端所發，隨其所稟之厚薄，或仁或義，或孝或弟，通作悌。而不能同矣。自非各因其發見之偏，一一推之，以至乎其極，使其薄者厚而異者同，則不能有以貫通乎全體而復其初，即此章所謂致曲，而孟子所謂擴充其四端者是也。問：「既是四端，安得謂之曲？」朱子曰：「四端先後互發，豈不是曲。若謂只有此一曲，則是夷、惠之偏，如何得該偏？聖人具全體，一齊該了，而當用時亦只是發一端，如用仁，則義禮智如何上來得？」問：「雖發一端，其餘只平鋪在，要用即用，不似以下人有先後間斷之意，須待擴而後充。」曰：「然。」程子之言大意如此。程子曰：「人自孩提，聖人之質已完，只先於偏勝處發，或仁或義，或孝或弟；去氣偏處發，便是致曲，去性上脩，便是直養，然同歸于誠。」但其所論不詳，且以由基之射爲説，故有疑於專務推致其氣質之所偏厚，而無隨事用力悉有衆善之意。《左傳》成公十六年：潘尪之黨〔黨乃潘尪之子。〕〔尪音汪。〕與養由基〔楚善射者。〕蹲甲而射之，〔蹲，聚也。〕徹七札焉，以示王，曰：〔楚共王。〕君有二臣如此，何憂於戰？」吕錡射共王，中目。王召養由基，與之兩矢，使射吕錡，中項，伏弢〔音滔，弓衣也〕，以一矢復命。○程子曰：「曲，偏曲之謂，非大道也，曲能有誠，就一事中用志不分，亦能有誠。

且如技藝上可見，如養由基射之類是也。」○問：「程子説致曲先於偏勝處發，似未安，如此則專主一偏矣。」朱子曰：「此説甚可疑。須於事上論，不當於人上論。」又以形爲參前倚衡、所立卓爾之意，則亦若以爲己之所自見，而無與音預。於人也，豈其記者之略而失之與！羊諸反。至於明動變化之說，則無以易矣。程子曰：「誠則形，誠然後便有物。如立則見其參於前，在輿則見其倚於衡，如有所立卓爾，皆若有物方見。如無形，是見何物也？形則著，又著見也。著則明，是有光輝之時也。明則動，誠能動人也。君子所過者化，豈非動乎？」或曰：「變與化何別？」曰：「變如物方變而未化，化則更無舊迹，自然之謂也。莊子言變大於化，非也。」若張子之說，以明爲兼照，動爲徙義，變爲通變，化爲無滯，則皆以其進乎內者言之，失其旨矣。蓋進德之序，由中達外，乃理之自然。如上章之說，亦自己而人，自人而物，各有次序，不應專於內而遺其外也。且夫音扶。進乎內之節目，亦安得如是之繁促哉！張子曰：「致曲不貳，則德有定體；體象誠定，則文節著見；一曲致文，則餘善兼照；明能兼照，則必將徙義；誠能徙義，則德自通變；能通其變，則圓神無滯。」游氏說亦得之，但說致曲二字不同，非本意耳。廣平游氏曰：「誠者，不思不勉，直心而徑行也。其次則臨言而必思，不敢縱言也；臨行而必擇，不敢徑行也。故曰致曲，曲折而反諸心也。擬義之間，鄙詐不萌，而忠信立矣。故曲能有誠，有諸中，必形諸外。故誠則形，形於身，必著於物。故形則著，誠至於著，則內外洞徹，清明在躬。故著則明，明則有以動衆。故明則動，動則有以易俗。故動則變，變則革汙以爲清，革暴以爲良，然猶有迹也，化則其迹泯矣，日用飲食而已。至於化，則神之所爲也，非天下之至誠，其孰能與於此！」楊氏既以光輝發外爲明矣，而又引明則誠矣，則似以明爲通明之明；既以鶴鳴子和去聲。爲動矣，而又曰化非學問篤行所及，則似以化爲大而化之之化。此其文意不相承續，且於明動之閒，本文之外，别生無物不誠一節，以就至誠動物之意，尤不可曉。今固不能盡録，然亦不可不辨也。」龜山楊氏曰：「能盡其性者，誠也。其次致曲者，誠之也。學問思辨而篤行之，致曲也。用志不分，故能有誠。誠於中，形於外，參前倚衡，不可揜也，故形。形則有物，故著。著則光輝發於外，故明，明則誠矣。未有誠而不動，動而不變也。鶴鳴在陰，其子和之，非動乎？曲能有誠，誠在一曲也，明則誠矣，無物不誠也。至於化，則非學問思辨篤行之所及也。故唯天下至誠爲能化。」附《存疑》：致曲工夫，是自一偏之善，推之以貫通乎全體。不是止推一偏之善，以至其極也。若止推一偏之善，以至其極，則止於一偏，不能貫通乎全體矣。○《或問》：善端所發，隨其所稟之厚薄，或仁或義，或孝或弟，而不能同。如稟得仁氣厚，則發出來多是仁，而義意思全少。如稟得義氣厚，則發出來多是義，而仁意思全少。此其發見之偏也。各因其發見之偏，一一推之，以至乎其極。如因仁之發見，推之以至仁之極，又因仁發見之偏處，而推之以及於義，使義亦至其極。若禮若智，莫不皆然。因義之發見，推之以至義之極，又因義發見之偏處，而推之以及於仁，使仁亦至其極，若禮若智，莫不皆然。此所謂各因其發見之偏，一一推之，以至其極也，使其薄者厚而異者同。蓋方其曲之未致，如偏於仁者，則仁厚而義薄，偏於義者，則義厚而仁薄。或薄於義，或薄於仁，此固不同矣。自夫推仁之曲以極於義，則仁固厚，而義亦不爲薄。推義之曲以極於仁，則義固厚，而仁亦不爲薄，仁義不薄，則薄者厚矣。始有厚薄，不免有異，今無厚薄，則異者同矣，故曰薄者厚而異者同。薄者厚而異者同，則能貫通乎全體矣。

或問至誠如神之説。曰：「吕氏得之矣。其論動乎四體爲威儀之則者，尤爲確實。藍田吕氏曰：「至誠與天地同德，與天地同德，則其氣化運行，與天地同流矣。興亡之兆、禍福之來，感於吾心，動於吾氣，如有萌焉，無不前知，況乎誠心之至求乎！蓍龜而蓍龜告，察乎四體而四體應，所謂『莫見乎隱，莫顯乎微』者也。此至誠所以達乎神明而無閒，故曰至誠如神。動乎四體，如傳所謂威儀之則以定命者也。」游氏心合於氣，氣合於神之云，非儒者之言也。且心無形而氣有物，若之何而反以是爲妙哉！廣平游氏曰：「至誠之道，精一無閒。心合於氣，氣合於神，無聲無臭，而天地之閒，物莫得以遁其形矣。不既神矣乎！」程子用便近二之論，蓋因異端之説，程子曰：「人固可以前知，然其理須是用則知，不用則不知。知不如不知之愈，蓋用便近二，所以釋子謂又不是野狐精也。」如蜀山人董五經之徒，亦有能前知者，程子曰：「蜀山人不起念十年，便能前知。」○又：嵩前有董五經，隱者也。程子聞其名，謂其亦窮經之士，特往造焉。董平日未嘗出，是日不值，還至中途，遇一老人，負茶果以歸。且曰：「君非程先生乎？」程子異之。曰：「先生欲來，信息甚大，某特入城，置少茶果，將以奉待也。」程子以其誠意，復同至其舍。語甚款，亦無大過人者，但久不與物接，心静而明矣。故就之而論其優劣，非以其不用而不知者爲真可貴，而賢於至誠之前知也。至誠前知，乃因其事

理朕直忍反。兆之已形而得之，如所謂不逆詐、不億、不信而常先覺者，非有術數推驗之煩、意想測度待洛反。之私也，亦何害其爲一哉？」附《淺説》：天理渾然，私欲净盡，此至誠者也。至誠之道，可以前事而知其幾。然其所以前知者，豈假於術數推驗之煩、意想測度之私哉？蓋自有可知之理也。彼國家將興也，必有禎祥，如鳳凰、麒麟之類出焉；國家將亡也，必有妖孽，如山崩川竭之類見焉。不特此耳，或見乎蓍龜卜筮之閒，而有吉有凶；或動乎四體威儀之際，而有得有失。凡此皆禍福之將至，而其理之先見者也。如禎祥之出，與蓍龜所見之吉、四體所動之得，此福之將至也；妖孽之出，與蓍龜所見之凶、四體所動之失，此禍之將至也。特人心爲私欲所蔽，故不能知耳。惟至誠無欲之聖人，而有以全其内境虛明之本體。故於福之將至而善也，必先事有以知之，不待善既至而知也。於禍之將至而不善也，必先事有以知之，不俟不善既至而後知也。夫將興之禎祥，將亡之妖孽，與蓍龜之吉凶，四體之得失，皆鬼神體物之所爲也。是知來莫有過於鬼神也，惟聖人之至

誠，亦能知來如鬼神焉。

或問二十五章之說。曰：「自成自道，如程子說，乃與下文相應。程子曰：「誠者自成。如至誠事親，則成人子，至誠事君，則成人臣。」○學者不可以不誠，雖然，誠者在知道本而誠之耳。游、楊皆以無待而然論之，其說雖高，然於此爲無所當，去聲。下同。且又老莊之遺意也。廣平游氏曰：「誠者，非有成之者，自成而已。其爲道，非有道之者，自道而已。自成自道，猶言自本自根也。」○龜山楊氏曰：「誠自成道，自道無所待而然也。」『誠者物之終始，不誠無物』之義，亦惟程子之言爲至當，然其言太略，故讀者或不能曉，請得而推言之。蓋誠之爲言，實而已矣。然此篇之言，有以理之實而言者，如曰誠不可揜之類是也。有以心之實而言者，如曰反身不誠之類是也。讀者各隨其文意之所指而尋之，則其義各得矣。

所謂『誠者物之終始，不誠無物』者，以理言之，則天地之理至實，而無一息之妄，故自古及今，無一物之不實，而一物之中，自始至終皆實理之所爲也。以心言之，則聖人之心亦至實，而無一息之妄，故從生至死，無一事之不實，而一事之中，自始至終皆實心之所爲也。此所謂『誠者物之終始』者然也。苟未至於聖人，而其本心之實者猶未免於閒斷，上去聲。下徒玩反。後並同。則自其實有是心之初，以至未有閒斷之前，所爲無不實者。及其閒斷，則自其閒斷之後，以至未相接續之前，凡所云爲，皆無實之可言，雖有其事，亦無以異於無有矣。如曰三月不違，則三月之閒，所爲皆實，而三月之後，未免於無實。蓋不違之終始，即其事之終始也。日月至焉，則至此之時，所爲皆實，而去此之後，未免於無實。蓋至焉之終始，即其物之終始也。是則所謂不誠無物者然也。以是言之，則在天者本無不實之理，故凡物之生於理者，必有是理，方有是物，未有無其理而徒有不實之物者也。在人者或有不實之心，故凡物之出於心者，必有是心之實，乃有是物之實，未有無其心之實而能有其物之實者也。程子所謂徹頭徹尾者蓋如此。程子曰：「誠者，物之終始，猶俗語徹頭徹尾，不誠更有甚物也。」其餘諸說，大抵皆知誠之在天爲實理，而不知其在人爲實心，是以爲說太高，而往往至於交互差錯，以失經文之本意。正猶知愛之不足以盡仁，而凡言仁者遂至於無字之可訓，其亦誤矣。吕氏所論子貢、子思所言之異亦善，而猶有未盡者。蓋子貢之言主於知，子思之言主於行，故各就其所重而有賓主之分，亦不但爲成德入德之殊而已也。藍田吕氏曰：「子貢曰：『學不厭，智也；教不倦，仁也。』學不厭，所以成己，此則成己爲仁；教不倦，所以成物，此則成物爲智。何也？夫盡己性以成己，則仁之體也，推是以成物，則智之事也，自成德而言也。學不厭，所以致吾知，教不倦，所以廣吾愛，自入德而言也。此子思、子貢之言所以異也。」○新安程氏曰：「不厭不倦者，進德之事。子貢蓋主知而言，故以智爲體而仁爲用。成己成物者，成德之事。子思蓋主行而言，故以仁爲體而智爲用也。仁智之所以相爲體用者，仁即乾之元、時之春，智即乾之貞、時之冬也。仁如元之始，春之生，義、禮、智皆仁之推，此仁之所以爲體，而智之所以爲用也。然智以知之，而後仁以行之，如貞下之起元，冬藏之蘊夫春生，此智之所以爲體，而仁之所以爲用也。」楊氏說物之終始，直以天行二字爲解。蓋本於《易》『終則有始，天行也』之說，假借依託，無所發明。楊氏之言，蓋多類此，最説經之大病也。又謂『誠則形而有物，不誠則輟陟劣反，止也。而無物』，亦未安。誠之有物，蓋不待形而有，不誠之無物，亦不待其輟而後無也。其曰『由四時之運已，則成物之功廢』，蓋亦輟而後無之意。而又直以天無不實之理，喻夫音扶。下同。人有不實之心，其取譬也，亦不親切矣。彼四時之運，夫豈有時而已者哉？」龜山楊氏曰：「其爲物終始，天行也。誠則形，形故有物，不誠而著乎僞，則有作輟，故息，息則無物矣。由四時之運已，則成物之功廢，尚何終始之有？故以習則不察，以行則不著，以進德則不可久，以脩業則不可大，故君子唯誠之爲貴。」

或問二十六章之説。曰：「此章之説，最爲繁雜。如游、楊無息不息之辨，恐未然。若如其言，則『不息則久』以下，至何地位，然後爲無息邪？廣平游氏曰：「至誠無息，天行健也，若文王之德之純是也。未能無息而不息者，君子之自彊也，若顏子之三月不違仁是也。」○龜山楊氏曰：「無息者，誠之體也，不息所以體誠也。」○葉氏曰：「雖變文云不息，若就聖人至誠言之，只是自然無息。不可以不字爲學者用力事也。」游氏又以『得一』形容不二之意，亦假借之類也，字雖密而意則疎矣。老子云：「天得一以清，地得一以寧。」○廣平游氏曰：「其爲物不二，天地之得一也。一則不已，故載萬物，雕刻衆形，而莫知其端也，故生物不測。」呂氏所謂『不已其命，不已其德』，意雖無爽，而語亦有病。蓋天道聖人之所以不息，皆實理之自然，雖欲已之而不可得。今曰不已其命，不已其德，則是有意於不已，而非所以明聖人天道之自然矣。藍田呂氏曰：「天之所以爲天，不已其命而已。聖人之所以爲聖，不已其德而已。其爲天人德命則異，其所以不已則一，故聖人之道可以配天者，如此而已。」又以積天之昭昭，以至於無窮，譬夫音扶。下同。

人之充其良心，以至於與天地合德，意則甚善。而此章所謂至誠無息，以至於博厚高明，乃聖人久於其道，而天下化成之事，其所積而成者，乃其氣象功效之謂。若鄭氏所謂至誠之德著於四方者是已。非謂在己之德，亦待積而後成也，故章末引文王之詩以證之。夫豈積累漸次之謂哉！若如吕氏之説，則是因無息然後至於誠，由不已然後純於天道也，失其旨矣。藍田吕氏曰：「雖天之大，昭昭之多而已。雖地之廣，撮土之多而已。山之一卷、水之一勺，亦猶是矣。其所以高明博厚，神明不測者，積之之多而已。今夫人之有良心也，莫非受天地之中，是爲可欲之善，不充之，則不能與天地相似而至乎大，大而不化，則不能不勉不思，與天地合德而至於聖。然所以至於聖者，充其良心德盛仁熟而後爾也。故曰：過此以往，未之或知也。窮神知化，德之盛也，如指人之良心，而責之與天地合德，猶指撮土而求其載華嶽、振河海之力，指一勺而求其生蛟龍、殖貨財之功，是亦不思之甚也。」楊氏『動以天，故無息』之語甚善。龜山楊氏曰：「誠自成，非有假於物也，而其動以天，故無息。」其曰『天地之道，聖人之德，無二致焉』，顧方論聖人之事，而又曰『天地之道，可一言而盡』，蓋未覺其語之更平聲。端耳。龜山楊氏曰：「積而至於博厚高明，則覆載成物之事備矣，其用則不可得而見也。故配天地無疆言之，所以著明之也。然天地之道，聖人之德，其爲覆載成物之功，則無二致焉，故又曰『天地之道，可一言而盡也』。所謂一者，誠而已，互相明也。精一而不二，故能生物不測，不誠則無物矣。」至謂天之所以爲天，文王之所以爲文，皆原於不已，則亦猶吕氏之失也。龜山楊氏曰：「誠之一言，足以盡之，不息之積也。若夫擇善而不能固執之，若存若亡，而欲與天地合德，其可乎？故又繼之。天之所以爲天，文王之所以爲文，皆原於不已。」大抵聖賢之言，内外精粗，各有攸當，去聲。而無非極致。近世諸儒乃或不察乎此，而於其外者，皆欲引而納之於內，於其粗者，皆欲推而致之於精，若致曲之明動變化，此章之博厚高明，蓋不勝平聲。其煩碎穿鑿，而於其本指失之愈遠。學者不可以不察也。」附《蒙引》：此箇道理最好體驗。孔子曰：「亡而爲有，虛而爲盈，約而爲泰，難乎有恒矣。」朱子釋「察其所安」云：「所由雖善，而心之所樂不在於是，則亦僞耳，豈能久而不變哉？」故曰：既無虛假，自無間斷。○《存疑》：陳氏「凡假僞底物，久則皆有間斷」，及《蒙引》「難乎有恒」之說，皆不可用。如顏子未免違仁於三月之後，謂之假僞虛誇，可乎？○《章句》曰「不二，所以誠也」，當看二十章《或問》「一則純，二則雜，純則誠，雜則妄」意。蓋只是一箇物，便純，若有二箇物來，便雜了。○元會運世，不過只是這一箇道理，流行亭毒之表，更無第二箇道理來雜他，這便是天道之不二處，而天道之所以誠也。立地之道曰柔與剛，如南北高深，闔闢往來，不過只是這一箇道理流行堪輿之內，更無第二箇物來雜他，這便是地道之不二處，而地道之所以誠也。○《蒙引》註：此四條所以發明，由其不貳不息，以致盛大而能生物之意。不知天地何時至誠無息，何時方盛大。曰：「此難以口舌取信也。有是理，則有是事。當初天開於子，地闢於丑，方其天之未開、地之未闢也，太極混一，而其所以爲至誠無息者已在其中，不然，亦安能有此天地之盛大耶？」

或問二十七章之說。曰：「程、張備矣。程子曰：「自大哉！聖人之道。至道不凝焉，皆是一貫。」○德性者，言性之可貴，與言性善其實一也。○須是合內外之道，一天人，齊上下，下學而上達，極高明而道中庸。又曰：「極高明而道中庸，非二事。中庸，天理也，天理固高明，不極乎高明，不足以道中庸，中庸乃高明之極也。」又曰：「理則極高明，行之只是中庸也。」○張子曰：「天體物而不遺，猶人體事而無不在也。禮儀三百，威儀三千，無一物之非仁也。昊天曰明，及爾出王，昊天曰旦，及爾游衍，無一物之不體也。」○不尊德性，則學問從而不道。不致廣大，則精微無所立其誠。不極高明，則擇乎中庸失時措之宜矣。○尊德性，猶據於德，德性須尊之。道，行也。問，問得者。學，行得者，猶學問也。尊德性，須是將前言往行、所聞所知以參驗，恐行有錯。致廣大須盡精微，不得鹵莽。極高明須道中庸之道。○致廣大，極高明，此則儘遠大所處，則直是精約。○温故知新，多識前言往行以畜德，繹舊業而知新益，思昔未至而今至之，緣舊所見聞而察來，皆其義也。張子所論逐句爲義一條，甚爲切於文義，張子曰：「尊德性而道問學，致廣大而盡精微，極高明而道中庸，皆逐句爲一義，上言重，下言輕。」故呂氏因之，藍田呂氏曰：「道之在我者，德性而已，不先貴乎此，則所謂問學者，不免乎口耳爲人之事而已。道之全體者，廣大而已，不先充乎此，則所謂精微者，或偏或隘矣。道之上達者，高明而已，不先止乎此，則所謂中庸者，同汙合俗矣。」然須更以游、楊二説足之，則其義始備耳。廣平游氏曰：「懲忿窒慾，閉邪存誠，此尊德性也。非學以聚之，問以辨之，則擇善不明矣，故繼之道問學。尊德性而道問學，然後能致廣大，尊其所聞，行其所知，充其德性之體，使無不該徧，此致廣大也。非盡精微，則無以極深而研幾，故繼之以盡精微，然後能極高明。始也未離乎方，今則無方矣；始也未離乎體，今則無體矣。離形去智，廓然大通，此極高明也。非道中庸，則無踐履可據之地，不幾於蕩而無執乎！故繼之以道中庸。高明者，中庸之妙理，而中庸者，高明之實德也，其實非兩體也。」○龜山楊氏曰：「尊德性而後能致廣大，致廣大而後能極高明，道問學而後能盡精微，盡精微而後能擇中庸。而固執之，入德之序也。」○格菴趙氏曰：「張子言逐句爲義，呂氏因之，游氏以逐句相承接爲説，楊氏以逐句上一節承上一節，下一節承下一節爲説，兼讀其義始備。」游氏分別筆列反。至道至德爲得之，唯優優大哉之説爲未善。廣平游氏曰：「『發育萬物，峻極于天』，至道之功也。『禮儀三百，威儀三千』，至道之具也。『洋洋乎』，上際於天，下蟠於地也。『優優大哉』，言動容周旋中禮也。夫以三百三千之多儀，非天下至誠，孰能從容而盡中哉！故曰待其人然後行。蓋盛德之至者，人也，故曰苟不至德，至道不凝焉。至德非他，至誠而已矣。」而以無方無體、離去聲。形去智爲極高明之意，又以人德、地德、天德爲德性廣大高明之分，則其失愈遠矣。廣平游氏曰：「尊其德性而道問學，人德也；致廣大而盡精微，地德也；極高明而道中庸，天德也。自人而天，則上達矣。」楊氏之説，亦不可曉。蓋道者自然之路，德者人之所得，故禮者道體之節文，必其人之有德，然後乃能行之也。今乃以禮爲德，而欲以凝夫音扶。道，則既誤矣。而又曰『道非禮，則蕩而無止；禮非道，則梏於儀章器數之末，而有所不行』，則是所謂道者，乃爲虛無怳惚，元無準則之物；所謂德者，又不足以凝道，而反有所待於道也。其諸老氏之言乎！誤益甚矣。龜山楊氏曰：「道之峻極于天，道之至也。無禮以範圍之，則蕩而無止，而天地之化或過矣。禮儀三百，威儀三千，所以體道而範圍之也，故曰苟不至德，至道不凝焉。所謂至德者，禮其是乎！夫禮，天所秩也，後世或以爲忠信之薄，或以爲僞，皆不知天者也，故曰待其人而後行。蓋道非禮不止，禮非道不行，二者常相資也。苟非其人，而梏於儀章器數之末，則愚不肖者之不及也，尚何至道之凝哉！」温故知新，敦厚崇禮，諸説但以二句相對，明其不可偏廢。大意固然，廣平游氏曰：「温故而知新，所以博學而詳説之也。敦厚以崇禮，所以守約而處中也。」○龜山楊氏曰：「温故而知新，道問學之事也；敦厚以崇禮，道中庸之事也。」然細分之，則温故然後有以知新，而温故又不可不知新；敦厚然後有以崇禮，而敦厚又不可不崇禮。此則諸説之所遺也。大抵此五句，承章首道體大小而言，故一句之内，皆具大小二意。如德性也，廣大也，高明也，故也，厚也，道之大也；問學也，精微也，中庸也，新也，禮也，道之小也。尊之，道之，致之，盡之，極之，道之，温之，知之，敦之，崇之，所以脩是德而凝是道也。以其於道之大小無所不體，故居上居下，在治去聲。在亂，無所不宜。此又一章之通旨也。」附《存疑》：此章最是大關鍵。首言道之極於大小而無内外，所以申首章性道教之意也。中言脩德凝道之功，所以申首章存養省察之意也。末言居上不驕，爲下不倍，又所以申首章中和位育之意也。蓋首章雖言道出於天而備於我，而此道之大之切，則未之及也。首章雖言存養省察之要，而其規模之大，節目之詳，則未之及也。首章雖言中和位育之事，而功效極於廣遠，中閒若裁成輔相，彌綸參贊許多事，曾未之及。前面天道人道數章，雖説盡人盡物，覆載參贊，亦未有下手着實工夫。故此章首言道體之大，中言工夫之詳，末言效驗之大，而及夫議禮制度考文之事，皆所以盡首章未盡之意也。一章大旨，細詳味之，前後意思都相貫，學者觀此而有得焉，則一部《中庸》都在胸中。○《蒙引》：或謂朱子未是聖人，愚謂道不過極於至大而無外，入於至小而無内，兩端而已。贊朱子者曰：「心胸開豁，海闊天高，則所以尊德性而極道體之大者至矣。」又曰：「義理玄微，繭絲牛毛，則所以道問學而極夫道體之細者至矣。」如是，則至德備而至道凝矣，不謂聖人而何？蓋亦由學知利行，而至於聖域者也。

或問：「子思之時，周室衰微，禮樂失官，制度不行於天下久矣，其曰同軌同文何耶？」曰：「當是之時，周室雖衰，而人猶以爲天下之共主。諸侯雖有不臣之心，然方彼此争雄，不能相尚。下及六國之未亡，猶未有能更平聲。姓改物，而定天下於一者也。則周之文軌，孰得而變之哉！」曰：「周之車軌書文，何以能若是其必同也？」曰：「古之有天下者，必改正朔，易服色，殊徽號，以新天下之耳目，而一其心志。《通考》吴氏程曰：「正謂歲之首也，朔謂月之一日也。周以建子爲正，以夜半爲朔。商以建丑爲正，以雞鳴爲朔。夏以建寅爲正，以平旦爲朔。《漢・律暦志》：十一月子爲天正，十二月丑爲地正，正月寅爲人正。此言月之正也。又云：天統始於子半，地統始於丑初，人統受之於寅初，此日之朔也。蓋正者歲之始，故古者每以歲首寅月爲正月，而周人亦稱歲首十一月日正歲，每與歲終對言。朔者，月之初，凡朝會發命，則必以是時行之。」若三代之異尚，其見賢遍反。於書傳去聲。下同。者詳矣。軌者，車之轍迹也。周人尚輿，而制作之法，領於冬官。其輿之廣，六尺六寸，故其轍迹之在地者，相距之間，廣狹如一，無有遠邇，莫不齊同。凡爲車者，必合乎此然後可以行乎方内而無不通。不合乎此，則不惟有司得以討之，而其行於道路，自將偏倚杌音兀。隉，倪結反，不安也。而跬犬委反，半步也。步不前，亦不待禁而自不爲矣。古語所謂閉門造車，出門合轍，蓋言其法之同。而《春秋傳》所謂同軌畢至者，則以言其四海之内，政令所及者，無不來也。文者，書之點畫形象也。《周禮》司徒教民道藝，而書居其一，又有外史掌達書名於四方，而大行人之法，則又每九歲而一諭焉。其制度之詳如此，是以雖其末流，海内分裂，而猶不得變也。《周禮·地官》：大司徒「以鄉三物教萬民，而賓興之。三曰六藝：禮、樂、射、御、書、數」。○《春官》：「外史掌書外令，掌四方之志，掌三皇五帝之書，掌達書名於四方。若以書使〔去聲。〕於四方，則書其令。」○《大行人》：〔王之所以撫邦國諸侯者。〕」，歲偏存，三歲偏頫，〔音眺。〕五歲偏省，七歲屬象胥諭言語，協辭命；九歲屬瞽史，諭書名，〔書名所以同其文，故使瞽史諭之。〕聽音聲。必至於秦滅六國，而其號令法制有以同於天下，然後車以六尺爲度，書以小篆、隸書爲法，而周制始改爾。孰謂子思之時而遽然哉？」三山陳氏曰：「按，魯穆公元年，子思作《中庸》，蓋周威烈王之十七年也。是時烈國雖彊，猶用周制。至秦吞并後，始用六爲紀。而輿六尺，是改車之軌，損於周者六寸矣。又命李斯、程邈更制小篆、隸書，而後書之文始不同。」附《蒙引》：《註》：「禮，親疎貴賤，相接之體也。」親疎貴賤四字，說得盡。《禮》曰：「禮也者，體也。」以貴賤言之，天子統三公，三公率諸侯，諸侯制卿大夫，卿大夫治士庶人之類。其相臨之際，各有分限節度，不容毫髮僭差也。以親疎言之，父子如何相接，叔姪如何相接，兄弟如何相接，宗族、鄉黨、長幼、朋友、師弟，又各如何相接，生而相待如何，死而服喪之制如何，亦各有分限節度，不容毫髮苟且也。○度品制，指車旗服色等制度，車如何制，服如何制，又天子之車如何制，諸侯、卿大夫之車又如何制。下文「車同軌」正應此，然亦舉其一端耳。況車又有許多等，但其軌則皆同。此類《周官》皆有載。○謂之品制，品有不相混而各有倫之意。或曰：「如此，則意在異，不在同。本文意在同，故曰同軌同文。」曰：「非此之謂也。審異所以致同，如親疎貴賤相接之體，豈容不異！就逐項説，則天下皆同矣。」

或問二十九章之説。曰：「三重，諸説不同，雖程子亦因鄭註，然於文義皆不通。程子曰：「三重，即三王之禮。」此即鄭註之説。唯呂氏一説爲得之耳。說見《章句》。至於上下焉者，則呂氏亦失之。惜乎！其不因上句以推之，而爲是矛盾食允反。也。」藍田呂氏曰：「上焉者，雖上達之事，如性命道德之本，不驗之於民之行事，則徒言而近於荒唐。下焉者，謂下達之事，如刑名度數之末，隨時變易，無所稽考，則臆見而出於穿鑿，二者皆無取信於民，是以民無所適從。」曰：「然則上焉者以時言，下焉者以位言，宜不得爲一説，且又安知下焉者之不爲霸者事耶？」曰：「以王去聲。天下者而言，則位不可以復上矣；以霸者之事而言，則其善又不足稱也。亦何疑哉？」曰：「此章文義，多近似而若可以相易者，其有辨乎？」曰：「有。三王，以迹言者也，故曰不謬，言與其已行者無所差也。天地，以道言者也，故曰不悖，言與其自然者無所拂也。鬼神，無形而難知，故曰無疑，謂幽有以驗乎明也。後聖未至而難料，故曰不惑，謂遠有以驗乎近也。三山潘氏曰：「通天下一理耳，無往不在，無時不然。是以達幽明，貫古今而無所不通。」動，舉一身兼行與言而言之也。道者，人所共由，兼法與則而言之也。法謂法度，人之所當守也。則謂準則，人之所取正也。遠者悦其德之廣被，平義反，及也。故企而慕之。近者習其行去聲。之有常，故久而安之也。」附《淺説》：天得此理以清，地得此理以寧，鬼神得此理以爲造化，聖人得此理以立人極。觀其覆載生成，寒暑晝夜，何者而非所當然。屈伸變化，吉凶禍福，亦何者而非所當然。順風氣以開人，因時宜而立政，曾有一之不合乎？當然者哉！故曰：天地有自然之中，鬼神有莫掩之誠，聖人有中正仁義之極。又曰：仁者之心也，鬼神之會也，千百世之上，有聖人出焉，此心此理同也。千百世之下，有聖人出焉，此心此理同也。使凡制作之出自我者，未能精粹純白，而稍有太過不及之差，則與天地鬼神聖人，不無彼此先後之閒。苟皆至精至當，盡善盡美，則何彼此先後之可言哉！故謂我之禮度文章，皆天降地出，可也。謂我裁成天地之道，輔相天地之宜，亦可也。謂我之禮度文章，皆神設鬼施，可也。謂我洩鬼之秘，漏神之機，亦可也。謂我率由舊章，述而不作，可也。謂我斟酌三王之制，而損益得宜，亦可也。謂我立百王不易之大法，而萬世無弊，可也。謂後聖有作，必將因時補弊，有損有益，如我損益於三王，亦可也。蓋其無往不合者，理也。其不能一一皆合者，天人所爲，各自有分也，先後所值，各異其時也。合而一之，當論其理，而不當論其迹也。必其迹之一一皆合，則於理之所當然，反有不合者矣。所謂不謬不悖，不疑不惑者，意蓋如此。然制作以知識爲先，知見明則致用精，識趣高則創業大。然則三重之制作，可以質諸鬼神而無疑者，由其知天之理也。百世以俟聖人而不惑，由其知人之理也。○《蒙引》：或問：「王天下有三重焉，至於建諸天地而不悖，百世以俟聖人而不惑。似乎天道之事，而乃亦爲人道者，何也？」曰：「此承上尊德性章居上不驕而言，安得不爲人道！蓋此章不謬不悖云云，總是上章居上不驕一句内註脚也。原脉則在尊德性道問學工夫上來，安得不爲人道！原與愚而好自用章言『爲下不倍』者類也。」

或問小德大德之説。曰：「以天地言之，則高下散殊者，小德之川流，於音烏。穆不已者，大德之敦化。以聖人言之，則物各付物者，小德之川流，純亦不已者，大德之敦化。以此推之，可見諸説之得失矣。」曰：「子之所謂兼内外，該本末而言者，何也？」曰：「是不可以一事言也，姑以夫子已行之迹言之。則由其書之有得夏時、贊《周易》也，由其行去聲。下同。之有不時不食也，迅雷風烈必變也，以至於仕、止、久、速之皆當其可也，而其所以律天時之意可見矣。「得夏時」出《記・禮運》篇，詳見《論語・八佾》篇「禘自既灌而往」章下。由其書之有序《禹貢》，述《職方》也，由其行之有居魯而逢掖音亦。也，居宋而章甫也，以至於用舍上聲。行藏之所遇而安也，而其襲水土之意可見矣。述職方以除九丘，見《尚書序》。職方即《周禮》職方氏也。○《記・儒行》篇：孔子曰：「丘少居魯，衣逢掖之衣，長居宋，冠章甫之冠。」逢掖，即深衣也。章甫，商之冠名。宋，商之後，故用其冠。若因是以推之，則古先聖王之所以迎日推筴，筴，與策同。頒朔授民，而其大至於禪善，去聲。授放伐，各以其時者，皆律天時之事也。其所以體國經野，方設居方，而其廣至於昆蟲草木各遂其性者，皆襲水土之事也。使夫子而得邦家也，則亦何慊口點反。於是哉！」頒朔，詳見《論語・八佾》篇「子貢欲去告朔之餼羊」下。○《史記・黄帝本記》云：「迎日推筴。」註：「策，數也。迎，數之也。日月朔望未來而推之，故曰迎日。」○《周禮》云：「惟王建國，辨方正位，體國經野。」註：「體猶分也，經謂爲之里數。」○亡《虞書序》云：「帝釐下土方，設居方言。帝舜理四方諸侯，隨方別其居方之法也。」附《蒙引》：先孔子而聖者，非孔子無以明。後孔子而聖者，非孔子無以法。所以子思於《中庸》首章，則述所傳之意以立言，所傳之意出於孔子者也。第二章便引孔子論中庸之言。自第二章以下，一書引孔子之言大半焉，而已所立言蓋無幾。雖其所立言，亦皆爲述所傳於夫子者也。至此章復以仲尼一身之事終之。其下二章，則承此章「小德川流，大德敦化」而言，皆所以盡此章之旨也。夫序《中庸》而終之以夫子云云者，舉中庸之道盡歸於夫子也，此實子思之意也。蓋道原於天，賦於物，具於人，盡於聖人，而集其大成於孔子。自夫子以前，一世得一聖人而僅足，自夫子而後，千萬世得一聖人而有餘也。

或問至聖至誠之說。曰：「楊氏以聰明睿知爲君德者，得之而未盡。其寬裕以下，則失之。蓋聰明睿知者，生知安行，而首出庶物之資也，容執敬別，則仁義禮智之事也。龜山楊氏曰：「《書》曰『惟天生聰明時乂』，《易》曰『知臨大君之宜吉』，則聰明睿知，人君之德也，故足以有臨。寬裕温柔，仁之質也，故足以有容。發强剛毅以致果，故有執。齊莊中正以直內，故有敬。文理密察理於義，故有別。」經綸以下，諸家之說，亦或得其文義，但不知經綸之爲致和，立本之爲致中，知化之爲窮理以至於命，且上於至誠者無所繫，下於焉有所倚者無所屬，音燭。則爲不得其綱領耳。游氏以上章爲言至聖之德，下章爲言至誠之道者，得之。廣平游氏曰：「聰明睿知，聖德也。寬裕温柔，仁德也。發强剛毅，義德也。齊莊中正，禮德也。文理密察，智德也。溥博者，其大無方。淵泉者，其深不測。或容以爲仁，或執以爲義，或敬以爲禮，或別以爲智，惟其時而已，此所謂時出之也。夫然，故外有以正天下之觀，內有以通天下之志，是以見而民敬，言而民信，行而民悦，自西，自東，自南，自北，莫不心悦而誠服。此至聖之德也，天地之大經，五品之民彝也。凡爲天下之常道，皆可名爲經，而民彝爲大經。經綸者，因性循理而治之，無汩其序之謂也。立天地之大本者，建中於民也，淵淵其淵，非特如淵而已。浩浩其天，非特如天而已，此至誠之道也。」其說自『德者其用』以下，皆善。」廣平游氏曰：「德者，其用也，有目者所共見，有心者所共知。故凡有血氣者，莫不尊親。道者，其本也，非道同心一，莫窺其奧。故曰：苟不固聰明聖知達天德者，其孰能知之？蓋至誠之道，非至聖不能知。至聖之德，非至誠不能爲。故其言之序，相應如此。」附《蒙引》：子思亦未爲聰明睿知達天德者，何以能知之？不知又安能言之？曰：「先儒云：『有有德之言，有造道之言。』子思此言，造道之言也。」

或問卒章之説。曰：「承上三章，既言聖人之德而極其盛矣，子思懼夫音扶。下同。學者求之於高遠玄妙之域，輕自大而反失之也，故反於其至近者而言之，以示入德之方，欲學者先知用心於內，不求人知，然後可以謹獨誠身，而馴致乎其極也。君子篤恭而天下平，而其所以平者，無聲臭之可尋，此至誠盛德自然之效，而中庸之極功也，故以是而終篇焉。蓋以一篇而論之，則天命之性，率性之道，脩道之教，與夫天地之所以位，萬物之所以育者，於此可見其實德。以此章論之，則所謂『淡而不厭，簡而文，温而理，知遠之近，知風之自，知微之顯』者，於此可見其成功皆非空言也。然其所以入乎此者，則無他焉，亦曰反身以謹獨而已矣。故首章已發其意，此章又申明而極言之，其旨深哉。其曰不顯，亦充尚絅之心以至其極耳，與《詩》之訓義不同，蓋亦假借而言，若《大學》敬止之例也。」新安陳氏曰：「《詩》意本謂豈不顯此，則真謂其幽潛不顯，如《詩》『敬止』爲語助詞，《大學》則謂『無不敬而安所止也』。」「諸説如何？」曰：「程子至矣。程子曰：「不愧屋漏，便有箇持敬氣象。」又曰：「不愧屋漏，則心安而體舒。」○尚不愧于屋漏，是敬之事。○聖人脩己以安百姓，篤恭而天下平。惟上下一於恭敬，則天地自位，萬物自育，氣無不和，四靈何有不至！此體信達順之道，聰明睿知，皆由此出，以此事天享帝。○道一本也，知不二，本便是篤恭而平天下之道。又曰：「君子之遇事，無巨細，一於敬而已矣。簡細故以自崇，非敬也；飾私智以爲奇，非敬也。要之，無敢慢而已。《語》曰：

『居處恭，執事敬，雖之夷狄，不可棄也。』然則執事敬者，固爲仁之端也，推是心而成之，則篤恭而天下平矣。」○毛猶有倫，入毫釐絲忽，終不盡。○《中庸》言道只消道「無聲無臭」四字，總括了多少。○《中庸》之語其本至於「無聲無臭」，其用至於「禮儀三百，威儀三千」。自「禮儀三百，威儀三千」復歸於「無聲無臭」，此言聖人心要處。 呂氏既失其章旨，又不得其綱領條貫，而於文義尤多未當。去聲。下未當同。 如此章承上文聖誠之極致，而反之以本乎下學之初心，遂推言之，以至其極而後已也。 而以爲皆言德成反本之事，則既失其章旨矣。藍田吕氏曰：「此章皆言德成反本，以盡中庸之道。」此章凡八引《詩》，自『衣錦尚絅』以至『不顯惟德』，凡五條，始學成德疎密淺深之序也。 自『不大聲色』以至『無聲無臭』，凡三條，皆所以贊夫不顯之德也。 今以不顯惟德，通前三義而并言之，又以後三條者，亦通爲進德工夫淺深次第，則又失其條理矣。藍田吕氏曰：「不顯惟德，百辟其刑之者，蓋要其所以不動而敬，不言而信，不賞而勸，不怒而威，豈有他哉！在德而已。」○「德輶如毛」，謂之德者，猶誠之者也，未至乎誠也。若至乎誠，則與天爲一，無意無我，非勉非思，渾然不可得而名者也。聲臭之於形微矣，有物而不可見，猶曰無之，則上天之事可知矣。○不動而敬，不言而信，不賞而勸，不怒而威，則德孚於人而忘乎言動矣。然猶有德之聲色存焉，至於不大聲色，然後可以入乎無聲無臭，而誠一於天。 至以知風之自，爲知見聞動作皆由心出；以知微之顯，爲知心之精微明達暴著；藍田吕氏曰：「以見聞之廣，動作之利，推所從來，莫非心之所出，其知風之自歟！」○「心之精微，至隱至妙，無聲無臭，然其理明達暴著，若懸日月，其知微之顯歟！」以不動而敬，不言而信，爲人敬信之；藍田吕氏曰：「其中有本，不待言動而人敬信。」以貨色、親長上聲。達諸天下，爲篤恭而天下平；藍田吕氏曰：「君子之善與人同，合内外之道，則爲德非特成己，將以成物。故君子言貨色之欲，親長之私，必達於天下而後已，豈非篤恭而天下平者哉！」以德爲誠之之事，而猶有聲色至於無聲無臭，然後誠一於天，則又文義之未當者然也。然近世説者，乃有深取其知風之自之説，而以爲非程夫子不能言者。蓋習於佛氏作用是性之談，而不察乎了翁序文之誤耳。學之不講，其陋至此，亦可憐也。朱子曰：「呂氏却是作用是性之意，於學無所統攝。」游氏所謂『無藏於中，無交於物，泊然純素，獨與神明居』，所謂『離人而立於獨』者，皆非儒者之言。廣平游氏曰：「無藏於中，無交於物，泊然純素，獨與神明居，此淡也。然因性而已，故曰不厭。」○無聲無臭，則離人而立於獨矣。『不失足於人，不失色於人，不失口於人』，則又審於接物之事，而非簡之謂也。廣平游氏曰：「不失足於人，不失色於人，不失口於人，此簡也。然循理而已，故文。」其論三知，未免牽合之病。廣平游氏曰：「欲治其國，先齊其家，知遠之近也。人人親其親，長其長，而天下平，可不謂近矣乎！欲齊其家，先脩其身，知風之自也。《易》於《家人》曰『風自火出』，而君子以言有物，行有常，不可謂所自乎！欲脩其身，先正其心，知微之顯也。夫道視之不見，聽之不聞，而常不離心術日用之閒。可不謂顯矣乎！」其論『德輶如毛』以下，則其失與呂氏同。廣平游氏曰：「所謂德者，非甚高而難知也，甚遠而難至也。舉之則是，故曰『德輶如毛』。既以有所舉矣，則必思而得，勉而中，是人道而有對，故曰『毛猶有倫』。若夫誠之至，則無思無爲，從容中道，是天道也，故曰『上天之載，無聲無臭，至矣！』」楊氏知風之自與呂氏舊本之説略同，龜山楊氏曰：「世之流風，皆有所自，清之隘、和之不恭，知其自此，則君子不由也。」○藍田呂氏曰：「墨子兼愛，楊子爲我，其始未有害也。其風之末，則至於無君無父，而近於禽獸。伯夷之不屑就以爲清，柳下惠之不屑去以爲和，其風之末，不免乎隘與不恭。君子不由，則其端不可不慎也。故曰『差之毫釐，繆以千里』，其知風之自歟！」而其取證，又皆太遠，要當參取呂氏改本，去上聲。其所謂見聞者，呂說見上。而益以言語之得失、動作之是非，皆知其有所從來，而不可不謹，則庶乎其可耳！以『德輶如毛』爲有德而未化，則又呂、游之失也。龜山楊氏曰：「德輶如毛，未至於無倫，猶有德也，而未化非其至也。故上天之載，無聲無臭，然後爲至。」侯氏說多疏闊，惟以此章爲再敘入德成德之序者，獨爲得之也。」河東侯氏曰：「自『衣錦尚絅』至『無聲無臭，至矣』，子思再敘入德成德之序也。」附《淺說》：其所謂「闇然而日章」者何如？蓋凡淡者必易厭，簡者必不文，溫者必無理也。以君子之道言之，言皆平平，無新奇可喜之言，行皆常常，無奇特可驚之行，固淡矣。然其所言雖平，而皆根夫至理，所行雖常，而皆得其當然，雖淡而不可厭矣。收斂沉靜，而不騁夫浮詞蔓說，質素坦直，而不事夫盛色美容，固簡矣。然其言寡而中，不害其爲言語之善，貌質而恭，無損其爲威儀之美，雖簡而自有文焉。不危激其言論，而於人無所不容，不峭厲其稜角，而於衆無所不愛，固溫矣。然事之孰是孰非，而胸次之涇渭甚明，人之孰賢孰否，而鑑中之妍媸自別，雖溫而自有理焉。淡簡溫絅之襲於外也，不厭而文且理，則由夫錦之美在中，而自著見於外也，所謂「闇然而日章」也。

中庸大全或問終

中庸章句序

《中庸》何爲去聲。而作也？子思子憂道學之失其傳傳字，一篇骨子。而作也。朱子曰：「曾子學於孔子而得其傳，子思又學於曾子而得其所傳於孔子者。既而懼夫傳之久遠，而或失其真也，於是作爲此書。」○雲峰胡氏曰：「唐虞三代之隆斯道，如日中天，《中庸》可無作也。至孔子時，始曰『攻乎異端』，然其說猶未敢盛行。至子思時，則有可憂者矣。憂異端之得肆其說，所以憂道學之不得其傳也。」《通考》吴氏程曰：「子思子，稱子者，師尊之也，重在下字。若子程子，則重在上字，而下爲男子通稱。」○東陽許氏曰：「《中庸》專言道，故起首便言道學、道統。道學主於學，兼上下言。道統主於行，獨以有位者言。凡言統者，學亦在其中，學字固可包統字。」蓋自上古聖神繼天立極，而道統之傳有自來矣。道統二字，爲此序綱領，後面屢提掇照應。《通考》東陽許氏曰：「堯舜以前，開闢生物以來，即有首出庶物之聖人與天同道而立乎其位者，此但言上古聖神，蓋混言之。繼、立二字，不要重看。天道流行，無物不在，衆人所不能知。惟神聖自然與天合，而言動皆可爲萬世標準，非是有意繼續天道，特爲人而立法也。」其見形甸反。於經，則「允執厥中」者，堯之所以授舜也；「人心惟危，道心惟微，惟精惟一，允執厥中」者，舜之所以授禹也。堯之一言，至矣，盡矣。而舜復扶又反，又也。後凡遇此字，當釋爲又字之義者並同。益之以三言者，則所以明夫音扶。序中除夫子之夫如字外，並同音。堯之一言必如是而後可庶幾平聲。也。朱子曰：「中只是箇恰好底道理，允是真箇執得。堯告舜只一句，舜已曉得，所以不復更說。舜告禹又添三句，這三句是允執厥中以前事，是舜教禹做工夫處，便是怕禹尚未曉得，故恁地說。」○舜禹相傳，只就這心上理會也。只在日用動靜之閒求之，不是去虛空中討一箇物事來。○只是一箇心。有道理底人心，即是道心。○勿齋程氏曰：「人生而靜，氣未用事，未有人與道之分，但謂之心而已。感物而動，始有人心、道心之分焉。精一、執中，皆是動時工夫。」○雲峰胡氏曰：「六經言道統之傳，自《虞書》始，不有《論語》表出堯曰『允執其中』，則後世孰知舜之三言所以明堯之一言哉？朱子於《論語》『執中』無明釋，至《孟子》『湯執中』始曰『守而不失』，意可見矣。堯之執中，不可以賢者之固執例論。自堯之心推之，則聖不自聖，愈見堯之所以爲聖爾。況中無定體，儻不言執，人將視之如風如影，不可捕詰矣。然執之工夫，只在精一上。堯授舜曰『允執厥中』，如夫子語曾子以『一貫』。舜授禹必由精一而後執中，是猶曾子告門人必由忠恕而達於一貫也。」

蓋嘗論之，心之虛靈知覺，一而已矣。

勿齋程氏曰：「虛靈，心之體；知覺，心之用。」○格菴趙氏曰：「知是識其所當然，覺是悟其所以然。」

而以爲有人心、道心之異者，則以其或生於形氣之私，或原於性命之正，

問：「形氣是耳、目、鼻、口、四肢之屬，未可便謂之私欲。」朱子曰：「但此數件事，屬自家體段上，便是私有底物，不比道便公共，故上面便有箇私底根本。如饑飽寒煖之類，皆生於吾之血氣形體，而他人無與焉。所謂私也，亦未便是不好，但不可一向徇之耳。」○形氣非皆不善，只是靠不得。蔡季通曰：「形氣之有善，皆自道心出。由道心，則形氣善；不由道心，一付於形氣，則爲惡。形氣猶船也，道心猶柁也。船無柁，縱之行，有時入於波濤，有時入於安流，不可一定。惟有一柁以運之，則雖入波濤無害。故曰『天生烝民，有物有則』，物乃形氣，則乃理也。」○西山真氏曰：「私，猶言我之所獨耳，今人言私親、私恩之類，非惡也。如六經中『遂及我私』、『言私其豵』，此類以惡言之，可乎？」○雲峰胡氏曰：「生是氣已用事時方生，原是從大本上説來，就氣之中指出不雜乎氣者言之。」○新安陳氏曰：「有形氣之私，方有人心，故曰生；自賦命受性之初，便有道心，故曰原。」○東陽許氏曰：「人心發於氣，如耳目、口鼻、四肢之欲是也。然此亦是人身之所必有，但有發之正不正爾，非全不善。故但云危，謂易流入於不善而没其善也。道心發於理，如惻隱、羞惡、辭遜、是非之端是也，亦存乎氣之中，爲人心之危者晦之，故微而難見。心只是一箇心，上加人字、道字看，便見不同。若只順讀人心、道心字，却似有二心矣。謂之道，則是天理之公；謂之人，則是我身之私。雖我身之私，亦非全是不善。因身之所欲者，發而正，即合乎道，

而爲道心之用矣。大抵人心可善可惡，道心全善而無惡。」而所以爲知覺者不同，朱子曰：「只是這一箇心，知覺從耳目上去，便是人心；知覺從義理上去，便是道心。」○新安陳氏曰：「前言虛靈知覺，總心之體用而言。此單言所以爲知覺者，專以心之用言也。體無不同，用始有不同。知覺從形氣之私而發者，曰人心；知覺從性命之正而發者，曰道心。所以此只言知覺，而不及虛靈。」是以或危殆而不安，或微妙而難見耳。朱子曰：「危未便是不好，只是危險在欲墮未墮之閒，易流於不好耳。微者難明，有時發見些子，使自家見得，有時又不見了。」○雲峰胡氏曰：「朱子以前，多便指人心爲人欲，殊不知氣以成形，是之謂人，理亦賦焉，是之謂道，非人無以載此道。故言道心，必先言人心，非道，則其爲人，不過血氣之軀爾。故言人心，必言道心。如飲食男女，人心也；飲食男女之得其正，道心也。人心之發，危而不安，而發之正者，又微而難見，實非有兩心也。」然人莫不有是形，故雖上智不能無人心；亦莫不有是性，故雖下愚不能無道心。朱子曰：「道心是義理上發出來底，人心是人身上發出來底。雖聖人不能無人心，如饑食渴飲之類；雖小人不能無道心，如惻隱之心是。」二者雜於方寸之閒，而不知所以治之，陳氏曰：「人心道心，二者無日無時不發見呈露，非是判然不相交涉，只在人別識之。」○新安陳氏曰：「不知所以治之者，不知以精一之理治之也。」則危者愈危，微者愈微，危愈危，流於惡；微愈微，幾於無。而天理之公卒無以勝夫人欲之私矣。朱子曰：「人心之危者，人欲之萌也。道心之微者，天理之奥也。」○雲峰胡氏曰：「人心未便是人欲，到不知所以治之，方說得人欲。上文形氣之私，與性命之正對言，私字未爲不好。此云人欲之私，與天理之公對言，私字方是不好耳。」精則察夫二者之閒而不雜也，一則守其本心之正而不離去聲。也。朱子曰：「精是精察分明，一是要守得不離。」○陳氏曰：「要分別二者界分分明，不相混雜，專守道心之正，而無以人心二之。」○雲峰胡氏曰：「孟子曰『利與善之閒，所謂閒者，猶易剖析』。此所謂二者之閒，方雜於方寸，非精以察之，不可也。『本心之正』，即上文所謂『原於性命之正』者。蓋其本也，真而靜，其未發也，五性具焉。

此所謂『性命之正』，即吾心之正也。形既生矣，外物觸其形而動於中，於其發也，始有人心、道心之異。必能專一於道心，是即守其本心之正而不離也。」《通考》東陽許氏曰：「精則察夫二者之閒，是察人心、道心之閒，要察到疑似纖毫之際。此言心，是指動處。當時告大禹，故言如此。若學者，則用格物致知之功。私是就形氣上來，性命之正，則是得之於天者，固與天地人物同言。」

從事於斯，斯指精一。無少閒去聲。斷，徒玩反。必使道心常爲一身之主，而人心每聽命焉。問人心可以無否。朱子曰：「如何無得？但以道心爲主，而人心每聽道心之區處方可。」○有道心，而人心爲所節制，人心皆道心也。○人心是此身有知覺嗜欲者，豈能無？但爲物誘，而至於陷溺，則爲害爾。故聖人以爲，此人心有知覺嗜欲，然無所主宰，則流而忘反，不可據以爲安，故曰危。道心則是義理之心，可以爲人心之主宰，而人心據以爲準者也。然道心却雜出於人心之閒，微而難見，故必須精之一之，而後中可執。然此又非有兩心也，只是義理與人欲之辨爾。《通考》朱子曰：「至危者無如人心，所以曾子恁地戰戰兢兢，如臨深淵，如履薄冰。」又曰：「精是精別此二者，一是守之固也。顔子擇中庸處，便是精，得一善服膺弗失處，便是一。伊川云『惟精惟一，所以至之；允執厥中，所以行之。』此説甚好。」又曰：「聖人全是道心主宰，故其人心自是不危，若只是人心也危，故曰惟聖罔念作狂。」

則危者安，微者著，而動静云爲自無過不及之差矣。朱子曰：「不待擇於無過不及之閒，自然無不中矣。」○陳氏曰：「如此，則日用之閒，無往非中，凡聲之所發便合律，身之所行便合度。凡由人心而出者，莫非道心之流行。」○雲峰胡氏曰：「人心本危，能收斂入來，則危者安。道心本微，能充拓出去，則微者著。中如何執，只精一便是執之之工夫。所以朱子於此不復釋執字。然上文曰『守其本心之正而不離』，下一守字，便見得執中之功，先在惟精，而重在惟一。」○新安陳氏曰：「朱子引《禹謨》四句，以見《中庸》之宗祖，以標道統之淵源，可謂『考諸三王而不繆，百世以俟聖人而不惑』者矣。」

夫堯、舜、禹，天下之大聖也，以天下相傳天下之大事也，以天下之大聖行天下之大事。而其授受之際，丁寧告戒，不過如此。則天下之理，豈有以加於此哉？雲峰胡氏曰：「天下之理，豈有以加於此者？中之一字，聖聖相傳之道莫加於此也。精、一二字，聖聖相傳之學莫加於此也。」《通考》愚聞之先師天台吳行父曰：「《中庸》序當分三大節看。章首至此爲一節，推原《中庸》道學之傳，本三聖授受心法。而心之危微，則有性命形氣、上智下愚之分。然中庸之道，其體要在於『動静云爲無過不及之差』而已。三聖之所以授受者，以此。子思子傳心之要，其原實出於此。」自是以來，聖聖相承，若成湯、文、武之爲君，皐陶、伊、傅、周、召音邵。之爲臣，既皆以此而接夫道統之傳，新安陳氏曰：「若《孟子》末章所標列聖之君，聖賢之臣見而知之，聞而知之者，不過只是知此耳。『以此』之此，指三聖相授受之説。『道統』二字再提出，與前相照應。」《通考》張氏師曾曰：「此之一字，指執中而言，然嘗考堯、舜、禹三聖人以中相傳之後，若成湯、文、武之爲君，皐陶、伊、傅、周、召之爲臣，其所傳雖皆不外乎此中，而求其所言之中，則亦鮮矣。今試推其説。如《仲虺之誥》曰『王懋昭大德，建中於民』，孟子曰『湯執中』，此其最明著者也。《詩》稱『穆穆文王，於緝熙敬止』，而《大學》於君仁、臣敬、子孝、父慈、友信，皆以止言之。武王傳《洪範》，謂『皇建其有極』，而受丹書之戒，不出於敬義之夾持，則其執中之意爲可知矣。至於皐陶之陳九德，先正言而後反應之，皆所以明其德之不偏。又同寅協恭和衷，則民彝物則，各得其正，非中而何哉？伊尹自謂與湯咸有一德，而訓太甲之辭，有曰『欽厥止』，則伊尹之執中亦可見矣。傅説告高宗曰：『惟木從繩則正，后從諫則聖。』其曰『道積於厥躬』者，體之立，『斅學於人』者，用之行，兼體用，合内外，無非求中之道也。孟子又言『周公思兼三王，以施四事。其有不合者，仰而思之，夜以繼日。幸而得之，坐以待旦』，亦所以求合於前王之中道也。召公戒成王曰：『王敬作所，不可不敬德。』夫以敬爲處所，而居之不去，則其能守中爲何如耶？觀此，則聖賢接夫道統之傳者，亦莫非中而已矣。」附《蒙引》：《大全》所載張氏師曾之説頗詳，多是舉其言之見於經者，要之當兼行事論。又按，伊尹曰：「善無常主，協于克一。」傳説曰：「慮善以動，動惟厥時。」周公曰：「率自中。」召公曰：「志以道寧，言以道接。」此數語，似於中義尤切，其行事則有不盡傳於經者。若吾夫子，則雖不得其位，而所以繼往聖，開來學，其功反有賢於堯舜者。雲峰胡氏曰：「未論六經之功，有賢於堯舜。只如此執中一語，夫子不於《論語》之終發之，孰知其爲堯之言？不於堯曰執中之後，而繼之湯武誓師之意與其施於政事者，又孰知夫堯舜之授受者此中，而湯武之征伐者亦此中也哉？姑即此一節言之，其功賢於堯舜可知矣。」《通考》東陽許氏曰：「『繼往聖，開來學』，此學字，應前道學字。前道學是總包上古以來相傳者，此學字是夫子教後人者言。繼往聖，是明夫子教人，亦是述上古聖聖相傳者耳。則子思所憂，豈專指夫子之教哉？」然當是時，見而知之者，惟顔氏、曾氏之傳得其宗。雲峰胡氏曰：「夫子以前，傳道統者皆得君師之位，而斯道以行。夫子以後，傳道統者不得君師之位，而斯道以明。故明堯舜禹湯文武之道者，夫子六經之功；而明夫子之道者，曾子《大學》、子思《中庸》之功也。」○新安陳氏曰：「顔子博文，精也；約禮，一也。曾子格致，精也；誠正，一也。」附《蒙引》：先儒謂「顔子博文，精也；約禮，一也。曾子格致，精也；誠正，一也」。其説固善。但於顔、曾之所以獨得其宗者，似有未盡。蓋博文約禮，格致誠正，此乃夫子之所以設教，而三千之徒蓋莫不聞其説，七十子亦嘗用其力者。要必言顔氏由博約之誨，而至於見所立之卓爾，曾子極格致誠正之功，而至於唯吾道之一貫，方見得顔、曾之傳獨得其宗。及曾氏之再傳，而復得夫子之孫子思，則去聖遠而異端起矣。子思懼夫愈久而愈失其真也，發首二句意。於是推本堯舜以來相傳之意，質以平日所聞父師之言，更平聲。互演以淺反。繹，音亦。作爲此書，以詔後之學者。蓋其憂之也深，故其言之也切；其慮之也遠，故其説之也詳。其曰天命、率性，則道心之謂也；雲峰胡氏曰：「性是心未發時，此理具於心。道心，是心已發時，此心合乎理。」○新安陳氏曰：「上文云道心原於性命之正，可見『天命謂性，率性謂道』即是道心之謂。」○東陽許氏曰：「切言深要，詳言周備。憂深，爲道之不明也，故言之深而要。慮遠，恐久而復失也，故説之周而備。」其曰擇善固執，則精一之謂也；朱子曰：「擇善，即惟精；固執，即惟一。」其曰君子時中，則執中之謂也。朱子曰：「時中是無過不及底中，執中亦然。」○雲峰胡氏曰：「執中二字，堯言之。時中二字，夫子始言之。道不合乎中，異端之道，非堯舜之道。中不合乎時，子莫之執中，非堯舜之執中。」世之相後，千有餘年，而其言之不異，如合符節。歷選前聖之書，所以提挈苦結反。綱維，開示蘊委粉、於問二反。奧，未有若是之明且盡者也。《通考》東陽許氏曰：「天命即道也，能率性即道心也。擇善者，察之精。固執者，守之一。時中，即中也。綱維，言道體之大。蘊奧，言節目之詳。及精密隱微之理，明言綱維，盡言蘊奧。」自是而又再傳，以得孟氏，爲能推明是書，以承先聖之統，此統字，又指道統言之。○格菴趙氏曰：「《中庸》深處，多見於《孟子》。如道性善，原於天命之性也。存心，收放心，致中也。擴充其仁義之心，致和也。『誠者天之道，思誠者人之道』一章，其義悉本於《中庸》，尤足以見淵源之所自。」及其没，而遂失其傳焉。新安陳氏曰：「惟精以審擇，惟一以固守，此自堯舜以來所傳，未有他議論時，先有此言。聖人心法，無以易此。後來孔門教人先後次第，皆宗之。《中庸》『博學』至『明辨』，皆惟精也；篤行，惟一也。明善，精也；誠身，一也。顏子擇中庸，便是精；得一善服膺，便是一。《大學》格物致知，非惟精不可能；誠意，則惟一矣。學只是學此。孟子以後失其傳，亦只是失此。」則吾道之所寄，不越乎言語文字之閒，而異端之説日新月盛，以至於老佛之徒出，則彌近理而大亂真矣。朱子曰：「便是他那道理，也有相似處，只是説得來別。須是看得他那彌近理而大亂真處，始得。」○陳氏曰：「彌近理而大亂真，甚相似而絶不同也。然非物格知至，理明義精者，不足以識破。」《通考》東陽許氏曰：「異端至多，楊、墨、許行之徒，以及諸子百家各立門户，議論不合聖道者，皆是彌近理而大亂真。蓋其説宏遠幽微，陳説道德，指明心性，或有類乎吾道之言，故爲所亂。非如百家之淺而易見。」莆田王氏曰：「『自是』以來至此爲第二節，發明子思《中庸》道學，無非聖聖相傳之心法。始以異端起，懼失其真而演繹。終以道統失傳，異端之説盛而又亂其真。一書精要，尤在於此。」附《蒙引》：吾儒之道，不外乎致知力行二者而已。致知者，盡心知性也。力行者，存心養性也。佛氏曰明心見性，甚有似吾儒之所謂盡心知性。老氏曰脩心煉性，甚有似吾儒之所謂存心養性。此可謂彌近理矣。然而吾儒之盡心知性者，所以擇善以明乎道，即堯舜以來所謂惟精者也。彼之明心見性，則以覺爲妙，其歸至於絶聖棄智，空諸所有。所謂語小則夢幻人世，語大則塵芥六合者也。其於吾道果同乎？吾之存心養性者，所以固執以守夫道，即堯舜所謂惟一之旨也。彼之脩心煉性，則以退爲長算，其歸在於貪生罔利，獨立物表，所謂「將欲取之，必固與之」，「弱其志，强其骨，使人無知無欲」者也。其於吾道，又果可同乎？此其大亂真可見。○吾儒格物以致知，佛氏外物以爲知。吾儒成己以經世，老氏利己以遺世。○佛老之彌近理而大亂真者，不止一二件。且如中庸之道，一平常不易之理也，佛氏云「世間萬事不如常，又不驚人又久長」，何其近也！又如云「有物先天地，無形本寂寥。能爲萬象主，不逐四時凋」，又何其類吾儒之所謂太極也！吾儒曰「動静無端，陰陽無始」，老氏曰「虚而不屈，動而愈出，迎之不見其首，隨之不見其後」，又何其類也！吾儒曰「不言而信，無爲而成」，老氏曰「聖人處無爲之地，行不言之教」，又何其類也！然究其歸，則皆不免於外物以爲智，利己而遺世。佛老之病一也。○承上文孟子没而遂失其傳，是指孟子没後之異端也。許氏兼言楊墨，恐非是。楊墨在孟子時已闢之矣。惟若荀、楊「性惡」、「善惡混」之説，莊生、列禦寇虚誕之説，申不害、韓非刑名之説，鬼谷、孫吴權謀之説，秦漢閒迂怪之士神仙黄白之説，凡一切惑世誣民，非聖人之道而别爲一端者，皆是也。○佛老之徒，非指老子、釋迦，是謂學老子、釋迦之學者也。蓋老子是孔子前人，與孔子同時，不待孟子没而後起。釋迦，西番人，生於周敬王時，亦孔子前人也。至漢明帝時，佛法始流入中國耳。

然而尚幸此書之不泯，音閔。故程夫子兄弟者出，得有所考，以續夫千載上聲。不傳之緒；音序。緒即斯道之統緒。得有所據，以斥夫二家似是之非。老佛二家彌近理，故似是；大亂真，本全非也。蓋子思之功於是爲大，而微程夫子，則亦莫能因其語而得其心也。惜乎其所以爲説者不傳，朱子曰：「明道不及爲書，伊川雖言《中庸》已成書，自以不滿其意而火之矣。」而凡石氏之所輯音集。録，即石子重《集解》。僅出於其門人之所記，是以大義雖明，而微言未析。至其門人所自爲說，則雖頗詳盡而多所發明，然倍音佩。其師說而淫於老佛者，亦有之矣。

熹自蚤與早通。歲即嘗受讀而竊疑之，沈俗作沉，非。潛反復，芳服反，亦作覆。蓋亦有年。一旦恍然，似有得其要領者，東陽許氏曰：「裳之要，衣之領，皆是總會處。」○吳氏程曰：「要領，上平聲。或讀如字，謂指要綱領。」然後乃敢會衆說而折其衷，既爲去聲。定著《章句》一篇，以俟後之君子。而一二同志復取石氏書，刪其繁亂，名以《輯略》；且記所嘗論辯取舍上聲。之意，別爲《或問》，以附其後。然後此書之旨，支分節解，脈絡貫通，詳略相因，巨細畢舉。而凡諸說之同異得失，亦得以曲暢旁通而各極其趣。東陽許氏曰：「《章句》、《輯略》、《或問》三書既備，然後《中庸》之書，如支體之分，骨節之解，而脈絡却相貫穿通透。」《通考》東陽許氏曰：「《中庸》一書分四大章。如第一章、十二章、二十一章，皆言其略，而餘章繼其後者，皆詳言之。三十三章，又一章之詳者。詳略謂此。巨謂綱維，細謂蘊奥。諸說同異以下，專言《或問》。韓氏《古遺》曰：『讀《大學》不知文理接續，血脈貫通，深淺始終，至爲精密，則其人未嘗讀《大學》。讀《中庸》不知支分節解，脈絡貫通，詳略相因，巨細畢舉，則其人未嘗讀《中庸》』。」○魯齋王氏曰：「是篇分爲四大支，三十三節。第一支，首章，子思立言。下十章，引夫子之言以終此章之義。第二支，十二章，子思之言。下八章，引夫子之言以明之。第三支，二十一章，子思承上章夫子天道人道以立言。下十二章，子思推明此章之義。第四支，三十三章，子思因前章極至之言，反求其本，復自下學立心之始，推言戒懼慎獨之事，以馴致其極。此所謂支分節解處並可見，所謂脈絡貫通處亦可見矣。其支節中又有小支節，如戒慎慎獨，分屬致中致和。君子依乎中庸，遯世不見知，分屬素隱行怪、不能半途而廢之類。餘可類推之。脈絡中又有大脈絡，如誠爲一篇之樞紐，知仁勇爲一篇之大旨，皆是也。所謂詳略相因者，以四支言其略，發爲三十三章之詳，又括以末章之略是也。所謂巨細畢舉者，第十六章。前三章言費之小，後三章言費之大，十六章兼費隱，包小大，二十章包費隱，兼大小，皆是也。」附

《蒙引》：支是人之四肢節，亦是支中之節，皆是借用字。下句脈絡字，亦借用者。脈是人身中之氣脈，絡是人身中經絡也。○以支分之脈絡貫通者言之，如第二支九章，要皆以申明第一支中道不可離之意。第三支十一章，則皆承第二支之天道人道而言也。第四支，則本一篇之要而約言之，又通承上三支之意而言也。以節解之脈絡貫通者言之，如《章句》所謂第一章子思述所傳之意以立言，其下十章，引夫子之言以終此章之義，文雖不屬，而意實相承也。如云：此章承上章，舉其不行之端，以起下章之意。又如云：承上章大知而言，又舉不明之端以起下章也。此類今不盡舉，通一書皆然也。○支分節解，同而異也。脈絡貫通，異而同也。大抵非支分節解，則渾而無別，而義不明。非脈絡貫通，則散而無統，而意不貫。此二句，一離一合言之也。○巨細畢舉，謂支節中所言義理，皆大小不遺也。如性、道、教之旨，兼説人物存養省察之功，則自由教而入之始，推而至於天地位、萬物育。自「仲尼曰」以下，所論有君子之事，有小人之事，有智愚賢不肖之事，又有大舜之知、顔淵之仁、子路所聞於夫子之勇，何者而不備舉！推此類可見。又如第二支中，有言費之大，有言費之小，或兼費隱小大之類，亦是。但不可如王魯齋之説，專以費隱小大實之也。第三支中，所言天道，皆大者也。言人道，皆小者也。致曲爲小，能化爲大。誠之爲小，時措之宜爲大。又如尊德性以極道體之大者爲大，道問學以盡道體之細者爲小，故《章句》謂大小相資是也。「仲尼祖述」章，兼内外，該本末，亦大小意也。天道章，如小德川流，大德敦化，亦可分巨細，但不可拘於此耳。末章則自下學立心之始，推而言之，以馴致乎其極，巨細畢舉又明矣。

雖於道統之傳不敢妄議，雖謙言不敢與道統之傳，實有不容辭其責者。**然初學之士或有取焉，則亦庶乎升高行遠之一助云爾。**行遠自邇，升高自卑。引《中庸》語以結《中庸》序，尤切。○雲峰胡氏曰：「《大學》中不出性字，故朱子於序言性詳焉。《中庸》中不出心字，故此序言心詳焉。」《通考》吴氏曰：「第三節，言程子得《中庸》不傳之心法，使己得折衷衆説，復明道統之傳，其所以繼往聖而開來學之功，隱然見於言意之表，有不可得而辭者焉。」**淳熙己酉**公時年六十。**春三月戊申，新安朱熹序。**

中庸序終

讀中庸法

朱子曰：「《中庸》一篇，某妄以己意分其章句。是書豈可以章句求哉？然學者之於經，未有不得於辭而能通其意者。」南軒張氏曰：「《中庸》一書，聖學之淵源也，體用、隱顯、成己、成物備矣。雖然，學者欲從事乎此，必知所從入，而後可以馴致焉。其所從入奈何？子思以不睹不聞之訓著於篇首，又於篇終發明尚絅之義，且曰『君子之所不可及者，其惟人之所不見乎』，而推極夫篤恭之效，其示來世可謂深切著明矣。」○勉齋黃氏曰：「《中庸》之書，《章句》、《或問》言之悉矣，學者未有不曉其文而能通其義者也。然此書之作，脈絡相通，首尾相應，子思子之所述，非若《語》、《孟》問答之言，章殊而指異也。苟徒章分句析，而不得一篇之大旨，則亦無以得子思著書之意矣。程子以爲『始言一理，中散爲萬事，末復合爲一理』，朱子以誠之一字，爲此篇之樞紐，示人切矣。」○西山真氏曰：「《中庸》始言天命之性，終言無聲無臭，宜若高妙矣。然曰戒慎，曰恐懼，曰謹獨，曰篤恭，則皆示人以用力之方。蓋必戒懼謹獨而後能全天性之善，必篤恭而後能造無聲無臭之境，未嘗使人馳心窈冥而不踐其實也。」

又曰：「《中庸》，初學者未當理會。」○《中庸》之書難看，中間說鬼說神，都無理會。學者須是見得箇道理了，方可看此書，將來印證。○讀書之序，須是且著力去看《大學》，又著力去看《論語》，又著力去看《孟子》。看得三書了，這《中庸》半截都了，不用問人，只略略恁看過。不可掉了易底，却先去攻那難底。《中庸》多說無形影，說下學處少，說上達處多，若且理會文義，則可矣。○讀書先須看大綱，又看幾多間架。如「天命之謂性，率性之謂道，脩道之謂教」，此是大綱。夫婦所知所能，與聖人不知不能處，此類是閒架。譬人看屋，先看他大綱，次看幾多閒，閒内又有小閒，然後方得貫通。勉齋黄氏曰：「《中庸》自是難看。石氏所集諸家説，尤亂雜未易曉，須是胸中有權衡尺度，方始看得分明。今驟取而讀之，精神已先爲所亂，却不若子細將《章句》研究，令十分通曉，俟首尾該貫後，却取而觀之可也。」〇《中庸》與他書不同。如《論語》是一章説一事，《大學》亦然。《中庸》則大片段須是衮讀，方知首尾，然後逐段解釋，則理通矣。今莫若且以《中庸》衮讀，以《章句》子細一一玩味，然後首尾貫通。

又曰：「《中庸》自首章以下，多對説將來，直是整齊。某舊讀《中庸》，以爲子思做，又時復有箇『子曰』字，讀得熟後，方見得是子思參夫子之説，著爲此書。自是沈潛反覆，遂漸得其旨趣，定得今章句，擺布得來直恁麽细密。」〇近看《中庸》，於章句文義閒，窺見聖賢述作傳授之意，極有條理，如繩貫棋局之不可亂。〇《中庸》當作六大節看。首章是一節，説中和；自「君子中庸」以下十章是一節，説中庸；「君子之道，費而隱」以下八章是一節，説費隱；「哀公問政」以下七章是一節，説誠；「大哉聖人之道」以下六章是一節，説大德、小德；末章是一節，復申首章之義。三山陳氏曰：「《中庸》三十三章，其血脈貫通之處，朱子既爲之章句，又提其宏綱。如言某章是援引先聖之言，某章是子思發明之説，具有次序。」〇王氏曰：「是篇分爲四大支。第一支，首章子思立言，下十一章引夫子之言，以終此章之義。第二支，十二章，子思之言下八章，引夫子之言以明之。第三支，二十一章，子思承上章夫子天道人道以立言，下十二章，子思推明此章之義。第四支，三十三章，子思因前章極致之言，反求其本，復自下學立心之始，推言戒懼慎獨之事，以馴致其極。」

問《中庸》、《大學》之别。曰：「如讀《中庸》，求義理，只是致知功夫。如謹獨脩省，亦只是誠意。」問：「只是《中庸》直説到聖而不可知處。」曰：「如《大學》裏也有，如前王不忘，便是篤恭而天下平底事。」雙峰饒氏曰：「《大學》只説學，《中庸》是説道。理會得《大學》透徹，則學不差；理會得《中庸》透徹，則道不差。」○東陽許氏曰：「《中庸》、《大學》二書，規模不同。《大學》綱目相維，經傳明整，猶可尋求。《中庸》贊道之極，有就天言者，有就聖人言者，有就學者言者。廣大精微，開闔變化，高下兼包，巨細畢舉，故尤不易窮究。」

中庸大全章句上三魚堂讀本

當湖陸隴其稼書手輯
受業　席永恂漢翼
　　　王前席漢廷　參閲
姪　禮徵用中
男　宸徵直方　較訂

中者，不偏不倚、無過不及之名。朱子曰：「名篇，本是取時中之中。然所以能時中者，蓋有那未發之中在，所以先説未發之中，然後説君子之時中。」○北溪陳氏曰：「中和之中，是專主未發而言。中庸之中，却是含二義，有在心之中，有在事物之中，所以文公必合内外而言。謂不偏不倚無過不及，可謂確而盡矣。」○雲峰胡氏曰：「朱子於《語》、《孟》釋中字，但曰無過不及，蓋以用言。《中庸》有所謂未發之中與時中，故添不偏不倚四字，兼體用言，以釋名篇之義。」○新安陳氏曰：「不偏不倚，未發之中，以心論者也，中之體也；無過不及，時中之中，以事論者也，中之用也。」附《蒙引》：偏是我這裏偏向去，倚便是靠著那東西了。如七情之發，其初或偏向在喜邊去，其後也，結裹成箇偏喜了。偏倚之相承，亦猶意、必、固、我之相爲次第云。「子路問强」章，《章句》曰：「倚，偏著也。」加一著字，便自有辨矣。○自有道統之傳以來，所謂中者，大抵多就用處言之。自用處言，則只著得「無過不及」之説。見於經典者，如《虞書》之「允執厥中」，與《論語》所引「允執厥中」及「中庸之爲德也，其至矣乎」，以至《中庸》所載「中庸，其至矣乎」，朱子皆只釋爲「無過不及」之義者，蓋堯之授舜，舜之授禹，與孔子之教詔門人者，大抵都就應用處言之，於「無過不及」之義爲切也。若子思之著是書，獨取「中庸」二字以爲名，則舉道體之全而言，該動静體用而無遺者也。故朱子兼不偏不倚、無過不及之義而釋之。庸，平常也。朱子曰：「庸是依本分，不爲怪異之事。堯、舜、孔子只是庸，夷、齊所爲都不是庸了。」○北溪陳氏曰：「文公解庸爲平常，非於中之外復有所謂庸，只是這中底，便是日用平常道理。平常與怪異字相對，平常是人所常用底。怪異是人所不曾見，忽然見之便怪異。如父子之親、君臣之義、夫婦之別、長幼之序、朋友之信，皆日用事，便是平常底道理，都無奇特底事。如五穀之食、布帛之衣，可食可服而不可厭者，無他，只是平常耳。」附《蒙引》：道理但至於中，則不容有改易矣。故堯舜以來，只説箇中，至孔門而復加之以庸，其義益精且備矣。非中自中，庸自庸也，惟中故可庸，庸字特以申贊中字耳。

子程子曰：「不偏之謂中，不易之謂庸。中者，天下之正道；庸者，天下之定理。」或問：「正道定理，恐道是總括之名，理是道裏面却有許多條目。」朱子曰：「緊要在正字、定字上。中只是箇恰好道理，爲不見得是亘古今不可變易底，故更著箇庸字。」〇東陽許氏曰：「程子謂不偏之謂中，固兼舉動靜。朱子不偏不倚，則專指未發者。」附《蒙引》：道理二字，對舉之，亦互文耳。若細分二字之義，則道以統體之全言，理以其中條理言。如仁道也，自父子之親以至於仁民愛物之類，皆其理也；義道也，自君臣之敬以至於敬長尊賢之類，皆其理也。此處則不必泥以此義。

此篇乃孔門傳授心法，北溪陳氏曰：「卑不失之汙賤，高不溺於空虛，真孔門傳授心法也。」子思恐其久而差也，故筆之於書，以授孟子。新安陳氏曰：「於七篇中觀其議論淵源所自，則可知其以此授孟子矣。」其書始言一理，中散爲萬事，末復合爲一理，「放之則彌六合，卷上聲。之則退藏於密」，其味無窮，皆實學也。善讀者玩索色窄反。而有得焉，則終身用之，有不能盡者矣。朱子曰：「始言一理，指天命謂性。末復合爲一理，指上天之載。始合而開，其開也有漸；末開而合，其合也亦有漸。」〇「中散爲萬事」，便是《中庸》所説許多事，如知、仁、勇許多爲學底道理，與「爲天下國家有九經」及祭祀鬼神許多事，中間無些子罅隙，句句是實。〇雲峰胡氏曰：「《中庸》，全體大用之書。首言一理，中散爲萬事，是由體之一而達於用之殊。末復合爲一理，是由用之殊而歸於體之一。放之則彌六合，感而遂通天下之故，心之用也。卷之則退藏於密，寂然不動，心之體也。此乃孔門傳授心法，故於心之體用備焉。」《通考》吳氏程曰：「書以中名篇，首三句便含中義。性者，不偏不倚，在中之中也。道者，無過不及，時中之中也。教者，以過不及之失中而裁導之，使歸於中也。是皆所以爲平常之理也。授孟子者，流傳以授之耳。詳見《孟子序説》。趙氏謂其親師子思，及史載思孟問答之語，皆誤也。」○愚按，中者，天地陰陽之理，人得之以爲心者。庸字，惟孔子繫《易》之辭訓爲常字云。附《蒙引》：或謂始言一理，通指第一章，末復合爲一理，亦通指第三十二章，不宜專指「天命之性」及「上天之載」二句。此説似是而實非。蓋程子時，《中庸》一書只是籠統一篇，初無三十三章之別，自「天命之性」至「上天之載」，是始之以一理，復終之一理也。○「其味無窮，皆實學也」兩句相唤應。如管、商之權數，似乎有實用者，然理味無取焉。如老、佛之清虚，似乎有理味者，然而無其實焉。

天命之謂性，率性之謂道，脩道之謂教。

命，猶令也。朱子曰：「命，如朝廷差除。」又曰：「命，猶誥勑。」○北溪陳氏曰：「命，如分付命令他一般。」**性，即理也。**朱子曰：「有是性，便有許多道理總在裏許，在心唤做性，在事唤做理。」○北溪陳氏曰：「性即理也，何以不謂之理，而謂之性？蓋理是泛言天地間人物公共之理，性是在我之理。只這道理受於天而爲我所有，故謂之性。」**天以陰陽五行化生萬物，氣以成形，而理亦賦焉，猶命令也。於是人物之生，因各得其所賦之理，以爲健順五常之德，所謂性也。**朱子曰：「伊川云：『天所賦爲命，物所受爲性。』理，一也。自天所賦予萬物言之，謂之命；以人物所稟受於天言之，謂之性。」○天命與氣質，亦相衮同。纔有天命，便有氣質，不能相離。若闕一，便生物不得。既有天命，須是有此氣，方能承當得此理，若無此氣，則此理如何頓放？天命之性，本未嘗偏，但氣質所稟，却有偏處。○天命謂性，是就人身中指出這箇是天命之性，不雜氣稟而言，是專言理。若云兼言氣，便説率性之道不去，如太極不離乎陰陽，而亦不雜乎陰陽也。○天命之謂性，此只是從原頭説，萬物皆只同這一箇原頭。聖人所以盡己之性，則能盡人之性，由其同一原故也。○若論本原，則有理然後有氣。若論稟賦，則有是氣而後理隨以具。故有是氣則有是理，無是氣則無是理。○問五常之德何故添却健順二字。曰：「五行乃五常也，健順乃陰陽二字。既有陰陽，須添此二字始得。」○健順之體即性也。合而言之，則曰健順，分而言之，則曰仁義禮智，仁禮健而義智順也。○北溪陳氏曰：「天固是上天之天，要之，即理是也。然天如何而命於人？蓋藉陰陽五行之氣，流行變化，以生萬物，理不外乎氣，氣以成形，理亦賦焉，便是上天命令之也。」○西山真氏曰：「自昔言性者，曰五常而已。朱子乃益之以健順。蓋陽之性健，木火屬焉，在人爲仁禮。陰之性順，金水屬焉，在人爲義智。土則二氣之沖和，信亦兼乎健順。陰陽不在五行外，健順豈在五常外乎？」○東窗李氏曰：「仁之油然生意不可遏，禮之粲然明盛不可亂，健之爲也。義不拂乎可否之宜，智不外乎是非之別，順之爲也。若夫信，則體是理而不易者，健也；循是理而無違者，順也。」○雲峰胡氏曰：「孟子性善之論，自子思此首一句來，然須看開端一天字。程子曰『《中庸》始言一理，末復合爲一理』。所謂一理者，即此一天字。又曰『萬物各具一理，萬理同出一原』。所謂一原者，即此一天字。按，朱子曰：『《穀梁》言「天不以地對」，所謂天者，理而已。成湯所謂「上帝降衷」，子思所謂「天命之性」是也。是爲陰陽之本，而其兩端循環不已者，爲之化焉。』」○東陽許氏曰：「人物之生，雖皆出於天理，而氣有通塞之不同，則有人物之異。氣通者爲人，而得人之理；氣塞者爲物，亦得物之理。雖曰有理然後有氣，然生物之時，其氣至，而後理有所寓，氣是載理之具也。故《章句》先言氣以成形，後言理亦賦焉。」○健順，本上文陰陽而言也，五常固已具健順之理。分而言之，仁禮爲陽，爲健，義智爲陰，爲順，信則沖和而兼健順也。錯而言之，則五常各有健順。義斷智明，非健乎？仁不忍而用主於愛，禮分定而節不可踰，非順乎？附《蒙引》：獨言天，則地在其中矣。蓋天包乎地，地之下皆天也，陽全而陰半也。形亦是如此，理亦是如此。凡地之所生，無非是得於天之所施，所以謂地對天不過也，所以獨言天命也。○《存疑》：性者，生也。有生則有性，無生則無性。故性字從心從生言，生而有心，方具是理而爲性也。然則語性，便兼理氣。曰「即理」者，就氣中指其不雜乎氣而言耳。**率，循也。**北溪陳氏曰：「循，猶隨也。」」**道，猶路也。**孟子曰：「夫道，若大路然。」本此以釋道字。**人物各循其性之自然，則其日用事物之閒，莫不各有當行之路，是則所謂道也。**朱子曰：「率性，非人率之也。率只訓循，循萬物自然之性之謂道。此率字不是用力字。伊川謂便是『仁者，人也。合而言之，道也』。循字非就行道人説，只是循吾本然之性，便是有許多道理。或以率性爲順性命之理則爲道，如此却是道因人方有也。」○道之得名，正以人生日用當然之理，猶四海九州百千萬人當行之路爾。○道即理也。以人所共由而言，則謂之道；以其各有條理而言，則謂之理；其目則不出乎君臣、父子、兄弟、夫婦、朋友之閒，而其實無二物也。○性是箇渾淪底物，循性之所有，其許多分派條理即道也。性字通人物而言，但人物氣稟有異，不可道物無此理，只爲氣稟遮蔽，故所通有偏正不同，然隨他性之所通，道亦無所不在也。○人與物之性皆同。循人之性，則爲人之道，循牛馬之性，則爲牛馬之道。若不循其性，使馬耕牛馳，則失其性，非牛馬之道矣。○陳氏曰：「天命謂性，是説渾淪一大本底。率性謂道，是就渾淪大本裏分别箇條貫脈絡處。隨人物所得之性，皆從大本中流出。如天油然作雲，沛然下雨，此皆大化流行處，隨他溪澗科坎、小大淺深，所得之雨，便有許多脈絡之不齊，皆是此雨水也。」○如隨物之性，則牛可耕，馬可乘，雞可司晨，犬可司夜，其所發，皆有自然之理。如隨草木之性，則桑麻可衣，穀粟可食，春宜耕，夏宜耘，秋宜穫，凡物皆有自然之理。○潛室陳氏曰：「率性不要作工夫看。人率循其人之性，物率循其物之性，此即人物各各當行道理，故謂之道。」○西山真氏曰：「朱子於告子生之謂性章深言人物之異，而於此章乃兼人物而言。生之謂性，以氣言者也；天命之謂性，以理言者也。以氣言之，則人物所稟之不同；以理言之，則天之所命一而已矣。然則虎狼之搏噬、馬牛之踶觸，非道耶？曰：子思之所謂率性云者，循其天命之性也。若有搏噬踶觸，則氣稟之所爲，而非天命之本然矣。豈獨物爲然？凡人之爲善者，皆循天命之性也；其爲不善，則發乎氣稟之性矣。以是而觀，則此章兼人物而言，尚何疑哉？」○雙峰饒氏曰：「子思率性之謂道一語，專爲訓道名義。蓋世之言道者，高則入於荒唐，卑則滯於形氣。入於荒唐，則以爲無端倪之可測識，老、莊之論是也。滯於形氣，則以爲是人力之所安排，告、荀之見是也。是以子思於此，首指其名義以示人，言道者非他，乃循性之謂也。」〇雲峰胡氏曰：「《易》曰：『一陰一陽之謂道，繼之者善也，成之者性也。』子思之論，蓋本於此。但《易》先言道，而後言性，此道字是統體一太極。子思先言性，而後言道，此道字是各具一太極也。」《通考》史氏伯璿曰：「《章句》以人換性，而不言其故，是固引而不發。通與王氏又但言其殊有意，極有力，而不言其所以換之之故，豈不引而不發耶？竊意《章句》上文所以訓釋性、道、教之文義者，詳盡無餘蘊矣。至此欲説歸學者身上來，故以人字易性字。此人字正與下文學者字相照。性雖人物所同具，道雖人物所共由，教雖聖人通爲人物而設，然能自致於學，以求盡其性者，惟人耳。若不以人易性，則性既爲人物之所同具，下文乃曰『無一不本於天而備於我』，又曰『學者知之』，所謂學者，即上文所謂我，所謂人耳。」〇吴氏程曰：「祝本結語，有知無行，汎而不切。」剡按，當從定宇陳氏所攷爲定。」附《蒙引》：或者於此多錯認道屬事物，不知道自屬我也。蓋道由性而出，惟我有是性，則臨事物時，只據吾性所發，便一一有箇當然不易之理在，若天素所安排者矣。故曰率性之謂道，只是觸事物而見道，道初不屬事物也。〇《存疑》：《章句》各率其性之自然，最有分曉。必率其自然者，方是道。若非其自然，則或出於氣稟，或出於物欲，安得爲道？

脩，品節之也。三山潘氏曰：「品節之者，如親親之殺，尊賢之等，隨其厚薄輕重而爲之制，以矯其過不及之偏者也。雖若出於人爲，而實原於命、性、道之自然本有者。」〇雙峰饒氏曰：「脩，裁制之也。聖人因人所當行者而裁制之，以爲品節也。」附《存疑》：品，等級也。節，限制也。

性道雖同，而氣稟或異，故不能無過不及之差。聖人因人物之所當行者而品節之，以爲法於天下，則謂之教，若禮樂刑政之屬是也。問：「明道云：『道即性也，若道外尋性，性外尋道，便不是。』如此，即性是自然之理，不容加工。揚雄言學者所以脩性，故伊川謂揚雄爲不識性，《中庸》却言脩道之謂教，如何？」朱子曰：「性不容脩，脩是揠苗。道亦是自然之理，聖人於中爲之品節以教人耳。」〇脩道謂教，專就人事上言。就物上亦有品節，先王所以使鳥獸魚鼈咸若。

《周禮》掌獸掌山澤各有官，周公驅虎豹犀象，草木零落，然後入山林，昆蟲未蟄，不以火田之類，各有箇品節。使萬物各得其所，亦所謂教也，所以謂之盡物之性。但於人較詳，於物較略，於人較多，於物較少。○勉齋黄氏曰：「脩道二字，須就道上及人氣稟上兼看。道是大綱之名，如孝是事父之道，然孝中有多少曲折，人氣稟不同，柔者過於和，剛者過於嚴，則於孝道之曲折必有不中節者。此所以著爲品節，使之盡其道也。」○新安陳氏曰：「禮樂正是中和之教，刑所以弼教，政亦教之寓。此章命、性、道、教，皆當兼人物而言，而必以人爲主。然苟不兼及於物，則道理便該不盡。只以此篇後章證之，盡己之性，盡人之性，必説到盡物之性，則可見矣。」《通考》愚聞之先師曰：「天命謂性，非形體之天也。天也者，太極流行，賦予萬物，未有成立之名也。命之人物，即謂之性。此指天地之性也。率性謂道，道非外求也，性無不善，惟能循其本然之善而行之，則謂之道。道也者，由是之焉之名，如道路是也。脩道謂教，指聖人而言。人不能皆聖賢也，故有不能盡循其性，而本然固有之天始不免昏斁斷喪之病。故聖人者出而脩之，以反復於道，所以爲教。三者名異而實同，一性也。道者，道此性而已；教者，教此道而已。故下文專提一道字，而歸之君子言人道也。」○程氏復心曰：「天命之性，自然之中。率性之道，自然之和。脩道之教，是自學以致其中和也。自此以下，皆教之事。以一本於天言，元亨利貞，賦予萬物，不能自已，曰天命。以皆備於我言，仁義禮智，受命以生，莫非全體，曰性。率性而行，莫不各有當然之理。親親，仁民，愛物，仁之道；君君臣臣，敬長尊賢，義之道；恭敬辭讓，各有節文，禮之道；是非邪正，各有分別，知之道也。因人物所當行者以爲法。辨其親疎，仁之教；别其貴賤，義之教；制度文爲，禮之教；開道禁止，知之教。」○朱氏公遷曰：「性兼人物言。對相近之性而言，則天命之性爲天地之性。對性善之性而言，則天命之性以理言，而氣在其中。蓋率性謂道，是理之同也；脩道謂教，以氣之異也。『至誠盡性』章，以己之性對人物之性而言之，則性之本雖同，而氣稟則有不可得而同者矣。」附《存疑》：脩道之教，若論到極處，便是二帝三王亦有所不能盡。蓋古今風氣不同，一代之興，便有一代制作。非是前人思慮有所未及，蓋風氣至是而開，聖人因而成之耳。○脩道之教，若作學者説，多少順。夫子嘗曰「脩道以仁」，又曰「自明誠謂之教」，亦有可據。程子亦如此説。朱子不然者，爲非教之本義耳。《傳習録》以脩道爲學者事，不知程子已有此説。朱子非不知也，所以不取，必有見矣。蓋人知己之有性，而不知其出於天；就性上移上一級，説己性原於天命。知事之有道，而不知其由於性；又就道上移上一級，説道由於己之性。知聖人之有教，而不知其因吾之所固有者裁之也。又就教上移歸一步，説因吾之所固有之道而裁之。故子思於此首發明之，而董子所謂「道之大，原出於天」，亦此意也。漢董仲舒策中，此語大意，亦可謂知道之原者，故引以爲證。○朱子曰：「子思此三句，乃天地萬物之大本大根，萬化皆從此出。人若能體察，方見聖賢所説道理，皆從自己胸中流出，不假他求。」○三山陳氏曰：「此章乃《中庸》之綱領，此三句又一章之綱領也。聖賢教人，必先使之知道所自來，而後有用力之地。此三句蓋與孟子道性善同意。」○王氏曰：「此書皆言道之體用。第一句，天是體，性是用。第二句，性是體，道是用。第三句，道是體，教是用。」○雙峰饒氏曰：「性、道、教，道字重。《中庸》一書，大抵説道。性原於天而流行於事物，則謂之道。脩此道以教人，則謂之教。所以下文便説『道也者』，如『君子之道，費而隱』，『大哉，聖人之道』，皆提起道字説，以此見重在道字。」○雲峰胡氏曰：「開端雖不露出中字，天命謂性即未發之中，因率性之道而品節之，即時中之中也。」○番昜李氏曰：「《大學》，入德之書，學者事也，故首曰『大學之道』，而教在其中。《中庸》，明道之書，教者事也，故首曰『脩道之謂教』，而學在其中。《中庸》一書，性、道、教三言爲一篇之綱領，而道之一字爲三言之綱領。道由性而出，言道而不言性，則人不知道之本原，而或索之於淺近。道由教而明，言道而不言教，則人不知道之功用，而或索之於高虛。言性於道之先，言教於道之後，而下即繼之曰『道也者，不可須臾離也』。子思子立言之旨，可得而識矣。」○新安陳氏曰：「道字上包性字，下包教字，推其本原，必歸之天命。」○朱子此總斷之語，元本云：「蓋人之所以爲人，道之所以爲道，聖人之所以爲教，原其所自，無一不本於天而備於我。學者知之，則其於學，知所用力而自不能已矣。故子思於此首發明之，讀者所宜深體而默識也。」今以後來本校之，疎密深淺，大有開矣。然「無一不本於天而備於我」，此語亦包括要切。《或問》所謂「其本皆出乎天，而實不外乎我」，與此語無異，是仍存之於《或問》中矣。他本多依元本，惟祝氏附録從定本耳。蓋嘗論之，前聖如舜，首言道言教，而未言命性。至商湯君臣，始言天之明命。又曰：「上帝降衷於民，若有恒性，克綏厥猷。」雖包涵命、性、道、教之意，未始別白融貫言之。至孔子傳《易》曰「各正性命」，「一陰一陽之謂道」，繼善成性，習教事教思無窮。然言命自命，性自性，道、教亦然。至子思子，始言性本於命，道率乎性，教脩乎道，發前聖未發之藴，以開示後世學者於無窮。朱子於此三言，既逐字逐句剖析於先，復融貫會通於後。元本含蓄未盡，至定本則盡發子思之意，無復餘藴。故今一遵定本云。附《存疑》：《中庸》一書，子思憂道學之失其傳而作也。故初頭便明箇道以示人，必性教兼舉者。性道之所自出也，教道之所由成也，而皆不外一箇道也。故下文除却性、教，只說箇道。○天命之性，率性之道，此天所以生人物也。脩道之教，此聖人所以成人物也。俱於人物有功也，此聖人所以合德天地也。

道也者，不可須臾離也，可離非道也。是故君子戒慎乎其所不睹，恐懼乎其所不聞。

離，去聲。

道者，日用事物當行之理，皆性之德而具於心，上句言道之用，下句言道之體。無物不有，言道之大，橫說。無時不然，言道之久，直說。所以不可須臾離也。若其可離，則豈率性之謂哉！新安陳氏曰：「元本作：『則爲外物，而非道矣。』兩句宜兼存之。云若其可離，則爲外物，而非道矣，豈率性之謂哉！如此尤爲明備。」附《存疑》：可離非道，要說得明白。是道便不可離，可離便不是道。《章句》舊本以「外物」貼之，最切。○道無不在，故無時可離。若外物，則有時可離，如車馬椅桌，是切於日用，亦有時可離。惟道不可離。人亦有不御車馬，不用椅桌時節，是可離也。若道則跟著人身，無乎不在，雖暗室屋漏中也有，雖不睹不聞時也有，如何可離？○《章句》「事物當然之理」解道字，「皆性之德而具於心」，原其本於性也，「無物不有，無時不然」，見其無須臾之可離也。是以君子之心，常存敬畏，敬謂戒慎，畏謂恐懼。雖不見聞，亦不敢忽，所以存天理之本然，北溪陳氏曰：「未感物時，渾是天理。」而不使離於須臾之頃也。朱子曰：「此道無時無之，然體之則合，背之則離也。一有離之，則當此之時，失此之道矣。故曰不可須臾離，君子所以戒慎不睹，恐懼不聞，則不敢以須臾離也。」○可離與不可離，道與非道，各相對待而言。離了仁便不仁，離了義便不義。公私義利皆然。○戒慎恐懼，不須說得太重。此只是略略收拾來，便在這裏。伊川所謂道箇敬字，也不大段用得力。孟子曰操則存，操字亦不是著力把持。所不睹不聞，不是閉耳合眼時。只是萬事皆未萌芽，自家便先恁地。戒慎恐懼，不睹不聞之時，便是喜怒哀樂未發處。常要提起此心在這裏，防於未然。所謂不見是圖也。○戒慎恐懼是未發，然只做未發也不得，便是所以養其未發。只是聳然提起在這裏，這箇未發底，便常在，何曾發？或問：「恐懼是已思否？」曰：「思又別。思是思索了，戒慎恐懼，正是防閑其未發。」曰：「即是持敬否？」曰：「亦是。」○北溪陳氏曰：「道是日用事物所當行之路，即率性之謂，而得於天之所命者。而其總會於吾心，大而父子、君臣、夫婦、長幼、朋友，微而起居飲食，蓋無物不有。自古及今，流行天地之間，蓋無時不然。戒謹恐懼，只是主敬，是提撕警覺，使常惺惺，則天命之本體常存在此。若不戒懼，則易至於離道遠也。」○潛室陳氏曰：「道只是當行底理。天下事事物物，與自家一身，凡日用常行，那件不各有當行底道理，那曾一歇走離得？纔離得，便物非物，事非事，吾身日用常行者皆非是矣。故道即路之謂也。之燕之越，無非是路，纔無路，便是荆棘草莽。聖人之道，只是眼前當然底，一時走離不得。」○問：「當不睹不聞而戒懼，愚謂如鑑之照物，當不照時，光自常存，不可欺以妍醜。上蔡惺惺法者，豈謂此乎？」曰：「若如此說，則是他自常存了，何用戒慎恐懼？道理固自常在，但人須用提撕照管，不可謂目無睹，耳無聞，一齊都放下。須當此時，常自惺惺地也。」○問：「《大學》不要先有恐懼，《中庸》却要恐懼，何也？」西山真氏曰：「《大學》之恐懼與《中庸》之恐懼不同。《中庸》「戒慎乎其所不睹，恐懼乎其所不聞」，只是事物未形之時，常常持敬，令人不昏昧而已。《大學》之恐懼，只是俗語所謂怖畏之意，自與《中庸》有異。」○雙峰饒氏曰：「君子常存敬畏，雖當事物既往，思慮未萌，目無所睹，耳無所聞，暫焉之頃，亦不敢忽。事物既往，是指前面底説。思慮未萌，是指後面底説。不睹不聞，正在此二者之閒。看上文道不可須臾離，則是自所睹所聞，以至於所不睹不聞，皆當戒懼。而此不睹不聞，在事物既往之後。看下文喜怒哀樂未發，則此不睹不聞又在思慮未萌之前。故須看此二句，方説得上下文意貫串，緊要在『須臾之頃』四字，於此見得子思所以發『須臾』兩字之意。」附《蒙引》：不睹不聞，即是未睹未聞，以其未與物接，故無所睹聞也。○須臾，非耑指不睹不聞時也。惟是道不可離於須臾，故雖不睹不聞之時，亦須戒慎恐懼也。雲峰就以不聞不睹爲須臾，則泥矣。

莫見乎隱，莫顯乎微，故君子慎其獨也。見，音現。

隱，暗處也。微，細事也。獨者，人所不知而己所獨知之地也。問：「謹獨莫只是十目所視、十手所指處也。與那暗室不欺時一般否？」朱子曰：「這獨也不只是獨自時，如與衆人對坐，自心中發念，或正或不正，此亦是獨處。如一片止水中閒，有一點動處，此最緊要著工夫處。」言幽暗之中，細微之事，跡雖未形，而幾平聲。則已動，人雖不知，而己獨知之，則是天下之事，無有著見明顯而過於此者。朱子曰：「事之是與非，衆人皆未見得，自家自是先見得分明。」○三山陳氏曰：「曰隱曰微，則此念已萌矣。特人所未知，隱而未見，微而未顯耳。然人雖未知，而我已知之，則固已甚見而甚顯矣。此正善惡之幾也。」○三山潘氏曰：「幽暗之中，細微之事，其是非善惡，皆不能逃乎此心之靈。所以當此之時，尤爲昭灼顯著也。若其發之既遠，爲之既力，則在他人十目所視、十手所指，雖甚昭灼，而在我者，心意方注於事爲，精神方運於酬酢，其是非得失，反有不自覺者矣。」○雙峰饒氏曰：「此又對上文而言。隱暗之地，雖人之所不睹，微密之事，雖人之所不聞，然其幾既動，則必將呈露於外而不可掩，昭晰於中而不可欺，是道固不可須臾離，而其形見明顯，尤莫有甚於此者。」○子思云道也者，提起道字，見得下面「莫見乎隱，莫顯乎微」，見與顯皆是此道。是以君子既常戒懼，指上文一節。而於此尤加謹焉。指此一節。所以遏人欲於將萌，新安陳氏曰：「未發之前，私欲不萌，只是存天理而已。幾動之初，天理人欲由此而分。此處加謹，則人欲將萌動，便從而遏絶之矣。」而不使其潛滋暗長上聲。於隱微之中，元本只云滋長，定本加「潛」、「暗」二字。以至離道之遠也。朱子曰：「道不可須臾離，是言道之至廣至大者。莫見乎隱，莫顯乎微，是言道之至精至密者。道不可離，是説不可不存養，是故以下是教人戒懼，做存養工夫。莫見莫顯，是説不可不省察，故君子以下是教人謹獨，察私意起處防之。只看兩『故』字可見。」○既言道不可離，只是精粗隱微之閒，皆不可離，故言戒懼，不睹不聞以該之。若曰自其思慮未起之時，早已戒懼，非謂不戒懼乎所睹所聞，而只戒懼乎不睹不聞也。此兩句，是結上文「不可須臾離也」之意。下文又提起説，無不戒懼之中、隱微之閒，念慮之萌，尤不可忽，故又欲於其獨而謹之，又結上文隱微意。此分明是兩節事，前段有「是故」字，後段有「故」字，且兩提起「君子」字。若作一段説，亦成是何文字。問：「如此分兩節工夫，則致中、致和工夫方各有著落，而天地位，萬物育，亦各有歸著。」曰：「是。」○問：「戒懼是體統做工夫，謹獨是又於其中緊切處加工夫。」曰：「然。」○戒懼是防之於未然，以全其體；謹獨是察之於將然，以審其幾。○問：「戒懼者，所以涵養於喜怒哀樂未發之前。當此之時，寂然不動，只下得涵養工夫。謹獨者，所以省察於喜怒哀樂已發之時。當此之時，一毫放過，則流於欲矣。判別義利，全在此時，不知是如此否？」曰：「此説甚善。」○問：「涵養工夫，實貫初終。而未發之前，只須涵養，纔發處，便須用省察工夫。至於涵養愈熟，則省察愈精矣。」曰：「是。」又問：「未發時，當以義理涵養。」曰：「未發時，著義理不得。纔知有義理，便是已發。當此時，有義理之源，未有義理條件，只一箇主宰嚴肅，便有涵養工夫。」○存養是靜工夫，省察是動工夫。○陳氏曰：「雖是平時，已常戒懼。至此又當十分加謹，則所發便都是善。不加謹，則所發便流於惡。」○潛室陳氏曰：「戒慎恐懼與謹獨，是兩項地頭。戒慎恐懼是自家不睹不聞之時，謹獨是衆人不睹不聞之際。」○蛟峰方氏曰：「戒懼是保守天理，慎獨是檢防人欲。」○雙峰饒氏曰：「戒慎恐懼，便是慎獨之慎。詳言之，則曰戒慎恐懼；約言之，只是慎之一字。道者，率性之謂，其體用具在吾身。敬者，所以存養其體，省察其用，乃體道之要也。戒懼，存養之事；慎獨，省察之事。《中庸》始言戒懼慎獨，而終之以篤恭，皆敬也。《中庸》以誠爲一篇之體要，惟其敬，故能誠。」○《大學》只言慎獨，不言戒懼。初學之士，且令於動處做工夫。○勿軒熊氏曰：「按，《大學》誠意章言慎獨，子思傳授，蓋本於此。」○雲峰胡氏曰：「首三句，重在一道字。天命謂性，是道之體；脩道謂教，是道之用，所以於此獨提起『道也者』三字。下文却分爲兩節言之。『道也者，不可須臾離』，所以君子必戒慎所不睹，恐懼所不聞。『不睹不聞』四字，正是釋『須臾』二字。人有目，豈不睹？有耳，豈不聞？不睹不聞，特須臾之頃爾。道也者，『莫見乎隱，莫顯乎微』，所以君子必慎其獨。此一獨字，正是説隱微二字，隱微却是人之所不睹不聞，而我之獨睹獨聞之時之處也。《章句》於《大學》曰審其幾，此曰幾則已動，一幾字，是喫緊爲人處。上文曰：『君子之心，常存敬畏。』一敬字，是教人用工夫處。戒懼，不睹不聞，是幾未動而敬；慎獨，是幾已動而敬也。曰『常存敬畏，雖不見聞，亦不敢忽』，當看常字與亦字。曰『君子既常戒懼，而於此尤加謹焉』，當看常字與尤字。曰『存天理之本然，遏人欲於將萌』，當看存字與遏字。然皆不離乎敬而已。大抵君子之心，常存此敬。不睹不聞時亦敬，獨時尤敬。所以未發時，渾是本然之天理，此敬足以存之；纔發時，便有將然之人欲，此敬足以遏之也。朱子《敬齋箴》與此無不合。戒懼是静而敬，慎獨是動而敬。戒懼是惟恐須臾之有閒，慎獨是惟恐毫釐之有差。」《通旨》朱氏公遷曰：「上節持敬之功，以静存而言之；此節持敬之功，以動察而言之。《大學》誠意章兩言慎獨。先言慎獨，欲其自慊也；後言慎獨，防其自欺也。《中庸》言『君子慎其獨』，《大學》言『君子必慎其獨』，語勢有輕重不同，蓋所謂君子者，其等第不能無不同也。」附《存疑》：「莫見乎隱」節，意謂道不可離於須臾，君子自所睹所聞，以至不睹不聞，固無所不用其謹矣。若夫方寸之中，是爲暗處；一念之發，是爲細事。是乃不睹不聞之終，所睹所聞之始，所謂天理固當發現，人欲亦萌乎其閒時也。此正理欲分界，善惡關頭，尤是緊關去處。君子雖云無所不用其謹，於此若不更加詳慎，則前面雖有許多存養工夫，未免盡棄，後來雖欲用許多存省工夫，亦無及矣。故子思上文既説戒懼，於此復説謹獨，又是就其中特揭切要工夫以示人，要不出乎上文戒慎恐懼之外也。○謹獨工夫，只是就一念萌動處體察，不得放過，看是天理，是人欲。是天理，便從此保養擴充將去。是人欲，便從此遏絶了。然則謹獨含省察存養克治在内，言省察，以其尤切耳。

喜怒哀樂之未發，謂之中；發而皆中節，謂之和。中也者，天下之大本也；和也者，天下之達道也。樂，音洛。中節之中，去聲。

喜怒哀樂，情也。其未發，則性也，無所偏倚，故謂之中。發皆中節，情之正也，無所乖戾，故謂之和。大本者，天命之性，推本於「天命之謂性」一句。天下之理皆由此出，道之體也。達道者，循性之謂，推本於「率性之謂道」一句。天下古今之所共由，道之用也。此言性情之德，中爲性之德，和爲情之德。以明道不可離之意。延平李氏曰：「方其未發，是所謂中也，性也。及其發而中節也，則謂之和。其不中節也，則有不和矣。和不和之異，皆既發焉，而後見之，是情也，非性也。孟子故曰性善，又曰情可以爲善，其説蓋出於子思。」○朱子曰：「喜怒哀樂，渾然在中。未感於物，未有倚著一偏之患，亦未有過與不及之差，故特以中名之，而又以爲天下之大本。程子所謂『中者在中』之義，所謂『只喜怒哀樂未發，便是中』，皆謂此也。林擇之謂在中之義，是裏面底道理，看得極子細。」○喜怒哀樂未發，如處室中，東西南北，未有定向，不偏於一方，只在中間，所謂中也。及其既發，如已出門，東者不復西，南者不復北，然各行所當然，無復乖逆，所謂和也。○中、和，是承上兩節説。中，所以狀性之德，而形道之體；和，所以語情之正，而顯道之用。子思欲學者於此識得心也。心也者，妙性情之德也，所以致中和，立大本，以行達道者也，天理之主宰也。○心包性情。性是體，情是用。心字是一箇字母，故性情皆從心。○問：「中和者，性情之德也。寂感者，此心之體用也。此心存，則寂然時，皆未發之中；感通時，皆中節之和。心有不存，則寂然，木石而已，大本有所不立也；感通，馳騖而已，達道有所不行也。故動静一主於敬，戒謹恐懼而謹之於獨。則此心存，而寂感無非性情之德也。」曰：「是。」○問：「惻隱羞惡，喜怒哀樂，固是心之發，曉然易見處。如未惻隱羞惡、喜怒哀樂之前，便是寂然而静時，然豈得皆塊然如槁木？其耳目亦必有自然之聞見，其手足亦必有自然之舉動，不審此時唤作如何？」曰：「喜怒哀樂未發，只是這心未發耳。其手足運動，自是形體如此。」○静而無不該者，性之所以爲中也，寂然不動者也。動而無不中者，情之發而得其正也，感而遂通者也。静而常覺，動而常止者，心之妙也，寂而感，感而寂者也。○北溪陳氏曰：「節者，限制也，其人情之準的乎！只是得其當然之理，無些過不及，與是理不相咈戾，故曰和。」○情之中節，是從本性發來。其不中節，是感物欲而動。須有戒懼工夫，方存得未發之中。須有謹獨工夫，方有已發之和。○問：「發時有中節、不中節之分，未發時還有分别否？」潛室陳氏曰：「既是未發，更有何物可分？但有渾然之理在中，不曾倚著耳。」○蒙齋袁氏曰：「喜怒哀樂未發，則渾然在中。及發，而有中節、不中節，而惟中節者爲和。」○雙峰饒氏曰：「四者皆中節，方謂之和。譬之四時，三時得宜，一時失宜，亦不得謂之和矣。」○雲峰胡氏曰：「上文説君子主敬之功，見人心之於道不可離。此説在人性情之德，又見道之在人心本不可離也。發而中節之和，即是無過不及之中。故周子曰：『中也者，和也，中節也，天下之達道也。』達道，即率性之道。前言率性之道，必自天命上説來。此言達道，必自大本説來。體用一源，非知道者，孰能識之？」《通考》黄氏洵饒曰：「善觀者，當於已發之時觀之，此是言其自然之理。」○中者，性之德。和者，情之極。○中，性善。和，情善。中和，人所同有。位育，人所皆能。附《蒙引》：本是有七情，今只言喜怒哀樂四者，何也？樂兼愛，哀兼懼，怒兼惡，慾屬土而無不在也。又約而言之，只是喜怒二者而已。喜屬陽，怒屬陰，故《大學》言之，其所親愛而辟焉者凡五事，而下面只以好惡二字該之。○或曰：「天命之性，只有仁、義、禮、智，及其發，則爲惻隱、羞惡、辭讓、是非之情。今置此不用，而用喜、怒、哀、樂，何也？」曰：「子思、孟子立言雖殊，然要之亦只是一理。蓋仁、義、禮、智之性，發而爲惻隱、羞惡、辭讓、是非之情，見於日用應事接物之閒。究其目，亦不過只喜、怒、哀、樂而已。如惻隱於孺子之將入井，便是哀之中節者。羞己之不善，惡人之不善，便是怒之中節者。辭讓之中，有因喜而辭讓者，亦有因怒而辭讓者。至於是非，必喜是而怒非。以此觀之，喜怒哀樂之情與惻隱羞惡等情，初非判然二物矣。」○「天下之達道」與「率性之謂道」，二道字大同小異。彼道字，對性教言，則爲義理之名目。此達道字，對大本言，則爲和字之名狀。○《存疑》：《章句》此言性情之德，以明道不可離之意。曰中，曰和，曰大本，曰達道，是性情之德也。不戒懼，則失其中，而大本不立。不謹獨，則失其和，而達道不行。所以不可須臾離也。《或問》自明白。《蒙引》云：「有是人，則有是心。有是心，則有是性情。性之德，則道之體也。情之正，即道之用也。人孰無是性情？此道所以不可須臾離。」此説似未切。○中節要看得細。如不當喜而喜，此固不足言中節。若當喜，而喜之中分數有多寡之差，亦是未中節處。○顧麟士曰：「『之謂』與『謂之』語氣亦有辨。之謂者，有是名稱而實之也，如首節。謂之者，據是地位而目之也，如此節。」○此一節是大凡説，不頂上兩節，致字方頂上兩節説也。

致中和，天地位焉，萬物育焉。

致，推而極之也。位者，安其所也。育者，遂其生也。自戒懼而約之，以至於至静之中，無所偏倚，而其守不失，則極其中而天地位矣。自謹獨而精之，以至於應物之處，無少差謬，靡幼反。而無適不然，則極其和而萬物育矣。勉齋黄氏曰：「《章句》無少偏倚，無少差謬，是横致。其守不失，無適不然，是直致。横致，如一箇物，打进了四圍，恁地潔净相似。直致，則是今日如此潔净，後日亦如此，以至無頃刻不如此。」○雲峰胡氏曰：「《章句》精之、約之，只是釋一致字。約之則存養之功益密，精之則省察之功益嚴。至静之中，無少偏倚，已是約之之至，而其守不失，所以約之者愈至。應物之處，無少差謬，已是精之之至，而無適不然，所以精之者愈至。此之謂中和之致也。」○新安陳氏曰：「收斂近裏貴乎約，審察幾微貴乎精。二字下得尤不苟。」○東陽許氏曰：「致中和，是戒懼、慎獨推行積累至乎極處，則有天地位、萬物育之效驗。」蓋天地萬物，本吾一體，吾之心正，致中。則天地之心亦正矣。天地位。吾之氣順，致和。則天地之氣亦順矣，天地氣順，則萬物育。故其效驗至於如此。此學問之極功、聖人之能事，初非有待於外，不出吾性之外。而脩道之教亦在其中矣。陳氏曰：「致中，即天命之性。致和，即率性之道。及天地位，萬物育，則脩道之教亦在其中矣。」○雲峰胡氏曰：「致吾之中，如何天地便位？致吾之和，如何萬物便育？蓋以天地萬物本吾一體故也。朱子此八字，是從天命之性説來。性一而已，天地萬物與吾有二乎哉！」是其一體一用雖有動静之殊，然必其體立而後用有以行，則其實亦非有兩事也。三山陳氏曰：「體之立，所以爲用之行之地；用之行，所以爲體之立之驗。」○新安陳氏曰：「體静用動，分言也。體立而後用行，合言也。致中則必能致和，中和一理。天地位則必萬物育，位育一機，非兩事也。」故於此合而言之，以結上文之意。問：「致中和，天地位，萬物育，與喜怒哀樂不相干。」朱子曰：「世間何事不係在喜怒哀樂上。且如人君，喜一人而賞之，則千萬人勸；怒一人而罰之，則千萬人懼。以至哀矜鰥寡，樂育人材，這便是萬物育。以至君臣、父子、夫婦、長幼相處相接，無不是這箇。即這喜怒中節處，便是實理流行。」○問：「致中和，天地位，萬物育。此以有位者言，如一介之士，如何得如此？」曰：「若致得一身中和，便充塞一身；致得一家中和，便充塞一家；若致得天下中和，便充塞天下。有此理，便有此事，有此事，便有此理。如一日克復，如何便得天下歸仁，爲有此理故也。」○問：「堯、湯不可謂不能致中和，而亦有水旱之災。」曰：「經言其常，堯、湯遇非常之變也。大抵致中和，自吾一念之間，培植推廣，以至裁成輔相，匡直輔翼，無一事之不盡，方是至處。」○「致中和，天地位焉，萬物育焉」，便是形和、氣和，則天地之和應。○天地位，萬物育，便是裁成輔相，以左右民底功夫。若不能致中和，則山崩川竭者有矣，天地安得而位？胎夭失所者有矣，萬物安得而育？問：「如此則須專就人主身上説，方有此工夫。」曰：「規模自是如此。然人各隨一箇地位去做，不道人主致中和，士大夫便不致中和。」○西山真氏曰：「致中和，之所以用功不過，曰敬而已。不睹不聞而戒懼，静時敬也。謹獨，動時敬也。静無不敬，所以致中。動無不敬，所以致和。自然天地位，萬物育。如《洪範》所謂肅乂哲謀聖，而雨暘燠寒風之時若應之，董仲舒所謂人君正心以正朝廷，正百官，正萬民，而陰陽和，風雨時，諸福之物畢至，皆是此理。」〇雙峰饒氏曰：「致中和，而能使天地位，萬物育，是有此理。但所居位有高下，則力之所至有廣狹。如爲一家之主，則能使一家之天地位，萬物育。爲一國之主，則能使一國之天地位，萬物育。爲天下主，則能使天地位，萬物育。父父，子子，夫夫，婦婦，此一家之天地位也。妻、子、臣、妾，人人各得其所，此一家之萬物育也。一國亦然。極而至於天下，然後天地位，萬物育，始充其量。如孔子在當時，雖不見位育極功，然道明於萬世，能使三綱五常終古不墜，是即位育之極功也。」〇雲峰胡氏曰：「中和雖有體用動静之殊，然深觀其所從來，則天地萬物之所以位育，有不得而析者，故曰『必其體立而後用有以行』，亦非有兩事也。《中庸》一書，本只言率性之道，而必推原天命之性，本只言時中之中，而必推原未發之中，皆謂體立而後用有以行也。」〇新安陳氏曰：「由教而入之學者，其於致中和、位育之事業，雖未敢遽望及此，然學問志向之初，亦所當考而以之爲標的也。」〇東陽許氏曰：「位育，以有位者言之，固易曉。若以無位者言之，則一身一家，皆各有天地萬物。以一身言，若心正氣順，則自然睟面盎背，動容周旋中禮，是位育也。以一家言，以孝感，而父母安；以慈化，而子孫順；以弟友接，而兄弟和；以敬處，而夫婦正；以寛御，而奴僕盡其職。及一家之事，莫不當理，皆位育也，但不如有位者所感大而全爾。」《通考》程氏復心曰：「喜怒哀樂未發謂中，則所存者得。發而中節謂和，則所審者當。中者大本，天命之性也。和者達道，率性之道也。致中和位育，脩道之極功也。天地位，中之至也。萬物育，和之至也。未發之中，静不失其性之德，則道之體。中節之極，動不違其情之正，則道之用。此由性情言之，皆存養省察之要，中和之效也。合而論之，天以陰陽五行化生萬物，氣以成形，而理亦賦焉。理者，形而上者也。陰陽形氣，形而下者也。氣化形生，理賦之，由道之不可離者也。不睹不聞於戒懼，見隱顯微於慎獨，皆所以遏人欲而存天理。循性道之體用，致中和之位育，所以順氣踐形，而存本然之天理，實皆學問之極功，而中庸之道也。」〇史氏伯璿曰：「竊詳此段章句之旨，『戒懼』二字是提『戒慎乎其所不睹，恐懼乎其所不聞』二全句意，對慎獨言之耳。兩『自』字，兩『以至於』字，是推而極之之意，所謂致也。大凡静是自外静，至内必耳目無所睹聞於外矣，然後此心亦寂然不動於内，内即所謂至静之中也。動是自内動，出外必一念萌動於内矣，然後與事物應接於外，外即所謂應物之處也。約是自外收斂入内之謂，精是自内審察出外之謂。自戒懼而約之，以至於至静之中，蓋曰自不睹不聞於外而戒懼之，又收斂入内，至於此心寂然不動之中，無所不用其戒懼，則致中之工至矣。自謹獨而精之，以至於應物之處，蓋曰自　念萌動於内而慎之，又審察出外，至於所應接之事物，無所不用其慎，則致和之工至矣。無少偏倚，無少差謬，是一時極其中和之意，是自外至内，自内至外，無不全盡之謂，先儒以爲横致之致是也。其守不失，無適不然，是無時不極其中和之意，是從今至後，從此至彼，未嘗閒斷之謂，先儒以爲直致之致是也。《語録》有曰戒懼是由外言之，以盡乎内；謹獨是由内言之，以盡乎外。」〇又曰：「朱子從天地萬物本吾一體上説來，則曰心曰氣，而一體無不舉矣。朱子不以心正氣順爲中和，特曰能致中則在我之心正，能致和則在我之氣順。心正則天君安泰，即一身之天地位也。氣順則百體悦豫，即一身之萬物育也。在我者如此，則在外者亦如此。感應之理，自然而然，可見一體之實。以一體之意觀之，則人便是天地之心，吾心正則天地之心亦正，天地之心即吾之心耳。」又曰：「中和位育，《或問》明以事言，而謂彼以理言者言之不備，有以啓後學之疑，不若直以事言，而理在其中之爲盡矣。故陳氏亦曰此乃有位者之事功。非泛就君子説詳此則。饒氏『是有此理』之言，正《或問》之所謂未備者，讀者考焉可也。」〇黄氏洵饒曰：「工夫在此致中，則天地由此而位。致和，則萬物由此而育。能致中，則能盡天命之性。能致和，則能盡率性之道。能此二者，則脩道之教由我而立也。」又曰：「未有致和而不本於致中，未有能致中而不本於致和者，孟子之言一本於此。」〇天地位，萬物育，兼學問之極功，聖人之能事。知化育，贊化育，則專言聖人之能事。自二十二章，凡言天道，皆聖人之能事；凡言人道，皆學問之極功。又必至三十二章天道聖人之極致而無以加，然後爲盡耳。

附《存疑》：《章句》自戒懼而約之，這約，是「以約失之者鮮」之約，簡束也，簡束此心，不令走逸也。〇《章句》

「至静」至字亦輕，觀下文「應物」字可見。○論致和工夫。自一身動處，如足容重、手容恭之類，皆在致和條内，極其小。鄉人儺，朝服而立於阼階，此致和也，極其大。堯以天下與舜，舜以天下與禹，此致和也。就此篇論之，庸德之行，庸言之謹，妻子好合，兄弟既翕，此致和也。舜之大孝，文王之無憂，武周之達孝，仲尼之祖述憲章，上律下襲，君子之議禮制度考文，此致和也。○此心方發，不是天理，便是人欲。天理則中節，人欲則不中節。夫立心之私者，除却不道。立心之公者，或其見不明。錯認人欲作天理者，往往有之，此猶是粗者耳。又有雖知理欲之分，而於所見天理之中，分數不能無過不及之差焉，終亦歸於人欲，而未得爲中節也。謹獨而精之，便要分别到這裏方是精。○《蒙引》：《章句》「以至於至静之中」，「以至於應物之處」，此處不可讀斷了。蓋不用「至静之中」字，無以起下文之「無少偏倚，而其守不失」。不用「應物之處」字，無以起下文之「無少差繆，而無適不然」。安可泥此，而以爲上面之静猶未是至静之中，上面之動猶未是應物之處耶？○吾之心正，天地之心亦正。天地之心正，然後天地之身安，所謂位也。天地之身安，則天地之氣順矣。天地之氣順，然後萬物之得，是氣以化生於天地之閒者始遂，所謂育也。仔細推來，天地之氣順與天地位處，無甚分别，朱子只是於位育上，各求其所以然之故，則如此云耳。○大抵天下有本然之義理，有當然之工夫，有自然之效驗。性、道、教三者，皆出於天本然之義理也。戒懼以致中，謹獨以致和，當然之工夫也。天地位，萬物育，自然之效驗也。蓋有是義理，必有是工夫，以全是義理。有是工夫，則自有是效驗，以應是工夫。○《淺説》：精者，精密也。約者，細約也。精、約二字最有味。文中子曰：「孔明不死，禮樂其有興乎！」先儒不之許，蓋猶病其粗也。孔明讀書，獨觀大意，則猶曾點、漆雕開之見。

右第一章，子思述所傳之意以立言。《通考》黄氏洵饒曰：所傳謂堯、舜、禹、孔子所法。首明道之本原出於天而不可易，首三句。其實體備於己而不可離。「道不可離」、「可離非道」二句。次言存養省悉井反。察之要，戒懼、慎獨二節。終言聖神功化之極。中和、位、育三句。○黄氏曰：「此章字數不多，而義理本原、功夫次第與夫效驗之大，無不該備。」蓋欲學者於此反求諸身而自得之，以去上聲。夫音扶。外誘之私而充其本然之善，新安陳氏曰：「中之大本，原於天命之性。和之達道，即率性之道也。反求諸身，身本有之。自得之者，即自得乎此也。去外誘之私，慎獨以遏人欲而已。充本然之善，致大本之中，達道之和也。」楊氏所謂一篇之體要是也。陳氏曰：「此章乃子思總括一篇之義。」〇新安陳氏曰：「《中庸》一書，造聖道之閫奧。其首章，子思子自著之格言也。首三句，祖述《湯誥》『惟皇上帝降衷於下民，若有恒性，克綏厥猷』，惟后之言，而推明性、道、教三字，血脈貫通，名義精當，則實過之，真是發從古聖賢之所未發。慎獨，曾子雖嘗言之，然只就意之動處言之耳。前一截靜時工夫，未之言也。子思先就戒懼處言靜時之涵養，方就慎獨處言動時之省察，動靜相涵，交致其力，視曾子之言，益加密焉，亦本其所已發，而盡發其所未發也。自古書中，多言無過不及之中，中之用耳。子思則先言未發之中，以見中之體。後言時中之中，以見中之用。言未發之中，本體淵深，除《中庸》外，他固罕見，豈非亦發前古聖賢之所未發乎？靜致其中，動致其和，極其功至於位天地，育萬物，參贊化育之大功。其本原，實自存養天理、遏絶人欲者基之。精乎，大哉！一章大指，有本原，有工夫，有功用，歷選聖賢之書，無能肩之者。聖師有此賢孫，其有功於道統之傳，萬世實不可磨云。」《通考》史氏伯璿曰：「趣完具於己，謂之體。衆體聚會，謂之要。」又曰：「此章前後五節，皆是以本然之道理與當然之工夫相間而言。而二者之中，又各以一體一用對待言之，極爲詳整。第一節，是總言以起之性是體，道是用，天理之本然者也。教即脩道以復其性之謂，人事之當然者也。第二節、第三節，是由教而入，以存天理、遏人欲之事，此是就體用上做工夫處。第四節，是包性情之德對言，此又是申言本然之道理處，以見道之體用自然而然，故見道之本不可離者如此。第五節，是就性情之德上做工夫處，又推效驗而極言之，此又是申言當然工夫與學問之極功也。」其下十章，蓋子思引夫子之言，以終此章之義。雙峰饒氏曰：「首章論聖人傳道立教之原，君子涵養性情之要，以爲一篇之綱領，當爲第一大節。」《通考》史氏伯璿曰：「按，《章句》首章至二十章次序，已無可議。自二十章至三十二章次序，則饒氏以來諸儒，其説多有變亂《章句》之序者。雖大綱不可改《章句》之舊。若其間節目，似亦有可以補《章句》之所未備者。今存之以備參攷。其猶有未備者，則僭附愚見，以足之云。其詳已具各章。」○右一章，是第一大節。○黄氏洵饒曰：「此章爲第一支，分其下十章節解。」○支略而節詳，支節中又有支節，詳略中又有詳略。

仲尼曰：「君子中庸，小人反中庸。

中庸者，不偏不倚，無過不及，而平常之理，陳氏曰：「中庸只是一箇道理，所以不析開説。」乃天命所當然，精微之極致也。新安陳氏曰：「提掇篇首一句，以爲綱領，乃天命所賦當然之理，所謂極至之德也。」唯與惟通。君子爲能體之，新安陳氏曰：「體之，謂以身當而力行之，如仁以爲己任之意。」《通考》吴氏程曰：「體認之體，與首章深體同。下體字，乃體段之體。」○黄氏洵饒曰：「精微之極，太極也。爲能體之，則表裏皆是中庸矣。」小人反是。雲峰胡氏曰：「第二章以下十章，皆述夫子之説。獨此章與第三十章，揭仲尼二字。『仲尼曰』，仲尼之言也，所言者中庸也。『仲尼祖述堯舜』以下，仲尼之行也，所行者皆中庸也。中和之論發於子思，中庸之論本於仲尼。然發而中節之和，即是時中之中。子思中和二字，亦只是説仲尼一中字。故曰《中庸》之中兼中和之義，而《章句》必先曰不偏不倚，而後曰無過不及，可謂精矣。」附《蒙引》：本文中庸字，屬君子，《章句》乃把作道理解者，蓋道理本自中庸也，故承之以「惟君子爲能體之」。體之者，依其本然之謂也。《章句》體字，亦從本文下句反字而生。反者，不依其本然者也。○精微之極致，即所謂「中庸之爲德也，其至矣乎」，但此以理言，彼以人之得是理者言，爲小異耳。

君子之中庸也，君子而時中；小人之中庸也，小人而無忌憚也。」

王肅本作「小人之反中庸也」，程子亦以

爲然，今從之。此是正解，説上兩句。○君子之所以爲中庸者，以其有君子之德，而又能隨時以處上聲。中也。小人之所以反中庸者，以其有小人之心，而又無所忌憚徒案反。也。程子曰：「『可以仕則仕，可以止則止，可以久則久，可以速則速』，此皆時也，未嘗不合中。故曰『君子而時中』，君子之於中庸也，無適而不中，則其心與中庸無異體矣。小人之於中庸，無所忌憚，則與戒慎恐懼者異矣，是其所以反中庸也。」○朱子曰：「君子只是説箇好人，時中只是説箇做得恰好底事。」○爲善者，君子之德。爲惡者，小人之心。君子而處不得中者有之，小人而不至於無忌憚者亦有之。○當看「而」字，既是君子，又要時中。既是小人，又無忌憚。二「又」字不用亦可，但恐讀者不覺，故特下此字，要得分明。○新安陳氏曰：「朱子蓋就兩箇『而』字上咀嚼出意味來。」《通考》黄氏洵饒曰：「君子言德者，行道而有得於心之謂。小人謂之心者，雜善惡而言，皆已發之事。惟未發之時存養，所以發皆中節。」蓋中無定體，隨時而在，是乃平常之理也。問何謂時中。程子曰：「猶之過門不入，在禹之世爲中也，時而居陋巷，則過門不入非中矣。居於陋巷，在顔子之時爲中也，時而當過門不入，則居於陋巷非中矣。」○朱子曰：「堯授舜，舜授禹，都是當其時合當如此做，做得來恰好，所謂中也，中即平常也。湯武亦然。如當盛夏時須要飲冷衣葛，隆冬時須要飲湯重裘，不如此，便失其中，便是差異矣。」○中庸之中，本是無過不及之中，大旨在時中上。若推其本，則自喜怒哀樂未發之中而爲時中之中，未發之中是體，時中之中是用，中字兼中和言之。○南軒張氏曰：「中字若統體看，是渾然一理也；若散在事物上看，事事物物各有正理存焉。君子處之，權其所宜，悉得其理，乃隨時以處中也。」○雙峰饒氏曰：「中庸之理，即率性之謂，而天下之達道也，惟君子爲能體之。中庸之中，只是時中，如舜用中於民，亦只是中之用。」問：「言中而不及庸，何也？」曰：「庸不在中之外，惟其隨時處中，所以可常行而不可易也。」○東陽許氏曰：「既曰隨時以處中，又曰中隨時而在。此隨時字，含兩意，謂君子每應事之時，各隨其事以處乎中，是一日之閒，事事皆處乎中也。又同此一事，今日應之如此爲中，他日應之乃如彼爲中。凡一事，各於時宜不同者處乎中也。」君子知其在我，故能戒謹不睹，恐懼不聞，而無時不中。小人不知有此，則肆欲妄行，而無所忌憚矣。蔡氏曰：「此章上二句，孔子之言。下四句，乃子思釋孔子之言。」○三山潘氏曰：「君子致存養省察之功，是以無時而不中；小人放肆而無忌憚，是以與中庸相反。」○新安陳氏曰：「前六句，已正解此節文義明白，此又推其本而以知此理爲重。如《論語》『三畏』章，君子惟知天命，故畏天命，小人惟不知天命，所以不畏也。君子惟知此理在我，故能戒懼以存養此中之體，而隨時以裁處此中之用，戒懼即畏天命也。小人惟不知有此理，所以縱肆人欲而無忌憚。無忌與戒慎反，無憚與恐懼反，是即不知天命而不畏者也。」○魯齋許氏曰：「時有萬變，事有萬殊，而中無定體。當此時則此爲中，於彼時則非中矣。當此事則此爲中，於他事則非中矣。是以君子戒慎恐懼，存於未發之前，察於既發之際，大本立而達道行。故堯、舜、湯、武之征讓不同，而同於中。三仁之生死不同，顔、孟之語默不同，其同於中則一也。明乎此，則可論聖賢之時中矣。」

右第二章。此下十章，皆論中庸，以釋首章之義，文雖不屬，音燭。而意實相承也。變和言庸者，游氏曰「以性情言之，則曰中和；以德行去聲。言之，則曰中庸」是也。《通考》黄氏洵饒曰：「性情是自然，中和該體用；德行見於事，中庸兼體用。」然中庸之中，實兼中和之義。中庸之中，兼已發、未發二義。○陳氏曰：「中和是分體用、動靜相對説，中庸是兼德性、行事相合説。」○勉齋黄氏曰：「性情，天生底；德行，人做底。性情，人人一般；德行，人人不同。」○雙峰饒氏曰：「中庸者，道之準的，古今聖賢所傳，只是此理，子思所作《中庸》，亦只爲發明此二字。首章中和是性情之德而中庸之根本，蓋特推其所自來耳。游氏所謂德，即性情之德，中和是也。行即見諸行事者，時中是也。以中庸兼此二者而得名，故曰『中庸之中，實兼中和之義』。然中和以性情言，人心本然純粹之德也；

中庸以事理言，天下當然之則，不可過，亦不可不及者也。二者雖同此中之理，而所指各異。故致中和者，則欲其戒懼慎獨，以涵養乎性情；踐中庸者，則欲其擇善固執，以求合乎事理。二者内外交相養之道也。此下十章，是聖人立中庸，使過者俯而就，不肖者企而及，乃變化氣質之方也。」○新安倪氏曰：「惟君子能因性情之自然而致中和，是以能全德行之當然而踐中庸，究其用功，惟在主乎敬而已。戒謹恐懼，敬也。擇善固執，非主敬者能之乎？若小人，則全無主敬之功，宜其無忌憚而反中庸也。饒氏以中和、中庸二者分析而論，故今又以二者融貫而論之云。」附《蒙引》：此下十章，皆論中庸以釋首章之義。如君子中庸，舜之知、回之仁、子路所聞於夫子之勇，以至遵道而行，依乎中庸，不見知而不悔者，便是能存養以致中，而天命之性立，省察以致和，而率性之道行，教亦在其中矣。若小人之反中庸，民之鮮能久，賢知愚不肖之過不及，人之所以不能期月守，中庸之不可能，以至索隱行怪，半塗而廢，其間人品高下，固有不同，然均之爲不能致中和，而無以立教於天下者也。通此十章之言，總只是首一章内所含之意。○「以性情言之，則曰中和」，中性而和情也；「以德行言之，則曰中庸」，不偏不倚之中德也。所謂君子之德也。無過不及之中行也，所謂隨時以處中者也。故曰「中庸之中，實兼中和之義」，中則庸矣。

子曰：「中庸其至矣乎！民鮮能久矣。」鮮，上聲，下同。

過則失中，不及則未至，故惟中庸之德爲至。然亦人所同得，初無難事，但世教衰，民不興行，去聲。故鮮能之，今已久矣。《論語》無能字。北溪陳氏曰：「至者，天下之理無以加之謂。」○仁壽李氏曰：「自物則言之，則過與不及皆不可以言至。自末世言之，則過乎則者少，不及乎則者多。學者試以事君之敬、事父之孝、與人交之信反己而自省焉，則其至與否可見矣。」○雙峰饒氏曰：「此章言中庸之道，非特小人反之，而衆人亦鮮能之，以起下章之義。」○格菴趙氏曰：「此章無『之爲德也』四字，故下句有能字，意《論語》是夫子本文，此是子思櫽括。」○雲峰胡氏曰：「此比《論語》添一能字。惟民氣質偏，故鮮能知能行。仍須看下章許多能字，方見子思之意。『鮮能知味』，是不能知者。『不能期月守』，是不能行者。『中庸不可能』，非義精仁熟者，不能知，不能行，惟聖者能之，是專言聖人知之盡、仁之至，故獨能知能行。至於『人一能之，己百之；人十能之，己千之』，果能此道矣。『雖愚必明，雖柔必强』，是愚者本不能知，能百倍其功，則能知；柔者本不能行，惟百倍其功，則能行。後面『至誠能盡其性』，是能知之盡，能行之至。『唯至聖爲能聰明睿知』，是能知。能『寬裕温柔』以下，是能行。『惟至誠，爲能經綸天下之大經』，是能行。『非聰明聖知達天德者，孰能知之』，又説能知。看許多能字，則子思此章添一能字，固有旨哉。」《通考》黄氏洵饒曰：「『中庸其至矣乎』，『至』以理言，略。」○憂深言切。○不及則未至，至字放輕，説中庸之德爲至，此「至」字，本章之意。○此章因「鮮能」以起不行不明之意。**附**《蒙引》：《章句》云「但世教衰，民不興行」，或謂由在上無脩道立教之君，故民不興行，此蓋誤認世教衰之義，而以「民」字爲專指下民也。審如其説，則聖人但以中庸之德責在下之人，而不以責在上之爲民表者，獨何理也？且君子不得聞大道之要，亦未必不以世教衰之故。蓋民即人也。《易》曰「君子辨上下，定民志」，民字亦兼上下言也。○既是人所同得，初無難事，何故民乃鮮能之？曰：「下章所言，正是其所以鮮能之故。蓋以知愚、賢不肖者生稟之異，而失其中，又無教以裁其過，引其不及，而使歸於中也。」○顧麟士曰：「《章句》『但世教衰』教字，照首章『脩道謂教』教字。」

右第三章。

子曰：「道之不行也，我知之矣，知者過之，愚者不及也；道之不明也，我知之矣，賢者過之，不肖者不及也。知者之知，去聲。

道者，天理之當然，中而已矣。雲峰胡氏曰：「只是一道字。首章釋道也者，曰『道者，事物當然之理，皆性之德而具於心』，爲下文『不可須臾離』而言也。此章釋道字，曰『道者天理之當然，中而已矣』，爲下文『過不及』而言也。然事物當然之理，即是天理之當然。性之德而具於心，亦中而已矣。特具於心者，是不偏不倚之中，此是無過不及之中。《章句》錙銖不差也。」知愚、賢不肖之過不及，則生稟之異而失其中中也。知者知之過，既以道爲不足行，愚者不及知，又不知所以行，此道之所以常不行也；賢者行之過，既以道爲不足知，不肖者不及行，又不求所以知，此道之所以常不明也。三山陳氏曰：「世之高明洞達、識見絶人者，其持論常高，其視薄物細，故若浼焉，則必不屑爲中庸之行。如老佛之徒本知者也，求以達理而反滅人類，非過乎？至於昏迷淺陋之人，則又蔽於一曲而暗於天理，是又不及矣。二者皆不能行道。世之刻意厲行、勇於有爲者，其操行常高，其視流俗汙世若將浼焉，則必不復求於中庸之理。如晨門荷蓧之徒本賢者也，果於潔身，而反亂大倫，非過乎？至於闒茸卑汙之人，則又安於故常而溺於物欲，是又不及矣。二者皆不能明道。」○雙峰饒氏曰：「此章承上二章，明小人所以反中庸，與衆人所以鮮能中庸者，皆以氣質之有偏，以起下六章之意。然專以過不及爲言，似言中而不及庸，蓋中即所以爲庸，非有二也。或問：愚者不及知此中，不肖者不及行此中，費隱章又云『夫婦之愚不肖，可以與知能行』，何也？曰：彼以夫婦之事言，此以道之全體言。問：賢合屬行，知合屬明，夫子却交互説者，何故？曰：如此則人皆曉得，夫子何以曰我知之矣，緣天下人皆不知此，夫子所以有此歎。行不是説人去行道，是説道自流行於天下；明不是説人自知此道，是説道自著明於天下。人多差看了，須要見得知行相因。」○新安王氏曰：「自世俗觀之，過疑勝於不及。自道言之，其不合於中庸則一也。」○雲峰胡氏曰：「此章分道之不行不明，而下章即舜之知言道之所以行，即回之賢言道之所以明，兼後面欲説知、仁、勇。此章爲此三者發端，而言知者知之過，以道爲不足行，不仁也；賢者行之過，以道爲不足知，不智也；愚不肖者安於不及，不能勉而進，不勇也。」○東陽許氏曰：「道不行者，知之過與不及；道不明者，行之過與不及。是固然矣。然下乃結之曰『人莫不飲食也，鮮能知味也』，是又總於知。蓋三者皆欠真知爾。若真知理義之極至，賢者固無過，知者亦必篤於行，不徒知之而已矣。」《通考》黄氏洵饒曰：「知者，知其故也。」○詳切。○行之不著，習之不察。○道不行是行事，而下先言知者過之，蓋知者惟知是務而略於行，故先言知。道不明是知事，而下先言賢者過之，蓋賢者惟行是務而略於知，故先言行。下章言舜之知，集註言道之所以行；顏子之行，集註言道之所以明。知行兩盡而已。附《存疑》：上章言中庸之德民鮮能，此承上章民之所以鮮能者，由於賢知愚不肖之過不及也。○以不行屬之賢不肖，不明屬之知愚，亦得。如此言者，見知行之相因也。○《蒙引》：知愚、賢不肖之過不及，生稟之異也。末云「鮮能知味」，以警其不察，啓以加學問之功也。生稟雖有過不及，若能加學問之功，則可以至於中矣。

人莫不飲食也，鮮能知味也。」

道不可離，人自不察，朱子曰：「以飲食譬日用，味譬理。」是以有過不及之弊。三山陳氏曰：「道曷嘗離人哉？特百姓日用而不知耳。」○晏氏曰：「知者專於明道，或怠於行道；賢者專於行道，或忽於明道。『鮮能知味』，以喻不能知道，道既不能明，安能行乎！末專言知味，以見明道爲先。惟不明，故不行也。」○新安陳氏曰：「『道不可離』，又提此句以爲頭腦。『人自不察』，如飲食而不知味，是以有過不及之弊。又繳上前一節去。知者氣清而質欠粹，故知之過而行不及；賢者質粹而氣欠清，故行之過而知不及也。」《通考》史氏伯璿曰：「陳、晏二氏說，皆不爲無理，竊以《章句》推之，恐未必如此也。《章句》曰『道不可離』者，『人莫不飲食』之喻也。曰『人自不察，是以有過不及之弊』者，『鮮能知味』之喻也。何嘗專主知言哉？蓋此章自起首至不肖者不及也，皆是正說。此二句乃是譬說，以結上文之意耳。初不可以此知字，爲對行而言之知字也。如此，則『人莫不飲食也』，是譬之道不可離之意；『鮮能知味』，是人自不察，是以有過不及之弊喻。經中人字，亦是指飲食之人，與《章句》人自不察之人不同。《章句》人字，却是指知愚、賢不肖者而言。察字亦非貼經文知字言者，不過是言知愚者不察在己所知之過不及，賢不肖者不察在己所行之過不及而已。❶鮮能知味，人概是譬喻知愚、賢不肖所知所行無有不過不及者之意。知字不必泥也。」附《存疑》：「人莫不飲食」條：《章句》「道不可離」，不能離也，與「道也者，不可須臾離」少異。觀《或問》「固不外乎人生日用之間，特行而不著，習而不察」意可見。○《蒙引》：「鮮能知味」之知，所譬舍知行二意，又稍在知行之前，故《章句》

❶「之」，原重文，今據史伯璿《四書管窺》刪。

云「人自不察，是以有過不及之弊」。

右第四章。

子曰：「道其不行矣夫。」音扶。

由不明，故不行。雙峰饒氏曰：「此章承上章『鮮能知味』之知而言，道由不明，所以不行。」

右第五章。

此章承上章，而舉其不行之端，以起下章之意。三山陳氏曰：「此一句自爲一章。子思取夫子之言，比而從之，蓋承上章以起下章之義。若曰道不遠人，猶日用飲食也，由而不知，故鮮能知味耳。惟其不知，是以不行，故以道其不行之言繼之，蓋所以承上章之義也。必如下章舜之事，則知而行矣，蓋又所以起下章之義。」〇雲峰胡氏曰：「前章民鮮能，是兼知行言。鮮能知味，是指知而言。此章道其不行，又指行而言。」《通考》黄氏洵饒曰：「『道其不行矣夫』，道之不行也，惟舜之知，然後可以行之，所以承上起下。」〇上章言道不行，由知者過之故，又言道其不行，能有如舜之無過不及，則非知者之過，此道之所以行也。此是承上起下。附《説約》：楊子常曰：「須知子曰初非爲中庸，所以上下承起，皆子思集句，夫子口中不得入子思話，前後章亦不得通用。」

子曰：「舜其大知也與！舜好問而好察邇言，隱惡而揚善，執其兩端，用其中於民，其斯以爲舜乎！」知，去聲。與，平聲。好，去聲。

舜之所以爲大知者，以其不自用而取諸人也。朱子曰：「舜本自知，又能合天下之知爲一人之知，而不自用其知，此其知之所以愈大也。若只據一己所有，便有窮盡。」邇言者，淺近之言，猶必察焉，其無遺善可知。朱子曰：「雖淺近言語，莫不有至理寓焉。人之所忽，而舜好察之。非洞見道體無精粗差別，不能然也。孟子曰：『自耕稼陶漁以至爲帝，無非取諸人者。』又曰：『聞一善言，見一善行，若決江河，沛然莫之能禦。』此皆好察邇言之實也。」〇伊川先生曰：「造道深後，雖聞常人言語，莫非至理。」然於其言之未善者則隱而不宣，其善者則播而不匿，其廣大光明又如此，則人孰不樂音洛。告以善哉！朱子曰：「言之善者播揚之，不善者隱匿之，則善者愈樂告以善，而不善者亦無所愧而不惜言也。求善之心，廣大光明如此，人安得不盡言來告，而吾亦安得不盡聞人之言乎？」○新安陳氏曰：「隱惡，見其廣大能容；揚善，見其光明不蔽。」兩端，謂衆論不同之極致，蓋凡物皆有兩端，如小大厚薄之類。於善之中，又執其兩端而量度徒洛反。以取中，然後用之，則其擇之審而行之至矣。然非在我之權度精切不差，何以與音預。此？此知如字。之所以無過不及，而道之所以行也。朱子曰：「『執其兩端而用其中』，如天下事，一箇人説東，一箇説西，自家便把東西來斟酌，看中在那裏。」○兩端，只是箇起止二字，猶云起這頭至那頭也。自極厚以至極薄，極大以至極小，極重以至極輕，於此厚薄、大小、輕重之中，擇其説之是者而用之，乃所謂中。若但以極厚極薄爲兩端，而中摺其中間以爲中，則是子莫執中矣。中間如何見得便是中？蓋極厚者説是，則用極厚之説；極薄者説是，則用極薄之説；厚薄之中説是，則用厚薄之中之説。輕重大小，莫不皆然。蓋惟其説之是者用之，不是察其兩端不用，而但取兩頭之中者用之也。且如有功當賞，或説合賞萬金，或説合賞千金，或説百金，或説十金。萬金至厚，十金至薄也。則執其兩端，自至厚至薄，而精權其厚薄之中，合賞萬金，便賞萬金，合賞十金，也只得賞十金，合賞千金百金皆然。若但去兩頭，只取中間，則這頭重，那頭輕，這頭偏多，那頭偏少，是乃所謂不中矣。或曰：「孔子所謂兩端與此同否？」曰：「竭其兩端，是自精至粗，自小至大，自上至下，都與他説無一毫之不盡。執兩端是取之於人者，自精至粗，自大至小，總括以盡，無一善之或遺。」又問：「所謂衆論不同，都是善一邊底。」曰：「惡底已自隱而不宣了。」○葉氏曰：「兩端，非如世俗説是非善惡之兩端，乃是事已是而不非，已善而非惡，已皆當爲之事。自斯道之不明，往往以是非善惡爲兩端而執其中，則半是半非、半善半惡之論，與君子不必爲十分君子，小人不必爲十分小人，乃鄉原賊德之尤者也。可不辨哉！」○雙峰饒氏曰：「中無定體，隨時而在。如萃之時，用大牲吉，則中在那極厚處。如損之時，二簋可用享，則中在那極薄處。他可類推。執是執其言，用亦是用其言。執其兩端，則有以見其寬弘博大，兼總衆善而無遺。用其中，則有以見其精密詳審，極於至當而無偏。」○勉齋黄氏曰：「因道之不行，起於知者之過，愚者之不及。故必知如大舜，而後可以望斯道之行。」○雲峰胡氏曰：「知、仁、勇，學者入德之事。下章回之仁，子路之勇，皆學者事。大舜之知，自是聖人事，姑借以爲言耳。故《章句》於回與由，則曰擇曰守；於舜，則曰擇之審而行之至，不以守言也。然此章正是學者用力之始，正當以聖人自期。擇之審，舜之精也。行之至，舜之一也。此所以爲舜之中也。顔淵曰：『舜何人也，予何人也，有爲者亦若是。』此章言舜，而下章言回，學者正好將顔淵之語以通看二章云。」《通考》黄氏洵饒曰：「好察邇言，如詢於芻蕘、請問下民之類。」○盧遠説詳。○「執其兩端」，謂求中也。「用其中於民」，是言執中，必執而後用也。執即用也，不自用而取諸人。如孟子所謂「樂取諸人以爲善也」。隱而不宣，隱惡也；播而不匿，揚善也。廣大，指隱惡；光明，指揚善。擇之審，謂知之至，即執其兩端是也；行之至，謂行之盡，即用中於民是也。擇之審即舜之精，行之至即舜之一。

附《蒙引》：舜好問者，已知乎？未知乎？曰：「聖人固無不知，然亦有所未知者，如孔子問禮、問官之類。亦有雖知而未能自信，必取質於人者，如『孔子入太廟，每事問』之類。若曰已知而復問，則是僞也。聖人無僞。若先儒説孔子雖知亦問，朱子以置之圈外，當有説也。」○兩端，是舉首尾以該其中閒，不止兩件而已，故曰「衆論不同之極致」。○《存疑》：兩端，猶云兩頭，是衆論不同之極致處。譬如物之不齊，有一尺者，有一尋者，有一丈者，有十丈者，不能同矣。自一尺而至十丈，是極致也。從此至彼，是兩頭也。兩頭執著，就中閒來揀擇，看一尺中與？一尋中與？一丈中與？十丈中與？如不執兩頭，無緣得箇中出。衆論兼總，彼此參考，方能得此中。小註賞功一段可玩。○《淺説》：於善之中，衆論不同，未必皆合乎中也。則執其衆論不同之極致，而擇其孰爲過，孰爲不及，而孰爲中也。既得其中，則用其中於民，而其他之不中者，不得以閒之矣。○顧麟士曰：「執既是執其言，用既是用其言，難道隱不是隱其言，揚不是揚其言乎？混作用入文字者皆誤。」

右第六章。此章言知之事。

子曰：「人皆曰予知，驅而納諸罟擭陷阱之中，而莫之知辟也。人皆曰予知，擇乎中庸而不能期月守也。」予知之知，去聲。罟，音古。擭，胡化反。阱，才性反。辟，避同。期，居之反。

罟，網也。擭，機檻也。陷阱，坑坎也。皆所以揜取禽獸者也。格菴趙氏曰：「此譬禍機所伏。」擇乎中庸，辨別彼列反。衆理，以求所謂中庸，即上章好去聲。問用中之事也。期月，匝作答反。一月也。新安陳氏曰：「匝，周也。期年，是周一年；期月，是周一月。」言知禍而不知辟，以況能擇而不能守，皆不得爲知也。仁壽李氏曰：「中不可不擇，又不可不守，擇而不守，終非己物，能擇能守，然後可以言知。夫子嘗因仁以言知矣，曰：『擇不處仁，焉得知？』擇而不處，謂之知不可也。孟子嘗因仁義以言知矣，曰：『知之實，知斯二者弗去是也。』知而去之，謂之知不可也。夫子之所謂處，孟子之所謂弗去，《中庸》之所謂守，其義一也。」○雙峰饒氏曰：「知屬貞，貞者正而固，正、固二字，方訓得貞字。知得雖是正了，仍舊要固守，所以説貞者事之幹。」又曰：「分而言之，則擇固謂之知。然能擇而不能守，亦不得謂之知。此章雖引起下章仁能守之説，然仍舊重在知字。」○新安陳氏曰：「此章如《詩》之有興，借上一事，譬喻以引起下一事也。」《通考》黄氏洵饒曰：「人皆曰予知云云，言詳意略。」○切。○以況能擇之況，譬也。附《淺説》：引夫子之言曰今人皆曰予知，是蓋自以爲能知禍機之所伏也。顧乃驅馳而納諸罟擭陷阱之中，而莫知避，行險僥倖以取禍敗，是其心有所蔽也，安得爲智乎？亦猶今人皆曰予知，是蓋自以爲能擇中庸之所在也。然擇乎中庸而不能期月守，雖有所擇，終非己有，是其知有未真也，又安得爲知乎？此道之所以不明也。○《蒙引》：利之所在，禍之所伏，即罟擭陷阱也，因逐利而罹害也。○知禍而不知避者，行險僥倖也，故卒不免。如貪財好色，彼豈不知其能致害？而僥倖之念未忘，苟且之習難革，必至於覆敗，然後已分明是知禍而不知避也。○顧麟士曰：「《章句》言知禍，知字是補出，以對下擇字。」

右第七章。承上章大知而言，又舉不明之端以起下章也。雲峰胡氏曰：「此章兩人字，蓋借知禍而不知辟之人，以況能擇而不能守之人也。上章言舜聖人，下章言回賢人，此章兩『人』字，衆人也。上章舜能擇爲知，起下章回能守爲仁，此章結上章之所謂知，起下章之所謂仁。」《通考》黄氏洵饒曰：「中庸之不能守，惟顔子然後可以守之，亦承上起下。」

子曰：「回之爲人也，擇乎中庸，得一善則拳拳服膺而弗失之矣。」

回，孔子弟子顔淵名。拳拳，奉上聲。持之貌。服，猶著陟略反。也。膺，胸也。奉持而著之心胸之間，言能守也。顔子蓋真知之，故能擇能守如此。此行之所以無過不及，而道之所以明也。程氏曰：「大凡於道，擇之則在乎知，守之則在乎仁，斷之則在乎勇。」○朱子曰：「『舜大知』章，是行底意多。『回擇中』章，是知底意多。用其中者，舜也。擇乎中庸，得一善，拳拳服膺而不失者，顔子也。夫顔子之學所以求爲舜者，亦在乎精擇而敬守之耳。蓋擇之不精，則中不可得；守不以敬，則雖欲其一日而有諸己，且將不能，尚何用之可致哉！」○雙峰饒氏曰：「每得一善，則著之心胸之閒而不失，不是只守一善，亦不是著意去守這一善。」○黄氏曰：「道之不明，起於賢者之過、不肖者之不及，故必賢如顔子，而後可以望斯道之明。」○雲峰胡氏曰：「舜達而在上，擇乎中庸而用之民，聖人之道所以行也。顔淵窮而在下，擇乎中庸而不失於己，聖人之學所以傳也。子思以回繼舜之後，其意深矣。」《通考》黄氏洵饒曰：「回之爲人也，語略而意詳。」○高、堅、前、後，正擇中庸處。附《蒙引》：擇乎中庸，自博文而來也。服膺弗失，則約禮之至矣。

右第八章。新安陳氏曰：「此章言仁之事，擇中庸知之意，弗失勇之意也。」《通考》朱氏公遷曰：「中庸以事理言，而德行之中在其中，擇之屬乎知，守之屬乎行，拳拳服膺亦屬乎行。惟道中庸爲致知之事，若可疑者，然行之而著，習矣而察，蓋於行事之中，又加致知之功也。」

子曰：「天下國家可均也，爵祿可辭也，白刃可蹈也，中庸不可能也。」

均，平治也。三者亦知、仁、勇之事，天下之至難也。陳氏曰：「可均似知，可辭似仁，可蹈似勇。」然皆倚於一偏，故資之近而力能勉者，皆足以能之。至於中庸，雖若易去聲。下同。能，「天下之至難也」以下，元本云：「然不必其合於中庸，則質之近似者皆能以力爲之。若中庸，則雖不必皆如三者之難。」然非義精仁熟而無一毫人欲之私者，不能及也。三者難而易，中庸易而難，此民之所以鮮上聲。能也。朱子曰：「中庸便是三者之間，非是別有一箇道理，只於三者做得恰好處，便是中庸。」○三者亦就知、仁、勇上説來。蓋賢者過之之事，只是就其所長處著力做去，而不擇乎中庸耳。○三者也，是知、仁、勇之事，只是不合中庸。若合中庸，便盡得知、仁、勇。○問中庸如何不可能。曰：「只是説中庸之難行，急些子便過，慢些子便不及，所以難也。」○北溪陳氏曰：「三者似知、仁、勇，

然亦不必泥説知、仁、勇。大意只謂國家至大，難治也，而資稟明敏者能均之；爵祿人所好，難却也，而資稟廉潔者能辭之；白刃人所畏，難犯也，而資稟勇敢者能蹈之。是三者雖難，而皆可以力爲。至於中庸，乃天命人心之當然，不可以資稟勉强力爲之，須是學問篤至，到那義精仁熟，真有以自勝其人欲之私，方能盡得此，所以若易而實難也。」○雲峰胡氏曰：「即《論語》中如管仲一匡天下，是天下國家可均也；如晨門荷蓧之徒，是爵祿可辭也；如召忽死子糾之難，是白刃可蹈也。然夫子則以爲民鮮能於中庸久矣，蓋深歎夫中庸之不可能也。饒氏謂『《章句》言義精仁熟，似欠勇字意』，竊謂擇之審者，義精也，行之至者，仁熟也，不賴勇而裕如者也。學者於義必精之，於仁必熟之，便是知仁中之勇，故《章句》於此釋中庸之不可能，曰『非義精仁熟，無一毫人欲之私者不能及』。於下章言勇處，則曰『此則所謂中庸之不可能者，非有以自勝其人欲之私者，不能擇而守之』。反復細玩，朱子之意可見矣。」《通考》史氏伯璿曰：「雲峰胡氏辨饒説已詳，然但辨得義精仁熟不賴勇之意，而於『似欠勇意』之疑，似猶未盡釋。蓋《章句》此意只爲中庸不可能設。此章引起下章説勇意，自在

『白刃可蹈』一句上。《章句》『三者亦知仁勇之事』，此一勇字，已是引起下章説勇之意矣。」○吴氏程曰：「『不必其合於中庸，則質之近似者，皆能以力爲之。若中庸，則雖不必皆如三者之難』，計三十二字，初本作『皆倚於一偏，故資之近而力能勉者，皆足以能之。至於中庸，雖若易能』，凡二十七字，與先祖幼讀本同。毅齋先生抹去，以爲《章句》初本如此，朱子以『倚於一偏』等語有病，遂改之。古之聖賢固有均天下、辭爵禄、蹈白刃而合乎中庸者，未必皆倚於一偏，但閒亦有不合中庸而以力爲之者，故《章句》下兩『不必』字精矣。」剡按，吴説不同，當從陳氏所改定本。附《蒙引》：《章句》云「亦知、仁、勇之事」，要看亦字，知、仁、勇意不重也。只是就天下事中，舉出至難者有此三事，非是於知、仁、勇三者之中，各取出一事而言也。○《存疑》：《章句》「然非義精仁熟，而無一毫人欲之私」，無一毫人欲之私，承上一句來。義不精，則疑似之閒，見之不真，將有錯認人欲作天理處，是固不能無一毫人欲之私也。義精矣，而仁不熟，則雖見得端端的的，然此心未免出入。雖欲由於此理之中，時或逸於此理之外而不自覺，亦不能無一毫人欲之私也。故必義精仁熟，然後能無一毫人欲之私。○無一毫人欲之私，是就平日言；能擇而守，是就臨時言。必平日義精仁熟而無一毫人欲之私，然後於中庸能擇而守之。

右第九章。亦承上章以起下章。《通考》黄氏洵饒曰：「國家可均與《大學》平天下不同。此乃質之近似，能以力爲之，未必合中庸。《大學》平天下則合中庸矣。三者得其當，則合中庸矣。」○顧麟士曰：「大意亦云，中庸不可能也，必如後所言之勇者，乃能之耳。實與引舜、回處一例，故曰以起下章。」

子路問强。

子路，孔子弟子仲由也。子路好去聲。勇，故問强。

子曰：「南方之强與？北方之强與？抑而强與？與，平聲。

抑，語辭，而，汝也。新安王氏曰：「夫子嘗思不得中行而與之。師堂堂，曾皙嘐嘐，子路行行，皆不合乎中庸。夫子於門人，一言一藥。如子路者，嘗以好勇過我儆之，以兼人抑之，以不得其死戒之，以死而無悔責之，然其習氣融釋不盡，以强爲問，則行行之勇猶在也。夫子是以設三端問之。」○新安陳氏曰：「汝之强，謂學者之强也。下文四『强哉矯』，照應結束此句。」

寬柔以教，不報無道，南方之强也，君子居之。

寬柔以教，謂含容巽順以誨人之不及也。不報無道，謂橫去聲。逆之來，直受之而不報也。南方風氣柔弱，故以含忍之力勝人爲强，君子之道也。朱子曰：「此雖未是理義之强，然近理也。人能寬柔以教，不報無道，亦是箇好人，故爲君子之事。」○三山陳氏曰：「既曰寬柔，何强之云？蓋守其氣質而不變，是亦强也。」○雲峰胡氏曰：「此君子是泛説，下文『君子和而不流』是説成德之君子。如《論語》首章『不亦君子乎』是説成德，後章『君子不重則不威』是泛説也。」《通考》黄氏洵饒曰：「含容訓寬字，巽順訓柔字，以誨訓以教字，且此章見得説詳。」○史氏伯璿曰：「以含忍之力勝人，《章句》所以明强之義者至矣。陳氏云『守其氣質不變』，乃非經註之旨，且不但可施於南方也。」附《蒙引》：寬柔以教，則誨人不倦之事。不報無道，則犯而不校之理。如何猶謂之不及，蓋此只是任他氣質做得來，自不適中。如夫子「不憤不啓，不悱不發」，固亦不輕於教也。又君子有不屑之教誨，如孔子之於孺悲，孟子之於曹交是也。而一於寬柔以教，則有可以不用而用者矣，安得爲中？孔子曰：「以直報怨。」禮：兄弟之讎，不與共國；父母之讎，不與共戴天。律：父不受誅，子復讎可也。魯莊公釋桓公之讎於齊，春秋譏之。宋高宗、楚襄王爲讎人役，貽憤萬世，此見無道之有當報者。彼徒知含忍者，一於不報，安得爲中？○《存疑》：寬者，不拒人而皆有以教之也。柔，是其所教者隨物性之不齊，而不强其從也。含忍極是難事，嘗觀世人或遇拂己事，便忿然不自勝，雖欲隱忍而不能。自人觀之，雖若剛毅之甚，而實力量不足。故能含忍人之不能忍者，乃天下之大力量也。○蘇子瞻《留侯論》説含忍，意思與此異，不可不知。

衽金革，死而不厭，北方之强也，而强者居之。

衽，而審反。席也。金，戈兵之屬。革，甲冑直又反。之屬。衽金革，如云枕戈。〇三山陳氏曰：「卧席曰衽。」〇倪氏曰：「衽，衣衽也。金，鐵也。革，皮也。聯鐵爲鎧甲，被之於身，如衣衽然，故曰衽。」《通考》史氏伯璿曰：「以衽爲席，即請衽何趾之意。況兵戈甲冑，二者不可相無。以衽爲衿固可通，然金革皆以爲甲，不應身衣甲冑而手無可執之具也。《章句》衽席之説，又與古人枕戈之意相類，何疑之有？倪説可删。」〇吴氏程曰：「衽與袵同，卧褥也。視金革如卧褥之安。」北方風氣剛勁，故以果敢之力勝人爲强，强者之事也。雙峰饒氏曰：「陽剛陰柔，理之常也。而南方風氣反柔弱，北方風氣反剛勁，何也？蓋陽體剛而用柔，陰體柔而用剛。如坤至柔，而動也剛，便見得陰體柔而用剛矣。才説風，便是用了。陽主發生，故其用柔。陰主肅殺，故其用剛也。」問：「一味含忍，何以爲强？」曰：「固是含忍，然却以此勝人，所謂柔能勝剛也。此亦未是中道，若是中道，則無道當報，亦只著報，所謂以直報怨是也。」〇雲峰胡氏曰：「南方之强，固皆非中。然以含忍勝人，猶不失爲君子之道。以果敢勝人，不過爲强者之事。道與事二字，下得有輕重。然南方豈無果敢者？北方豈無含忍者？亦不過舉其風氣之大概而言耳。要之氣質之用小，學問之用大，南北之强，氣質之偏也。下文四者之强，學問之正，所以變化其氣質者也。」《通考》朱氏公遷曰：「南方之强，近乎理義；北方之强，純是血氣。」

故君子和而不流，强哉矯！中立而不倚，强哉矯！國有道，不變塞焉，强哉矯！國無道，至死不變，强哉矯！」

此四者，汝之所當强也。新安陳氏曰：「此乃君子之事。中庸之道，是汝之所當强，應『抑而强與』一句。」矯，舉小反。强貌。《詩》曰「矯矯虎臣」是也。《詩·泮水》篇云：「明明魯侯，克明其德。既作泮宮，淮夷攸服。矯矯虎臣，在泮獻馘。」傳云：矯矯，武貌。〇朱子曰：「强哉矯，贊歎之辭。」倚，偏著直略反。也。塞，悉則反。未達也。國有道，不變未達之所守；國無道，不變平生之所守也。此則所謂中庸之不可能者，非有以自勝其人欲之私，不能擇而守也。君子之强，孰大於是？陳氏曰：「此君子，指成德之君子，與前泛言君子居之者不同。」夫子以是告子路者，所以抑其血氣之剛，而進之以德義之勇也。朱子曰：「和便易流，若是中，便自不倚。何必又説不倚？蓋柔弱底中立，則必欹倒。若能中立而不倚，方見硬健。」問：「和而不流，中立而不倚，夷、惠正是如此。」曰：「是。」問：「惠和而不流甚分明，夷如何是中立不倚處？」曰：「如文王善養老，他便來歸。及武王伐紂，他又自不從而去。只此便是他中立不倚處。」○人多有所倚靠，倚於勇，倚於智者，皆是中道而立。初縱無倚，把捉不住，久處畢竟又靠取一偏。此所以要硬在中立而無所倚也。○問：「此四者勇之事。必如此，乃能擇中庸而守之乎？」曰：「此乃能擇後工夫。大智之人，無俟乎守，只是安行。賢者能擇能守，無俟乎强勇。至此樣資質人，則能擇能守後，須用如此自勝，方能徹頭徹尾不失。」○陳氏曰：「和則易至於流，和光同塵，易太軟而流蕩。和而不流，方謂之强。中立在無所依倚，弱則易至倒東墜西，惟剛勁底人，則能獨立於中，而無所倚也。國有道，達而在上，則不變未達時所守，是富貴不能淫。國無道，窮而在下，守死而不變平生所守，是貧賤不能移，威武不能屈。」○雙峰饒氏曰：「四者亦有次第，一件難似一件，中立不倚，難於和而不流。國有道，不變塞，又難於上二者。國無道，至死不變，即所謂遯世不見知而不悔。唯聖者能之。此是最難處。南北方之强，皆是氣之偏處，是要勝人。下面君子之强，是能自勝其氣質之偏。」○雲峰胡氏曰：「流字、倚字、變字，皆與强字相反。不流、不倚、不變，三个字有骨力，是之謂自强。南北以勝人爲强，其强也，囿於風氣之中。君子以自勝爲强，其强也，純乎義理而出乎風氣之外。此變化氣質之功，所以爲大也。」《通考》東陽許氏曰：「七、八、九章，皆言中庸，而意不同。上兩擇中庸，每事上言；中庸不可能，全體上言。南方之强，不及中；北方之强，過於中。四强矯，上兩節言守身應事之常，下兩節言出處至極之變。强矯雖是言勇，而合中庸之體段。而不流、不倚、不變，正是立則防弊，以教學者處。」附顧麟士曰：「末節照

『中庸不可能』句，須說得地位尊重。依饒説，不變塞是遯世不見知而不悔，惟聖者能之境界。則上三句亦須有斟酌。」

右第十章。此章言勇之事。《通考》朱氏公遷曰：「剛勇主乎理義而言之，餘如至大至剛，發强剛毅，雖柔必强，皆是此類。但吾未見剛與强哉矯，以德行言；發强剛毅，以德性言；至大至剛，以浩氣體段言；雖柔必强，以學問功效言。又如夫子言好剛不好學，是亦以德言之，但不好學則有其蔽，此正理義血氣之幾也。」

子曰：「素隱行怪，後世有述焉，吾弗爲之矣。

素，按《漢書》當作索，山客反。蓋字之誤也。《前漢·藝文志》：「孔子索隱行怪，後世有述焉，吾不爲之矣。」顔師古曰：「索隱，求索隱暗之事。」索隱行怪，言深求隱僻之理而過爲詭古委反。異之行去聲。也。朱子曰：「深求隱僻，如戰國鄒衍推五德之事、後漢讖緯之書便是。」○三山陳氏曰：「詭異之行，如荀子所謂苟難者，於陵仲子、申屠狄、尾生之徒是也。」○格菴趙氏曰：「深求隱僻之理，是求知乎人之所不能知，過爲詭異之行，是求行乎人之所不能行。」然以其足以欺世而盗名，故後世或有稱述之者。此知之過而不擇乎善，行之過而不用其中，不當强而强者也。聖人豈爲之哉！朱子曰：「索隱，是知者過之。行怪，是賢者過之。」《通考》史氏伯璿曰：「此節强字，只就隱怪二字上看便可見。若不是强，於當知當行事尚不能盡力，又何暇於隱怪處着力邪？今乃能索隱而行怪，非不當强而强何以及此？」附《淺説》：上數章分言知、仁、勇，以爲入道之門。至此合言以結之。○《蒙引》：此隱字，是隱僻之隱，是常道之外者。下章費隱，是隱微之隱，乃常道之中者。一邪一正，字同而義不同。

君子遵道而行，半塗而廢，吾弗能已矣。

遵道而行，則能擇乎善矣。半塗而廢，則力之不足也。此其知雖足以及之，而行有不逮，當强而不强者也。雙峰饒氏曰：「此智足以擇乎中庸，而仁不足以守之，蓋君子而未仁者也。冉求自謂說夫子之道而力有不足，正夫子之所謂畫者。」○雲峰胡氏曰：「此君子亦是泛說，下文君子依乎中庸，方是說成德。」已，止也。聖人於此，非勉焉而不敢廢，蓋至誠無息，自有所不能止也。問：「半塗而廢，可謂知及之，而仁不能守。」朱子曰：「只爲他知處不親切，故守得不曾安穩，所以半塗而廢。若大智之人，一下知了，千了萬當。所謂吾弗能已者，只是見到了，自住不得耳。」《通考》史氏伯璿曰：「知行二者，未嘗不相因。强特成就結裹此知行而已。曰『遵道而行，則能擇乎善矣』，又曰『此其知雖足以及之』，經文此句只說行能遵道，知意蓋於遵字上見，此行因知而有始也。曰『半塗而廢，則力之不足』，又曰『行有不逮』，經文此句連上句意，亦當帶知意說。而《章句》却全歸重於行者，是又因其行之不至，而所知亦爲徒知，不假言矣，則知又因行而無終也。經文但言行，而知意自寓。《章句》則以知行互文見意，以發經文引而不發之旨也。」

君子依乎中庸，遯世不見知而不悔，唯聖者能之。

不爲索隱行怪，則依乎中庸而已。不能半塗而廢，是以遯世不見知而不悔也。程子曰：「索隱行怪是過者也，半塗而廢是不及者也，不見知不悔是中者也。」○朱子曰：「此兩句結上文意。依乎中庸，便是吾弗爲之意。遯世不見知而不悔，便是吾弗能已之意。」○陳氏曰：「不見知而或悔，則將半塗而廢矣。」此中庸之成德，知去聲。之盡、仁之至，不賴勇而裕如者，正吾夫子之事，而猶不自居也，故曰「唯與惟通，後倣此。聖者能之」而已。雙峰胡氏曰：「既曰君子依乎中庸，又曰唯聖者能之，何也？蓋言君子之依乎中庸，未見其爲難，遯世不見知而不悔，方是難處，故曰唯聖者能之。聖人德盛禮恭，雖處既聖之地，未嘗有自聖之心也。」○蔡氏曰：「此再辨知、仁、勇而總結之。索隱之知，非君子之知；行怪之行，非君子之仁；半塗而廢，非君子之勇。君子之知、仁、勇，則依乎中庸，遯世不見知而不悔者是也。」○雲峰胡氏曰：「第五章爲知、仁、勇開端，則言知者、賢者之過，愚者、不肖者之不及。此章結之，則言聖者之中庸，首尾相應如此。兼之前此說鮮能、不能、不可能，此則結之曰唯聖者能之，又以見中庸非終不可能也。夫子不爲於彼，便自弗能已於此。即此弗能已處，便見非夫子不能。」〇新安陳氏曰：「依乎中庸，知仁兼盡，不見知而不悔，不待勇而自裕如也。」《通考》東陽許氏曰：「《章句》『知之盡，仁之至，不賴勇而裕如』，總結三節。弗爲索隱行怪，知也。依乎中庸，知之盡也。弗能半塗而廢，仁也。遯世不見知而不悔，仁之至也。皆出於自然，則不賴勇也。」〇朱氏公遷曰：「教不立，故民鮮能學。半塗，故中庸不可能。備知、仁、勇之德，無過不及之弊，故惟聖者能。彼小人反之，則能之而不欲也。」〇史氏伯璿曰：「《章句》『不爲索隱行怪，則依乎中庸而已』，此句隱然與上節『遵道而行，則能擇乎善矣』之意相類，皆是因其能行，見其能知處。此知行之始事，固可爲知仁矣。殆《文言》所謂知至、知終之意乎！『不能半塗而廢，是以遯世不見知而不悔』，此句分明與上節『半塗而廢，則力之不足也』之意相反，亦是因其行可見其知處，此知行之終事，所以爲知之盡、仁之至也，殆《文言》所謂至之、終之之意乎！知有不盡，仁有不至，如上節半塗而廢者，則不能無賴乎勇。知盡矣，仁至矣，尚何賴於勇乎？故曰不賴勇而裕如。《章句》此言，蓋因上節『吾弗能已矣』之意而發。上節《章句》曰『聖人於此，非勉焉而不敢廢，蓋至誠無息，自有所不能已耳』，此已含不賴勇而裕如之意矣，故於此發之耳。」〇愚嘗合而言之，則首節是知行之過處，過蓋由於不當强而强也。次節是知行之有始無終處，無終蓋由其當强而不强也。末節是知行之有始有終處，有終則强不足道矣，故曰不賴勇而裕如也。達此則經註之旨可識矣。附《淺説》：君子所知依乎中庸，而非素隱之知；所行依乎中庸，而非行怪之行。雖遺逸於世而不見知於人，其所以依乎中庸者自如，而初無所悔焉。夫所知依乎中庸，智也。所行依乎中庸，仁也。依乎中庸，而至遯世不見知而不悔，則智盡仁至，不賴勇而裕如者也。則吾豈敢？惟聖人能之。〇《存疑》：依乎中庸，與遵道而行之遵字不同。依是出於自然，不著力，遵猶著力也。〇《蒙引》：遯世不見知而不悔者，正爲此箇道理。出於天而備於我，乃吾分内終身所當服行，一息尚存不容少懈者也。有見於此，故能遯世不見知而不悔也。

右第十一章。子思所引夫子之言，

以明首章之義者止此。蓋此篇大旨，以知、去聲。下同。仁、勇三達德爲入道之門，故於篇首，即以大舜、顏淵、子路之事明之。舜，知也。顏淵，仁也。子路，勇也。三者廢其一，則無以造七到反。道而成德矣。《通考》黄氏洵饒曰：「知、仁、勇，所以造於道而成三達德。」○子路之勇，未合中庸，而曰子路勇者，特就問强一章而言耳。造道，謂達道。成德，謂達德。餘見形甸反。第二十章。三山潘氏曰：「中庸之道，至精至微，非知者不足以知之；至公至正，非仁者不能以體之。其爲道也，非須臾可離，非一蹴可到，故惟勇者，然後有以自强而不息焉。大抵知、仁、勇三者，皆此性之德也。中庸之道，即率性之謂者也。非有是德，則無以體是道。」○雲峰胡氏曰：「自第二章至此，大要欲人由知、仁、勇以合乎中。知則能知此中，仁則能體此中，勇則能勉而進於此中。然夫子於舜之知讚之也，於回之仁許之也，於由之勇抑而進之也。」○雙峰饒氏曰：「以上十章，論道以中庸爲主，而氣質有過不及之偏，當爲第二大節。」《通考》東陽許氏曰：「自第二章以來，小人反中庸，民鮮中庸之久，賢知過中庸，愚不肖不及中庸，總歎曰『道其不行矣夫』。故自六章以後，開示擇守中庸之方，在知、仁、勇。第七章，其義極於不能期月守中庸，起下章之能守。舜知是全體之知，顏仁是每事之仁，人之於道，不過知行兩事。四章既言道之不行不明，知者知之，過而不務行；賢者行之，過而不求知，所以至於中庸者鮮。故六章言舜知行之意重，八章言顏仁知之意重，七章知其理而行未至，九章是行所難而知未至。故此二章處於知行之後，而下接言勇之前，蓋謂仁知當勇。索隱，知之過，行怪，賢之過，此不能擇乎中庸者，聖人不爲也。孔子前既有兩吾字，以身任之。下文但言惟聖者能之，其實依乎中庸，即夫子之弗爲者。遯世不見知而不悔，即夫子弗能已者。聖者能之，正是爲學者標的。」○史氏伯璿曰：「右以前十章，是第二大節，大概發明知、仁、勇。此後九章，是一節，皆是發明費隱。蓋知、仁、勇是德，費隱是道。德是人所能知能行者，道是人所當知當行者。必有能知能行之德，然後可以施於當知當行之道。故既論知、仁、勇，即以費隱繼之，此二大節相承之次也。」

君子之道，費而隱。費，符味反。

費，用之廣也。雲峰胡氏曰：「費字，當讀作費用之費，芳味反。《説文》：散財用也。」隱，體之微也。朱子曰：「道者，兼體用，該費隱而言也。費是道之用，隱是道之所以然而不見處。」〇或説形而下者爲費，形而上者爲隱。曰：「形而下者甚廣，其形而上者，實行乎其間，而無物不具，無處不有，故曰費。就其中形而上者有，非視聽所及，故曰隱。」〇陳氏曰：「此章就費隱上説，申明首章道不可離之意。」〇雙峰饒氏曰：「首章由體以推用，故先中而後和。此章由用以推體，故先費而後隱。蓋中間十章，極論君子中庸之事，皆道之用故也。」〇新安陳氏曰：「斯道廣大之用，昭著於可見，而其體藏於用之中者，則隱微而不可見。」《通考》朱氏公遷曰：「道字自其發見昭著而言之，《中庸》首章道不可離以下，專以道之在己者言。此章費而隱以下，兼以道之在萬物者言。費而隱即是率性之道，率性之道是費，天命之性是隱。」〇黄氏洵饒曰：「費，用之廣。隱，體之微。費之所能如此者，必有理存乎其間而使之然也。」〇微字，即無聲無臭，體用一原，顯微無間。又曰：「微與天地同體，顯與天地同用。《易》曰：『顯諸仁，藏諸用。』」附《淺説》：道也者，不可須臾離也。惟君子爲能不離乎道，故以道歸之君子。〇《存疑》：《章句》用謂道之發用也，體謂道之本體也，體即道也，對發用言，則爲體。觀《或問》云「其用之廣如此，可謂費矣，而其所用之體，則不離乎此」可見。〇大哉聖人之道！洋洋乎發育萬物，峻極于天，此道之發用也。而道之所以爲道，則無聲無臭，有非見聞之所可及也。故《章句》云化育流行，上下昭著，莫非此理之用。先儒以隱爲天命之性，費爲率性之道。《蒙引》用之，愚所未喻。〇《朱子語録》：「鳶飛魚躍，費也。必有箇什麼物事使得他如此，便是隱。」此説稍差。按，費是就無物不有上説，故曰用之廣。今以鳶魚之飛躍爲費，則是指物爲費，非費之本義矣。薛敬軒《讀書録》云：「天地間只有理氣而已，其可見者氣也，其不可見者理也，故曰君子之道費而隱。」亦是認氣爲費，認理爲隱，即《朱子語録》意。愚謂鳶飛魚躍，氣也。必有箇什麽物事使得他如此，道也。上下昭著，道之費也，道本無形，隱可見矣。

夫婦之愚，可以與知焉，及其至也，雖聖人亦有所不知焉。夫婦之不肖，可以能行焉，及其至也，雖聖人亦有所不能焉。天地之大也，人猶有所憾。故君子語大，天下莫能載焉；語小，天下莫能破焉。

君子之道，近自夫婦居室之閒，遠而至於聖人天地之所不能盡，其大無外，其小無内，可謂費矣。然其理之所以然，則隱而莫之見也。朱子曰：「莫能載，是無外。莫能破，是無内。如物有至小而可破作兩者，是中著得一物在，若曰無内，則是至小，更不容破了。」○勿軒熊氏曰：「此章有大小費隱四字，大處有費隱，小處亦有費隱。」○新安陳氏曰：「全段皆是説費在不言之表，而不可見者爲隱。」《通考》黄氏洵饒曰：「其大無外，謂無所不包，如『發育萬物，峻極于天』是也。其小無内，謂無所不有，如『禮儀三百，威儀三千』是也。至於一塵之微，一息之頃，莫非此道之理，此皆費也。此章當與第十六章互觀。費而隱，是因用以見體，十六章是因體以達用。上下察，即洋洋上下左右。」○史氏伯璿曰：「所以然，是太極之本體。太極不離乎陰陽，而亦不雜乎陰陽。費即不離乎陰陽之太極，隱即不雜乎陰陽之太極耳。不雜者，即不離者之所以然，初非有二致也，但所以然者，則無聲無臭，故隱而不可見爾。《章句》以爲不可見，正以其無形像之可指陳。雖鳶魚之飛躍，亦但其飛其躍可見，其所以飛躍則在乎心悟而已。」

蓋可知可能者，道中之一事，及其至而聖人不知不能，則舉全體而言，聖人固有所不能盡也。朱子曰：「人多以至爲道之精妙處。若是精妙處有所不知不能，便與庸人無異，何足爲聖人！這至，只是道之盡處，不知不能是没緊要底事。他大本大根處元無欠缺，只是古今事變，禮樂制度便也須學。」○夫婦之與知能行，是萬分中有一分。聖人不知不能，是萬分中欠一分。○新安陳氏曰：「可知可能，道中之一事，是就日用閒一事上論，如事親事長之類。」○東陽許氏曰：「聖人不能知行，非就一事上説，是就萬事上説。

如孔子不如農圃，及百工技藝細瑣之事，聖人豈盡知盡能？若君子之所當務者，則聖人必知得徹，行得極。」《通考》史氏伯璿曰：「一事即是夫婦居室之一事，《章句》明指而言。觀於《或問》，亦以男女居室、人道之常爲説，可見不必外引事親事長爲證也。此處言知言能，皆是真能知之行之者，初非泛知泛能所可當也。事親事長之道，正是下章『君子之道四』中所求乎子弟以事父兄未能之事。《章句》以爲聖人所不能者，而謂愚不肖泛泛之知與能足以當之乎？男女構精，形交氣感，雖若鄙褻不足道，然真精妙合，自是造化流行發育，生生不窮之藴奥。以愚不肖之夫婦，他無所知所能，而獨知此能此，蓋與鳶魚飛躍同一機緘。故《章句》、《或問》獨以此當所知所能之一事，其意精矣。」**侯氏曰：「聖人所不知，如孔子問禮、問官之類；**《家語·觀周》篇：孔子謂南宫敬叔曰：「吾聞老聃博古知今，則吾師也，今將往矣。」敬叔與俱至周，問禮於老聃。○《左傳》昭公十七年：秋，郯子來朝，公與之宴。昭公問焉，曰：「少昊氏鳥名官，何故也？」郯子曰：「吾祖也，我知之。昔者黄帝氏以雲紀，故爲雲師而雲名；炎帝氏以火紀，故爲火師而火名；共工氏以水紀，故爲水師而水名；太皞氏以龍紀，故爲龍師而龍名。我高祖少昊摯之立也，鳳鳥適至，故紀於鳥，爲鳥師而鳥名。自顓頊以來，不能紀遠，乃紀於近，爲民師而命以民事，則不能故也。」仲尼聞之，見於郯子而學之。既而告人曰：「吾聞之天子失官，學在四夷，尤信。」**所不能，如孔子不得位、堯舜病博施**去聲。**之類。」**問：「以孔子不得位爲聖人所不能，禄、位、壽乃在天者，聖人如何能必得？」朱子曰：「《中庸》明説大德必得其位，孔子有大德而不得其位，如何不是不能？」**愚謂人所憾**胡暗反。**於天地，如覆**敷救反，蓋也。後凡當釋爲覆蓋之義者並同。**載生成之偏，及寒暑災祥之不得其正者。**朱子曰：「道無所不在，無窮無盡。聖人亦做不盡，天地亦做不盡，此是此章緊要意思。」○雙峰胡氏曰：「此章就夫婦所知所能而推之，以至於天地之大，先語小而後語大也。『大哉聖人之道』章，從『發育萬物，峻極于天』，而斂歸『禮儀三百，威儀三千』，先語大而後語小也。」○新安陳氏曰：「天覆而生物，地載而成物，以天地之無私，而生成之物或有偏而不均者。當寒而寒，當暑而暑，作善降祥，作不善降災，正也。乃有當寒而不寒，當暑而不暑，善而不祥，不善而不災者，是不得其正也。是皆人所不能無憾於天地者。」附《存疑》：夫婦之愚，可與知能，此舉道之至小者言也。所知能何事？家人日用之常，如耒耜井臼亦是也。史氏以男女交感當之，誤矣。夫天地絪緼，萬物化醇，男女構精，萬物化生。故曰夫婦人倫之首，王化之端。據此則男女交感，乃天地之一大事，天地聖人人物之所同也。謂道之小可乎？且道者，事物當然之理，以夫婦之知能爲道，亦必指事當其理，而後謂之道爾。若不問當理與不當理，直指其交感處爲道，則是指氣爲道，與告子「生之謂性」、佛氏「作用是性」、禪家「運水搬柴，無非妙用」者，幾何異哉？○《蒙引》：天地之大，或以形言，或以道言。主形言者，謂「若説天地之道大，則天地已盡道了，又何説人猶有所憾」？主道説者，以爲此與後章「此天地之所以爲大也」一大字，俱以道言。《論語》「惟天爲大」，亦謂道大也，豈論其形邪？言道之用廣，雖聖人之德之盛不能盡，雖天地之大亦不能盡也。看來後説較長。蓋知聖人之高於夫婦者，以德不以形，則知天地之大也，亦以道不以形矣。○《淺説》：小德川流，大德敦化，是天地爲最大也。然要之，天地亦囿於形氣也，故職司有所偏，運化有不齊，是天地亦未能盡道。

《詩》云「鳶飛戾天，魚躍于淵」，言其上下察也。鳶，余專反。

《詩》，《大雅·旱麓》音鹿。之篇。鳶，鴟處脂反。類。戾，至也。察，著也。雙峰饒氏曰：「察是自然昭著，便是誠之不可揜。」子思引此詩，以明化育流行、上下昭著，莫非此理之用，所謂費也。然其所以然者，則非見聞所及，所謂隱也。問：「鳶飛魚躍，必氣使之然。」朱子曰：「所以飛，所以躍者，理也，氣便載得許多理出來。若不就鳶飛魚躍上看，如何見得此理？」問：「程子云『若説鳶，上面更有天在；説魚，下面更有地在』，是如何？」先生默然微誦曰：「天有四時，春秋冬夏，風雨霜露，無非教也。地載神氣，風霆流形，庶物露生，無非教也。便覺有竦動人處。」○鳶飛可見，魚躍亦可見，而所以飛，所以躍，果何物也？○鳶飛魚躍，費也。必有一箇什麽物事使得他如此，此便是隱。○問：「許多都説費處，却不説隱處，所謂隱者，只在費中否？」曰：「惟是不説，乃所以見得隱在其中。舊來多將聖人不知不能處做隱説，覺得下面都説不去，且如鳶飛天，魚躍淵，亦何嘗隱來！」○鳶飛魚躍，無非道體之所在。猶言動容周旋，無非至理。出入語默，無非妙道。「言其上下察也」，此一句只是解上面。察者，著也，言其昭著徧滿於天地之間，非察察之察。《詩》中之意，本不爲此，《中庸》借此兩句形容道體。○事地察，天地明察，與此上下察，察乎天地，皆明著之意。○三山陳氏曰：「有一物，必有一理。有已然者，必有所以然者。鳶則天而不能淵，魚則淵而不能天，此其用也已然者也。是必有所以然者以爲之體，然體之隱，初不離於用之顯也。」○温陵陳氏曰：「中庸之道，只在日用之閒，而不可他求。雖曰日用之閒，而有至微至隱者存焉，亦猶鳶魚之飛躍，皆在目前，初不離性分之内。」○潛室陳氏曰：「凡説道之費處，其體之隱則在其中矣，故不言隱。非於費之外别有所謂隱也，使有隱可見，有隱可言，則非體用一源，顯微無閒矣。」○雙峰饒氏曰：「此兩句引得妙。若以人來證，也證不得。若引植物來證，也證不得。蓋人有知識，植物又不動。須以動物證之，且如鳶魚，何嘗有知識！但飛則必戾天，躍則必于淵，自然如此，又不是人教他，要必有使之然者。須如此，默而識之。」○問：「子思如何獨舉鳶魚而言？」蛟峰方氏曰：「只且提起一二以示人。天下萬物皆如此，何獨鳶魚！」○雲峰胡氏曰：「《中庸》言道字，皆自率性之道説來。費，用之廣也，是説率性之道。隱，體之微也，是説天命之性。纔説費，隱即在其中。纔説率性之道，天命之性即在其中。非有二也。故近自夫婦居室之閒，遠而至於聖人天地之所不能盡，而道無不在。即朱子所謂『天下無性外之物，而性無不在』者也，饒氏謂『無性外之物，是萬物統體一太極；性無不在，是一物各具一太極』是也。性無不在，費也。而性之所以爲性，則隱也。如鳶率鳶之性必飛，魚率魚之性必躍，於此見物物有自然之天，物物有天命之性。首章言天命之性，率性之道。自第二章以至第十章，無非率性之道，亦無非因其天命之性也。天地閒無非是此性之著見處。造端乎夫婦，則是盡性之始事。」朱子曰：「幽闇之中，衽席之上，或褻而慢之，則天命有所不行。非知性命之理者，不足與語此。」○新安陳氏曰：「鳶飛魚躍，天機自動。鳶飛天，見此理之著於上。魚躍淵，見此理之著於下。詩人此二句，興體也，本以興君子之作成人才也。子思引之，借以言此理之昭著，非興也，亦非比喻也。理無形體，於有形體之物上見得無形體之理。偶引《詩》，以鳶魚二物指言之耳。捨鳶魚而言固不可，泥鳶魚而言亦不可。充滿天地，無一物不可見此理之昭著。如程子於子在川上章論道體，言『日往月來，寒往暑來，水流物生，皆道體之顯然者』是也。此察字，實對首句隱字。體之隱者，於此物上昭著出來，則隱而不可見者，於此著察而可見矣。然其所以然之妙，則終非見聞所及。雖察也，而實隱也。」《通考》吴氏程曰：「道體無所不在，而獨舉此言者，蓋所以明上下之意，與《易》之天澤履相似。察是自然昭著，便是誠之不可揜。」○史氏伯璿曰：「陳氏云察對隱字，隱者於此物上昭著出來者，饒氏意也。其曰『而其所以然之妙，則終非見聞所及』者，《章句》意也。其曰『雖察也，而實隱也』者，推饒説以合於《章句》之旨者也。然察之一字，朱子是指道之用言，而隱在其中。陳氏以爲專對隱言，此則終不可得而强合者也。」**故程子曰：「此一節，子思喫緊**居忍反。**爲**去聲。**人處，活潑潑**普活反。**地，讀者其致思焉。」**朱子曰：「喫緊爲人處，是要人就此瞥地便見箇天理全體。活只是不滯於一隅。」○潛室陳氏曰：「大要不欲人去昏默窈冥中求道理，處處平平會得時，多少分明快活。」○問如何是喫緊爲人處。雙峰饒氏曰：「以道體示人也。觀鳶魚而知道之費而隱，猶觀川流而知道體之不息。」○雲峰胡氏曰：「道體每於動處見，本自活潑潑地。聖賢教人，每欲人於動處用功，亦是活潑潑地。鳶飛魚躍，道之自然，本無一毫私意，勿忘勿助。學者體道之自然，亦著不得一毫私意。」○新安陳氏曰：「《章句》引程子説，蓋前面已説得文義分曉了，恐人只容易讀過，故引此語，使讀者更加涵泳。又恐枝葉太繁，則本根漸遠，故引而不發，使學者於此致思焉。」《通考》吴氏程曰：「喫緊，猶俗言著急。活潑潑地，是真見得道理在面前，如活底物相似，正如顔子卓爾、孟子躍如之意。」○張氏師曾曰：「潑，讀如字。或讀爲撥者，非。」○黄氏洵饒曰：「此一節，洞見道體之妙而無疑，上下察也。放之則彌六合，化育流行，正見得道不可離也。」○活潑潑地，無物礙之也。致思二字，見理之在人心，無毫髮之間斷。若有間斷，便與天地不相似。其要只在慎獨。○全體呈露，妙用顯行。○道體流行，無所窒礙。○董氏彝曰：「《中庸》鳶飛魚躍，指道體之昭著而言。《孟子》必有事焉而勿正，指集義養氣而言。程子所謂同一活潑潑地，則又非解本文之意，是猶川上之歎，而程子亦以爲其要只在慎獨。」○史氏伯璿曰：「《或問》中發明此意，已無餘蘊，而讀者每猶有所未達，此不過皆是形容天理流行無滯礙之意而已。其在鳶魚，則鳶魚無知之物，然飛必戾天，躍必于淵，是誰使之然哉？道之體用，流行發見，自然而然，有莫知所以然而然者。又豈特鳶魚爲然哉！所謂天理流行，無滯礙之意，於此固爲易見。其在人心，則人心不能無私。天理易至間斷，惟能以集義爲事，則天理無時不流行矣。又無預期其効之心，則自然無所滯礙矣。天理既流行而無滯礙，則與鳶飛必戾天，魚躍必于淵者，同一活潑潑地之意可識矣。若不以集義爲事，則如鳶魚之不能飛躍，謂之天理流行可乎？若集義而預期其效，則如捉鳶魚使之戾天躍淵，皆不出於自然，謂之無滯礙可乎？天理不流行，而有滯礙，則不得謂之活潑潑地明矣。」附《蒙引》：上下察，則凡際天所覆，極地所載，或大或小，皆在其中矣。又以上文大小參之，即上下之昭著，固所以爲大。而上下昭著之中，一物之細，一塵之微，亦莫不有是道，則自有極其小者矣。○《存疑》：上言夫婦可知能，聖人天地所不能盡，則此道無乎不在，固可意會矣，而其流行活潑之妙，則未見也。故子思復舉個鳶魚來發明他，見得此道在天地間，都如此活潑，如此昭著，日用之間，橫行直撞，無不是這道理。學者誠當無時無處而不用力也。○化育流行，上下昭著，氣也。所以流行昭著者，皆理爲之也。故曰莫非此理之用。○潑潑地，是贊其活也。

君子之道，造端乎夫婦，及其至也，察乎天地。

結上文。朱子曰：「君臣父子，人倫日用間，無所不該。特舉夫婦而言，以見其尤切近處。」○夫婦，人倫之至親至密者也。人之所爲，蓋有不可以告其父兄，而悉以告其妻者，人事之至近。而道行乎其間，非知幾謹獨之君子，其孰能體之！○新安陳氏曰：「總結上文，謂君子之道，始乎夫婦居室之間，及其極至，則昭著乎天高地下之大。造端夫婦，結夫婦與知能行及語小莫能破數句。察乎天地，結聖人不能知行及語大莫能載。包到鳶魚上下察處，該括盡矣。人苟知道造端乎夫婦，則見道之不可離，而男女居室之閒有不敢忽者矣。」《通考》黄氏洵饒曰：「及其至也，察乎天地，人欲净盡，天理流行，隨處充滿，無少欠缺，言其上下昭著處。」附《淺説》：總而言之，君子之道語其一節，則托始乎夫婦居室之閒，而夫婦之愚不肖，可以與知與能。極其全體，則昭著乎天地之大，而天地聖人有所不能盡。道之費而隱如此。此道之所以不可須臾離也，此存養省察之功所以不可有須臾之閒也。○《蒙引》：若鳶魚一節，則不必專屬於遠大，亦不必專屬於近小，總申上意也。

右第十二章。子思之言，蓋以申明首章道不可離之意也。其下八章，雜引孔子之言以明之。雙峰饒氏曰：「始言中和，以見此道管攝於吾心。次言中庸，以見此道著見於事物。此言費隱，以見此道充塞乎天地。知道之管攝於吾心，則存養省察之功不可以不盡，故以戒懼謹獨言之。知道之著見於事物，則致知力行之功不可以不加，故以知仁勇言之。知道之充塞乎天地，則致知力行之功不可以不周，故自違道不遠以極於達孝。」又曰：「費隱是申道不可離之意。然道不可須臾離，是無時不然。君子之道費而隱，是無物不有。無時不然，故德欲其久。無物不有，故業欲其廣。德欲其久，故敬以直内之功，由動而静，由静而動，不可有須臾閒斷。戒謹不睹，恐懼不聞，而慎獨是也。業欲其廣，故義以方外之功，自近而遠，若小若大，不可毫髮故過。造端夫婦，至達乎諸侯大夫及士庶人是也。」○此章論道之費隱小大，以爲下七章之綱領。《通考》東陽許氏曰：「中庸是就人事上言道之用，費隱就天地人物上言道之用。先言中和，見道之著見於事物；費隱，見道之充塞天地。後言誠，見聖人與天地爲一中和，以戒懼謹獨爲存養省察之功。中庸則以知仁勇爲入德之門，費隱諸章雜言其大小者，欲人隨處致察，以全中庸之用，皆求至於誠也。」○黄氏洵饒曰：「右第十二章，此第二支，其下八章爲節解。」○史氏伯璿曰：「此已下九章，是第三大節，皆是發明費隱。直至二十章，始以三達德行五達道者爲言，却正是二大節相承之次。或疑『君子之道費而隱』之道，不止是五達道之道。蓋道雖無物不有，然君子所當知當行、至切至要者，惟在於五達道而已。觀於十二章之末，既以君子之道造端乎夫婦者結之，而下章遂以君子之道四爲言。謂費隱之道非即五達道之道，可乎？章末言天道人道，蓋爲下章説誠明、明誠之張本也。蓋自此以前，皆是説用工之事。用工以立其本，用工則先知後行，以學者之事爲主。中閒雖有説聖人事處，不過亦以爲學者用工之法。自此以後，多是成功之事。成功而致其用，成功則先行後知，以聖人之事爲主，蓋欲示學者以成功之準的也。中閒有説學者事處，則依舊先知後行，乃是授學者以至此準的之階梯也。至於人道之極，則亦與天道無閒，觀於言人道者，五章章末之言可見矣。其詳於後節言之。饒氏分哀公問政章爲二章，以屬下節者，非是。」

子曰：「道不遠人。人之爲道而遠人，不可以爲道。

道者，率性而已，固衆人之所能知能行者也，故常不遠於人。若爲道者，厭其卑近以爲不足爲，而反務爲高遠難行之事，則非所以爲道矣。朱子曰：「此三句，是一章之綱。下面三節，只是解此三句。然緊要處又在道不遠人一句。人之爲道之爲，如爲仁由己之爲。不可以爲道，如克己復禮爲仁之爲。」○黄氏曰：「率性之謂道，道何嘗遠人！此人字兼人己而言。自己觀之，便具此道。自人觀之，人亦具此道也。」又曰：「此指爲道之人己身而言，己之身便具此道，又豈可遠此身以爲道？」○陳氏曰：「此道常昭著於日用人事之閒，初無高遠難行之事。若欲離人事而求之高遠，便非所以爲道。如老莊言道在太極先之類，無非高遠。此三句語脈，猶道不可離，可離非道之謂。」○雙峰饒氏曰：「道不遠人，以道言也。人之爲道而遠人，不可以爲道，以學道者言也。遠人之人，是指衆人。人之爲道之人，是指爲道之人。」○雲峰胡氏曰：「上章言性無不在，其廣大也如此。此章言率性只在人倫日用之閒，其篤實也又如此。」○東陽許氏曰：「人之爲道而遠人，此爲字重，猶言行道。不可以爲道，此爲字輕，猶言謂之道。」《通考》黄氏洵饒曰：「道不遠人，此二句亦一小支。其下三節，非欲遠人以爲道之事，亦不遠人以爲道之事，皆不遠人以爲道之事，可見是小節解。」附《淺説》：道具於人心，而見諸日用，人之所以爲人者也。固至妙也，而人皆可知，蓋其明白顯著，昭若正的，無杳冥昏默之不可測也。本非易也，而人皆可行，蓋其因心自然，坦若大路，無艱危峻阻之不可及也。何遠於人哉！若人之爲道，以爲此道衆人可能，吾能所可能不爲奇，不奇不足以驚世，必求夫甚奇而難能者爲之。此道日用常行，吾行所常行不爲新，不新不足以悦人，必擇夫甚新而異常者行之。如舍布帛而別求炫目之衣，棄菽粟而別求可口之味，自以爲高矣遠矣，道在是矣，視彼日用常行衆人可能者，皆以爲卑且近，不足以盡道。殊不知其至卑而實高，至近而實遠，而自以爲高且遠者，反失真過當，不足爲高遠也。蓋道者，率吾性之同然，以處事應物，使各得其當然耳。務爲高遠難行，則必拂人之性而不由夫自然矣，失事之宜而不合夫當然矣，如之何而可以爲道？信乎！道不遠人，而人不可遠人以爲道也。○《存疑》：爲上文説得闊了，故此便説入身來，此上下相承之意也。○《蒙引》：有耳目，則有聰明之德，有父子，則有慈孝之心，道何遠於人哉？

《詩》云：『伐柯伐柯，其則不遠。』執柯以伐柯，睨而視之，猶以爲遠。故君子以人治人，改而止。睨，研計反。

《詩》，《豳悲巾反。風・伐柯》音哥。之篇。柯，斧柄。則，法也。睨，邪視也。言人執柯伐木以爲柯者，彼柯長短之法在此柯耳，然猶有彼此之別，彼列反。下同。故伐者視之，猶以爲遠也。若以人治人，則所以爲人之道各在當去聲。人之身，初無彼此之別。故君子之治人也，即以其人之道，還治其人之身。其人能改即止，不治，蓋責之以其所能知能行，非欲其遠人以爲道也。張子所謂「以衆人望人，則易去聲。從」是也。程子曰：「執柯伐柯，其則不遠，人猶以爲遠。君子之道，本諸身，發諸心，豈遠乎哉？道初不遠於人之身，人之爲道而不近求之於其身，尚何所爲道！故有伐柯睨視之譬。知道之不遠人，則人與己本均有也，故以人治人。」○朱子曰：「緊要處全在道不遠人一句。言人人本自有許多道理，只是不曾依得這道理却做，從不是道理處去。如人之孝，他本有此孝，他却不曾行得這孝，却亂行，從不孝處去。君子治之，非是别討箇孝去治他，只是與他説，你這箇不是，你本有此孝，却如何錯行，從不孝處去。其人能改，即是孝矣。不是將别人底道理治他，我但因其自有者還以治之而已。及我自治其身，亦不是將他人底道理來治我，亦只是將我自有底道理自治我之身而已。所以説執柯伐柯，其則不遠。執柯以伐柯，不用更别去討法，則只那手中所執者便是則。然執柯以伐柯，睨而視之，猶以爲遠，若此箇道理，人人具有，纔要做底，便是初無彼此之别。故《中庸》一書，初間便説天命之謂性，率性之謂道，只是説人人各具此箇道理，無有不足故耳。從上頭説下來，只是此意。」○君子以人治人，改而止。如水本東流，失其道而西流，從西邊遮障得歸來東邊，便了。○陳氏曰：「能改即止，不以高遠難行底責他，只把他能知能行底去治他。」○蒙齋袁氏曰：「不曰我治人，而曰以人治人。我亦人耳，道不離吾身，亦不離各人之身，吾有此則，人亦有此則。以則取則，天則自然，非彼柯假此柯之比也。人有過焉，能改則止，若責人已甚，違天則矣。故曰『忠恕違道不遠』。」○潛室陳氏曰：「衆人即天生烝民、凡厥庶民之謂。只將他共有底道理治他，乃天理人倫之類。若以蠢蠢昏昏者爲衆人，非張子意。」○雲峰胡氏曰：「衆人同此性，即同此當然之則。以衆人望人，不敢遽以聖人責人也。《章句》分三節，皆提起不遠人以爲道一句。第一節，言以人治人，皆欲其不遠人以爲道。第二節，言己之施於人者，不遠人以爲道。第三節，言雖聖人所以責之己者，亦不遠人以爲道也。」○東陽許氏曰：「柯有彼此之異，尚猶是遠，道在人身而不可離，又非柯之比，故教者只消就衆人自身所有之道而治之耳。行道者不假外求，治人者無可外加。」《通考》史氏伯璿曰：「《語録》云：『推以人治人之義，有曰及我自治其身，亦不是將他人底道理來治我，亦是將我自得底道理，自治我之身而已。』按，此雖與《章句》異，亦可備一説。蓋道不遠人之人字，是以人對道而言。道便是人之理，人便是人之身，初無以人對己之意。下文人之爲道而遠人，兩人字皆指爲道者言，可見人即己爾。故此節兩人字，雖不必以爲對己而言，亦可也。只因此上有君子二字，則似乎此人字對君子言之者。故《章句》順文解義，以此爲君子治人之事。又按，《中庸》自首章至此，皆言自治之事。直至二十章，方言知所以脩身，則知所以治人爲天下國家矣。其實上人字是人之道，下人字是人之身。若只以爲君子自治，恐亦可通。君子以人治人，猶曰君子以在己之道自治其身之意爾。下文忠恕，即是以人治人之工夫。改是改其待人未能如待己者也。至於待人能如待己者，則不遠人之道盡矣，故當止而不可過有所治也。若有不止，則便是爲道而遠人者之所爲，反不可以爲道矣。」○《章句》之所謂衆人，非庸衆之衆，雖堯舜之聖，亦衆人中之人耳。改非略改而不必至於至善之謂，若但略改而即止，則孝不必十分孝，忠不必十分忠，皆可止耶。雖堯舜之孝，亦不遠人之道爾。孝未至於堯舜，便是爲子之道有所未盡，所以夫子之聖，猶自謂「所求乎子以事父，未能也」。胡氏之説非是。附《淺説》：以治人言之，《詩》云「伐柯」云云，此可見道不遠人，而人當不遠人以爲道也。

忠恕違道不遠，施諸己而不願，亦勿施於人。

盡己之心爲忠，推己及人爲恕。違，去也，如《春秋》傳去聲。**「齊師違穀七里」之違，言自此至彼，相去不遠，非背**音佩。**而去之之謂也。**《左傳》哀公二十七年：晉荀瑤帥師伐鄭，次于桐丘。鄭駟弘請于齊，乃救鄭。及留舒，〔齊地。〕違穀七里，穀人不知。及濮，〔水名。〕知伯聞之，乃還曰：「我卜伐鄭，不卜伐齊。」智伯，智襄子也，即荀瑤。**道，即其不遠人者是也。**此章以道不遠人爲綱領，故《章句》節節提掇。**施諸己而不願，亦勿施於人，忠恕之事也。**朱子曰：「忠者，盡己之心，無少僞妄，只是盡自家之心，不要有一毫不盡，須是十分盡得，方始是盡。若七分盡得，三分未盡，也是不忠。恕者，推己及物，各得所欲，知得我是要恁地，想人亦要恁地，而今不可不教他恁地，三反五折，便是推己及物。」○問：「此只是恕，如何作忠恕説？」曰：「忠恕兩箇離不得。方忠時，未見得恕，及至恕時，忠行乎其閒。施諸己而不願，亦勿施於人，非忠者不能也。」○

北溪陳氏曰：「忠是就心説，是盡己之心，無不真實者；恕是就待人接物處説，只是推己心之真實者以及人物而已。」○東陽許氏曰：「行道之方，惟在忠恕。自此行之，則可至中庸之道，故曰『違道不遠，施諸己而不願，亦勿施於人』。推己之恕也，然非忠爲本，則亦無可推者矣。蓋忠以心之全體言，恕就每事上言，所接之事，萬有不同，皆自此心而推。然應一事時，盡己之心，推之，則心之全體却又只在此。故恕非忠無以本，忠非恕不能行，二者相須，缺一不可。所以經以『施諸己』兩句總言忠恕，而《章句》亦曰『施諸己而不願，亦勿施於人，忠恕之事也』。」**以己之心度**徒洛反。**人之心，未嘗不同，則道之不遠於人者可見。故己之所不欲，則勿以施於人，亦不遠人以爲道之事。**黄氏曰：「此即己之身而得待人之道，待人之道不必遠求，不過推己以及人而已。」**張子所謂「以愛己之心愛人，則盡仁」是也。**問《論語》、《中庸》言忠恕不同。朱子曰：「盡己推己，此言違道不遠是也，是學者事。忠恕工夫，到底只如此。曾子取此，以明聖人一貫之理耳。若聖人之忠恕，只説得誠字與仁字，盡字、推字用不得。若學者，則須推。故程子曰：『以己及物，仁也。推己及物，恕也。違道不遠是也。』自是兩端説，此只説下學而上達，是子思掠下教人處。《論語》則曰一以貫之，又曰勿者禁止之辭，豈非學者事！《論語》分明言夫子之道，豈非聖人事！」○問：「到得忠恕，已是道，如何云違道不遠？」曰：「仁是道，忠恕正是學者下工夫處。『施諸己而不願，亦勿施於人』，子思之説，正是工夫。夫子之道，忠恕而已矣，却不是恁地。曾子只是借這箇説『維天之命，於穆不已』，『乾道變化，各正性命』，便是天之忠恕。『純亦不已』，『萬物各得其所』，便是聖人之忠恕。『施諸己而不願，亦勿施於人』，便是學者之忠恕。」○凡人責人處急，責己處緩，愛己則急，愛人則緩。若拽轉頭來，便自道理流行。○潛室陳氏曰：「此因恕而言仁耳。恕是求仁之事，推愛己之心以愛人，恕者之事也。以愛己之心愛人，仁者之事也。忠恕違道不遠，轉一過即仁矣。故張子以仁言。」○雙峰饒氏曰：「道是天理，忠恕是人事。天理不遠於人事，故曰道不遠人。人事盡則可以至天理，故曰忠恕違道不遠。其理甚明。」《通考》史氏伯璿曰：「忠恕違道不遠，《章句》至矣。饒氏謂此皆不遠人以爲道之事，而道之不遠於人者，莫甚於此。故下文即其文而詳言之。竊意忠恕是盡己之心，推以及人之事。故己不欲而勿施於人，固推己也。己所欲而以施之於人，亦推己也。下文『施諸己而不願，亦勿施於人』二句，是不欲而勿施於人者。『君子之道四』至『先施之未能』一節，是推己所欲以施於人者。一反一正，皆所以釋此一句之義也。」又曰：「施諸己而不願，亦勿施於人，《章句》兼忠恕釋之，至矣。饒氏專爲恕之事者，失之。蓋此一節，是不以己之所惡者施之於人。聖賢論忠恕，皆就推己處説，如夫子之告子貢、仲弓，亦此意。蓋取其易見也。知己所惡者勿施，則己所欲者自不容於不施矣，非但不施己之所惡而已也。然則《章句》自『以己之心，度人之心』以下，似可以兼説下節之旨，不但可施於此節云。」○黄氏洵饒曰：「則盡仁之仁字，還是説上道字，仁即道。就忠恕上説，故曰仁；就達德上説，故曰道。」○史氏伯璿曰：「雙峰以勿願勿施二句爲恕之事，與《章句》異，《語録》辨此已詳。蓋恕由忠出，忠因恕行，初無二致。盡己之心在内，本不可見，善觀者却於推己之際觀之，則盡己之意可見矣。且如施諸己而不願之心，固非有不真實者，是則不願者己之真心也，此真心非忠之未發者乎？及其推以及物，亦即以此不願之真心而勿施之，則發於己者豈有一毫之不盡乎？此即忠之因恕見者然也。以己之不願者推之，而勿施於人，此則恕之由忠出者也。《章句》合忠恕而言，至矣。饒説非是。」附《淺説》：又自愛人言之，率性之道，本不遠人，但人爲私意所隔，惟知有己，而不知有人，故所以施於人者多不得其當，而去道也遠矣。惟本乎忠而行之以恕，雖曰出於勉强，而未能與道爲一也，然由此而往，則可以得其當然之實，而施無不當。其去道也何遠哉！忠恕之事何如？不過推己之心以及人耳。如人以無道而施諸己，此己所不願也，則以己之心度人之心，知人之心即己之心，不以己之所不願者而施之於人焉。此忠恕之事也。此可見道不遠人，而人當不遠人以爲道也。○《存疑》：盡己之謂忠，其所盡者何如？爲子當孝，而一點孝心無不盡。爲臣當忠，而一點忠心無不盡是也。忠儘好了，又必以恕者，蓋人多有心地甚好，却被私欲阻尼，不能見之行事之間者，故既忠後又須有恕一截事也。恕者，推行之法也，以己度物，推己及物，是恕之事。○《蒙引》張子以愛己之心愛人則盡仁，非以恕當仁也，其謂之盡仁，即如孟子所謂求仁莫近焉之意。

君子之道四，丘未能一焉：所求乎子以事父，未能也；所求乎臣以事君，未能也；所求乎弟以事兄，未能也；所求乎朋友，先施之未能也。庸德之行，庸言之謹，有所不足，不敢不勉，有餘不敢盡。言顧行，行顧言，君子胡不慥慥爾！」子、臣、弟、友四字，絶句。求，猶責也。道不遠人，凡己之所以責人者，皆道之所當然也，故反之以自責而自脩焉。黄氏曰：「此即人之身而得治己之道。治己之道，初不難見，觀其責人者而已。」庸，平常也。行者踐其實，謹者擇其可。德不足而勉，則行益力；言有餘而訒，忍也，難也。則謹益至。謹之至，則言顧行去聲。行顧言，行之行同。矣；行之力，則行顧言矣。慥慥，篤實貌。言君子之言行如此，豈不慥慥乎！贊美之也。凡此皆不遠人以爲道之事。三山陳氏曰：「人之言常有餘，行常不足。言顧行，則言之有餘者將自損。行顧言，則行之不足者將自勉。此章語若雜出，而意脈貫通，反復於人己之閒者，詳盡明切而有序。其歸不過致謹於言行，以盡其實耳。」張子所謂「以責人之心責己，則盡道」是也。朱子曰：「『未能一焉』，固是謙辭，然亦可見聖人之心有未嘗滿處。『所求乎子以事父，未能也。』每常人責子，必欲其孝於我，然不知我之所以事父者曾孝否乎？以我責子之心而反推己之所以事父，此便是則也。『所求乎臣以事君，未能也。』常人責臣，必欲其忠於我，然不知我之所以事君者盡忠否乎？以我責臣之心而反之於我，則其則在此矣。」又曰：「事父未能，須要如舜之事父，方盡得子之道。事君未能，須要如周公之事君，方盡得臣之道。若有一毫不盡，便是道理有所欠缺，便非子與臣之道矣。無不是如此，只緣道理當然，自是住不得。」○南軒張氏曰：「此章大意，謂道雖不遠人，而其至則聖人亦有所不能，而實亦不遠於人，故君子只於言行上篤實做工夫。此乃實下手處。」○格菴趙氏曰：「我之所望於人者，即我所當自盡之，則不是將他人道理來治我。蓋以得於天之所同然者，而自治其身耳。」○雙峰饒氏曰：「施諸己而不願二句，是恕之事。君子道四一節，是忠之事，所以爲恕者之本也。忠爲恕之本，先論勿施於人，而後反之以責其所以盡己者，語意尤有力。《大學》是明明德於天下而反推之，至於誠意、致知。《中庸》自獲上治民而反推之，至於誠身、明善。皆此意。」○朱氏伸曰：「言未能者，欲先盡己也。能盡乎己，則恕可推矣。」○雲峰胡氏曰：「《論語》説忠恕，是曾子借此二字，形容聖人至妙處。此則是子思就此二字，説歸聖道至實處。推愛己之心愛人，推己及物之恕也，而忠即行乎其間。以責人之心責己，發己自盡之忠也，而恕即不外乎此。君臣、父子、兄弟、朋友之倫，人人性分之所固有者，而曰丘未能一焉，亦曰吾之反求諸己，未能如其所以責人者爾。學者之心常如聖人以爲未能，則必深體而力行之。惟恐庸言之不謹，而言未能顧其行；惟恐庸德之未行，而行未能顧其言。此皆盡己之心而恕之本也。饒氏謂夫子責己以勉人，前四語是責己，庸德以下是勉人。」《通考》朱氏公遷曰：「《大學》止至善之目，於五品遺其二，則欲人推類以盡其餘。《中庸》君子之道四，於五品遺其一，則道所當然，非所求之閨門婦女也。夫婦之别，必君子道之，使由之，豈待以責彼之道自責乎！」○史氏伯璿曰：「饒氏以爲忠之事者失之。《章句》之句讀訓釋，至矣。此一節亦忠恕之事，是推己所欲者施之於人也。所求乎子，所求乎臣，所求乎弟，所求乎朋友，皆是求其待己如己之所欲也。以事父，以事君，以事兄，以先施，皆是推己所欲求於子臣弟友者，以及其父君兄友也。四者皆曰未能，可見子臣弟友之職未易盡。聖人不自聖之心，蓋與舜之事親自知不足者同一意耳，上文己之所惡則勿以施之於人足矣。此欲推己所欲以及人，則孝忠弟信之道，有一毫未如己之責人者，皆不害其爲未能。此雖夫子之謙辭，要亦不害其爲聖人不自滿足之誠心也。君子之道，即上文不遠人之道爾。道不外乎人倫，故以四者言之，推己及人，即不遠人以爲道之事。忠恕之事無不盡，則道不外是，乃爲能改而可止矣。故張子曰『以責人之心責己，則盡道』，蓋謂是也。若移《章句》前節，自『以己之心度人之心』，至『亦不遠人，以爲道之事』一段，置於此節之下，以總釋二節之旨。更添『而以己之所欲者施之於人』一句於前，『勿以施之於人』之下，『亦不遠人以爲道』之上，仍改亦字爲皆字，則似極爲明備。蓋二節皆忠恕節目，皆不遠人以爲道之事也。」「然則此四者，《章句》但以爲責己自脩之事，今亦指爲忠恕之事，抑亦有所本乎？」曰：「觀《語録》嘗以《大學》絜矩爲此章之證，則固亦以爲忠恕之意矣。況以爲忠恕之事，亦與《章句》責己自脩之意無所礙，庶乎亦有可通云爾。」○庸德之行以下，《章句》至矣。饒氏以庸德爲孝弟忠信之類者，近之。以庸言爲責乎子臣弟友之類者，未當。此蓋承二節忠恕之事而言，既又推而極之，以至於盡道之域也。庸德，以忠恕之事爲德也。庸言，以忠恕之事爲言也。待人有一毫不如待己者，便是不忠不恕，故於庸德不可不踐其實，於庸言不得不擇其可。行忠恕之事難，故每有不足，不足則不敢不自勉，以盡其所難。言忠信之事易，故每至有餘，有餘則不敢不自反，以節其所易。至於言無不如其行，行無不掩其言，則言行於是乎相顧，而忠恕之事畢矣。至此則人事盡，天理得，由忠恕之不遠乎道者，可以至於不遠人之道而與之一矣，此所以胡不慥慥乎之言而贊美之也歟！○饒氏謂前四語是責己，庸德以下是勉人。按，此段皆是夫子責己自勉之辭，而教人勉人之意在其中。上曰四者未能，責己之辭也。此便「如若聖與仁，則吾豈敢」之意，皆聖人不自聖之謙辭也。苟未能而遂已焉，則亦徒責而已。故以庸德以下以見自勉之意，便可見不以不能而遂已，必求至於能而後可之意，此便如抑爲之不厭之意，皆聖人純亦不已之誠心也。合而言之，可見聖人不自滿足，終日乾乾之意矣。聖人尚爾，況學者乎！則其教人勉人之意，豈必外此而他求哉！○黄氏洵饒曰：「之行，平聲。顧，猶應也。行並，去聲。」○上章君子之道、天地之道、鬼神之道、至誠之道，大抵皆同。○此是節解，後倣此。附《淺説》：又自責己言之，君子之道，其大端有四，丘則未能一焉，何則？人之常情，厚於責人，薄於責己，己之所以望於人者，則欲盡如其願。己之所以施於人者，或未能各盡其心。如所責乎子以事己者如此，反求乎己之所以事父，則未能如此也。所責乎臣以事己者如此，反求乎己之所以事君，則未能如此也。所責乎弟之事己者如此，反求乎己之所以事兄，則未能如此也。所責乎朋友之施於己者如此，反求乎己之先施於彼者，未能如此也。然己之所未能者，皆君子所已能也。彼以子臣弟友之道體之於身者，庸德也，庸德則行之而踐其實。以是道而責之於人者，庸言也，庸言則謹之而擇其可。庸德易至於不足，有所不足，則不敢不勉。庸言易至於有餘，有餘則不敢盡。有餘不敢盡，則是謹之至，而言焉顧行。有不足不敢不勉，則是行之力，而行顧言。夫能言而行不逮者，僞焉而已。言行相顧，則道有諸身，而所立者皆實地，且言論之責於人者，亦皆親切有餘味，而非無實之空言也。然則胡不慥慥爾，此道之所以歸於君子，而爲君子之道也。此吾之所以未能，當自勉以進於君子之道也。凡此皆不遠人以爲道之事也。〇《蒙引》：子臣弟友之道，庸德也。以此道而形於言，庸言也。庸德而行之必踐其實，使德有諸己也。庸言而謹之必擇其可，若未能行而徒言，不可也。必其所能行者，然後見於言，是擇其可也。如此說，方與下文之言顧行相合。〇庸德庸言，所該自廣，而意之所主，則重在子臣弟友之道。〇舊說以庸德之行以下，爲孔子自責自脩之事，於君子慥慥一句不順。蓋慥慥，贊美之辭，不應夫子自言而自贊美。且君子二字自有礙，而與上文君子之道不同。今當斷自庸德之行以下，爲正言君子之道如此，而欲以是爲則而自勉，則亦自脩之事。但自脩之意，當安在言外，不當直入本文。〇顧麟士曰：「所求乎子，即作求自己之子。《注疏》、《大全》、《或問》、《蒙引》、《淺説》、《達説》俱同。」

右第十三章。道不遠人者，夫婦所能，丘未能一者，聖人所不能，皆費也。而其所以然者，則至隱存焉。下章放上聲，與倣同。此。雙峰饒氏曰：「此章實承上章。上章説道如此費，恐人以闊遠求道，故此章説道不遠人。上章以費隱明道之體用，而此章以忠恕違道不遠繼之，以明學者入道之方。蓋即夫子告曾子以一貫，而曾子告門人以忠恕之意也。意子思得其傳於曾子而於此發明之歟！」〇新安陳氏曰：「丘未能一，固聖人謙辭，然實足以見聖人愈至而愈不自至之誠。如朱子所謂必如舜之事父、周公之事君方爲盡道，語其極誠，聖人所不敢自以爲能也。」

君子素其位而行，不願乎其外。

素，猶見形甸反，下同。在也。如今人言素來之意。《通考》史氏伯璿曰：「按，素來有從前之意，似與見在之意不類。見在乃是目今之事，非從前意也。今日富貴，則今日行乎富貴；明日貧賤，則明日又行乎貧賤，此之謂見在。觀《或問》善游氏之説可見。若以爲素來，則昨日富貴今日貧賤，反仍素來所行，可乎？」

言君子但因見在所居之位，而爲其所當爲，無慕乎其外之心也。此二句，一章之綱，下文分應之。《通考》黃氏洵饒曰：「君子素其位而行，即曾點之意。」〇則其德盛禮恭而不願乎外，亦可見。附《存疑》：「素其位而行，不願乎其外」二句，只是一套事。但素位而行，便不願乎外，不願乎外，便素位而行，不可分開爲二。下文「素富貴，行乎富貴」二條，朱子乃分貼二句者，蓋素富貴，行乎富貴條，雖有不願乎外意，然此處且欲發明素位而行，姑未之及。在上位不陵下條，雖有素位而行意，然此處只欲發明不願乎外意，且置之。朱子解經，各有攸當，非强爲分析也。觀第二條四箇素字行字，第三條五箇不字，意就可見。〇言君子但即其所居之位，而爲其所當爲，其於利害得喪，皆所不計焉。蓋其在我者所當盡，而係於天係於人者，則非所必也。〇《淺説》：諸葛孔明曰：「鞠躬盡瘁，死而後已，至於成敗利鈍，非臣之明所能逆睹也。」范希文曰：「爲之自我者當如是，其成與否，有不在我者，雖聖賢不能必。」皆此意也。

素富貴，行乎富貴；素貧賤，行乎貧賤；素夷狄，行乎夷狄；素患難，行乎患難。君子無入而不自得焉。難，去聲。

此言素其位而行也。北溪陳氏曰：「素富貴，行乎富貴，如舜之被袗衣鼓琴，若固有之是也。素貧賤，行乎貧賤，如舜之飯糗茹草，若將終身是也。行乎夷狄，如孔子欲居九夷，曰何陋之有是也。行乎患難，如孔子曰天未喪斯文，匡人其如予何是也。蓋君子無所往而不自得，惟爲吾之所當爲而已。」〇雙峰饒氏曰：「四者之中，只有富貴是順境，三者皆逆境。」問：「上言四事，下文在上位以下，只暗説富貴貧賤，如何？」曰：「人之處世，不富貴則貧賤。如夷狄患難，不常有之。素夷狄，謂適然陷於夷狄，如蘇武、洪忠宣事。」問：「入字是入四者之中否？」曰：「入字闊，上四者特舉其概，隨其所在而樂存焉。」〇倪氏曰：「順居一，逆居三，以見人少有不經憂患者。君子居易俟命，以能視順逆爲一也。」《通考》黃氏洵饒曰：「素富貴，道行乎富貴；素貧賤，道行乎貧賤；素夷狄，道行乎夷狄；素患難，道行乎患難。」〇行乎富貴，如舜被袗衣鼓琴之類；行乎貧賤，如舜居深山之類；行乎夷狄，如孔子居九夷；行乎患難，如孔子厄陳蔡，文王囚羑里之類。○史氏伯璿曰：「『無入』字總上文四素意而言，『自得』字，總上文四行意而言。此句是包括上文四句之意，屬之素位而行也。但素位而行，不願乎外二句，是反覆相形而言，故下二節亦反覆相應而言耳。」○按，貧賤對富貴言，雖逆順不同，皆常事也。患難却對康寧言，夷狄却對中國言。患難、夷狄不唯是逆，又且是事之變者，並言四者，而常變相半者，不過以見處常處變，皆無入不自得耳。常變相半，而順一逆三者，又不過以處順易，處逆難，故略於順而詳於逆耳。康寧與中國，亦常事之順者耳，奚假言哉？若曰以見人少有不經憂患者，則是人亦少有不在患難夷狄者耶！倪說非是。附《蒙引》：按，小註入字闊，上四者特舉其概。蓋時有萬變，事有萬殊，物有萬類，而道無不在，所謂無物不有，無時不然，要當隨時隨處，而各盡其所當爲。均一富貴也，而富貴等第不同。均一貧賤也，而貧賤亦有次第。對其弟，則位兄也；對其兄，則位又弟也；對其父，則位子也；對其子，則位又父也；對其君，則位臣也；對其臣，則位又君也。以至前後左右，無不皆然。如此推之，方得說素位而行意盡。○素夷狄，行夷狄；素患難，行患難。非謂苟免而從夷也，有道存焉。君子雖在夷狄患難，亦不離道。○言患難，則在平時可知；言夷狄，則中國可知。所謂雖之夷狄不可棄也，是又舉此以見彼也，故末更云無入字該之。

在上位不陵下，在下位不援上，正己而不求於人，則無怨。上不怨天，下不尤人。援，平聲。

此言不願乎其外也。陳氏曰：「吾居上位，則不陵忽乎下；吾居下位，則不攀援於上。惟反自責於己，初無求取於人之心，自然無怨。蓋有責望於天而不副所望，則怨天；有求取於人而人不我應，則尤人。君子無責望於天之心，無求取於人之意，又何怨尤之有！此處見君子胸中多少洒落明瑩，真如光風霽月，無一點私累。」

故君子居易以俟命，小人行險以徼幸。易，去聲。

易，平地也。易與險對。**居易，素位而行也。俟命，不願乎外也。**問：「君子居易俟命與《大易》樂天知命相似否？」潛室陳氏曰：「居易俟命，學者事。樂天知命，聖人事。」○格菴趙氏曰：「君子胸中平易，所居而安，素位而行也。富貴貧賤，惟聽天之所命，不願乎外也。」徼，堅堯反。求也。幸，謂所不當得而得者。朱子曰：「言强生意智，取所不當得。」○朱氏伸曰：「易者，中庸也，俟命者，待其分之所當得，故無怨尤。險者，反中庸也，徼幸者，求其理之所不當得，故多怨尤。」《通考》黄氏洵饒曰：「謂所不當得而得，與詭遇獲禽意不同。」附《存疑》：該做底便是平地，不該做底便是險道。○《蒙引》：俟命，指那窮通得喪處。君子無心計較也，是俟命也。

子曰：「射有似乎君子，失諸正鵠，反求諸其身。」正，音征。鵠，工毒反。

畫胡卦反。布曰正，棲皮曰鵠，皆侯之中、射之的也。《詩傳》：侯，張布而射之者也。正，設的於侯中而射之者也。大射，則張皮侯而設鵠。賓射，則張布侯而設正。○雙峰饒氏曰：「正乃是鴊字，小而飛最疾，最難射，所以取爲的。鵠取革置於中，正則畫於布以爲的。」《通考》詹氏道傳曰：「按，朱子曰：『周禮，梓人有皮侯、采侯、獸侯。皮侯則設鵠，乃大射之侯。采侯則設正，賓射之侯也。正之方外如鵠，亦三分其侯而居一，中二尺，畫朱其外，次白，次蒼，次黄，次黑，充其正寸，使大如鵠。其旁畫以雲氣，亦如正之數。五正者，天子也。諸侯則三正，去玄、黄。孤大夫二正，去青、白，直以朱緑也。若獸侯，則燕射之侯。』《鄉射記》云：『天子熊侯白質，諸侯麋侯赤質，大夫布侯，畫以虎豹，士布侯，畫以鹿豕。』蓋用布而畫獸頭於正鵠之處。天子、諸侯則以白土、赤土塗其布爲質，士則用布而不塗其側，所畫雲采，亦如采侯之差等。」○東陽許氏曰：「射有三，天子至大夫皆有之，士則無大射，而有賓射、燕射也。《三禮辨》云：天子九十步侯，諸侯七十步侯，大夫五十步侯。步近者鵠差小，取其巧也。步遠者鵠差大，取其力也。」○趙氏惪曰：「賓射之的謂之正。正者，正也。欲明射者内志，須正也。大射之質謂之鵠，鵠者直也，欲使射者外體之直。大射則張皮侯而設鵠，此乃天子將有郊廟之事，以射擇諸侯及群臣貢士可以與祭者。賓射則張布於侯而設正，諸侯朝會正以賓射之禮，以觀邦國諸侯者也。」附鄭注：「正、鵠，皆鳥名也。」一曰：「正，正也。鵠，直也。」子思引此孔子之言，以結上文之意。陳氏曰：「射有不中，只是自責，如君子行有不得，反求諸己，蓋以證上文正己而不求於人，是亦不願乎其外之意也。」

右第十四章。子思之言也。凡章首無「子曰」字者放此。雙峰饒氏曰：「上章道不遠人，是就身上說。此章素位而行，是就位上說。比身放開一步，然位是此身所居之地，猶未甚遠。下章言行遠登高，卑近可以至於高遠，迤邐放開去。」

君子之道，辟如行遠必自邇，辟如登高必自卑。

辟、譬同。新安陳氏曰：「承上章言道無不在，而進道則有序。以君子之道提起，言凡君子之道皆當如此也。」《通考》黄氏洵饒曰：「君子之道，辟如行遠必自邇云云略。」〇行遠自邇，登高自卑，是凡天下事皆當如此。下引《詩》及孔子之言，但舉一事以明之，亦猶《詩》之興也。妻子兄弟譬卑近，父母譬高遠。附《存疑》：君子之道，進爲之道也，故就承之曰：「辟如行遠必自邇，辟如登高必自卑。」此句與「大學之道，在明明德，在新民」意相近。蓋上句意，就在下句意内也。不可以君子之道當「人哉！聖人之道」看。辟如行遠二句，方作進爲之序。〇天下之理一也，而有遠近高卑之不同者，何也？理無遠近高卑，自人之所見而有不同也。〇《蒙引》：自知之始而漸至於知之盡，自行之始而漸至於知之極。

《詩》曰：「妻子好合，如鼓瑟琴；兄弟既翕，和樂且耽；宜爾室家，樂爾妻帑。」好，去聲。耽，《詩》作湛，亦音耽。樂，音洛。

《詩》，《小雅·常棣》之篇。鼓瑟琴，和也。翕亦合也，耽亦樂也。帑，與孥通。子孫也。附《存疑》：宜爾室家，貼兄弟二句。樂爾妻帑，貼妻子二句。〇顧麟士曰：「《詩》解本當云：雖妻子好合，如鼓瑟琴，必兄弟既翕，而後和樂且耽，則是兄弟真能宜室家，樂妻孥者也。因兄弟及妻子，而父母亦順，看作三層，殊有行登之意。然《章句》義取斷章，故爲平說。亦無不可。」

子曰：「父母，其順矣乎！」

夫子誦此詩而贊之曰：人能和於妻子，宜於兄弟如此，則父母其安樂音洛。之矣。子思引《詩》及此語，以明行遠自邇、登高自卑之意。三山陳氏曰：「行遠自邇，登高自卑，凡君子之道，其推行之序皆然。引《詩》以明之，特舉一事而言耳。」〇雙峰饒氏曰：「行遠自邇，登高自卑，說得闊，只引《詩》來形容，却是切。惟妻子好合，如鼓瑟琴。故能宜爾室家。惟兄弟既翕，和樂且耽，故能樂爾妻帑。室家宜，妻帑樂，皆下面事，父母順是上面事。欲上面順，須下面和始得，即行遠自邇、登高自卑之意。」〇新安陳氏曰：「兄弟妻子之閒，日用常行之事，道無不在，不可忽其爲卑近，雖高遠實自於此。堯舜之道，孝弟而已，正此意也。子思引《詩》及夫子贊《詩》語，蓋偶指一事而言，非以自邇自卑之義，爲止於此詩所云而已也。」附《存疑》：夫人之處家，則以和妻子、宜兄弟爲事之卑近，而以順父母爲高且遠也。必能和妻子，宜兄弟，而後父母其順之，是亦行遠自邇，登高自卑之一事也。然則學者之求道，可舍其卑近，而徒事高遠爲哉？

右第十五章。雙峰饒氏曰：「自道不遠人而下至此，凡三章，皆近裏就實，學者所當用功。」〇東陽許氏曰：「此章專言行道必自近始，未有目前日用細微處不合道，而於遠大之事能合道者也。君子之道，其理勢必當如此，故於費隱之後，十三章先言脩己治人，必恕以行之，而謹其庸德庸言。次十四章，則言正己不求於外。此章則言自近及遠，是言凡行道皆當如是也。引《詩》本是比喻說，然於道中言治家，則次序又如此。」

子曰：「鬼神之爲德，其盛矣乎！

程子曰：「鬼神，天地之功用，而造化之迹也。」朱子曰：「功用只是論發見者，如寒來暑往，日往月來，春生夏長皆是。」〇風雨、霜露、日月、晝夜，此鬼神之迹也。〇造化之妙，不可得而見，於其氣之往來屈伸者足以見之。微鬼神，則造化無迹矣。問何謂迹。曰：「鬼神是天地閒造化，只是二氣屈伸往來，神是陽，鬼是陰，往者屈，來者伸，便有箇迹恁地。」〇北溪陳氏曰：「造化之迹，以陰陽流行著見於天地閒者言之。」張子曰：「鬼神者，二氣之良能也。」朱子曰：「良能，是説往來屈伸乃理之自然，非有安排措置。二氣，則陰陽。良能是其靈處。」○鬼神，論來只是陰陽屈伸之氣，謂之陰陽亦可也。然必謂之鬼神者，以其良能功用而言也。○屈伸往來，是二氣自然能如此，一伸去，便生許多物事，一屈來，便無了一物，便是良能功用，便是陰陽往來。○雙峰饒氏曰：「造化之迹，指其屈伸者而言。二氣良能，指其能屈能伸者而言。程子只説他屈伸之迹，不説他靈處。張子説得精。」《通考》吴氏程曰：「鬼神雖是説氣，而理實在其中。故迹專以氣言，而良能兼以理言，然後其意始備。大抵理形而上，氣形而下，而鬼神則形而上下之間者也。不然，朱子何以曰『良能是説往來屈伸皆理之自然，不假安排布置』？」○許謙曰：「天地，言其形，造化，言其理。造化之理，妙不可見，惟見其成敗之迹耳。」**愚謂以二氣言，則鬼者陰之靈也，神者陽之靈也。**朱子曰：「二氣，謂陰陽對待，各有所屬。如氣之呼吸者爲魂，魂即神也，而屬乎陽。耳目口鼻之類爲魄，魄即鬼也，而屬乎陰。」○北溪陳氏曰：「靈只是自然屈伸往來恁地活爾。」**以一氣言，則至而伸者爲神，反而歸者爲鬼，其實一物而已。**張子曰：「物之初生，氣日至而滋息。物生既盈，氣日反而遊散。至之謂神，以其伸也。反之謂鬼，以其歸也。天地不窮，寒暑耳。衆動不窮，屈伸耳。鬼神之實，不越乎二端而已矣。」○朱子曰：「二氣之分，實一氣之運。以二氣言，陰之靈爲鬼，陽之靈爲神。以一氣言，則方伸之氣亦有伸有屈，其方伸者神之神，其既伸者神之鬼。既屈之氣亦有屈有伸，其既屈者鬼之鬼，其來格者鬼之神。」○天地間如消底是鬼，息底是神，生底是神，死底是鬼。四時春夏爲神，秋冬爲鬼。人之語爲神，默爲鬼，動爲神，静爲鬼，呼爲神，吸爲鬼。○新安陳氏曰：「二氣，以陰陽之對待者言；一氣，以陰陽之流行者言。」**爲德，猶言性情功效。**朱子曰：「性情，乃鬼神之情狀。能使天下之人齊明盛服，以承祭祀，便是功效。」○視不見，聽不聞，是性情。體物而不可遺，是功效。○性情便是二氣之良能，功效便是天地之功用。人須是於良能功用上認取其德。鬼神之德，言鬼神實然之理。○蛟峰方氏曰：「性情言其體，功效言其用。《易》曰鬼神之情狀，情即性情，狀即功效也。鬼神生長斂藏，是孰使之然？是他性情如此。若生而成春，長而成夏，斂而成秋，藏而成冬，便是鬼神之功效。」《通考》黄氏洵饒曰：「鬼神，即陰陽可見者。」○「中庸其至矣乎」，以理言。「鬼神其盛矣乎」，以氣言。理故言至，氣故言盛。鬼神爲物之體，而物不能遺。中庸亦爲物之體，而物所不能遺也。《章句》所謂「天以陰陽五行化生萬物，氣以成形，而理亦賦焉」是也。陰陽分而言之。夫乾，静專其性，動直其情，大生焉其功效。夫坤，静翕其性，動闢其情，廣生其功效。合而言之，陰順陽健者，性也。陽施陰受者，情也。陽生陰成者，功效也。即此章觀之，不睹不聞者，性也。體物而不可遺者，情也。洋洋乎如在其上，如在其左右，功效也。○皆就用上説良能之良，即靈也，妙用也。○朱氏公遷曰：「鬼神自造化而言，是專言之也。主乎祭祀而言，是偏言之也。於二氣良能之中，我祭其氣之於我相接者，則理之正也。鬼神爲德，質諸鬼神，怪力亂神，皆汎以造化之鬼神言。齊明盛服以下，及敬鬼神，事鬼神，非其鬼而祭之，皆特舉其祭祀之鬼神言也。又祭祀之可格者，是鬼神之靈；質之而無疑者，是鬼神之理；夫子之不語者，是鬼神之妙。」**附**《蒙引》：大抵只用鬼神體物不遺數字，亦都説盡了。只此便已見道之無所不在了，便已見道之不可離了。蓋實有是物，則實有是氣，實有是氣，則實有是理。盈天地間，一氣機之屈伸往來而不已焉，此即理之所在也。無物不有，無時不然，所謂一陰一陽之謂道是也。道容可離乎！○程子曰：「鬼神，天地之功用，而造化之迹也。天地之功用，即造化之迹也。造化，指天地之作爲處言。造者，自無而有。化者，自有而無。」○至而伸者爲神，反而歸者爲鬼。至而伸，反而歸，止是進退二字耳。要認得正而實，若泥於反而歸之詞，則異端所謂歸根還原者，亦無得而議矣。○其以二氣言者，亦言其屈伸各有所屬耳。非實有兩箇氣，而兩氣之外，又别有一箇氣之貫者也。故曰：其實一物而已。○盛字，意重在體物不遺上，雖曰兼費隱，然隱只在費之中，即所以體物不遺處無可見聞也。蓋其運化機於無迹，幹玄功於冥冥。其曰視不見，聽不聞，亦是説他那合而爲物之始，散而爲物之終處，都無可見可聞。所謂上天之載，無聲無臭者也。豈謂體物不遺之外，别有箇不見不聞者爲之體乎！

視之而弗見，聽之而弗聞，體物而不可遺。

鬼神無形與聲，然物之終始，莫非陰陽合散之所爲，新安陳氏曰：「陰陽之合爲物之始，陰陽之散爲物之終。」是其爲物之體，而物之所不能遺也。其言體物，猶《易》所謂幹事。問體物而不可遺。朱子曰：「只是這一箇氣，入毫釐絲忽裹去，也是這陰陽。包羅天地，也是這陰陽。有是理便有是氣，有是氣便有是理，無非實也。」○天下豈有一物不以此爲體？天地之升降，日月之盈縮，萬物之消息變化，無一非鬼神之所爲者。是以鬼神雖無形聲，而徧體乎萬物之中，物莫能遺也。○此三句，指鬼神之德而言。視不見，聽不聞，無形聲臭味之可聞可見也。然却體物而不遺，則甚昭然而不可揜也。所謂體物者，固非先有是物而後體之，亦非有體之者而後有是物。萬物之體，即鬼神之德。猶云即氣而不可離也，可離則無物矣。所謂不可遺者，猶云無闕遺滲漏。蓋常自洋洋生活，不間乎晦明代謝也。物之聚散始終，無非二氣之往來伸屈，是鬼神之德爲物之體，而無物能遺之也。○不見不聞，此正指隱處。如前後章，只舉費以明隱。○雙峰饒氏曰：「前章詳於費而不及隱，引而不發之意也。此章推隱而達於費，以發前章未發之意也。然弗見弗聞，已足以形容其隱矣。而復以『體物而不可遺』言者，明隱非空無之謂也。故下文言微之顯，而復以『誠之不可揜』申之，明隱之所以不能不費者，正以其實理之不可揜故也。」又曰：「道是形而上者，鬼神是形而下者。此章即鬼神之費隱，以明道之費隱。言觀鬼神之體至隱，而其用至費，如此則道之用所以至費者，豈非有至隱以爲之體乎？」○朱氏伸曰：「視弗見，聽弗聞，德之微也。體物不可遺，德之顯也。」○新安陳氏曰：「鬼神爲物之體，故此曰體物。猶貞爲事之幹，故乾卦《文言》曰『貞固足以幹事』。張子曰：『天體物而不遺，猶仁體事而無不在也。』味其語意，可互相發明。」《通考》趙氏悳曰：「《易·文言》『貞者，事之幹』，朱子《本義》云『言事之所依以立』。蓋正而能固，萬物依此而立。幹如木之幹，事如木之華。」○二節言鬼神徧體萬物之中，物莫能遺。○黄氏洵饒曰：「體物不可遺，體字理氣兼在，不可遺。一物一太極，然物之終始，即二十五章物之終始。幹事者，天以理而散爲萬物，人以心而散爲萬事。心之貞固，爲事之幹。」附《蒙引》：陰陽合散之陰陽，則鬼神二字内，各有陰陽也，是横的陰陽也。○依《章句》

云「體物猶《易》所謂幹事」，則鬼神與物，當稍有先後之別。終是氣先乎物也，不先乎物，何以體物？○鬼神體物，非謂造化生物也。體字該生死。

使天下之人齊明盛服，以承祭祀。洋洋乎如在其上，如在其左右。齊，側皆反。齊音齋，下其齊同。之爲言齊也，所以齊不齊而致其齊也。出《禮記·祭統》篇。謂齊其不齊之思慮以極致其齊也。明，猶潔也。明潔其心。○陳氏曰：「齊明是肅於內，盛服是肅於外。內外交致之功也。」洋洋，流動充滿之意。能使人畏敬奉承而發見形甸反。下同。昭著如此，乃其體物而不可遺之驗也。問：「洋洋如在其上，如在其左右，似不是感格意思，是自然如此。」朱子曰：「固是。然亦須自家有以感之始得。」○雙峰饒氏曰：「『使天下之人』，使字最好看，見得他靈處。」○陳氏曰：「承祭祀，如天子祭天地，諸侯祭社稷，大夫祭五祀，士祭其先之類。隨所當祭者，誠敬以集自家精神，則彼之精神亦集，便洋洋流動充滿，如神在焉。」○新安陳氏曰：「此章自『體物而不可遺』以上，所説鬼神所包甚闊。凡天地造化，日月風雨，霜露雷霆，四時寒暑，晝夜潮水消長，草木生落，人生血氣盛衰，萬物生死，無非鬼神。自使人齊明以下，方是就無所不包之鬼神中，提出所當祭祀之鬼神來説，見得鬼神隨祭而隨在，流動充滿，昭著發見，無所不在。所謂體物而不可遺者，豈不可驗之於此哉？」○東陽許氏曰：「如在上，如在左右，此是於祭祀時見體物不可遺處。所以《章句》言乃其體物不可遺之驗。」○前以天地造化二氣一氣言，是言鬼神之全。後所謂承祭祀者，如天神、地祇、人鬼及諸祀，亦皆鬼神，却是從全體中指出祭祀者，使人因此識其大者。《通考》東陽許氏曰：「祭有三：曰天神、地祇、人鬼。總言之，亦通謂之鬼神。大率天神皆陽類也，其中亦有陽中之陰，如月，如五星之金水，如雨師之類，然終是麗乎天者。地祇皆陰類，亦有陰中之陽，山林與川澤對，則山林陽也，原與隰對，則原陽也，然終是麗乎地者。惟祭人鬼，則求魂於天，求魄於地，是合陰陽而祭之。鬼雖是陰，其中却是合陰陽來格。」○趙氏悳曰：「案，木火之神生物，金水之鬼終物，彼以春夏對秋冬，故以春夏生物，秋冬終物。其實鬼神皆能生物終物也，故此云體物而不可遺。此雖説陰陽鬼神，人之鬼神亦附陰陽之鬼神，故此云齊明盛服以承祭祀，是兼人之鬼神也。」附《蒙引》：鬼神之妙，充滿周匝於宇宙之閒，有觸斯應。故一祭祀之閒，而遂洋洋如在也，不是齊明盛服以承祭祀了，然後有箇洋洋乎如在其上，如在其左右者也。只就祭祀時所見如此，見得鬼神之無所不體耳。若謂必待齊明盛服以承祭祀，然後有箇洋洋乎如在其上，如在其左右，則亦未爲體物而不可遺矣。下言「神之格思，不可度思，矧可射思」，正爲此也，但不可專指祭祀時言耳。○盛服，兼冠履之屬，不專指衣也。衣與服不同，衣特服中之一件。故曰「服周之冕」，又曰「冕，祭服之冠也」。又周公成文武之德，小註云「鷩冕，諸侯之服也」。可見服字所該之廣。○《存疑》：上既説體物不遺，復就祭祀上説，此尤顯然易見，故言之以爲體物不遺之驗。神之格思之神，亦是此類之神，但不就祭祀時言耳。○顧麟士曰：「《大全》如陳氏、黄氏、李氏，多以使天下，後三節俱主祭祀言，然《存疑》爲正。今説家皆從此也，且《抑》詩『屋漏』之云，本不謂祭時。」

孔子曰「其氣發揚于上，爲昭明、焄音熏。蒿、悽愴，初亮反。此百物之精也，神之著也」，《禮記·祭義》篇，孔子答宰我問鬼神之語。正謂此爾。朱子曰：「鬼神之露光景，是昭明。其氣蒸上感觸人者，是焄蒿。使人精神凛然竦然，如《漢書》所謂神君至其風颯然之意，是悽愴。」○問：「鬼神章首尾皆主二氣屈伸往來而言，而中閒洋洋如在其上，乃引『其氣發揚于上，爲昭明、焄蒿、悽愴』，此乃人物之死氣，似與前後意不合，何也？」曰：「死便是屈，感召得來便是伸。祖宗氣只存在子孫身上，祭祀時，只是這氣便自然又伸。自家極其誠敬，肅然如在其上，是甚物？那得不是伸？此便是神之著也。」《通考》東陽許氏曰：「焄謂香臭，蒿謂氣蒸出貌。朱子謂昭明是人死時自有一段光景，焄蒿是其氣升騰，悽愴是使人慘慄感傷之意。」○何文定曰：「此是陰陽乍離之際，有此聲氣。此是《祭義》所言正意。若《中庸章句》，乃是借來形容祭祀來格洋洋如在之氣象。此是感召已散而復伸之氣，與祭祀所指自不同。」○程氏復心曰：「此節言鬼神之德無所不在，能奉承敬畏，則此理昭然，流動充滿於上下左右。此陰陽鬼神之發見昭著處，蓋體物不遺之驗。」○黄氏洵饒曰：「昭明，光也。焄蒿，氣也。悽愴，情也。」○就人上見，故戒懼慎獨，靈不可掩也。附《蒙引》：孔子曰「其氣發揚于上」，其氣，不必謂是陰陽之氣，亦不可謂是鬼神之氣。蓋此「其氣」字，是指物之氣。《祭義》載夫子荅宰我曰「衆生必死，死必歸土，是之謂鬼。骨肉斃于下，陰爲野土，其氣發揚于上」云云，此蓋以形斃之爲鬼，而以其神之焄蒿、悽愴者爲神也，又自作一例論也。

《詩》曰：『神之格思，不可度思！矧可射思。』度，待洛反。射，音亦，《詩》作斁。

《詩》，《大雅·抑》之篇。格，來也。矧，況也。射，厭也，言厭怠而不敬也。思，語辭。陳氏曰：「言神明之來，視不見，聽不聞，皆不可得而測度，矧可厭斁而不敬乎！」《通考》黄氏洵饒曰：「神之格思，洋洋在上，在左右。不可度思，謂齊明盛服以承祭祀，就人上可見。」

夫微之顯，誠之不可掩如此夫！」夫，音扶。

誠者，真實無妄之謂。此「誠」字，指鬼神之實理而言。陰陽合散，無非實者，故其發見之不可掩如此。延平李氏曰：「《中庸》發明微顯之理於承祭祀時。爲言者只謂於此時鬼神之理昭然易見，令學者有入頭處爾。」○朱子曰：「鬼神只是氣之屈伸，其德則天命之實理，所謂誠也。」○鬼神主乎氣，爲物之體。物主乎形，待氣而生。蓋鬼神是氣之精英，所謂誠之不可掩者。誠，實也，言鬼神是實有者也。屈是實屈，伸是實伸，合散無非實者，故其發見昭昭不可掩如此。○上下恁地説，忽插一段鬼神「洋洋如在其上，如在其左右」在這裏，也是鳶飛魚躍意思。所以末稍只説「微之顯，誠之不可掩如此夫」。○陳氏曰：「此理雖隱微而甚顯，以陰陽之往來屈伸，皆是真實而無妄，所以發見之不可掩如此。《詩》云三句，視弗見，聽弗聞，意微之顯，誠之不可掩，説如在上在左右意。」○雙峰饒氏曰：「《中庸》誠之一字，方見於此，蓋爲自此以後言誠張本也。後章誠字即此章誠字。但此章誠字，是費之所以然處，以理言也。後章誠字，是以貫衆費而有諸己處，以德言也。皆所謂隱也。」○雲峰胡氏曰：「誠者，《中庸》一書之樞紐，而首於此章見之。漢儒皆不識誠字。宋李邦直始謂不欺之謂誠，徐仲車謂不息之謂誠。至子程子始曰無妄之謂誠，子朱子又加以真實二字，誠之説盡矣。六經言誠，自《商書》始，《書》但言鬼神享人之誠，而《中庸》直言鬼神之誠，其旨微矣。鬼神者，造化陰陽之氣。誠者，即造化陰陽之理也。實有是理，則實有是氣。其體甚微，其用甚顯。視不見，聽不聞，微也，前之所謂隱也。體物而不可遺，顯也，前之所謂費也。前言君子之道，以人道言。此言鬼神之德，以天道言。人道其用也，故先言用之費，而體之隱者即在費之中。天道其體也，故先言體之微，而用之顯者亦不出乎微之外。言固各有當也。體物而不可遺，《章句》以爲『體物猶《易》所謂幹事』，木非幹不立，葉非幹易傾，幹字釋體字最有力。此是指鬼神之顯處，以示人人之齊明盛服，鬼神未嘗使之，而若有使之者。洋洋如在，鬼神精爽，直與人之齊明相接，《章句》謂此即其體物而不可遺之驗也。蓋前此所謂鬼神，無所不包，此又就無所不包之中，提出當祭祀之鬼神來説，是又指鬼神之最顯處示人。然此其顯也，必有所以顯者，末斷之曰『微之顯，誠之不可掩如此夫』。鬼神無聲無形於天下之物，如之何其體之於天下之人？又如之何其使之顯

然一至誠之不可掩如此也？凡物之終始，莫非陰陽合散之所爲，而陰陽合散，莫非真實無妄之理。後世此理不明，有指鬼神於佛老，而競爲淫祀以徼福者，一何怪誕不經至此哉？嗚呼！使天下後世，而皆知天命之性，則知佛氏之空者非性矣。皆知率性之道，則知老氏之無者非道矣。皆知鬼神之誠，則知後世淫祀之幻妄者非誠矣。朱子以爲憂之也深，而慮之也遠，信哉！」○新安陳氏曰：「末二句，又該貫上章首五句去。雖因祭祀而發，不止爲祭祀言也。視弗見，聽弗聞，鬼神之妙，雖無形而難知。其爲體物而不可遺，則顯著而可見。微字與誠字對，顯字與不可掩對，自其妙言之曰微，自其實言之曰誠。鬼神之德，誠而已矣。實有是理，故實有是陰陽之氣。實有是氣，則實有是鬼神。其所以爲物之體而不可遺，其所以洋洋如在之發見顯著而不可掩者，無非以其實故也。鬼神之德，豈有出於誠之外者哉？」《通考》黄氏洵饒曰：「夫微，謂不見不聞。顯，謂在上，在左右。誠就理言。」○《大學》誠字，就人身上説。《中庸》言微顯者三：首章言莫顯乎微，卒章言知微之顯，以心言。此章夫微之顯，以理言也。附《淺説》：夫鬼神，不見不聞，體微也，而乃體物不遺，若

是其顯而不可掩，何哉？蓋凡無形與聲者，類皆虛僞而無其實也。既無其實，則歸於虛無而已矣，何以能顯？惟鬼神也，本太極以有靈，乘二氣而出入，充滿周匝於宇宙之閒，若無也而本有，雖虛也而甚實。其來而伸者，陰陽之合也，則實有是合，特其合也，無形與聲耳。其往而屈者，陰陽之散也，則實有是散，特其散也，不可得而聞見耳。夫實有是合散，則實有是鬼神也。此其所以能始乎萬物，終乎萬物，大而爲天地之一闔一闢，小而爲人物之一死一生。温涼寒暑之推遷，風雲雨露之變化，日月升沉，潮汐消長，如此之類，或自無形而爲有形，又忽焉而失其形，或自無聲而爲有聲，又忽焉而收其聲。其發見昭著而不可掩也，有如是夫。〇《存疑》：通章是説鬼神之盛，而終歸於誠也。〇顧麟士曰：「此章若作鬼神看，便玄虛難解。若作道看，亦與前天地有憾、鳶飛魚躍等一樣，固自明白也。疑團請於此處破却。」

右第十六章。不見不聞，隱也。體物如在，則亦費矣。此前三章，以其費之小者而言。此後三章，以其費之大者而言。此一章，兼費隱、包大小而言。胡氏曰：「此前三章，説費之小處，言日用之閒，道無不在。此後三章，説費之大處，言道之至近，而放乎至遠。中閒此一章，以鬼神之微顯，明道之費隱，而包大小之義。所以發上章未發之藴，而貫前後六章之指，且爲下文諸章之論誠者張本也。」〇新安陳氏曰：「前章非小也，以後章校之，則前章之身位與家，比後章之大關天下萬世，則爲小耳。包大小者，體物而不可遺。總而言之，所該甚大。即一物言之，亦鬼神實爲之體，兹非小歟！以承祭祀，天子祭天地，大也，士庶所祭，亦是祭祀，又非小歟！」《通考》東陽許氏曰：「此章自費隱章『造端夫婦』語意來。此章察乎天地意也。一節總言鬼神之德，二節言鬼神之大者，三節以祭祀言鬼神之小者，四節與三節同，五節又總贊鬼神之德。誠即鬼神之德也。」〇此章獨言鬼神，直以隱言。所謂弗見弗聞是隱，體物不遺是費。故曰兼費隱，體物不可遺，是鬼神之大者。下獨指祭祀者言，是鬼神之小者，故曰包大小，是於費隱之中包大小也。兼者並舉之辭，包者涵養之謂。○吴氏程曰：「兼者，兼舉而明列其事。包者，包括而默含其意。」○黄氏紹曰：「《中庸》自十三至十五章，即其近且小者言，則爲費之小。自十七章至十九章，極其遠且大者，則爲費之大。道無不包，語大語小無不在，而不可以形迹求，故曰費而隱。性妙於無形，不可以言費。教著於有跡，不可以言隱。此道所以言費隱小大，而性教不可以費隱小大言也。對舉而並言之，則曰兼。舉此以該彼，則曰包。十六章言費言隱，而不言小大，故曰兼費隱，包大小。二十章言小大，而不言費隱，故曰包費隱，兼小大。」○黄氏洵饒曰：「此章有費有隱，但隱包得前後六章費之大小。」○兼費隱，包大小者，費用有小有大，故曰包。誠即是太極，則亦費矣。亦字有意。蓋謂前後三章皆説費，鬼神一章本就隱而言，所謂則亦費矣。○費之小，即《章句》所謂庸行之常。費之大，即所謂推之以極其至。然非有以盡乎費之小，則亦無以極乎費之大。

子曰：「舜其大孝也與！德爲聖人，尊爲天子，富有四海之内，宗廟饗之，子孫保之。」與，平聲。

子孫，謂虞思、陳胡公之屬。舜子孫不止乎此，故以之屬二字該之。○《左傳》哀公元年：夏后少康逃奔有虞，虞思於是，妻〔去聲。〕之以二姚，〔二女也。姚，虞姓。〕而邑諸綸。〔邑名。〕有田一成，〔方十里。〕有衆一旅。〔五百人。〕○襄公二十五年曰：〔子産之言。〕昔虞閼父爲周陶正，以服事我先王，我先王賴其利器用也，與其神明之後也。庸以元女大姬配胡公，〔庸，用也。〕〔元女，武王之長女也。〕〔胡公，閼父之子滿也。〕而封諸陳，以備三恪。〔周封夏、殷二王後，又封舜後，皆以示敬而已。故謂之三恪。〕則我周之自出，至於今是賴。○西山真氏曰：「舜以聖德居尊位，其福禄上及宗廟，下延子孫，所以爲大孝。舜所知孝而已，禄位名壽，天實命之，非舜有心得之也。」○宣氏曰：「書孟子論舜之孝，言孝之始，指事親之實也。《中庸》言孝之終，發明其功用之大也。」○新安陳氏曰：「孟子稱舜爲大孝，以親底豫、天下化言。此稱舜爲大孝，以德爲聖人，尊爲天子，富有四海之内，宗廟饗之，子孫保之言，何也？常人使人稱願然曰幸哉有子如此，尚謂之孝。舜德爲聖人，而能尊富饗保如此，豈不可爲大孝乎！」《通考》趙悳曰：「夏后之時，猶封虞思。虞遂至周，武王克殷，乃復求舜後，得嬀滿，封之於陳。《左傳》虞幕裔孫虞閼父爲周陶正，武王以元女妻其子滿，而封諸陳，使奉虞帝祀。滿謚胡公。自胡公至桓公十二世，入春秋。桓公二十三年，魯隱初立陳，始終春秋，凡十二公。當哀公十七年，楚滅之。陳滅而田恒得政於齊，至威烈王田和，列爲諸侯，卒爲建國。秦始皇三十六年，王建降秦，滅齊。二世元年，齊王族田儋及從弟榮、弟横皆豪傑宗疆，儋略定齊地，皆自立爲王。漢高祖召，横自剄。舜祀始絶。」○東陽許氏曰：「『舜其大孝也與』一句是綱，『德爲聖人』下五句皆孝之目。爲人子者，以有德光顯祖父爲榮。舜之德，則至於聖人。爲天子，則祭祀奉養之禮極其尊。有四海，則祭祀奉養之具極其備。宗廟享之，却是就舜身上説。昔舜傳禹，禹即位，祀舜爲宗，而又封商均於虞。虞亦立廟，祀舜及其祖父。至周武王，又封舜後胡公滿於陳，則是子孫保之也。」附《淺説》：舜之孝，其可謂之大孝，而非常人之所謂孝也與！何以見其孝之大？蓋凡有三德、六德之德，亦足以顯其親。舜則德爲聖人，是其德之至。而其所以顯其親者亦至矣。凡有諸侯大夫之位，亦足以尊其親。舜則尊爲天子，是其尊之至，而所以尊其親者亦至矣。凡有一邑一國之禄，亦足以養其親，舜則富有四海之内，是其富之至，而所以養其親者亦至矣。且上祀先公以天下之禮，而宗廟享之，非特祭以士，祭以大夫而已。下有虞思、陳胡公之屬，世封爵土，而子孫保之，非特延及一世二世而已。德福兼隆如此，此舜之孝所以爲大也。○《蒙引》：宗廟享之，謂宗廟享舜之祭。鄭氏謂舜享子孫之祭，未然也。

故大德必得其位，必得其禄，必得其名，必得其壽。

舜年百有十歲。《書·舜典》：舜生三十，徵庸三十，在位五十載，陟方乃死。○問：「大德者必得位禄名壽，乃理之常然。獨孔子有德而不得位禄與壽，惟得聖人之名耳，此乃氣數之變。」仁山金氏曰：「此所謂聖人所不能也。然爲教無窮，而萬世享之，子孫保之，此又大德必得之驗也。」《通考》黄氏洵饒曰：「舜生知之者，又揖遜而得天下。舜得其常，孔子不得其常，乃氣數有盛衰故也。」○此皆從十二章至十五章庸行之常，推致至此。附《淺説》：然德者福之基，福者德之致。故舜有是聖人之大德，則必得其位而尊爲天子，必得其禄而富有四海，必得其名而天下共稱之爲聖人，必得其壽而享年百有十歲也。

故天之生物，必因其材而篤焉。故栽者培之，傾者覆之。

材，質也。篤，厚也。栽，植也。氣至而滋息爲培，氣反而游散則覆。朱子曰：「因其材而篤焉，是因其材而加厚。」○物若扶植，種在土中，自然生氣湊泊。他若已傾倒，則生氣無所附者，從何處來相接？如人疾病，若自有生氣，則藥力之氣依之，而生氣滋長。若已危殆，則生氣流散，而不復相湊矣。」○永嘉薛氏曰：「天人之應，至難言也。而聖賢常若有可必之論曰：『積善之家，必有餘慶；積不善之家，必有餘殃。』今曰大德，而謂之必得其位，必得其禄與名壽，聖賢何若是爲必然之論，而亦豈能盡取必於天哉？天之生物，必因其材質而加厚焉。其本固者，雨露必滋培之；其本傾者，風雨必顛覆之。其培之也，非恩之也；其覆之也，非害之也。皆理之必然者也。」○新安陳氏曰：「以理言，則必然；以數言，則或不必然。理者其常，而數者其變也。」《通考》東陽許氏曰：「栽培傾覆，言天之於物，其理如此，實以喻人。栽傾屬人，培覆屬天。栽傾是其材，培覆乃篤也。如此章大舜之德是栽也，得四者是培之也。桀紂傾也，喪亡覆之也。下引《詩》皆是因栽而培之。《章句》氣至兩句，只是培、覆之訓詁，不是説盡此節之意。」附《淺説》：獨不觀諸「天之生物」乎！天之生物，必因物之材質而異其所加，其本固者則從而培之，其本傾者則從而覆之。天非有意于其間也，咸其自取焉耳。○《存疑》：栽，是物之方發生也。按，栽是栽種，出於人爲者。天之生物曰栽，何也？人之栽種草木，便有發生之機。故物之方發生者，亦以栽言也。○《蒙引》：物字兼動植。小註謂「其本固者，雨露必滋培之，其本傾者，風雨必顛覆之」。以其本固釋栽者字，極正當。但雨露風雨字面，却未是。此只説得植物耳。○必因其材而篤焉，言因其材而有所加也。篤字非全好字，栽者培之，固篤也。傾者覆之，亦篤也。皆因其本質之異，而異其所加也。篤，厚也。厚，加也。人多不悟厚之爲加。

《詩》曰：『嘉樂君子，憲憲令德。宜民宜

人，受禄于天。保佑命之，自天申之。』《詩》，《大雅・假樂》音洛。之篇。假，當依此作嘉。憲，當依《詩》作顯。申，重去聲。也。雙峰饒氏曰：「栽培傾覆，只將天之生物喻天之眷。聖人嘉樂君子，憲憲令德，便是栽。受禄保佑申之，便是培。」○東陽許氏曰：「可嘉可樂之君子，其令善之德顯顯昭著，宜於人民，故受天之禄，而爲天下之主。既受天禄矣，而天又保之佑之，復申重之，其所以反覆眷顧之者如此，又重明上文大德必得四者之一節也。」附《淺説》：又不觀諸《詩》乎！《詩・大雅・假樂》之篇云，可嘉可樂之君子，有是顯顯之令德，既宜于在下之民，又宜于有位之人，由是見與于天，而天受之禄，抑且保佑命之，自天申之，而受禄之無已也。以此觀之，則舜有是大德，正所謂物之栽者也，正所謂君子之嘉樂者也。其得天之眷，受大之命，禄位名壽，于焉而攸同。宗廟子孫，于焉而享保。此理之必然者也，尚何疑哉！

故大德者必受命。」

受命者，受天命爲天子也。問：「舜之大德受命，正是爲善受福。《中庸》却言天之生物，栽培傾覆，何也？」朱子曰：「只是一理。此亦非有物使之然，但物之生時，自節節長將去，恰似有物扶持他。及其衰也，則自節節消磨將去，恰似有物推倒他，理自如此。惟我有受福之理，故天既佑之，又申之。董仲舒曰：『爲政而宜於民，固當受禄于天。』他説得自有意思。」○陳氏曰：「孔子德與舜同，而名位禄壽乃與舜反，何也？蓋有舜之德，而必得其應者，理之常。有孔子之德，而不得其應者，理之不得其常也。大抵聖人之生，實關天地大數。天地之氣，自伏羲至堯舜，正是長盛時節，堯舜稟氣清明，故爲聖人，又得氣之高厚，所以得位得禄，又得氣之長遠，所以得壽。周衰，以至春秋，天地之大氣數已微，雖孔子亦稟氣清明，本根已栽植，然適當氣數之衰，雖培擁之而不可得，所以不得禄位，僅得中壽，蓋理之不得其常也。」○雲峰胡氏曰：「前言父母之順，在於宜兄弟，樂妻孥，不過目前之事，費之小者也。此言孝之大，在於宗廟饗，子孫保，則極其流澤之遠，費之大者也。前言費之小，則曰居易以俟命，學者事也。此言費之大，則曰大德必受命，聖人事也。栽者培之，是言有德者天必厚其福，可爲居易者勸。傾者覆之，是言不德者天必厚其毒，可爲行險者戒矣。所引《詩》，專爲栽者培之而言也。」○新安陳氏曰：「必者，決然之辭。『必得其位』至『必受命』，六必字，皆是常理之必然者。此一句總結上文意。」○東陽許氏曰：「自『舜其大孝』至『子孫保之』一節，言舜之事實。自『故大德』至『必得其壽』一節，泛言理之必然。自『故天之生物』至『覆之』一節，言善惡之應所必至。後引《詩》又證有德之應如此，故以大德者必受命結之。」《通考》朱氏公遷曰：「孝，即其效驗而贊美之，得其位祿名壽，是驗諸天。瞽瞍底豫，而天下化，是驗諸人。」

右第十七章。此由庸行去聲。之常，推之以極其至，新安陳氏曰：「大孝也，德爲聖人以下，皆是推極其至。」見道之用廣也。而其所以然者，則爲體微矣。後二章亦此意。《通考》黄氏洵饒曰：「後二章皆言費包隱。」○庸行之常，即費之小，推之以極其至，即費之大。然非有以盡乎費之小，則亦無以極乎費之大。若無前三章道德，不能做得後三章事業，可見費之大也。○庸行之常，亦是庸德之行與此對說，故曰「見道之用廣」。行之常，謂舜之孝。極其至，謂天子位。

子曰：「無憂者，其惟文王乎！以王季爲父，以武王爲子，父作之，子述之。

此言文王之事。《書》言「王季其勤王家」，蓋其所作，亦積功累魯水反。仁之事也。海陵胡氏曰：「舜、禹父則瞽、鯀，堯、舜子則朱、均，所以惟文王爲無憂。」○兼山郭氏曰：「憂、勤者，文王也。無憂者，後人之言文王也。」○雲峰胡氏曰：「文王父作子述，人倫之常也。舜之父子，人倫之變也。舜惟順於父母，可以解憂。此所以曰『無憂者，其惟文王』也。」附《蒙引》：子述之，文王蓋亦樂其業之有所托耳，非必冀其代商而有天下也。下文言武王、周公之事，則聖人之所以順乎天而應乎人者，豈文王貽謀之本心哉！

武王纘大王、王季、文王之緒，壹戎衣而有天下，身不失天下之顯名，尊爲天子，富有四海之内，宗廟饗之，子孫保之。大，音泰。下同。

此言武王之事。纘，作管反。繼也。大王，王季之父也。《書》云：「大王肇基王迹。」《詩》云：「至于大王，實始翦商。」《書·武成》篇：「王若曰：『嗚呼，群后！惟先王建邦啓土，公劉克篤前烈，至于大王，肇基王迹，王季其勤王家。』」○《詩·閟宮》篇：「后稷之孫，實維大王。居岐之陽，實始翦商。至於文武，纘大王之緒。致天之罰，於牧之野。」緒，業也。戎衣，甲冑之屬。「壹戎衣」，《武成》文，言壹著陟略反。戎衣以伐紂也。問：「身不失天下之顯名，與必得其名，須有些等級不同。」朱子曰：「看來也是有些異。如堯舜與湯武，真箇争分數，有等級。只看聖人説『謂《韶》，盡美矣，又盡善也。謂《武》，盡美矣，未盡善也』處便見。」○三山陳氏曰：「周家之業，自大王遷岐，從如歸市，是時人心天意，已肇爲王之基。武王一擐戎衣，以有天下，此蓋天命之心之極，不得而辭者。」○蔡氏曰：「大王雖未有翦商之志，然大王始得民心，王業之成，實基於此。」○問：「孔子於舜言『必得其名』，於武王言『身不失天下之顯名』，語意似有斟酌。」雙峰饒氏曰：「反之不若性之之純，征伐不若揖遜之順。」《通考》黄氏洵饒曰：「舜與武王皆曰『尊爲天子，富有四海』，言舜則曰『德爲聖人』，武王則曰『身不失天下之顯名』。蓋舜，性之也，揖讓而有天下。武王，反之也，征伐而得天下。」○一戎衣而有天下，是武王舉而滅商。若謂十一年觀兵，十三年伐紂，則是以臣脅君矣。豈不誤哉！

附《蒙引》：纘，繼也。緒，業也。此止謂繼世耳。一戎衣而有天下，却是後日事也。

武王末受命，周公成文、武之德，追王太王、王季，上祀先公以天子之禮。斯禮也，達乎諸侯、大夫及士、庶人。父爲大夫，子爲士，葬以大夫，祭以士。父爲士，子爲大夫，葬以士，祭以大夫。期之喪達乎大夫，三年之喪達乎天子。父母之喪無貴賤，一也。」追王之王，去聲。

此言周公之事。末，猶老也。《通考》史氏伯璿曰：「《章句》所以訓末爲老者，蓋以下文即言周公成文武之德，追王上祀，見得武王老不暇及，没後周公乃成其志也。此所謂『武王末受命』一句，不是結上節意，正是引起下文周公追王上祀之意而言耳。」追王，蓋推文武之意，以及乎王迹之所起也。新安陳氏曰：「蓋者，疑辭。以意推之，觀武、成稱大王、王季、文王可見矣。」先公，組音祖。紺吉暗反。以上至后稷也。《史記·周本紀》：后稷，别姓姬氏。后稷卒，子不窋立。不窋卒，子鞠陶立。鞠陶卒，子公劉立。公劉卒，子慶節立，國於豳。慶節卒，子皇僕立。皇僕卒，子差弗立。差弗卒，子毁隃立。毁隃卒，子公非立。公非卒，子高圉立。高圉卒，子亞圉立。亞圉卒，子公叔祖類立。公叔祖類卒，子古公亶父立。組紺，即公叔祖類，乃太王之父也。《通考》東陽許氏曰：「堯封棄於邰，世后稷，以服事虞夏。及夏之衰，不窋失其官，自竄戎翟之閒。不窋生鞠，鞠生公劉，始遷於豳。史謂稷生斄䖤，斄䖤生叔均，自后稷至公劉十餘世。」按，《世本》自公劉歷慶節、皇僕、差弗、毁隃、公非、辟方、高圉、侯牟、亞圉、雲都、大公、組紺、諸盩，十有二世，而生古公亶父。自稷至亶父，蓋二十餘世。《史記》以不窋爲后稷子，而又缺辟方、侯牟、雲都、諸盩四世，遂謂后稷至文王爲十五世，且稷、契同時受封，契至湯四百餘年，而十四世。稷至文王十五世，其亦誤矣。今按，《章句》謂組紺爲大王之父，据疏文而言也。上祀先公以天子之禮，又推大王、王季之意，以及於無窮也。問：「組紺以上，祀先公以天子之禮，所謂葬以士，祭以大夫之義。」朱子曰：「然《周禮》祀先王以衮冕，祀先公以鷩冕，則祀先公依舊止用諸侯之禮。鷩冕，諸侯之服，但乃是天子祭先公之禮耳，蓋不敢以天子之服臨其先公。鷩冕旒，王與諸侯不同。天子之旒十二玉，雖諸侯同是七旒，但天子七旒十二玉，諸侯七旒七玉耳。」○新安陳氏曰：「無窮，謂自大王以上，及乎前無窮盡，直至於后稷也。」制爲禮法，以及天下，使葬用死者之爵，祭用生者之禄。喪服自期居之反。以下，新安陳氏曰：「上言葬祭禮，此言喪服禮。」諸侯絶，大夫降，而父母之喪，上下同之，推己以及人也。朱子曰：「夏商而上，只是親親長長之意。到周又添得許多貴貴底禮數。如始封之君，不臣諸父昆弟。封君之子，不臣諸父，而臣昆弟。期之喪，大子諸侯絶，大夫降，然諸侯大夫尊同，則亦不絶不降。姊妹姪在諸侯者，亦不絶不降。此皆貴貴之義。上世想皆簡略，未有許多降殺貴貴底禮數。凡此皆天下之大經，前世所未備，到得周公搜剔出來，立爲定制，更不可易。」○陳氏曰：「周公推文、武、大王、王季之意，追尊其先王先公，又設爲禮法，通行此意於天下。所謂推己以及人也。此章言文、武、周公能盡中庸之道。」○山陰陸氏曰：「經不言追王文王者，以上言周公成文、武之德，追王之意，文王與焉故也。」○新安王氏曰：「追王之禮，夏商未有。武王晚而受命，初定天下，追王及於文考。至周公，因文王之孝，武王之志，追王上及大王、王季。不言武王追王者，禮制定於周公故也。大王以上，追王不及，而《武成》稱后稷爲先王。蓋史官刪潤之辭。然追王止於三王，而祀用天子之禮，則上及先公。蓋喪從死者，祭從生者，天下之達禮也。父爲大夫，子爲士，葬以大夫，而祭以士，非貶也。父爲士，子爲大夫，葬以士，而祭以大夫，非僭也。武王爲天子，則祭先公用天子之禮，其義當然。祭禮殺於下而上致其隆，喪禮詳於下而上有所略。若夫父母之喪，則自天子至於庶人，賤無加隆，貴無加殺，孟子所謂三代共之者也。」○潛室陳氏曰：「伸情於父母，獨三年之喪，上達於天子。其他各有限節等差，不可盡伸也。」○雲峰胡氏曰：「周家自大王以至周公，世世脩德，古所無也。周公追王之禮，特以義起，古所無也，所以《中庸》特表而出之。此段須看《章句》『推』字與『及』字。周公推文、武之意，以及大王、王季，於是始行追王之禮。又推大王之意，以及組紺，以至后稷，於是祀以天子之禮。又推此及諸侯、大夫、士、庶人，使各得以行喪祭之禮。孝心上下融徹，禮制上下通行，此周公所以謂之達孝也。此章之末數達字，所以有下章之首一達字。」○新安陳氏曰：「三年之喪，自庶人上達於天子。蓋以子於父母喪服，無貴賤之分，一而已。末二句，只是申明上二句。父母之喪，即三年之喪。朱子謂《中庸》之意只在主父母而言，未必及其他者也。」附《蒙引》：味「末」之一字，可見武王初未有利商之心，而急於大統之集也。○斯禮，即是上祀先公之禮，主祭禮言。下文「父爲士」數句，亦重在祭上，言皆得用生者之禄也。葬禮只與祭禮相形言之。蓋葬用死者之爵，自周公未制禮之前，已是如此。故「父爲大夫」以下，不可以葬禮並言。○《存疑》：上祀先公以天子之禮，祭用生者之禄也。斯禮也，達乎諸侯大夫及士庶人，皆得用生者之禄以祭其親也。「父爲大夫，子爲士，葬以大夫，祭以士。父爲士，子爲大夫，葬以士，祭以大夫」，此亦示其例耳。若父爲庶人，子爲士，父爲大夫，子爲諸侯之類，可以例推。若父爲諸侯，子爲大夫，則支子不祭，而自爲大宗矣。○看來此是古禮。今世如子爲大夫，則封父爲大夫，既封大夫，亦當以大夫禮葬之矣。豈復葬用死者之爵乎！○今之封贈其親，即周人追王之遺意。○以《章句》「大夫降」觀之，則期之喪亦不達乎大夫矣。聖人是大概説，《章句》是本《儀禮》。○「周公成文武之德」，此意管到末。自「追王大王、王季」至「貴賤一也」，皆成文武德事。「斯禮也」，只管到「祭以大夫」處，「期之喪」以下，又是一轉語。合而言之，總是推己及人，制爲禮法，以及天下也。○成武王之德易説，成文王之德難説。此當以下章繼志述事來看。○《蒙引》：達乎諸侯、大夫及士、庶人者，自上而達於下也。期之喪達乎大夫，三年之喪達乎天子者，自下而達之於上者也。此言喪禮，只是因言祭禮而及之耳。○顧麟士曰：「祀先公以鷩冕，或亦另有説，禮當如此耳。若云不敢以天子臨其先公，故從諸侯之服，則父爲士而祭以大夫，亦改從士之服，父爲庶人而祭以士，亦改從庶人之服乎？竊所未許。」○麟既爲是説，因簡《周禮·司服》注，亦本無是解。且先公諸侯則服七章之服，於禮爲稱矣。祀四望山川，毳冕五章。祭社稷五祀，希冕三章。祭群小祀，玄冕，衣無文，裳刺黻而已。又何取乎？此大約當爲禮有大小，而隆降因之，享先公自稍次於先王耳。

右第十八章。此章以費之大者而言。

子曰：「武王、周公，其達孝矣乎！

達，通也，承上章而言武王、周公之孝，乃天下之人通謂之孝，猶孟子之言達尊也。

西山真氏曰：「人君以光祖宗、遺後嗣爲孝。舜之孝如天之不可名，故曰大武王周公之孝。天下稱之無異辭，故曰達。」○江陵項氏曰：「舜爲人道之極，萬世仰之，不可加也。周爲王制之備，萬世由之，不能易也。此蓋古之盡倫盡制者，故舉之以爲訓也。」○雙峰饒氏曰：

「達孝，是承上章三達字而言。言其孝不特施之家，又能達之天下。如斯禮達乎諸侯、大夫及士、庶人，是自上達下。期之喪至達乎天子，是自下達上。能推吾愛親之心，而制爲喪祭之禮，以通乎上下，使人人得致其孝，故謂之達孝。如所謂德教，加於百姓，刑于四海，此天子之孝是也。」《通考》雙峰饒氏曰：「舜之孝是充極一家者也，武、周之孝是放乎四海者也。」朱氏公遷曰：「大孝、至孝、達孝不同。以其不可名言，謂之大孝。無以復加，謂之至孝。天下稱之無異辭，謂之達孝。然至孝二字，武、周猶得而有之。大孝二字，獨以稱大舜也。然則謂之大孝，則至孝、達孝有不必言者矣。」○史氏伯璿曰：「或疑雙峰言大孝之旨如此，與《孟子集註》有異。蓋《中庸》與《孟子》言舜之孝所以大處不同，雙峰只以《中庸》之意言之，是矣。但其說達字之義，與《章句》異，則可疑矣。蓋此下文有『夫孝也者，善繼人之志，善述人之事』二句，若是他人善繼善述，無大聳動人耳目處，天下人安得通稱之哉？唯武王周公之善繼善述，事功極盛，如武王承前緒以有天下，周公成文、武之德以追崇其先祖，又制爲禮法，以達之天下，傳之後世，此其繼述皆非常人所及。所以天下後世，人人皆知其繼述之爲善，故皆稱其孝而無異辭，此其所以爲達孝耳。《章句》訓釋無以加矣。」附《淺說》：事皆等於衆人，不足以聳衆人之觀瞻。功不被乎天下，不足以答天下之仰望。而欲稱譽之通乎天下也，難矣。若武王周公之孝，則天下之人通謂之孝，其諸異乎人之所謂孝也歟！○《存疑》：上章說武王周公之事，此因以達孝稱之。所謂承上章而言也。○《蒙引》：此本周公事，而兼武王言者。猶上章追王太王、王季，而曰推文、武之意以及乎王迹之所起，而本文亦曰「周公成文武之德也」，知彼之兼文武，則知此之兼武王周公矣。

夫孝者，善繼人之志，善述人之事者也。

上章言武王纘大王、王季、文王之緒以有天下，而周公成文武之德以追崇其先祖，此繼志述事之大者也。下文又以其所制祭祀之禮，通于上下者言之。西山真氏曰：「當持守而持守，固繼述也。當變通而變通，亦繼述也。」○新安陳氏曰：「祖父有欲爲之志而未爲，子孫善繼其志而成就之。祖父有已爲之事而可法，子孫善因其事而遵述之。」《通考》黃氏洵饒曰：「繼志是繼文王之心，述事是依文王之事。繼志所爲未遂，述事所爲已成。張子云：『知化則善述其事，窮神則善繼其志。』下文又以指上章下文言。」附《淺説》：何以言之？夫孝者，善繼前人之志，善述前人之事者也。蓋凡理所當爲，而時所可爲，而分又得爲，於焉爲之而事功克集，節文盡善，推之四海而皆準，傳之後世而無弊。若此者，固前人所願爲之志，亦前人所必爲之事也。吾能若此而爲之，是爲善繼人之志，善述人之事矣。豈必祖父在日有欲爲之志而未爲，吾因而成就之，然後爲善繼志乎？亦豈必祖父在日有已爲之事而可法，吾因而遵行之，然後爲善述事乎？蓋道一而已矣。所存合天，則不限古今，而隔世自相感也。所爲當可，則不分彼此，而易地則皆然也。故有考諸先聖而不謬，而百世以俟聖人而不惑者也。此武王纘太王、王季、文王之緒以有天下，而周公成文武之德以追崇其先祖，所以爲善繼善述而得謂之達孝也。今又以所制祭祀之禮通於上下者言之，何莫而非善繼善述者哉！○《存疑》：此以理言，只宜懸空説。舉此以斷武王周公之達孝爾。下文「孝之至也」正與此相應。

春秋脩其祖廟，陳其宗器，設其裳衣，薦其時食。

祖廟：天子七，諸侯五，大夫三，適音的。**士二，官師一。**《禮記・王制》：「天子七廟，三昭三穆，與大祖之廟而七。諸侯五廟，二昭二穆，與太祖之廟而五。大夫三廟，一昭一穆，與太祖之廟而三。士一廟。〔此謂諸侯之中士、下士名曰官師者。若上士，則二廟。〕庶人祭於寢。」○《祭法》：適士二廟一壇，曰考廟，曰王考廟，享嘗乃止，顯考無廟。官師一廟，曰考廟，王考無廟。○問：「官師一廟，得祭父母，而不及祖，無乃不盡人情耶？」朱子曰：「位卑則流澤淺，其理自然如此。」又問：「今士庶人家，亦祭三代，却是違禮。」曰：「雖祭三代，却無廟，亦不可謂之僭古。所謂廟，體面甚大，皆具門堂寢室，非如今人但以一室爲之。」○官師，謂諸有司之長，止及禰，却與禰廟併祭祖。適士二廟，祭祖、祭禰皆不及高、曾。大夫一昭一穆，與太祖之廟而三，大夫亦有始封之君。如魯季氏則公子友，仲孫氏則公子慶父，叔孫氏則公子牙是也。《王制》：天子七廟，三昭三穆，與太祖之廟而七。諸侯、大夫、士降殺以兩。而《祭法》又有適士二廟，官師一廟之文，大抵士無太祖，而皆及其祖考也。○新安陳氏曰：「先王先公，有廟有祧。廟則有司脩除，祧則守祧黝堊。此脩其祖廟也。」《通考》東陽許氏曰：「脩廟，只是灑掃整飭，常使嚴潔之意。《章句》適士，天子之上士，即元士也，受三命，采地五十里，祧子男二，廟祭祖禰。官師，❶凡有司之長，蓋中士、下士也。雖立一廟事禰，却於禰廟并祭祖。」宗器，先世所藏之重器，若周之赤刀、大訓、天球、音求。河圖之屬也。《書·顧命》：「越玉五重陳寶：赤刀、大訓，弘璧、琬琰，在西序。大玉、夷玉、天球、河圖，在東序。」赤刀、赤削也。武王誅紂時，以赤爲飾。大訓，三皇五帝之書，訓誥亦在焉。文武之訓，亦曰大訓。天球，鳴球。玉，磬也。河圖，伏羲時龍馬負圖出於河。《通考》東陽許氏曰：「《顧命》序所陳之寶，有赤刀、大訓、弘璧、琬琰、大玉、夷玉、天球、河圖，胤之舞衣、大貝、鼖鼓，兑之戈、和之弓、垂之竹矢。《章句》『之屬』則盡包上所陳者在其中。」龜山曰：「宗器於祭陳之，示能守也。於《顧命》陳之，示能傳也。赤刀，寶刀。赤刃削其刀，必有赤處削〔音笑。〕刀之小者。大訓，三皇五帝、文武之訓。弘璧，大璧。琬琰，琬圭、琰玉也。夷，或以爲東夷美玉。天球，雍州所貢玉磬。河圖，伏羲時龍馬負圖出於河。胤，古國名。舞衣，舞者之衣。大貝，如車渠。鼖鼓，長八尺。兑、和，古之巧人。垂，舜時共工舞衣。鼖鼓、戈弓、竹矢，皆制作精巧，中法度，故歷代傳寶之。」裳衣，先祖之遺衣服，祭則設之以授尸也。授尸，使神依焉。《通考》趙氏悳曰：「先祖遺衣服，小斂及大斂之餘，乃藏之廟祧。《周禮·春官》：衣服祭祀，則以其衣授尸，服卒者之上服。」時食，四時之食，各有其物，如春行羔、豚、膳、膏、香之類是也。《周禮·天官冢宰》庖人：凡用禽獸，春行羔豚，膳膏香；夏行腒鱐，膳膏臊；〔行，猶用也。腒，音渠，乾雉也。鱐，音脧，乾魚也。臊，犬膏。治腒鱐以犬膏也。〕秋行犢麛，膳膏腥；冬行鱻羽，膳膏羶。〔犢，牛子。麛，音迷，鹿子。腥，雞膏。鱻，音鮮，魚也。羽，鴈也。羶，羊脂也。〕又《禮記·內則》篇亦云。○格庵趙氏曰：「四時之食，各有其物，以奉人者薦神。蓋以

❶「師」，原作「司」，今據上下文改。

生事之也。羔，稚羊。豚，稚豕。嫩而肥，故春用之。香，謂牛膏也。調膳之物，各以物之所便而和之。」○朱氏伸曰：「此以下併前章，論喪葬之禮，脩道之教也。」《通考》東陽許氏曰：「薦其時食，《章句》用《周禮》一語，而以『之類』兩字該之。羔、豚、腒、鱐、犢、麛、鱻、羽八物者，得四時之氣尤盛，爲人物之弗勝，是以用休廢之脂膏煎和之。牛屬司徒土，雞屬宗伯木，犬屬司寇金，羊屬司馬火。今四時食物不同，煎和之脂亦異於是。見聖人制禮，豈惟宏綱大用，法天體道！至於一食之宜，必自有深意。」附顧麟士曰：「此節照後『敬其所尊』一句，下節照後『愛其所親』一句。」○《淺説》：四時皆祭，獨言春秋者，錯舉以省文也。○《蒙引》：謂之若周者，蓋春秋脩祖廟，陳宗器，是通上下言。此特舉周王家以見例耳。若下節所謂有事於太廟，獨言太廟而不及諸廟，及序爵云。爵，公侯卿大夫也，亦就天子之祭言，蓋皆舉其大者。

宗廟之禮，所以序昭穆也。序爵，所以辨貴賤也。序事，所以辨賢也。旅酬下爲上，所以逮賤也。燕毛，所以序齒也。昭，如字。爲，去聲。

宗廟之次：左爲昭，右爲穆，而子孫亦以爲序。有事於太廟，則子姓、兄弟、群昭、群穆咸在而不失其倫焉。格庵趙氏曰：「左昭右穆者，死者之昭穆也。群昭群穆者，生者之昭穆也。宗廟之禮，非特序死者之昭穆，亦所以序生者之昭穆。」○新安陳氏曰：「《王制》所謂三昭三穆，昭在左，左爲陽，昭者陽明之義；穆在右，右爲陰，穆者陰幽之義。以周言之，《書》於文王曰『穆考文王』，《詩》於武王曰『率見昭考』。父穆則子昭，父昭則子穆也。子孫亦以爲序。《祭統》所謂昭與昭齒，穆與穆齒是也。」《通考》趙氏悳曰：「子姓者，姓生也。孫是子所生，故謂孫爲子姓。《章句》所引乃《祭統》之文。夫祭有十倫，此條明第五倫，見親疎之殺焉者。謂尸主既有昭穆，如主人及衆賓，亦如昭穆，列在廟所，以別父子、遠近、長幼、親疎之序，而不失倫。類此之謂，親疎之殺也。然必以太廟言者，惟祭太廟之時，則衆廟尸主皆來，及助祭之人同宗父子皆至，則群昭群穆咸在。若不於太廟，餘廟之祭，唯有當廟尸主，及所出之廟子孫來至，不得群昭群穆咸在也。若昭與昭齒、穆與穆齒者，言君之衆兄弟子孫在昭列者則爲一色，各自爲旅，尊者在前，卑者在後。若同班列，則長者在前，少者在後。此明第九倫長幼之序也。」爵，公、侯、卿、大夫也。事，宗、祝有司之職事也。新安陳氏曰：「宗，宗伯、宗人之屬。祝，大祝、小祝也。並見《周禮》。祭祀以在職事爲賢，次序與祭之職事，所以辨其人之賢也。」旅，衆也。酬，導飲也。旅酬之禮，賓弟子、兄弟之子各舉觶音至，飲器也。於其長上聲。下同。而衆相酬。祭將畢時，行衆相酬之禮。蓋宗廟之中，以有事爲榮。故逮及賤者，使亦得以申其敬也。朱子曰：「旅酬禮，下爲上交勸，先一人如鄉吏之屬升觶，或二人舉觶獻賓，賓不飲，却以獻執事。執事一人受之，以獻於長。以次獻至於沃盥者，所謂逮賤也。」○問「酬，導飲也」。曰：「主人酌以獻賓，賓酢主人曰『酢主人』，又自飲。而復飲，賓曰『酬其主人』，又自飲者，是導賓使飲也。賓受之，奠於席前。至旅而後舉，主人飲二杯，賓只飲一杯。疑後世所謂主人倍食於賓者此也。」《通考》東陽許氏曰：「凡祭必立尸，必擇賓。賓一人，衆賓無算。衆賓者，賓之黨也，其位在堂下西階之西。祭則子姓兄弟皆會。兄弟者，主人之黨，其位在堂下阼階之東。有司群執事皆北面而立迎尸。既入，主人初獻，主婦亞獻，賓三獻。及尸，賓曰『獻尸』，賓酌以答主人者曰『酢主人』。酌酒先自飲，再酌以進賓，受之奠而未飲。兄弟之少者，舉觶於兄弟最長者，於阼階亦先導飲，而長兄弟亦奠而未飲。賓取所奠，觶於阼階，酌長兄弟。長兄弟西階前，酧賓衆。賓及衆兄弟，交錯以徧，以及執事者，無不徧卒。飲者賓，爵於篚，此旅酧之大略也。」附《蒙引》：此段據《章句》自明白，若牽於《大全》小註，則覺冗雜而難一。燕毛，祭畢而燕，則以毛髮之色別彼列反。長幼，爲坐次也。齒，年數也。雲峰胡氏曰：「序爵所以貴貴，賤者宜在所略。旅酧下爲上，賤者亦得以伸其敬矣。序事所以賢賢，老者若在所簡。燕毛，則於老者獨加敬矣。禮意周浹如此，亦通乎上下而言也。」○新安陳氏曰：「辨貴賤，以爵序也。辨賢，以德序也。序齒，以齒序也。達尊三，亦見於祭禮中者如此。」○東陽許氏曰：「祭畢而燕，今不知其儀。亦於《楚茨》之詩見其大意。云『皇尸載起』，『神保聿歸』，然後言『諸父兄弟，備言燕私』。下章曰『樂具入奏』，説者謂祭時在廟，燕當在寢，故祭時之樂，皆入奏於寢也。所謂燕禮，其可知之彷彿若此。」○「宗廟之禮」一節五事，禮意至爲周密。序昭穆，既明同姓之尊卑。序爵，是合同姓異姓之貴賤。蓋皆指助祭陪位者而言。至於序賢，則分別群臣之賢否。廟中奔走執事，必擇德行之優、威儀之美、趨事之純熟者爲之。賢者既有事，則不賢者亦自能勸。雖然，既以有事爲榮，則事不及之者，豈不有恥？則又有序爵以安其心。執事者既榮，無事有爵而在列者，及賤而役於廟中者，皆得與旅酬。至此賢不賢皆恩禮之所逮。然此合同姓異姓而通言。至祭禮已畢，尸既出，異姓之臣皆退，獨燕同姓，是親親之禮，又厚於疎遠者。見制禮之意，文理密察，恩意周備，仁至義盡，而文章粲然。《通考》黄氏洵饒曰：「宗祝，有司之職事，如執爵盥洗之類也。賓弟子，即衆賓。兄弟子，即衆主人。毛髮之色别長幼，謂昭與昭列長幼，穆與穆列長幼也。爲坐次，謂賓出後之時也。」○宗廟之法，廟皆向南，而主皆向東。附《蒙引》：宗廟之禮，禮屬生者，所以序昭穆全主生者。《章句》云「宗廟之次，左爲昭，右爲穆」，此原生者所以序昭穆之由也。若死者之昭穆，則自其立廟時已定，不待祭時序之也。○註：子孫亦以爲序，此非指當祭之時言，子孫亦以名其行派也。下文有事於太廟云云，方是祭時序昭穆。○群昭群穆，不是昭一行之群，穆一行之群而已。如周公一行，文之昭也；成王諸子，成之昭也。武王諸子，武之穆也；康王諸子，又康之穆也。○公侯自侯國言，該伯、子、男也。卿大夫自内朝言，該上士、中士矣。○序事，或同姓異姓，各選其賢能者，以充執事。○其曰賓弟子、兄弟之子，正所謂賤者，以其卑幼也。○註：「賓弟子、兄弟之子各舉觶於其長」，各字、其字，可見賓弟子舉觶於賓之長者，兄弟之子舉觶於兄弟之長者。舉觶，非就是各勸其長飲也，只是洗盞更酌，而歸之於其長。其長則將此觶，往勸他人飲耳。賓則勸兄弟，兄弟則勸賓。考《儀禮》是如此。○祭將畢而旅酬，只在西階阼階之下。蓋主人飲福酒之時，欲其惠之周於下也。祭既畢而燕，則在寢矣。○兩賤字不同。上賤字，是指公、侯、卿、大夫中之位在下者言；下賤字，指賓之弟子、主人兄弟之子也。○燕毛，非只辨毛色而全不問年齒。蓋年齒之早暮，毛髮之色與俱。其曰燕毛者，蓋有是年齒，則有是毛色。舉其易見耳。〇序昭穆，同姓者也。序爵，異姓者也。序事、旅酬，兼同姓異姓也。燕毛時，異姓者已出，獨同姓者燕於寢而序齒也。〇《存疑》：「宗廟之禮」，當貼「云宗廟序立之禮」。《章句》自明白。〇顧麟士曰：「宗廟之禮。禮字勿虛，言分子孫而左之右之，以別其階；因左右而先之後之，以次其等，此謂禮也。但昭穆二字，當於下句出之，方不礙。」〇燕毛序齒，恐大約不離序昭穆之意，但彼是祭時，此是燕時耳。

踐其位，行其禮，奏其樂，敬其所尊，愛其所親，事死如事生，事亡如事存，孝之至也。

踐，猶履也。其，指先王也。所尊，所親，先王之祖考子孫臣庶也。始死謂之死，既葬則曰反而亡焉，皆指先王也。朱子曰：「《記》曰：『反哭升堂，反諸其所作也。室婦入於室，反諸其所養也。』須知得這意，則所謂踐其位、行其禮等事行之自安，方見得繼志述事之事。」〇陳氏曰：「事死如生，居喪時事。事亡如存，葬祭時事。」**此結上文兩節，皆繼志述事之意也。**雙峰胡氏曰：「踐其位三句，是善述事。敬所尊三句，是善繼志。」〇新安陳氏曰：「善繼志述事至於如此，所以爲孝之至也。」《通考》黄氏洵饒曰：「上文言祭祀之禮，上下通。踐其位以下言郊禘，明尊卑之分，見得聖人制禮也。」〇祀上帝，所以正天下之大本，道之所自出也。祀乎先，所以正天下之大經，義之所由始也。〇郊、社，天子諸侯禘天子。附《存疑》：踐位、行禮、奏樂，不是武王周公踐、行、奏，是後來奉祭之人踐、行、奏。所以使踐、行、奏者，周公也，而皆出於先王，此見周公繼述之孝也。故《章句》曰皆繼志述事之意。〇位，不但是主祭者之位。助祭之人，自群公下至百執事，皆有位也。行禮之時，則各踐其位矣。且如昭穆之序，亦有昭穆之位。貴賤之辨，亦有貴賤之位。行其禮，尤明白。樂雖本文無之，要亦祭時所必有也。且如禮亦不止此，尚有迎神灌獻許多事。〇自常情觀之，禮制出於周公。此何與於先王也？殊不知制禮作樂，在武王固有是意矣，但未受命而未及爲。文王雖未必有是意，設使當是時，必行是事，其意亦可知矣。周公但體其意，思而制作之耳。故所踐之位，即先王之位。所行之禮，即先王之禮。所奏之樂，即先王之樂。○《達説》：細玩此節，不用着力生意。只蒙上二節，結之踐位五句，申結上二節。事死二句，承上五句而贊之，亦不用着力。孝之至，正言其善繼述也。○顧麟士曰：「凡同姓者俱子孫，異姓者俱臣庶。」○《章句》「其」指先王也，然只是指文王耳。太王、王季，在所尊尊字内，不在先王内。

郊社之禮，所以事上帝也；宗廟之禮，所以祀乎其先也。明乎郊社之禮、禘嘗之義，治國其如示諸掌乎！」

郊，祀天。社，祭地。不言后土者，省文也。朱子曰：「《周禮》只説祀昊天上帝，不説祀后土。先儒説祭社便是，如《郊特牲》而社稷太牢，又如用牲於郊牛二，乃社於新邑。此乃明驗。五峰言無北郊，只社便是祭地，此説却好。」○新安陳氏曰：「首句提郊與社，則次句宜云所以事上帝、后土也。今不然，乃省文。」《通考》吴氏徵曰：「冬至祀天於南郊之圜丘，夏至祭地於北郊之方澤。此二禮相對，惟天子得行之。天猶父也，父尊而不親，故冬至祀天之外，孟春祈穀於郊，亦於圜丘。五時兆帝，則於四郊，亦惟天子得行之。其他非時告天，禮之重者，則亦謂之郊；禮之輕者，則謂之類。言此非正郊也，有類於正郊焉爾。地猶母也，母親而不尊，故惟北郊方澤一祭爲至重。其次則祭地於社。北郊之祭，天子所獨。社之祭，天子而下皆得行之。天子之社謂之王社，諸侯謂之國社，大夫、士、庶人之社謂之里社。此皆正祭。除正祭外，天子諸侯各因事告祭。重者於社，輕者但謂之宜，言非正社之祭。其禮與社祭相宜稱焉爾。胡氏因不信《周禮》，但見他書皆以郊社對舉而言，遂以爲天子祭地，亦只祭社而已。不知天子之尊所以異於諸侯者，有方澤祭地之禮爲至重，而諸侯不得行也。」禘，天子宗廟之大祭，追祭太祖之所自出於太廟，而以太祖配之也。詳見《論語》問禘章。太祖即始祖。《通考》朱子曰：「以始祖配天，須在冬至。冬至一陽始生，萬物之始，祭用圜丘，器用陶匏藁秸，服大裘，而祭宗祀。九月萬物之成，父者我之所生，帝者生物之祖，故推以爲配而祭祀於明堂。」嘗，秋祭也。四時皆祭，舉其一耳。禮必有義，對舉之，互文也。示，與視同。視諸掌，言易去聲。見也。此與

《論語》文意大同小異，記有詳略耳。此申言武王與周公能盡《中庸》之道。○朱子曰：「游氏説郊社之禮，所謂『惟聖人爲能饗帝禘嘗之義』，所謂『爲孝子爲能饗親』，意思甚周密。」○譚氏曰：「治道不在多端，在夫致敬之閒而已。當其執圭幣以事上帝之時，其心爲何如？當其奠斝以事祖宗之時，其心爲何如？是心也，舉皆天理，無一毫人爲介乎其閒。鬼神之情狀，天地萬物之理，聚見於此。推此心以治天下，何所往而不當！」○雙峰饒氏曰：「序昭穆，序爵，序事，序齒，下爲上，此親親、長長、貴貴、尊賢、慈幼、逮賤之道，便是治天下之經。敬其所尊，敬也。愛其所親，仁也。事死亡如生存，誠也。盡是三者，孝也。仁孝誠敬，指心而言，是又治天下之本。一祭祀之閒，而治天下之道具於此。故結之曰『明乎此者，治國其如示諸掌乎』。」○雲峰胡氏曰：「上文孝之至也，已結了達孝二字。此又別是一意。蓋上章與此章上文，專以宗廟之禮言，此則兼以郊禘之禮言。周公制爲禮法，未嘗不通上下之情，亦未嘗不嚴上下之分。祭祀之禮，通上下得行。事上帝，惟天子得行之。故特先後而言之曰：此所以事上帝也，此所以祀乎其先也，名分截然不可犯也。明乎郊社之禮，胡爲先郊而後社？郊祭天，惟天子得行之。社則自侯國以至於庶人，各有社，上下可通行也。明乎禘嘗之義，胡爲先禘而後嘗？禘，大祭，惟天子得行之。嘗，宗廟之秋祭，上下可通行也。前章末言三年之喪，庶人得以通乎天子，必有父也。此章末言郊禘之祭，諸侯不得以通乎天子，必有君也。但言周公之制禮如此，而不足於魯之郊禘非禮，其意自見於不言之表。此所以爲聖人之言也。」○張氏存中曰：「《禮記・王制》：天子諸侯宗廟之祭，春曰礿，夏曰禘，秋曰嘗，冬曰烝。此蓋夏殷之祭名，周則改之，春曰祠，夏曰礿，秋冬同。《詩・小雅》曰：『禴祠烝嘗，于公先王。』此乃周四時祭宗廟之名也。《祭統》所載，與《王制》同。〔礿、禴同。〕」《通考》趙氏悳曰：「禘者陽之盛，嘗者陰之盛。言陰陽之盛，則止乎禘嘗，而不及礿烝者。蓋陽達於春，物方蠢動；陰終於冬，物已退藏。故古之君子，言郊社，則以禘嘗對之，亦舉其盛者耳。」又曰：「文王世子宗廟之中，以爵爲位，崇德也。宗人授事，以官尊賢也。登餕受爵，以上嗣尊祖之道也。上嗣祖之正統，喪紀以服之輕重爲序，不奪人之親也。公與族燕，則以齒而孝弟之道達矣。其族食世降一等，親親之殺也。戰則守於公禰，孝愛之深也。正室守太廟，尊宗室而君臣之道著矣。諸父諸兄弟守貴室，子弟守下室，而讓道達矣。合此而觀之，可以知治國其如示諸掌之義矣。」○莆田王氏善曰：「鬼神之道，一本同原。觀感應之妙可知其一矣。嘗爲四時祭祖宗之親近者，而易感；禘爲王者之祭其所自出之帝，故難感。然猶是吾祖，與此身氣脈相貫。社又與己不相親，而感之亦難矣。然古今雖異，皆同生天壤閒，均是人也。昔郊祀上帝不易感，於此而能感，可以見天命謂性是兩頭一般，大而天地，細而人物，明而禮樂，幽而鬼神，一以貫之，無非此物流行著見而已。知乎此，則不過感應之理。推之治國平天下，如指諸掌。鬼神幽明，與人閒隔，猶無不可感之理，而況於人乎！」○詹氏道博曰：「《周禮·春官·大宗伯》以祠、禴、嘗、烝爲春、夏、秋、冬享先王之禮。如《王制》、《祭統》所記春礿夏禘，《郊特牲》、《祭義》所記春禘秋嘗者。」趙伯循曰：「此蓋漢儒見《春秋》惟兩書禘，一春一夏而誤也。以礿爲春祭，亦誤爾。」○史氏伯璿曰：「胡氏之言，因河東侯氏之説而推廣之也。侯説朱子不存於《章句》、《或問》，恐不當述之以爲己説也。且郊祭天，社祭地，天尊地卑，故先郊而後社爾。禘大祭，嘗時祭，禘大嘗小，故先禘而後嘗爾。此皆當然之序，不得不如此者。今既曰胡爲先郊而後社，又曰胡爲先禘而後嘗，疑問之意，若可駭異然者，及至説出所見，乃不過如此。不知假使聖人無不足於魯之意，則又當以先社後郊、先嘗後禘爲序耶！」附《蒙引》：此一條，悉舉其禮制而言。而深贊其意義之深遠，見得非武王周公不能制此禮也。○《淺説》：過文曰：「然其所制祭祀之禮，不特此也。總而言之，有郊社之禮焉，有宗廟禘嘗之禮焉。」○《蒙引》：天子之社便是地，豈社外又有地哉？故朱子取五峰胡氏之説，謂無北郊祭地之理。且引《周禮》及《郊特牲》爲證，似無疑矣。臨川吴氏乃反之，以爲天子祭地於北郊之方澤，此只據《禮記》之説，且曰胡氏以爲天子之尊亦只祭社而已。蓋不知天子之社即地也。○明乎郊社之禮，禘嘗之義，治國其如視諸掌乎！此與《論語》同。皆當兼理，無不明誠，無不格言，有知行意。

右第十九章。雙峰饒氏曰：「以上八章。自第十二章至此，皆以道之費隱言。當爲第三大節。」

中庸大全章句上終

此周共王時大祫圖

穆王 康王		昭王	此所謂已毁未毁之主畢陳而無所易也。
武王 王季		成王 文王	
組紺 高圉		太王 亞圉	
毁隃 皇僕		公非 差弗	
公劉 不窋	稷	慶節 鞠陶	

此周共王時時祫圖

穆王			此所謂王季雖遷，而武王自當與成王爲偶，未可以遠進而居王季之處也。
康王 武王		昭王 成王	
	稷	文王	

中庸大全章句下

三魚堂讀本

哀公問政。

哀公，魯君，名蔣。

子曰：「文武之政，布在方策。其人存，則其政舉；其人亡，則其政息。

方，版也。策，簡也。葉氏少蘊曰：「木曰方，竹曰策，策大而方小。《聘禮》：束帛加書，百名以上，書於策。不及百名，書於方。《既夕禮》：書賵於方，書遣於策。蓋策以衆聯，方一而已。」《通考》黄氏洵饒曰：「木曰板，竹曰簡，板大簡小，大事書於木板，小事書於竹簡。」息，猶滅也。有是君，有是臣，則有是政矣。附《蒙引》：其人不必拘文武字，有是君，有是臣，總是有此等君臣也。如成康時，以成康爲君，文武之君也；以畢召爲臣，文武之臣也。宣王便是文武之君，仲山甫、張仲諸人便是文武之臣也。○《存疑》：人存政舉，一篇主腦。自始至終，不是説人存，便是説政舉。○《淺説》：哀公問政，蓋欲知所以治人者。孔子答之，則重在所以治己者。蓋有天德，方可語王道，而無忠則做恕不出來。故文武之政不外乎九經，而九經以脩身爲首。能脩身則能敬大臣，體群臣，而君臣皆得其人矣。是人存政舉之意，自具於九經之中。蓋未有元首不明，股肱不良，而庶事自康者也。然「人存」之人雖兼言君臣，而大君一人又其人之最重者，蓋必有是君而後有是臣也。故章内備言人君脩身之事。曰「脩身以道，脩道以仁」，則仁之一言，似乎盡之矣。又曰「思事親，不可以不知人；思知人，不可以不知天」。又曰「所以行之者三」，而及夫智、仁、勇。又曰「所以行之者一」，而歸於誠。及正言脩身之事，則曰「齊明盛服，非禮不動」。是又首章静存動察之意，而專重夫敬也。若至矣盡矣，而又有所謂誠身明善焉，又有所謂擇善固執焉，又有所謂博學、審問、慎思、明辨、篤行焉。其詞若重復而多端，其意實並行而不悖，今貫而約之曰「五者天下之達道也」。人有私欲之累，故於達道有違，而身不脩也。脩身者，静存動察，使心之所存所發，純乎天理，而無一物之雜、一息之閒，而慈愛惻怛之意，常周流於父子、君臣、夫婦、昆弟、朋友之閒，而處之無不得其當也。此之謂脩身，而《大學》之所謂誠意、正心、脩身者，皆兼之矣。以其無不敬，謂之敬身；以其無不誠，謂之誠身；以其無不仁，謂之仁身。其實一也，敬則必誠，誠則必仁，三者有則俱有，舉其一，則該其二。若夫知人知天者，則智之所先，而學問思辨，則所以擇善而爲智也。事親者，乃仁身之本。而篤行，則所以固執爲仁也。言仁則該誠與敬，而身之脩也有其實矣，是脩身惟在乎仁以行之也。而智則所以開其塗轍，使其所行不差。而勇則所以堅其志意，使所行不倦而已。是智也，勇也，始終成就此仁者也，亦歸於仁而已矣。故曰脩道以仁，則脩身之事盡矣。

人道敏政，地道敏樹。夫政也者，蒲盧也。

夫，音扶。

敏，速也。蒲盧，沈括以爲蒲葦是也。以人立政，猶以地種樹，其成速矣。而蒲葦又易去聲。下同。生之物，其成尤速也。言人存政舉，其易如此。顔氏曰：「以蒲葦喻政之敏，猶孟子以置郵喻德之速。」《通考》黄氏洵饒曰：「德之流行，速於置郵而傳命。彼以德言，此以政言。」附《蒙引》：蒲葦只是一物，匏瓜亦是一物，如楊柳、杞柳皆一物而名有二字者也。

故爲政在人，取人以身，脩身以道，脩道以仁。

此承上文人道敏政而言也。爲政在人，《家語》作「爲政在於得人」，語意尤備。人，謂賢臣。身，指君身。道者，天下之達道。《通考》史氏伯璿曰：「《章句》既以道爲天下之達道，達道非君臣父子之類乎？如此則仁便是三達德之一，知、勇皆不過欲始終成就此仁而已。脩道以仁，即『天下之達道五，所以行之者三』之意。」仁者，天地生物之心，而人得以生者，所謂元者善之長上聲。也。此句見《易・乾・文言》。○朱子曰：「元、亨、利、貞皆是善，而元則爲善之長，亨、利、貞皆是那裏來。仁、義、禮、智亦皆善也，而仁則爲萬善之首，義、禮、智皆從這裏出爾。」言人君爲政在於得人，而取人之則又在脩身。三山陳氏曰：

「爲政雖在得賢，然使吾身有所未脩，則取舍不明，無以爲取人之則。」能仁其身，則有君有臣，而政無不舉矣。問：「仁亦是道，如何説脩道以仁？」朱子曰：「道是泛説。仁是切要底，道是統言義理公共之名，仁是直指人心親切之妙。」○問：「這箇仁字，是偏言底？」曰：「仁者人也，親親爲大，如此説則是偏言。」○象山陸氏曰：「仁，人心也。人者，政之本。身者，人之本。心者，身之本。不造其本，而從事其末，不可得而治矣。」○西山真氏曰：「道與仁非有二致。道者，衆理之總名。仁者，一心之全德。志乎道而弗他，知所向矣。仁則其歸宿之地，而用功之親切處也。」○新安陳氏曰：「『仁其身』三字精妙，以三字包括『脩身以道，脩道以仁』八字。脩道以仁，如志道據德而依於仁。脩身工夫至於『以仁』，可謂能仁其身，而身與仁爲一矣。能仁其身，則君身脩，是有君也；以身爲取人之準則，則得其人，是有臣也。有君有臣，則人存而宜乎政舉。此所以繳結上文，照應前『有是君，有是臣，則有是政』之説。」○新安倪氏曰：「此仁字，以上文觀之，曰『脩身以道，脩道以仁』，是自身上説歸心上，兼心之德、愛之理而言。故《章句》曰：『仁者天地生物之心，而人得以生者，所謂元者善之長也。』而真氏亦曰：『仁者，一心之全德。』以下文觀之，曰『仁者，人也，親親爲大』，是又從身上説到親親上，方以愛之理言。故《章句》曰：『人，指人身而言，具此生理，自然便有惻隱慈愛之意。』而朱子亦曰是偏言，詳玩之則可見矣。」《通考》史氏伯璿曰：「上文先曰人存，後曰政舉，此人字自是包君臣而言。此則先曰爲政，後曰在人，文勢正自不同。爲政必有主其爲者，非君而誰？下文身字，即是指爲政者之身而言耳。既曰爲政，又曰取人，蓋曰人君爲政在於得賢臣，而取人之則，又在人君之自身也。此人字，指賢臣而言。此節四句，皆粘一字相連成文。取人之人，便是在人之人。脩身之身，便是以身之身。脩道之道，便是以道之道。」附《存疑》：政則政舉之政。曰人曰身，只在「人存」一「人」字内。○五達道，亦舉其大者言耳。若一身之視聽言動、衣服飲食之類，皆是脩身中事，不可枚舉。在人以類而推。○《蒙引》：仁即達德，智以開其始，勇以要其終而已。二字固該得智與勇也。○脩道以仁，至於仁，則盡道矣，仁不在道之外也。○脩身以道，脩道以仁，初無先後，故《章句》只曰能仁其身云。但曰能仁其身，則道字在其中矣。○「脩道以仁」，此仁字周流乎五達道之中，是指已發者，而未發者自隨之。正與下文「仁者人也」之仁字同，以愛之理言也。新安倪氏以上文仁字兼心之德，下仁字獨指愛之理言，是無定見也。蓋上文雖引《易・文言》「元者，善之長」爲證，其實《文言》「善之長」亦對亨、利、貞言之。○《存疑》：《章句》「仁者天地生物之心，而人得以生者」，當與下文「具此生理，自然便有惻怛慈愛之意」參看。天地生物之心，只是個惻怛慈愛之意，人具此理以生，自然便有此意。○脩道以仁，這仁就愛之理邊説，是箇惻怛慈愛意思。五倫閒若無此箇相親相愛之意思，豈成箇道理？故脩道全在仁上。

仁者，人也，親親爲大。義者，宜也，尊賢爲大。親親之殺、尊賢之等，禮所生也。殺，去聲。

人，指人身而言。具此生理，自然便有惻怛當葛反。慈愛之意，深體味之可見。朱子曰：「以生字説仁。生自是上一節事，當來天地生我底意，我如今須要自體認得。」○西山真氏曰：「人之所以爲人，以其有此仁也。有此仁而後命之曰人，不然則非人矣。」○雙峰饒氏曰：「人字之義難訓，但凡字須有對待，即其所對之字觀之，其義可識。孔子曰：『未能事人，焉能事鬼？』此人字正與鬼字相對，生則爲人，死則爲鬼。仁是生底道理，所以以人訓仁。人若不仁，便是自絶其生理。」○東陽許氏曰：「仁者人也，此是古來第一箇訓字，言渾成而意深密。深體味之，則具人之形，必須盡乎仁，其所以盡仁，則不過盡人道而已。」《通考》史氏伯璿曰：「以人對鬼之説，然乎？天下字豈皆有對，而後義可明乎？通者極力稱贊，以爲深得《章句》之意。愚則以爲《章句》已自分明，政不必如此求奇可也。」宜者，分别彼列反。事理，各有所宜也。禮，則節文斯二者而已。朱子曰：「宜指事物當然之理，道理宜如此。節者，等級也。文者，不直截而回互之貌，是裝裹得好，如升降揖遜。」○問：「『脩道以仁』，繼以『仁者，人也』，何爲下面又添説義禮？」曰：「仁便有義，陽便有陰。親親，仁之事；尊賢，義之事。親之尊之，其中自有箇降殺等差，這便是禮。親親，在父子如此，在宗族如彼，所謂殺也。尊賢，有當事之者，有當友之者，所謂等也。」○北溪陳氏曰：「親親，則有降殺三年，與期功緦是也。尊賢，亦有等級，如大賢爲吾師，次賢爲吾友是也。纔有降殺等級，便有節文，而禮生乎其閒矣。禮所以節文斯二者，使無過不及之患，節則無大過，文則無不及也。」○雙峰饒氏曰：「等殺是人事，禮是天理。人事之輕重高下，皆天理有以節文之。」《通考》黄氏洵饒曰：「脩道以仁，猶《論語》以孝爲仁之本。」○仁是親親。○脩身繼以親親之殺，親親而繼以尊賢之等，九經備於此矣。○仁者人也，合言之道同。○義者，宜也。孟子急親賢爲務，義在仁之中也。○孟子言義者從兄，只在親親之中。此只言尊賢，就九經知人而言。○仁是親親，仁無不包，親親亦在其中。以親親一事言仁，而仁莫非全體。切不可謂親親及一事之仁也。附《蒙引》：「仁者，人也」，與孟子「仁也者，人也」不同。彼專以心之德言，故曰「人之所以爲人之理」，又曰「合而言之，道也」。此特以愛之理言，故曰「具此生理，自然便有惻怛慈愛之意」，又曰「親親爲大」也。人字内有惻怛慈愛意，故起得親親。○《存疑》：人，形而下者也，以仁訓人可乎？纔成箇人，便有這仁，所謂「具此生理自然，便有惻怛慈愛之意」是也。故滿腔子裏皆惻隱之心，無惻隱之心，非人也，是知人非血肉之軀也，即我之仁也。以仁訓人，不亦切乎！○《蒙引》：「仁者，人也」，此一解最妙。蓋人，生之物也。仁，生之理也。以物解理，所謂道亦器，器亦道也。○親親即仁，尊賢即義，其等殺處即禮。蓋此仁、義、禮，正與孟子仁之實、義之實、禮之實一般。是以其發用者言，非專以未發之性言也。不然，何以曰「義者，宜也」？又曰「分别事理，各有所宜也」？可見是就已發者言。○此章主在親親之仁，尊賢只是講明親親之道而已。因親親之殺，並及尊賢之等，而皆爲禮之所生。義禮意却不重，重在尊賢之義，是知人。親親之有殺，尊賢之有等，是知天也。○「親親爲大」，此親親，所謂親睦九族者，及宜兄弟、和妻子皆是。故親親有殺，若耑指事父母，則無殺可言矣。下文却解親親爲事親，蓋親親固仁之切者，而事親又親親之至切者。聖賢之文不拘泥如此。○《存疑》：既説脩道以仁，又説親親爲大，此是仁之切要處也。蓋曰脩道以仁，則仁貫乎五達道矣。然親親爲大，是其切要處又在於親親也。能仁其親，則五達道一以貫之矣。故仁以脩道者，必自親親做起，不得泛然用功也。泛然用功，亦終不得者矣。此夫子立言之密處也。○《蒙引》：「義者，宜也」，宜字主人言。蓋事理本有所宜，人則從而理會其所宜。故曰分别事理，各有所宜也。分别便屬人矣，如尊者宜尊，人從而尊之之類。○《存疑》：説仁了，又説箇義，所重不在義，在尊賢也。説義了，又説箇禮所生，所重不在禮，在知天也。故下文以「思事親不可不知人，思知人不可不知天」收拾也。○纔説親親尊賢，又忽説箇禮所生，是爲下文知天張本。下文《章句》曰「親親之殺，尊賢之等，皆天理也」，即是這禮字，禮即理之節文者耳。不曰理而曰禮者，以其纔説仁義，却説箇理非其類也，故以禮字代之。此聖人造化之筆也，在常人這裏便窘了。○親之尊之，其中自有箇降殺等差，這便是禮。朱子小註説得最好，陳北溪似太重了。○親親，行仁脩道之本也。尊賢，講學脩道之資也。○看來尊賢，亦只在五達道中、朋友内。聖人既於五達道中，舉箇親親來説，又於其中舉箇朋友來説，非是於五倫有所偏重也，示人用功之切要處也。○從來説親親爲大，皆以親親與仁民愛物對，殊未是。原來立言之意，是以親親與五達道對説。蓋曰脩道以仁，言五達道皆須以仁也。曰親親爲大，言所急尤在於親親也。下文「故君子不可以不脩身，思脩身不可以不事親」，便是繳此意。今以親親爲大，與仁民愛物相對，謂能親親則能仁民愛物，與上「脩道以仁」有何交涉？且仁民愛物，是後面治人治天下國家事，乃在脩身之後。此處方説脩身，而遽及此，何也？○尊賢爲大，亦不可與事君敬長相對。蓋謂欲盡親親之仁，必由尊賢之義，能尊賢則親親之理明，五達道亦將以次而明矣。今曰尊賢爲大，能尊賢則能事君敬長，與上文亦有何交涉？景丑以君臣爲人倫之大，孟子以從兄爲義之實，如何謂尊賢爲大？要爲此説者，是欲用尊賢以講明五達道之理。意之所歸，在於説智，即後面所以行之者三之智也。不然，平空説箇尊賢大於事君敬長，於上下文有何交涉？於君臣爲人之大倫、從兄爲義之實之説，不相背乎？○親親爲大，與五達道對。尊賢爲大，與事物之宜對。但親親裏可説能親親，則五達道可舉。尊賢裏不可説能尊賢，則事物之宜可舉。蓋本意只重在尊賢，不重在事物之宜上。

在下位不獲乎上，民不可得而治矣。

鄭氏曰：「此句在下，誤重平聲。在此。」

故君子不可以不脩身，思脩身不可以不事親，思事親不可以不知人，思知人不可以不知天。」

爲政在人，取人以身，故不可以不脩身。脩身以道，脩道以仁，故思脩身不可以不事親。事親即是以親親之仁事其親。欲盡親親之仁，必由尊賢之義，故又當知人。陳氏曰：「知人有賢否之別。賢者近之，不肖者遠之。有師友之賢，則親親之道益明。與不肖處，則必辱其身，以及其親矣。」親親之殺，尊賢之等，皆天理也，故又當知天。程子曰：「不知天，則於人之愚智賢否有所不能知，雖知之，有所不盡。故思知人，不可以不知天。不知人，則所親者或非其人，所由者或非其道，而辱身危親者有之。故思事親不可以不知人，故曰『不信乎友，不悅乎親矣』。」○朱子曰：「此一節，却是倒著，根本在脩身。然脩身得力處，却是知天。知天是物格知至，知得箇自然道理，學若不知天，便記得此，又忘彼，得其一，失其二。未知天，見事頭緒多。既知天了，這裏便都定，這事也定，那事也定。」○知天是起頭處，能知天，則知人、事親、脩身，皆得其理矣。聞見之知，非真知也。只要知得到，信得及。如君之仁、子之孝之類，人所共知，而多不能盡者，非真知故也。○三山陳氏曰：「脩身而不本於事親，則施之無序，失爲仁之本矣。事親之仁，不由尊賢之義，則善惡不明，失事理之宜矣。事親知人，而等殺不明，不知天理者也。《書》曰天秩有禮，故於此又當知天。所謂秩，即等殺也，自『禮所生也』以上，推其禮之所由生。自『君子不可不脩身』以下，繹其義之所以貫。」○雙峰饒氏曰：「孔子對哀公之語，至『不可不知天』處，其間項目雖多，然大意不過兩節而已。始言政之舉息在乎人，而其下自『爲政在人』推之，以至於『脩道以仁』，所以明爲政之本在於仁也。繼言仁義之等殺生乎禮，而其下自君子不可不脩身，推而至於不可不知天，所以又明爲仁之端在於智也。故兩節各以故字承之，蓋爲下明善誠身張本。明善，智也。誠身，仁也。」問：「章首專歸重於人，而以人訓仁。下文又說義說禮，今又謂爲仁以智爲先，何也？」曰：「義者，仁之對。有箇仁，自然有箇義。禮又節文斯二者。禮者，天理自然之節文，不是人安排，故於事親知人，歸宿於知天，然非智不能知，故末句發兩知字。前賢截從知天斷，朱子合作一章，亦有深意。九經與爲政相應，前面説脩身、親親、尊賢，故後面九經節節發明脩身也，尊賢也，親親也，只是此三者爲綱目。敬大臣，體群臣，懷諸侯，乃自尊賢之等推之也。子庶民，來百工，柔遠人，乃自親親之殺而推之也。天下之達道五，便是脩身之道。天下之達德三，便是事親之仁。知天之智，只添得箇勇字。」○雲峰胡氏曰：「上文脩道以仁，即是率性之道。知天之天字，即是天命之性。但天命之性是渾然者，此從等殺上説是粲然者。然其粲然者即其渾然者，亦非有二天也。」《通考》朱氏公遷曰：「天以理言，事物所以然之故也，亦曰在人之天。天人相貫，此與命以理言者相貫，乃衆理之總原，萬殊之一本，即造化而在造化，即人心而在人心，即事物而在事物。在聖人則與之渾然而爲一，在君子則知天屬乎知，致知求以明乎此也，事天屬乎行，力行求以合乎此也。」○東陽許氏曰：「第一節，文武之政全體大用，雖無不舉，而其要在乎得人。擇人之道則在脩身，脩身須是以仁，仁道雖大，只是親親爲要。」○程氏復心曰：「自禮所生也以上，推其禮之所由生。自君子不可不脩身以下，繹其義之所以貫。以爲政言，則爲政在人，取人以身，不可以不脩身。以脩身言，則脩身以道，脩道以仁，不可以不事親，此脩身次第也。以事親言，親親爲仁，必曰尊賢爲義，不可不知人。以知人言，親親之殺，尊賢之等，不可以不知天，此致知次第也。皆費隱，兼小大而言。」○黄氏洵饒曰：「不可以不知人，知人即尊賢。知天，格物致知上言。親親之殺，尊賢之等，殺中有等，等中有殺。」附《蒙引》：事親，是就親親中舉其尤重者而言。亦不止是父母，如諸父亦是在所事者。故下文親親之殺方接得來。○其親師取友，以講明道理，兼五達道而講明之。而今乃曰「欲盡親親之仁，必由尊賢之義」，孔子姑就其大者言之，以例其餘。朱子亦姑用本文之言，而聯絡其意，使學者尋其語緒而味之。自將因其所已言，而得其所未言矣。是所貴於讀書者也。○《存疑》：故君子不可以不脩身一條，收拾上文意，言爲政在人，取人以身，故君子不可以不脩身。脩身以道，脩道以仁，仁者人也，親親爲大，故思脩身不可以不事親。欲盡親親之仁，必由尊賢之義，故思事親不可以不知人。親親之殺，尊賢之等，禮所生也，故思知人不可以不知天。○親親之殺，尊賢之等，皆天理也。有得於此，雖欲不殺不等，不可得矣。無得於此，親或混其殺，尊或混其等，欲盡其道，不可得矣。故思知人不可以不知天。

天下之達道五，所以行之者三。曰君臣也，父子也，夫婦也，昆弟也，朋友之交也，五者，天下之達道也。知、仁、勇三者，天下之達德也，所以行之者一也。知，去聲。

達道者，天下古今所共由之路，即《書》所謂五典，孟子所謂「父子有親，君臣有義，夫婦有別，彼列反。長上聲。幼有序，朋友有信」是也。《通考》黄氏洵饒曰：「此先君臣者，經世之主也。先言父子者，仁居四德之首，孝居百行之先。」知，所以知如字。此也；仁，所以體此也；勇，所以强此也。此字，指五達道。體，謂以身體而躬行之。謂之達德者，天下古今所同得之理也。一則誠而已矣。達道雖人所共由，然無是三德，則無以行之。達德雖人所同得，然一有不誠，則人欲閒去聲。之，而德非其德矣。程子曰：「所謂誠者，止是誠實此三者，三者之外，更別無誠。」朱子曰：「知底屬智，行底屬仁，勇是勇於知，勇於行，仁智了，非勇便行不到。」○知、仁、勇是做的事，誠是行此三者真實的心。○蔡氏曰：「達道本於達德，達德又本於誠。誠者，達道達德之本，而一貫乎達道達德者也。」○西山真氏曰：「道雖人所共由，然其智不足以及之，則君當仁，臣當敬之類，未必不昧其所以然。知及之，而仁不能守，仁守之，而勇不能斷，則於當行之理，或奪於私欲，或蔽於利害，以至蔑天常、敗人紀者多矣。德雖人所同得，然或不誠而勉强矯飾，則知出於術數，仁流於姑息，勇過於强暴，而德非其德矣，故行之必本於誠。一者誠也，三者皆真實而無妄，是之謂誠。」○雲峰胡氏曰：「《虞書》曰五教，曰五典，未嘗列五者之目，至此則曰天下之達道五，始列其目言之。蓋曰天敘有典，典是言天命之性不離此五者；曰敬敷五教，是言脩道之教不離此五者。此曰達道，是言率性之道，不離乎此五者也。」《通考》朱氏公遷曰：「孟子自教而言，故先父子；《中庸》自政而言，故先君臣。《中庸》不言親、義、別、序、信，而道之一字足以兼之矣。」○黄氏洵饒曰：「知、仁、勇三者，天下達德也。知、仁、勇行此五達道。達道就人倫而言，達德就天命之性而言，三者皆出天命本然，其分有不同者。」○知所以開其途轍，勇所以遂其工夫，只是成就一箇仁誠而已矣。誠在達德之中。

附《存疑》：自此以下四節，只是申明上文之意。蓋上言脩身以道，未見其爲何道也。上推脩道以仁，及於知天，未見其爲知仁勇也。故於此盡言之，見所以脩身者，其道有五，所以脩道者，其德有三，所以盡上面未盡之意也。大意若謂脩身固在以道，然其道有五，脩道在以仁及知天，是其所以行道者有三。五者何？君臣、父子、兄弟、夫婦、朋友，此五者，天下之達道，即上文所以脩身者也。三者何？知、仁、勇，此三者，乃行達道之達德，即上文所以脩道者也。○智所以知，仁所以體，勇所以强，此是解所以行達道意，不是正註。若曰知者心之明也，仁者心之公也，勇者氣之壯也，此方是正註。○問：「夫婦是人合，是天合？」曰：「夫婦雖人合，然有夫婦而後有父子，則亦天合矣。」○《蒙引》：前章以喜怒哀樂之發而中節者爲達道，此章又以君臣、父子、夫婦、昆弟、朋友之交爲達道。二者果同乎？曰：和者，率性之謂，天下古今之所共由也，故謂之達道。君臣、父子、夫婦、昆弟、朋友之交，亦率性之道，天下古今之所共由也，亦謂之達道。況五品之人倫，皆天性民彝所固有，而其相交相接，無往而非喜怒哀樂之情之所在。且如人君喜一人而賞之，怒一人而罰之，怒其所當怒，喜其所當喜。又如樂民之樂，憂民之憂，則君臣之道，不出喜怒哀樂之情可知。又如父母愛之，喜而不忘，父母惡之，勞而不怨；養則致其樂，喪則致其哀，則父子之道，不出乎喜怒哀樂之情又可知。其餘可以類推，此又可見兩達道之相爲貫通矣。蓋前章天下之達道，謂喜怒哀樂之發而中節者也。發而中節，則即父子之有親，君臣之有義，夫婦之有別，長幼之有序，朋友之有信矣，非指喜怒哀樂之情便爲達道也。故曰：「發而皆中節謂之和。和也者，天下之達道也」。○不曰君臣之義、父子之親，而曰君臣父子者，蓋有君臣，必有所以爲君臣者；有父子，必有所以爲父子者，所謂有物有則也。可見人外無道，所以脩身必以道。○朋友獨加「之交」二字，蓋朋友實以相交而成者也。如父子兄弟皆天合。夫婦亦只一陰一陽，而終身不可解。君臣雖以人合，然莊生所謂「無所逃於天地之閒」者。惟朋友一倫，在所交而已，交則爲朋友，無交則不在其朋友之列矣。故獨曰朋友之交云。○按，人在人類之中，其交際不止五者而已，此其大者也。故曰人之大倫有五，然其餘要亦在所該矣。如伯叔爲從父，姪爲從子，甥爲女兄弟之子，壻爲翁之半子，祖爲大父，則皆附之父子矣。若夫上下之際，凡有名分相統屬者，則皆附之君臣矣。內兄弟、外兄弟，及妻之兄弟，則皆附之兄弟。妾則附之妻。師則朋友之交中之最尊者也。○智、仁、勇是性分上帶來者，故曰古今所同得之理。蓋惟有是智，故能有以知此理；惟有是仁，故能有以體此理；惟有是勇，故能有以强此理。故曰智所以知此也，仁所以體此也，勇所以强此也。初非以其知此而謂之智，體此而謂之仁，强此而謂之勇也。如彼之説，則智、仁、勇全出於人爲所就，不喚做天下古今所同得之理，而智、仁、勇轉在達道之後，非達德之目矣。不可不辨也。○《存疑》：或問：「脩道以仁之仁，以愛言。知、仁、勇之仁，又以無私言。然則仁有二乎？」曰：「無私者仁之體，愛者仁之用。自其切於五達道言，則曰愛，自其切於躬行言，則曰無私。要之，無私則可以兼乎愛矣。曰愛，偏言之仁；曰無私，專言之仁。詳略之不同也。」○知、仁、勇三者，天下之達德也。三者所以行乎達道者，一也。一者非他也，誠也。誠者非他也，三者皆以實也。知是實知，仁是實仁，勇是實勇是也。知是實知，則道自此知矣。仁是實仁，則道自此體矣。勇是實勇，則道自此强矣。三者纔實，道便自行，不是既實後方去行道。○三達德與五常之德何異？知即五常之知，仁即五常之仁，勇在其中矣。言知仁而遺義禮者何？禮者仁之著，義者智之藏，言智、仁則包義禮矣。○所以行之者一也，一字，對三字而言。下文「凡爲天下國家有九經，所以行之者一也」，一字亦然。皆是數目字，但一字所指是誠也。故註不曰一誠也，而曰一則誠而已矣。又曰一者誠也，不可謂一是不二之名，蓋以不二爲誠，又是一意。

或生而知之，或學而知之，或困而知之，及其知之一也。或安而行之，或利而行之，或勉强而行之，及其成功一也。」强，上聲。

知之者之所知，行之者之所行，謂達道也。以其分扶問反。而言，則所以知者知去聲。下「知也」同。也，所以行者仁也，所以

至於知之成功而一者勇也。知之透徹，行之成功，便是勇。**以其等而言，則生知安行者知也，**如舜之大知。**學知利行者仁也，**如顔子之克復爲仁。**困知勉行者勇也。**困知勉行，非勇則做不徹。○朱子曰：「生知安行，主於知而言，不知如何行。安行者，只是安而行之，不用著力，然須是知得，乃能行得也。學知利行，主行而言，雖是學而知得，然須著意去力行，則所學而知得者，不爲徒知也。」○問：「諸説皆以生知安行爲仁，學知利行爲知，先生獨反是，何也？」曰：「《論語》説『仁者安仁，知者利仁』，與《中庸》説知、仁、勇，意思自别。生知安行，便是仁在知中。學知利行，便是仁在知外。既是生知，必能安行，所以謂仁在知中。若是學知，便是知得淺些子，須是力行，方始到仁處。所以謂仁在知外。」○生知安行，以知爲主。學知利行，以仁爲主。困知勉行，以勇爲主。○北溪陳氏曰：「就知、仁、勇等級而言之，生知安行爲知，知主於知，就知上放重，蓋先能知之，而後能行之也。學知利行爲仁，仁主於行，以行處爲重，故知得須是行得也。困知勉行爲勇，此氣質昏懦之人，昏不能知，懦不能行，非勇則不足以進道。」○雙峰饒氏曰：「生知安行，隱然之勇。學知利行，非勇不可。到困知勉行，全是勇做出來。」《通考》史氏伯璿曰：「詳分字等字，是從理氣上分别出來。分是性分之分，是性中所具之理。有此三者之分，所以見之於用，則各有所屬。知屬知一分，行屬仁一分，强於知行屬勇一分。以分而言，是平而分之，如《禮記》『分無求多』之分相似。此主理而言也。等是等級之等，是所稟之氣不齊。故資質有高下之等，所以上等則以知爲重而主知，次等則以行爲重而主仁，下等則以强於知行爲重而主勇。以等而言，是竪而分之，如《孟子》『凡五等』、『四等』之等。此主氣而言也。如此，則三知屬知之分，二行屬仁之分，無可疑者。」**蓋人性雖無不善，而氣稟有不同者，故聞道有蚤莫，**與早暮同。**行道有難易，**去聲。**然能自强**如字。**不息，則其至一也。**陳氏曰：「人性雖無不善，而氣稟有不同。惟其有清濁厚薄之分，所以有知行三等之别。上等之人，氣稟清明，所以義理昭著，不待教而後知，故曰生知；賦質純粹，所以安於義理，不待學習而能，故曰安行。此聖人地位也。其次者清多而濁少，於事物當然之理，必待學而後知，故曰學知；賦質純多而駁少，蓋真知道理而篤好之，如嗜欲然，故曰利行。此大賢地位也。又有一等人，稟氣濁多而清少，須是困心衡慮，然後發憤以求知，故曰困知；賦質駁多而純少，未能利行，且須黽勉强力而爲之，故曰勉行。此又其次等人地位也。凡此皆其氣質之不同者，然本然之性無有不善，或生知，或學知，或困知，及已知處則一般。或安行，或利行，或勉行，及其行之成功則一般。至此爲能復其本然之初矣。」呂氏曰：「所入之塗雖異，而所至之域則同，此所以爲中庸。若乃企生知安行之資爲不可幾平聲。及，輕困知勉行謂不能有成，此道之所以不明不行也。」雲峰胡氏曰：「以其分而言，是説知行之屬有先後；以其等而言，是説氣質之屬有高下。至於知之成功而一，是知行之功足以變化氣質。天命之性本一也，至是則不見其氣質之不一者，惟見其天命之本一者矣。知行之不可不勇也如此夫。」《通考》史氏伯璿曰：「蓋生知安行，則即此而在無所謂入，無所謂至矣。學知利行者，則未能即此而在，必得其塗而入，然後可出之以至其域爾。較之生知安行，即此而在者，其所入之塗固有遠近之異矣。況困知勉行者，又必由困勉而後可比於學利，又自學利而後可以上同於生安。方其自困勉始進之時，其所入之塗，固與學利者有遠近之異矣。及其可比於學利，猶與生安者有閒，不謂之異可乎？」附《蒙引》：「『或生而知之』，此三知字，皆以已知者言之。『或安而行之』，此三行字，亦以已能者言之。其曰『及其知之一也』，『及其成功一也』，只是從上面評斷之詞耳。不然，則生知安行者，又待何時方到及其知之、及其成功之地耶？○問：『達德既人所同得之理，如何又説「或生而知之，或學而知之，或困而知之，及其知之一也」？』曰：『若非性分上帶來，元有此智，則雖困而亦不能知，安得至於知之一處。但未免暫爲氣稟所蔽耳。』○《存疑》：不分三等，則下等之人，望上等者如彼懸絶，將以德非己有而自疑矣。不説知之成功一，則下等之人，將以上等之人爲終不可及而自沮矣。聖人之言，化工也。○知之成功一，看來只是説知行雖有三者之異，然到知之成功地位，都只一般，初無異。蓋生知者，於道固此知，學知困知者，初無淺深高下也。所以謂之一，不可云學知困知者與生知一般，利行勉行者與安行一般。

子曰：「好學近乎知，力行近乎仁，知恥近乎勇。好，「近乎知」之知，並去聲。

「子曰」二字衍文。○此言未及乎達德而求以入德之事。朱子曰：「上既言達德之名，恐學者無所從入，故又言其不遠者以示之，使由是而求之，則可以入德也。聖人之言淺深遠近之序，不可差欠如此。」○西山真氏曰：「既言三達德，又教以入德之路。夫知必上智，仁必至仁，勇必大勇，然後爲至。然豈是遽及哉！苟能好學不倦，則亦近乎智。力行不已，則亦近乎仁。以不若人爲恥，則亦近乎勇。蓋好學所以明理，力行所以進道，知恥所以立志，能於此三者用功，則三達德庶可漸至矣。」通上文三知爲知，去聲。下非知同。三行爲仁，則此三近者，勇之次也。節齋蔡氏曰：「三知主知，三行主仁，三近主勇。生知者，知之知也；學知者，仁之知也；困知者，勇之知也。安行者，知之仁也；利行者，仁之仁也；勉行者，勇之仁也。好學者，知之勇也；力行者，仁之勇也；知恥者，勇之勇也。」《通考》史氏伯璿曰：「『三知爲知，三行爲仁』二句，便是上文以分而言之意。三近爲勇之次，亦只是上文『所以至於知之成功而一者勇也』之意，上節已知之成功，乃勇之至，此獨自學利以下，求知之成功者説，故曰勇之次耳。」呂氏曰：

「愚者自是而不求，自私者徇人欲而忘返，懦奴臥、奴亂二反。者甘爲人下而不辭。故好學非知，然足以破愚；力行非仁，然足以忘私；朱子曰：「仁則力行工夫多，知則致知工夫多。好學近乎知，力行近乎仁，意自可見。」○三山陳氏曰：「所謂力行足以忘私者，蓋世之怠惰不爲者，皆所以自便其所欲，故曰私。」○問：「此章以力行言仁，前章服膺勿失，又以守言仁，何也？」雙峰饒氏曰：「守也屬行。以擇爲知，則當以守爲仁；以知爲知，則當以行爲仁。各有所當。」問：「守與行如何屬仁？」曰：「仁者無私欲，心無私欲，然後能守能行。今人行不去，只是被私欲牽制，守不住，只是被私欲牽引耳。」○問：「呂氏元本云『自私者，以天下非吾事』，朱子改之曰『自私者，徇人欲而忘返』，如何？」蛟峰方氏曰：

「呂公以公爲仁，有我爲不仁，力行雖未是仁，然足以去我。朱子以純乎天理爲仁，有欲便是不仁，力行足以去欲，故近仁。呂氏就愛上用上説仁，朱子就本體上説仁也。」知恥非勇，然足以起懦。」朱子曰：「知恥，如『舜人也，我亦人也，舜爲法於天下，可傳於後世，我猶未免爲鄉人也，是則可憂也』。既恥爲鄉人，進學安得不勇？」○雲峰胡氏曰：「達德自是人所同得之理，而此復以其近者言之，誘人之進也。蓋雖昏惰之極，亦未有不進者，但患無恥耳。」周子曰：「必有恥則可教。」侯氏曰：「知恥非勇也，能恥不若人，則勇矣。嗚呼，彼悠悠者豈非無恥之甚哉！」○東陽許氏曰：「非知、非仁、非勇，不曰不是知、仁、勇，蓋知、仁、勇是德已至之定名，若好學、力行、知恥，亦知、仁、勇之事，但未全爾。此體貼三近字説。」《通考》朱氏公遷曰：「《論語》兩章，雖有入德成德之殊，而皆自一人之身合此三者言之，非各指其人之謂也。《中庸》三知三行，《章句》以爲知、仁、勇之事。以分言者，止自一人之身合而言之，聖人全此知、仁、勇，其次當兼知、仁、勇也。以等言者，各因氣質分高下而言之，勇者用力，然後及乎仁；仁者用力，乃能及乎知也。然則入德之序，知居仁之先；成德之序，仁居知之首；氣質之等，知在仁之上。此其所以縱横錯綜而不同與！」附《存疑》：既言三知三行，見知、仁、勇在人有三者之等，又説好學近乎知，又是自困知勉行下一等人説。蓋爲哀公資質庸下，恐於困知勉行猶不能及，而又爲此梯引之也。大意若曰，困而知之者，視學知已覺費力，又或有困心衡慮而猶未能知者，則又下矣。然未嘗無可進之機也，其道在乎好學而已。好字極重。好學者，好之不厭，學之不已。如章末所謂人一己百，弗得弗措意思是也。如是久之，將見知識漸以開明，義理漸以昭著，愚蒙亦於是而破矣。故曰近乎智。○夫勉强而行者，視利行已覺費力，而勉强者又有不能行焉，則又下矣。然未嘗無可進之機也，其道在乎力行而已。力行者，刻苦奮厲，允蹈實踐也。章末人一己百，弗篤弗措便是。如此則人欲漸以消磨，私意漸以刊落。故曰近乎仁。○夫困知勉行，勇也。若夫困而不能知，勉而不能行，勇斯下矣。然亦未嘗無可進之機也，其道在乎知恥而已。恥者，以居人下爲恥也，均是人也，人於道則能行，我何爲不能，是可恥也。知此可恥，則必自怨自艾，鼓懦發憤，極力向前，知之必明，守之必固，不肯以第一等事讓人矣。故曰近乎勇。○好學非智，然足以破愚，則近乎智矣。破愚亦未是智，方是近乎智，智是成德事。○無私仁也，能忘私則近之矣。然非力行不可。力行，忘私工夫也。○「或學而知之，或困而知之，及其知之一」，此知者也。未及乎此，好學亦近之矣。餘倣此。○《蒙引》：此學字，耑指知。○不可説知恥在好學力行之先，好學力行之不容自已而決要及人處，乃是知恥之勇也。凡勇隨智仁言，不可以先智仁也。

知斯三者，則知所以脩身。知所以脩身，則知所以治人。知所以治人，則知所以治天下國家矣。」

斯三者，指三近而言。人者，對己之稱。天下國家，則盡乎人矣。言此以結上文脩身之意，起下文九經之端也。雲峰胡氏曰：「黄氏云：此章當一部《大學》，《大學》以脩身爲本，此章自首至此，皆以脩身爲要。上文言脩身而曰不可不知天者，即《大學》逆推脩身之工夫至於格物致知者也。此言脩身而曰治人治天下國家者，即《大學》順推脩身之功效至於家齊國治天下平者也。」《通考》東陽許氏曰：「第二節，天下之人生與我同類，皆在五倫之中。惟朋友一倫所包最廣，除却君臣父子夫婦長幼外，皆入朋友之倫。故《大學》言『與國人交止於信』，此朋友之交，是提起道合之人説。蓋《中庸》是脩道之事，教君子之書也。交字不可輕讀過。」○程氏復心曰：「三知，見道之方。三行，達道之路。三近，入道之門。以達道言，君臣、父子、夫婦、昆弟、朋友，非達德不行。以達德言，知、仁、勇非誠不行。以其分言，生、學、困知，知之至也；安、利、勉行，仁之至也。知之成功一，勇之至也。以其等言，生知安行，知爲主；學知利行，仁爲主；困知勉行，勇爲主。皆達德之行也。以其近言，好學，知之近；力行，仁之近；知恥，勇之近。乃入德之事。」附《存疑》：知斯三者，與知所先後一般，不是空知，是真個去行了。不然，怎説得知所脩身。○知好學近乎知，而從事於好學焉，則由好學以近知，以知而知道，而脩身之端以啓矣。知力行近乎仁，而從事於力行焉，則由力行以近仁，以仁而體道，而脩身之實以致矣。知知恥近乎勇，以居人下之可恥，而深自愧恥焉，則由恥以近勇，以勇而强道，知行並至，而身無不脩矣。○

治天下國家中，要見取人意方得。九經中之尊賢、敬大臣、體群臣，即其事也。

凡爲天下國家有九經，曰：脩身也，尊賢也，親親也，敬大臣也，體群臣也，子庶民也，來百工也，柔遠人也，懷諸侯也。

經，常也。廣平游氏曰：「經者，其道有常而不可易，其序有條而不可紊。」〇三山陳氏曰：「施之治天下國家，可以常行而不變，故曰經。」〇倪氏曰：「經者，常也。即所謂庸也。」體，謂設以身處上聲。其地而察其心也。子，如父母之愛其子也。雲峰胡氏曰：「群臣相去疎遠，休戚不相知，必如以身處其地而察其心，則可耳。庶民相去尤遠，休戚愈不可知，必如父母之愛其子，乃可耳。體字、子字，皆心誠求之者也。」柔遠人，所謂無忘賓旅者也。「無忘賓旅」，本齊桓公葵丘載書中語。〇三山陳氏曰：「遠人，非四夷，乃商賈賓旅，皆是離家鄉而來，須寬恤之。若謂四夷，不應在諸侯之上。」此列九經之目也。呂氏曰：「天下國家之本在身，故脩身爲九經之本。然必親師取友，然後脩身之道進，故尊賢次之。三山陳氏曰：「下文既有大臣，又有群臣，而此先云尊賢者，非臣之之謂。正《書》所謂能自得師，《禮》所謂當其爲師，則不臣者也。」道之所進，莫先其家，故親親次之。由家以及朝音潮。廷，故敬大臣、體群臣次之。由朝廷以及其國，故子庶民、來百工次之。由其國以及天下，故柔遠人、懷諸侯次之。此九經之序也。」問：「《中庸》九經先尊賢而後親親，何也？」程子曰：「道孰先於親親，然不能尊賢，則不知親親之道。」〇陳氏曰：「經有九，其實總有三件，三件合來共歸一件。蓋敬大臣，體群臣，其本從尊賢來。子庶民，來百工，柔遠人，懷諸侯，其本從親親來。而親親尊賢之本，又從脩身來。」視群臣猶吾四體，視百姓猶吾子，此視臣視民之別彼列反。也。朱子曰：「體群臣，《章句》與呂說體字雖小不同，然呂說大意自好，不欲廢也。」〇新安陳氏曰：「視臣猶四體，移之股肱大臣，豈不可乎？朱子所訓不可易矣。觀下文『忠信重祿，所以勸士』，釋云『待之誠，而養之厚』，蓋以身體之，而知其所賴乎上者如此也。則體字謂『以身處其地而察之』，可移易否乎？」《通考》程氏復心曰：「言九經施之治天下國家，可以常行而不變。故曰：經《大學》新民，自新爲先。《中庸》九經，脩身爲始。《大學》『止於至善』與《中庸》『依乎中庸』合。《大學》所止以敬而入，《中庸》所依以知、仁、勇入，貫之則皆誠也。」〇東陽許氏曰：「此第三節。」附《存疑》：上言脩身之事既明了，然後及於治人，治天下國家。然治天下國家，又有許多事在，故以九經爲言。爲治之道，九經盡之矣。比《大學》所言齊家治國平天下之道，尤加詳焉。〇説治天下國家有九經，而始於脩身。《大學》釋新民必先自新，即是此理。〇《蒙引》：註「然必親師取友，然後脩身之道進」，不是尊賢了方去脩身，脩身元在先，必尊賢以資講明，脩身之道方日進耳。上文欲盡親親之仁，必由尊賢之義，亦是如此。差之毫釐，則把親親都且空住，待尊賢以講明了，方來親親。蓋脩身以仁，是我分内本領第一件事，尊賢只是資其講明以輔吾仁而已。〇註「柔遠人，所謂無忘賓旅」。賓，蓋朝聘諸侯及大夫。旅，蓋四方游士、商旅之徒。下文所謂嘉善矜不能，蓋指游士言。送往迎來，則兼指朝聘者，商賈行旅亦在焉。或不兼言商賈行旅，亦非也。下文《章句》曰「柔遠人，則天下之旅皆悦，而願出於其途」，可見矣。

脩身則道立，尊賢則不惑，親親則諸父昆弟不怨，敬大臣則不眩，體群臣則士之報禮重，子庶民則百姓勸，來百工則財用足，柔遠人則四方歸之，懷諸侯則天下畏之。

此言九經之效也。道立，謂道成於己而可爲民表，新安陳氏曰：「表，儀也。如《書》所謂『表正萬邦』之表。」所謂「皇建其有極」是也。《書·洪範》：「五，皇極：皇建其有極。」不惑，謂不疑於理。新安陳氏曰：「得賢以師資講明，故不疑於理。」不眩，音縣。謂不迷於事。北溪陳氏曰：「不惑，是理義昭著，無所疑也。不眩，是信任專，政事舉，無所眩迷也。」敬大臣，則信任專而小臣不得以閒去聲。之，故臨事而不眩也。來百工，則通功易事，農末相資，故財用足。朱子曰：「若百工聚，則事事皆有，豈不足以足財用乎！如織紝可以足布帛，工匠可以足器皿之類。」〇雙峰饒氏曰：「財用是兩字。財是貨財，用是器用。一人之身，豈能百工之所爲備？如農夫之耕，農器缺一不可。農得用以生財，工得財以贍用，推此可見其餘。蓋農工相資，則上下俱足。」柔遠人，則天下之旅皆悦而願出於其塗，故四方歸。懷諸侯，則德之所施去聲。者博，而威之所制者廣矣。故曰天下畏之。陳氏曰：「報禮重，君視臣如手足，臣視君如腹心也。百姓勸，君待民如子，則民愛君如父母，庶民子來是也。」〇雲峰胡氏曰：「道即前五者。天下之達道立，是吾身於此五者各盡其道，而民皆於吾身取則也。《章句》以爲即是『皇建其有極』，皇極建而九疇敘，君道立而九經行，其旨一也。尊賢尤與脩身相關，脩身則道成於己，尊賢則見道分明而無疑。《章句》曰『此九經之效也』，道立是脩身之效，以下皆道立之效。」《通考》東陽許氏曰：「來百工，是招徠諸工人在國，如織紝可以足布帛，工匠可以足器皿之類。《章句》『通功易事，農末相資』，是農通於末，末通於農，則財足，彼此皆足。只此一串意，是言舉天下之財用足也。舜命垂共工列在九官，周工人皆屬冬官，漢以來將作大匠亞於九卿，則古人未嘗以工事爲輕，凡此藝之工巧者，既表而用之，又有餼稟以養之，則天下之習此藝，莫不勉爲工巧，而天下器用無不足。柔遠人，謂無忘賓旅。賓，蓋朝聘諸侯及大夫。旅，蓋四方遊士及商旅之徒。經言『懷諸侯，天下畏之』。註『德之所施者博』貼『懷諸侯』意，『威之所制者廣』貼『天下畏之』。天下，舉四海内外總言。蓋懷諸侯以德，則諸侯誠服，中國爲一家，中國臣民無有不愛仰，則四隅夷狄異類莫不畏服。」

附《蒙引》：註「不惑，謂不疑於理。不眩，謂不迷於事」，自先事講明而言謂之理，自臨時區處而言則謂之事，故曰「臨事而不眩也」。〇財用二字，饒氏以爲財是貨財，用是器用，農得用以生財，工得財以贍用，此説非也。有財此有用，如耒耜布帛，皆財也，布帛有布帛之用，耒耜有耒耜之用，凡有資於民生日用者，皆財也，財皆有用也。不必金銀寶貝，方唤做財。〇懷諸侯本是德，乃曰「天下畏之」，何也？蓋德之所施者博，而威之所制者廣矣。二句雖是平説，下句又自上句而生，何也？以德服人則心悅誠服，自有不威之威矣，是威生於德也。所謂小邦懷其德，大邦畏其力者，又是德力對說，與此不同。○此畏字，非畏威懼討也，畏不義以負上也，蓋從德生威。○《存疑》：九經先效而後事者，欲歆動哀公爾。

齊明盛服，非禮不動，所以脩身也；去讒遠色，賤貨而貴德，所以勸賢也；尊其位，重其祿，同其好惡，所以勸親親也；官盛任使，所以勸大臣也；忠信重祿，所以勸士也；時使薄斂，所以勸百姓也；日省月試，既稟稱事，所以勸百工也；送往迎來，嘉善而矜不能，所以柔遠人也；繼絕世，舉廢國，治亂持危，朝聘以時，厚往而薄來，所以懷諸侯也。齊，側皆反。去，上聲。遠、好、惡、斂，並去聲。既，許氣反。省，悉井反。稟，彼錦、力錦二反。稱，去聲。朝，音潮。

此言九經之事也。北溪陳氏曰：「九經之事，是做工夫處。齊，齊其思慮。明，明潔其心。齊明以一其內，盛服以肅其外，內外交相養也。齊明盛服，是靜而未應接之時；以禮而動，是動而已應接之時。動靜交相養也，如此所以脩身。」○雲峰胡氏曰：「齊明盛服，靜而敬也，即首章戒懼存養之事。非禮不動，動而敬也，即首章慎獨省察之事。」《通考》朱氏公遷曰：「此以身言，而心在其中。然主乎理義而言，曰養身；主乎德行而言，曰守身；主乎天理之實而言，曰誠身；主乎事理之正而言，曰脩身。正心者，脩身之先務；事親者，脩身之大節；持敬者，脩身之要法；體道者，脩身之實事。又心以其所主宰者言，敬以其所持養者言，道以其所踐履者言，之所親愛以下五者，以其所應接者言。」附《蒙引》：非禮不動，此動字，兼視德言及思，通一身而言也。《論語》動對視聽言，則專指身心之動也。此動字對齊明盛服，有動靜之分也。故動字所該尤廣。○勸賢，勸士，勸百姓，勸百工，此勸字，就該得尊字、體字、子字、來字意，然不可以爲正當尊字、體字、來字、子字用也。

官盛任使，謂官屬衆盛，足任使令平聲。也。蓋大臣不當親細事，故所以優之者如此。忠信重祿，謂待之誠而養之厚。蓋以身體之，而知其所賴乎上者如此也。《通考》東陽許氏曰：「聽讒言，則知人之道不明，而賢者不安。好色貨，則必不能尚德，而與賢者自相背馳。改此三者，而後能貴有德者。尊其位，爵位也。此未言任以事，蓋宗族且主於養，若有才德，則自隨所宜用之。前言敬大臣則不眩，是專任意。後言官盛任使，是優崇意。其義不可一。塗取任使，謂足以任其使令。時使，則得以乘天時，盡地利，而所收者廣。斂之又薄，則民皆殷富而愈力矣。」既，讀曰餼。餼稟，稍去聲。食也。《周禮·天官》宮正：「幾其出入，均其稍食。」〇内宰：「掌書版圖之法，以治王内之政令，均其稍食。分其人民以居之。」稍食，吏祿廩也。稍者，出物有漸之謂。〇朱子曰：「餼，牲餼也。如今官員請受有生羊肉稟，即廩給折送錢之類是也。」稱事，如《周禮》稾古老反。人職，曰「考其弓弩，以上下其食」是也。《夏官》稾人：「掌受財於職金，以齊〔音咨。〕其工。弓六物，爲三等，弩四物，亦如之。矢八物，皆三等，箙亦如之。〔箙，盛矢器。〕春獻素，秋獻成，書其等以饗工。乘其事，試〔音考。〕其弓弩，以上下其食而誅賞，乃入工于司弓矢及繕人。」〔稾，讀爲芻稾之稾。箭幹謂之稾。〕〇新安陳氏曰：「食必與事稱，有功不可負，無功不可濫。」《通考》東陽許氏曰：「此官主弓弩箭矢，故曰稾人。乘，計也。計其事之成功，攷之而善，則上其食，尤善，又賞之。否者反此。試，本作考。上，時掌反。」往則爲去聲。之授節以送之，朱子曰：「遠人來至，去時有節以授之，過所在爲照。如漢之出入關者用繻，唐謂之給過所是也。」《通考》東陽許氏曰：「《秋官》環人掌『送逆邦國之通賓客，以路節達四方』，『送逆及疆』。註疏：通賓客，以常事往來，謂朝覲會同者也。路節，道路之節，旌節也。《夏官》懷方氏掌『來遠方之民，致方貢，致遠物，而送逆之，達之以節』。此類皆授節送往之事。」附《説約》：給過所，《語類》作給過所賜。來則豐其委。去聲。積子賜反。以迎之。新安陳氏曰：「委積，畜聚也。《周禮》遺人掌牢禮委積。註云：委積，謂牢米薪芻給賓客。又《司徒》註：少曰委，多曰積。」《通考》東陽許氏曰：「《地官》：『遺人掌邦之委積、郊野之委積，以待賓客。野鄙之委積，以待羈旅。三十里有宿，宿有委。五十里有市，市有積。』『委人掌斂野之賦，斂薪芻畜聚之物，瓜瓠葵芋禦冬之具，聚之以待羈旅之等。』又懷方氏『治委積，館舍飲食』。此皆委積迎來之事也。」朝，謂諸侯見形甸反。於天子。聘，謂諸侯使大夫來獻。《王制》：「比毗至反。年一小聘，三年一大聘，五年一朝。」比年，每年也。《通考》趙氏悳曰：「小聘使大夫，大聘使卿，朝則君自行。此大聘與朝，晉霸時所制也。虞夏之制，諸侯歲朝。周之制，侯、甸、男、采、衛、要服六者，各以其服數來朝。」厚往薄來，謂燕賜厚而納貢薄。附《存疑》：絶世，是國邑未經廢，世裔已絶了，則從旁支覓箇人來續他。廢國，是國邑已經廢了。舉，是從而再建之。

凡爲天下國家有九經，所以行之者一也。

一者，誠也。一有不誠，則是九者皆爲虛文矣，此九經之實也。三山潘氏曰：「三德行之者一，所以實其德。九經行之者一，所以實其事。」○雲峰胡氏曰：「脩身不實，則欲得以閒理。尊賢不實，則邪得以閒正。親親不實，則疎得以閒親。推之莫不皆然。」○新安陳氏曰：「《中庸》一書，『誠』爲樞紐。論誠雖至『誠者天之道』處而始詳，而誠之名已見於鬼神章『誠之不可掩』之一言，誠之意已兩見於三德、九經『行之者一』之二言矣。誠之不可揜，以實理言。兩行之者一，皆以實心言也。」《通考》程氏復心曰：「以其序言，『齊明盛服，非禮不動，所以脩身；去讒遠色，賤貨貴德，所以勸賢』，自脩身之始推之。『尊位重禄，同其好惡，所以勸親親；官盛任使，忠信重禄，所以勸大臣與士』，自尊賢之等推之。『時使薄斂，日省月試，既稟稱事，所以勸百姓、百工；送往迎來，朝聘以時，厚往薄來，所以懷諸侯』，自親親推之。以其實言，九者皆所以行之，自誠之學推之。《大學》自脩身至平天下，在先誠其意。《中庸》自脩身至懷諸侯，行之一。」附《淺説》：一有不誠，則是九者皆爲虛文。故凡爲天下國家有九經，而所以行是九經者，一誠也。誠則心無僞妄，事皆真實。言脩身則實能脩身，言尊賢則實能尊賢，言親親則實能親親。推之其餘，莫不皆然。此九經之實也。

凡事豫則立，不豫則廢。言前定則不跲，事前定則不困，行前定則不疚，道前定則不窮。跲，其刼反。行，去聲。

凡事，指達道、達德、九經之屬。豫，素定也。跲，躓音致。也。疚，病也。此承上文，言凡事皆欲先立乎誠，如下文所推是也。朱子曰：「言前定，句句著實不脱空也。纔一語不實，便説不去。事前定則不困，閑時不曾做得，臨時自是做不徹，便至於困。行前定則不疚，若所行不前定，臨時便易得屈折，枉道以從人矣。道前定則不窮，此一句又連那上三句，都包在裏面，是有箇妙用，千變萬化而不窮之謂。事到面前，都理會得。」○陳氏曰：「上『凡事』一句，乃包達道、達德、九經而言。下『事前定』一句，乃指其事而言之也。」○項氏曰：「言誠而必言豫者，教人素學之也。知之素明，行之素熟，而後取之則不窮矣。」○雲峰胡氏曰：「上文言達道、達德、九經之所以行，此則總言凡事之所以立。蓋曰是誠也，非一朝一夕之故。戒懼慎獨，養之者有素矣。如此則先立乎誠，而後事可立，可立則可行矣。《章句》以先、立二字釋前定，正與上二行字相應。」○新安陳氏曰：「四前定字，所以申明上豫字也。非以豫與前定爲誠，乃是所當豫、所當前定者，謂先立乎誠也。」附《淺説》：由是言之，達道也，達德也，九經也，凡事皆欲先立乎誠也，惟能先立乎誠，則事以立。如達德而能先立乎誠，則達德全；達道而能先立乎誠，則達道行；九經而能先立乎誠，則九經盡。不能先立乎誠，則德非其德，道非其道，經非其經矣。且如言而先立乎誠，則言有物而不跲；事而先立乎誠，則事有實而不困；行而先立乎誠，則行有常而不疚；道而先立乎誠，則道有本而不窮。誠之當預也如此。○《蒙引》：凡事之事，加一凡字，見得無所不包。如言與行等，皆是事也。其下一事字，對言與行言，則發之於口者爲言，行之於身者爲行，見之於施爲者爲事。○道字包得甚廣，不但包上面達道、達德、九經之三者而已，凡獲上、順親之類，何者不囿於是道之中。○註曰「之屬」者，見得所謂凡事，非止是達道、達德、九經數者而已。如言也，事也，行也，以至下條所推治民、獲上、信友、順親、誠身、明善，節節都要豫立乎誠也。○《存疑》：《章句》「承上文，言凡事皆欲先立乎誠」，此句解「凡事豫則立，不豫則廢」意，言前定四句，皆是明先立意，不干誠字。言行、事、道皆要前定，以見誠亦要前定也。今人見《章句》有「先立乎誠」一句，只管把誠字來説。至説言前定四句，亦用此，誤矣。

在下位不獲乎上，民不可得而治矣。獲乎上有道，不信乎朋友，不獲乎上矣。信乎朋友有道，不順乎親，不信乎朋友矣。順乎親有道，反諸身不誠，不順乎親矣。誠身有道，不明乎善，不誠乎身矣。

此又以在下位者，推言素定之意。反諸身不誠，謂反求諸身而所存所發未能真實而無妄也。朱子曰：「反諸身，是反求於心。不誠，是不曾實有此心。如事親孝，須實有這孝之心，若外面假爲孝之事，裏面却無孝之心，便是不誠矣。」○新安陳氏曰：「所存所發，指心而言。所存，静而涵養時也；所發，動而應接時也。」不明乎善，謂未能察於人心天命之本然，此又推本，從天命謂性之源頭處來。而真知至善之所在也。問：「凡事豫則立，言與事，行與道，皆欲先定於其初，則不跲、不困、不疚、不窮，斯有必然之驗。故自不獲乎上、不信乎朋友、不順乎親而推之，皆始於不誠乎身而已。然則先立乎誠爲此章之要旨，而不明乎善，則不可以誠乎身矣。今欲進乎明善之功，要必格物以窮其理，致知以處其義。夫然後真知善之爲可好而好之，則如好好色；真知惡之爲可惡而惡之，則如惡惡臭。明善如此，夫安得而不誠哉？以是觀之，則《中庸》所謂明善，即《大學》致知之事。《中庸》之所謂誠身，即《大學》誠意之功。要其指，歸其理，則一而已。」朱子曰：「得之。」○陳氏曰：「此一節，又推明誠不可不前定之意，須自誠身明善始。緊要在於明善。善者，天命率性之本然，須是格物致知，真知至善之所在。否則，好善不能如好好色，惡惡不能如惡惡臭，雖欲誠身，而身不可得而誠矣。故必明善乃能誠身，至於事親、信友、獲上、治民，無所往而不通，而達道、達德、九經凡事，亦一以貫之而無遺矣。」○雙峰饒氏曰：「前言『思脩身，不可以不事親』，此曰『身不誠，不順乎親』。以入德之本言，則脩身必先事親。以成德之效言，則身誠然後親順。」○雲峰胡氏曰：「此以在下位者言，見得上文九經是在上位者。中庸之道，通上下皆當行也。故上言尊賢，此則言信乎朋友；上言親親，此則言順親；上言脩身，此則言誠身。其道一也。勉齋云此一章當一部《大學》。誠身是包《大學》誠意、正心、脩身而言，心是所存，意是所發。故《章句》釋誠身，必兼所存所發言之。上文曰知天，而此曰明善。善即天命之性，天命無有不善。學者當知夫至善之所在，是即《大學》所謂格物致知也。天不可不知，善不可不明，又見三德必以知爲先也。」《通考》程氏復心曰：「第四節，包達道、達德、九經總言之。豫與前定一，皆誠也。言不跲，事不困，行不疚，道不窮，欲先立其誠也，推言素定之意。治民、獲上、信友、順親，皆誠身之用。明善，誠身之本。以入德言，則脩身必先事親；以成德之效言，則身誠然後親順。」○東陽許氏曰：「此節專提撕不可不誠之意，推至於誠身而止。誠身又在明善，明善即格物致知，誠身即意誠心正身脩也。事素有誠，則雖事變之來，亦無所礙。不誠，便有困屈。行素有誠，雖處夷狄患難，莫不從容。不誠，則將枉道矣。道則通包上三者，有誠，則應物必當出之無窮。」又曰：「自章首皆言上之率下，此言在下位，却主下事上説。蓋脩道之教，無所不該，經四道字，謂有其法也。」○董氏彝曰：「《大學》言誠意，《中庸》言誠身。《大學》細論其節目之詳，《中庸》統論其成功之大。」**附**《蒙引》：對哀公而言，不欲明斥人君，故只借在下位者推論以警曉之。蓋其理則一也。○《存疑》：所謂誠身，亦即上文脩身。説先立乎誠，又歸於誠身者，誠原不在達道、達德、九經之外，只其實處就是誠也。故擇善固執工夫，亦只是知、仁、勇。立誠工夫，亦不外知、仁、勇也。○《淺説》：又以在下位者而推言之，亦可見矣。蓋在下位者，上有君，下有民，欲治民，其道在於立誠以獲上。不獲乎上，則無以安其位而行其志，民不可得而治矣。然欲獲上，又不可以諛悦取容也。其道在乎立誠以信友，不信於友，則志行不孚，名譽不聞，不獲乎上矣，而欲信友，又不可以便佞苟合也。其道在乎立誠以順親，不順乎親，則所厚者薄，而無所不薄，不信乎友矣，而欲順親，又不可以阿意曲從也。其道在乎立誠以脩身，反身不誠，則外有事親之禮，而內無愛敬之實，不順乎親矣，然誠身又不可以襲取强爲也。其道在乎立誠以明善，不明乎善，則好善必不能如好好色，惡惡必不能如惡惡臭，雖欲勉焉以誠其身，胡可得哉？此可見君子於凡事，皆當先立乎誠也。○《存疑》：在下位條，《章句》云：「此復以在下位者，推言素定之意」，蓋上就言前定四句，言固見凡事之當素定矣。更以在下位者，言欲治民必先獲上，欲獲上必先信友，欲信友必先悦親，欲悦親必先誠身，欲誠身必先明善，亦可見凡事之當素定也。此只是推明箇當素定意思，以見上文「所以行之者一」處之當素定爾。故《章句》只云「推言素定之意」，不言先立乎誠，亦可見上文只是説事豫之意，不可拽誠字來説。○此節雖就在下位者推言素定之意，然自治民説歸於誠身，實豫之本旨也。蓋上文自達道、達德至九經，兩度説誠。凡事豫則立，又是通承上兩起説來，言誠之當豫，究其實，則誠身是也。故復自在下位者之治民，推及於此，以見誠固當先立。然欲先立乎誠，要不外乎誠身也。明善雖爲誠身之豫，亦不過爲誠身而設爾。下文擇善固執許多説話，不出二者之外，乃素定之工夫也。

誠者，天之道也。誠之者，人之道也。誠者，不勉而中，不思而得，從容中道，聖人也。誠之者，擇善而固執之者也。中，並去聲。從，七容反。

此承上文誠身而言。誠者，真實無妄之謂，天理之本然也。誠之者，未能真實無妄而欲其真實無妄之謂，人事之當然也。聖人之德，渾上聲。然天理，真實無妄，不待思勉而從容中道，則亦天之道也。未至於聖，則不能無人欲之私，而其爲德不能皆實。故未能不思而得，則必擇善，然後可以明善；問明善、擇善何者爲先。朱子曰：「譬如十箇物事，五箇善，五箇惡，須揀此是善，此是惡，方分明。」○東陽許氏曰：「擇善然後可以明善。擇者，謂致察事物之理。明者，謂洞明吾心之理。合外内而言之，擇善是格物，明善是知至。」未能不勉而中，則必固執，而後可以誠身。此則所謂人之道也。三山陳氏曰：「善不擇，則有誤認人欲爲天理者矣。執不固，則天理有時奪於人欲矣。」不思而得，生知也。不勉而中，安行也。擇善，學知以下之事。固執，利行以下之事也。《章句》兩「以下」字，該困知勉行在其中。○朱子曰：「誠者天之道，誠是實理自然，不假脩爲者也。誠之者人之道，是實其實理，則是勉而爲之者也。孟子言『萬物皆備於我』，便是誠，『反身而誠』，便是誠之。反身，只是反求諸己。誠只是萬物具足，無所欠缺。」○問：「在天固有真實之理，在人當有真實之功。聖人不思不勉而從容中道，無非天道之流行，則聖人與天爲一，即天之道也。未至於聖人，必擇善而後能明是善，必固執然後能實是善，此人事當然，即人之道也。」曰：「善。」○北溪陳氏曰：「天道、人道，有數樣分別。且以上天言之，維天之命，於穆不已，自元亨而利貞，貞而復元，萬古循環，無一息之閒，凡天下之物，洪纖高下，飛潛動植，青黄白黑，萬古皆常然不易。又如日往月來，寒往暑來，萬古皆然，無一息之差繆。此皆理之真實處，乃天道之本然也。以人道相對，誠之，乃人分上事。若就人論之，則天道流行，賦予於人，而人受之以爲性，此天命之本然者，便是誠。故五峰謂『誠者命之道』，蓋人得天命之本然，無非實理。如孩提知愛，及長知敬，皆不思而得，不學而能，即在人之天道也。其做工夫處，則盡己之忠，以實之信，凡求以盡其誠實，乃人道也。又就聖賢論之，聖人生知安行，純是天理，徹内外本末，皆真實無一毫之妄，不待勉而自中，不待思而自得。如人行路，須照管方行得路中，否則蹉向一邊去。聖人如不看路，自然路中行，所謂從容中道，此天道也。自大賢以下，氣稟不能純乎清明，道理未能渾然真實無妄，故知有不實，須做擇善工夫；行有不實，須做固執工夫。擇善，是辨析衆理而求其所謂善，致知之功也；固執，是所守之堅而不爲物所移，力行之功也。須是二者並進，乃能至於真實無妄，此人道也。」○雙峰饒氏曰：「不勉而中，安行之仁也；不思而得，生知之知也；從容中道，自然之勇也。」或疑從容非勇。曰：「今有百鈞於此，一人談笑而舉之，力有餘也，一人竭蹷而不能舉，力不足也。然則聖人之於道也，衆皆勉强，而己獨從容，非天下之大勇而何！擇善近知，固執近仁，而勇在其中。論誠者則先仁而後知，以成德之序言也。論誠之者則先知而後仁，以入德之序言也。」○雲峰胡氏曰：「白此以前十六章，言誠之不可揜，是以天道言誠。上文誠身，是以人道言誠。所以於此總兩者言之曰：『誠者，天之道；誠之者，人之道也。』不勉而中者，安行之仁；不思而得者，生知之知；從容中道者，自然之勇。此以上，皆言知、仁、勇，學者入德之事。此以下，兼言仁、知、勇，聖人成德之事。《論語》曰『知者不惑，仁者不憂，勇者不懼』，學之序也，此以上見之。又曰『仁者不憂，知者不惑，勇者不懼』，德之序也，此以下見之。下章盡性，仁也；前知，知也；無息，勇也。博厚，仁也；高明，知也；悠久，勇也。如地之持載，仁也；如天之覆幬，知也；如日月之代明、四時之錯行，勇也。往往皆言仁、知、勇，而於此始焉。至論學知利行之事，擇善爲知，固執爲仁，又依舊先知而後仁，其所以開示學者至矣。」《通考》東陽許氏曰：「第五節。上二節皆言所以行之者一，然未分曉說出誠字。至此方明言之。誠者天之道，指此理而言。誠之者，指心而言。下誠字，雖以聖人之心而言，然聖人之心，即天也。誠者先仁後知，以成德言。誠之者，先知後仁，以進德之序言。」附《存疑》：自「凡事豫」以下，是言素定之意。自「誠者天之道」至末，是言素定之事。〇上自獲上、治民、悅親、信友，推本於誠身，則誠之當先立也，其意亦既了然。而立誠之事，大概見於明善誠身之兩言矣。此下則又原人之所以當誠之故，而並詳立誠之事也。〇《蒙引》：「誠者天之道」二句，是相承之言，非相對之言也。〇此箇「誠」字，即前所謂「所以行之者一」也。故此當以三達德、五達道爲主意。如聖人，則自然三達德無一之不實，而能行此五達道，乃生知安行之謂，正所謂則亦天之道也。其誠之者之擇善，即學知困知也。固執，即利行勉行也。〇《淺說》：然其所以必先立乎誠者何也？盍亦反其本而觀之。蓋此理之在人真實無妄，所謂誠也，是誠者乃天道之本然也。然天理雖無不誠，而人心容有不誠，於此而欲其真實無妄，以復其本然之初，所謂誠之者也，是誠之者乃人道之當然也。然是誠者雖以天道言，而求諸其人，則不待勉强而於道無不中，不待思索而於道無不得，從容自然而所知所行皆中乎道焉，此聖人之德也。聖人本無不誠，則亦天之道也。若夫誠之者未能不思而得，則必擇善而後可以明善；未能不勉而中，則必固執而後可以誠身，此則所謂人之道也。

博學之，審問之，慎思之，明辨之，篤行之。

此誠之之目也。學、問、思、辨，所以擇善而爲知，去聲。學而知如字。也。篤行，所以固執而爲仁，利而行也。程子曰：「五者廢其一，非學也。」朱子曰：「五者無先後，有緩急。不可謂博學時未暇審問，審問時未暇謹思，謹思時未暇明辨，明辨時未暇篤行。五者從頭做將去，初無先後也。」○陳氏曰：「擇善，有博學、審問、慎思、明辨工夫，儘用功多。固執，只有篤行一件工夫。是擇善處真能知之，則行處功自易也。」○雙峰饒氏曰：「學必博，然後有以聚天下之見聞，而周知事物之理。問必審，然後有以訂其所學之疑。思必謹，然後有以精研其學問之所得，而自得於心。辨必明，然後有以别其公私、義利、是非、真妄於毫釐、疑似之閒，而不至於差繆。擇善至此，擇之可謂精矣。如是而加以篤行，則日用之閒，由念慮之微，以達於事爲之著，必能去利而就義，取是而舍非，不使一毫人欲之私，得以奪乎天理之正，而凡學問思辨之所得者，皆有以踐其實矣。所執如此，其固爲何如？此學知利行，以求至於誠者之事也。」○項氏曰：「學而又問，則取於人者詳。思而又辨，則求於心者精。如是而後，可以行矣。」《通考》東陽許氏曰：「博學是總説一句在上面。蓋爲學規模不廣，安能知道？此是總言爲學之意。至於一事一物言之，則亦須廣求遠取，以反覆其理如是，然後有可問者。問、思以下，却是逐一事一節理會。問須是詳審，使答者辭盡意暢。既問而行之矣，又思之，使自得於心可也。思則必慎，思之不及，非慎也；思之過，非慎也；思之泛，非慎也；思之鑿，非慎也。思既得之，又加辨析，使明徹無纖毫凝滯，然後措之行事而篤焉，是皆積累工夫，自常人而誠之，欲至於至誠，非文理密察，工夫積習，安能攀緣而上？」附《蒙引》：註「此誠之之目也」，誠之之目，只是學、問、思、辨及篤行而已。下文有弗學一條，亦同是學、問、思、辨及篤行也。學、問、思、辨，所以擇善而爲知，學而知也。篤行所以固執而爲仁，利而行也。下文困而知者，亦所以擇善而爲知也。下文勉而行者，亦所以固執而爲仁也。故誠之之目，雖解在此條之下，而意實該到下條也。○《淺説》：然是誠之之事，其目有五。而誠之之人，其等有二。以學知利行者言之，天下之理無窮，必博而學之，以備事物之理，學之博，然後有可問也。必審而問之，以求師友之益，既問矣，然後有可思也。必慎而思之，以致其精，既思矣，然後有可辨也。必明而辨之，以極其當，既辨矣，然後可以見於行。必篤而行之，使凡學問思辨而得之者，皆踐其實，而不爲空言焉。

有弗學，學之弗能弗措也；有弗問，問之弗知弗措也；有弗思，思之弗得弗措也；有弗辨，辨之弗明弗措也；有弗行，行之弗篤弗措也。人一能之己百之，人十能之己千之。

君子之學，不爲則已，爲則必要平聲。**其成，故常百倍其功。此困而知，勉而行者也，勇之事也。**朱子曰：「此一段，是因上面『博學之』五句反説起。如云不學則已，學之弗能而定不休。如云有不戰，戰必勝矣之類也。」○陳氏曰：「學問思辨，智之事。篤行，仁之事。弗措，勇之事。」○雙峰饒氏曰：「達道有五：知此者曰知，行此者曰仁，勉於此者曰勇，實知實行而實勉者曰誠。博學，審問，慎思，明辨，以擇乎善，所以求實知也。篤行以固執之，所以求實行也。五弗措，所以求實勉之也。知之實，行之實，勉之實，則達德之實體立，而達道之實用行矣。」《通考》史氏伯璿曰：「按，《章句》釋此節之意，曰『君子之學，不爲則已，爲則必要其成』。然則『不爲則已』一句，説『有弗學』意。爲字，説學之意。『則必要其成』五字，説『弗能弗措也』之意。推此以例其餘，則當以學、問、思、辨、行上五字句絶，五『之』字著讀，五『也』句絶。」附《蒙引》：或説「人」字指學知利行者言，看來亦是。蓋除却生知安行者，不在所比方也。人一能之，十能之，但曰一曰十，便是經用工夫者矣。○《存疑》：不及三近者，好學、力行、知恥，亦不外學、問、思、辨、篤行，人一己百之功也。○《淺説》：以困知勉行者言之，有弗學則已，學之必求其能，弗能弗措也；有弗問則已，問之必求其得，弗得弗措也；有弗思則已，思之必求其得，弗得弗措也；有弗辨則已，辨之必求其明，弗明弗措也；有弗行則已，行之必求其篤，弗篤弗措也。於是五者之功，在學知利行者，以一能之，己則倍其功於百焉；在學知利行者，以十能之，己則倍其功於千焉。

果能此道矣，雖愚必明，雖柔必强。

明者，擇善之功。强者，固執之效。朱子曰：「雖愚必明，是致知之效。雖柔必强，是力行之效。」〇新安陳氏曰：「自『人一能之』以下，乃子思子喫緊爲氣質昏弱者言。『果能此道』一句尤警策，只恐不能不倍其功耳。若真能於此五者，下百倍於人之功，則學力之至到，決可變化氣質之昏弱矣。子思子豈欺我哉！」呂氏曰：「君子所以學者，爲去聲。能變化氣質而已。德勝氣質，則愚者可進於明，柔者可進於强。不能勝之，則雖有志於學，亦愚不能明，柔不能立而已矣。蓋均善而無惡者，性也，人所同也；昏明强弱之稟不齊者，才也，人所異也。誠之者，所以反其同而變其異也。夫音扶。以不美之質，求變而美，非百倍其功，不足以致之。今以鹵音魯。莽莫古、莫後二反。滅裂之學，《莊子·則陽》篇：「君爲政焉，勿鹵莽。治民焉，勿滅裂。昔予爲禾，耕而鹵莽之，則其實亦鹵莽而報予。芸而滅裂之，其實亦滅裂而報予。」鹵莽，不用心也。滅裂，輕薄也。或作或輟，以變其不美之質，及不能變，則曰天質不美，非學所能變。是果於自棄，其爲不仁甚矣。」新安陳氏曰：「成己，仁也。進學不勇，卒也不能成己，是自棄其身於不肖之歸，非不仁而何！」〇朱子曰：「某年十五六時，見呂與叔解得此段痛快，讀之未嘗不竦然警厲奮發。人若有向學之志，須是如此做工夫方得。」〇雲峰胡氏曰：「前曰鮮能，曰不可能，此能百倍其功，則果能此道矣。雖愚必明，亦可謂知矣，充之而義精可也。雖柔必强，亦可謂仁矣，充之而仁熟可也。以此見得中庸非不可能，能之者在乎人，人之所以能之者在乎勇。」《通考》程氏復心曰：「第六節，言誠之之目，以擇善言學問思辨，學知所以爲知。以固執言篤行之，利行所以爲仁。以愚柔擇執言弗措，己百己千，困知勉行所以爲勇。此當一部《大學》。」〇朱氏公遷曰：「此因氣質不同，主乎學力而言之。困而不學，民斯爲下者，使學者知所戒言，必明必强。知之成功而一者，使學者知所勉。」附《蒙引》：「此道」二字，兼學知利行、困知勉行，不專承困知勉行者。故下註云「明者，擇善之功；强者，固執之效」。〇《淺説》：夫學、問、思、辨四者，乃學知困知者之所以擇夫善也。而篤行也者，則利行勉行者之所以固執夫善也。學者果能盡此擇善之道，則一真內融，萬境俱徹，雖愚也必變而爲明，與不思而得者同歸矣。況未至於愚者乎！果能盡此固執之道，則一德自樹，百私退聽，雖柔也必變而爲强，與不勉而中者一轍矣。況未至於柔者乎！明即智，强即仁，而勇在其中矣。所謂「及其知之成功一也」，學之有益於人如此，欲爲天下國家者，可不務此以立爲政之本乎！

右第二十章。此引孔子之言，以繼大舜、文、武、周公之緒，明其所傳之一致，舉而措之，亦猶是爾。陳氏曰：「此說孔子能盡中庸之道，子思引此以明道統之傳也。」○雲峰胡氏曰：「上章所述文、武、周公，皆是舉而措之之事。此引孔子之言，謂所傳一致，使得舉而措之，則亦猶是耳。至第三十章曰『仲尼祖述堯舜，憲章文武』，則愈可見其所傳之一致焉。」○新安陳氏曰：「《論語·堯曰》篇歷敘堯、舜、禹、湯、武王之事，而以孔子答子張問政繼之。子思此章，正此意也。」蓋包費隱，兼小大，以終十二章之意。或問：「《章句》第十六章『兼費隱，包大小而言』，至此則曰『包費隱，兼小大』，何也？」雲峰胡氏曰：「十六章則兼費隱而言，不言小大，而包小大於其中。此章則兼小大而言，不言費隱，而包費隱在其中。兼字、包字各有攸當也。」《通考》東陽許氏曰：「此章達道、達德、九經、凡事，前皆一一言之，是其小者；後專言誠，是其大者。故曰兼小大而隱固在其中。至於誠一節，全以理言，豈非隱者？然聖人天道，學者人道，又豈駕虛言而遺事？故曰包費隱，是小大之中包費隱也。諸章皆費隱中有小大，故兩章費隱字，皆在上十六章。『鬼神』先言大者，後言小者，故曰大小。此章先言衆目，後言誠，故曰小大。」○史氏伯璿曰：「胡氏之說似乎得之，但語焉不詳，猶未知其細。辯兼包之義，至曰此章不言費隱，則似乎有礙。此章不言隱耳，未嘗不言費也。愚則以爲兼則二義並列一章之中，而不可紊。包則一章總該二者之義，而不可分。蓋兼有限，包無窮。兼是本章所自有，包非本章所有，亦不但《中庸》一書所有，是凡天地閒道理，此章無所不包。雖《中庸》中所言不過亦是天地閒道理，亦在其中爾。且以兼之一字言之，則各章但言費而隱在其中，不可以兼費隱言也。前三章言小則不言大，後三章言大則不言小，亦不可以兼小大言也。惟十六章言鬼神之事，以『不見不聞』與『體物如在』二者並列於一章之中，則不見不聞正是隱，體物如在正是費。故謂此章兼費隱也。二十章以文武之政，治天下國家之九經，與脩身、事親、知人、三知、三行、三近，擇善、固執等事，並列於一章之中，則政與九經正是大，脩身事親等事正是小。故謂此章兼小大也。此二者皆本章自有其義，則所指固有限矣。若以包之一字言之，則十六章只是體物之一言，可以包大小。二十章只誠之一字，可以包費隱。蓋十六章説鬼神之費處，不外乎體物之一言，而體物之一言，則於費之大小可以總該之矣。陳定宇所謂體物不遺，總而言之，所該甚大。即一物言之，亦鬼神爲之體，玆非小歟！其言可謂至明白矣。非體物一言可以包大小之謂乎！二十章答問政之言，雖非一事，然皆不外乎誠之一言，觀於達道、達德、九經皆言『所以行之者一』與章末『語誠始詳』之意可見。則誠之一言於道之體隱用費，可以總該之矣。參以《或問》論誠爲此篇之樞紐處，有曰『費而隱者，實理之用廣而體微也』，此言可謂簡而明矣。非誠之一字可以包費隱之謂乎！此二者皆是包涵天地閒道理，非一章一書所自有者，則其所包無窮可知矣。蓋費隱大小，是天地閒道之體用，特聖賢於《中庸》言之耳，豈《中庸》所得專哉！然則雖本章所兼有者，不過亦是天地閒之道，亦在無所不包之中。況其所謂包者，又豈可但就一章一書求之，而不知其爲包涵天地閒無窮之理乎！」附《蒙引》：《章句》於鬼神章則曰「兼費隱，包大小」，於此章則曰「包費隱，兼小大」，何與？曰：「包者，不明言，但意所包含也。兼者，其所明言者也。故不見不聞，隱也。體物如在，則費矣。此明言也，未嘗兼小大而言，而小大則皆在其中。此章自脩身以至於懷諸侯，自生知安行以至於困知勉行，大小亦皆兼言並舉矣。而費之與隱，則皆不出乎所言小大之中也。」〇《存疑》：此章自人存政舉後，當分三節看。自「爲政在人，取人以身」至「知斯三者，則知所以脩身」爲一節，是説脩身事。「凡爲天下國家有九經」至「所以行之者一也」爲一節，是説治人事。自「凡事豫則立」至「雖柔必强」爲一節，又是説脩身事。總之，是人存政舉一意反覆推説。自脩身中細分，又有三層意。蓋脩身不外以知、仁、勇行五達道而已。自「脩身以仁」推而至於「知天」之「知」，有其意矣，未言其實也。自「天下之達道五」至「知斯三者，則知所以脩身」，言其實矣，未盡其詳也。「凡事豫」以下至末，始盡其詳。○《蒙引》：哀公問政意，止在正人。孔子之答，則重在所以能正人者。章内語誠始詳，而所謂誠者，實此篇之樞紐女九反。也。如户之有樞，如衣之有紐。○黄氏曰：「《中庸》著一誠字鎖盡。」○格庵趙氏曰：「《中庸》一篇，無非説誠。自篇首至十六章，始露出誠字。然專説鬼神，是以天道言。至此章説許多事，末乃説誠身工夫，乃是人道。自此以下數章，分説天道、人道，極爲詳悉。」《通考》東陽許氏曰：「誠者，此篇樞紐。今以此言，觀一篇皆誠也。言天之實理固誠也，言天之實德亦誠也，言人之欲實之者亦誠也。天命者，以實理賦於人物也。性者，人物得天之實理。道者，循此實理也。教者，品節此實理也。戒懼，存此實理。慎獨，行此實理也。未發之中，實理之體。中節之和，實理之行。中和，實理之感。而位育，實理之應也。中庸，誠之至也。大舜，誠也。顔淵，誠之者也。强矯，誠之者當如是也。孔子依乎中庸，亦誠者也。道之費而隱，誠之盈乎天地者也。費之小大，皆誠之所生也。言鬼神，見幽顯之皆誠也。仁者，天地生物之誠，而人得以生之誠也。脩道以仁者，體此誠也。親親尊賢，誠之施也。殺等之禮，誠自然之節也。達道、達德、九經，皆以誠行之也。豫與前定，先立乎誠也。自治民推至乎明善，皆在誠乎身也。自『誠者』以下，明言誠，又以實夫達德。二十一章至二十六章，皆明言誠。二十七章洋洋優優，皆誠之著也。尊德性以下五事，又言誠之之方也。二十八章爲下不倍，二十九章爲上不驕，亦誠之之事。三十章至三十二章，皆誠者也。末章歷序誠之以至於至誠，復言天道之誠終焉，又細而推之，何一語非誠也！」黄四如曰：「此下諸章，反覆誠之之義，而貫命、性、道、教、中和、費隱之妙。」又按，《孔子家語》亦載此章，而其文尤詳。

「成功一也」之下，有「公曰：子之言美矣，至矣，寡人實固，不足以成之也」，故其下復以「子曰」起答辭。今無此問辭，而猶有「子曰」二字，蓋子思删其繁文以附於篇，而所删有不盡者，今當爲衍文也。「博學之」以下，《家語》無之，意彼有闕文，抑此或子思所補也歟？

《家語》：哀公問政於孔子。孔子對曰：「文武之政云云，其人亡則其政息。天道敏生，人道敏政，地道敏樹。夫政也者，猶蒲盧也。待化以成，故爲政在於得人，取人以身，脩身以道，脩道以仁云云，親親之殺，尊賢之等，禮所以生也。禮者，政之本也，是以君子不可以不脩身云云，及其成功，一也。」公曰：「子之言美矣至矣，寡人實固，不足以成之也。」孔子曰：「好學近乎知云云，知所以治人，則能成天下國家者矣。」公曰：「政其盡此而已乎？」孔子曰：「凡爲天下國家有九經云云，懷諸侯則天下畏之。」公曰：「爲之奈何？」孔子曰：「齊明盛服云云，爵其能，重其禄，同其好惡，所以篤親親也云云，從容中道，聖人之所以定體也。誠之者，擇善而固執之者也。」公曰：「子之教寡人備矣。敢問行之所始。」孔子曰：「立愛自親始，教民睦也。立敬自長始，教民順也。教之慈睦，而民貴有親。教以敬，而民貴用命。民既孝於親，又順以聽命，措諸天下無所不可。」公曰：「寡人既聞此言也，懼不能果行而獲罪咎。」○朱子曰：「前輩多是逐段解去。某初讀時，只覺首段合與次段首意相接，如云『政也者，蒲盧也。故爲政在人，取人以身，脩身以道，脩道以仁』，便説『仁者人也，親親爲大。義者宜也，尊賢爲大』，都接續説去。又思脩身段後便繼以『天下之達道五』，『知此三者』段後便繼以『爲天下國家有九經』，亦似相接續，自此推去，疑只是一章。後續《家語》，方知是孔子一時間所説，乃是本來一段也。」《通考》史氏伯璿曰：「哀公問政者，問治人之事也。夫子答以人存政舉，以至於不可不知天。凡五節，皆所以明治人之本在於脩身也。下文自天下達道五至三近三節，詳言脩身之道。脩身之道盡，則治人之本立矣。知斯三者一節，是結上起下之過接處。下文九經四節是詳言治人之事，即哀公所問之政也。凡此以上，皆爲人君言之耳。然治人之事，非人君一己所可自爲也，必在於取得其人而共治焉可也。凡事豫則立一節，又是結上起下之過接處。下文在下位一節，説人臣欲輔上以治人者，其本亦在於脩身而已。明善誠身，則身脩而有可以獲上之實矣。下之所以獲上者，在是，則君之所以取人者亦在是。此一節終章首『爲政在人，取人以身』之意，至此始露出誠身。一誠字，則知上文數節所謂一，所謂豫，所謂前定，皆是指此而言耳。如此則爲人君，爲人臣，凡有爲政治人之任者，皆當以脩身爲本，而脩身皆當以誠爲要也。故下節遂言誠與誠之者，以見誠有二者之分。誠者則無工夫，誠之者則有工夫。章末三節，正是誠之者之工夫。凡欲脩身以爲治人之本者，皆當如此用力，是固通君臣上下而言也。」

自誠明，謂之性；自明誠，謂之教。誠則明矣，明則誠矣。

自，由也。德無不實而明無不照者，聖人之德。所性而有者也，如孟子謂「堯舜性之」之性。《通考》東陽許氏曰：「《章句》『德無不實』，德字，説誠字。聖人之德，兼誠明。」天道也。先明乎善而後能實其善者，賢人之學。由教而入者也，人道也。朱子曰：「此性字是性之也，此教字是學知也。與首章天命謂性、脩道謂教二字義不同。」○葉氏曰：「聖人全體無一不實，而明睿所照無一不盡，此自誠而明也。學者先明乎善，無不精察，故踐履之際始無不實，此自明而誠也。謂之性者，全於天之賦予。謂之教者，成於己之學習。」○雙峰饒氏曰：「自誠明謂之性，指誠者而言。自明誠謂之教，指誠之者而言。」附《蒙引》：非謂自誠而明，自明而誠也。張子曰「由太虛，有天之名。由氣化，有道之名」即此義也。誠則無不明矣，明則可以至於誠矣。朱子曰：「自誠明謂之性，誠實然之理，此堯舜以上事。學者則自明誠謂之教，明此性而求實然之理。」○以誠而論明，則誠明合而爲一。以明而論誠，則誠明分而爲二。○陳氏曰：「下二句結上意。『可以至於誠』，可以是做工夫處。」○三山陳氏曰：「自誠明者，由其內全所得之實理，以照事物。如天開日明，自然無蔽，此性之所以名，天之道也。自明誠者，由窮理致知去其私欲，以復全其所得之實理，必由學而能，此教之所以立，人之道也。自誠明者，誠即明也，非曰誠而後至於明。自明誠者，尚須由明而後至於誠。雖然，及其成功，一也。」○勿軒熊氏曰：「首章言性、道、教。道之一字，前章備言，此但言性與教。誠明謂之性，生知安行之事，先仁而後知。明誠謂之教，學知利行之事，先知而後仁。」○雲峰胡氏曰：「此性即天命之性，但天命之性，人物所同，此則性之者也，聖人所獨。此教即脩道之教，但教是聖人事，此則由教而入，學者事也。」《通考》東陽許氏曰：「第二誠字帶用功意，言之尚淺。下言明則誠矣，此誠則與誠明之誠同入聖而非賢矣。四明字不同，第三箇明字與第一箇明字同，第四箇明字與第二箇同，則字亦不同。誠則明矣，猶言誠便明矣，此則字意緊。明則誠矣，言能明理，亦可至於誠，此則字意慢。」○黄氏洵饒曰：「首章言謂者，直謂之也。謂之者，名之也，稍緩。」○性即首章之性，惟聖人全其天命之性，故曰所性而有。教即首章之教，惟賢人由脩道之教而入，故曰由教而入。○此明字與雖愚必明，皆就心上説。

右第二十一章。子思承上章夫子天道、人道之意而立言也。朱子曰：「《中庸》言天道處，皆自然無節次，言人道處，皆有下工夫節次。」○陳氏曰：「此章兼天道、人道而言。」自此以下十二章，皆子思之言，以反覆推明此章之意。雙峰饒氏曰：「此章大意是繳上章言。誠者天之道，誠之者人之道，一向分兩路説去，則天人爲二也。到此章方合説，誠則明矣，明則誠矣，指人道可至於天道，合天人而一之也。下章至誠盡性章言天道，致曲章言人道，而末合之曰『唯天下至誠爲能化』。此下又分別天道人道。」《通考》朱氏公遷曰：「誠以心言，兼言聖人、學者之事也。餘如反身而誠與强恕而行相對，亦入德、成德之不同也。但誠明謂性，誠者天道，則專爲聖人事。反身而誠，則通爲聖人與大賢以上事。在下位不獲上，説從人事上來。萬物皆備於我，説從天理上來。誠之者，知行兼備者也。明誠謂教，先知後行，而知爲本也。思誠强恕，則致知以後行之事也。平居之日，講求踐履，以實其實，是曰誠之。行事之際，加之慎獨，以審實與不實之幾，是曰思誠。」〇東陽許氏曰：「此章以後誠字，皆是指心言。惟二十五章首兩誠字，以理言。」〇黄氏洵饒曰：「此章爲第三支，其下十二章爲節解。」〇程氏復心曰：「此章性字是性之也，此教字是學知也。此二字却是轉一轉説，與首章『天命之謂性，脩道之謂教』二字義不同。」

唯天下至誠，爲能盡其性。能盡其性，則能盡人之性。能盡人之性，則能盡物之性。能盡物之性，則可以贊天地之化育。可以贊天地之化育，則可以與天地參矣。

天下至誠，謂聖人之德之實，天下莫能加也。朱子曰：「至誠之至，乃極至之至，如至道至德之比。」〇葉氏曰：「至誠者，蓋聖人之全德，無一之不實，極其至之謂。舉天下無以加，亘古今莫能及者也。」盡其性者，德無不實，故無人欲之私，而天命之在我者，察之由之，巨細精粗，無毫髮之不盡也。新安陳氏曰：「《章句》又推本天命謂性一句，而言天命之在我者，即天理之賦予於我而爲性者是也。察之，謂生知。由之，謂安行。乃借孟子所謂舜『察於人倫，由仁義行』之察、由二字用之，謂知之與行之，皆無不盡也。」人物之性，亦我之性，但以所賦形氣不同而有異耳。能盡之者，謂知之無不明，而處上聲。之無不當去聲。也。贊，猶助也。與天地參，謂與天地並立而爲三也。此自誠而明者之事也。問盡性即孟子盡心否。朱子曰：「盡心是就知上説，盡性是就行上説。能盡得真實本然之全體，是盡性。能盡得虚靈知覺之妙用，是盡心。盡性、盡心之盡，不是做工夫之謂盡。言上面工夫已至，至此方盡得耳。」〇盡己之性，如在君臣則義，在父子則親之類。盡人之性，如黎民於變時雍。盡物之性，如鳥獸魚鱉咸若。〇性只一般，人物氣稟不同。人雖稟得氣濁，本善之性終在，有可開通之理。是以聖人有教化去開通他，使復其善。物稟氣偏，無道理使開通，只是處之各當其理，且隨他所明處使之，他所明處，亦只是這箇善。聖人便用他善底，如馬悍者，用鞭策方乘得，此亦教化，是隨他天理流行發見處使之也。○贊天地之化育，人在天地閒，雖只是一理，然天人所爲，各自有分。人做得底，却有天做不得底。如天能生物，而耕必用人；水能潤物，而灌必用人；火能熯物，而爨必用人。財成輔相皆人，非贊而何！○陳氏曰：「此乃有德有位之聖人之事，惟堯舜足以當之。」○雙峰饒氏曰：「此與首章一般。至誠盡性，便是致中和。贊化育，便是天地位，萬物育。」○問：「盡己之性，可以兼知行言。盡人物之性，恐只是主知而言。且如人物之性，我如何行得他底？」曰：「盡其性者，是知之、行之無不盡之云也。盡人物之性者，知之無不明，處之無不當之云也。如新民、止於至善相似，不是民之自新止於至善，乃是新之止於至善。」問：「如何盡人之性？」曰：「如教以人倫，使之父子有親，君臣有義之類，皆是。」問：「如何盡物之性？」曰：「如仲冬斬陽木，仲夏斬陰木；獺祭魚，然後漁人入澤梁；豺祭獸，然後田獵之類，皆是也。」○雲峰胡氏曰：「天命之性，本真實而無妄。故聖人之心，真實無妄之至。始於本然之性爲能盡耳，非有所加也。盡兼知行而言，察之無不盡，故於人物之性知之無不明。由之無不盡，故於人物處之無不當。人物之性，亦我之性。聖人之盡之，亦非有加也。天地能賦人物以性，不能使人物各盡其性。聖人能盡之，則可以贊天地之化育，而可以與天地參而爲三矣。」○東陽許氏曰：「兩章性字不同。前如孟子『性之』之性，是帶用說。此乃指性之體而言。」《通考》黄氏洵饒曰：「能盡其性，謂固有。則能盡人之性云云，此言自然之功用。只是一理，而天人所爲，則各有限制其所以然。」○參天地，贊化育，即天地位，萬物育，但彼自學問之極功做到聖人之能事，此則聖人自然而然者，盡人盡物之性皆是參贊，說尤深。如《易》所謂「彌綸天地之道，輔相天地之宜」。○察之，知之至。由之，行之盡。知之無不明，而處之無不當，此二句兼人物說。○孟子盡心、知性、窮理之事專就知言，此兼知行言。附《蒙引》：「惟天下至誠」五字，是提聖人名號。○《存疑》：「惟天下至誠爲能盡其性」，言獨這樣人，能做這樣事也。不是說至誠了方能盡性。○可以，當云有以，能盡人物之性，這便是有以贊化育了，不是從此方可去贊化育。○《語類》：聖人贊天地之化育，蓋天下事有不恰好處，被聖人做得都好。丹朱不肖，堯則以天下與人。洪水汎濫，舜尋得禹而民得安。桀紂暴虐，湯武起而誅之。

右第二十二章。言天道也。或疑此章以後言天道人道，間見迭出。潛室陳氏曰：「道理縱横，説之無盡，如何立定樣範？只合逐章體認，纔不費力處便是天道，著力處便是人道。」《通考》史氏伯璿曰：「此章以誠者之仁，發明天道。」

其次致曲，曲能有誠，誠則形，形則著，著則明，明則動，動則變，變則化，唯天下至誠爲能化。

其次，通大賢以下凡誠有未至者而言也。致，推致也。曲，一偏也。形者，積中而發外。形見。著，則又加顯矣。明，則又有光輝發越之盛也。動者，誠能動物。變者，物從而變。化，則有不知其所以然者。朱子曰：「動是方感動他，變則已改其舊俗，然尚有痕迹在，化則都消化了，無復痕迹矣。」○孟子明則動矣，未變也。顔子動則變矣，未化也。○北溪陳氏曰：「自形著至變化，以致曲之效言。」○新安陳氏曰：「形、著、明，相似而有漸，皆誠之全體呈露於大用者也。形、著、明是一類，動、變、化是一類。明者，形著之盛。化者，動變之妙。」《通考》黄氏洵饒曰：「誠則明見在外，著則明見在外。致曲即孟子擴充之意。致曲，由明入誠，工夫在知行之間，物格知至之後。致曲與固執並行，不致曲，則執德不弘，不固執，則信道不篤。變者，化之漸。化者，變之成。致曲與致知不同。『動者，誠能動物』，如信友獲親之類。」蓋人之性無不同，而氣則有異。故惟聖人能舉其性之全體而盡之。其次則必自其善端發見形甸反。之偏，而悉推致之以各造七到反。其極也。新安陳氏曰：「當看悉字、各字。悉是一一推致，各是各要造極。」《通考》史氏伯璿曰：「蓋人之氣質不同，德性之發見有厚薄。發見之厚處，便是一偏之曲。致者，推而極之之謂，謂以此一偏發見之厚處而推其餘，悉使之一一如此一偏之厚，所謂各造其極也。」曲無不致，則德無不實，新安陳氏曰：「解『曲能有誠』一句，承致曲而言。曲無往而不致，則德無往而不實，偏曲者皆貫通乎全體矣。」而形、著、動、變之功自

不能已。積而至於能化，則其至誠之妙，亦不異於聖人矣。程子曰：「其次致曲者，學而後知之也。而其成也，與生而知之者不異焉。故君子莫大於學，莫害於畫，莫病於自足，莫罪於自棄。學而不止，此湯武所以聖也。」○朱子曰：「至誠盡性，則全體著見。次於此者，未免爲氣質所陷。只如人氣質温厚，其發見多是仁。氣質剛毅，其發見多是義。隨其善端發見，便就上推致，以造其極，非是止就其發見一處推致之也。如充無欲害人之心，而仁不可勝用。充無穿窬之心，而義不可勝用。此正是致曲處。如從惻隱處發，便就此發見處推致其極，從羞惡處發亦然。孟子謂擴充其四端是也。」雲峰胡氏曰：「曰端，則於其發之初即推之。曰曲，則於其發之偏悉推之也。」○曲不是全體，只是一偏之善。就一偏之善能一一推之，以致乎其極，則能貫通乎全體矣。○問：「曲能有誠，若屬上句，則曲是能有誠。若屬下句，則曲若能有誠。二意不知孰爲穩當？」曰：「曲也是能有誠，但不若屬下句意。」○問：「顏、曾以下，皆是致曲？」曰：「顏子體段已具，曾子却是致曲。一一推之，至答一貫之時，則渾全矣。」○王氏曰：「孟子曰：『至誠未有不動者，不誠未有能動者也。』蓋發明子思意也。動則變，使之改不善而從善也。變則化，使之遷善遠罪而不知爲之者也。變則改易之迹顯，化則陶染之功深。能化雖與至誠相似，然至誠之化，無待乎明而動，動而變，變而後化也。故立之斯立，道之斯行，綏之斯來，動之斯和，唯夫子能之。」○新安陳氏曰：「唯天下至誠，與上章五字同。然上章是聖人之至誠，此章是大賢致曲有誠之極，亦同乎聖人之至誠，所謂及其成功一也。故亦與聖人並稱至誠歟。」○東陽許氏曰：「此章重明，自明而誠之意。誠以下皆言效驗。形、著、明，就己上說。動、變、化，就物上說。」又曰：「三誠字，曲能有誠，一曲之誠也；誠則形，積衆曲之誠也；至誠，則與聖人之誠同。」附《蒙引》：誠者，性之全體也。曲者，善端發見之偏處，是一偏之誠也。「曲能有誠」，則自一偏之誠，充之至於全體皆誠也。形者，誠之形。著者，誠之著。明者，誠之明。故「動則變」註曰「誠能動物」，非只是明動物也。○曲能有誠，只可謂之誠，未可謂之至誠。至於能化，則亦至誠矣。或曰：「如此，則聖人之至誠，乃有待於外耶？」曰：「非也。曲能有誠之後，豈容便無工夫耶？

聖人之德日新月盛，自不容已，而物之化隨之。未至於聖，則精義利用，交養互發之機，自不能已。至於聖，則不顯亦臨，無射亦保，又豈有間斷停歇時耶？故下文乃曰至誠之妙。妙非指化字而言，乃曲能有誠者之所進也。蓋其德至於神化，方致物之化也。不然，内面無根本以植其生意，外面又安得有許多光彩？」○謂就能化上見得至誠之妙則可，謂能化正是至誠之妙則不可。謂能化正是至誠之妙，則是其化不異於聖人，不是謂其至誠不異於聖人也。○《存疑》：致曲工夫，要不外乎擇善固執。○《淺説》：曲，一偏也。天命之性渾然全體，無所偏倚，不可以言曲。及其感於物，則其中之仁義禮智，隨感而應，先後互發。如遇可哀，則仁發而爲惻隱，遇可憎，則義發而爲羞惡，隨事隨物，用一而未及其三，以其偏於一端，故謂之曲也。雖聖人全體皆誠，而所發亦只是曲也。但聖人之曲，無待於致耳。○講形、著、動、變、化，俱要見誠字。蓋非誠之驗，乃誠乎而自不能已者也。○《語類》：曲能有誠，有誠則不曲矣。蓋誠者，圓成無欠闕者也。

右第二十三章。言人道也。《通考》史氏伯璿曰：「此章以誠之者之仁，發明人道也。」○朱氏公遷曰：「誠以心言，學以至於聖人之事也。誠意，即致曲之功，即誠之爲貴之意，此入德之事也。自慊，即曲能有誠之謂，即『成己仁也』之云，此成德之事也。心廣則自然體胖，成己則自然成物，誠形著明則自然有動變化之理，此成德之效驗，又不期然而然也。但至誠能化，是聖人事。心廣體胖，與時措之宜，是通爲聖人與大賢以上事。其效驗不同又如此云。」

至誠之道，可以前知。國家將興，必有禎祥。國家將亡，必有妖孽。見乎蓍龜，動乎四體。禍福將至：善，必先知之；不善，必先知之。故至誠如神。見，音現。

禎祥者，福之兆。妖孽者，禍之萌。妖，亦作祅。孽，魚列反。《説文》作蠥，云衣服、歌謡、草木之怪謂之妖，禽獸、蟲蝗之怪謂之蠥。○兆朕萌芽，皆幾之先見者。蓍，所以筮。龜，所以卜。《通考》趙氏悳曰：「《周禮》：『簭人掌三《易》，以辨九簭之名。凡國之大事，先簭而後卜。』疏：筮始伏羲，成於巫咸。卜，未聞其人。《大戴禮》：天子蓍長九尺，諸侯七尺，大夫五尺，士三尺。鄭氏云：天子、諸侯、大夫之蓍，筮者立，卦者坐。士之蓍短，筮者、卦者皆坐，卦者坐左，卒筮，卦者始畫爻於地。卒書於版，以示主人。畫爻以木，少牢所謂畫以木，卦以版是也。《周禮》：大卜、卜師、龜人、箠氏、占人凡五職，皆掌龜卜之事。〔箠，音膸，荆也。〕《周禮》：龜人掌六龜之屬，其名六。《爾雅》：龜之名十。《龜策傳》：龜之名八。《逸禮》：天子龜尺二寸，諸侯八寸，禮家不寶藏龜。《儀禮》：大夫、士祭，筮而已。則大夫無守龜。臧文仲居蔡，以其不當僭龜也。凡龜皆有文在腹下，以火灼之，觀其墨兆。春灼後左，夏灼前左，秋灼前右，冬灼後右。《周禮》：『箠氏掌共燋契，以待卜事，凡卜，以明火爇燋，遂歛其焌契，以授卜師。』楊火以作龜，致其墨。燋，炬也。契，灼龜之木也，謂之焞，亦謂之楚焞，楚荆，箠之類也。焌，讀如戈鐏之鐏。卜有繫帛，卒卜，以帛書其名，繫之於龜，歲終，計其占之中否。國有大事，則先筮，而後卜；小事，則卜筮不相襲。蓍、龜皆有櫝，龜櫝以木，蓍櫝以革。筮之法猶存，而龜卜之法則後世無傳矣。」**四體，謂動作威儀之閒，如執玉高卑，其容俯仰之類。**《左傳》定公十四年，邾隱公來朝。邾子執玉高，其容仰。公受玉卑，其容俯。子貢曰：「以禮觀之，二君皆有死亡焉。」是年定公薨。哀公七年，魯伐邾，以邾子益來。**凡此皆理之先見**形甸反。**者也。然唯誠之至極而無一毫私僞留於心目之閒者，乃能有以察其幾**平聲。**焉。神，謂鬼神。**興國本無此四字。○問至誠之道可以前知。朱子曰：「在我無一毫私僞，故常虛明，自能見得。如禎祥妖孽與蓍龜所告，四體所動，皆是此理已形見，但人不能見耳。聖人至誠無私僞，所以自能見得。且如蓍龜所告之吉凶甚明，但非至誠，人却不能見也。」○格菴趙氏曰：「惟誠之至者，無一毫之不實，則萬物兆朕，無不形見。否則已然之事，且不覺悟，尚何能察其幾哉！」○雙峰饒氏曰：「聖人清明在躬，無一毫嗜欲之蔽，故志氣如神，便與明鏡相似，纔有些影來，便知。衆人如昏鏡，所以無所知。」○雲峰胡氏曰：「禎祥者，興之幾。妖孽者，亡之幾。蓍龜四體，莫非善不善之幾，知幾其神，至誠者能之，即周子《通書》所謂無欲故靜虛，靜虛則明，明則通，亦即所謂誠精故明，神應故妙，幾微故幽。誠、神、幾，曰聖人。但《通書》所謂神，以妙用謂之神，此所謂神，以功用謂之鬼神。言誠自第十六章始，彼言誠者，鬼神之所以爲鬼神。此則言聖人之至誠，聖人之所以如鬼神也。此章與第十六章文不相屬，而意實相承云。」○新安陳氏曰：「至誠之道，可先事之未然，而知其幾，蓋亦誠之明處。誠無不極，而明無不照也。祥、孽皆是幾，或見蓍龜，或動四體，善不善必先知之。至誠之人先知之也，能知幾如神明，蓋以理知之，非如術數揣測之知也。」○東陽許氏曰：「至誠前知，亦必於動處見。所謂幾者動之微，吉凶之先見者也。聖人知來者如此，非有異也，故爲中庸。」又曰：「此言聖人盡己及物之性，不惟臨事動合於天，其於事未形，亦如鬼神之豫知，以明至誠者之一端。然其所以知之，却又只就禎祥妖孽，或於卜筮四體上見。此亦是中庸也，非有妖怪。」又曰：「禎者，貞也，貞正也。人有善，天以符瑞正告之。祥之爲言詳也，天欲降以禍福，先以吉凶之兆，詳審告悟之，則祥字兼禍福言之。經中禎祥與妖孽對，祥專指善者。妖孽，《説文》：『衣服、歌謠之怪謂之妖，禽獸、蟲煌之怪謂之蠥。』又：「草木謂之妖。」又曰：「災祥明著，卜筮繇兆明白者，人亦能知之。但迹須如此，幾乃如彼。祥或作凶妖，或吉兆者，其理非至誠莫能知。蓋善中亦有禍福之應，不善中亦有禍福之應。如此看，則與上句不相礙，尤見至誠之如神。」《通考》黄氏洵饒曰：「至誠之道，可以前知，静而能慮也。前知即先覺，至誠如神，是與鬼神合吉凶。《易》曰知幾其神。」**附**《蒙引》：不可以至誠爲德無不實，前知爲明無不照。蓋明無不照者，所照即其所實之理也。前知又專指禍福一端，在「明無不照」正意之外。大抵聖人胸中，全無一物芥蔕，全無一事係累，空空浄浄，如太虚然。故禍福之將至，感於吾心，觸於吾氣，如有萌焉，無不前知也。○四體，四肢也。謂動作威儀之閒，人之威儀動作，全在乎手足，故只曰四。體與身字不同，身一身也，體有百體，手足各二，爲四體耳。其實語言視聽之閒，皆可驗人之吉凶。○註謂私僞不留於心，足矣，乃兼目言者。蓋人之常情，蔽交於前，其中則遷，目與心最相爲用者也。○福之兆，禍之萌，一曰兆，一曰萌，亦互文也。○吴説以禎祥祆孽皆見於蓍龜四體。按，《章句》曰「凡此皆理之先見者也」，「凡此」二字，總包上云云，不見是只承蓍龜四體説。《春秋》常紀災異，安得謂蓍龜四體之外，無禍福之兆也耶？〇禎，貞也，正也，明非妖邪也。麟鳳瑞禾之類，皆天地正氣精英所鍾，故爲禎。〇祥，祥瑞也。然祥與瑞義不同。瑞，信也，符瑞也。祥便是箇瑞，如所謂禎符。〇孔疏曰：「國本有今異曰禎，本無今有曰祥。」何爲本有今異者？何胤云：「國本有雀，今有赤雀來，是禎也。國本無鳳，今有鳳來，是祥也。」〇善謂福也，不善謂禍也。〇《存疑》：「禍福將至」，總承上四句，所謂凡此皆理之先見者。善即是福，不善即是禍。

右第二十四章。言天道也。《通考》史氏伯璿曰：「此章以誠者之知，發明天道也。」〇朱氏公遷曰：「誠自人心而言。至誠如神，是鬼神之神。若所存者神，聖不可測之謂神，則是神妙之神。聖不可測，是專言其德行。所存者神，是兼言其德業。」

誠者自成也，而道自道也。道也之道，音導。

言誠者物之所以自成，而道者人之所當自行也。誠以心言，本也，道以理言，用也。朱子曰：「誠者，是箇自然成就道理，不是人去做作安排底物事。道却是箇無情底道理，却須是人自去行始得。」〇誠者自成也，是孤立懸空説。這一句，蓋有是實理，則有是天。有是實理，則有是地。凡物都是如此，故曰誠者自成。蓋本來自成此物，到得道自道，便是有這道在這裏，人若不自去行便也空了。問：「既説物之所以自成，下文又云誠以心言，莫是心者物之所有主處否？」曰：「誠以心言，是就一物上説，凡物必有是心，有是心然後有是事。」〇誠者自成，如這箇草樹，所以有許多根株枝葉條幹，皆是自實有底。如人便自有耳目鼻口手足百骸，都是你自實有底。道雖是自然底道理，然却須是你自去做始得。〇雲峰胡氏曰：「此誠字，即是天命之性，是物之所以自成。此道字，是率性之道，是人之所當自行。物之所以自成，是全不假人爲。人之所當自行，爲之全在乎人。誠以心言，本也。道以理言，用也。專爲人之所當自行者而言。所以朱子曰：『誠者自成，且是懸空説此一句。』蓋凡天下之物，有此實理，方成此物。若人之所當自行者無此實心，如何能實此理？故《章句》提起心之一字言之。饒氏疑『誠者自成』不必添入一物字，誠即道也，似不必分本與用。殊不知程子曰：『誠者物之終始，猶俗語徹頭徹尾，不誠更有甚物也。』饒氏之病，正坐於便以誠爲己所自成，而欠一物字。愚謂誠有以實理言者，有以實心言者。以實理言，誠即道也，似不必分本與用。以實心言，必實有是心，然後能實有是理。況『誠者物之所以自成』，本下文『誠者物之終始』，泛指物之所以自成言也。『誠以心言』，本下文『不誠無物，君子誠之爲貴』，專指人之有以自成者言也。泛指在物者，則以物之所以自成者爲本，而以人之所當自行者爲用。亦可專指在人者，如下文《章句》所謂『人之心能無不實，乃爲有以自成，而道之在我者，亦無不行矣』。若是，則以心之誠爲本，而道之行爲用，又何疑之有！」《通考》程氏復心曰：「誠是一箇真實混成底物，惟真實，故混成，有虛僞參其閒，便破碎。道者，路也，人之所當自行也。」○東陽許氏曰：「人欲成己，必其心真實無妄，故曰『誠以心言，本也』。有是本，則可以行道，故曰『道以理言，用也』。」○吴氏程曰：「物之所以自成，此言天命之性。人之所當自行，此道。心則具此性者也，故云本。理則循其性者也，故云用。」○「誠者自成也，而道自道也」，此指君子誠之之事也，緊要在「自」字上。此爲己之學也，若非真實無妄，求以自成其己，即是爲人。故《章句》曰「言誠者，物之所以自成」也。道自道也，加一「而」字，即承上文「自」字言之，非是二事，亦不過自道此而已。故《章句》又曰「而道者人之所當自行也」。《章句》既言物之所以自成，又曰誠以心言，心具此實理，故以本言也。實理者，物之所以自成。人亦物也，故下文又以「人之所當自行也」言之，道則自行此實理，故以用言也。○史氏伯璿曰：「性是本，道是用。性是本然之實理，自人言之，則舍心無以見性，故朱子直以心言。此即『誠自成』一句，固兼人物而言，不可專主心說。然『道自道』一句，便是專指人說了，觀《章句》下句變物言人之意可見。人則能自行其道，物豈可以行道責之？觀於下節君子誠之之意又可見。朱子此節章句凡四句。上二句，只順經文解盡經旨。下二句，却專爲指示學者設，則專爲人之所當自行者言。正以見誠就人力上說，是以心言，心主於一身，故爲本。道以理言，理散於萬事，如君臣之義、父子之親皆是，故爲用。變誠言心有二意。一則心有覺而道無爲，心所以爲行道之本，則行道惟人爲能，故以心爲在人之誠，亦猶首章《章句》不言性之所以爲性，而言人之所以爲人之意，皆是自此以後專爲學者言之也。朱子嘗曰：

『心雖主乎一身，而其體之虛靈，足以管乎天下之理；理雖散在事物，而其用之微妙，實不外乎一人之心。』蓋理具於心而散在事物，心主乎身而管攝衆理。問者謂實理實心看來都是體者，蓋但就心主乎身、理具於心處言，殊不思理具於心者，又只是性，可以言誠，不可以言道。朱子謂誠以心言，是就管攝衆理處説心；道以理言，是就散在事物處説理。就管攝衆理處説心，故曰本；就散在事物處説理，故曰用。問者但知具於心者之爲理，而不知散在事物者之乃所以爲理，故如此疑耳。雙峰所見正與問者有契，故曰誠即道也。蓋皆不達子思、朱子之意而致誤耳。」附《淺説》：「誠者自成」與「誠者物之終始」二節，言理本實而人當實心以成己也。「誠者非自成己」一節，言人能成己，則自能成物也。○《存疑》：誠兼實理實心，物該天地人物事。自天地物言，則曰實理。自人事言，則曰實心。子思之言，雖該天地人物事，其意則在人。《章句》得其旨，故就人上解，而曰「誠以心言，本也，道以理言，用也」。

誠者，物之終始，不誠無物。是故君子誠之爲貴。

天下之物，皆實理之所爲，故必得是理，然後有是物。所得之理既盡，澌盡。則是物亦盡而無有矣。兩「盡」字，是釋終始之「終」字。故人之心一有不實，則雖有所爲亦如無有，而君子必以誠爲貴也。蓋人之心能無不實，乃爲有以自成，而道之在我者亦無不行矣。朱子曰：「有是理則有是物，徹頭徹尾皆實理之所爲。未有無此理而有此物也。大意若曰實理爲物之終始，無是理則無是物，故君子必當實乎此理也。」○誠者物之終始。凡有一物，則其成也，必有所始。其壞也，必有所終。而其所以始者，實理之至而向於有也。其所以終者，實理之盡而向於無也。若無是理，則亦無是物矣。此誠所以爲物之終始，而人心不誠，則雖有所爲，皆如無有也。○誠則有物，不誠則無物已。如而今對人説話，若句句説實，皆自心中流出，這便是有物。若是脱空誑誕，不説實話，雖有兩人相對説話，如無物也。又曰：且如草木，自萌芽發生，以至枯死，朽腐歸土，皆是有此實理，方有此物，若無此理，安得有此物！○不誠無物。以在人者言之，謂無是誠則無是物。如視不明，則不能見是物；聽不聰，則不能聞是物。謂之無物亦可。又曰：孝而不誠於孝則無孝，弟而不誠於弟則無弟，推此類求之可見。○問：「誠者物之終始，不誠無物。此二句是泛説。君子誠之爲貴，却説從人上去。先生於『不誠無物』，亦以人言，何也？」曰：「誠者物之終始，固泛説。若不誠無物，這『不』字是誰『不』，他須有箇人『不』，他方得。」○「誠者物之終始」是解「誠者自成」一句。「不誠無物」已是説自道句了。蓋人則有不誠，理無不誠者。恁他看，覺得前後文意相應。○北溪陳氏曰：「誠者物之終始，此誠字以實理言。不誠無物，誠之爲貴，此二誠字以實心言。蓋有是理，而後有是物。以造化言之，天地閒萬物生成，自古及今無一物不實，皆是實理所爲。大而觀之，自太始至無窮，莫不皆然。就一物觀之亦然。以一株花論，春氣流注到則生花，春氣盡，則花亦盡。就一花蕊論，氣實行到此則花開，氣實消則花謝。凡物之終始，皆是一箇實理。如此，不誠無物是就人心論，凡人做事，自首徹尾，純是一箇真實心，方有此事。若實心閒斷，雖做此事，如不做一般。如《祭義》云『其立之也，敬以詘，至已徹而退，敬齊之色不絶於面』，此是祭之終始皆一。真實之心，則祭之爲物，方成一箇物，而非虚設。若季氏祭終而跛，倚以臨祭，則是不誠，與不祭何異？」《通考》黄氏洵饒曰：「誠者物之終始，此是言天理流行，誠之爲貴，人道自盡。天下之物，兼人物。蓋人之心，就人説能無不實，翻一轉説，『有以自成』即『誠者自成』，而『道在我者』即『而道自道』。」○東陽許氏曰：「物之終始，物者兼事言。不誠，不字就人言。」○程氏復心曰：「自此以上，是説自成。自此以下，是説成物。」○吴氏程曰：「《章句》『故人之心一有不實，則雖有所爲，亦如無有』，此以在人之實心，釋終始、無物二句。如《或問》中所論不違仁是也。蓋人之心以下，又繳歸上文，謂全其天命之本，而達其率性之道也。」○天台吴氏曰：「誠者物之終始，不誠便是無物。所以君子誠之爲貴。《章句》以『天下之物，皆實理之所爲』釋物字，又以『故必得是理，然後有是物』釋始字，復以『所得之理既盡，則是物亦盡而無有』釋終字。下文又言『故人之心一有不實』釋『不誠』二字，『則雖有所爲，亦如無有』釋『無物』二字，故又結之曰『而君子必以誠之爲貴也』。『蓋人之心能無不實，乃爲有以自成』，是申言『誠者物之終始』，以繳上文『誠者自成也』。『而道之在我者亦無不行矣』，是申言『不誠無物』，以繳上文『而道自道也』。其一字不苟又如此。」

附《蒙引》：誠者物之終始，兼人物言。不誠無物，君子誠之爲貴，專以人言。不兼物者，本章意所主在人也。下文「誠者非自成己而已也」，則亦專就人言。觀成己、成物字可見矣。凡兼人與物言者，則兼實理與實心。凡專就人言者，則只是實心，而理自在其中。蓋理具於心，心所以管攝乎是理。若天地鬼神之不待存誠，草木鳥獸之不能存誠者，則只有實理，不用説實心。○《存疑》：誠者物之終始，即誠者自成之意。誠兼實理實心，物該天地人物事。「不誠無物」，專主人之實心言，此以起「君子誠之爲貴」一句。○《章句》「天下之物，皆實理之所爲」，此實理，兼實心實理。○《淺説》：「誠者物之終始」，已該「不誠無物」在其中矣。「不誠無物」，只在「誠者物之終始」内抽出一端，以引起「君子誠之爲貴」也。○《存疑》：誠之工夫，哀公問政一章盡之矣。

誠者非自成己而已也，所以成物也。成己，仁也。成物，知也。性之德也，合内外之道也，故時措之宜也。知，去聲。

誠雖所以成己，然既有以自成，則自然及物，而道亦行於彼矣。仁者體之存，知者用之發，是皆吾性之固有，而無内外之殊。既得於己，則見形甸反。於事者，以時措之，而皆得其宜也。朱子曰：「誠雖所以成己，然在我者真實無僞，自能及物。自成己言之，盡己而無一毫私僞，故曰仁。自成物言之，因物成就，各得其當，故曰知。」○問：「成己合言知而言仁，成物合言仁而言知，何也？」曰：「克己復禮爲仁，豈不是成己！知周乎萬物，豈不是成物！」○成己成物之道無不備，故能合内外之道，而得時措之宜。蓋融徹洞達，一以貫之而然也。○問：「時措之宜，是顔子閉户、禹稷纓冠之義否？」曰：「亦有此意。須知仁具，内外合，然後有箇時措之宜。」○雙峰饒氏曰：「成己成物，己與物雖有内外之殊，而仁知之德則具於己性分之内，乃合内外而爲一底道理。」○起頭説誠自成，其下説成物；説道自道，其下説合内外之道，見得誠不但成己，道不但自道，又能成物而合内外之道也。○知居仁先者，以好學言，入德之知也。知居仁後者，以成物言，成德之知也。○雲峰胡氏曰：「子貢曰『學不厭，知也。教不倦，仁也』，與此言仁知若異。朱子以子貢之言主於知，子思之言主於行，故各就其所重而有賓主之分。蓋知主知，仁主行。學與教皆以知言，故先知後仁。知爲體，仁爲用，成己成物皆以行言，故先仁後知。仁爲體，知爲用，二者互爲體用，愈見其性中之所有，而無内外之殊者矣。『時措』之時字，即時中之時。性之德，是未發之中。時措之宜，是發而合乎時中之中。」○譚氏曰：「誠之體爲仁，誠之用爲知。誠之實理可據曰德，誠之實理可由曰道。」○顧氏曰：「外成物也，内成己也。分言之，則曰成己仁也，成物知也。合言之，則曰性之德也，合内外之道也。合者，兼總之意。」○新安陳氏曰：「深繹此章，誠本自成己也，誠之爲道，本自道於己也，此爲己之學也。天命之性，具此實理。誠者，此理之實也。實有諸己，故曰自成。率性之道，躬自行之。道者，行此者也。躬行於己，故曰自道。言皆自己分内事也。誠者，物之根榦，是乃事物之徹始徹終而無閒斷者也。不誠，則心一虚僞，有物如無物矣。是以君子必鑒此，而以誠之爲貴。此『誠之』字，如前章『誠之者』之誠之。誠之正君子事也。誠固曰自成，然非徒自成己而已也。既自成己，則必成物。性者，萬物之一原，非有我之得私也。立必俱立，成不獨成。成己所以爲仁，而體以立。成物所以爲知，而用以行。成己而不成物，是有體而無用矣。仁知乃天命之性中固有之德也，成己之仁存於内，而道自行於己。成物之知發於外，而道亦行於彼。固無内外之殊，所以合内外而同一道也。誠亦成物，豈徒自成而已！道亦合内與外，豈徒自道而已！既能由體達用，由内合外，則見於隨時以舉而措之者，豈不皆得其宜也哉！由成己之仁，發爲成物之知，則知固自仁中出。又能合乎時措之宜，則義又從是而生，而義亦自仁中出矣。仁也，知也，義也，一以貫之，皆實理之條目也。」《通考》史氏伯璿曰：「誠者自成，是理之自然，未説到人力上。下句『道自道』，方是當著力處。陳氏『實此者也』、『實有諸己』之言，則未免有攙説人力之病，蓋未達『誠自成，只是物物各具一太極之實理而已』之意也。其曰『率性之道，躬自行之』，亦似未當。躬自行之，亦非所以言率也。其曰『誠之爲道』云者，此則鐃氏『誠者天道』之意而誤爾。」○東陽許氏曰：「前『自成』，謂自然而成。後『自成』，謂自己成就也。仁智皆性之德，合内外之道也。時措之宜，即時中也。性之德，合内外之道，總仁智言。」○程氏復心曰：「成己，仁之體。成物，是智之用。」○何氏潛齋曰：「合内外而爲仁智者，誠也。」○莆田王氏曰：「誠者，非特自成一己而已也，又所以成物也，故《章句》以『誠雖所以成己，然既有以自成，則自然及物，而道亦行於彼矣』以釋之。成己，仁也。成物，知也。《章句》以『仁者體之存，知者用之發』以釋之，所謂克復爲仁以成己，知周道濟以成物也。『性之德也』，指誠之成己成物，故《章句》言『是皆吾性之所固有』者，此也。『合内外之道也』，指仁知，故《章句》言『而無内外之殊』者，此也。『故時措之宜也』，言誠一也。以其成己謂之仁，以其成物謂之知，而時措之無不可，合言之則誠而已矣。故《章句》言『既得於己，則見於事』者，以時措之，而皆得其宜也。《章句》之謹嚴又如此。」○黄氏洵饒曰：「故時，即時中。措之宜，聖人地位。吾性之固有，謂知行。既得於己，指實理。」附《蒙引》：成己者，盡其性也。成物者，盡人物之性也。故《語類》説成物云「因物成就，各得其當」，即前《章句》所謂處之無不當也。○至此則與聖人、天道一矣。○《存疑》：成己則能成物，理之自然也。故曰自然及物，非謂無所作爲而自然及物也。成己而能成物者，盡己性而盡人物之性也。《蒙引》「既成人子，且有以致親允若，而成吾親」之説，似未是。依此則下文「時措之宜」難説。○按，仁者私欲净盡，天理流行，心之全具於内也。知者知無不明，處無不當，心之發於外也。雖有内外之異，總是一箇心也，但有所存所發之異爾。故曰合外内之道。如權度本公正，體也，以此稱物度物，用也。雖有體用之分，總是一箇權度。以此來看，便覺明白。王氏註可玩。○《蒙引》：「合内外之道也」，道字意輕。先儒皆以爲與「道自道」之道同，殊未可曉。不知此豈有當行意耶！此據理之本然而言，彼以理之當然而言。○合内外之道也，蓋人己雖有内外，然仁以成己，智以成物，仁智則皆性之德，而初無内外也。○設使仁爲吾性之所有，而智非我性之所有，容有内外之别，則亦只能成己耳，安得便有以成物哉！故字當如此解。○《存疑》：仁智既得於己，則成己成物之具在我矣。故隨其所施而無不利。時乎成己則成己，時乎成物則成物，以時措之而各得其宜也。○《蒙引》：仁智是德，成己成物是事。註謂「見於事者」此也。「以時措之」，正猶五者之德溥博淵泉而時出之。惟其時措之各得其宜，則纔有以成己，便有以成物矣。○其曰體之存、用之發者，猶孟子言仁義爲並舉體用意耳。非以智在外也，自内而發於外耳。若説在外，則非性之德矣。○顧麟士曰：「『誠者非自成己而已也』、『所以成物也』二句，當讀住。『成己仁也』以下，一氣遞去，皆推原此二句也。故字倒釋理如此。大段時措，亦便是此二句意。」

右第二十五章。言人道也。《通考》朱氏公遷曰：「此章之旨，本以心言，而此三誠字，則兼理與心而言。」○史氏伯璿曰：「此章以誠之者之知發明人道也。」

故至誠無息。

既無虚假，自無間去聲。斷。徒玩反。後凡言間斷，音同。○陳氏曰：「凡假僞底物，久則易間斷，真實自無間斷。」○問：「至誠無息，説天地得否？」雙峰饒氏曰：「人之誠有至有不至。聖人誠之至，故可説至誠。天地只是誠，無至不至。○雲峰胡氏曰：「首句上便有故字，承上章而言也。言誠自第十六章始，二十章至二十五章言誠莫詳焉，此章特因上章言至誠之功用，於是以故字先之。」○新安陳氏曰：「自至誠無息，至博厚則高明，言聖人之道。」○東陽許氏曰：「至誠無息，惟至誠所以無息，有虚假則間斷矣。惟無息乃見誠之至，有息則非至誠矣。」《通考》史氏伯璿曰：「《論語集註》『一貫』章有曰『譬則天地之至誠無息』，則似不必拘也。但此處言聖人配天地之意，則是説聖人而非指天地爾。」附《淺説》：有至誠之盛德，必有至誠之功用。是故至誠者，純乎天理之謂也。天理既純，則私欲不得以間之，而自無息矣。

不息則久，久則徵，

久，常於中也。徵，知盈反。驗於外也。朱子曰：「久然後有徵驗，只一日二日工夫，如何有徵驗？」○問：「至誠無息，不息則久，果有分別否？」曰：「不息，只如言無息。」○北溪陳氏曰：「道理真積力久，充實於内，自然著見於外，如粹面盎背之類，是徵驗處。」附《淺説》：不息，則自始至終，皆一誠之運，而能久矣。實德既久於中，則必徵驗於政治之間，而爲功業矣。○《蒙引》：不息與久有分別。不息者，今日如此，明日又如此，後日又如此，只管繩繩不已去。久則是從後來總計前頭，見得是久。久者，不息之積也。

徵則悠遠，悠遠則博厚，博厚則高明。

此皆以其驗於外者言之。鄭氏所謂「至誠之德著於四方」者是也。朱子曰：「此是言聖人功業著見。諸家多作進德節次說，只一箇至誠已該了，豈復有許多節次？不須說入裏面來，古註不可易。」存諸中者既久，接上文「久則徵」說來。則驗於外者益悠遠而無窮矣。朱子曰：「久，是就他骨子裏說，鎮常如此之意。悠遠，是自今觀後，見其無終窮之意。」又曰：「悠是擬始以要終，久是隨處而常在。」○蛟峰方氏曰：「悠是其勢寬緩而不促迫，遠是長遠大率功效。氣象之促迫者，便不長遠。如三代之治氣象寬緩，五霸之治氣象促迫，故三代之治長，五霸之治短。如地勢悠緩，則其勢遠；斗峻，則其勢絕。皆是惟悠故遠之義。」悠遠，故其積也廣博而深厚。博厚，故其發也高大而光明。朱子曰：「呂氏說：『有如是廣博，則其勢不得不高；有如是深厚，則其精不得不明。』此兩句甚善。《章句》中雖用他意，然當初只欲辭簡，反不似他說得分曉。譬如爲臺觀，須大做根基，方始上面可以高大。又如萬物精氣蓄於下者深厚，故其發越於外者自然光明。」○自「徵則悠遠」至「博厚」、「高明」、「無疆」，是皆功業著見如此。故云「德著於四方」。附《淺說》：既久於中而徵於外，則其徵於外者，亦隨其中之所久者而益悠遠矣。悠遠者，氣象之從容而不迫，寬裕而有常也。既悠遠，則教化漸被於海隅，德澤浹洽乎人心，而積於博厚矣。有如是廣博，則其勢不得不高；有如是深厚，則其精不得不明。但見巍乎其有成功，煥乎其有文章矣。○《存疑》：久則徵，猶有兩節事。徵則悠遠，都無兩節事，只是其所徵者悠遠也。然悠遠視久，則又進一步矣。故曰存諸中者既久，則驗於外者益悠遠而無窮。○《章句》「悠遠，故其積也廣博而深厚」，積字說得好。功業博厚，不是積累之久，焉能一蹴便到？王者必世而後仁，正是此意思。當時，商周德澤深厚，商亡了，民猶不忘，歷三紀，而後世變風移，周既衰了，諸侯猶戴之爲共主。不是商之賢聖繼作，周自后稷以來，積功累仁，焉能如此？此所以說悠遠則博厚。○廣博是橫説，深厚是直説。○《蒙引》：博在先，厚次之，蓋必悠遠，然後仁澤之被，日以遠到，至於無遠不屆。所謂東漸西被，朔南暨，而廣博矣。悠遠，故其仁日以深，澤日以厚，所謂積功累仁，培植益固，浹於肌膚，淪於骨髓，而深厚可知。○《存疑》：《章句》「博厚，故其發也高大而光明」，意思如何？至誠，德澤及人之遠，入人之深，如所謂協和萬邦，黎民於變時雍，則功業充塞乎宇宙，聲名洋溢乎中國。自有一段高大俊偉處，自有一段光明昭著處。故曰博厚則高明。《論語》稱堯，曰「巍巍乎！其有成功。焕乎！其有文章」，可想像高明意思。○《蒙引》：高明細分，亦高在先，明次之。天下之物，惟高則明，卑則不明矣。○博厚高明，亦不可截作二件事，只是統説聖人之功業，積得來博厚，又從博厚上起高明。其載物覆物，亦因博厚而分其類所屬耳，非真有一高明而覆之，一博厚以載之，如天地設位然。

博厚，所以載物也。高明，所以覆物也。悠久，所以成物也。

悠久，即悠遠，兼内外而言之也。三山潘氏曰：「久是久於内，悠是久於外。」○潛室陳氏曰：「不息則久，是誠積於内。徵則悠遠，是誠積於外。下却變文爲悠久，則是兼上文内外而言者。」**本以悠遠致高厚，而高厚又悠久也。此言聖人與天地同用。**問：「以存諸中者言，則悠遠在高明博厚之前。以見諸用者言，則悠久在博厚高明之後。如何？」朱子曰：「此所以爲悠久也。若始初悠久，末稍不悠久，便是不悠久矣。」○北溪陳氏曰：「初頭本是悠遠，方能至於高厚。今又由高厚以至於悠遠也。物至久則成而不壞，不久則雖成而易壞，至此則與天地同用矣。此處似説得太高妙。然至誠之德在我，能極其至，其功效、氣象著見於天下，自然如此。能盡其道者，惟堯舜爲然。蓋堯舜在位日久，自有許多博厚高明悠久氣象也。」○雙峰饒氏曰：「此章承上二章而言，所以劈頭下箇故字。蓋盡性仁之至，前知知之至，而無息勇之至也。又自無息指之曰『不息則久，久則徵，徵則悠遠』，已自闢了，悠久字在其中，言積之久則驗於外。悠有長之意，長而且遠則博，長遠而不息則所積者厚，博厚則發達之盛而高且明。此推其無息之效，故其序如此。

下一截指其成德而言，故先博厚高明而後悠久。」○不息則久，久字指誠而言，是在内。悠久指功用而言，高明博厚皆是見之於外，便見得悠久是指外面底。○新安陳氏曰：「自『博厚所以載物』至『無爲而成』，言聖人配天地之道。」《通考》史氏伯璿曰：「按，《章句》於『徵則悠遠』以下，以爲『皆以其驗於外者言之』。於悠久成物處，云『悠久即悠遠，兼内外而言之也』，固宜亦有斟酌，饒氏直指爲無以異，則言之太快，而不免有所遺矣。至謂『下一截指其成德而言』，尤未當。蓋至誠已是成德事了，下文但是其常於中而驗於外者如此耳，非如此而後德始成也。雙峰乃曰『下一截指成德而言』，然則上一截非成德之事耶？此則所未喻者。又曰悠久之悠，即悠遠之悠，此指驗於外者言也。悠久之久，即久則徵之久，此指常於中者言也。兼内外者，外主悠言，内主久言，如此則兩久字皆在内。《章句》無可疑矣。今曰上久字是在内，下悠久是外面底，則二久字果有不同矣。不唯不足以釋學者之疑，又且勇於背《章句》之旨，亦獨何哉？蓋朱子皆以久爲在内者，其意若曰『唯其常於中，故驗於外』者。悠遠而博厚高明，惟博厚高明，故又如此之悠久。悠久，則驗於外者，又未嘗不常於中也。首尾相應如此，況同一久字不應頓有内外之異。若以久亦可以言外耶，則上文久與悠遠分内與外，又何爲而不可易耶！以此見朱子之精密。」○黄氏洵饒曰：「『徵則悠遠』以下，言由體而達用。『博厚所以載物也』以下，因用以見體。」附《淺説》：即是博厚，乃所以載物而天下無不被其澤也。即是高明，乃所以覆物而天下無不仰其光也。博厚高明，又皆悠久焉。即是悠久，乃所以成物而天下無不各得其所也。○《存疑》：聖人能弘濟蒼生，舉天下之民，皆納之仁壽之域，是其載物處也。聖人能護庇蒼生，使天下之民有仰賴，有所幪庇，是其覆物處也。如《易》曰「君子以厚德載物」，是博厚載物意。如「丕冒海隅蒼生」、「西土怙冒」，是高明覆物意。○至誠之功業，自徵則悠遠，以至高明悠久，這裏便有覆載成物了，特上言未之及，至此始顯言之耳。不可謂上只是博厚高明悠久，至此始覆載成物。○《蒙引》：既曰悠久即悠遠，悠遠只是驗於外者，又曰兼内外言，何也？蓋凡施於外者，無有不根於中，故曰兼内外。○《存疑》：悠久，即博厚高明之有終處。成物，亦只是就覆物載物上要其終而言。

博厚配地，高明配天，悠久無疆。

此言聖人與天地同體。龜山楊氏曰：「配，合也，與孟子『配義與道』之配同。」〇陳氏曰：「同用以功言，同體以德言。」〇問：「此章以博厚居高明之前，後章以持載居覆幬之前，何也？」雙峰饒氏曰：「博厚持載，指仁而言。高明覆幬，指知而言。以入德言，則知先乎仁。以成德言，則仁先乎知。此博厚持載之仁，所以居高明覆幬之前也。而悠久無疆，代明錯行，又仁知之勇也。」〇新安陳氏曰：「悠久，即博厚高明之悠久。無疆，即天地之無疆。」附《淺説》：夫博厚而能載物，則其博厚也，有以配乎地之博厚矣。高明而能覆物，則其高明也，有以配乎天之高明矣。悠久而能成物，則其悠久也，有以配乎天地之無疆矣。〇《蒙引》：上文言聖人之功用，到此方露出天地字。〇註「此言聖人與天地同體」，亦就用上説也。〇此言聖人與天地同用，非至此始與天地同用也。此言聖人與天地同體，亦非至此始與天地同體也。看言字，其實博厚便載物，載物便配地，豈略有先後耶！

如此者，不見而章，不動而變，無爲而成。

見，音現。

見，猶示也。不見而章，以配地而言也。不動而變，以配天而言也。無爲而成，以無疆而言也。陳氏曰：「不見而章，是不待有所示而功用自然章著，此處與地一般。不動而變，動則猶有形迹，至於不動，則如天之變化萬物無形迹，此處與天爲一般。無爲而成，有所爲而成尚有形迹，無所爲而成其功用。至於悠久，自不見其形迹，此亦悠久無疆言之也。」〇問：「以不見指博厚，不動指高明，易曉。無爲而成與悠久無疆，似不相貫。」雙峰饒氏曰：「悠久是貫天地而言。不見不動，便是無爲。惟其博厚高明悠久，所以能成物。不見而章，是品物流形。不動而變，是雲行雨施。無爲而成，是各正性命。」〇雲峰胡氏曰：「無息便是久，久便自然證驗於外。『不息則久』，是存於中者久也。悠久成物，是驗於外者久也。凡功用，豈無積之博厚、發之高明者？其博厚高明，未必能久，無他，不自真積力久中來也。惟實於中者久，故證於外者亦久。內外此誠，內外悠久。終始此誠，終始悠久。」朱子曰：「博厚高明，猶人之形體。悠久，猶人之元氣有旨哉。上章成己成物，誠之者之事。此悠久成物，誠者之事。曰成物，曰無疆，曰無爲而成，皆指悠久之成功而言，皆指博厚高明之悠久而言。」○東陽許氏曰：「不見不動，只是言聖人無爲。下句又總上二句。地未嘗有意於生物，而百穀草木、禽獸昆蟲，皆粲然可觀，是不見而章也。天未嘗有意變化萬物，而有生之類，皆稟命於天，是不動而變也。」《通考》黄氏洵饒曰：「博厚配地云云，言聖人配天地如此者。不見而章以下，專言天地，以明聖人。」附《淺説》：其功用之盛，有以配乎天地如此。夫豈假於强爲哉！但見其悠久之積而爲博厚也，則物皆自章，不待見之而後章也；博厚之發而爲高明也，則物皆自變，不待動之而後變也；博厚高明而悠久焉，則物皆自成，不待有所作爲而後成也。章者，均齊方正而燦然可觀也。變者，於變時雍而焕然新美也。成者，各遂其生，各復其性，而無一物之不得其所也。分雖有曰章、曰變、曰成之異，然要之章則無不變，變則無不成，而不見不動，亦即所謂無爲也。夫聖人之治天下，有田里之制焉，有學校之設焉，有大禮以爲民之制，有大樂以爲民之和，有政以明示之，而又有刑以整齊之焉。何嘗隱而不見，寂而不動，漠然而無所作爲焉！蓋其據事理之當然，以應天下之事；順吾性之本然，以盡人物之性。所謂「天地之常以其心普萬物而無心，聖人之常以其情順萬事而無情」者也。非若小智者之鑿智以自私也，亦非若伯者之憧憧於往來也。故曰「天地無心」，而又曰「天地以生物爲心」，蓋無心之心也。曰「聖人無爲」，而又曰「大聖人之所作爲」，蓋無爲之爲也。○《存疑》：「博厚配地」條，是説至誠功業同天地。「不見而章」條，是贊其功業出於自然也。「如此」二字，是指上文「博厚配地」三句説。○《章句》「不見而章」指配地而言者，蓋配地亦只是上文載物成物意，非有他也。不曰以載物配地而言，省文也。○《蒙引》：此節意正如「肫肫其仁」一段，只是申贊配天、配地、無疆皆出於自然，非推原配天、配地之所以然也。

天地之道，可一言而盡也：其爲物不貳，則其生物不測。

此以下，復扶又反。以天地明至誠無息之功用。天地之道，可一言而盡，不過曰誠而已。不貳，所以誠也。誠故不息，而生物之多，有莫知其所以然者。節齋蔡氏曰：「不貳則無間斷，所以不息。」○新安陳氏曰：「不貳者，一也，一即誠也。惟其爲物誠一而不貳，所以不息，而其生物之多，所以不可得而測度也。生物不測，下文『今夫天』以後詳言之。」○自「天地之道，可一言而盡」至「貨財殖焉」，專言天地之道，觀此及下文兩提起天地之道可見。上文皆是説聖人之道。《通考》黄氏洵饒曰：「不貳，即一理，至誠無息之功用，萬物各得其所。」

附《淺説》：天地之道大矣，然要之可以一言而盡也。何以言之？彼其全體太極，無聲無臭，實有是理也。無極之真，曾有一之妄乎！陰陽五行，經綸錯綜，實有是氣也。二五之精，容有一之雜乎！其爲物不貳如此，正所謂誠也，可一言而盡者也。惟不二故不息，陰陽相禪，終始相生，或陽變而爲陰，或陰變而爲陽，元焉亨焉，則誠之通也；利焉貞焉，則誠之復也。誠復，則生生之意於此而專一翕聚。誠通，則生生之意於此而直遂發散。但見洪纖高下，飛潛動植，充滿於覆載之閒，誰能測其所以然者哉！○《存疑》：天地之道一條，過文當云：「至誠之功業有同於天地如此，天地之功業何如？」遂云「天地之道，可一言而盡」云云。○上言至誠無息之功用同於天地，此又即天地至誠無息之功用以明之。蓋天地之功用，本於至誠無息，則至誠無息，其功用足以配天地。其意可見也，故《章句》曰「此以下，以天地明至誠無息之功用」。○《蒙引》：《章句》云「此以下，復以天地明至誠無息之功用」。此至誠云云，純指聖人言。末節《章句》云「引此以明至誠無息之意」，亦是純指聖人言。但本文則天道與聖人並言，意則專爲聖人。《章句》主於意言也。○「天地之道」以下，要看得節節與至誠者相對始得。上云「至誠無息，不息則久」，此則云「爲物不貳」，不貳則誠，誠故不息而久矣。上云「徵則悠遠，博厚，高明」，又「悠久」，此則云「博也，厚也，高也，明也，悠也，久也」。上云「博厚所以載物，高明所以覆物，悠久所以成物」，此則云「日月星辰繫焉」云云，「載華嶽而不重」云云，「草木生之」云云，「黿鼉蛟龍」云云，節節相配合，信矣！聖人一天地也。○其爲物不貳，物指天地也。則其生物不測，物指天地所生之物也。

天地之道，博也，厚也，高也，明也，悠也，久也。

言天地之道，誠一不貳，故能各極其盛，而有下文生物之功。新安陳氏曰：「誠一不貳，接上文說來，所以博極其博，厚極其厚，高明悠久，各極其盛，而有生物之功，如下文所云也。」附《淺說》：地惟誠也，是以地之道，不惟博也，而又厚也。天惟誠也，是以天之道，不惟高也，而又明也。且其博厚高明者，又且悠也久也。博厚高明悠久，俱以天地之造化言，不以天地之形迹言。博者，參差萬變，不可以一端求也。厚者，根本靜深，愈出而愈無盡也。高者，升降飛揚，不可執滯也。明者，清通瑩徹，無所汚濁也。悠者，往來不迫，變化有漸，寬之至也。久者，始而有終，終而復始，常之極也。○《蒙引》：此數句，只是歷舉天地之道。言雖不及誠，然非不貳而誠，則何以臻此？故《註》云：「天地之道，誠一不貳，故能各極其盛，❶而有下文生物之功。」○不可謂「博極其博，厚極其厚」云云，爲各極其盛，是謂地既博也，又厚也，其博厚又悠久也，是地道之極其盛矣。在天則既高也，又明也，其高明又悠久也，是天之道亦極其盛矣。所謂各極其盛者如此。○悠也，久也，天地之道，亦兼内外言耶！曰：天地有性有情，化工運行，皆有主宰處，安得不兼内外！

今夫天，斯昭昭之多，及其無窮也，日月星辰繫焉，萬物覆焉。今夫地，一撮土之多，及其廣厚，載華嶽而不重，振河海而不洩，私列反。萬物載焉。今夫山，一卷石之多，及其廣大，草木生之，禽獸居之，寶藏興焉。今夫水，一勺之多，及其不測，黿元。鼉、湯何反。蛟龍、魚鼈生焉，貨財殖焉。夫，音扶。華、藏，並去聲。卷，平聲。勺，市若反。

昭昭，猶耿耿，小明也。此指其一處而言之。及其無窮，猶十二章「及其至也」之意，蓋舉全體而言也。振，收也。如玉振之振。卷，區也。此四條，皆以發明由其不貳不息，以致盛大而能生物之意。然天地山川，實非由積累魯水反。而後大，讀者不以辭害意可也。朱子曰：「管中所見之天，也是天，恁地大底，也只是天。」○問：「天斯昭昭，是指其一

❶「盛」，原作「成」，今據《四書蒙引》（明嘉靖六年刻本）改。

處而言。及其無窮，是舉全體而言。向來將謂天地山川，皆因積累而後致。」曰：「舉此全體而言，則其氣象功效自是如此。」〇三山陳氏曰：「大意蓋言天地聖人皆具此實理，無有駁雜，無有閒斷，故能有此功用耳。」《通考》史氏伯璿曰：「至誠則自然無息，無息則自然實於中，驗於外，而與天地同其體用。非至誠之後，猶有待於不息，而後能與天地同其功用也。《或問》力辨諸家之失，皆爲其如此。」〇按，《章句》上文曰「此四條，皆發明由其不貳不息，以致盛大而能生物之意」，此曰「然天地山川，實非由積累而後大，讀者不以辭害意可也」，兩意字正相應。蓋至誠之德，固無積累之漸，然其及物之功，則未嘗不自近而及遠，自小而至大也。故以天地山川積盛而能生物者爲喻，發明由其不貳不息，以致盛大而能生物之義。其辭則似以天地山川由積累而後大者，而實則非有此事也。故《章句》曰：「然天地山川，實非由積累而後大，讀者不以辭害意可也。」〇黃氏洵饒曰：「天地之道博也厚也云云，是兼言天地聖人。」〇不貳不息，發出則盛大，不貳不息，體也。盛大，用發見於外也。附《蒙引》：寶藏興焉，貨財殖焉，還另說方盡。如金生麗水，玉出崑岡，山或出銅，或出鐵，海或出珠，或出珊瑚之類，難以草木鳥獸黿鼉之類爲盡山水之利。

《詩》云：「維天之命，於穆不已！」蓋曰天之所以爲天也。「於乎不顯！文王之德之純！」蓋曰文王之所以爲文也，純亦不已。

於，音烏。乎，音呼。

《詩》，《周頌·維天之命》篇。於，歎辭。穆，深遠也。不顯，猶言豈不顯也。純，純一不雜也。引此以明至誠無息之意。黃氏曰：「誠，便是維天之命。不息，便是於穆不已。」程子曰：「天道不已，文王純於天道，亦不已。純則無二無雜，不已則無閒斷先後。」西山真氏曰：「純是至誠，無一毫人僞，惟其純誠無雜，自然能不已。如天之春而夏，夏而秋，秋而冬，晝而夜，夜而晝，循環運轉，一息不停，以其誠也。聖人之自壯而老，自始而終，無一息之閒，亦以其誠也。既誠自然能不已。」〇雲峰胡氏曰：「上文言聖人之至誠無息，而於天地之道曰不二，此言天命之於穆不已，而於聖人之德則曰純，互而言之也。純則不貳，不貳所以誠。此文王之所以爲文也，此天之所以爲天也。」○新安陳氏曰：「子思引《詩》以明天地與聖人之道，同一至誠無息而已。維天命之流行，實深遠難測，而萬古不已。釋之曰『此天之所以爲天也』，深意在『所以』字。天之所以爲天，惟在至誠無息焉耳。於乎，豈不顯著乎！文王之德之純一不貳也，又釋之曰『此文王之所以爲文也』，深意亦在『所以』字。文王所以爲文，亦在至誠無息焉耳。遂揭『於穆不已』之不已字，與『之德之純』之純字。總紐之曰『純亦不已』，下一亦字妙。文王惟其德之純也，故亦能如天道之於穆不已焉。文王之所以爲文，非把文王之諡來詠狀，乃是『文不在茲乎』之文。道之顯者謂之文，所謂『豈不顯者』即此文之顯也。作如此分撥玩味，意了然矣。前之不貳，此之純，皆以至誠言。不已，即無息不息也。聖人所以與天道合一者，此而已。自引《詩》至章末，言聖人之道合乎天地之道，雖單言天，實以天包地。雖專言文王，實借一文王以證群聖人也。」附《蒙引》：《詩》云「維天之命」，此與「文王之德之純」，俱要説是在内者。此德字，與聖人之德著於四方不同。○註「不顯，猶言豈不顯也」，要説入之德之純内去，不要説在顯於外上。《中庸》所引之意，自不能拘得元意。○註「引此以明至誠無息之意」，不到功用處，是乃天道聖人之本體也。○天道之至誠無息如何？曰：「維天之命，於穆不已，此正是上天之載無聲無臭處，以主宰者言也。至於覆載生成處，乃其功用也。功用則及物，本體只是至誠無息。惟其至誠無息，則自然有及物之功。天道聖人一也，此章大旨不過如此。」○《存疑》：《章句》言「引此以明至誠無息之意」，亦要看得明白。蓋「維天之命，於穆不已」，天之所以爲天也。夫天之所以爲天，只在於穆不已，則天道之至誠無息可見矣。「於乎不顯，文王之德之純」，蓋曰文王之所以爲文也，純亦不已。夫文王之所以爲文者，只在於純亦不已，則聖人之至誠無息也，可見矣。所謂「引此以明無息之意」是如此。

右第二十六章。言天道也。葉氏曰：「言聖人與天地合德，所以爲天道。」○新安倪氏曰：「按，饒氏以哀公問政章至此，爲第四大節。」《通考》史氏伯璿曰：「此章以誠者之勇，發明天道也。」○此十二章除誠明章統説起外，自盡性以下五章，是申言三達德，以發明天道、人道之義。自「大哉聖人之道」以下八章，是申言費隱，以發明天道人道之義也。前五章申言三達德，以發明天道人道之說。此則雙峰之所言。以後六章爲申言費隱，以發明天道、人道之義。何以知之？《章句》以發育峻極爲極於至大而無外，以三千三百爲入於至小而無閒，以存心爲極乎道體之大，以致知爲盡乎道體之細，所謂大小，非即費之大小乎！下二章皆承此章言之，則亦莫非費之大小而已。然此皆言費而隱在其中，亦猶前章之意爾。繼此則仲尼祖述章，發出「小德川流，大德敦化」之言。小德、大德非隱乎！川流敦化則費矣。下二章又承此章而言，前章承「小德川流」而言，即費意；後章承「大德敦化」而言，即隱意。十二章中，前五章先天道而後人道者，是欲學者先知天道，以爲造道之準的，然後由人道以求至乎其極耳。後六章先人道而後天道者，是又欲學者先得人道，以爲進道之階梯，然後可以盡乎天道之極至耳。前五章言天道、人道，以一章閒一章爲序者，因三達德而分也。後六章言天道、人道，以三章閒三章爲序者，因費隱大小而分也。皆是反覆發明天道、人道之義，而天道、人道又不過皆所以發明中庸也。又嘗因此一節十二章之旨，以推前二節十九章之義，則似乎有相合者。何則？《中庸》除首末二章始之終之外，中閒分三大節。前十章是一節，言中庸。次九章是一節，言費隱，合而觀之，是自三達德說入費隱上去，其實皆所以明中庸之義也。後十二章是一節，皆言天道、人道，析而辯之，亦是自三達德說入費隱，前則析爲二節而詳言之，後則合爲一節而統言之，是後一節之中，却該前二節所言之意也。前二節則主於立本，用工以立其本，故但言三達德與費隱，以發明中庸。後一節則主於致用，成功而致其用，故分別天道、人道，以發明中庸。其實天道、人道，亦但於達德、費隱上見之。此其大略也，其詳於第三十二章。

大哉聖人之道！

包下文兩節而言。雙峰饒氏曰：「道即率性之謂，雖天下之所共由，而非聖人不能盡，故獨舉而歸之聖人。亦猶前章言君子之道，以道雖愚夫愚婦之所可知可行，而非君子不能知不能行也。」《通考》黄氏紹曰：「《中庸》爲傳道而作，一書所言無非道。前半篇自入德而言，則多君子之道。蓋自其公共者言之，人人皆可與知而能行也。後半篇自成德而言，故皆言聖人之道，蓋能體此道者，聖人所獨也。」○東陽許氏曰：「此章當分聖人、學者看。」○黄氏洵饒曰：「此大哉，包下文大哉。」附《蒙引》：此道字，即率性之道，以其非聖人不能盡也，故以屬之聖人。然非就聖人身上説道也，謂之聖人之道，猶云學者之事爾。若以爲聖人所盡者言，則下文「待其人而後行」，「苟不至德，至道不凝焉」，都説不去了。語意正與「君子之道費而隱」同，彼固非就君子身上説道之費隱也。

洋洋乎！發育萬物，峻極于天。

峻，高大也。此言道之極於至大而無外也。朱子曰：「洋洋，是流動充滿之意。聖道發育，即春生夏長，秋收冬藏，便是聖人之道，不成須要聖人使他發育？峻極于天，只是充塞天地底意思。」○陳氏曰：「此一節言道體之大處，流動充滿乎天地之閒，而無所不在，蓋極於至大而無外也。」○雙峰饒氏曰：「發育萬物，以道之功用而言。萬物發生養育於陰陽五行之氣，道即陰陽五行之理。是氣之所流行，即是理之所流行也。峻極于天，以道之體段而言，天下之物，高大無過於天者。天之所以爲天，雖不過陰陽五行渾淪磅礴之氣，而有是氣，必具是理，是氣之所充塞，即此理之所充塞也。此言道之大用全體，極於至大而無外有如此者。即前章『語大，天下莫能載』之意也。」附《蒙引》：「洋洋乎！發育萬物，峻極于天」，此以外面規模言。「優優大哉」，則就裏面許多物項事目來説。○物兼動植。○凡此道理，雖若泛然無與於人事者，不知其實皆在學者所融會貫通之中。又其踐行處，亦往往有與造化相符合，如所謂與天地相似者。故曰凝道。

優優大哉！禮儀三百，威儀三千。

優優，充足有餘之意。禮儀，經禮也。威儀，曲禮也。格庵趙氏曰：「經禮，如冠昏、喪祭、朝覲、會同之類。曲禮，如進退、升降、俯仰、揖遜之類。」此言道之入於至小而無閒去聲。也。問：「前既言『大哉聖人之道』矣，而復以『優優大哉』冠於禮儀之上者，蓋言道體之大，散於禮儀之末者如此。」朱子曰：「得之。」○禮儀，便是儀禮中士冠禮、諸侯冠禮、天子冠禮之類，大節有三百條。如始加、再加、三加，又如坐如尸、立如齋之類，皆是其中之小目，有三千條。○

陳氏曰：「此一節言道體之小處，雖三千三百之儀，而無物不有。蓋入於至小而無閒也。」○雙峰饒氏曰：「三百三千，莫非天理自然之節文，何適而非此道所形見者？此言道雖至大，而其閒節目至精至密，極其至小而無內有如此者，即前章『語小，天下莫能破』之意也。然三千三百，雖以道之至小者言，而上句乃以『優優大哉』發之，疑若語大而非語小者。蓋此章本以聖道之大爲言，然不合衆小，則無以成其大。如泰山之高，以衆土之積；滄海之深，以衆流之會。使是道之中，包含蘊蓄，容有一理之不備，亦何以見其爲大之實哉？此三千三百，雖指至小而言，而其實乃所以形容其大也。安得不以『優優大哉』發之耶？」《通考》黄氏洵饒曰：「峻極于天，其大無外。威儀三千，其小無內。」○峻極于天，高不可測，至道之功；威儀三千，卑不可抗，至道之具。○此一節，言小無內，而言大哉者贊之也。附《蒙引》：夫人特天地中之一物，而其體之至微，乃至於三千三百之多，如此則天地許多物，其理之細微可勝言哉！此所以爲至小而無內也。

待其人而後行。

總結上兩節。陳氏曰：「道之大處小處，皆須待其人而後行。」○饒氏曰：「必得如是之人，而後可行如是之道也。」附《蒙引》：要雙關著道之大、道之小處，故愚以爲必德性弘大、學問精密之人，而後是道可行也。」

故曰苟不至德，至道不凝焉。

至德，謂其人。至道，指上兩節而言也。❶**凝，聚也，成也。**朱子曰：「發育峻極，三千三百，皆至道。苟非至德之人，則不能凝此道而行之。凝字最緊，若不能凝，更没些子屬自家，須是凝方得。」又曰：「道非德不凝，故下文遂言脩德事。」○雙峰饒氏曰：「德者，得是道於己也。道之小大，各極其至，故曰至道。德之大小，各極其至，斯爲至德。有是至德，然後足以凝聚是至道而爲己有。否則，道自道，己自己，判然二物，豈復爲吾用也哉！」

故君子尊德性而道問學，致廣大而盡精微，極高明而道中庸。温故而知新，敦厚以

❶「也」，原闕，今據哈佛本補。

崇禮。尊者，恭敬奉上聲。持之意。德性者，吾所受於天之正理。道，由也。温，猶燖温之温，火熟物曰燖，似廉、似林二切。謂故學之矣，復扶又反。時習之也。敦，加厚也。尊德性，所以存心而極乎道體之大也。道問學，所以致知而盡乎道體之細也。二者脩德凝道之大端也。朱子曰：「尊德性而道問學一句是綱領，下五句上截皆是大綱工夫，下截皆是細密工夫。致廣大、極高明、温故、敦厚，此是尊德性。盡精微、道中庸、知新、崇禮，此是道問學。如程先生言『涵養須用敬，進學則在致知』。道之爲體，其大無外，其小無内，無往而不在焉。故君子之學，既能尊德性以全其大，便須道問學以盡於小。」○黄氏曰：「存心，則一念全，萬理具。致知，則逐物皆當理會。」《通考》黄氏洵饒曰：「尊德性是小支，致廣大以下節解。」不以一毫私意自蔽，致廣大。不以一毫私欲自累，極高明。涵泳乎其所已知，温故。敦篤乎其所已能，敦厚。此皆存心之屬也。朱子曰：「致廣大，謂心胸開闊，無此疆彼界之殊。極高明，謂無一毫人欲之私以累於此，纔汩於人欲，便卑汙矣。」○雲峰胡氏曰：「或疑不以一毫私意自蔽，若可以移解高明，不以一毫私欲自累，若可以移解廣大。愚謂二者雖總説尊德性，亦有先後之序。意者萌動之始，止可言蔽，一爲意所蔽，則廣大處已被窒塞了。欲則不止於意，而爲物所昏，無所謂高明者矣，所以方可言自累。」析理則不使有毫釐之差，盡精微。處上聲。事則不使有過不及之謬，道中庸。理義則日知其所未知，知新。節文則日謹其所未謹，崇禮。此皆致知之屬也。朱子曰：「極高明是言心，道中庸是學底事。立心超乎萬物之表，而不爲物所蔽累，是高明。及行事則恁地細密，無過不及，是中庸。厚是資質朴實，敦是愈加厚重，培其本根。有一般人實是敦厚純朴，然或箕踞，不以爲非，便是不崇禮。若只去理會禮文，而不敦厚，則又無以居之。所以忠信之人，可以學禮。」蓋非存心無以致知，而存心者又不可以不致知。故此五句大小相資，首尾相應，東陽許氏曰：「大小相資，首尾相應，大言上五節，小言下五節。首言『尊德性道問學』一句，尾言下四句。」聖賢所示入德之方，莫詳於此，學者宜盡心焉。朱子曰：「尊德性至敦厚，此上一截，是渾淪處。道問學至崇禮，此下一截，便是詳密處。道體之大者，直是難守，細處又難窮究。若有上一截，無下一截，只管渾淪，則茫然無覺。若有下一截，而無上一截，只管要纖悉皆知，則又空無所寄。」○陳氏曰：「存心以極道體之大，應前『洋洋』一節。致知以盡道體之細，應前『優優』一節。」○雲峰胡氏曰：「讀此者往往因陳氏謂存心是力行工夫，遂疑高明、温故知新屬知。殊不知《章句》但曰存心致知，未嘗曰力行致知。朱子不曰尊德性所以力行，而必曰存心，何也？《大學》補傳取程子，《或問》十二節，即致知之事。末後五節，所以涵養本原之地，即存心之事也。若謂存心便是力行，下文有曰『非存心無以致知』，謂之非力行無以致知可乎？大抵先要看本文『大』字與『尊』字。道體至大，心體本亦至大，尊之則能存此心之大，所以能極乎此道之大。恐未便説到力行處。竊以爲存心不過是存其心體之本然者，致知是推極夫事理之當然者。心體本自廣大，不以私意蔽之，即謂之致。心體本自高明，不以私欲累之，即謂之極。已知者温之，而涵泳之味深。已厚者敦之，而持守之力固。此皆存其心之本然者也。然心之廣大，自具精微之理，不學則於理便有毫釐之差；心之高明，自有中庸之則，不學則於事易有過不及之謬。『故』之中有無限新意，不學則不能知新，雖温故亦不能以盡精微。敦厚之外，有多少節文，不學則不能崇禮，雖敦厚亦不能以道中庸，中庸即是精微之極致。究其極一而已矣。凡此皆推極其事理之當然者也。蓋道體極於至大而無外，非淺陋之胸襟所能容，所以不可不存夫心體之本然者。道體入於至細而無閒，非粗疎之學問所能悉，所以不可不極夫事理之當然者。要之，存心不大段用力，不自蔽，不自累，足矣。涵泳乎此，敦篤乎此，足矣。不必於其中又分知與行。若致知工夫，其中却自兼行而言，非十分細密不可也。或曰：『書以《中庸》名，自第二章以後，提起中庸言者凡七，皆孔子之言也。中庸之道在知與行，子思於此以「道中庸」偏爲學問致知之事，何也？』愚謂：『首章子思所言未發之中也，即此所謂德性是也。戒慎恐懼，即此所謂恭敬奉持之意。其引孔子言中庸，皆已發之中，擇而行之，莫先於致知。此以道中庸屬學問之事，何疑？』曰：『尊德性以下，皆有而字，見得存心致知是兩事。末於敦厚、崇禮，不曰而，而曰以，何也？』愚謂：『下而字則重在下股，謂存心不可以不致知；下以字，則重在上股，謂非存心無以致知也。』」《通考》史氏伯璿曰：「《章句》以上四者皆爲存心之屬，下四者皆爲致知之屬者，蓋上四者皆是已如此者，常欲保全之，使不至於不如此；下四者皆是未如此者，亦欲窮究之，求其得至於此。詳玩《章句》之旨可見。上曰不以自蔽，不以自累，涵泳已知，敦厚已能。曰自曰已，便見得皆是已如此之意。此譬如穀之已在倉者，不須多用得力，但須常常照管，使倉不至破敝，穀不至散失，毋爲雀鼠所耗，毋爲盜賊所竊而已。何莫非存心之事乎！下曰析理不使差，處事不使謬，曰知所未知，曰謹所未謹。曰不使，曰所未，便可見皆是未如此之意。曰不使有差謬，曰知，謹所未知，謹，便可見欲窮究之，求其得至於如此之意，此譬如穀之未得入倉者，便須著力搬運，使先後接續入倉，未穫者穫之，未收者收之，無有顆粒之或棄，不爲他人之所得，必至於倉實而後已。何莫非致知之謂乎！或疑故是舊所聞，乃得之於外者，與廣大高明本自如此者不同，何乃皆爲存心之事！曰廣大高明，是得於賦予之本然者，故是所已知，厚是所已能，若是得於前日學力之已然者。二者雖有不同，然既皆爲吾心所有，則但皆爲存心之事而已。況性無內外，得於學力之已然者，亦不過復其賦予之本然者而已。」○又曰：「胡氏説正爲破雙峰分知行而發，極爲精詳，可謂度越諸編。但以『而』字『以』字分配《章句》二句之義，則未必然。《章句》此三句，乃通釋五句之旨。非存心無以致知，即非尊德性無以道問學之謂。存心又不可不致知，即尊德性又不可不道問學之謂。下四句皆當以此意推之。嘗有問《中庸》温故知新與《論語》所言如何於朱子者，朱子答以《中庸》温故重，主於尊德性而言，所謂得其本而末自順也。今如《通》之説，則温故反爲輕耶！況存心是本，子思豈應前四句皆重下股耶！假如子思前四句重下股，末一句重上段，則《章句》亦當先説存心不可不致知，後説非存心無以致知也。謂此章中庸爲已發之中，則可；謂孔子言中庸皆已發，則未可。朱子釋篇名中字之義，何嘗不兼未發之中言哉！子思又何嘗不取夫子所言以名篇哉！」〇又曰：「謹按，《章句》存心致知之分，固無加，然四句上半截皆屬存心，已無可疑。下半截皆屬致知，則似聖賢之學偏於知而不及行，此所以不免諸家紛紛之論也。意者於下截四句，以盡精微、知新屬知，道中庸、崇禮屬行，如此則上句尊德性，依舊只是存心，道問學却是兼知行，爲下四句之綱。尊德性是存心，統四句上半截。道問學兼知行，統四句下半截，亦與《章句》無背。蓋知所以造其理，行所以履其事，而心則所以具衆理而應萬事者也。故致知而不先存其心，則具衆理之體不立，而無以爲造理之本矣。力行而不先存其心，則應萬事之用不行，而無以爲履事之本矣。故能存心則不以私意自蔽，而後可以盡精微，存心則能涵泳其所已知，而後可以知新，此皆存心以致知也。存心則不以私欲自累，而後可以道中庸，存心則可敦篤所已能，而後可以崇禮，此皆存心以力行者也。存所以爲知行之本者如此。若以知行相對言之，則盡精微與道中庸，知新與崇禮，又未嘗不先知而後行也。饒雙峰、陳定宇惟不察此意，故以知行互有先後爲說。饒氏猶知其不可爲訓，强説先仁後知之序。陳氏併不達雙峰之旨，但直以知行先後交互爲說。❶ 行先於知，天下寧有是哉！按，《章句》於致廣大言私意，私意所蔽，則有害於知，故不以私意自蔽，則能盡精微而知可致矣。於極高明言私欲，私欲所累，則有害於行，故不以私欲自累，則能道中庸而行之力矣。於温故言已知，於敦厚言已能，以知對能而言，正與《論語・學而》章《或問》之言有契。何嘗不帶行意！但曰已知已能，則是心所得，非求知求能之事，則温之敦之但當屬之存心，爲知行之本耳。故已知者温之，則能日知所未知，而致知之工愈密矣。已能者敦之，則能日謹所未謹，而力行之工愈至矣。觀其釋道中庸爲處事，崇禮爲謹節文，二者亦皆帶行意思。又可見下截兼知行，未必不合經註意處，至其以知行相對而言之復者，蓋以上截存心言之，則致廣大、極高明是以得於賦與之本然者言。温故，敦厚，是以得於前日之學力之已然者言。」〇朱氏公遷曰：「學以會其理，則學字屬乎知。學以習其事，則學字屬乎行。惟觀其對待之語何如耳。」〇致知力行與存心致知，其先後次序不同，必也明此理，而後能盡此理，此致知所以居力行之先也。必使一念全而萬理具，

❶「交互」，原作「文王」，今據哈佛本改。

然後可使念慮精而萬理明，此存心所以居致知之先也。蓋存心是全此理之統體，致知是各隨其理而察之，故與知行之序不同。○何氏潛齋曰：「尊德性而不道問學，如今世禪學。道問學而不尊德性，如今世俗學。本末兼該，精粗畢備，此所以爲聖賢之學也。」○董氏彝曰：「率者所以循此性之自然，通上下而言。盡者所以盡此性之極致，指聖人之事言。尊者所以奉此性之大用，指賢人之事言。」○黄氏紹曰：「《大學》致知工夫，在誠意正心之先。《中庸》尊德性道問學一節，朱子又以致知居存心之後。以知行分先後，則致知在先，而誠正之功在後。以大小分先後，則先存心乎道體之大，然後致知以盡乎道體之細。」**附**《蒙引》：問學者，格致誠正之事，即博學、審問、慎思、明辨、篤行之功也。○學只是效，效須是問。○人心本廓然大公，但私意從中起，即障隔而窄狹了，故屬之廣大。人心本自高明，只爲外面物欲所動，則爲他累得卑汙昏濁了，故屬之高明。致廣大橫說，極高明直說。私意輕，私欲重。○盡精微，道中庸，不必説廣大中有精微，高明中有中庸。蓋廣大、高明是德性，精微是理之散於事者，中庸是事之合乎理者，以事理言，與心體有別矣。要其極則心體固自具乎事理

也。○故是人心之良知，是德性元有的，故曰故。不必以爲廣大之已致，高明之已極者。○或曰：「既以故爲德性之良知，如何云『謂故學之矣，復時習之也』？」曰：「故學字面若泥得深，則又不合於尊德性矣，乃涉於道問學也。已知者固嘗形諸云爲之間，是亦所謂習其事者，便有積習之意。故曰『謂故學之矣，復時習之也』，亦只是訓字義之法，不得不然。若深泥之，則此既曰故學，曰時習，下面何以又只曰『涵泳乎其所已知』？涵泳二字，只是『涵養須用敬』意也。」○所已知，良知也。所已能，良能也。要見得是本然之德性，此時未有學問工夫。○其所已知，此知字與致知之知不同。○《存疑》：吾之心，體與天地同其廣大，萬物無所不包；用與天地相爲流通，萬物無所不貫。人惟有自私自利底意思，便狹了。若一膜之外，便爲胡越，則狹小之極也。故去自私自利之蔽，則廣大。不以一毫私意自蔽，則廣大之極者。○人心與天地同游，與造化同流，大行不加，窮居不損，舜禹有天下而不與焉，何高明如之！人纔被私欲壓了頭，便卑汙了。不爲私欲所累，便高明。不以一毫私欲自累，則高明之極者也。○敦厚而不崇禮，則細行不謹，終累大德。踐履疎略，不

能積小以高大，雖德性之厚，亦只是不踐迹之善人而已耳。○《大傳》曰禮卑，此曰崇禮。就零碎處行去，則曰卑。合零碎上積起，則曰崇。故曰「循禮則禮卑如地而業廣」，廣即崇也。○尊德性是本領工夫，道問學不過是理會尊德性裏面事。尊德性極重，道問學對不過。且如道體之細，亦不出乎道體之大外，則極道體之細工夫，豈出極道體之大底工夫之外乎！○《語類》：「温故而知新，温故有七分工夫，知新有三分工夫，其實温故則自然知新。上下五句皆然。」○敦厚者，本自厚，就上更加增益底功。○某向來自説得尊德性一邊輕了，今覺見未是。上面一截，便是一箇坯子，有這坯子，學問之功方有措處。○問尊德性而道問學。曰：「此本是兩事，細分則有十事。其實只兩事，兩事又只一事，只是箇尊德性，却將箇尊德性來道問學，所以説尊德性而道問學也。」

是故居上不驕，爲下不倍，國有道其言足以興，國無道其默足以容。《詩》曰：「既明且哲，以保其身。」其此之謂與！倍，與背同。與，平聲。

興，謂興起在位也。《詩》，《大雅·烝民》之篇。朱子曰：「居上不驕，至默足以容，言小大精粗，一齊理會過。貫徹了後，盛德之效，自然如此。」○不倍，謂忠於上而不背叛。興，如興賢、興能之興。○明哲，只是曉天下事理，順理而行，自然災害不及其身。今人以邪心讀詩，謂明哲是見幾知微，先占便宜。如楊雄説「明哲煌煌，旁燭無疆。遜於不虞，以保天命」，便是占便宜説話，所以他被這幾句誤。然明哲保身，亦只是常法。若到那舍生取義處，又不如此論。○尊德性，所以充其發育峻極之大。道問學，所以盡其三千三百之小。以其大小兼該，精粗不二，故居上居下，有道無道，無所不宜。○新安陳氏曰：「引《詩》以證無道默容。子思其亦有感於所逢之時，而有是言歟！」《通考》東陽許氏曰：「前面説許大工夫，及就身上收功效，却只是明哲保身而已。明哲是見得理極分明了，行事却只中庸，故能保其身。保身不是趨利避害，行事合宜，自然無害。然則當死處亦須死，只是安箇是字而已。」○史氏伯璿曰：「詳味《語録》『明哲是曉天下事理』之言云云，正是爲豫破陳氏識見而設。何爲而又自爲此說耶？愚竊以爲引《詩》是通證上文『居上不驕』至『默足以容』數句，故結之曰『其此之謂歟』。今以爲但證隱居默容，誤矣。況《烝民》之詩，爲仲山甫作，山甫乃宣王中興之佐，豈但默容者耶！」附《蒙引》：問：「國有道足以興，何獨以言？」曰：「此對默而云也。國無道而默，循默之類而推之，其所退藏收斂者固多也。國有道而言，循言之類而推之，其所直前敢爲處尚多也。聖賢之言，亦多是舉一隅，而在學者之以三隅反。」○顧麟士曰：「《詩集傳》明謂明於理，哲謂察於事。」

右第二十七章。言人道也。雙峰饒氏曰：「一篇之中，論問學之道，綱目備而首尾詳，無有過於此章者也。」《通考》史氏伯璿曰：「此章兼費之大小而言，而隱在費之中，是以此發明人道也。發育峻極，便是敦化處，發育即化意，峻極即敦意。三千三百，便是川流意。此於川流意自易見，皆只言費之大小，雖費中有隱，然未說出以示人也。下文自尊德性、道問學，以盡乎下二章所言，皆是但言費而隱在其中。直至『仲尼祖述』章，方說出『小德川流，大德敦化』二句。小德、大德正是隱，川流敦化則費矣。或疑大德爲萬殊之本，以爲言隱，可也。

小德爲全體之分，亦以爲隱，可乎？曰：萬殊之本，即萬物統體一太極。全體之分，即物物各具一太極耳。太極不離乎陰陽，而亦不雜乎陰陽。萬物統體處與物物各具處皆如此。不離乎陰陽者，即費也。川流敦化，是已不雜乎陰陽者，非隱乎？舍大德小德，將何以當之？蓋費有大小，大處小處皆有隱。大處之隱，非即敦化者之大德乎！小處之隱，非即川流者之小德乎！若但以大德爲隱，小德不爲隱，則是費之大處有隱，費之小處却無隱也。造化本原上有隱，事物各具上却無隱也，而可乎？蓋亦以天道流行、人性感通之理而驗之乎！蓋以天道對人性言之，則天道即是全體處，所謂萬殊之本也，非大德而何？人性即是萬殊處，所謂全體之分也，非小德而何？然天道之流行處，便是敦化之意，固費也。人性之感通處，便是川流之意，亦費也。天道之沖漠無朕處，固是費中之隱，即大德是已。人性之寂然不動處，亦豈非費中之隱乎！不謂之小德不可也。以此推之，則費隱之義，尤爲易見。」○朱氏公遷曰：「率性謂道，是兼人物言，故推原其本。大哉聖人之道，是就聖人而言，故贊美其大，體道之極，則位育之功無不臻其妙。道無不體，則身之所處無不適其宜。戒懼慎獨是動静兼致其功，而於道之體用無不盡也。尊德性、道問學是明誠兼致其功，而於道之大小無不凝也。」

子曰：「愚而好自用，賤而好自專，生乎今之世，反古之道。如此者，烖及其身者也。」

好，去聲。烖，古災字。❶

以上孔子之言，子思引之反復如字。也。

陳氏曰：「愚者無德，賤者無位，當聽上之所爲。生今世而欲復古道，烖必及身。歎時不可爲，自用自專，皆非明哲保身之道也。承上章末意而引此。」〇東陽許氏曰：「生乎今之世以下，是通説上二句。蓋愚賤者不可作禮樂，則居今之世，當遵守當代之法，若欲反用古之道，即是改作矣，必獲罪於上。故曰烖及其身。」《通考》史氏伯璿曰：「如此者之此字，是通指愚自用、賤自專、今反古三者言。則烖及身是三者之通戒。陳氏之言，似欠明潔。兼之愚自用，是有位無德而欲作禮樂者，亦以爲當聽上之所爲，亦欠分曉。但曰承上章末意而引，却可備一説。」附《存疑》：愚而好自用，無德也。賤而好自專，無位也。生乎今之世，反古之道，無時也。自專及反古之道，皆爲下而倍也。

非天子，不議禮，不制度，不考文。

此以下，子思之言。禮，親疏貴賤相接之體也。《禮記》云：「禮也者，猶體也。」度，品制。「不制度」之制字，活字，作也。文，書名。朱子曰：「書名，是字底名字。如大字喚做大字，上字喚做上字，下字喚做下字，易得差，所以每歲使大行人之屬巡行天下，考過這字是正與不正。」〇看此段，先須識取聖人功用之大氣象、規模廣闊處。非天子，不議禮、制度、考文，是甚麼樣氣象！使有王者作，改正朔，易服色等事，一齊改换一番，其切近處，則自吾一念之微，而無毫釐之差。其功用之大，則天地萬物一齊被他翦截裁成過。先須看取他這樣大意思，方有益。《通考》東陽許氏曰：「書名者，即字也。名則其字之聲也。如天字之形是書，❷讀之曰天是名。考者欲正其字形及讀之音

❶「字」，原作「反」，今據《四書集註》、《四書大全》改。
❷「天」，原作「大」，今據哈佛本改。

聲。」○趙氏惪曰：「《周禮・秋官・大行人》：『七歲屬象胥，諭語言，協辭命，九歲屬瞽史，諭書名，聽聲音。』文，書名，書之字也。古曰名，今曰字。又外史掌達書名于四方，疏正其字，使四方讀之。古之文字少，則曰名。今之文字多，則曰字。字者兹也。」附《蒙引》：此天子，是受天命而爲天子者。如禹湯文武是也。故有德與時在，非只以位言。若夏少康、商高宗、周宣王俱不與焉，是爲當守先王之法，率由舊章者也。

今天下車同軌，書同文，行同倫。行，去聲。

今，子思自謂當時也。軌，轍迹之度。倫，次序之體。三者皆同，言天下一統也。朱子曰：「次序，如等威節文之類。體，如辨上下，定民志，君臣父子貴賤尊卑相接之體皆是。天子制此禮，通上下共行之，故其次序之體，等威節文，皆如一也。」○新安陳氏曰：「車同軌，與制度應，車亦制度之一端也。書同文，與考文應。行同倫，與議禮應。」○何氏潛齋曰：「行同倫，故禮可議也。車同軌，故度可制也。書同文，故文可考也。」附《蒙引》：轍不在車而在地，以迹爲驗也。次序之體，即親疎貴賤相接之體也。○《存疑》：車同軌條，言當今天下，車尚同軌，書尚同文，行尚同倫，未嘗敢有議禮制度考文者，以証上文之意也。

雖有其位，苟無其德，不敢作禮樂焉。雖有其德，苟無其位，亦不敢作禮樂焉。

鄭氏曰：「言作禮樂者，必聖人在天子之位。」朱子曰：「有位無德而作禮樂，所謂愚而好自用。有德無位而作禮樂，所謂賤而好自專。居周世而欲行夏殷禮，所謂居今世反古道。道即議禮、制度、考文之事。議禮所以制行，故行同倫；制度所以爲法，故車同軌；考文所以合俗，故書同文。」附《蒙引》：禮樂，即所議之禮，所制之度，所考之文也。謂之禮樂者，禮樂是通套字，要之禮一字盡該了。不可謂樂在制度内，以樂屬制度，只説得樂器，樂却有聲容情文，度字如何該得。

子曰：「吾説夏禮，杞不足徵也。吾學殷禮，有宋存焉。吾學周禮，今用之，吾從周。」

此又引孔子之言。杞，夏之後。徵，證

也。宋，殷之後。三代之禮，孔子皆嘗學之，而能言其意。但夏禮既不可考證，殷禮雖存，又非當世之法，惟周禮乃時王之制，今日所用，孔子既不得位，則從周而已。朱子曰：「言有宋存焉，便見杞又都無了。如今《春秋》傳中宋猶有些商禮在。」○問：「前輩多以夫子損益四代之制以告顔子，而又口吾從周，其説似相抵捂者。然以此章『吾學周禮，今用之，吾從周』之意觀之，則夫子之從周，特以當時所用而不得不從耳，非以爲盡當從周。若答爲邦之問，乃其素志耳。」曰：「得之。」○雙峰饒氏曰：「無德是愚，無位是賤，作禮樂是自用自專。」問：「非天子不議禮制度考文，專指賤者，而不及愚者，何也？」曰：「此章爲在下位者言，故於賤者特詳，而末引孔子作箇樣子。」問：「今用之，吾從周。想是不敢議禮，但從周而已。」曰：「當世用周禮，吾亦從周禮。蓋有德無位，不敢作禮樂也。」○雲峰胡氏曰：「孔子所學周禮，即周公所制之禮。第十八、十九章言周公制周之禮，有其位而有其德也。此章言孔子從周之禮，有其德而無其位者也。章末數語，較之《論語》有二疑。《語》曰『夏禮，吾能言之，杞不足徵也。殷禮，吾能言之，宋不足徵也』。此曰『杞不足徵』，而『有宋存焉』，豈非以春秋之時杞去夏已遠，而宋去殷猶未遠歟？杞文獻不足，宋或典籍散逸，而文籍猶有存歟？或先哲凋謝而賢者猶有存歟？《語》曰『如用之，則吾從先進』，此曰『今用之，吾從周』，豈不以周禮至春秋之時，已非復周公制作之舊。如用之者，孔子設言其或用禮樂則如此。今用之者，孔子明言天下之所通用者，今如此也，孔子雖不欲徇時俗之弊，而亦不敢不循時王之制。此所以爲孔子之時中也。」《通考》朱氏公遷曰：「《論語》言宋不足徵，《中庸》言有宋存焉。先儒之意，以謂自二代之禮言之，則杞、宋皆不足徵。自杞、宋二國言之，則杞比於宋尤不足徵是也。愚謂以二代之禮言之，則杞、宋皆可歎已。對時王之禮言之，則夫子殷人也，不忍言宋之不足徵也。故夏禮曰説，殷禮、周禮皆曰學，而幸其有宋存焉。然雖有僅存，而非當世之法也。故又曰：『吾學周禮，今用之，吾從周。』親親而尊尊，有哀傷不滿之意焉。」附《蒙引》：此兩節，分應首節三意。○其云孔子既不得位，則從周而已者，非以不得位三字應有德無位説。此又有意在，爲孔子若得位，則斟酌四代，不專於從周矣。故云。○夏謂之「吾説」者，夏禮當時無可學處。但孔子旁搜博採，或聞一以知十，或因一以推百，故僅可得而説。即所謂「夏禮，吾能言之」者也。○顧麟士曰：「三言之，曰禮、度、文。兩言之，曰禮、樂。一言之，曰禮。其實亦一也。」

右第二十八章。承上章爲下不倍而言，亦人道也。《通考》史氏伯璿曰：「此章專言費之小者，而隱在費之中，亦是以此發明人道也。」

王天下有三重焉，其寡過矣乎！王，去聲。

吕氏曰：「三重謂議禮、制度、考文，惟天子得以行之，則國不異政，家不殊俗，而人得寡過矣。」《通考》黄氏洵饒曰：「『王天下有三重焉，其寡過矣乎。』人能寡過者，謂堯舜之世民仁壽，桀紂之世民夭鄙。而人得寡過矣之人，天下之人也。」附《蒙引》：非謂天下寡過，謂天下之人得以寡過也。下文所云世爲天下道者此也。○《章句》「國不異政，家不殊俗」，正所謂同軌、同文、同倫。國家分説，諸侯有國，大夫以下有家。政在上，俗在下。觀政於朝，觀俗於野。

上焉者雖善無徵，無徵不信，不信民弗從。下焉者雖善不尊，不尊不信，不信民弗從。

上焉者，謂時王以前，如夏、商之禮，雖善而皆不可考。文獻不足徵。下焉者，謂聖人在下，如孔子雖善於禮，而不在尊位也。

三山陳氏曰：「前乎周爲夏、商，禮非不善，然於今無可徵，民將駭而不信，下而不達。如孔子德非不善，然不得顯位以行之，民亦將玩而不信。」○問：「程子以上焉者爲三王以前，下焉者爲五霸諸侯之事。朱子之説不同，何也？」蛟峰方氏曰：「上焉者無徵，則夏、商也，經已言之。下焉者不尊，舍孔子誰當之？若五霸，則其善不足稱矣。故上焉者無徵，則當以時言；下焉者不尊，則當以位言。」附《蒙引》：上焉者，下焉者，則非當時之王天下者也。○無徵不信，不尊不信，俱無民字。下文言「不信民弗從」者，蓋無徵與不尊，則在己自無以取信於人，是不信，不信則在人便自無可從之理。故民乃弗從，不可於不信上就説民不見信也。○上焉者，不可露出夏、商字，只言時王以前則可。下焉者，不可露出孔子字，只言聖人在下者則可。

故君子之道，本諸身，徵諸庶民，考諸三王而不繆，建諸天地而不悖，質諸鬼神而無疑，百世以俟聖人而不惑。

此君子指王天下者而言，其道即議禮、制度、考文之事也。本諸身，有其德也。徵諸庶民，驗其所信從也。建，立也，立於此而參於彼也。天地者，道也。鬼神者，造化之迹也。百世以俟聖人而不惑，所謂聖人復扶又反。起，不易吾言者也。朱子曰：「此天地只是道耳。謂吾建於此，而與天地之道不相悖。」○問：「鬼神只是龜從、筮從，與鬼神合其吉凶否？」曰：「亦是。然不專在此，只是合鬼神之理。」○此段第一句、第二句，是以人己對言。第三句、第六句，是以已往方來對言。第四句、第五句，是以隱顯對言。○雲峰胡氏曰：「朱子謂先須識取聖人功用之大，及其氣象規模廣闊處。蓋大而議禮制度，小而考文，莫不有以新天下之視聽，而能一天下之心。徵諸庶民而庶民合，建諸天地而天地鬼神合。前聖之已往、後聖之未來無不合者，其功用如此宏大悠遠，而其本領只在人主一身上。前章曰有其德，此曰本諸身，《章句》曰本諸身者，有其德也。前章言無德位而作禮樂，其終也災必逮身，此言有德有位而作禮樂，其始也必本諸身。事有不本諸身而爲之者，其末也。災不逮身者，鮮矣。」○東陽許氏曰：「本諸身以下六節，只是本諸身一句是致力處，下五節皆以爲徵驗爾。君子之道，即上三重。謂有位之君子，行此三重之道，必本於此身之有德，則自有下五者之應。若下五者不應，是身無其德也。則用其力以脩德。」《通考》黄氏洵饒曰：「建諸天地而不悖，與天地同體。質〔證也。〕諸鬼神而無疑，與天地同用。百世以俟聖人而不惑，先聖後聖，其揆一也。」附《蒙引》：六事，一節説深一節。首身，次民，次三王，次天地鬼神，則至幽者。百世之聖，則至遠者。○本諸身，徵諸庶民，此本字、徵字不要把對下句考字、建字、質字、俟字看，要把來對不繆、不惑、不悖字方是。故解云「本諸身，有其德也」，非謂今方反身以脩德也。「徵諸庶民，驗其所信從也」，非謂今方去驗他也，是已驗者也。此信從二字，是上文信從字，蓋以其又有時位也。○《存疑》：「考諸三王」四句，一言以蔽之，曰理而已。故下文言知天知人，《章句》曰知其理也。○顧麟士曰：「六事如此也。是故君子動而節，有譽於天下也。末節引《詩》總結之。徵庶民以下，雖曰皆是效驗，然不要看得與動而處一樣。朱子説功用宏大悠遠，最是。」

質諸鬼神而無疑，知天也；百世以俟聖人而不惑，知人也。

知天知人，知其理也。朱子曰：「此段説知天知人處，雖只舉後世與鬼神言，其實是總結上四句之義。」○北溪陳氏曰：「鬼神，天理之至也。聖人，人道之至也。惟知天理之至，所以無疑。惟知人道之至，所以不惑。」《通考》東陽許氏曰：「此章上文四句，下文兩句，却只説鬼神聖人二者。蓋鬼神乃天地氣之靈者，鬼神即該天地一句，而以知天結之。先聖後聖一揆，即後聖該三王一句，而以知人結之。」○史氏伯璿曰：「意者天地著，鬼神幽幽者難知。三王已然，後聖未然。未然者難知，故二句但從難知者言之爾。清所章先生嘗謂不謬不悖不是知意，無疑無惑正是知意，故以此結之也。但上文六句，而此只言四句，抑有説乎！蓋本諸身而未徵諸庶民，無以驗其德之可以通天下之志與否也。徵諸庶民而不考諸三王，則霸者之民驩虞如也，亦豈足爲信從之正哉！故必考諸三王不謬，然後身所本，民所徵，皆合乎前聖之成法，自然有建天地、質鬼神、俟後聖之必然者矣。此所以但以四句言也。」○黄氏洵饒曰：「二十章知人知天，與此道一意。但知人，彼以知人之賢否言，此知人就百世以俟聖人而不惑上説。」附《存疑》：知天知人，推原制作之無不合也。惟其知天，故制作合於天，天地鬼神皆天也。惟其知人，故制作合於人，聖人人之至也。然天人無二理，知天知人非二事。知人之至，則知天也。故曰知其性，則知天矣。惟知人而至於知天，故制作合於人而又合於天，不可分説。○知天而制作合於天，知人而制作合於人，豈有二項制作耶？本文只是分屬之耳。須得其意，勿泥其辭。○聖人議禮、制度、考文，一拜一揖，一分一寸，一點一畫，都是隨物稱量過，使不差毫釐。若不是窮理之至，衆物之精粗隱顯無不盡，安能如此？故《蒙引》曰以知其理無不盡，故做得來合其理。○《淺説》：既曰本諸身，則知該知天知人之意矣。

是故君子動而世爲天下道，行而世爲天下

法，言而世爲天下則。遠之則有望，近之則不厭。

動兼言行而言，道兼法則而言。法，法度也。則，準則也。三山潘氏曰：「行有成迹，故可效法。言只言其理如此，未有事迹可據，故人準則之。」○陳氏曰：「遠者悦其德之被，故有企慕之意。近者習其行之常，故無厭斁之心。」○雲峯胡氏曰：「上文言質鬼神、俟百世，要其終也。故申言徵庶民之意，原其始也。」附《存疑》：「故君子動而世爲天下道」以下，是言寡過。蓋君子三重之道，至於動爲道，遠有望而近不厭，則天下之人得寡過矣。○《蒙引》：動、言、行，皆指三重，言是三重之見於號令議論者也，行是三重之自盡於吾身而措諸天下者也。

《詩》曰：「在彼無惡，在此無射。庶幾夙夜，以永終譽。」君子未有不如此，而蚤有譽於天下者也。惡，去聲。射，音妬。《詩》作斁。

《詩》，《周頌·振鷺》之篇。射，厭也。所謂此者，指本諸身以下六事而言。陳氏曰：「『在彼無惡』是應『遠之則有望』。『在此無射』是應『近之則不厭』。『庶幾』『終譽』是應『世爲天下道』三句意。『蚤有譽』又總結『以永終譽』意。」新安陳氏曰：「永終譽，要其終而言，蚤有譽，由其始而言。蚤有譽尚易，永終譽尤難。君子之道，本不欲干譽也，自然有譽者，乃本諸身之驗，所謂徵諸庶民是也。」○雲峯胡氏曰：「引《詩》『在彼無惡，在此無射，以永終譽』，徵諸民也；『庶幾夙夜』，本諸身也。」《通考》東陽許氏曰：「《振鷺》，二王之後助祭之詩。引之則所謂在彼無惡，即遠之有望之意。在此無斁，即近之不厭之意。言君子德盛道行，民之敬慕愛戴如此。故下文如此之此，指本諸身以下六事也。」○何潛齋曰：「引《詩》無惡無射，所以證上文而結之。此令聞令望所以著於天下也。」○史氏伯璿曰：「竊意『未有不如此而蚤有譽』，當看未有二字，正是謂必有本諸身以下六事，方有永終之譽，却不是未能有此六者，而先有譽也，故曰未有。蚤即先之意，對不字而言。故饒氏以爲猶遽也。陳氏以蚤有譽爲始爲易，不知子思之意，正是以爲無蚤有譽之理。」○黄氏洵饒曰：「『是故君子動』字是小支，『行而世爲天下法』是小節，解行言即動，天下法、天下則即天下道。」附《淺說》：「是故君子動而」云云，所以然者，以三重之道，盡善故也。向使君子之道，或不本諸身而徵庶民，而未能不謬不悖不疑不惑焉。則亦安能以致是哉？《詩》曰「在彼無惡，在此無射」。彼此皆善，無往不宜，則庶幾夙夜之間，得以永終其美譽矣。夫永終美譽，必本於無惡無射。如此可見君子三重之制作，未有不由於六事之兼備，而能行爲世法，言爲世則，遠有望，近不厭，而蚤有譽於天下者也。

右第二十九章。承上章居上不驕而言，亦人道也。新安倪氏曰：「按，番陽李氏云：『《章句》取二十七章結語，分屬後二章，以愚好自用章言爲下不倍，然有位無德則居上不驕者也。以三重章言居上不驕，然下焉者雖善不尊，則爲下不倍者也。』愚謂此二章皆平應居上不驕，爲下不倍二語，不必分屬二章。李氏斯言亦不爲無理，但聖賢立言，自有賓主。前章有位無德不敢作禮樂，與章首愚好自用一句相應而相反，是固以居上而言。然全章除此語外，於賤者特詳實，則主爲下不倍而言也。此章『下焉者雖善不尊，不信而民不從』，以對『上焉者雖善無徵』，是固以爲下而言。然全章除此語外，於王天下之君子尤詳實，則主居上不驕而言也。以是觀之，何用必疑於《章句》之分屬哉！」《通考》史氏伯璿曰：「此章專言費之大者，而隱在費之中，亦是以此發明人道。」○朱氏公遷曰：「《中庸》二章，前章爲在下位者言之，故重在位。後章爲在上位者言之，故重在德。有德有位，斯可用損益之權矣。」

仲尼祖述堯舜，憲章文武，上律天時，下襲水土。

祖述者，遠宗其道。憲章者，近守其法。律天時者，法其自然之運。襲音習。水土者。因其一定之理。皆兼內外、該本末而言也。朱子曰：「下襲水土，是因土地之宜。所謂安土敦乎仁，無往而不安。」○北溪陳氏曰：「前言堯、舜、文、武、周公能體中庸之道，此言孔子法堯、舜、文、武，以體中庸之道也。宗師堯舜之道，堯舜人道之極也。效法文武之法，三代法度至周而備也。天時者，春夏秋冬之四時，聖人法其自然之運。水土者，東西南北之四方，聖人因其一定之理。朱子謂此兼内外、該本末而言。其律天時，如不時不食，迅烈必變；其襲水土，如居魯逢掖，居宋章甫，乃其事也。其律天時，如仕止久速，皆當其可；其襲水土，如用舍行藏，隨遇而安，乃其行也。行以内言，本也。事以外言，末也。蓋聖人能盡中庸之道，所以精處如此，粗處亦如此。」○潛室陳氏曰：「祖述者，法在其中。憲章者，道在其内。律天時者，大則顯晦屈伸，小則飲食寢處。襲水土者，大則坎止流行，小則採山釣水。細底道理爲本爲内，粗底道理爲末爲外。」○雙峰饒氏曰：「上二句，言學之貫乎古今。下二句，言學之該乎穹壤。」○雲峰胡氏曰：「中之一字，堯舜始發之。自堯舜至文武，相傳只是此中。天時、水土，亦只是此中。於堯舜曰祖述，於文武曰憲章，於天時曰上律，於水土曰下襲，便見夫子之時中。遠宗其道，法不在乎道之外；近守其法，道皆寓乎法之中。此兼内外該本末而言也。律天時，如不時不食是末，夫子聖之時是本。襲水土，如居魯而逢掖是末，安土敦乎仁是本。此兼内外該本末而言也。」○蛟峰方氏曰：「中庸之道，至仲尼而集大成，故此書之末，以仲尼明之。」《通考》韓氏古遺曰：「仲尼祖述堯舜之道，内也，本也；憲章文武之法，外也，末也。然文武之法，本乎堯舜之道，堯舜之道，見於文武之法，則内外兼，本末該也。所因天時之運，内也，本也；所襲水土一定之理，外也，末也。然水土一定之理，本乎天時自然之運，然天時自然之運，見於一定之理，則内外兼，本末該也。」○黄氏洵饒曰：「堯舜之道，見於文武之法。文武之法，本乎堯舜之道。遠宗其道，則内兼外，本該末。近守其法，則外兼内，末該本也。天之自然之運，見於一定之理；地之一定之理，本乎天之自然之運。法其自然之運，則亦内兼外，本該末。因其一定之理，則亦外兼内，末該本也。皆兼内外，該本末。」○道無非法，法無非道。遠宗其道，法在其中。近守其法，道在其中。自然之運，見於一定之理。一定之理，本乎自然之運。○道是法，其自然之運，是内本。因其一定之理，是外末。該本末者，道無非法，法無非道。言道則法在其中，言法則道在其中。此下標註之意尤詳。○黄氏四如曰：「聖聖相傳者道，自堯舜而始明，夫子所以遠宗，而法在其中。道之所寓者德，德至文武而後備，夫子所以近守，而道在其中。帝王一中庸也。天時，天運行之節。夫子後天而奉天時，所以上律天時，律即法也。水土，地生成之常。夫子安土敦仁，所以下襲水土。天地一中庸也，既法帝王，又法天地，亦循中庸而已。」○勿軒熊氏曰：「此言夫子作聖工夫，祖述、憲章所以盡乎人之道，上律、下襲所以盡乎天地之道。」○史氏伯璿曰：「或疑經文祖述、憲章、上律、下襲四者，《章句》既曰皆兼内外，該本末，而《或問》但言上律、下襲二者，不及祖述憲章之意。蓋目雖有四，事不過二。堯舜之道，文武之法，不過即於上律、下襲之中見之。堯舜文武所以施之天下國家，何者不是上律、下襲之事。夫子遠宗近守，亦在於上律、下襲而已。或又疑《或問》所言夫子上律、下襲之實，不知當以何者爲本爲内，何者爲末爲外耶？曰：事理本不相離，精粗初無二致，若本自本，末自末，内自内，外自外，則理爲虚器，事爲粗迹，精粗皆不相干矣。姑以得夏時贊易一端言之，❶則以建寅之月爲歲首，與爻畫象數皆其粗者，所謂末與外也。至於正之所以當建寅，爻畫象數之所以生生不窮，則有至理存焉，即其精者，所謂本與内也。推此一端，餘可見矣。」附《淺説》：承上數章，言天道、人道之事盡矣。於此復以仲尼之事終之，以見中庸之道，盡於群聖人而集其大成於夫子也。意謂精一執中，道實始於堯舜，仲尼則遠而祖述其道，謨烈啓後；法莫備於文武，仲尼則近而憲章其法。天時有自然之運也，仲尼則隨時變易，而上律乎天時。水土有一定之理也，仲尼則隨處皆安，而下襲乎水土。夫堯舜、文武，天時、水土，皆道之所在也。仲尼祖述憲章，上律、下襲，則是於天下之理巨細精粗察之、由之，無毫髮之不盡，而自始至終，無頃刻之間斷矣。○《蒙引》：上律天時，凡隨時變易以從道者，皆是也。下襲水土，大凡隨寓而安宜於土俗者，皆是也。○或問：「以仕、止、久、速各當其可爲上律天時，以用舍行藏、隨寓而安爲下襲水土，似若無别。」曰：「用舍行藏與仕止久速，似無不同。若各當其可，則附於時。隨寓而安，則附於地，亦略有别。」○凡此祖述憲章，上律、下襲者，非可以一端言，非可以一事盡也。或外或内，無不兼該；或本或末，無少欠缺。蓋舉天下之理，一以貫之而無遺矣，故能如天地之無不持載，無不覆幬，如四時之錯行，如日月之代明也。朱子立此兼内外、該本末云者，正爲下文辟如云云而設。而或者誤以

❶「姑」，原作「始」，今據哈佛本改。

爲預爲下文之大德小德而設也。○《存疑》：天時自然之運，本於太極，一動一静，互爲其根，命之所以流行而不已也。水土一定之理，本於太極，分陰分陽，兩儀立焉，分之所以一定而不移也。聖人太極之全體也，故動静相生，與天同運而不違；動静各定，與地並止而不易。事如是而心亦如是，兼内外也。根本如是，細末亦如是，該本末也。觀《鄉黨》一篇，自宗廟朝廷以至飲食寢處之類，纖纖瑣瑣，無不具備，其該本末可見。「子見齊衰」註，謂聖人之誠心内外一致，則兼内外亦可見矣。○《淺説》：兼内外，該本末，内以心言，外以事言，本以事之大者言，末以事之小者言。外有本末，内亦有本末。蓋大而君臣父子，小而動静食息，而此心逐事爲之主宰管攝，有是事則有是心，故曰内亦有本末也。

辟如天地之無不持載，無不覆幬，辟如四時之錯行，如日月之代明。辟，音譬。幬，徒報反。錯，猶迭也。陳氏曰：「如四時之相交錯，寒往則暑來，暑往則寒來。如日月之更相代，日升則月沉，月升則日沉。」此言聖人之德。雙峰饒氏曰：「此章言孔子之德。如地之無不持載，謂乘載得天下許多道理，無一之不盡。如天之無不覆幬，謂括得天下許多道理，無一之或遺。錯行代明，謂夫子之道無所不備，當剛而剛，當柔而柔，可仕而仕，可止而止，亦如寒暑之迭用，日月之互照。然持載如地，博厚之至也。覆幬如天，高明之至也。錯行代明，如日月悠久之至也。」○新安陳氏曰：「此所取譬，上二句，以天地之定位言。下二句，以陰陽之流行言。」《通考》黄氏四如曰：「無不覆載，道廣大之體。錯行代明，道變通之用。辟如以下四句，夫子與天地相似，故不違底意思。夫子得是道之高明，故無不覆，得是道之博厚，則無不載。夫子兼天地覆載，備四時日月於一身。天地育萬物，有榮悴生滅，而夫子道内生意常自如。日月四時有盈昃愆伏，而夫子之道歷萬世不朽。是夫子爲大，而天地爲小。」○勿軒熊氏曰：「就後兩截看上一截，是言夫子之德與天地之全體同其大。」附《淺説》：自其無一物之不盡者言之，則「辟如天地之無不持載，無不覆幬」焉；自其無一時之間斷者言之，則「辟如四時之錯行，如日月之代明」焉。是聖人之道，直與天地同其大也。○《蒙引》：「辟如天地之無不持載，無不覆幬」，此言夫子之祖述憲章，上律下襲，則萬理兼該，衆善悉備。所謂「洋洋乎！發育萬物，峻極于天。優優大哉！禮儀三百，威儀三千」。無不兼收並蓄而無遺矣。○鄭註曰：「幬，亦覆也，或作燾。」○顧麟士曰：「《章句》言聖人之德，是透照下大德、小德兩德字。」

萬物並育而不相害，道並行而不相悖，小德川流，大德敦化，此天地之所以爲大也。

悖，猶背音佩。也。天覆地載，萬物並育於其閒而不相害。四時日月，錯行代明而不相悖。北溪陳氏曰：「天無不覆，地無不載，大化流行，萬物止其所而不相侵害也。四時錯行，日月代明，一寒一暑，一晝一夜，似乎相反而實非相違悖也。」所以不害不悖者，小德之川流。所以並育並行者，大德之敦化。小德者，全體之分。大德者，萬殊之本。新安陳氏曰：「小德如言小節，大德如言全體。此言天地造化之理。小德者，一本之散於萬殊者也。大德者，萬殊之原於一本者也。」川流者，如川之流，脉絡分明而往不息也。敦化者，敦厚其化，根本盛大而出無窮也。此言天地之道，以見形甸反。上文取辟之意也。朱子曰：「大德，是敦那化底。小德，是流出那敦化底出來。這便如忠恕，忠便是做那恕底，恕便是流出那忠來底。如中和，中便是大德敦化，和便是小德川流。只是一箇道理。」○此言天地之大如此。言天地，則見聖人矣。○黄氏曰：「天命之性，即大德之敦化。率性之道，即小德之川流。大德敦化是體，小德川流是用。大德是心之本體，無許多大底，亦做不得小底出來。」❶○雲峰胡氏曰：「天能覆而不能載，地能載而不能覆，春夏生長，秋冬肅殺，日明乎晝，月明乎夜，是各得陰陽之偏。而聖人之德，則會夫陰陽之全。小德川流，是其粲然者也。大德敦化，是其渾然者也。渾然者，所以並育並行，而粲然者已包於其中。粲然者，所以不害不悖，而亦不過自渾然中流出。故粲然者，全體之分，即所謂率性之道，即所謂時中之中。渾然者，萬殊之本，即所謂天命之性，即所謂未發之中。

❶「得」，原作「德」，今據《四書通》及《四書大全》改。

大德敦化四字，即是首章大本二字。《章句》以謂根本盛大而出無窮，即首章《章句》所謂『天下之理皆由此出』者也。始以天地喻夫子，終謂夫子即天地，且不曰天地之大，而曰天地所以爲大，夫子其即太極矣乎。」《通考》黄氏洵饒曰：「二十七章道之大、道之小，十二章費之大、費之小，皆此章小德之川流。所以然者，大德之敦化也。小德川流本乎大德敦化，大德敦化見於小德之川流。《孟子》、《論語》言大德小德，皆《中庸》小德之川流。所以然者，皆大德之敦化。小德川流，如夫子之一貫。小德者，使萬物各得其所，全體之分，此一物一太極也。大德者，至誠無息，萬殊之本，此萬物體統一太極也。」○黄氏四如曰：「並育，指無不覆載言。並行，指錯行代明言。小大德二句，此章綱領。大德者，夫子得是道之體，如無不覆載，並育並行也。小德者，夫子得是道之用，如祖述憲章，上律下襲，不害不悖是也。夫子能盡中庸之道，所以小處如此，大處亦如此。」○勿軒熊氏曰：「此下一截，是贊夫子之德，與天地之妙用同其化。此天地所以爲大一句，總結上文。」○東陽許氏曰：「此章三節，一節言聖人工夫，二節言聖人之德如天地，三節言天地之大。兩『辟如』，既以天地比其經，又以四時比其緯。祖述、憲章，即考諸三王而不謬。上律、下襲，即建諸天地而不悖。」附《淺説》：然天地之道，果何如其大耶！彼天覆地載，萬物並育於天地之閒，而且性命各正，初不見其相侵害焉。四時日月，其道並行於天地之閒，而且往來循序，初不見其相違悖焉。其所以不害不悖者，蓋太極判而爲陰陽，陰陽判而爲五行，分布散殊，而各一其性，是其小德之川流也，此其所以不害不悖焉。其所以並育並行者，蓋五行一陰陽，陰陽一太極，統一渾淪而於穆不已，是其大德之敦化也，此其所以並育並行焉。天地之道如此，此天地所以爲大也。聖人祖述憲章，上律下襲，則其一理渾然而泛應曲當，何以異於是哉？○小德大德，推入一層説，乃並育並行、不害不悖之所以然也。《或問》曰：「高下散殊者，小德之川流。」此高下散殊，不以物之形迹言，所謂冲漠無朕而萬象森然已具者也。○《蒙引》：萬物並育而不相害，謂其不相妨害，並生天地之閒也。或者乃謂虎狼殘獸，鷹犬搏兔，獺之敺魚，鸇之敺雀，爲有相害者，不然也。有生之理稟於天，固不以此而遏彼。有生之後，則隨其五行之生尅以爲消長之機者，❶亦理勢之自然而然，亦不害於並育也。要之，只是論其各具一理而已，《易》所謂「物各得宜，不相妨害」者也。○並育並行，是統而觀之。不害不悖，是析而觀之。並育並行與不害不悖，是同時事，可以分合論，不可以先後論。○並育並行，就把作大德敦化則不可。蓋所以並育並行者，乃大德之敦化也。一元之氣，於穆不已，是乃天地之根，四時之機，日月之精，萬物之命，正所謂天地之化育者。而萬物之所以並育，道之所以並行者，此也。並育並行，雖非大德之敦化，而大德之敦化亦不可外並育並行而他求也。不害不悖之所以爲小德之川流者亦然。○此一節，主天地言，不主萬物及日月四時也。○萬物、日月、四時，皆在外者。小德、大德，是在内主張之者。○並育並行，不害不悖者，氣化也，形化也，非德也。故大德小德，須從内面説，而於聖人小德大德，亦須以此意求之。○小德者，全體之分，全體即大德也。大德者，萬殊之本，萬殊即小德也。○此天地之所以爲大也。不要太泥「所以」字，要看「爲」字意。不必謂是推本其所以大，乃是備言其所以爲大之實也。○《存疑》：不相害，只是各成箇物，都不相混亂，如羽毛不入鱗甲意，不是物相殘害。○並行，不是相並而行。四時日月，各行於天地閒，故曰並，謂皆有行也。以其循序更迭，故不相悖。○看來大德小德，只「天命之謂性」一句便了。自命處説，則曰大德敦化。自性處説，則曰小德川流。一自源頭説，一自承受説。○顧麟士曰：「《章句》『天覆地載，萬物並育於其閒』，『於其閒』三字妙。故曰主天地，不主萬物。」

右第三十章。言天道也。東陽許氏曰：「二十六章言聖人至誠與天地同道，自『天地之道，可一言而盡』以下，但言天地之盛大，則聖人之盛大自見。此章先言聖人與天地同道，自『萬物並育』以下，亦但言天地之大，則聖人之大自見。前章則引文王之詩以結之，此章則以孔子之所行起之二章相表裏，無非形容聖人之德也。」《通考》史氏伯璿曰：「此章兼費隱、大小而言。蓋小德大德，隱也。川流敦化，則費矣。小德川流，是費隱之小者。大德敦化，是費隱之大者。是以此發明天道。又此章小德

❶「尅」，原作「克」，今據哈佛本改。

川流，大德敦化，是就天地分上言，包人物於其中。故交互分費隱，詳見三十二章之末。」○又曰：「許氏云：『《中庸》分四大節。前三節，皆以孔子結之。第一節，自性命之原言之，次以大舜、顔淵、子路三達德爲入道之門，其後則曰「吾弗爲之」「吾弗能已」，是以孔子折衷之也。第二節言費隱，其下歷敘大舜、文、武、周公，而次以孔子論政，繼群聖之後也。第三節言誠，反覆於天道人道，得時措之宜，垂萬世之法，非孔子不可也。後二章至聖至誠，亦就此章而言其極爾。』此説深有助於《章句》，顯見饒氏以哀公問政章爲不全，是孔子之言與『大哉聖人之道』以下六章自爲一節，不可分天道人道者之不然耳。」○朱氏公遷曰：「此章因論聖人，而以天地之道明之。但前章因至誠無息而言，故以流行不息者爲體，發育之盛多者爲用。此章因小德大德而言，故以發育流行之各有條理者爲用，發育流行之渾浩無窮者爲體也。○自天地之道言之，則其道爲至極，故曰此天地之所以爲大也。自道之全體言之，則雖天地亦有不能盡，故曰天地之大，人猶有所憾也。」

唯天下至聖，爲能聰明睿知，足以有臨也；寬裕温柔，足以有容也；發强剛毅，足以有執也；齊莊中正，足以有敬也；文理密察，足以有別也。知，去聲。齊，側皆反。別，彼列反。

聰明睿知，生知如字。之質。臨，謂居上而臨下也。其下四者，乃仁義禮智之德。文，文章也。理，條理也。密，詳細也。察，明辨也。朱子曰：「仁義禮知之知，與聰明睿知，便是這一箇。禮知是通上下而言，睿知是擴充得較大。睿只訓通，對知而言。知是體，睿是深通處。文理密察，此是聖人於至纖至悉處無不詳審，且如一物初破作兩箇，又破作四片，若未恰好又破作八片，只管詳密。文是文章，如物之文縷。理是條理，每事詳密審察，故曰足以有別。」○陳氏曰：「上一句包説下四句，方細破分仁義禮知。説仁，則度量寬大，故曰有容。義，則操執牢固，故曰有執。禮之施敬而已，故曰有敬。智足以分別事物，故曰有別。四者皆從聰明睿知中細破分條貫說來。」○雙峰饒氏曰：「《章句》以四者爲仁義禮知之德，如此，則只是四德。於溥博之下，又言五者之德，何也？此章專說小德，就五者而論，則聰明睿知又是小德之大德。聰屬耳，明屬目，睿知屬心。睿則能思，知則能知。思屬動，魂之爲也。知屬靜，魄之爲也。心者魂魄之合。魂能知來，有所未知，則思索而知之，陽之靈也。魄能藏往，其已知則存而記之，陰之靈也。一陰一陽，相爲配對。」○新安陳氏曰：「唯至聖之德，有此生知仁義禮智之體，故見於有臨、有容、有執、有敬、有別之用也。」《通考》東陽許氏曰：「聰者，無所不聞。明者，無所不見。睿者，無所不通。智者，無所不知。此生知之聖，總下四者而言，言其資質也。寬，廣大。裕，優厚。溫，溫和。柔，順從。此仁也。仁者度量寬廣，足以容物，故曰有容。發，奮起。强，有力。剛，不屈。毅，堅忍。此義也。義則操守堅固，故曰有執。齊，心之齊。莊，貌之嚴。中，無過不及。正，不偏不倚。中正，以臨事言。此禮也。文理密察，知也。四者言其成德也。」又曰：「臨者，自上臨下之義，此謂聖人之德首出庶物，然後足以臨下。」○黃氏洵饒曰：「聰明睿智，此是小支。足以有臨，包下文四者而言。寬裕溫柔以下是節解。」附《蒙引》：聰雖以耳，而所以聰者心也。明雖以目，而所以明者心也。睿知，則純以心言。○《存疑》：《通書》云：「思曰睿，睿作聖。」註云：「不思則不能通微，不睿則不能無不通。」睿義可得矣。○睿與智並言，則智是心體之明，睿是能通乎微。專言智，則兼得睿。○《蒙引》：禮智之智，雖人之所同。睿智之智，聖人之所獨。睿智視禮智，其所知，尤爲敏而詳耳。但此言智之德曰文理密察，則亦非衆人所得而同者也。以下五德，俱以心言。○裕深於寬，溫深於裕，柔又深於溫。發謂奮發，强則有立，剛則所立不橈，毅則又有不息之意。是强深於發，剛深於强，毅又深於剛也。齊謂心之齊一，莊亦謂心之端嚴，中正則又益細微矣。理深於文，密深於理，察又深於密也。○此歷舉聖人之德，未說行處，故一則曰足以，二則曰足以，言其德之具也。下文方說積中而發外處。○《存疑》：寬對窄言，有廣大意。裕對迫急言，有舒緩意。溫，和厚也，《論語》有訓。柔，柔順也，《易》有訓。○中正，亦就心上說。言齊莊而不言中正，其齊莊處或未至純粹也。

○一不獨立，三則爲文，萬理燦然於吾心，是文章也。燦然之中，條理不紊，是條理也。各條理之中，又極詳細而無忽略，詳審精密，不使有毫釐之差，是密也。決是非於疑似，別可否於毫釐，所謂析之極其精，是察也。

溥博淵泉，而時出之。

溥博，周遍而廣闊也。淵泉，静深而有本也。朱子曰：「泉便有箇發達不已底意。」○新安陳氏曰：「泉之出，必有本原也。溥博淵泉四字，總詠狀上所列五德之體段。」**出，發見**形甸反。下同。**也。言五者之德，充積於中，**溥博淵泉。**而以時發見於外也。**新安陳氏曰：「當用仁時，則仁發見，當用義時，則義發見之類。」附《蒙引》：溥，周遍之義。蓋自一事一物，以至於萬物之理無不備，是爲周遍也。博，廣闊之義，蓋自几席之近，以至於四方萬里之遠，其理無不該，是爲廣闊也。凡此皆以其充積於中者言也。○淵，静深也。泉，源本也。故《註》曰有本，當分貼。淵泉二字，皆假借字，非譬喻也。下章「淵淵其淵」，只註云「淵淵，静深貌」，可見有本是解泉字。○《存疑》：溥博淵泉。《或問》曰：「以性言，則曰仁義禮智，而四端五典、萬事萬物之理，無不統於其閒。」此溥博之説也。《章句》「大本者天命之性」，「天下之理皆由此出」，「道之體也」，此淵泉之説也。只是「萬物皆備於我」，「中者天下之大本」兩句，更無長説。○時出，如時乎容也，而仁之德出焉。其以天下爲一家，中國爲一人，教思無窮，保民無疆，以至於以大事小。樂天者，仁之容也。時乎執也，而義之德出焉。凡其去奸革弊，誅暴鋤亂，罰不避親，賞不避讐者，皆義之執也。時乎敬也，而禮之德出焉。如恭己正南面，齊明盛服，以承祭祀者，皆禮之敬也。時乎別也，而智之德出焉。如人才之賢否，政事之得失，四海之利病，閭閻之幽隱，無不知不審者，知之別也。○《蒙引》：溥博淵泉四字，却有大德敦化意。誠以大德小德，亦不容判然不相干也。

溥博如天，淵泉如淵。見而民莫不敬，言而民莫不信，行而民莫不説。見，形甸反。説，音悦。

言其充積極其盛，而發見當其可也。新安陳氏曰：「溥博則如昊天，淵泉則如深淵。非極其盛而何？見言行，皆發見也。民所以莫不敬、信、悦，以當其可也。當其可之謂時，是接上文『時出』字而發揮之。下文『莫不尊親』，極言其敬信説也。」《通考》黄氏洵饒曰：「充積極其盛，指天淵。發見，指見言行。當其可，指敬信説。」附《存疑》：溥博如天，不是至此方如天如淵，至此方言其如天如淵也。「見而民莫不敬」亦然。○《淺説》：溥博淵泉云云，聖人之德如此，果何以狀其德之盛耶？驗其發之時耶？彼凡物之溥博，莫有過於天也，聖德溥博，則如天焉，而他物之溥博，不足以擬之也。凡物之淵泉，莫有過於淵也，聖德淵泉，則如淵焉，而他物之淵泉，不足以方之也。其充積之盛有如此，以其時出者言之，則威儀之見而民莫不敬，號令之施而民莫不信，政事之布而民莫不説，此可以驗其出之時焉。蓋時者，當可之謂也。使所出者有一之未當，則亦安能使天下之人皆敬之、信之、悦之哉？

是以聲名洋溢乎中國，施及蠻貊。舟車所至，人力所通，天之所覆，地之所載，日月所照，霜露所隊，凡有血氣者，莫不尊親。故曰配天。施，去聲。隊，音墜。

舟車所至以下，蓋極言之。配天，言其德之所及，廣大如天也。新安陳氏曰：「有是聖德之實，是以有是聖德之名。凡有血氣，人類也。尊之爲君，親之如父母，極覆載人所及處皆然。豈非德之所及，廣大如天乎！此章言達而在上之大聖人，其盛德之全體大用如此，可謂極至而無以加矣。可以當此者，其惟堯舜乎！」附《淺説》：又以其莫不敬、信、説者而極言之。蓋其發見當可，而民皆敬、信、説。「是以聲名」云云，霜露所墜，極天下之廣，凡有血氣而爲人類者，莫不景仰其德而尊之爲君，親之如父母，而敬之、信之、悦之者，有異地而無異人焉。是其德之所及，廣大如天焉。故曰配天。○《蒙引》：註「舟車所至」以下，蓋極言之，不可謂極言敬信悦也。若曰敬信説，則自聲名洋溢乎中國處，便是極言了。此謂極言天下去處也。

右第三十一章。承上章而言小德之川流，亦天道也。新安陳氏曰：「非謂五者之德爲小也，蓋以此五者分別而言之，又以發用言。

比下章之渾淪言之，而純乎本體者，則此爲小德之川流，而下章爲大德之敦化。章章明矣。」《通考》史氏伯璿曰：「饒氏云此章言小德即是費。愚謂言費則隱在費之中矣，亦是以此發明天道。又此章小德川流，是專就聖人分上言。故但爲費。」○朱氏公遷曰：「此章配天，與高明配天、溥博如天之天，兼形體與理言。但所指之天，以形體言，而聖人與之相準相形相似者，以理言。蓋理之天，未嘗離乎形體之天。」

唯天下至誠，爲能經綸天下之大經，立天下之大本，知天地之化育。夫焉有所倚？夫，音扶。焉，於虔反。

經、綸，皆治絲之事。經者，理其緒而分之。綸者，比毗至反。其類而合之也。經，常也。大經者，五品之人倫。大本者，所性之全體也。惟聖人之德極誠無妄，故於人倫各盡其當然之實，而皆可以爲天下後世法，所謂經綸之也。朱子曰：「經綸是用，立本是體。大本即中也，大經即庸也。經綸大經，立大本，即是盡此中庸之道。」○北溪陳氏曰：「經是分疏條理，綸是牽連相合。大經，即君臣、父子、兄弟、夫婦、朋友之大倫。大本，即是『中者天下之大本』一般。中乃未發之中，就性論。今所謂大本，以所性之全體論。如君是君，臣是臣，父是父，子是子，兄是兄，弟是弟，夫是夫，婦是婦，各有條理，一定而不亂，故曰經。如君臣之相敬，父子之相親，夫婦之相唱和，兄弟之相友睦，朋友之相切磋琢磨，牽比其倫類，自然相合，故曰綸。惟聖人極誠無妄，於人倫各盡其所當然之實，皆可爲天下後世之標準，故人皆取法之。」○雙峰饒氏曰：「如君君、臣臣、父父、子子，是分而理之。君仁於臣，臣敬其君，父慈其子，子孝其父，是比而合之也。」《通考》東陽許氏曰：「經是分其條理，綸是牽聯相合。先經之，然後可以綸之。分而言之，父當慈，子當孝，君當仁，臣當敬，各盡其道，此經之類也。合而言之，父子相處，必盡親親之仁。君臣相接，必盡絜矩之義。共成其善，此綸之類也。其於五品之人倫，事之大小，莫不皆然。此固至誠者之能事，而脩道之教，即在其中。」又曰：「無所倚只是至誠自然流出，不須着力去做底意思。」

其於所性之全體，無一毫人欲之僞以

雜之，而天下之道千變萬化，皆由此出，所謂立之也。其於天地之化育，則亦其極誠無妄者，有默契焉，非但聞見之知而已。北溪陳氏曰：「知字不可以聞見之知論，如肝膽相照一般。聖人之德極誠無妄，其於天地造化生育萬物之功與之脗合交契，渾融一體，所謂知也。」《通考》黄氏洵饒曰：「所性之全體，謂天命之性。盡其當然之實，謂建其有極。立之即致中。」此皆至誠無妄，自然之功用，夫豈有所倚著直略反。於物而後能哉？音扶。問：「夫焉有所倚？」朱子曰：「自家都是實理，無些欠缺，經綸自經綸，立本自立本，知化育自知化育，不用倚靠别物事，然後能如此。如『爲仁由己，而由人乎哉』之意。日用閒底都是君臣、父子、夫婦人倫之理，更不倚著人，只從此心中流行於經綸人倫處，便是法則。此身在這裏，便是立本。知天地化育，是自知得飽相似，何用靠他物。黄直卿云『便是不思不勉意思』，謂更不靠心力去思勉他。這箇實理，自然經綸、立本、知化育更不用心力。」○問：「《中庸》兩處説天下之至誠，而其結語一曰贊化育，一曰知化育。贊與知如何分？」曰：「盡其性者，是從裏面説將出去，故盡其性則能盡人物之性，以贊化育也。經綸大經，是從下面説上去，如脩道之教是也。立天下之大本，是静而無一息之不中處。知化育，則知天理之流行矣。」○雙峰饒氏曰：「大經是道，大本是性。性乃大經之本也。天地化育是命，又大經、大本之所自來也。」○雲峰胡氏曰：「首章由造化説聖人，故曰命、曰性、曰道，由體之隱達於用之費也。此章言聖人之所以爲造化，則曰道、曰性而後曰命，由用之費而原其體之隱也。前曰贊化育，此曰知化育。贊云者，至誠之功，有補於造化也。知云者，至誠之心，無閒於天地也。前章以時出之，是小德之川流，是時中之中。此章大本，是大德之敦化，是未發之中。首章曰『中者，天下之大本』，此則加以立之一字。大本是所性之全體，本無一毫人欲之僞。立之者，聖人所性之全體，無一毫人欲之僞以雜之也。立字不是用力字。」《通考》朱氏公遷曰：「誠以心言，聖人之事也。至誠前知，言至誠之能事。至誠贊化，及至誠經綸，言至誠之功用。至誠無息，言其德。『徵則悠遠』以下，指其驗於天下之氣象、功効而言也。無息則與天地相配，贊化則與天地相參，知化則與天地相合，無息則與天地合其德，前知則與鬼神合其吉凶。」

附《蒙引》：「惟天下至誠」，此只是提起聖人之名號。○「經綸天下之大經」，經綸只自聖人一身而言，天下大經與天下之大本同例，不是天下人之大經，而聖人經之以爲天下法也。只是聖人自盡其道如此，所謂人倫之至。故足爲天下後世法也。○《存疑》：經，理其緒而分之也，如今經布。綸，比其類而合之也，如今織布。○天下之大經，本自經綸。爲人不能盡其道，則其經亂而不整，其綸散而不相屬。○《蒙引》：聖人之德，極誠無妄。以其心言，本也，當然之實。以其理言，用也，同一實理也。○知化育，内含有廣大意。天地之化育至廣大，能知之，則己之道亦廣大也。故曰「浩浩其天」。○《存疑》：至誠知化育，亦自其經綸立本處有以知之也。經綸立本到知化處，窮理盡性以至於命也。窮神知化，德之盛也。○《蒙引》：夫焉有所倚，所謂「由仁義行，非行仁義」之意。但凡學力所就者，必有所倚著。或憑師友之講明，或藉詩書之啓發，或待思而後得，或待勉而後中，是皆有所靠取，有所憑藉，非天然自能也。○《淺説》：天地化育，即大本之所自來。而大經之所從出，亦一誠而已。聖人之誠與之默契。其感而遂通者，即其誠之通。其寂然不動者，即其誠之復。動静語默，建諸天地而不悖。卷舒變化，質諸鬼神而無疑。所謂知化則善述其事者也，非但知之之明而已。凡若此者，皆至誠自然之能。夫豈倚著於思勉而後能哉！經綸者，道以誠行也。立本者，性以誠盡也。知化，則其誠之至於命也。要之，則至誠二字盡之矣，至誠之所以爲至誠者如此。○至誠無妄，自然之功用。此功用字，只作能字看，即所謂至誠之道也。與前章以博厚、高明爲功用者不同。

肫肫其仁，淵淵其淵，浩浩其天。肫，之純反。

肫肫，懇至貌，以經綸而言也。朱子曰：「肫肫其仁者，人倫之間，若無些仁厚意，則父子兄弟不相管攝矣。」○鄭氏曰：「肫肫，懇至貌。」程氏曰：「厚也。」吕氏曰：「純全之義。一云渾厚無間斷之貌。」○北溪陳氏曰：「經綸大經，須加懇切詳細之功，不可有急迫躁切之意。」○雙峰饒氏曰：「肫肫其仁如何以配經綸大經？蓋仁者人也，大經只是箇人道，人而不仁，何足以爲人？」淵淵，静深貌，以立本而言也。浩浩，廣大貌，以知化而言也。北溪陳氏曰：「静深則有根本而不竭，故以立本言。此誠與天地同其大，故其生育變化與天地同其功，故以知化言。」

其淵其天，則非特如之而已。 潛室陳氏曰：「如天如淵，猶是二物。其天其淵，即聖人便是天淵。」○雙峰饒氏曰：「肫肫其仁，是説道。淵淵其淵，是説性。浩浩其天，是説命。」問性命如何分天淵。曰：「性是成之者性，指已定之理而言也。命是繼之者善，指理之流行而賦於物者言也。二者有動静之分，故一屬地，一屬天。自聖人言之，則静定而存主處即是性，應用而流行處即是命。其與天地之理一也，故曰其淵其天。前章曰如淵如天，猶是聖人與天地相比並至。此曰其淵其天，則聖人與天地爲一矣。」《通考》黄氏洵饒曰：「肫肫之義，即《書》所謂『五禮、五惇哉』之惇義。同前章天淵承溥博淵泉而言，故先天而後淵。此章天淵承經綸、立大本、知化育而言，故先淵而後天。」○其孰能知之，與知天地之知同。○東陽許氏曰：「前言如天如淵，是衆人見聖人之溥博淵泉，以爲如天如淵也。此言其天其淵，是聖人見得一般。聖人溥博淵泉，真是天，真是淵，非但如之而已。」又曰：「上章至聖，是發見於外者，故衆人見其如天如淵，而凡有血氣者皆尊親之。此章至誠，是言其在中者，故曰其淵其天，而唯聖人能知聖人也。」附《淺説》：即此而觀之，可見其人倫日用之間，一慈愛之浹洽，彼此相與之際，一恩意之周流，而肫肫其仁矣。否則何以謂之經綸？曰：經綸則仁矣。私意不萌，而一性澄徹。物欲無閒，而萬理空涵，而淵淵其淵矣。否則何以謂之立本？曰：立本則淵矣。心存太虚，渾淪而無外，❶誠通造化，廣遠而無方，而浩浩其天矣。否則何以謂之知化？曰：知化則天矣。○其淵之淵字，只當静深字看。其天之天字，只當廣大字看。與其仁一例，不可謂即淵即天也。即字與如字無異，語意若曰肫肫然其懇至，淵淵然其静深，浩浩然其廣大也。

苟不固聰明聖知達天德者，其孰能知之？

聖知之知，去聲。

固，猶實也。鄭氏曰：「唯聖人能知聖人也。」 玉淵張氏曰：「上章云『凡有血氣者，莫不尊親』。此云『苟不固聰明聖知達天德者，其孰能知之』？上章言小德，條理分明，人所易見。此章言大德，無聲無臭，

❶「渾」，原作「運」，今據哈佛本改。

非聖人不能知也。」〇新安陳氏曰：「上章言至聖，故以聰明睿知言。《書》曰『睿作聖』，睿進一步即聖也。此章言至誠，見至誠即是至聖，故以聰明聖知言變，睿言聖，直指其爲聖人。唯至聖能知至誠也。此章述聖人至誠之功用，亦謂達而在上之聖人，而以唯聖人能知聖人結之，可以當此者。其唯以孔子而知堯舜乎！」《通考》朱氏公遷曰：「睿知聖知，以質言。仁義禮智，以性言。睿知聖知，是生知之質。若知者過之，則是氣質之偏。又臧武仲之知，亦由資稟而得之。知雖可稱，而未必天理之純全也。」**附**《淺説》：至誠之道如此。其妙未易知也。知之者其惟聖人乎！苟非有聰明聖智之資，而達仁義理智之德者，則心非至誠之心，而見猶滯於凡近，明非至誠之明，而知不免於推測。其於所謂經綸、立本而知化者，何足以知之哉？然則至誠之道，其真可謂之至精至妙者矣。〇顧麟士曰：「『固聰明聖知達天德者』九字，只是一箇人底名目，勿太分析以斷口氣。」〇《蒙引》：此聖字，即當睿字。《書》曰：「睿作聖。」〇註「惟聖人能知聖人」，分明作兩聖人説，不可謂至聖之德，自知其至誠之道。其實至聖之德固自有至誠之道，然子思本意，實非做一人自知。〇《存疑》：苟不固聰明聖智，言聖人不説安行者，主於達天德，所重在知也。天德總是天下至誠，觀天德，誠便可見。但此上未便可説是知至誠之道，此尚是總舉聖人之尊稱。下文孰能知，方可説至誠之道。〇《淺説》：首一節，備言至誠之道。肫肫其仁三句，申明其意也。末一節，深贊其妙也。〇《蒙引》：經綸天下之大經，畢竟是大德中之小德。如小德川流章之有溥博淵泉也，不必强以經綸爲肫肫其仁，亦爲大德也。恐以大概而言，如爲下不倍章有曰「雖有其位」云。

右第三十二章。承上章而言大德之敦化，亦天道也。前章言至聖之德，此章言至誠之道。然至誠之道，非至聖不能知；至聖之德，非至誠不能爲，則亦非二物矣。此章言聖人天道之極致，至此而無以加矣。朱子曰：「至誠至聖，只是以表裏言。至聖是德之發見乎外者，故人見之，但見其溥博如天，至莫不尊親，此見於外者。至誠則是那裏面骨子，聰明睿知，却是那裏發出去，至誠處，非聖人不自知也。」〇至聖一章，説發見處。

至誠一章，說存主處。聖以德言，誠則所以爲德也。以德而言，則外人觀其表，但見其如天如淵，誠所以爲德，故自家裏面却真箇是其天其淵。惟其如天如淵，故日月所照，霜露所墜，凡有血氣者，莫不知尊而親之，謂自其表而觀之則易也。唯其天其淵，故非聰明聖知達天德者，不足以知之。謂自其裏而觀之，則難也。又曰：「此不是兩人事。上章是以聖言之，聖人德業著見於世，其盛大自如此。下章以誠言之，是就實理上說。其天其淵，實理自是如此。」○葉氏曰：「至聖，指發用神妙而言。至誠，指大經大本之實理而言。非至聖，無以顯至誠之全體。非至誠，無以全至聖之妙用。其實非二物也。」○新安倪氏曰：「按，饒氏以大哉聖人之道章至此，爲五大節。」《通考》史氏伯璿曰：「許氏云：『前章言表，此章言裏。』《章句》則曰：『前章言至聖之德，德主積於內者言之也。此章言至誠之道，道主行於外者言之也。』蓋聰明睿知之資，仁義禮智之德，雖見於外，實溥博淵泉積之於中者之所發也。知化育，立大本，雖主於中，而經綸大經，❶其仁、其天、其淵者，亦自外而見之也。前言德，推其本而言之。後言道，致其用而言之。蓋亦互相發也。此於《語錄》表裏之言，《章句》道德之說，甚有折衷。」又曰：「饒氏云『此章言大德即是隱』，愚謂雖言隱，而未始離乎費也。經綸大經，不可不謂之費。至於立大本，知化育，則費之未嘗不本於隱可知。蓋言費則不假言隱，而隱在其中，上章是也。言隱則不可有離乎費，此章是也。離乎費而言隱，則將淪於空寂，而非所以爲隱矣。其實此章亦是以此發明天道。又此章大德敦化，亦是專就聖人分上言，故但爲隱。」○右以上十二章，是第四大節，皆反覆發明天道人道之旨，包前第二達德、第三費隱二大節之意於其中，亦自三達德說入費隱上去也。通三節之意推之，則前後皆是自達德說入費隱上去。但前二節十九章，主於用工而言。所謂知大舜、仁顏淵、勇子路，是達德。所謂費隱，是達道。其相承之次，是以達德而行達道，學者事也。此一節十二章，主於成功而言，所謂仁盡性、知前知、勇無息，是至德。所謂費隱，是至道。其相承之次，是以至德而凝至道，聖人事

❶「大」，原作「六」，今據哈佛本改。

也。合而言之，則達德，衆人之所同具。至德，聖人之所獨全。達道，舉其通行者言。至道，要其極致者言。具此達德，則皆能行此達道。行達道而有得，而後有以全此至德，而凝此至道。誰謂聖本生知，非學可至乎！若又以至聖、至誠兩章貫全篇之旨言之，則至聖之德，即達德、至德之德。但諸章論達德至德處，皆分知、仁、勇而各言之，則知行猶二也。此則會衆德於一章而總言之。故《中庸》論德，必至於此章而後爲聖之至也。至誠之道，即達道、至道之道，但達道猶有待乎人之行，至道猶有待乎人之凝，則體用猶二也。此則道之已行、已凝於人者，故《中庸》論道，必至於此章而後爲誠之至也。德爲聖之至，則知行兩盡，而德外無道矣。道爲誠之至，則體用兼全，而道外無德矣。德外無道，道外無德，此其所以相爲表裏也，此《中庸》一書首尾相應之大略也。其詳於下。○此第四節。《章句》以爲言天道、人道，今皆以爲發明中庸，何也？曰：「自第二章以下十章，《章句》以爲皆論中庸，以釋首章之義。費隱章《章句》亦以爲申明首章『道不可離』之意。下八章又皆以明此章之義者，然則亦承第二節以發明中庸可知矣。況下章即言庸德之行，舜大孝章《章句》，又以爲此由庸行之常推之以致其極，後二章亦此意。然則此九章皆爲以費隱大小發明中庸，又可知矣。以此二節，言三達德、費隱，皆爲發明中庸之意。推之誠明以下十二章，言天道、人道處，是申言三達德、費隱而已。大抵三達德與費隱，不外乎中庸，而天道、人道又不外乎達德、費隱。」○知、仁、勇是德，費隱是道，其理雖無二致，然德則存於天人之心，道則散在天下之事。德是人所能知、能行之器具，道是人所當知、當行之材料。所以前後皆自知、仁、勇說入費隱上去者，蓋必有能知能行之器具，然後可以施之於當知、當行之材料也。今以前後所言推之，則自第二章以下十章，論三達德處，皆反覆言擇守知行之義，蓋先以人所能知能行者言也。直至第十二章，説君子之道費而隱。其下即以夫婦之所與知、與能，聖人之所不知、不能，與天地猶有憾者繼之。此所謂知，即達德知所能知之知。此所謂行，即達德仁所能行之行爾。以見斯道之用，自一事以極乎全體，皆夫人之所當知當行者也。故其下章或言費之大，或言費之小，大小雖不同，皆是全體中所該，何莫非人所當知當行者乎！末後二十章所以終十章之義者，又彰彰然以達德所以行乎達道者言於章中，其意尤爲易見。自二十一章以下，論三達德處，亦皆反覆分別誠明、明誠難易深淺之不同。蓋亦先以聖人學者所能行、能知者言也。直至二十七章，説大哉聖人之道，其下即以道體之大無外、小無間者繼之，此即申言費隱之義，所謂大小即費之大小爾。然後言尊德性、道問學以下五句，爲學者脩德凝道之方，其事不外乎知行兩端而已。德性即知仁所以爲知行之體者，問學即知行所以爲知仁之用也，以見道之全體皆夫人所當知、當行者也。故其下二章反覆乎不驕不悖之義，又何莫非全體中之事，亦行道者所當知爾。知行之至，必如仲尼祖述章取譬之意與下二章所謂「至誠非至聖不能知，至聖非至誠不能爲」之意，而後於道之全體無所遺耳。然則前後皆自知、仁、勇説入費隱上去者，於此不難見矣。○三達德與費隱，是道理之名目。天道、人道，是聖賢之等級。前欲指道理之名目以示人，故不容不分達德與費隱爲二節而詳言之。後欲明聖賢之等級以示人，故不容不致意於天道、人道之分别。此但申言其理以顯天道、人道之已於前二節詳之。若達德費隱之旨，則同異處爾。○道理之名目，其義實。聖賢之等級，其義虚。將欲明天道、人道之同異以示人，而不就達德費隱上言之，則義之虚者，懸空無所著落，其不陷於老莊之窈冥昏默者幾希！故必就達德費隱上，分別出天道、人道之同異，然後義之虛者，於義之實者上見，而聖賢之品級明矣。○中間三大節，前二節主於立本，後一節主於致用。大抵《中庸》一書專爲開來學而設，故於學者立本致用之意爲詳。其説聖人事與至誠之功用，亦不過皆爲學者立本致用之準的而已。唯前二大節主於立本，故於入德之工夫爲詳，而於聖人之事爲略。其發明《中庸》所以致詳於三達德費隱之義者，蓋以學者立本之要，非三達德無以爲入道之門，非費隱無以見道不可離之意也。唯後一大節主於致用，故於成德之效驗爲詳，而於下學之事爲略，其發明《中庸》所以反覆乎天道、人道之同異者，蓋以聖人之功用、學者之致用，有難易深淺之不同也。前二節，亦有言聖人之事處。如依乎中庸，遯世不見知而不悔，舜大孝，文無憂，武王、周公達孝，誠者天之道，不勉不思從容中道之類，皆所謂以爲學者立本之準的而已者也。自此之外，則皆學者入德之工夫也。何莫非主於立本而言乎！後一節，亦有言下學之事處。如明誠致曲，道自道，尊德性，道問學，至敦厚崇禮之類，皆是言此以引起致用之意。故致曲自形著動變以下，道自道自成己成物以下，尊德性自居上不驕以下，以盡乎下二章之旨，亦皆以致用之效驗與致用之當否而言也。其餘説天道處，則皆全是聖人之功用，亦皆所謂以爲學者致用之準的者也。何莫非主於致用而言乎！更以前後所言三達德、費隱之義推之，尤爲易見。前二節唯主於立本，故其論三達德處，於學者事，則言知，擇中庸；言仁，守中庸；而又言勇，强中庸，以見學者非勇則無以至於知之成功而一也。於聖人事，則但言知，知之盡言仁，仁之至而不言勇，不賴勇而裕如，以見聖人雖未嘗無勇，然不賴勇而裕如也。其論費隱大小處，則以君子之道發其端，道雖即是聖人之道，而君子則爲學者期之也，所謂於入德之工夫爲詳，於聖人之事爲略也。後一節唯主於致用，故其論達德處，於聖人之事則言仁盡性，言知前知而又言勇無息，以見聖人雖無所賴乎勇而亦未嘗無勇也。於學者事則但言仁致曲，言知成物，而不言勇以見學問之極功，即是聖人之能事，至誠能化、時措之宜皆是自學者至聖人處，其勇亦統於至誠無息之中矣。其論大小費隱處，則以聖人之道發其端，道雖無異於君子之道，然聖人則非學者所可稱也。所謂於成德之效驗爲詳，於下學之事爲略也。所以前二節中雖有聖人之事，亦是爲學者之法，不過主於立本，皆以人道言之，故但當以先知後仁爲序也。後一節則分天道、人道而言，其説天道處，則是自誠而明，固當以先仁後知爲序；其説人道處，則依舊是學者事，雖則主於致用，既是自明而誠、由教而入，只當以先知後仁爲序耳。饒氏乃謂自誠明章後皆以先仁後知爲序，其亦誤矣。唯二十章介在立本致用之間，故其説最爲詳備。所以知、仁、勇、天道、人道之言皆於此章説出，以此見得此章正是承前起後所在也。或者猶疑舜大知，聖人事也，而亦統於學者立本之事，可乎？曰：舜雖聖人，好問用中，則學者入德之法也。○中庸之與達德費隱非有二，知所以知此中庸，仁所以行此中庸，勇所以强此中庸者也。費即中庸之用，隱即中庸之體也。中庸即知所知，仁所行，勇所强，體之隱，用之費，不偏不倚，無過不及，而平常者也。中庸之與天道人道，亦豈有二哉？天道特自然盡此中庸，人道特用力求盡此中庸者也。達德費隱之與天道人道非有二也，天道之於達德，性焉安焉者也，故其於費隱之體用，自然與之一矣。人道之於達德，復焉執焉者也，故其於費隱之體用，始猶與之爲二，終乃與之爲一矣。又細分之，則三達德與費隱亦豈有二乎哉？三達德之具於性者，體也，非即體之隱者乎？三達德之見於事者，用也，非即用之費者乎？如此則《中庸》一書，首尾貫通，義理明白。○黄氏洵饒曰：「《中庸》極功只到三十二章，其下一章又是小中庸。」

《詩》曰「衣錦尚絅」，惡其文之著也。故君子之道，闇然而日章；小人之道，的然而日亡。君子之道，淡而不厭，簡而文，温而理，知遠之近，知風之自，知微之顯，可與入德矣。衣，去聲。絅，口迥反。惡，去聲。闇，於感反。

前章言聖人之德，極其盛矣。此復扶又反。自下學立心之始言之，而下文又推之以至其極也。葉氏曰：「上三章極言孔子體天之德與至聖至誠之功用，中庸之道至矣盡矣。子思又慮學者馳騖於高遠而忘下學之工夫，或失其指歸也，故此章復自下學立心之始務，由至親至切者言之，❶以漸進於上達高妙，至精至微不可擬議之地，蓋再叙入德成德之序也。」《通考》黄氏洵饒曰：「極，指無聲無臭。」《詩・國風・衛・碩人》、《鄭》之《丰》，皆作「衣錦褧衣」。褧，絅同，襌衣也。朱子曰：「襌衣，所以襲錦衣者。襌字與單字同。沈括謂絅與檾同，是用檾麻織疏布爲之。」尚，加也。古之學者爲去聲。己，故其立心如此。尚絅故闇然，衣錦故有日章之實。淡、簡、温，絅之襲於外也。不厭而文且理焉，錦之美在中也。小人反是，則暴步卜反。於外而無實以繼之，是以的然而日亡也。朱子曰：「惡其

❶「由」，原作「内」，今據哈佛本改。

文之著，亦不是無文也，自有文在。淡則易厭，簡則不文，温則不理，而今却不厭而文且理，只緣有錦在裏面。」〇陳氏曰：「衣錦而加絅衣以蔽之。衣錦者，美在其中。尚絅者，不求知於外。古之學者，只欲此道理實得於己，不是欲求人知。惟其不求人知，所以闇然。雖曰闇然，而道理日彰著而不可揜，猶衣錦尚絅，而錦之文采自然著見於外也。」〇新安陳氏曰：「君子爲己，不求人知，雖闇然若暗昧，而美實在中，自日著而不可揜，如尚絅而錦美在中，自不容揜於外也。小人爲人，惟求人知，雖的然分明，表暴於外，而無實以繼之，日見其亡失泯没而已。君子、小人之分，爲己爲人之不同耳。君子有若無，實若虛，有與實終不可揜。小人無爲有，虛爲盈，有與盈豈能有常？日亡之矣。常情淡薄無味則易厭，簡略則無文采，温厚渾淪則無條理。君子之道，雖淡而人不厭，雖簡而自有文，雖温而自有條理，淡、簡、温皆尚絅闇然意，不厭文理，皆錦之美實在中意也。」遠之近，見形甸反。於彼者由於此也。風之自，著乎外者本乎内也。微之顯，有諸内者形諸外也。有爲己之心，本起語意説來。而又知此三者，則知所謹而可入德矣。朱子曰：「知遠之近，是以己對物言之。知在彼之是非，由在我之得失。知風之自，是知其身之得失，由其心之邪正。知微之顯，又專指心説就裏來。」〇知遠之近，知風之自，二知，據表而知裏也。知微之顯，一知，由内以達外也。〇陳氏曰：「君子立心只是爲己，又能知道理之見於遠者自近始，故自近而謹之。著見於風化者由身始，故自身而謹之。有諸内者甚微，而見於外者甚顯，故自微而謹之。知此三者，而致其謹，則可與之入德矣。」〇新安陳氏曰：「下文言謹獨意已萌於此。」《通考》黄氏洵饒曰：「的然者，彰也。簡而文，訓日章，則暴謂昭著，見於彼，見於外，本乎内也。微之顯，此自心言。曰有諸内者，内有得失必形於外。事之是非本乎身之得失，身之得失本乎心之邪正。《中庸》首尾言戒懼慎獨，而中言知行，是知行在存養省察中。《大學》誠意正心在格物致知之後，脩身之前，是存養省察在知行中也。夫微之顯，知理言，由體以達用，❶此

❶「由」，原作「出」，今據哈佛本改。

就心言。莫顯乎微，亦就心上言。」故下文引《詩》言謹獨之事。雲峰胡氏曰：「《中庸》分君子、小人而言者凡二。第二章言『君子中庸，小人反中庸』，是其爲君子、小人者，可見於行事之際。此則言其所以爲君子、小人者，已見於立心之始。淡而無味，其味最長。簡而無文，其文自章。温不求其理，而無有不合於條理者。此君子爲己之學也，不求其文之著，而自不能不著者也。小人則反是矣。《中庸》既舉其立心之始當如此，而又提起三知字曰『知遠之近』、『知風之自』、『知微之顯』，而下文遂以慎獨戒懼之事繼之，即《章句》所謂知其在我者，則戒慎恐懼而無時不中者也。《章句》之旨，融徹如此，學者不可不細玩。」《通考》涂氏溍生曰：「首章之顯微以事言，十六章顯微以理言，末章顯微以心言。然心與理相涵，理與事相貫，能知此心之顯微，而慎其獨，則事之微者不敢忽，吾心之理與鬼神造化相爲流通，尚何彼此之閒哉！」〇何氏潛齋曰：「微，即潛伏。顯，即孔昭。風，即敬信之效，自即不動不言底。」

附《蒙引》：或曰：「既惡文之外見，一發不着錦，可也？」曰：「《詩傳》下箇『文之太著』，太字有斟酌。且《中庸》意要有錦，無錦則内空踈無物，是淡而厭，簡而不文，温而不理矣。」〇日章之實，實是實迹、實事之實，非謂裏面本實也。〇但立心爲己者，外面自然是淡，不覺有許多滋味也。自然是簡，不見有許多皎潔光彩處也。自然是温，不見有許多齊整詳贍也。不厭而文且理，亦就外面説，其所以然，則以錦之美在中也。非以不厭而文且理當錦之美在中者也。此總是形容君子闇然日章之意。〇但曰淡中却不厭，簡中却有文，温之中自有理，則可。若曰外淡而内不厭，外簡而内文，外温而内理，則不可。〇有爲己之心者，生來美質也，知所謹之由，得用功之要也。〇《存疑》：知遠之近。遠指人，近指身，兼心。上行下效謂之風，出乎身、加乎民，亦謂之風。風自身出，而其所自則在心也。微指心，顯則自身而及於人。〇《蒙引》云：自而後近，不可用，蓋近中已有自也。〇「可與入德」，❶可與，方預言之也，未是用功。下文引《詩》方是用功。故《章句》只曰知所謹，是未謹也。〇《蒙引》：下文謹獨存養之功，是即於此所謂近、所謂自、所謂微者而謹之也。下文不賞不怒

❶「與」，原作「以」，今據哈佛本改，下兩「與」字同。

天下平之效，是即所謂遠、所謂風、所謂顯者也。夫豈有異旨哉！○可與入德矣，文勢只帶「遠之近」三句，然立心爲己，其本也。知所謹，謹字，兼戒懼謹獨。謹獨之謹，只是知所謹之謹之一半。心兼動静，謹獨動時工夫。故曰知所謹之謹全，謹獨之謹只是一半。

《詩》云：「潛雖伏矣，亦孔之昭。」故君子内省悉井反。不疚，無惡於志。君子之所不可及者，其唯人之所不見乎。惡，去聲。

《詩》，《小雅・正月》之篇。再引《詩》。承上文言莫見乎隱，莫顯乎微也。疚，病也。無惡於志，猶言無愧於心，此君子謹獨之事也。三山陳氏曰：「『潛雖伏矣』，即首章隱微意。『亦孔之昭』，❶即首章莫見莫顯意。言隱伏之閒，理甚昭明，君子内省此處，須無一毫疚病，方無愧於心。君子所以不可及，只是能於獨致其謹耳。上言入德之門，此以下言入德之事。此一節言人之所不見處，又申明首章謹獨意。下一節言己之所不見處，又申言首章戒謹恐懼意。」○新安陳氏曰：「人所不見，人所不知也。己之志向，己所獨知也。」○東陽許氏曰：「《詩》本言魚之潛於淵，可謂伏藏之深，然亦甚昭然而易見，言禍亂之不可逃也。此借之以言幾之存於心者雖深，而莫見顯乎隱微。言獨之不可不慎也。」《通考》黄氏洵饒曰：「《詩》云：『潛雖伏矣，亦孔之昭。』引此就心上言其唯人之所不見乎！於人不及見，而能爲慎獨工夫，是他人所不見，愈加慎也。」附顧麟士曰：「内省不疚，無惡於志。《蒙引》斷作已能如此者言，不主方做謹獨工夫言，故不肯三山之説，而《存疑》、《淺説》、《達説》皆從之。然究亦似兩存而無害。」○「亦孔之昭」，只是言不可不謹獨，未正言謹獨也。若依《蒙引》諸家説，則謹獨意當補入孔昭内，反多事。而「故君子」故字，亦未免少氣力。

《詩》云：「相在爾室，尚不愧於屋漏。」故君子不動而敬，不言而信。相，去聲。

《詩》，《大雅・抑》之篇。三引《詩》。相，視也。屋漏，室西北隅也。朱子曰：「古人室在

❶「孔」，原作「恐」，今據哈佛本改。

東南隅開門，東南隅爲窔，西北隅爲屋漏，西南隅爲奥。人纔進，便先見東南隅，却到西北隅，然後始到西南隅。此是深密之地。《曾子問》謂之當室之白。孫炎曰：『當室之白，光所漏入也。』」附《蒙引》：《語録》所謂到者，目到也。○古人室有南北二牖，此云光所漏入者，户之光，非牖之光，若牖之光，則西南隅亦可言屋漏矣。

承上文，又言君子之戒謹恐懼，無時不然，不待言動而後敬信，則其爲己之功益加密矣。故下文引《詩》并去聲。言其效。

朱子曰：「潛雖伏矣，便覺有善有惡，須用察。相在爾室，只是教做存養工夫。」○北溪陳氏曰：「《抑》詩即是首章『戒謹其所不睹，恐懼其所不聞』意。屋漏，人迹所不到之地。此處蓋己之所不睹，須是真實無妄，常加戒謹恐懼，方能無愧怍。君子爲己之功，至此不待於動而應事接物方始敬，蓋於未應接之前無人處，已無非敬矣。不待見於發言而後信實，蓋於未發言之前，本來真實，無非信矣。」○此處一節密一節。首章先説戒懼，後説謹獨，是從内面發出來。此處先説謹獨，後説戒懼，是從外面説入。○雲峰胡氏曰：「上文引《詩》，但見學者有爲己之心。此兩引《詩》，方見學者有爲己之學。首章言慎獨，此言人之所不見即是獨，内省不疚即是慎獨。内省而少有一髮之疚，則是胸中猶有可惡之惡，故必無疚，然後無惡，此爲己之功也。首章言戒慎不睹，恐懼不聞。蓋動則有可睹，此不動而敬，即是戒慎乎其所不睹。言則有可聞，此不言而信，即是恐懼乎其所不聞。諸家以敬信爲民敬信，《章句》以爲己之敬信，與下文篤恭相應。此又爲己之功益加密者也。首章先戒懼而後慎獨，由静時工夫，説到吾心方動之幾。此章先慎獨而後戒懼，由動時工夫，説到吾心至静之極。愈静愈敬，其爲己之功可謂密矣。」○東陽許氏曰：「不動敬，不言信，是信敬在言動之前。」《通考》史氏伯璿曰：「許氏云『尚，庶幾也，戒辭也』。屋漏，室西北隅，上爲圓竅以通明，則其下反暗，人處其地，則非獨人不見己分曉，自視其身尚不分曉。以譬君子不但於人所不知、己所獨知之地而慎之，於己所不知之地亦所當慎』。按，此發得己所不知之意分曉。愚竊以爲首章以隱微並言，隱是幽暗之中，微是細微之事。唯幽暗之中，有細微之事，故有所謂獨。此處説不愧屋漏，則屋漏但是幽暗之中未有所謂細微之事。故但爲己所不知之地，能不愧於此，即戒懼不睹不聞之謂也。」附《存疑》：觀其語意，都是就静邊説，動邊頗略。與首章戒懼微不同。○《蒙引》：「不動而敬，不言而信」，此時未有事，所謂敬，所謂信，只是敬信之心常存耳。○首章先戒懼而後謹獨，此章先謹獨後戒懼。今欲下此二者工夫，當從首章之序乎？當從此章之序乎？曰：動静二者，實相循環。動之前元有静，静之前亦有動，二者齊手交做，豈容一先一後？若論工夫次第，則先戒懼而後謹獨，體立而後用有以行，必存心而後可以致知。喜怒哀樂之未發，分明在發皆中節之前。論工夫踈密，則先謹獨而後存養。邵子曰：「思慮未起，鬼神莫知，不由乎我，更由乎誰？」存養之功，誠密於謹獨也。此以入德之序言，一節深一節也。

《詩》曰：「奏假無言，時靡有争。」是故君子不賞而民勸，不怒而民威於鈇鉞。假，格同。鈇，方無反。

《詩》，《商頌·烈祖》之篇。四引《詩》。奏，進也。承上文而遂及其效，言進而感格於神明之際，極其誠敬，無有言説而人自化之也。威，畏也。鈇，莝音剉。斫刀也。鉞，斧也。新安陳氏曰：「其所以感人動物，不待賞而民自勸，不待怒而民自畏者，以其自脩，有謹獨戒懼之本也。」附《蒙引》：《詩經》「無言」、「靡争」，俱是肅敬齊一之意。按，《中庸》做兩意説，故云「進而感格於神明之際，極其誠敬，無有言説，而人自化之也」。是主祭者奏假無言，而衆預祭者皆化之，無有喧譁失禮者也。《詩經》無言靡争，通衆人言。○不賞不怒，無言意也。民勸民威，靡争意也。

《詩》曰：「不顯惟德，百辟其刑之。」是故君子篤恭而天下平。

《詩》，《周頌·烈文》之篇。五引《詩》。不顯，説見形甸反。二十六章。言豈不顯也。此借引以爲幽深玄遠之意。以爲真幽隱不顯。承上文言天子有不顯之德，而諸侯法之，則其德愈深而效愈遠矣。朱子曰：「不顯二字，二十六章者，別無他義，故只用《詩》意。卒章所引，自章首『尚絅』之云與章末『無聲無臭』，皆有隱微深密之意。故知當别爲一義，與前章不同。」篤，厚也。篤恭，言不顯其敬也。陳氏曰：「篤恭，是申解不顯二字，雖無人之境亦恭，是篤厚其恭也。」○東陽許氏曰：「《章句》『篤恭言不顯其敬也』，謂自厚於恭敬，未嘗見於言動之閒。」篤恭而天下平，乃聖人至德淵微，自然之應，中庸之極功也。朱子曰：「此章到『篤恭而天下平』，已是極處結局了。所謂不顯其德者，幽深玄遠，無可得而形容。雖下面『不大聲以色』、『德輶如毛』，皆不足以形容。直是無聲無臭到無迹之可尋，然後已。」○北溪陳氏曰：「篤恭，是不顯惟德意。天下平，是百辟其刑意。此章至此，凡五引《詩》，一節密一節。首節説學須爲己，不求人知。第二節説致謹於人所不見處。三節説致敬於己所不見處。四節説不待言説而人自化。五節説不顯篤恭，則功効有自然之應，乃《中庸》之極功也。○雲峰胡氏曰：「此兩引《詩》，承上文不動而敬、不言而信，而極其效也。惟其不言亦信，所以無言而人自信之，有不待賞罰而化者。惟其不動亦敬，故篤恭不顯其敬也，而天下自平。

篤恭而天下平，即首章致中和而天地位、萬物育也。特首章是致其中，而後致其和。此之謂篤恭者，已致其和而益致其中也。爲己之功愈密，則德愈深而效愈遠如此。夫德顯而百辟刑之，宜也。不顯而天下自平，其妙始有不可測者。要之，中者性之德，不顯之德，即未發之中。戒慎恐懼，是於喜怒哀樂未發之時而敬也。此時而敬，是不顯其敬。此所以爲至德之淵微，而有自然之應也。」○新安陳氏曰：「不顯篤恭，實原於尚絅闇然與慎獨戒懼深密之功。下文更三引《詩》，不過形容此不顯篤恭之妙而已。」《通考》東陽許氏曰：「不顯有二義：一謂無迹可尋而不顯著，一謂不發揚，二説俱存，其義始備。篤恭而天下平，即垂拱而天下治之意。其功效至此已盡，下段只是形容不顯之妙。《章句》『篤恭言不顯其敬』，謂自厚於恭敬，未嘗見於言動之閒。」○史氏伯璿曰：「按，《章句》於此四節，皆以承上文言之。則似饒氏『前節致驗承前節工夫，後節效驗承後節工夫』之説，疑於兩兩隔越，不見章章各自相承之意，而《通》説似乎可取。但《章句》於相在爾室節云『則其爲己之功，益加密矣』，則是潛伏孔昭之詩，爲己之功，猶未如此之密也。於不顯篤恭節云『則其德愈深而效愈遠矣』，則似奏假無言之詩，德猶未如此之深，效猶未如此之遠也。其意若曰：有前二節工夫，則有後二節效驗。工夫已密慎獨，而加密戒懼。故效驗已遠，奏假靡争而愈遠，篤恭天下平。惟《通》以爲己之功加密與德愈深而效愈遠二句，以爲此章對首章而發，故以此二節效驗皆承不動不言之意而分，殊不思奏假靡争，爲篤恭天下平之效，分明一淺一深，不動不言，同爲戒懼之事。若如此分，則不言之效淺，不動之效深，恐無此理。況經文先不動，後不言，《通》乃倒置其序，以爲此二節相承之次。可乎？天下固無能慎獨而不能戒懼，有靡争之效而不能致天下平之理。但此章自下學爲己謹獨之事，推而言之以馴致乎篤恭而天下平之盛，則説工夫自當自疎而密，説效驗自當自淺而深。雖有漸次，正不害其爲有則俱有也。然則雙峰之説，似乎得《章句》之旨。《通考》分二節，效驗承不言不動之意，固支離而不可曉。若以此章對首章爲工夫疎密效驗遠近之説，如所謂首章是致中而後致和，篤恭是已致和而益致中之云，❶則是天下真有兩等戒懼慎獨工夫。首章末章互有先後，果是二時做工夫，先後如此不同耶？殊不思戒懼只是一樣戒懼，慎獨只是一樣慎獨，特君子無時不戒懼，亦無時不慎獨。謂先戒懼而後慎獨，則戒懼之前又未嘗不慎獨，慎獨之後亦未嘗不戒懼也。蓋動即慎獨，静即戒懼，動静無端，故立言之序互有先後，無所不可耳。」○黄氏洵饒曰：「上五條《詩》始學成德疎密淺深之序，下三條《詩》贊不顯惟德功效。」○《大學》始於格物、致知、誠意、正心、脩身，而卒歸於天下平。《中庸》始於戒懼慎獨，而卒歸於篤恭而天下平。附《存疑》：君子爲己之功，不惟謹於人所不見之地，而又謹於己所不見之時。則持敬工夫，真無一時間斷矣。逮其久而熟焉，則敬不操而自存，清明在躬，脩身道立。誠於此，動於彼，不賞而民勸，不怒而威於鈇鉞。蓋其德之深而其效之遠也，又愈久而愈熟焉，則嚴敬在中，幽深莫測，維天之命，於穆不已。上下一於恭敬，而天下平，則其德愈深，而其效愈遠矣。○其惟人所不見者，敬於方動也。不動而敬，不言而信者，敬於静也。不賞而民勸，不怒而民威於鈇鉞者，敬之深而效之遠也。篤恭而天下平者，敬愈深而效愈遠也。始終一於敬而已，然不過自爲己之心推之也。○聖人之恭，不思

❶「益」，原作「蓋」，今據哈佛本改。

不勉，而人莫測度。是篤恭也，是不顯也，人莫測度，本乎不思不勉也。若待思勉，是未離乎方所形體之間，而人尚測度得。

《詩》云：「予懷明德，不大聲以色。」子曰：「聲色之於以化民，末也。」《詩》曰「德輶如毛」，毛猶有倫。「上天之載，無聲無臭」，至矣！輶，由、酉二音。

《詩》、《大雅·皇矣》之篇。六引《詩》。引之以明上文所謂不顯之德者，正以其不大聲與色也。古以、與字通用。又引孔子之言，以爲聲色乃化民之末務，今但言不大之而已，則猶有聲色者存，是未足以形容不顯之妙。不若《烝民》之詩所言「德輶如毛」，七引《詩》。輶，輕也。則庶乎可以形容矣，而又自以爲謂之毛，則猶有可比者，倫，比也。是亦未盡其妙。不若《文王》之詩所言「上天之載，無聲無臭」，八引《詩》。然後乃爲不顯之至耳。蓋聲臭有氣無形，在物最爲微妙，而猶曰無之，故唯此可以形容不顯篤恭之妙。非此德之外，又別有是三等，然後爲至也。朱子曰：「無聲無臭，本是說天道。彼其所引《詩》自說，須是儀刑文王，然後萬邦作孚。詩人意初不在無聲無臭上也。《中庸》引之，以結《中庸》之義。嘗細推之，蓋其意自言謹獨以脩德。至《詩》曰『不顯惟德，百辟其刑之』，乃篤恭而天下平也。後面節節贊歎其德如此，故至『予懷明德』，以至『德輶如毛，毛猶有倫。上天之載，無聲無臭，至矣』，蓋言夫德之至，而微妙之極難爲形容如此。今爲學之始，未知所有，而遂就一蹴至此。吾見其倒置而終身迷亂矣。」○此章八引《詩》，一步退似一步，都用那般不言不動不顯不大底字，直說到無聲無臭，則至矣。○自「衣錦尚絅」以下，皆只暗暗地做工夫去。然此理自掩蔽不得，故曰闇然而日章。小人未曾做得，已報得滿地人知，故曰「的然而日亡」。淡而不厭，簡而文，温而理，皆是收斂近裏，知遠之近，知風之自，知微之顯，一句緊一句。學者能如此收斂，雖未可便謂之德，亦可以入德矣。其下方言不愧屋漏，方能以慎獨涵養。其曰不動而敬，不言而信，蓋不動不言時已是敬信底人了。又引《詩》「不顯惟德」、「予懷明德」、「德輶如毛」言之，一章之中皆只是發明箇德字。然所謂德者，實無形狀，故以無聲無臭終之。○首章是自裏説出外面，蓋自天命之性説到天地位萬物育處。末章却自外面一節收斂入一節，直約到裏面無聲無臭處。此與首章實相表裏也。○雙峰饒氏曰：「『上天之載，無聲無臭』，此便是未發之中，便是天命之性。蓋一篇之歸宿也。」○王氏曰：「此章是結尾，舉一篇工夫之要約而言之，所謂藏於密者也。」○雲峰胡氏曰：「此篇當作四節看，節節意相承。第一節，承上章極致之言，恐學者騖於高遠，引『尚絅』之詩，言下學立心之始，結之以知微之顯。第二節，承知微之顯之語，引『潛雖伏矣，亦孔之昭』以實之，自慎獨説歸戒慎恐懼，而結之以『不動而敬，不言而信』。第三節，承不動不言之語，引《詩》云『無言不顯』，以極其效如此。第四節，承『不顯』之語，三引《詩》，至於『無聲無臭』，以形容不顯之妙至如此。朱子又恐學者因『無聲無臭』之語而又騖於高遠也，故結之曰『非此德之外，有此三等，然後爲至也』。蓋所引之《詩》，似有等級，然其妙非杳冥昏默之謂，非虛無寂滅之謂也。故必提起德之一字言之。首章曰道，此章曰德。道字説得廣闊，德字説得親切。德者，得此道於心者也。首章開端一天字，原其所自也。此道之在我者，無不本諸天也。此章結末一天字，要其所成也。德之成，則能不失其道之在我，而本諸天者也。至此則我本於天，天備於我，又不過即其初天命之性耳。是無聲無臭之天，即吾不顯之德。而不顯之德，即吾渾然未發之中者也。子思子首章獨提此一中字，即周子所謂無極而太極也。末又約而歸之於此，即周子所謂太極本無極也。子思始引夫子之言曰『中庸之德，其至矣乎』！衆人之所可至也。此言中庸之極功，故以不顯之德贊其至，聖人之所獨至也。然聖人之所以爲德之至者，不過敬之至而已。敬者，聖學之所以成始而成終也。故此書以慎獨戒懼始終焉。」《通考》東陽許氏曰：「以無聲臭，形容不顯之妙，則聖人之道幾於虛無。而曰上天之事，此所以爲聖人之道也。君子惟能慎獨，又於不睹不聞而戒懼，不使心之所存所發，有一毫不誠，久而此心渾然天理，人莫之知，但見其應事接物，從容中道，與天爲一耳，則不顯之妙也。此所謂聖而不可知之謂神也。」又曰：

「《詩》中言天之道，無聲無臭，《中庸》則言德之無聲無臭也。德本不可以聲臭言，此但言無之極耳。然上天之事無聲臭，聖人之德亦如之。聖人即天也，則此一句亦不是虚引。」○史氏伯璿曰：「載之訓事，事猶道也。不過言天道之妙，無聲臭之可聽聞耳。事豈有所作爲之謂哉！唯定宇以文害辭，以辭害志，故有未的當之疑耳。如邵説，則天未是道，道是天之所載也。不曰『天專言之，則道』乎？如定宇之云，則天道始然而終不然也，不幾於道在太極之先之誤乎！」○朱氏公遷曰：「此持敬之功，該動静，貫始終，兼入德、成德功夫效驗而言之。《中庸》首末兩章不同，先言存養是體道之功，先言省察是入德之序，一則由體以及用，一則斂費而歸隱也。《大學》誠意專欲審夫實與不實之幾，故以省察爲主焉。然涵養用敬，已在致知之前矣。」附《蒙引》：輶，輕也。本文云：「人亦有言，德輶如毛，民鮮克舉之。我儀圖之，惟仲山甫克舉之。」言德雖若易舉，而民鮮克舉，亦猶中庸易而難之意。此輶字，與《詩》意異。彼之輕，是不重易舉。此之輕，是細微之意矣。

右第三十三章。子思因前章極致之

言，反求其本，復扶又反。自下學爲己謹獨之事，推而言之，以馴致乎篤恭而天下平之盛。又贊其妙，至於無聲無臭而後已焉。蓋舉一篇之要而約言之，其反復芳覆反。丁寧示人之意，至深切矣，學者其可不盡心乎！黄氏曰：「《中庸》始言戒懼謹獨，次言知、仁、勇，終之以誠，此數字，括盡千古聖人教人之指。先師曰：『《中庸》説下學處少，説上達處多。然説下學處，雖少而甚切。如二十章明善誠身，擇善固執一段，與二十七章尊德性道問學一段，無非提綱挈領，切要之言也。説上達處雖多，亦豈涣散無統，玄妙不可究詰之論哉！』學者果能字字審察，句句精研，章章融會，由下學而上達焉，則程子所謂『始言一理，中散爲萬事，末復合爲一理』者，見其理皆實理，而爲事之體，非高虚也；事皆實事，而爲理之用，非粗淺也。所謂『其味無窮，皆實學』者，的非虚言矣。童而習之，今猶有白首紛如之歎。吁，豈易言哉！」○雲峰胡氏曰：「右須看極致馴致四字。極致者，上達之事也。馴致者，下學而上達之事也。天理不離乎人事，下學人事即所以上達天理。雖其妙至於無聲無臭，然其本皆實學也。朱子教人之深意，備見於篇首所採子程子之語及此篇末之語。學者當合始終而參玩之，以求無負於朱子之教云。」○新安倪氏曰：「按，饒氏以此章爲第六大節。」《通考》黄氏洵饒曰：「此章凡八引《詩》，自爲一支。首章之略，散爲三十二章之詳，括盡於末章之略。」○此無節解之一支。○韓先生謂末章當自爲一支。《章句》於本章之下註作大字書，意亦可見。○史氏伯璿曰：「右一章，是爲第五節。」

鳴謝

《儒藏》精華編惠蒙善助，共襄斯文；謹列如左，用伸謝忱。

本焕法師　壹佰萬元

智海企業集團董事長　馮建新先生　壹佰萬元

NE·TIGER時裝有限公司董事長　張志峰先生　壹佰萬元

張貞書女士　壹佰萬元

北京大學《儒藏》編纂與研究中心

本册审稿人　陈锦春

本册责任编委　李畅然

圖書在版編目(CIP)數據

儒藏.精華編.一二一/北京大學《儒藏》編纂與研究中心編.—北京：北京大學出版社，2020.5

ISBN 978-7-301-11839-9

Ⅰ.①儒… Ⅱ.①北… Ⅲ.①儒家 Ⅳ.①B222

中國版本圖書館CIP數據核字（2020）第027527號

書　　名	儒藏（精華編一二一）
	RUZANG（JINGHUABIAN YIERYI）
著作責任者	北京大學《儒藏》編纂與研究中心　編
責任編輯	趙　新　沈瑩瑩
標準書號	ISBN 978-7-301-11839-9
出版發行	北京大學出版社
地　　址	北京市海淀區成府路205號　100871
網　　址	http://www.pup.cn　　新浪微博: @ 北京大學出版社
電子信箱	dianjiwenhua@126.com
電　　話	郵購部 010-62752015　發行部 010-62750672　編輯部 010-62756449
印 刷 者	北京中科印刷有限公司
經 銷 者	新華書店
	787毫米×1092毫米　16開本　36.5印張　569千字
	2020年5月第1版　2020年5月第1次印刷
定　　價	1200.00元

ISBN 978-7-301-11839-9
9 787301 118399 >
定價：1200.00元